KB184331

제4판

전생애 인간발달의 이론

정옥분 지음

학지사

제4판 머리말

2004년에 초판이 출간된『전생애 인간발달의 이론』은 금년에 만 20년을 맞이하면서 제4판을 출간하게 되었다. 무릇 이론서라는 것이 내용이 그리 평이하지 않을 뿐만 아니라 수요가 그다지 많지 않음에도 불구하고 이 책은 그동안 꾸준한 사랑을 받아왔다.

제4판에서 특히 역점을 두어 보완한 부분은 2015년 제3판이 출간된 이후 지난 9년 동안 새로이 이루어진 국내외 연구와 관련된 부분이다. 국내외에서 최근에 발표된 연구 중 각 이론과 관련이 있는 연구들을 될 수 있는 대로 많이 소개하고자 노력하였다.

내용면에서는 기존의 내용에서 크게 달라진 것은 없으나 이론가의 생애를 소개하는 절에서는 최근 근황 및 그동안 바뀐 내용을 정리하였다.

제3장 '인지발달이론' 중 Vygotsky의 이론을 교육현장에 적용하는 방법을 몇 가지 제시하였다. 첫째, 아동의 근접발달영역(ZPD)을 평가한다. 둘째, 아동의 ZPD를 교육에 적용한다. 셋째, 유능한 또래를 교사로 활용한다. 넷째, 아동의 혼잣말(private speech)을 적극 권장한다.

제5장 '학습이론' 중 Bandura의 사전숙고(forethought)라는 용어를 소개하였다. 사전숙고는 인지적 사회학습이론의 주요 인지 요인으로 계획을 세우고, 목표를 설정하며, 긍정적인 결과를 그려봄으로써 자신에게 동기부여를 하는 것을 의미한다.

제13장 '우리나라의 인간발달이론' 중에서 '불전의 이상적 인간상: 아라한'에서는 우리나라 불교용어인 '나한'에 대해 설명하였다. '나한(羅漢)'은 '아라한(阿羅漢)'의 줄임말로 내면의 고독과 정진으로 윤회의 수레바퀴를 벗어나 인간으로서는 가장 높은 경지에 오른 사람을 일컫는다. 부처의 입멸 뒤 그의 말씀을 경전으로 편찬하기 위해 모인 500명의 제자가 곧 '오백나한'이다. 강원도 영월 창령사 터에서 2001년에 발굴된 '오백나한상'은 볼수록 친근하며 우리의 마음을 잡아끈다.

제4판의 편집업무를 꼼꼼히 챙겨 주신 편집부 김진영 부장님의 노고에 감사드리며, 그동안 『전생애 인간발달의 이론』을 사랑해 주신 독자 여러분들께 깊은 감사를 드린다.

2024년 초여름에

지은이 씀

제3판 머리말

『전생애 인간발달의 이론』은 2007년에 개정판이 출간되었으며, 이번에 8년 만에 다시 제3판을 출간하게 되었다.

무릇 이론이라는 것이 단시간에 변하는 것이 아니기 때문에 내용 면에서는 기존의 내용에서 크게 달라진 점이 없으나 제3판에서 특히 역점을 두어 보완한 부분은 2007년 개정판이 출간된 이후 지난 8년 동안 새로이 이루어진 국내외 연구와 관련된 부분이다. 국내외에서 최근에 발표된 연구 중 각 이론과 관련이 있는 연구들을 될 수 있는 대로 많이 소개하고자 노력하였다. 그 외에도 그동안 강의 등을 통해 보완이 필요하다고 생각되어 정리해놓은 부분들을 추가하였다. 특히 기억발달, 언어발달, 도덕성발달, 애착발달, 정체감발달과 관련된 연구들을 많이 보완하였다.

이론가의 생애를 소개하는 절에서는 최근 근황 및 그동안 바뀐 내용을 정리하였으며, 사진과 관련해서는 될 수 있는 한 우리나라 인물사진을 많이 실으려고 노력하였다. 그리고 참고문헌은 최근 양식에 맞추어 정리해보았다.

표지와 관련해서는 그동안 초판과 개정판에서 사용되었던 이서지 화백의 〈옛날 이야기〉대신 장 파리(Jean Paris)의 〈인생의 여정: 출생에서 죽음까지(Course of Life from Birth to Death)〉로 새로이 꾸며보았다.

제3판의 편집업무를 꼼꼼히 챙겨주신 편집부 이지혜 부장님의 노고에 감사드리며, 그동안 『전생애 인간발달의 이론』을 사랑해주신 독자 여러분들께 감사드린다.

2015년 초여름에

보라매 타운에서 지은이 씀

개정판 머리말

개정판에서는 우선 제목을 바꾸었다. 『전생애발달의 이론』보다는 『전생애 인간발달의 이론』이 이 책의 내용과 더 부합하는 것으로 생각했기 때문이다. 개정판에서 특히 역점을 두어 보완한 부분은 사진과 관련된 부분이다. 1판에 삽입했던 외국 사진을 가능한 한 같은 내용의 우리나라 아동들의 사진으로 대체하거나 삽화로 재구성하였다. 그리고 본문에 나오는 학자들의 사진을 될 수 있는 대로 모두 넣으려고 애를 썼으며, 디자인 면에서도 1판에서 미진했던 부분을 수정 · 보완하였다.

내용 면에서는 기존의 내용에서 크게 달라진 것은 없으나 그동안 강의 등을 통해 보완이 필요하다고 생각되어 정리해놓은 부분을 추가하였다. 끝으로 제1판에서 누락된 참고문헌을 모두 확인해서 하나도 빠짐없이 보완하여 독자들이 참고자료로 사용하는 데 불편이 없도록 하였다.

그동안 『전생애발달의 이론』을 사랑해주신 독자 여러분들께 감사드리며, 제1판에서와 마찬가지로 개정판에서도 좋은 그림을 표지로 사용할 수 있도록 허락해주신 이서지 화백님께도 감사드린다. 그리고 많은 인물사진을 찾느라 애쓴 고려대학교 박사과정생 장수연 조교에게도 고마운 마음을 전한다.

2007년 초여름에

지은이 씀

초판 머리말

무릇 이론이라는 것은 미래에 일어날 사건을 예측할 뿐만 아니라 과거에 일어났던 사건을 설명할 수 있는 일련의 논리적으로 정리된 서술을 말한다. 이러한 이론은 이미 형성된 정보의 조직화를 도울 뿐만 아니라 미래를 탐색할 길잡이 역할을 한다.

이 책에서 논의될 갖가지 발달이론들은 인간발달과정의 이해에 기여하는 바가 각기 다를 수가 있을 것이다. 왜냐하면 어느 한 이론도 인간발달의 복잡하고 다양한 측면을 남김 없이 설명할 수가 없을 테지만, 각 이론은 어느 것이나 우리가 인간발달을 이해하는 데 나름대로의 기여를 하고 있기 때문이다.

작년에 『아동발달의 이론』을 출간한 바 있으나, 10여 년간 청년발달과 성인발달을 강의해온 저자에게는 그 저서에 청년발달의 이론과 성인발달의 이론을 포함시키지 못한 점이 큰 아쉬움으로 남았다. 그래서 이번에 출간하게 되는 『전생애발달의 이론』에는 청년기와 성인기의 발달이론을 포함시키기로 하였다. 그 외에도 아동발달과는 별로 관련이 없다고 생각하여 『아동발달의 이론』에 포함시키지 않았던 인본주의이론을 추가했으며, 도덕성발달이론의 장에는 콜버그의 정의지향적 도덕성발달이론 외에 길리간의 배려지향적 도덕성발달이론과 튜리엘의 영역구분이론을 첨가하였다. 그리고 마지막 장인 '우리나라의 인간발달이론'의 말미에 '동서양 발달이론의 비교'라는 절을 덧붙였다.

최근에 와서 대부분의 인간발달학자들은 인간발달이 일생을 통하여 진행된다는 견해를 받아들이고 있다. 즉, 인간발달은 생명의 시작에서부터 죽음에 이르기까지 계속 된다는 것이다. 종전에는 발달이라는 용어가 좁은 의미로 사용되어 수태에서 청년기에 이르는 상승적 변화만을 지칭하였으나, 근래에는 그것이 보다 넓은 의미로 사용되어 청년기 이후 노년기에 이르기까지의 하강적 변화까지도 포함한다고 보는 것이다. 따라서 인간발달에 관한 이론도 전생애를 대상으로 하는 것이 당연한 것이라고 여겨진다. 하지만 저자는 과문한 탓인지는 몰라도, 현재까지 우리나라는 물론이고 세계 어느 나라에서도 전생애를 포괄한 인간발달 이론서는 없는 것으로 알고 있다. 따라서 전생애접근법에 의한 『전생애발달의 이론』을 집필하면서, 그 내용이나 체재 면에서 참고할 만한 적당한 문헌도 발견하지 못해 지나치게 의욕만 앞선 것이 아닌가 하는 두려운 마음이 들기도 하였다.

이 『전생애발달의 이론』은 대학이나 대학원에서 발달심리학이나 인간발달이론의 강의를 위한 교재로 사용할 수 있을 뿐만 아니라 인간발달에 관심이 있는 모든 분들에게도 참고가 되기를 기대한다.

끝으로, 이 책을 컬러판으로 출간할 수 있도록 배려해주신 학지사 김진환 사장님과 편집부 여러분의 노고에 감사드린다. 그리고 『아동발달의 이론』이 출간된 후 많은 분들이 격려의 말씀을 주셨다. 이 자리를 빌려 그분들께도 감사의 뜻을 전하고 싶다.

2004년 초여름에

지은이 씀

차례

제11장 청년발달의 이론 387

제12장 성인발달의 이론 449

제1장

인간발달의 초기 이론

사람을 시험해보려면 모든 재산을 박탈하고 부당하게 대해보라. 재산을 박탈당한 것은 참지만, 부당한 대우는 참지 못하는 사람이라면 가까이 두고 잘 대해주도록 하라. 부당한 대우는 참지만 재산을 박탈당한 것에 불만을 삭이지 못하는 사람이라면 멀리하거나 피하도록 하라. Platon

인간은 사회적 동물이다. Aristotle

자연에는 비약(飛躍)이 없다. Charles Darwin

스스로 배울 생각이 있는 한, 천지 만물 중 하나도 스승이 아닌 것은 없다. 사람에게는 세 가지 스승이 있다. 하나는 대자연, 둘째는 인간, 셋째는 사물이다. Jean Jacques Rousseau

인간 최대의 승리는 내가 나를 이기는 것이다. Platon

진정한 벗은 제2의 자신이다. Aristotle

어린이를 불행하게 하는 가장 확실한 방법은, 언제든지 무엇이라도 손에 넣을 수 있게 내버려두는 것이다. Jean Jacques Rousseau

1. 플라톤의 이원론
2. 아리스토텔레스의 일원론
3. 로크의 경험론
4. 루소의 낭만적 자연주의
5. 다윈의 생물학적 진화론

심리학이 과학으로 등장하기 훨씬 이전부터 인간의 본질과 발달을 이해하는 데 기여한 철학적 · 교육적 이론이 존재하였다. 즉, 철학자들과 교육자들은 인간발달의 본질과 그 교육적 시사점에 특별한 관심을 기울였던 것이다. 플라톤, 아리스토텔레스, 루소, 프뢰벨, 페스탈로치 등이 바로 그와 같은 이들의 예이다.

인간발달에 관한 이론은 인간의 본질과 발달의 과정에 대한 철학적인 사고에 그 역사적 뿌리를 두고 있다. 즉, 인간발달에 관한 몇 가지 중요한 사고는 "인간의 본질은 무엇인가?"라는 의문에 관심을 가졌던 철학자들로부터 유래한다. 예를 들면, 로크나 다윈의 인간의 본질에 관한 인식은 매우 심오한 것이었기 때문에, 루소나 홀 그리고 프로이트의 이론에 그것이 반영되었고, 결과적으로 인간발달이론의 철학적 토대를 이루게 되었다.

인간발달에 관한 과학적 연구는 비교적 최근에 와서 이루어졌으며, 특히 아동에 대한 관점은 많은 변화를 거쳐왔다. 고대나 중세의 철학자들도 아동의 본질적인 특성이나 아동의 발달에 대해 많이 이야기해왔지만, 아동에 대한 체계적인 연구가 이루어진 것은 그리 오래되지 않았다. 과학적 연구가 이루어지기 전의 아동에 대한 자료는 주로 철학, 신학, 교육, 가정생활에 대한 연구들을 통해 간접적으로 살펴볼 수 있다. 한 예로, 사회나 국가의 구성원인 아동을 어떻게 교육하고 양육해야 하는지에 대해 서술한 고전이나 성서 등의 문헌들을 통해 각 시대별 아동에 대한 개념이나 아동발달의 본질에 대한 철학자나 교육자들의 견해를 추론해볼 수 있다. Aries(1962)에 따르면, 중세 시대에는 아동에 대한 개념이 존재하지 않았었다. 이는 아동을 성인과 다른 존재로 여기지 않았다는 것을 의미하며 아동을 무시하거나 경멸한 것이 아니라 아동에 대한 인식 자체가 부족했다는 것을 의미한다. 따라서 이 시기에는 아동에 대한 애정이나 배려 혹은 아동양육에 대한 관심이 거의 없었다.

아동기라는 개념은 아주 최근의 개념이다. 17세기 이전까지는 아동은 성인의 축소판 정도로 생각되었다. 그러나 그중에도 몇몇 예외적인 학자가 없지 않았는데, 그들은 어린 시절의 경험이 이후의 발달에 큰 영향을 미친다는 것을 깨닫고 아동발달에 관심을 보였다. 플라톤과 아리스토텔레스가 그 대표적인 인물들이다.

이 장에서는 플라톤, 아리스토텔레스, 로크, 루소 그리고 다윈의 이론에 관해 살펴보기로 한다.

1. 플라톤의 이원론

1) 플라톤의 생애

Platon(427-347 B.C.)

기원전 427년경에 플라톤은 세계 문화의 중심지였던 그리스 아테네의 귀족 가문에서 태어났다. 당시 아테네는 전쟁중이었지만, 플라톤은 그의 귀족 가문 덕분에 안락하고 유복하게 성장한 것으로 알려져 있다.

플라톤이 소크라테스를 만난 것은 그의 생애에 있어 커다란 전환점이 되었다. 그는 소크라테스의 지도하에 지혜와 토론의 기쁨을 알게 되었다. 그는 스승인 소크라테스를 진심으로 존경하였으며, 소크라테스에게서 지대한 영향을 받았다. 플라톤의 저서는 모두 소크라테스를 주인공으로 한 변증론에 의한 대화편이어서, 그와 스승과의 학설을 구별하기 어렵다. 따라서 플라톤의 사상은 소크라테스의 연장인 동시에 발전이라고까지 이해되고 있다.

스승인 소크라테스가 사약을 마시고 세상을 떠났을 때 플라톤의 나이는 28세였다. 스승의 비극적인 죽음에 큰 충격을 받은 플라톤은 이 일을 계기로 민주주의와 민중을 경멸

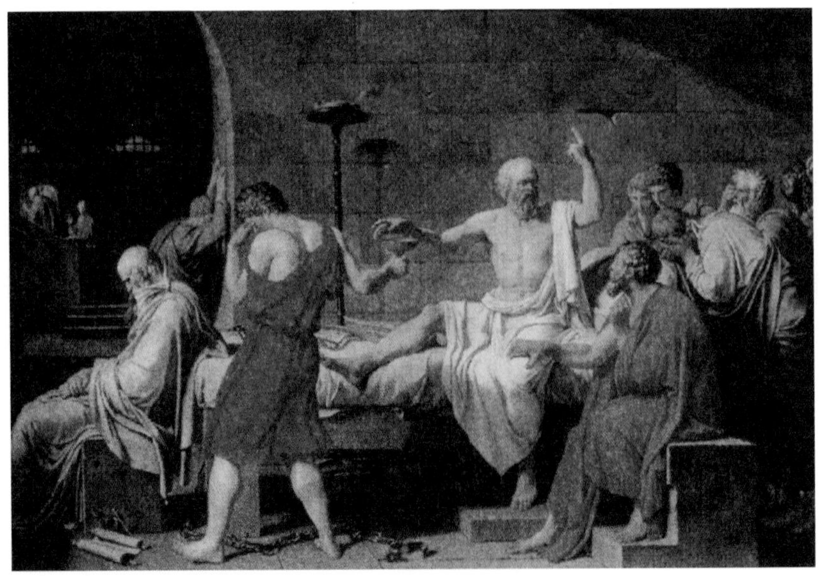
사진 설명 자크 루이 다비드 作 '소크라테스의 죽음'

하고 증오하게 되었다. 결국 그는 민주주의 대신 가장 현명하고 가장 선한 사람의 통치, 즉 철인(哲人)정치에 대한 꿈을 키워나가게 된다. 스승의 죽음으로 인해 플라톤은 정치가로서의 꿈을 완전히 버리고 내신 젊은이들에게 정의를 가르치기로 결심한다. 그러나 소크라테스를 추종하는 사람들의 소요를 불안하게 생각한 아테네의 지도자들 때문에 플라톤은 이집트, 이탈리아 등 각지를 10여 년간 유랑하게 된다. 이 기간 동안 플라톤은 키레네학파로부터 이데아와 변증법의 기초를 닦게 되고, 피타고라스학파를 통해 실천적 정신과 실생활의 중요성을 깨닫게 되었다.

플라톤은 40세에 아카데미아 학원을 설립하고 제자양성과 저술에 전력을 기울인다. 아카데미아 학원은 오늘날에 볼 수 있는 대학의 초기 형태이다. 플라톤은 당시의 정치적 다락이 지식의 결여에서 오는 것으로 인식하여, 청년들을 지혜롭게 하고자 하는 의도에서 아카데미아를 설립하였다. 아카데미아에서는 플라톤의 제자인 아리스토텔레스를 비롯하여 수많은 학자들이 양성되었으며, 이후 900년간이나 존속하게 되었다. 80세에 세상을 떠나기 전까지, 플라톤은 이곳에서 『향연(Symposion)』『파이돈(Phaidon)』『국가(The Republic)』『파이드로스(Phaidros)』 등 많은 저술을 한다. 그는 인생의 말년을 아카데미아의 설립자로서, 소크라테스의 후계자로서 존경을 받으며 일생을 마쳤다.

사진 설명 소크라테스에게 사사하는 플라톤

2) 플라톤의 이원론

플라톤은 인간의 구체적인 행동의 원인과 심리적 원인에 관심을 가진 최초의 사상가이면서, 동시에 최초로 인간을 연령별로 구분하여 각 연령대에 맞는 교육내용을 제시한 교육자였다.

플라톤은 인간의 본성을 영혼과 육체라는 두 가지 요소로 뚜렷하게 구분하였다. 그는 육체와 영혼은 서로 다른 영역이며, 양자 간에 다소의 상호작용이 있다 하더라도 영혼은 그 자체가 하나의 실체로서 자신의 정체를 상실함이 없이 육체를 떠날 수 있다고 설명하였다. 영혼은 육체로부터 자유로워질 때 보다 분명하게 인식할 수 있고 이상적인 현실에 도달할 수 있다고 생각하여, "육체는 영혼의 무덤이다(soma sema)"라고 하였다. 사실 플라톤은 감지할 수 없는 사고의 영역에 도달하는 정신은 높이 평가하였으나 육체는 경시하였다. 육체와 감각은 영혼이 이상현실에 도달하는 것을 가로막는 속박이다. 죄수가 감옥에 갇혀 있는 것과 같이 영혼은 육체 안에 갇혀 있다. 육체는 물질이며 물질에 수반되는 모든 결함을 가지고 있다. 이러한 육체와 영혼에 대한 이원론적 견해는 이후 기독교 신학에서도 다시 등장하며, 17세기의 철학적 사고, 특히 데카르트, 라이프니츠, 스피노자에게 있어 가장 중요한 화두가 되었다.

발달론적 관점에서 본다면, 보다 큰 관심은 플라톤이 대화편『파이돈』에서 밝힌 영혼의 하위구조에 관한 것이다. 플라톤에 의하면 영혼은 세 가지 수준으로 구분된다. 여기에서 심리학상 최초로 영혼이나 정신에 대한 세 가지 구조론이 발전하게 되었다고 볼 수 있다. 영혼의 최하위층은 인간의 욕망과 욕구로 묘사된다. 이 수준은 오늘날 우리가 말하는 충동, 본능, 욕구로 표현될 수 있고, 프로이트가 제시한 '원초아'의 개념과도 유사하다. 플라톤에 의하면, 이 부분은 육체의 낮은 부분에 위치해 있으며, 신체적인 욕구를 만족시키는 데에 일차적인 관심이 있다고 한다. "…여기에는 애정, 욕망, 공포, 온갖 종류의 망상, 끝없이 계속되는 어리석은 행위 등으로 가득 차 있으며, …분별력이라고는 전혀 찾아볼 수 없다"(Platon, 1921, p. 450). 영혼의 두 번째 층은 용기, 신념, 절제, 인내, 담력을 포함하는 정신(spirit)으로 공격성과 용맹성도 여기에서 비롯된다. 인간이 가진 첫 번째 층과 두 번째 층은 동물계에서도 동시에 볼 수 있는 것이다. 이 두 층은 육체에 속해 있으며 육체와 함께 소멸한다. 세 번째 최상위층은 신성하고 초자연적이며 영원한 것으로, 우주의 본질을 이룬다. 이것이야말로 진정한 의미의 영혼이라 할 수 있는데, 플라톤은 이를 이성으로 표현하고 육체 안에 잠시 머무를 뿐이라고 하였다.

영혼의 하위구조에 관한 플라톤의 이론은, 이후 인간이 성장함에 따라 먼저 성숙한 하위층이 상위층으로 대체되는 과정을 발달이라고 간주한 발달이론에 그대로 반영되었다. 플라톤은 이미 그 시대에 그와 같은 발달이론을 가정하였던 것이다. 첫 번째 단계 동안에는 지각이 가장 중요한 것이며 이성은 잠복해 있다. 현대의 이론가들 중에서 피아제는 지각이 사고를 촉진하는 개념으로 발달된다고 일관되게 주장한 바 있다. 발달의 두 번째 단계는 신념과 이해를 특징으로 하며, 영혼의 두 번째 층인 정신이 심리발달의 전면에 나타나는 단계이다. 세 번째 단계는 영혼의 세 번째 부분인 이성과 지성의 발달과 관련된 것으로, 청년기 이후에야 찾아볼 수 있는데, 플라톤에 의하면 모든 사람이 다 이 단계에 도달하는 것은 아니라고 한다. 욕심이 많고 쾌락과 물질적 욕구만을 추구하는 사람은 충동의 영혼에 사로잡혀 있는 사람으로 가장 천한 인간이라는 것이다. 호전적이고 싸움을 좋아하는 사람은 용감한 사람으로 권력을 추구하는 자이기도 하다. 재산이나 권력보다는 지식을 더 사랑하는 사람은 가장 높은 층의 사람으로 지성적이고 이성적인 인간이다.

플라톤에 의하면 인간정신의 세 가지 수준이 국가의 세 계급으로 발전해간다고 본다. 가장 낮은 욕망의 영혼집단에서 생산자계급과 장인계급이 나온다. 그다음인 용기의 영혼집단에서 무사, 군인과 같은 계급이 나온다. 마지막으로 가장 높은 인간의 영혼인 이성집단에서 가장 높은 계급인 통치자계급이 나온다. 이성이 용기와 충동을 다스리듯이, 통치자계급이 군인계급과 생산자계급을 다스려야 한다는 것이 플라톤의 이상국가론이다.

플라톤의 대화편, 특히 『법률(Laws)』편과 『국가(The Republic)』편에는 아동과 청소년의 행동통제에 관한 조언뿐만 아니라 이들에 대한 묘사와 설명이 여러 군데에 나타나 있다. 이것은 물론 오늘날의 정교한 발달이론과는 거리가 있는 것이지만, 인간발달의 본질에 관한 플라톤의 개념을 파악할 수 있는 통찰력을 제공해준다. 플라톤이 제시한 인간발달의 단계와 교육내용은 다음과 같다.

플라톤에 의하면 3세까지 유아는 공포나 고통, 슬픔의 감정을 경험해서는 안 된다. 이러한 견해는 오늘날의 많은 심리학자들이 지지하고 있다. 흥미로운 것은 대화편 『법률』에서 클레이니아스가 유아를 고통으로부터 해방시키고, 더 나아가 그들에게 쾌락을 제공해야 한다고 주장한 것이다. 이것은 행복의 소유라는 플라톤의 기본 목표와도 일치한다. 그러나 플라톤은 이 주장에 반대하여 "유아기는 그 어느 시기보다도 습관에 의해 성격이 뿌리를 내리게 된다"(Platon, 1953, p. 359)면서, 그러한 주장은 아이를 망치게 할 것이라고 역설하였다. 플라톤은 성격형성에 있어서 초기경험의 중요성을 강조하였지만, 살아가면서 여러 가지 경험에 의해 인간의 성격이 수정될 수 있다는 점 또한 인정하였다. 인간발달에 있어서 초기경험의 중요성에 대한 논쟁은 오늘날에도 여전히 계속되고 있다.

3~6세의 유아기에는 스포츠라든가 또래와의 사회적 접촉이 필요하다. 플라톤은 아이들을 벌하는 것은 찬성했으나 모멸감을 주는 것에는 반대하였다. 이 연령에서는 사회성 발달이 고려되어야 하고, 유아원 같은 곳에서 보모의 관리하에 또래들과 어울리는 것을 배워야 한다. 그러나 그 나이에 맞는 '자연스러운 오락방식'을 그들 스스로 찾아야 한다고 한다.

플라톤은 6세가 되면 "남자아이들은 남자아이들끼리 놀게 하고, 여자아이들은 여자아이들끼리 놀게 하라"고 하면서 성의 분리를 주장하였는데, 이것은 우리나라 전통아동교육에서의 '남녀칠세부동석' 개념과 유사하다.

18세까지는 술을 마시지 못하도록 해야 하는데, 그 이유는 청년들은 쉽게 흥분하기 때문에 "불 위에 불을 더하지 말라"는 것이다. 그들은 열정 때문에 온갖 것에 간섭하고자

사진 설명 음악에 맞추어 무용을 배우는 장면

할 것이고, 이제 막 지혜의 맛을 보기 시작한 기쁨으로 모든 사람들을 논쟁에 휘말리게 할 것이다.

플라톤은 『국가』편에서 그의 교육철학을 전개하였다. 그는 환경의 영향을 받아 영혼이 발달하는 것이 교육이라 생각하였고, 이를 "육체를 위한 체육과 영혼을 위한 음악"으로 구분하였다. 어려서는 이성이 발달하지 않지만 감수성이 예민하므로 "마음속에 받아들인 것은 무엇이든 지울 수 없고 바꿀 수 없는 것이 되기 쉬워서… 어린아이가 처음 듣는 말은 도덕적 사고의 모범이 되는 것이어야 하므로"(Platon, 1921, p. 642), "작가에 대한 검열"이 있어야 한다고 주장하였다. 이성적 사고와 비판적 사고는 주로 청년기에 발달한다. 아동기에 음악, 체육과 함께 시작된 훈련은 수학이나 과학 공부와 함께 청년기 동안 지속된다. 이러한 훈련과정을 거치면서 아이들은 진리를 발견하고 진리와 견해를 구분할 줄 알게 된다. 『법률』편에서 플라톤은 교육을 "아동기 동안 최초의 도덕적 본능에 적절한 습관을 형성함으로써 얻게 되는 훈련"이라 말했다. 즉, "기쁨, 우정, 고통, 증오는 그 본질을 이해할 수 없는 영혼에 뿌리박고 있지만, 이성에 도달하여 그것들을 발견하면 이성과 조화를 이루게 된다"(Platon, 1953, p. 218). 이 견해에 따르면, 교육의 의미는 이성이 청년기에 발달한다는 함의에도 불구하고 이성의 발달에 앞서 경험이 아동기에 먼저 제공되어야 한다는 것이다. 플라톤은 이미 그때 개인차의 중요성을 인식하였던 것이다. 그는, 아동은 서로 다른 능력을 가지고 태어나기 때문에 자신의 적성에 맞는 활동에 종사하도록 지도해야 한다고 주장하였다.

사진 설명 음악을 배우는 학생과 선생

발달이론적 측면에서 플라톤의 또 하나의 중요한 사상은 생득관념(生得觀念)이다. 이것은 태어나면서부터 인간정신에 내재해 있는 관념으로서, 경험에 의하여 획득되는 습득관념(習得觀念)과 대립되는 것이다. 영혼은 인간이 태어나기 전부터 존재한다고 상정한 플라톤에 따르면, 모든 관념은 본래 영혼에 갖추어져 있으나 영혼이 육체와 결합하면서 원래 지니고 있던 모든 관념들을 망각한다. 교육(학습)은 바로 육체로 들어오기 전에 가지고 있던 관념들을 기억하도록 도와주는 과정이다. 플라톤의 생득관념은 오늘날 유전과 환경의 영향에 관한 논쟁의 장을 열게 한 것이다.

3) 평가

지금까지 살펴본 바와 같이, 플라톤은 신화가 난무하고, 인간발달의 개념조차 없었던 고대 그리스 시대에 이미 그와 같은 발달이론을 제시하였었다. 따라서 플라톤이야말로 최초로 발달적 관점에서 인간발달을 바라본 사상가로 평가할 수 있다. 물론 플라톤이 제시한 인간발달의 여러 개념들은 엄격한 의미에서 오늘날의 발달이론과는 많은 차이가 있다. 그럼에도 불구하고 과학적 접근이 아직 시작되지 않았던 중세와 근세 초창기에 이르기까지 플라톤만큼 인간발달에 관한 새로운 개념과 이론적인 설명을 포괄적으로 제시한 사람은 찾아보기 어렵다.

더욱이 플라톤은 '발달'과 '심리'에 대한 개념이 전무하던 고대 그리스 시대에 최초로 학습자의 연령적(발달적) 단계를 구분하였으며, 개인차를 인정하였을 뿐만 아니라 특별히 출생 이전부터의 교육, 즉 태교(胎教)의 필요성을 주장한 최초의 학자이다. 또한 학습에서 생득관념을 주장함으로써 환경과 유전에 대한 이론적 토대를 최초로 제시하였으며, 아울러 인간의 특정 행동과 성격에 관심을 가지고 이를 논리적으로 설명한 최초의 철학자이다. 따라서 플라톤은 발달이론과 심리학의 형성에 이론적 기원을 마련한 위대한 사상가임을 알 수 있다.

2. 아리스토텔레스의 일원론

1) 아리스토텔레스의 생애

아리스토텔레스는 기원전 384년 마케도니아의 칼키디케 반도 북동해안에 위치한 스타게이라에서 출생했다. 마케도니아 아뮌타스 2세의 시의(侍醫)였던 그의 아버지 니코마코스는 의학과 자연과학에 해박한 지식을 가진 저술가이기도 했다. 아리스토텔레스는 유년시절 아버지의 영향으로 인해 자연과학(특히 생물학)에 대한 관심이 높았다. 그 때문에 그의 철학사상 자체가 구체적 현실에 대한 관찰을 바탕으로 하고 있다. 아리스토텔레스는 소년시절에 아버지를 여의고 사촌인 프록세노스에 의해 양육되었다.

Aristoteles(384-322 B.C.)

아리스토텔레스는 기원전 367년 18세 때에 아테네에 가서 약

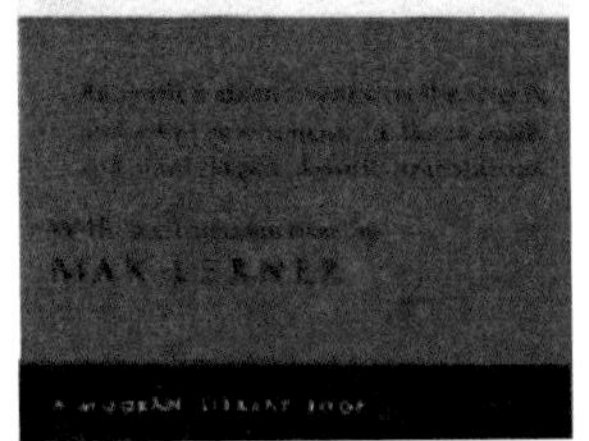

20년 동안 플라톤의 아카데미아에서 연구를 하였다. 이 시기에 그는 플라톤으로부터 사상적으로 깊은 영향을 받았으며, 타고난 근면성과 탁월한 재능으로 인해 그의 총애를 받았다. 기원전 347년 플라톤이 세상을 떠난 뒤 플라톤의 조카 스페우시포스가 아카데미아의 원장이 되었다. 이후 학풍이 수리철학적 경향으로 바뀌자, 아리스토텔레스는 아테네를 떠나 소아시아 연안에 위치한 앗소스로 가서 아카데미아 분교를 개원하여 3년간 강의를 하였다.

아리스토텔레스의 생애에서 첫 번째 중요한 사건이 플라톤과의 만남이었다면, 두 번째 중요한 사건은 기원전 342년 마케도니아의 알렉산더 왕자와의 만남이다. 알렉산더가 왕위를 넘겨 받아 페르시아 원정을 떠날 무렵인 기원전 336년, 아리스토텔레스는 아테네로 돌아와 리케이온 광장에 학원을 설립하여 학문을 연구하고 제자들을 양성하였다. 아리스토텔레스가 이곳에서 제자들과 숲 속을 산책하면서 강의하고 토론하였기 때문에, 사람들은 아리스토텔레스의 학파를 '소요학파(逍遙學派)'[1] 또는 '산책학파'라고 불렀다. 아리스토텔레스가 저술한 수많은 저서들은 주로 그가 리케이온의 학원장으로 재임하던 13년 동안에 이루어진 것으로 보인다.

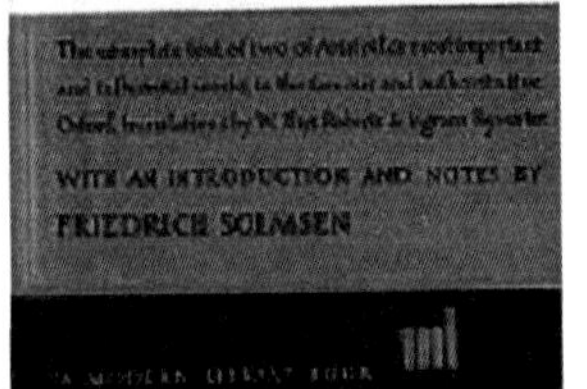

기원전 323년 알렉산더 대왕이 바빌론 원정을 하던 중 열병을 얻어 사망한 지 1년 후인 기원전 322년에 아리스토텔레스는 63세의 나이에 위장병으로 생을 마감했다.

2) 아리스토텔레스의 일원론

아리스토텔레스는 플라톤의 제자였지만 스승의 이론에 여러 가지로 도전을 하였다. 그는 육체와 영혼의 분리에 반대하였고, 육체와 정신세계가 일치한다고 생각한 고대 그리스의 사고로 복귀하였다. 그에 따르면, 육체와 영혼은 그 구조와 기능 면에서 서로 관련되어 있다. 육체와 영혼의 관계는 질료와 형상의 관계와 같은 것이다. 즉, 육체가 질료라면 영혼은 형상이다. 아리스토텔레스가 "엔텔러키(entelechy)"[2]라는 말로 표현한 영혼

1) 걸으면서 생각하고 강의하는 철학자들.
2) 質料와 形相을 얻어 완성하는 현실.
生氣論의 생명력, 활력.

의 삶은 육체가 살아가는 원리이다.

우리가 어떤 특정한 사물을 묘사하기 위해 질료와 형상이라는 용어를 사용할 때, 어떤 사물의 재료 자체와 그 재료로써 만들어진 것은 구분해서 생각할 수 있다. 다시 말하면, 어떤 사물의 재료로서의 질료는 그것이 어떠한 사물로 만들어질 때까지 형상을 가지지 아니한 채로 존재하는 것은 아닐까 하는 의문을 가질 수도 있다. 그러나 아리스토텔레스에 의하면, 어느 곳에서도 형상이 없는 질료로서의 사물은 발견할 수 없다. 예를 들어, 대리석으로 비너스의 상을 조각하려는 조각가는 울퉁불퉁한 대리석이나 매끈한 대리석을 선택하여 작업을 한다(사진 참조). 즉, 그는 형태가 없는 대리석을 선택할 수는 없는 것이다. 그가 작업하는 대리석 덩어리는 이미 형상과 질료가 결합되어 있는 대리석의 덩어리인 것이다.

아리스토텔레스는 영혼의 삶의 수준에 관해서는 플라톤의 견해를 수용하였다. 그러나 그는 생물학적 생활형태와 인간본성 간의 유사성을 언급함으로써 진화론에 가까운 생물학적 관점으로 영혼의 구조를 이해했다. 가장 낮은 영혼의 생활형태는 식물영혼의 생활형태로, 영양과 생식의 생명 기능을 말한다. 그다음으로 높은 영혼의 생활형태는 동물에게서도 찾아볼 수 있는 감각 · 지각 · 운동과 같은 부차적인 기능을 말한다. 영혼의 세 번째 생활 기능은 인간에게서만 나타나는 것으로 인간과 동물을 구별하게 한다. 여기에는 이성적 사고를 할 수 있는 능력이 포함된다. 결과적으로 영혼의 삶에는 세 가지의 층—먹이를 공급하는 식물의 영혼, 지각을 할 수 있는 동물의 영혼, 사고를 하는 인간의

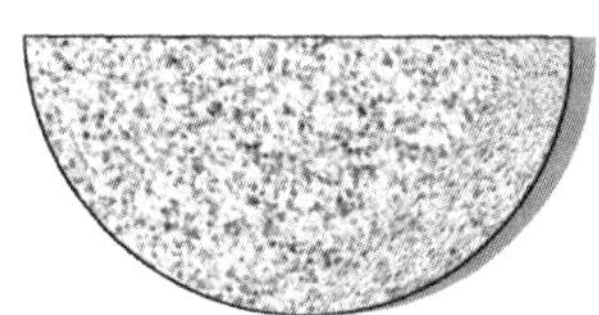

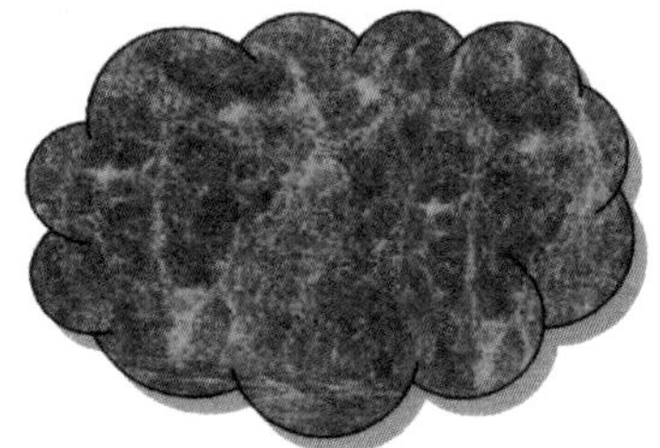

영혼—이 있다.

아리스토텔레스는 사고력과 논리와 이성적 힘을 사용하는 것을 인간발달의 목적 또는 인류의 본질로 보았다. 아리스토텔레스는 인간에게는 신체를 제일 먼저 염려해야 하고, 그다음에 영혼을 위한 습관의 교육이 그리고 마지막으로 정신을 위한 이성의 교육이 실시되어야 함을 강조한다.

아리스토텔레스는 어떤 종이 다른 종으로부터 진화했다는 생각을 시사하지는 않았지만, 다윈의 생물학적 진화론과 다소 유사한 영혼의 구조에 대한 발달이론을 발전시켰다. 나아가 아리스토텔레스는 영혼의 삶에 존재하는 서로 다른 수준을 엄격히 구분하였다. 인간의 발달단계를 기술함에 있어 플라톤은 첫 번째(식물)의 영혼 수준이 두 번째(동물)의 영혼 수준에 앞서 발달하고, 이것은 또 이성적(인간) 영혼 수준에 필요조건이 된다고 주장하였었다. 아리스토텔레스는 이와 같은 영혼의 구조수준에 대한 플라톤의 견해에 동조하였을 뿐만 아니라 이를 아동발달에도 적용하였다.

> 육체가 발생 순서상 영혼에 앞서듯 비이성적인 것이 이성적인 것에 선행한다. 분노, 희망, 욕망은 출생 직후부터 나타나지만, 이성과 이해는 나이가 들면서 발달한다는 것이 그 증거이다. 그러므로 육체를 돌보는 것은 영혼을 돌보는 것에 앞서야 하고, 육체의 욕구에 대한 극기훈련이 그다음에 와야 한다. 그럼에도 불구하고 육체를 돌보는 것은 이성을 위한 것이어야 하고, 또한 영혼을 위한 것이어야 한다(Muuss, 1996, 재인용).

플라톤과 마찬가지로 아리스토텔레스도 인간발달에는 단계가 있다고 하면서, 인간의 발달단계를 3단계로 나누었다. 생후 7세까지를 유년기로, 7세에서 14세까지를 소년기로 그리고 사춘기부터 21세까지를 청년기로 지칭하였다. 이처럼 인간발달의 시기를 3단계로 구분한 것은 중세를 통해 널리 수용되었으며, 현대 발달이론의 일각에서도 다시 부각되고 있다.

아리스토텔레스는 유년기까지는 인간이 동물과 유사한 발달단계를 거친다고 보았다. 아동과 동물은 둘 다 쾌락을 추구한다는 점에서 유사하다는 것이다. 단지 아동을 동물과 구별 짓는 것은 아동이 동물보다 높은 수준의 발달로 이어지는 잠재력을 가지고 있다는 점이다. 유년기는 주로 놀이를 통해 충분히 움직이면서 신체를 튼튼히 하는 시기이다. 이때에는 아동의 발육이 저하되지 않도록 공부나 노동을 요구하지 않아야 하며, 가정에서 옛날 이야기를 들으면서 성장해야 하는데, 그 내용이 불경스럽지 않아야 한다. 또한 어린이가 저속한 언어를 사용하거나 불경한 행동을 할 경우에는 처벌해야 한다. 그렇지 않을 경우 어린이들은 자유인답지 못한 언어나 행동을 습득할 수 있기 때문이다.

사진 설명 플라톤(왼쪽)과 아리스토텔레스(오른쪽)
출처: 라파엘로의 벽화 '아테네 학당' 중에서

7세부터 사춘기까지와 그 후 21세에 이르는 약 14년 동안이 실질적으로 교육이 이루어지는 시기이다. 7세에서 사춘기까지의 약 7년간은 초등교육에 해당하는 시기로서, 아리스토텔레스가 실용적인 교과목으로 제시했던 읽기와 쓰기, 미술, 체육 그리고 음악을 익힌다. 읽기와 쓰기 및 미술은 여러 가지 점에서 일상생활에 관련된 과목이며, 체육은 신체를 단련하고 용기를 기르는 일과 관련이 있는 과목이다. 음악은 감상능력을 배양하고 전인적 자아형성에 기여하는 과목으로 단순히 쾌락을 위한 것이 아니다. 음악은 관조하는 삶을 준비하기 위한 여가의 즐거움과 관계된다.

아리스토텔레스는 청년기가 시작될 무렵에는 청년들이 참을성이 없고, 안정감이 없으며, 자제력이 결여된 것으로 보았다. 그러나 21세쯤 되면 대부분의 청년들은 보다 나은 자기통제력을 갖게 된다고 보았다. 아리스토텔레스는 청년기의 가장 중요한 발달 측면은 자기결정(self-determination)이라고 보았는데, 이것은 오늘날 말하는 독립심이나 자아정체감과 비슷한 개념이다.

비록 아리스토텔레스가 체계적인 발달이론을 제시한 것은 아니지만, 『수사학(Rhetorica)』편을 보면, 훗의 저술에서 언급되었을 것 같은 '청년기의 성격특성'이 자세하게 설명되어 있다. "젊은이들은 강한 정욕을 가지고 있으며, 이를 분별없이 충족시키려는 경향을 보인다. 육체적 욕망 중에서 그들을 가장 충동하고 자기 통제력을 잃게 하는 것이 성욕이다"(Aristoteles, 1941, p. 1403). 청년기의 성욕은 오늘날에도 관심사이자 교육과 공공정책의 쟁점이 되고 있다. 아리스토텔레스는 청년을 묘사하면서 그들의 불안정성에 대해 논하였다. "그들의 욕망은 가변적이고 변덕스러우며, 그것이 지속되는 동안에는 격렬하지만 이내 잠잠해진다. 그들이 지닌 충동은 강렬하지만 그 뿌리는 깊지 않다"(Aristoteles, 1941, p. 1403). 현대의 이론가들 중에서 Lewin

Kurt Lewin

은 아동도 아니고 성인도 아닌 주변인으로서의 청년의 불안정성을 다루었다. 이 불안정성으로 인해 많은 사회심리적 상황이 불분명하고 애매모호해지며, 결과적으로 청년의 행동은 '불안하고 변덕스러운' 모습을 띤다. "그들은 사랑과 명예 때문에 멸시당하는 것을 참지 못하고, 자신이 불공평하게 대우받는다고 생각하면 격분하게 된다"(Aristoteles, 1941, pp. 1403-1404). 가정과 학교, 사회에서 일반적으로 '불공평하게 취급되고 있음'에 대한 청년들의 불만은 오늘날 너무나도 보편적인 것이어서 그것에 대해서는 더 이상 설명할 필요가 없다. 아리스토텔레스는 또한 청년의 성공에 대한 욕망, 낙천주의, 신뢰감, 과거보다 미래에 대한 관심, 용기, 동조행위, 이상주의, 우정, 공격성 등에 관해서도 논하고 있는데, 이와 같은 주제들은 오늘날에도 여전히 청년심리학에서 주요한 주제가 되고 있다.

3) 평가

스승 플라톤이 초감각적인 이데아의 세계를 존중한 것에 반해, 아리스토텔레스는 인간이 지각할 수 있는 자연물을 존중하고 이를 지배하는 원인들을 탐구하는 현실주의적 입장을 취하였다. 그러나 이 두 철학자가 서로 대립했다는 생각은 피해야 한다. 왜냐하면 아리스토텔레스는 스승의 철학에서 깊은 영향을 받아 철학적 출발을 하였고, 뒤에 독자적인 철학체계를 구축하는 데도 플라톤의 철학적 범주 안에서 이루어진 것으로 생각되기 때문이다. 아리스토텔레스는 또한 플라톤과 마찬가지로 유전과 환경, 전성설과 후성설의 논쟁에서 유전과 전성설을 지지하는 입장이었다.

Thomas Aquinas

초기 기독교 신학의 영향으로 아리스토텔레스적 사고가 사라지는 듯했다. 그러나 이는 나중에 성 토마스 아퀴나스에 의해 기독교와 합쳐졌다. 아리스토텔레스와 토마스의 철학은 12~13세기를 지배하였으며, 중세기 동안 특히 스콜라 학파에 지대한 영향을 미쳤다. 아리스토텔레스는 또한 과학과 심리학에 대한 보다 과학적인 접근의 토대를 마련하는 데 중요한 영향을 미친 것으로 여겨진다.

3. 로크의 경험론

1) 로크의 생애

John Locke(1632-1704)

로크는 1632년에 영국의 조그만 마을에서 출생했다. 로크의 아버지는 소지주이자 법률가였으며, 어머니는 로크가 어렸을 때 사망하였다. 아버지가 찰스 1세(왕당군)에 대항하는 의회군에 참가하는 것을 지켜본 로크는 처음부터 민주주의에 대한 신념을 마음속에 품게 되었다.

그는 옥스퍼드 대학에서 철학, 자연과학, 의학을 공부하여 내과 의사가 되었다. 그 후 독일 체류 중에 샤프츠베리 백작이 된 아슈리 경을 알게 되어 그를 치료한 후 그의 친구이자 고문이 되었다. 그러나 왕을 비난한 샤프츠베리 백작이 투옥되자 그도 함께 반역죄로 몰려 1683년에 네덜란드로 망명했다가 1689년에 사면되어 귀국하였다. 망명 기간에 친구인 에드워드 클라크의 아들의 양육에 관한 조언을 해주는 편지를 쓰게 되었는데, 이를 계기로 로크의 가장 중요한 저서인 『교육론(Some Thoughts Concerning Education)』(1693)을 집필하게 되었다. 1688년의 명예혁명이 성공한 후에 영국으로 돌아온 로크는 『인간오성론(An Essay Concerning Human Understanding)』(1690)과 『시민정부론(Two Treaties of Government)』(1689)을 출간하여 국내외에서 명성을 떨쳤다.

전자는 경험주의 철학과 학습이론의 기초를 마련한 것이고, 후자는 토머스 제퍼슨, 존 애덤스, 제임스 매리슨 등에게 영향을 주어 미합중국 헌법의 중심사상에 기틀을 마련하는 계기가 되었다.

그의 교육과 정치에 관한 관점을 간단히 살펴보면, 그는 당시의 교육법을 통렬히 비판하여, 그리스어나 라틴어의 암기식 집중주의를 반대하고 수학적 추리와 유용한 실제적 지식, 신체, 적성의 단련을 중시하였다. 또한 주권재민과 국민의 저항권을 인정하여 대표제에 의한 민주주의, 삼권분립, 이성적인 법에 따른 통치와 개인의 자유, 인권 등을 강조하였다.

2) 로크의 경험론

Tabula Rasa

전성설(前成說)을 강조한 축소인간론과 스콜라 철학의 기본 원리인 플라톤의 생득관념(生得觀念)[3] 이론은 존 로크에 의해 강력한 도전과 반대에 부딪히게 된다. 로크에 의하면, 관념이란 처음부터 존재하는 것이 아니라 학습되는 것이라고 한다. 로크는 인간은 선천적으로 백지상태(tabula rasa)로 태어난다고 주장하였다. 인간이 획득하는 모든 지식은 경험에 의한 것이다. 다시 말해서 경험은 백지에 글을 쓰는 것과도 같은 것이다. 중세에는 단지 크기만 작을 뿐이지 완전한 형태의 인간이 정자나 난자에 이식되어 양적으로만 성장한다는 전성설이론이 팽배하였다(〈그림 1-1〉 참조). 로크의 백지상태 개념은 전성설에 반대하여 아동은 양적인 면뿐만 아니라 질적인 면에서도 성인과 다르다고 주장한다. 다시 말하면, 로크는 아동은 성인의 축소판이 아니기 때문에 아동발달에 관한 새로운 이론과 인간의 본질에 관한 과학적 연구의 필요성을 주장하였다. 로크에 의하면, 인간발달은 점진적인 과정에 의해 이루어지는데, 아동기 초기의 수동적인 정신상태에서 청년기의 능동적 상태로 옮겨간다고 한다. 그리고 이 발달과정의 마지막 무렵에 이성적 사고가 나타나기 때문에 이성적 사고를 청년기의 특징으로 보았다.

인간은 태어날 때에는 누구나 동등한 상태이므로, 현재의 인간에게서 발견되는 차이점은 모두 환경과 경험 때문이다. 만약 우리 인간의 성격이 로크의 주장처럼 오로지 경

3) 경험에 의하여 얻어지는 것이 아니고 태어나면서부터 가지고 있는 선천적인 관념.

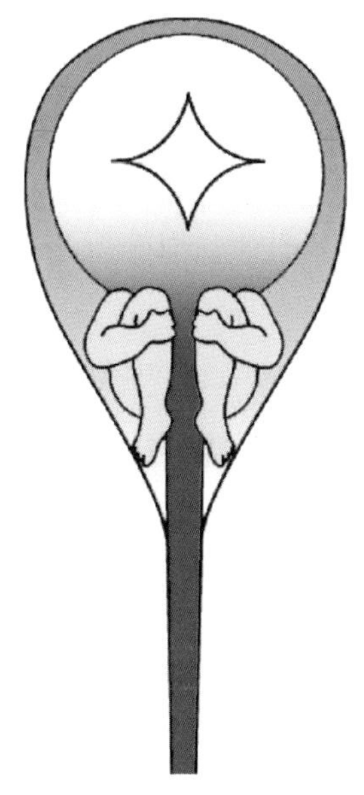

〈그림 1-1〉 정자 속의 축소인간

험에 의해서 형성되는 것이라면 '착한' 사람이 되거나 '나쁜' 사람이 되는 것은 모두 환경의 영향 때문이다. 자연과 환경의 논쟁에서 로크는 전적으로 환경을 결정적인 요인으로 보는 입장이다.

이와 같은 가정은 사회이론에 지대한 영향을 미쳤고, 그 사상의 확산과 함께 민주주의의 초석이 되었다. 태어날 때 각 개인의 마음은 백지상태이므로 모든 사고와 지식은 경험으로부터 유래한다. 사람들 사이에 존재하는 차이와 불평등은 환경과 경험에 기인하는 것이며, 출생 시에는 모든 것이 전적으로 동등하다. 따라서 민주주의의 원칙은 부분적이나마 출생 시 아동의 정신(백지상태)에 관한 철학적 · 심리학적 이론에서 파생된 것이다. 로크는 『시민정부론』에서 민주주의에 관한 자신의 견해를 밝힌 바 있다. 그는 세상에 존재하는 인간의 불행을 열악한 교육적 · 사회적 환경과 같은 조건 때문이라 탓하고, 좋지 못한 조건에서 살고 있는 이들에게 희망을 안겨주었다. 이로써 인간 종족의 완전성에 대한 믿음을 표현한 이론이 출현한 것이다.

선천적으로 타고난 사고란 없으며 인간의 마음은 '백지상태'와 같다는 로크의 주장은 17세기 이전의 몇몇 발달이론과 뚜렷한 대조를 이룬다. 명백한 예를 제시해보면 다음과 같다(Muuss, 1996).

첫째, 인간의 타락과 원죄에 관한 학설은 인간의 정신에 대한 로크의 새로운 개념과 반대되는 것으로 보인다. 우리의 정신이 오로지 경험에 의해서만 형성된다면 아동이 '선'

하게 또는 '악'하게 되는 것은 환경적인 경험에 기인한다고 할 수 있다. 로크의 심리학은 유전(nature)보다 환경(nurture)을 강조한다.

둘째, 중세 유럽의 계층 체계는 오늘날 '유전론의 가정'으로 간주되는 것에 기초한 것이었다. 귀족은 그가 지닌 개인적 가치나 자질과 상관없이 태어날 때부터 고귀한 존재이다. 이러한 견해는 "모든 인간은 동등하게 태어난다"는 경험론자들의 가정에 의해 도전을 받았다. 만일 모든 사람이 동등하고 같은 지점에서 인생을 시작한다면 보다 나은 사회적 지위를 얻기 위한 권리와 기회도 동등하게 가져야 한다. 왕과 신하, 부자와 가난한 자 모두가 똑같은 출발점에서 그들의 삶을 시작해야 한다. 따라서 이 이론은 사회계층의 이동을 뒷받침하는 것이다. 비록 이것이 행동주의, 사회학습이론, 문화적 상대론에 대해 직접적인 관련은 없지만, 로크의 초기 형태의 환경론은 이들 이론들의 역사적 전조로 볼 수 있다.

셋째, 선천적 사고에 대한 견해(생득관념론)는 중세기 동안 아동이 성인의 축소판이며 양적으로만 성장한다는 것을 시사하는 것으로 해석되었다. 이에 반해 로크의 백지상태 개념은 출생 시 아동은 성인과 양적인 면에서뿐만 아니라 질적으로도 다르다는 것을 시사한다. 만일 사고가 선천적인 것이 아니라면 신생아는 지적 특성에서 어른과 근본적으로 다를 것이다. 로크는 아동의 인성은 성인의 그것과 다르다고 지적하였고, 그리하여 새로운 아동발달이론의 토대를 마련하였다. 그는 또한 인간의 본성에 관한 과학적 연구에도 자극을 주었다. 인간발달은 유년기의 수동적인 정신상태로부터 청년기의 능동적인 정신상태로 점진적으로 이루어진다. 이성의 기능은 이 발달과정이 끝날 무렵에 나타나므로, 그것은 청년기의 특성으로 간주된다.

3) 평가

로크는 경험주의의 선구자로 그의 심리학적 견해들은 이후의 이론가들에게 상당한 영향을 미쳤다. 우선 연합, 반복, 모델링, 보상과 벌 같은 학습원리는 그 이후에 학습이론의 기초를 형성하였다. 뿐만 아니라 오늘날의 교육자들은 교육에 관한 그의 견해에 대부분 동의하고 있다. 즉, 아동으로 하여금 학습을 하도록 동기화하기 위해 보상과 벌을 행하며, 반복학습의 필요성과 모델링의 중요성을 인식하고 있다. 아동의 자발적인 호기심, 아동의 준비도의 개념 또한 현대의 교사들에게 상당한 영향을 미치고 있다.

로크는 또한 환경의 중요성을 강조함으로써 다른 학자들로 하여금 환경의 잠재적 역할을 인식하게 하였는데, 그 영향을 받은 대표적인 학자가 루소이다. 루소는 인간발달에 자연과 환경의 상호작용론적 관점을 채택한 최초의 인물이다. 루소에 의하면 아동은 선천적으로 선하게 태어나지만(자연), 사회와의 상호작용(환경)으로 인해 타락하게 된다는 것이다. 루소는 자연이 이끄는 대로 그대로 두면 바르고 건강한 발달이 이루어진다고 강조하였다.

Jean Jacques Rousseau (1712–1778)

4. 루소의 낭만적 자연주의

1) 루소의 생애

루소는 1712년에 스위스 제네바에서 가난한 시계공의 아들로 태어났다. 어머니는 그를 낳다가 세상을 떠났기 때문에 아버지에 의해 양육되었다. 10세 때는 아버지마저 집을 나가 숙부에게 맡겨졌으며, 공장에서 심부름을 하면서 소년기를 보냈다. 16세 때 제네바를 떠나 청년기를 방랑생활로 보냈는데, 이 기간에 와랑 남작부인을 만나 모자 간의 사랑과 이성 간의 사랑이 기묘하게 뒤섞인 것 같은 관계를 맺고, 집사로 일하면서 공부할 기회를 얻었다.

사진 설명 와랑 부인과 루소

33세부터 루소는 테레즈(사진 참조)라는 문맹의 하녀와 함께 살면서 다섯 명의 자녀를 두었다. 그러나 루소는 이들을 모두 고아원으로 보냈다. 이 사실은 루소에게 치명적인 결함이 되어 그 당시뿐만 아니라 오늘날까지도 그를 비난하는 사람들이 많다. 루소 본인도 이 문제로 인해 무척 고민하였는데, 『에밀』에서 그는 아버지의

사진 설명 루소가 와랑 남작부인과 함께 지내던 샬메트 별장

테레즈

의무와 권리에 대해 언급하면서 이를 실행하지 못했을 때 받는 고통이 크다고 술회한 바 있다.

루소는 37세부터 몇 해에 걸쳐 여러 권의 수필과 책을 저술하였는데, 그중 가장 중요한 것은『사회계약론(Du Contract Social)』과『에밀(Emile)』이다.『사회계약론』은 "인간은 자유롭게 태어나 모든 곳에서 속박을 당한다"라는 유명한 구절로부터 시작된다. 즉, 인간은 태어나면서부터 선하며 그들의 자발적인 열정에 따라 행복하게 살아갈 수 있으나, 사회적 힘이 이를 속박하고 있다는 것이다.『에밀』은 아동발달과 교육에 관한 루소의 주요 저서이다. 이 책의 제목은 가상적인 소년의 이름을 따서 붙인 것인데, 이 소년은 루소가 건강한 인간발달을 위해 자연의 계획에 따라 가르침을 받도록 만들어낸 인물이다.『에밀』이 출판되자 이 책의 비그리스도적 성격 때문에 파리 고등법원은 루소에게 유죄를 선고함과 동시에 체포령을 내려 루소는 스위스와 영국 등으로 도피하였다. 그리고 이 책들은 공개적으로 소각되기까지 했다. 그 후 루소는 프랑스로 돌아와 각지를 전전하면서 자전적 작품인『참회록(Les Confessions)』을 집필하였다.

사진 설명 팡테옹

루소는 말년을 피해망상증에 시달리면서도 자기변호의 작품인『루소, 장자크를 재판하다(Rousseau Judge de Jean Jacques)』를 집필하고,「고독한 산책가의 몽상(Les Reveries du Promeneur Solitaire)』을 집필하기 시작하였으나 완성하지 못하고 1778년에 파리 북쪽 에르므농빌에서 사망하였다. 그가 사망한 지 11년 후에 프랑스 혁명이 일어났는데, 그의 자유민권 사상은 혁명지도자들의 사상적 지주가 되었다. 1794년 그의 유해는 팡테옹[4](사진 참조)으로 옮겨져 볼테르와 나란히 묻혔다.

2) 루소의 낭만적 자연주의

루소는 부분적으로는 로크의 사상으로부터 영향을 받았지만 인간의 본성에 관해서는 그 자신의 이론을 전개하였다. 로크는 인간본질의 가장 중요한 측면을 이성으로 본 반면, 루소는 인간의 본질을 감정으로 보았다. 로크가 입헌정치에 관심을 가지고 있었다면 루소는 개인주의와 개인의 자유를 강력히 호소하였고, 사회와 사회제도에 대해 비판적인 공격을 가하였다. 그 또한 모든 사람들을 위한 사회복지에 관심이 있었지만, 다수의사(투표에 의해 공동체 의사를 결정하는 다수의 의사)와 일반의사(사회 구성원 모두를 위해 진실로 최선인 것을 결정하는 전체의사)를 구분하였다. 루소는 다수에 의한 지배가 독재만큼 나쁠 수 있다는 것을 두려워했으므로 진정한 민주주의자는 아니었다. 이상적으로는 다수의 의사와 일반의 의사가 일치한다. 그러나 이것은 교육을 잘 받은 현명한 사람들에게나 가능한 것이다.

루소는 인간발달의 본질에 관한 사고에 혁신적인 변화를 초래하였으며, 그에 해당되는 교육적 시사점을 제시하였는데, 그 주된 견해는 그의 유명한 저서『에밀』에 잘 나타나 있다.『에밀(Emile)』에 나타난 교육철학은 중세의 교육사조에 이의를 제기한 것이었다. 그는 아동을 성인의 축소판으로 본 중세의 시각에서 벗어나, 그들을 특유의 감정과 사고방식을 지닌 개체로 보아야 한다고 주장하였다. 자연주의자였던 루소는 진정한 교육은 사회의 구속에서 벗어나 자유롭게 성장할 수 있을 때라야만 가능하며, 자발적인 흥미와 욕구가 일어나는 곳에 관심을 모을 수 있을 때 높은 단계의 발달수준에 도달할 수 있다고 말했다.

아동기의 교육에 관한 전통적인 접근은 아동을 성인의 관점에서 바라본 것이었다. 루소는 그와 같은 접근이 잘못된 것일 뿐 아니라 위험할 수도 있다고 경고하였다. 그는 아동의 욕구와 흥미로부터 출발하였고, 그의 사상에서 나타나는 바와 같이 인간발달을 사전에 계획된 자연적인 과정으로 보았다. 만일 아이들을 구속이라든가 자연스럽지 못한 제약, 성인세계의 엄격한 규율로부터 벗어나게 한다면 자연은 조화롭고 건강한 발달을

---

4) 위인들을 합사(合祀)하는 파리의 사원.

보장할 것이다. 아동은 선천적으로 선하게 태어나지만, 성인 사회의 구속과 열악한 교육으로 말미암아 타락하게 된다. 이를 방지하기 위해 특별히 첫 12년 동안은 거의 규제가 따르지 않는 건전하고 건강한 환경 속에서 자연스럽게 발달하도록 할 것을 주장하였다. 루소는 인간이 선하게 태어난다는 굳은 신념을 토대로 한 자신의 주장을 바탕으로, 교육에 있어서의 개인주의를 가장 강력히 지지한 사람 중의 하나였다.

루소는 교육방법의 변화뿐 아니라 가정과 학교에서 아동들이 받는 대우도 개선해야 한다고 주장하였다. 만일 자연의 법칙에 따라 발달하도록 내버려둔다면 가장 바람직한 결과가 나타날 것이라고 하였다. 루소가 말한 발달의 4단계에는 구체적인 심리학적 특성들이 제시되어 있다. 이러한 특성들을 고려한다면 뚜렷한 교육목표를 세울 수 있고, 그러한 교육목표를 달성함으로써 아동이 성숙을 향해 성장해나가도록 도와줄 수 있다. 연령별 교육방법, 교육내용, 교육목표는 발달수준의 특성에 따라 결정되어야 한다. 아동이 자유를 누리고 자신의 충동과 욕구, 능력에 따라 배우고 자랄 수 있을 때 학습이 가장 효율적으로 이루어질 수 있다.

루소는 축소인간의 견해에 가장 강력하게 반대하였으며, 어른이 되기 전에 놀고 생활하며 아이답게 행동하는 것이 자연의 계획이라고 주장하였다. "아동기만의 보고 느끼고 생각하는 방식이 있으므로, 그것을 어른의 것으로 대체시키려는 것보다 더 어리석은 짓은 없다"(Rousseau, 1911, p. 54). 루소 자신은 제한된 교육경험과 늘 성공적이지만은 않았던 교육경험을 갖고 있었음에도 불구하고 그의 이론은 18세기 후반과 19세기 전반에 걸쳐 교육에 지대한 영향을 미쳤다. 루소의 사상은 유럽의 페스탈로치, 프뢰벨, 스펜서의 연구에 뚜렷이 나타나 있으며, 미국의 호리스 만과 존 듀이의 접근법에도 반영되어 있다.

루소는 플라톤이나 아리스토텔레스와 마찬가지로 특정 단계에서 나타나는 아동의 발달에 주목하였다. 그는 발달단계를 4단계로 규정하였고, 교육과정이 이들 단계별 발달특성과 조화를 이루어야 한다고 믿었다. 루소에 의하면, 이처럼 다양한 단계는 발달과정에서 나타나는 질적인 전환이며, 각각 특별한 성격과 기능에 따라 구별될 수 있다고 한다. 그는 아동이 한 단계에서 다음 단계로 변화할 때 발생하는 변형에 대해 언급한 바 있다. 따라서 루소는 인간발달의 도약이론을 소개한 것이라 할 수 있으며, 이에 따르면 발달의 본질은 다른 시기보다 특정 시기에 갑작스럽게 나타나는 변화로 간주된다. 지 스탠리 홀과 마찬가지로 그도 사춘기를 '새로운 탄생'이라고 보았다. 새로운 기능이 갑자기 나타나서 심리기관을 지배할 수도 있다. 루소 이론의 이와 같은 비약적 측면은 그의 기질 자체가 도약적인 경험을 통해 형성된 것에 비추어볼 때 쉽사리 이해될 수 있다.

첫 번째 단계인 유아기는 인생의 첫 4~5년에 해당된다. 아이들은 쾌락과 고통의 감정에 의해 지배된다. 이때는 신체적 욕구나 미분화된 감정의 측면에서 동물과 유사하기 때문에 동물의 단계로 불린다. 이런 생각은 앞서 아리스토텔레스와 이후 프로이트에게서도 표현된 바 있다. 운동협응 훈련, 감각지각, 감정과 같은 교육은 일차적으로 육체적인 것이다. 그는 모든 면에서 자연의 방법에 따라야 한다고 주장하여 다음과 같은 규칙을 제시하였다. "자연을 관찰하고 자연의 이치에 따르라. 자연은 언제나 아이들을 활동하게끔 자극한다. 자연은 온갖 시련을 통해 체력을 단련시킨다. 자연은 일찌감치 고통과 괴로움이 무엇인지를 가르쳐준다"(Rousseau, 1911, p. 59).

두 번째 단계는 루소가 야만인의 단계로 특징지은 시기로 5~12세가 여기에 해당된다. 감각능력이 이 단계의 두드러진 특성이다. 놀이와 운동, 게임을 통해 감각경험이 습득되는데, 이러한 감각을 훈련하는 것이 주된 교육과정이 된다. 이 단계에서는 사의식과 기억력이 발달하고 인간에게 필요한 감각을 활용하는 생활이 시작된다. 이 시기에는 아직 이성적으로 사고할 수 있는 능력이 없고 도덕적 사고도 충분히 깨우치지 못한다. 이 단계에서의 교육은 외적 · 사회적 · 도덕적 통제로부터 자유로워야 한다. 독해와 작문을 통한 공식 훈련은 해가 될 수 있으므로 세 번째 단계가 시작될 때까지 미루어야 한다.

환경요인에 의해 개선될 수 없는 선천적인 발달 계획안이 있다고 생각한 루소의 '소극적 교육'[5] 방법은 현대의 성숙이론과 일맥상통하는 바가 있다. 인간발달의 성숙 개념을 지지하는 사람들은 종종 루소와 마찬가지로 아동의 양육을 위해 수용적이고 구속하지 않는 분위기를 주창하고, 육체의 지혜라는 가정을 토대로 아동 자신의 성향에 따르도록 내버려둔다.

12~15세에 이르는 세 번째 단계는 이성과 자의식이 발달하는 시기이다. 이 시기의 청소년은 엄청난 육체적 에너지와 힘을 소지하고 있다. 호기심을 유발하기도 하는 에너지의 과잉은 학교의 교육과정을 통해서 탐색적 행동이라든가 세상에 대한 진리를 발견하고자 하는 욕구를 격려함으로써 적절히 활용되어야 한다. 루소에 의하면 이 시기에 읽을 만한 책은『로빈슨 크루소』밖에 없다고 하는데, 루소의 삶 자체가 이 시기의 욕구와 흥미에 비할 만큼 세상에 대한 탐색과 원초적 호기심으로 가득 찬 것이었으므로, 전 청년기의 위대한 모델과 이상을 크루소에서 찾은 것이다. 현대의 교육이론과 같이 루소는 학습의 결과보다 학습의 과정을 더 강조하였다. "그들은 과학을 배워야 하는 것이 아니라 스

5) 루소는 교육이란 성인 사회의 사고나 도덕을 아동에게 주입시키는 '적극적인 교육'이 아니라 자연스러운 발달을 보장하는 '소극적인 교육'이어야 한다고 주장하였다.

스로 문제를 해결해야 한다(Rousseau, 1911, p. 59)"는 것이다. 이 시기는 이성의 시기이며 호기심과 개인적 실리가 행동의 주된 동기가 된다. 루소는 이 시기에 사회적 양심과 정서는 여전히 발달되지 않았다고 했는데, 다른 발달이론과는 달리 성격의 이성적 측면이 정서적 측면에 앞서 발달한다고 주장한 것은 흥미로운 일이다. 루소는 정서발달에 큰 비중을 두었는데 그의 이론은 이성주의 철학에 대한 반작용으로 볼 수 있다.

청년기에 해당하는 네 번째 시기는 15~20세에 해당되며, 정서기능이 절정에 달하고 이기심에서 벗어나 사회적인 이해와 자아존중감을 발달시키는 변화가 나타난다. 청년은 더 이상 이기주의에 의해 지배되지 않으며, 다른 사람에 대한 강한 관심과 진실한 애정에 대한 욕구를 보여준다. 이 단계에서는 루소가 '제2의 탄생'으로 간주한 성충동의 출현이 특징적이다. "우리는 두 번 태어난다. 말하자면 한 번은 생존을 위해 그리고 또 한 번은 생활을 위해, 바꾸어 말하면, 한 번은 종(種)을 위해 그리고 또 한 번은 성(性)을 위해서이다"(Rousseau, 1911, p. 193). 이제 양심이 습득되고 도덕과 선행이 가능하다. 이 시기는 이상적으로 성숙에 이르게 되는 시기와 일치하는 결혼을 준비하는 기간이기도 하다.

루소에 의하면, 이 발달단계들은 인류가 겪어온 특정의 발달단계와 일치한다고 한다. 따라서 이는 인류가 동물과 같은 생활의 단계, 야만인의 단계, 이성의 단계를 거쳐 결국에는 사회적 · 정서적 성숙의 단계로 진행해 왔다는 반복이론을 가정하고 있다. 그는 아동 개인의 발달을 설명하기 위해 인류의 역사적 발달을 적용시켰다. 이 가설은 홀과 미국의 아동연구 동향뿐만 아니라 프뢰벨과 질리와 같은 교육자에 의해 더욱 발전되었다.

3) 평가

루소는 평생 많은 저서를 통하여 지극히 광범위한 문제를 논하였으나, 그의 일관된 주장은 '인간 회복'으로, 인간의 본성을 자연상태에서 파악하고자 하였다. 인간은 자연상태에서는 자유롭고 행복하고 선량하였으나, 자신의 손으로 만든 사회제도나 문화에 의해 부자유스럽고 불행한 상태에 빠졌으며, 사악한 존재가 되었기 때문에 다시 참된 인간의 모습(자연)을 발견하여 인간성을 회복하지 않으면 안 된다는 것이다. 이와 같은 입장에서, 인간 본래의 모습을 손상시키고 있는 당대의 사회나 문화에 대하여 통렬한 비판을 가하였으며, 그 문제의 제기방법도 매우 현대적이었다. 특히 그의 작품 속에 나오는 자아의 고백이나 아름다운 자연묘사는 19세기 프랑스 낭만주의 문학의 선구적 역할을 했다.

루소는 발달이론에 몇 가지 주요한 개념들을 도입하였다. 첫째, 그는 인간발달이 내부의 생물학적인 시간표에 의해 진행된다고 주장하였는데, 오늘날 우리는 이러한 계획을 생물학적 성숙이라 부른다. 둘째, 루소는 인간발달이 일련의 단계를 거쳐 전개되는데, 각 단계마다 아동들은 상이한 방식으로 세계를 경험한다고 주장하였다. 즉, 아동이 성인의 가르침에 의해 채워지는 백지상태가 아니라 각 단계마다 아동의 사고 및 행동패턴이 그들 나름대로의 독특한 특성을 갖는다는 것이다. 셋째, 루소는 새로운 교육철학을 제안하였는데, 오늘날에는 이를 '아동중심적 교육철학'이라고 부른다. 아동의 특정 발달단계에 맞추어 수업을 진행해야 하는데, 그렇게 하면 아동들은 그들 나름대로의 검증과 이해력에 따라 문제를 이해할 수 있다는 것이다.

한편, 많은 비평가들은 루소가 개인의 특성과 인간발달의 정서적 측면을 지나치게 강조하고, 성장과정, 특히 성격형성에 있어 교육과 사회, 문화의 중요성을 소홀히 했다고 지적한다. 그는 사회와 문화가 성격발달에 부정적인 영향을 미치는 것으로 보았다. 그는 아동에게 유익한 것을 자유롭게 구속하지 아니하고 자연스럽게 드러나게 하는 데 있어서 유해한 영향력을 제거하고자 하였다. 무엇보다도 루소 자신이 다섯 자녀들을 모두 고아원에 보냈다는 사실 때문에 그의 이론을 탁상공론이라고 비판하는 사람들이 많이 있다.

또한 루소의 여성교육론은 그의 진취적인 일반교육론과는 달리 보수적이라는 지적이 있다. 그는 여성은 남성과는 성(性)이 다르기 때문에 역할이 다를 수밖에 없다고 주장했다. 루소는 여성의 성적 독립성은 인정하면서도 남성의 능동적인 면과 여성의 수동적인 면을 강조한 나머지 가정중심적인 입장에서 여성교육의 범위를 제한하고자 했던 것이다. 바꾸어 말하면, 여성은 과학이나 물리학 또는 사변적 학문분야에는 적합하지 않다고 보고, 남성에 대한 내조자로서 현숙한 여성이 되는 것이 여성교육의 목표라고 하였다.

5. 다윈의 생물학적 진화론

1) 다윈의 생애

다윈은 1809년 영국의 슈르즈베리에서 출생했다. 아버지 로버트 워링 다윈은 시인이자 의사였으며, 할아버지 에라스무스는 박식한 의사, 시인, 철학자, 발명가였다. 우생학

Charles Darwin(1809-1882)

의 창시자 프랜시스 골턴은 다윈과 사촌지간이었다.

1825년 다윈은 에든버러 대학 의학부에 입학했으나 적성에 맞지 않아 중퇴하고, 1828년 케임브리지 대학으로 전학하여 신학을 공부하였다. 어릴 때부터 동식물에 관심을 가졌었고, 케임브리지 대학의 식물학 교수 헨슬로와 친교를 맺어 그 분야에 관해 지도를 받았다. 1831년 22세 때 헨슬로의 권고로 해군측량선 비글호(사진 참조)에 박물학자로서 승선하여, 남아메리카, 남태평양의 여러 섬(특히 갈라파고스제도)과 오스트레일리아 등지를 두루 항해 탐사하고 1836년에 귀국하였다. 이 항해는 다윈의 일생에서 획기적인 의미를 갖는 것이었다. 그는 이때 탐사와 관찰자료들을 토대로 진화에 대한 확신을 얻었고, 이러한 확신을 학문으로 체계화하는 데 평생을 바치게 되었다.

사진 설명 다윈이 비글호를 타고 항해 탐사를 하고 있다.

특히 갈라파고스제도에서의 광범위한 관찰을 통해, 살아 있는 모든 것은 그들의 서식지에서 먹이를 얻기 위해 싸워야 하며, 이때 경쟁능력이 없는 것은 결국 죽게 된다는 이른바 '자연 도태'의 원리를 깨달았다. 또한 생존하게 된 생물이 주변의 변화에 적응하면서 얻는 일련의 새로운 특성과 행동은 결국 다음 세대로 전달된다고 하였다. 흥미로운 것은, 이 같은 아이디어는 다윈이 토마스 맬더스가 1789년 인구성장에 대해 쓴 논문을 읽고서 얻게 되었다는 것이다.

어떤 과학분야에서든지 대부분의 위대한 발견이 모두 그렇듯이, 다윈만이 종의 기원과 환경적응을 통한 생존문제를 다룬 것은 아니었다. 비슷한 시기에 지구 반대 편에서 연구하고 있었던 앤드류 월리스 또한 진화론에 대한 생각을 가지고 있었다. 월리스가 다윈과 같은 견해의 논문을 발표할 예정이라는 소식을 접한 다윈은 서둘러 논문을 정리하여 1858년에 '런던계보학파(London Lineage Society)'지(紙)에 진화론을 발표했다. 이듬해인 1859년에는 그의 유명한 저서 『종의 기원』을 출간했다. 이 책은 인간은 동물에서 진화한 것(사진 참조)이 아니라 천지창조의 순간에 창조되었다고 믿는 많은 종교인들의 반발에 직면하게 되었다. 이러한 진화론 대 창조론의 논쟁은 오늘날에도 여전히 학교나 법정에서 계속되고 있다.

2) 다윈의 생물학적 진화론

발달의 본질에 관한 새로운 사고의 조류는 다윈의 『종의 기원(The Origin of Species)』(1859)의 발간과 함께 등장하였다. 유기체의 성장과 발달은 보다 단순한 형태로부터 보다 복잡한 형태로 이루어진다는 다윈의 진화론적 사고는 인간발달에 대한 가장 혁신적이고 영향력 있는 견해가 되었다.

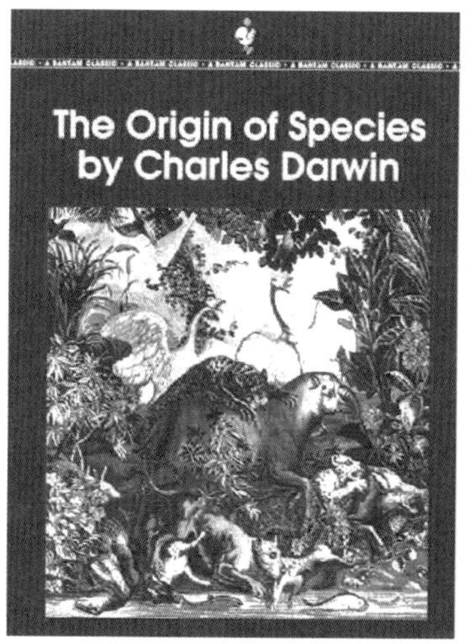

진화란 유기체가 변화하는 환경의 압력에 대한 반응으로서 스스로가 변화하는 복잡한 과정이다. 변화하지 못하고 적응하지 못하는 유기체는 소멸하게 되고, 변화에 성공한 유기체는 더욱 강해지고 보다 적응적인 것이 된다. 간단한 예로서, 인간의 신체구조는 수백만 년에 걸쳐 점차 수직구조로 변하여 직립보행을 하고, 자기방어를 할 수 있으며, 팔을 자유롭게 하여 도구를 만들어 사용하는 데 보다 적절하게 되었다. 또 다른 예로 목이 긴 기린과 목이 짧은 기린을 상상해보자. 높은 나무의 나뭇잎을 먹어야 하는 특별한 환경적 요구에 적합한 목이 긴 기린은 지금까지 살아남을 수 있었고 그렇지 못한 목이 짧은 기린은 사라졌다(사진 참조). 만약 기린에게 낮은 땅에서 먹이를 얻을 수 있는 환경이 주어졌다면 목이 짧은 기린이 최적의 적응반응을 보이며 지금껏 살아남았을 것이다.

그런데 진화과정의 핵심에는 두 가지 필연적인 요인이 있다. 하나는 부모로부터 자손에게 전해지는 유전자 배합이 무작위 형식으로 일어난다는 것이고, 두 번째는 변화 없이는 생존이 불가능하다는 것이다.

어떤 유기체의 유전구조(혹은 인자형)는 생식을 통해 부모로부터 자손에게 전해지는데, 이 과정에서 새로운 유기체의 유전구조는 어머니와 아버지의 각기 다른

사진 설명 다윈이 그의 아들 도디와 함께

유전인자들의 우연한 배열에 크게 의존한다. 따라서 눈동자 색깔의 경우 모든 종류의 가능성이 있지만, 자손의 눈동자 색깔은 눈동자 특유의 유전인자가 무작위로 배합됨으로써 결정될 것이다.

어떤 특성, 행동, 외양이 표현될 것인가를 통제하는 모든 유전인자(그리고 염색체)는 조상으로부터 물려받은 것이다. 그러나 어떤 조합이 이루어질지는 알 수 없다. 때로는 이러한 조합은 갈색 눈동자나 키가 큰 자손이 태어나게 하며, 때로는 출생 시 비극적인 결함으로 인해 곧 죽게 되는 것과 같은 비적응적인 돌연변이를 만들기도 한다. 자연은 이러한 바람직하지 못한 특성의 전이를 통제하는 한 방식으로 결함이 있는 유기체가 오래 생존할 수 없게 만들어 다음 세대로의 유전을 막는다.

진화론은 아동발달의 이론이 아니라 종(種)의 발달과 적응에 관한 이론이지만, 그 자체로서 아동발달이 어떻게 이루어지는가에 대한 매우 유용한 사고의 출발점이 될 수 있다. 사실 다윈은 아동발달의 예리한 관찰자였으며, 그의 아들 '도디'의 성장과 행동을 자세히 기록한 전기는 초기 아동발달연구에서 귀중한 자료가 되고 있다(Vasta, Haith, & Miller, 1995).

진화론은 각 종의 자손의 양적 과잉생산뿐 아니라 모든 유기체 내의 다양성과 적응성을 가정한다. 다윈은 자손의 과잉생산이 종의 생존능력을 위협한다고 주장하였다. 그 결과는 '생존경쟁'이다. 이 생존경쟁에서 일부가 선택되고 일부가 제거되는 '자연선택 과정'이 이루어지고, 그로 인해 인구의 증가가 억제된다. 약하고, 병들고, 적응력이 떨어지는 종은 소멸하는 반면, 강하고, 건강하며, 빠르고, 면역성이 높으며, 똑똑하고, 신체적으로 잘 적응하는 유기체는 생존하고 번성한다. 시간이 흐르면 이는 '적자생존'의 결과를 가져온다. 그리고 적자생존의 원인으로 작용했던 자질은 자손에게 유전된다. 생존을 위한 조건은 흔히 여러 종류의 환경에 따라 다르므로 유기체 내에 변화가 발생한다. 따라서 선택과정에서 변이, 신종, 신인류 그리고 결국에는 새로운 유기체가 존재하게 된다. 이와 같은 과정은 하나의 세포로 구성된 단순한 유기체로 출발하여, 보다 하등한 유기체의 생활 형태로부터 점점 더 복잡한 형태가 발달하게 되었다. 이 생물학적 진화의 마지막 고리는 인간이다. 기후나 지리, 일반적인 생활조건이 달라지기 때문에 진화과정은 영속적인 과정이라 할 수 있다.

이 진화론은 인류의 신성한 창조론과 완전히 대조를 이룬다. 다윈의『종의 기원』이 출간되자마자 과학계는 큰 충격에 휩싸였다. 많은 사람들이 인간은 천지창조의 순간에 창조되었다고 믿고 있는 상황에서 다윈의 진화론은 폭탄선언과도 같았다. 문제는 진화론에 따르면, 결국 인간도 소나 말과 마찬가지로 고도로 진화된 짐승의 한 종류에 불과하다는 귀결에 이르면서 더욱 심각해졌다. 인간은 이제 그 특별한 지위를 상실하게 되었으며, 보다 진보되고 지적인 종일지언정 결국 유기체계의 일부로 간주될 뿐이다.

3) 평가

다윈의『종의 기원』은 많은 논쟁과 오해에도 불구하고 풍부한 상상력과 객관적 사유과정을 보여주는 탁월한 고전으로 평가받고 있다. 이 고전은 우리에게 종교와 과학, 자연과 사회의 관계에 대해 진지하게 생각해볼 수 있는 기회를 제공한다.

Ernst H. Haeckel

다윈의 진화론은 아동발달에 관해서는 직접적인 언급을 하고 있지 않지만, 반복의 원칙(principle of recapitulation)을 주장한 헤켈과 같은 그 당시의 생물학자들에게 많은 영향을 미쳤다. 헤켈은 발달의 기본법칙으로 개체발생(ontogeny)은 계통발생(phylogeny)의 집약된 반복이라고 주장하였다. 쉽게 말해서 태내발달은 인간의 진화과정과 매우 비슷한 발달단계를 거친다는 것이다(Wertheimer, 1985).

오늘날 이 반복의 원칙은 과학적으로 증명되지는 않았지만, 아동발달이 인간의 진화과정을 반복한다는 생각은 초기 아동학자들에게 큰 영향을 미쳤다. 이리하여 다윈의 저서는 과학적 아동연구의 초석이 되었다.

진화론에 의하면, 오늘날 인간의 행동은 그 기원이 우리 종이 덜 진화된 형태로 있던 아주 오랜 옛날에 그러한 행동이 중요한 생존기제였던 데에 기인한다. 진화론은 현재 동물행동학의 중심 개념이 되고 있다.

제2장

정신분석이론

약간 중요한 결정을 내릴 때에는 모든 이해 득실을 다 고려하는 것이 유리하다는 것을 안다. 그러나 배우자 선택이나 직업 선택과 같이 지극히 중요한 문제의 경우 그 결정은 무의식으로부터, 즉 우리 자신의 내부 어디에선가부터 나와야 한다. 우리 인생에 대한 중요한 결정에 있어서 우리는 우리 본성의 깊은 내적 요구에 의해 지배되어야 한다. Sigmund Freud

어린이는 어른의 아버지이다. Henry Wordsworth Longfellow

엄밀한 의미에서 행복이란 극한적으로까지 억제되어 있던 욕망이 어느 순간 갑자기 충족되었을 때 생기는 것이다. Sigmund Freud

꿈의 원동력은 소망의 충족을 위한 욕구이다. Sigmund Freud

자아정체감은 계속성과 동일성을 갖는 존재로서의 자아를 경험하고 그에 따라 행동하는 능력을 제공한다. Erik Erikson

우리는 서로에게 과도한 기대로서 존재한다. 그러지 않으려면 자신을 사랑해야 한다. André Heller

캔디
초자아
자아
ID
EGO
원초아
RATIONAL PLANS
이성적 계획

정신분석이론은 정신이 모든 인간행동의 기초가 된다는 가정하에 인간 내부의 충동적인 힘이나 인간의 행동에 영향을 주는 경험들을 밝히고자 하는 이론이다. 정신분석이론에 의하면, 아동발달은 무의식적인 것이며, 우리의 행동은 단지 표면상 나타나는 특성일 뿐이다. 아동발달을 제대로 이해하기 위해서는 행동의 상징적인 의미를 분석해야 하고, 마음속에서 무슨 일이 일어나는지 이해해야 한다. 정신분석이론은 또한 부모와의 초기 경험이 아동발달에 지대한 영향을 미친다고 한다.

인간의 본성에 관한 Freud의 이론적 가정은 인간에 대한 개념을 극적으로 변화시켰다. Freud는 종종 코페르니쿠스나 다윈의 영향력에 견줄 만한 20세기의 가장 중요한 사상가 중 하나로 꼽힌다. 코페르니쿠스는 지구가 우주의 중심이 된다는 우리 인간의 생각(지구중심설 또는 천동설)을 바꾸어 놓았다. 다윈의 이론은 인류가 신과의 관계에서 가시고 있던 특별한 지위를 박탈하고, 자연진화의 연속선상에서 인류를 동물계의 일부로 보았다. 인간은 독특한 생존기제를 갖고 있기는 하지만, 단지 또 다른 하나의 동물에 지나지 않는다는 것이다. 이어 Freud는 우리 인간이 믿고 있는 것처럼 인간은 이성적이고 논리적이며 지적인 존재가 아니고, 비이성적이고 때로는 자신도 알지 못하는 숨겨진 무의식적 동기에 의해 영향을 받는 존재라는 점을 밝혔다. 즉, Freud는 중대한 심리적 본성이 이성이 아닌 욕망이라는 점을 시사하였다.

Erikson의 이론은 부분적으로는 그가 받았던 정신분석학적 훈련을 반영하고 있지만, Freud에 비해 사회의 영향력이라든가 인간발달의 사회적 측면을 훨씬 더 많이 수용하고 있다. Erikson은 인간발달의 사회적 맥락을 강조함으로써 Freud의 심리성적 발달의 5단계를 확장하여 8단계 이론을 정립하였다. 즉, Erikson은 인간발달의 전생애 접근을 시도한 최초의 인물이다.

이 장에서는 Freud의 심리성적 이론과 Erikson의 심리사회적 이론에 관해 살펴보기로 한다.

1. Freud의 심리성적 이론

1) Freud의 생애

Sigmund Freud는 1856년 체코슬로바키아의 모라비아에서 태어났는데, 이때 어머니

Sigmund Freud(1856-1939)

는 20세, 아버지는 40세였다. Freud는 4세 때 아버지의 사업실패로 인해 비엔나로 이사를 하게 되는데, 이후 Freud는 그의 생애의 대부분을 비엔나에서 살게 된다. Freud의 지적 관심은 다방면에 걸친 것이었는데, 특히 역사와 철학에 깊은 관심을 보였다. Freud는 친구와 함께 독학으로 스페인어를 공부하여『돈키호테』를 원본으로 읽었다고도 한다.

비엔나 의대에 입학한 Freud는 신경학을 전공하였다. 임상시절의 초기에는 비교적 새롭고 미개척 분야이던 신경질환에 대한 연구에 주력하였다. Freud는 전문잡지를 통해서 프랑스인 의사 Jean Charcot의 임상적인 연구업적을 알게 되었는데, Charcot는 사지의 감각상실과 같은 히스테릭한 행동을 다루는 기술로 최면술을 사용하고 있었다. Freud가 Charcot와 함께한 시기는 정신분석학의 발전에 극히 중요한 것으로 보이는데, 당시 히스테리 환자로부터 얻은 경험이 Freud에게 어떤 보이지 않는 힘이 작용하고 있다는 것을 확신시켰기 때문이다. 이러한 사실은 나중에 정신분석이론의 초석이 되었다.

사진 설명 프로이트의 생가

이 무렵 Freud는 장차 그의 정신분석학의 발전에 여러모로 영향을 미칠 Joseph Breuer와 친교를 맺게 된다. Breuer는 비엔나 태생의 내과의사로 히스테리 환자에게 '기탄 없이 이야기 하기', 즉 환자의 마음에 떠오른 어떤 생각이라도 밖으로 표현하게 하는 훌륭한 기법을 사용하고 있었다. 이 방법은 후에 Freud에 의해 '자유연상(free association)'으로 명명되어 더 유명해졌는데, 이 새로운 방법은 정신의 한 부분인 무의식에 이르는 데 잠겼던 통로를 열게 해 주었다.

Joseph Breuer

유감스럽게도, Freud는 Breuer와의 친교 말년에 자신의 이론의 기본요소인 성적 본능에 집중함으로써 두 사람은 영원히 결별하게 된다. 19세기의 청교도적인 비엔나의 분위기 역시 비정상적 성격의 발달이 인생의 초기에 발생하는 해결되지 않은 어떤 갈등에 기인한다는 Freud의 가설을 받아들일 수가 없었다. 이러한 해석을 받아들이기 곤란한 이유는 이 모든 갈등의 근저에 '심리성적 본능'이 있다는 Freud의 믿음 때문이었다. 이때 Freud는 자신이 완전히 고립되었다는 느낌을 받았다.

사진 설명 Charcot가 환자에게 최면술을 사용하고 있는 장면을 Freud(앞 줄 오른쪽에서 첫 번째)와 다른 이들이 지켜보고 있다.

1901년경에 Freud는 마침내 지적인 고립으로부터 벗어나기 시작하였다. 그의 연구는 여러 젊은 학자들을 매혹시켰으며, 그들 중 일부는 매주 토론에 참석하여 Freud를 만나기 시작하였다. 이러한 토론집단은 점차 공식적인 정신분석학파로 발전해 나갔다. Freud의 초기 제자들 중에는 Alfred Adler와 Carl Jung도 있었지만, 이들도 결국에는 Freud와 헤어져 독자적인 정신분석이론을 확립하였다.

사진 설명 Freud가 아내 Martha와 함께

한편, Freud는 자신의 유태인 배경이 대학에서 방해가 됨을 깨닫자 연구를 포기하고, 비엔나에서 정신병을 치료하는 개업의를 시작한다. 그리고 Martha라는 젊은 여성과 결혼한다. Freud는 Martha와의 사이에서 여러 명의 자녀를 두었으며, 그의 자녀 중 훗날 Freud의 뒤를 이은 Anna Freud는 결혼한 지 10년 뒤에 태어난다. Anna는 후에 정신분석학을 공부하여 아버지의 뒤를 이어 정신분석학에 지대한 영향을 미치게 된다.

사진 설명 Freud가 딸 Anna와 함께

Freud는 1909년 클라크 대학의 총장인 G. Stanley Hall의 방문요청을 받아 거기서 처음으로 명예학위를 수여받는다. 이때 Freud는 준비한 원고도 없이 다섯 번의 강의를 했는데, 그는 언제나

명쾌하고 자신만만한 연사였으며, 이는 평생토록 변함없는 그의 자질이었다.

Freud와 클라크 대학의 심리학자들과의 교류로부터 미국정신분석학회(American Psychoanalytic Society)가 태동하기 시작하였고, 역시 클라크 대학에서 Hall이 회장이 되어 미국심리학회(American Psychological Association)가 발족하게 되었다.

나치가 오스트리아를 점령하자 Freud는 1938년에 비엔나를 떠나 영국으로 망명하게 된다. Freud는 그곳에서 생의 마지막 해를 보내고, 1939년 9월 23일에 83세로 사망하였다.

2) Freud 이론의 개요

정신분석이론은 Freud가 일생 동안 끊임 없이 수정한 것으로 역동적 체계, 구조적 체계, 연속적 체계라는 세 가지 중요한 요소로 구성된다. '역동적 체계(dynamic system)'는 인간의 정신을 유동적인 에너지 체계로 특징지우며, 정신에너지의 근원과 배분 및 이용에 관여한다. 정신에너지는 원초아, 자아, 초자아로 분배되는데, 발달이 진행되는 동안 어떤 욕구가 존재하느냐에 따라 끊임없이 유동한다. Freud는 인간의 성격은 타고난 역동(본능, 정신에너지)과 이성적 통제기능 간의 대립적 갈등으로 형성된다고 보았다. '구조적 체계(structural system)'[1)]는 인간의 행동을 조정하는 성격의 구조를 묘사하는데 성격의

1) Freud가 초창기에 자신의 정신분석이론을 정리한 의식 · 무의식 · 전의식 개념은 인간의 정신에 대한 지형학적 모형이라 할 수 있다. 그러나 지형학적 모형은 임상을 거치면서 점차 심리적 갈등을 설명하기에 불충분한 것으로 나타났다. 결국 성격의 구조를 밝히기 위한 새로운 모형이 필요하게 되었는데, 바로 이러한 맥락에서 원초아 · 자아 · 초자아와 같은 구조적 모형이 등장한 것이다.

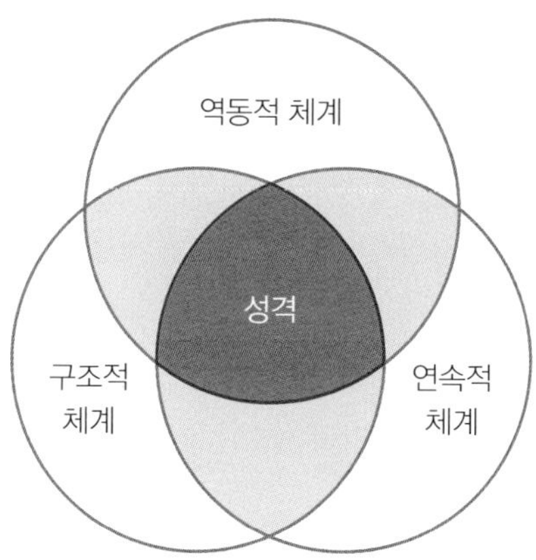

〈그림 2-1〉 정신분석이론의 구성요소

출처: Green, M., & Piel, J. A. (2002). *Theories of human development: A comparative approach*. Boston: Allyn & Bacon.

구조는 원초아, 자아, 초자아로 구성되어 있다. '연속적 체계(sequential system)'는 Freud의 심리성적 발달단계에 관한 것으로, 단계마다 서로 다른 신체부위로부터 쾌락을 얻고 발달이 진행된다고 한다. 따라서 쾌락과 만족을 추구하는 신체부위가 어디인가에 따라 구강기, 항문기, 남근기, 잠복기, 생식기로 발달의 단계를 분류하였다. Freud는 인간이 가지고 태어나는 심리성적 에너지인 리비도가 연령에 따라 신체의 각 부위(구강, 항문, 성기 등)에 집중되어 있을 때에 어떤 경험을 하였는가가 그 사람의 성격을 결정한다고 생각하였다. 즉, 발달단계에서 부모 또는 주위 사람과의 사회적 상호작용이 그 사람의 가치관과 성격, 태도를 형성한다고 보았다.

정신분석이론의 발달적 측면을 제대로 이해하기 위해서는 이들 체계 각각을 개별적으로 고려해야 할 뿐만 아니라 이들 체계를 종합적으로 통합하는 시각도 필요하다(〈그림 2-1〉 참조).

3) 역동적 체계: 정신에너지

역동적 체계는 인간의 비합리적이며 충동적인 욕구와 이성적인 통제기능 간의 대립적 갈등을 설명한 것이다. Freud는 정신의 활동을 서로 대립되는 힘과 힘의 역학체계로 파악하였다. 무의식과 의식의 대립, 원초아와 자아의 대립, 원초아와 초자아의 대립 등으로 나타나는 것이 바로 이러한 입장을 잘 보여주는 것이다.

역동적 체계는 정신에너지(psychic energy)로 구성된다. Freud는 19세기 후반의 과학적 발달이라는 시대 사조에 발맞추어 에너지의 개념을 인간행동에 적용시켰는데, 이 에너지를 '정신에너지'라고 규정하였다.

Freud는 사고와 감정, 행동을 지배하는 정신적인 활동에 힘과 방향을 부여하는 생득적인 요인으로서 본능적 욕구(instinctual drive)라는 개념을 제시한다. 신경에너지, 본능에너지, 욕구에너지, 리비도 등과 같은 여러 명칭으로 불리고 있는 이 정신에너지는 우리의 모든 생각과 감정, 행동을 지배한다.

Freud는 에너지의 일차원을 본능이라고 가정했다. 본능은 유기체의 생물학적 욕구에 그 기원을 두고 있으며, 가장 강력한 본능을 '에로스(eros)', 즉 성적 본능이라고 하면서 생명의 탄생과 유지를 다룬다고 한다. 이 같은 성적 본능은 배고픔이나 배설과 같은 본능과는 다른 것으로, 주요한 삶의 본능이 되는 것이다. 왜냐하면 성적 본능의 충족은 종의 유지를 위해서 필요하지만, 다른 본능들의 충족은 개인의 생존에 필요한 것이기 때문이다. 그는 삶의 본능적 욕구 중 가장 본질적인 것을 성욕으로 보았고, 이러한 삶의 에너지, 즉 성적 에너지를 '리비도(libido)'라 칭하였다. 이것이 성격발달의 시작이라고 할 수 있다는 것이다. 따라서 Freud의 이론을 심리성적 이론이라고 부른다.

사진 설명 죽음의 신, 타나토스

Freud는 후에 세계대전을 겪으면서 인간행동의 주요 동기를 성적인 것에서 공격적인 것으로 전환하게 된다. Freud는 또한 죽음과 공격성을 나타내는 본능을 '타나토스(thanatos)'라고 불렀다. Freud는 진화론적 관점에 입각하여 생명체의 궁극적인 목적은 무생물로의 회귀라고 생각하였다. 이러한 측면에서 인간 역시 무생물로 돌아가려는 경향, 즉 죽음을 지향하는 속성을 가지고 있다고 보았다. 그는 죽음의 본능의 대표적 속성인 공격성을 성욕과 마찬가지로 인간의 가장 원초적인 삶의 본능으로 인식하였다.

4) 지형학적 모형: 의식 · 전의식 · 무의식

Freud에 의하면 정신은 의식, 전의식, 무의식의 세 층으로 이루어져 있다고 한다. 인간의 성격과 발달에 관한 초기의 이와 같은 포괄적인 이론은 '지형학적 모형(topographical model)'이라 일컬어진다.

Freud(1961)는 성격을 빙산에 비유하여, 물위에 떠 있는 작은 부분이 의식이고, 물속에 잠겨 있는 훨씬 더 큰 부분이 무의식이며, 파도에 의해 물표면으로 나타나기도 하고 잠기기도 하는 부분이 전의식이라고 보았다(〈그림 2-2〉 참조).

여기서 의식은 자신이 주의를 기울이는 순간에 곧 알아차릴 수 있는 정신작용의 부분이고, 전의식은 주의를 집중하고 노력하면 의식이 될 수 있는 정신작용의 부분이며, 무의식은 자신이 전혀 의식하지 못하는 정신작용의 부분이다. 그는 빙산의 대부분이 물속에 잠겨 있듯이 성격의 대부분은 의식수준의 아래에 존재한다고 믿었다.

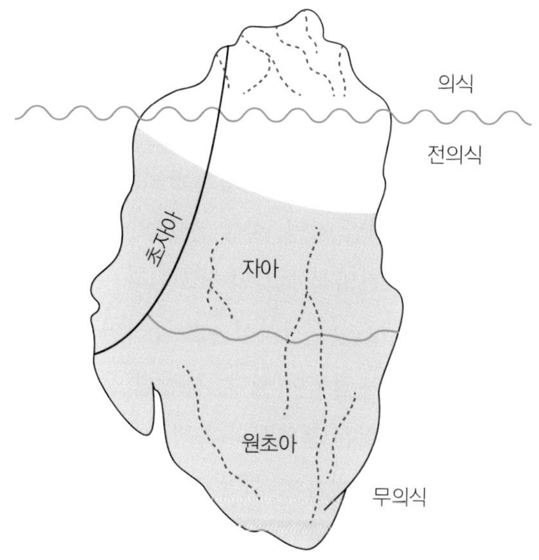

〈그림 2-2〉 Freud의 성격구조

(1) 의식(Consciousness)

의식은 개인이 의식하고 있는 정신작용의 층을 의미한다. 의식은 지각, 운동활동, 감정을 통해 외부 세계와 접촉하는 것이고, 꿈, 심상, 사고와 같은 개인의 내적 세계와도 접촉한다. 의식 자체는 정신생활의 극히 작고 제한된 부분만을 포함하고 있다. 의식의 대부분은 물속에 잠겨 있으며, 극히 작은 부분만이 표면 위에 떠올라 있는 빙산에 비유된다. Freud는 정신활동의 매우 제한된 부분만이 특정 순간에 의식으로 나타난다고 강조하였다. 그러나 의식은 자각을 통해 사고와 아이디어를 수용하거나 배제함으로써 잠재의식을 억압하는 기능도 한다.

정신활동의 더 큰 부분은 정신구조의 하부 영역 내에서 다소 접근이 어려운 채로 남아 있다. Freud에 따르면, 정신분석치료의 주된 과제 가운데 하나는 무의식적인 동기나 정신역학을 의식적인 것으로 만들기 위해 이처럼 숨겨진 자료를 찾아내는 것이다. 이러한 숨겨진 부분을 환자가 의식적으로 이해해야만 현실적이고 사려깊은 적응이 가능하다고 생각되었고, 이것이 정신분석치료의 과제가 되었다.

(2) 전의식(Preconsciousness)

어떤 의미에서 전의식은 무의식의 일부라고도 할 수 있는 것이다. 왜냐하면 개인이 그 내용을 의식하지 못하기 때문이다. 그럼에도 불구하고 개인의 주의를 그쪽으로 향하게 함으로써 무의식의 내용이 자발적으로 회상될 수 있기 때문에, 전의식의 많은 부분, 특히 상위 영역은 의식에 쉽게 접근할 수 있다. 이는 적절한 질문을 하거나 적절한 자극을 줌으로써 가능하다. 전의식은 기억을 통해 다가갈 수 있으므로, 기본적으로 필요에 따라 의식될 수 있는 정보와 경험이라는 정신창고의 상당 부분을 이루고 있다. 의식 속에는 없지만 기억, 회상, 사고의 과정을 거쳐 의식으로 상기할 수 있는 사고의 대부분이 우리의 전의식에 자리하고 있다.

그러나 전의식은 소극적인 정보의 창고가 아니며, 여러 가지 정신활동 속에 능동적으로 개입되어 있다. 복잡한 문제에 대한 갑작스러운 통찰이나 창의적 사고, 깨달음과 같은 것은 전의식의 과정으로부터 출현한다. 우리가 어떤 문제에 열중해 있을 때에는 오히려 문제가 잘 안 풀리는 경우도 있지만, 휴식을 취하거나 잠자리에 들려고 하면 의식적으로 노력하지 않아도 전의식으로부터 해결책이 떠오를 수 있다. 때로는 우리가 그 문제에 대해 전혀 의식하지 않을 때에도 해결책이 떠오르기도 한다.

(3) 무의식(Unconsciousness)

무의식은 의지력으로 쉽게 의식될 수 없는 경험과 정보를 포함하며, 의식으로 상기되기 위해 특별한 노력, 처치, 최면, 해석을 요한다. Freud에게 있어 무의식은 정신작용, 특히 정신병리에서 지배적인 힘이었다. 무의식과 의식 간의 통로는 보통 막혀 있지만, 전의식과 의식 간의 통로는 최소한 부분적으로나마 열려 있다. 무의식의 내용(충격적 경험, 용납할 수 없는 충동 등)은 억압에 의해 무의식 속에 갇혀 있다. 그러나 그것들은 잠자고 있는 것이 아니라 역동적이고 활동적이다. 지속적인 억압의 과정 자체는 의식적인 것이 아니지만, 그것은 심리적인 에너지를 소모한다. 그러나 억압은 무의식적 충동을 영원히 억누를 수는 없으므로, 이러한 충동과 경험은 꿈의 내용, 과실, 사고(事故), 신경증의 증상을 통해 왜곡되고 알아볼 수 없는 형태로 표출된다. 따라서 사고는 자신의 금지된 생각이나 행동을 처벌하고자 하는 무의식적 욕망으로 이해될 수 있다. 달콤한 것을 원하는 것은 사랑에 대한 무의식적 · 상징적 · 억압적 욕망으로 볼 수 있다. 꿈은 억압된 무의식적 소망(잠재된 꿈의 내용)이 꿈을 꿀 때(꿈의 내용의 발현) 왜곡된 의식으로 나타나는 과정이다.

Roger P. Greenberg

이와 같은 숨겨진 역동적 힘을 의식하지 않고도 동기, 소망, 감정, 환상이 개인에게 나타날 수 있다는 Freud의 기본 가정을 지지하는 과학적인 증거들이 있다. 더욱이 이들 숨은 힘은 행동에 영향을 미치는 것으로 알려지고 있다(Fisher & Greenberg, 1977).

5) 구조적 모형: 원초아 · 자아 · 초자아

지형학적 모형은 임상을 거치면서 점차 심리적 갈등을 설명하기에 불충분한 것으로 나타났다. 연구 초기에는 무의식적 욕구가 의식이나 전의식과 갈등하는 것으로 여겨 지형학적 모형을 상정했으나 임상경험이 증가할수록 무의식의 영역이 확대되는 것을 발견하였다. 이처럼 무의식의 개념이 연구의 초기보다 점차 복잡해짐에 따라 Freud (1923/1961)는 정신 내의 기본적인 갈등이 의식과 무의식 간의 갈등이 아니라 무의식 자체 내의 갈등임을 인식하게 되었다. 결국 성격의 구조를 밝히기 위한 새로운 모형이 필요하게 되었는데, 바로 이러한 맥락에서 원초아, 자아, 초자아와 같은 구조적 모형이 등장한 것이다.

Freud는 당시 유행하던 다윈식의 비유를 통해 구조적 모형을 설명하였다. 그에 따르면, 인간은 아직 완전하게 진화되지 않은 불완전한 존재로서, 야만적이며 동물적인 본성과 문화적 열망 사이에서 분열될 수밖에 없는 존재이다. 단순하고 탐욕스럽게 쾌락을 추구할 수밖에 없는 인간이 자신과 타인에게 용납되는 존재가 되기 위해서는 이러한 공격적이고 쾌락적인 욕구들을 감추어야 한다. 따라서 Freud는 자아가 초자아의 도움을 받아 원초아 안의 동물 같은 충동들을 억압하고 규제한다고 주장한다. 이제 인간의 마음은 충족되지 못한 성적 · 공격적 충동들과 비밀로 가득 찬 것이 되어, 자기 자신조차도 알 수 없는 곳이 되어버렸다.

(1) 원초아(Id)

원초아는 출생 시부터 존재하는 것이며, 발달 면에서 볼 때 세 가지 심리구조 중에서 가장 먼저 발달하는 것이다. 초기에는 유용한 모든 정신에너지가 원초아에 투입되며, 원초아는 이 에너지를 이용하여 기본 욕구를 충족시킨다.

원초아는 성격의 가장 원초적인 부분으로서 생물학적 본능으로 구성되어 있다. 이 본능은 주로 성적이고 공격적인 것이다. 원초아는 전적으로 무의식 세계에 존재하는 것이며, 현실세계와는 접촉이 전혀 없는 것이다. 원초아는 쾌락원리(pleasure principle)에 의해 지배되는데, 이 원리는 쾌(快)를 최대로 하고 고통을 최소로 한다. 여기서 쾌는 긴장감소를 말한다. 쾌락원리는 정신작용의 일차 목표가 만족을 통한 쾌락의 성취임을 말해주는 것이다(Freud, 1920).

전적으로 쾌락원리에 의해 통제되는 원초아 에너지는 어떤 구속도 받지 않으며, 현실과 환상을 구별하지 못한다. 어떤 것이 현실인지 아닌지를 구별하지 못하는 사고를 '일차적 사고과정(primary process thinking)'이라 부른다.

원초아와 관련된 정신에너지는 무의식적인 것으로 개인은 이를 의식하지 못하며, 그에 관해 생각하거나 말할 수 없다. 원초아와 관련된 모든 정신에너지는 어떤 언어적 연상도 할 수 없는 것이다. 이 때문에 Freud 학파의 심리학자들은 아동이 언어획득 이전에 일어난 사건들을 기억하지 못한다고 믿는다. 원초아의 무의식적 충동은 전생애를 통해 활동하지만, 건전한 발달이 진행됨에 따라 원초아와 관련된 정신에너지는 점점 적은 비율을 차지하게 되고, 사회적으로 보다 적응적인 자아 및 초자아와 관련된 정신에너지는 증가하게 된다.

나이가 들어서도 원초아가 지배적인 성격을 지닌 사람은 본능적인 소망과 성적 욕망을 통제하지 못한다. 그런 사람들의 행동은 주로 쾌락추구적인 동기를 즉각적으로 만족시키고자 하며, 현실적인 욕구나 사회윤리적 가치에는 거의 관심을 보이지 않는다.

(2) 자아(Ego)

자아는 1세 말에서 2세에 이르는 동안 원초아의 일부로부터 발달하여(〈그림 2-3〉 참조), 현실을 검증하는 기능을 가지고 있다. 자아의 가장 중요한 기능은 개인으로 하여금 현실에 적응하도록 하는 것이다. 자아는 현실을 고려하므로 현실원리(reality principle)를 따른다.

만약 인간이 원초아가 소망하는 대로 모든 것을 추구하려 한다면 자신의 생존은 물론 종족보존이라는 진화적 목표도 달성할 수 없을 것이다. 이와 같이 생존목표를 위해 자아가 발달한다. 따라서 자아는 원초아의 욕구를 충족시키면서도 초자아의 도덕적 양심을 현실적으로 고려하기 때문에, 쾌락원리나 도덕원리보다는 현실원리를 따르게 된다.

자아는 현실이라는 외부 세계와 접촉하여 성격을 지배하고 통제한다. 예를 들어, 어린이는 즉각적으로 자신의 욕구를 충족시키려고 하지만 그것이 현실적으로 불가능하다는 것을 경험하게 된다. 이때 자아는 어린이로 하여금 충동을 통제하고 좌절을 감내하도록 도와준다. 이처럼 자아는 원초아만 있던 어린이가 외부 현실의 벽에 부딪히면서 현실적이고 논리적인 방식으로 사고하도록 돕는다. 이런 합리적 사고방식을 '이차적 사고과정(secondary process thinking)'이라 부르는데, 이차적 사고과정은 언어, 문제해결, 기억 등과 같은 지적 능력으로 구성된다. 이차적 사고과정은 원초아의 일차적 사고과정보다 훨씬 더 합리적이고 조직적이다.

자아는 이성, 상식, 현실검증의 기능을 하지만 그 에너지를 빌려온 원초아의 목적에 이바지하기도 한다. Freud는 자아와 원초아의 관계를 본능적인 충동과 넘치는 힘을 지

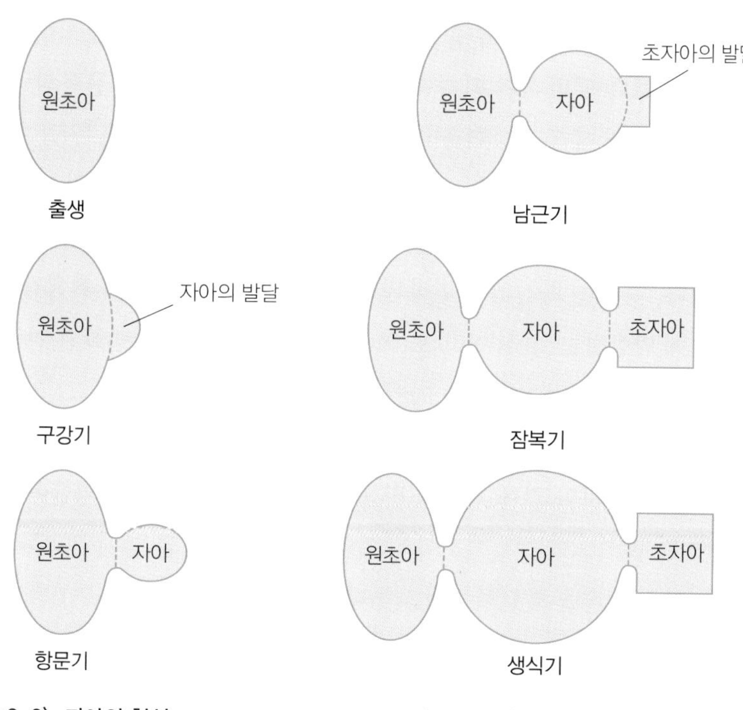

〈그림 2-3〉 자아의 형성 〈그림 2-4〉 초자아의 형성

출처: Green, M., & Piel, J. A. (2002). *Theories of human development: A comparative approach*. Boston: Allyn & Bacon.

니고 있는 말(원초아)과 어디로 그리고 얼마나 빨리 달릴 것인지 조종하는 기수(자아)에 비유하여 설명하고 있다.

> 자아와 원초아의 관계는 말과 기수의 관계에 비유될 수 있다. 말은 운동에너지를 공급하고 기수는 목표를 설정하고 말을 이끌 수 있는 특전을 가지고 있다. 그러나 자아와 원초아 간에는 기수가 어쩔 수 없이 말이 가고자 하는 길로 끌려갈 수밖에 없는 이상적이지 못한 상황이 너무나도 자주 발생한다(Freud, 1933/1964, p. 77).

(3) 초자아(Superego)

Freud는 아동기 후반에는 초자아라고 불리는 세 번째 구조적 요소가 발달한다고 믿는데, 초자아는 자아로부터 발달한다(〈그림 2-4〉 참조). 자아와 초자아는 의식세계와 무의식세계에 걸쳐 존재한다(〈그림 2-2〉 참조).

초자아는 성격의 사회적 · 도덕적 요인을 나타낸다. 초자아는 현실보다 이상을 지향하고 완벽한 것을 추구한다. 개인의 내면화된 도덕률은 부모와의 동일시 과정을 통해서,

그리고 부모의 선악에 대한 기준을 따름으로써 발달한다. 나중에 초자아는 부모의 도덕관뿐만 아니라 보다 일반적인 의미에서 사회규범이나 본능적인 충동의 표현과 관련된 문화적 규제에 대한 내적 표상이 된다. 초자아는 사춘기가 시작될 무렵 거의 완성된다. 이것은 자기통제가 부모가 내리는 보상과 처벌을 통한 통제를 대체하기 시작했으며, 불안과 죄책감은 초자아가 스스로 내린 처벌이라는 것을 의미한다. 초자아는 두 가지 요소로 이루어진다. 하나는 자신의 내면화된 도덕적 가치에 위배될 때 죄책감을 느낌으로써 도덕적 위반에 반응하는 '양심'이고 또 하나는 자신의 행동이 내면화된 기준과 일치될 때 자부심을 느끼고 만족을 하게 되는 '자아이상'이다.

일반적으로 원초아와 초자아는 서로 상반된 목적을 추구하기 때문에 본능적 원초아와 이를 억제하려는 초자아 간에 긴장이 발생한다. 이때 자아의 중재역할이 제대로 이루어지지 못하면 갈등을 느끼는데 이것이 바로 불안이다. 이 불안은 매우 고통스럽기 때문에 그것을 방어하는 기술을 발달시키게 되는데, 이것이 방어기제이다.

이상과 같이 의식, 전의식, 무의식의 지형학적 모형과 원초아, 자아, 초자아의 구조적 모형 간의 관계를 고려함으로써 보다 역동적으로 정신작용을 이해할 수 있다. 원초아는 지형학적 모형의 무의식에 가장 가깝다. 자아는 원초아와 뚜렷이 구분되지는 않지만, 그 하위 영역이 원초아와 무의식으로 연결된다. 억압된 사고는 원초아와 합쳐지지만, 억압에 대한 저항에 따라 명백히 자아와 분리된다. 자아는 지형학적 모형의 세 가지 층 모두에 걸쳐 있다. 그것은 의식의 지각체계 내에 존재한다. "자아의 상당 부분은 그 자체가 무의식적인 것이며, 아마도 그 일부만이 전의식으로 덮여 있을 것이다"(Freud, 1923/1961).

초자아 역시 지형학적 모형의 세 층 모두에 위치하며, 자아와 상호작용하는 동안 원초아의 어떤 부분이 자아의 영역으로 들어올 수 있는지를 결정하기도 한다.

6) 연속적 체계: 심리성적 발달단계

Freud(1933)에 의하면 심리성적 발달은 영아기로부터 시작하여 리비도의 충족을 가져오는 신체부위나 성감대에 따라 명명된 일련의 예정된 단계를 거치게 된다고 한다. 단계마다 서로 다른 신체부위로부터 쾌락을 얻고 발달이 진행되기 때문에, 쾌락과 만족을 추구하는 자극이 두드러진 신체부위의 심리성적 유형에 따라 구강기, 항문기, 남근기, 잠복기, 생식기로 발달의 단계를 명명하였다.

(1) 구강기(Oral Stage)

제1단계는 구강기로서 생후 1년까지가 이에 해당한다. 이 단계에서는 입과 구강부위가 쾌락의 주된 원천이 된다. 빨고, 마시고, 먹는 것뿐만 아니라 손가락이나 젖꼭지 등 입에 닿는 것은 무엇이든지 빠는 것과 같은 구강활동을 통해서 쾌락을 추구한다(사진 참조). 이 시기에는 자아가 발달되지 않은 상태로 남아 있고, 원초아는 현실에 대한 관심이나 다가올 수 있는 위험을 거의 인식하지 못한 채 쾌락만을 추구한다. 그런데 구강기에 겪는 경험의 대부분은 언어로 표현되지 못하므로 무의식 속에 영구히 남아 있기 쉽다.

Freud에 의하면, 각 단계마다 아동이 추구하는 쾌락을 만족시켜야 다음 단계로 넘어갈 수 있다고 한다. 만일 쾌락의 추구가 빈번히 좌절되면 다음 발달단계로 넘어가지 못하고 그 시기에 고착하게 된다고 한다. 이 단계에 고착하게 되면 과식이나 과음, 과도한 흡연, 입맞춤, 수다, 신랄한 비평, 빈정거림 등의 구강기 성격이 나타난다. 고착현상은 일반적으로 심각한 좌절로 인해 욕구불만이 생길 때에 일어나지만, 과다한 만족 또한 고착의 원인이 된다. 예를 들면, 오랫동안 만족스럽게 젖을 먹은 아기는 계속해서 구강적 쾌락을 얻으려고 한다.

(2) 항문기(Anal Stage)

제2단계인 항문기(1~3세)에는 일차적 성감대가 구강에서 항문 주위로 옮겨 간다. 유아는 항문적 활동을 통해 쾌락을 얻는다. 즉, 보다 강렬한 쾌감을 얻기 위해 배설을 미루는 보유와 배설을 통해 안도와 쾌감을 경험하는 방출을 통해 만족을 얻는 것이다.

배설물의 배설을 통해 아동은 긴장과 불편함이 감소되는 쾌감을 느낀다. 어린 아동은 처음에는 배변기능에 대해 거의 통제를 하지 못한다. 배변훈련이 이 항문기에 시작되는데, 아동은 적절한 때와 장소가 허용될 때까지 배설기능을 지연시키는 법을 배워야만 한다. 배설과정이 즐거운 것으로 여겨질 수 있는 것과 같이 배설물을 보유함으로써도 쾌감을 느낄 수 있는데, 이것은 참았다가 배설을 하면 쾌감이 더 커지는 동시에 사회적 승인 역시 커지기 때문이다.

아동이 지나치게 엄격한 배변훈련을 받게 되면 고착현상이 일어난다. 즉, 배설을 참아서 근육수축 쾌감에 고착하게 되면 강박적 항문기 성격으로 나타나 청결이나 질서에 대한 강박적 욕구를 보이거나 인색한 수전노가 된다. 반면, 배설을 하고 나서 근육이완 쾌

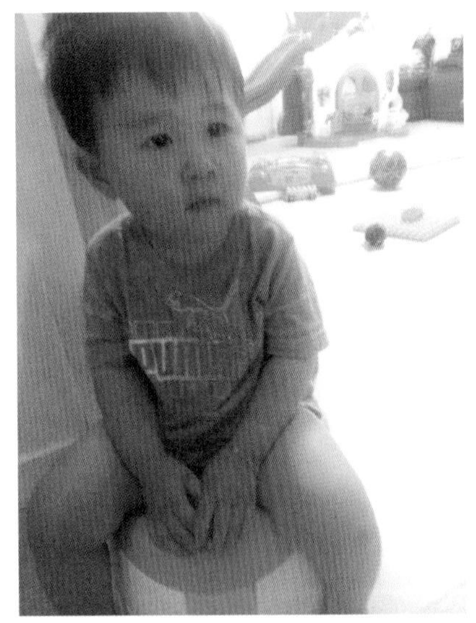

사진 설명 Freud에 의하면 항문기의 배변훈련은 심리성적 발달에서 매우 중요하다고 한다.

감에 고착하게 되면 폭발적 항문기 성격으로 나타나 지저분하고 낭비벽이 심한 사람이 된다.

Freud 이론에서 항문기는 아동이 처음으로 사회의 기대에 순응하고 사회적 요구에 직면하는 단계이다. 아동은 점점 타인의 소망과 규범을 고려하게 된다. 아동은 욕구만족이 언제나 마음대로 충족될 수 없으며, 사회의 규범을 무시한 결과를 인식하게 된다.

(3) 남근기(Phallic Stage)

제3단계인 남근기는 약 3세에서 5세까지 계속된다. 이 시기에는 정신에너지가 항문으로부터 성기로 옮겨 간다. 이 단계에서 남아는 오이디푸스 콤플렉스를 그리고 여아는 엘렉트라 콤플렉스를 경험한다.

오이디푸스 콤플렉스는 그리스 신화 '오이디푸스 왕'에서 그 이름과 내용을 따온 것으로, 오이디푸스는 자신의 부모임을 모른 채 그의 아버지를 죽이고 어머니와 결혼한다. 나중에 이 사실을 알고서 자신의 두 눈을 파냄으로써 스스로를 벌한다.

Freud는 성적으로 어머니를 소유하려는 욕망이 남근기에 있는 모든 남아들의 특징이라고 믿는다(사진 참조). 남아는 어머니를 최초의 애정의 대상으로 추구하고 아버지를 경쟁자로 인식하여 적대감을 갖게 된다. 아버지와의 미묘하고도 심각한 대결의 과정에서 남아는 결국 그의 동기에 대한 아버지의 분노를 인식하게 되며, 자신과 아버지의 성기를 비교해 열등감을 느끼게 된다. 이때 아버지가 그의 근친상간적 행동을 거세를 통해 벌할 것이라고 두려워하게 되는데 이것이 바로 '거세불안'이다. 남아는 거세불안(castration anxiety)을 감소하기 위해 어머니에 대한 성적 욕망을 포기하고, 아버지에게 느꼈던 적대감정을 억압하고 그 대신 자신과 아버지를 동일시하게 된다. 즉, 아버지와 경쟁하는 대신 아버지와 같은 사람이 되려고 하며, 아버지를 통해서 어른이 된 느낌을 간접적으로 즐긴다. 이러한 동일시 과정을 통해 초자아가 형성된다.

Freud는 여아에 대해서도 엘렉트라 콤플렉스를 묘사했지만 그 설명이 충분하지는 않다. 엘렉트라는 그리스 신화에서 남동생을 설득하여 어머니와 그 정부를 죽이고서 아버

사진 설명 오이디푸스 콤플렉스는 남근기에 출현한다.

지의 원수를 갚는다. 여아는 남아들이 갖고 있는 남근이 자기에게는 없다는 것을 발견하게 되는데, 이것이 어머니 때문이라고 생각한다. 이렇게 자신을 불완전하게 만들어 세상에 내보낸 어머니를 원망하고, 남근에 대한 부러운 감정, 즉 '남근선망'을 갖게 된다. 남근선망(penis envy)은 아버지에 대한 사랑과 애착을 강화시키고 어머니에 대해서는 거부감을 느끼게 한다.

그런데 여아는 결국 물리적으로 남근을 만들어 붙이는 것이 불가능하며, 그에 대한 자신의 욕망을 직접적으로 만족시키기 위해서는 어머니와의 동일시를 통해야 한다는 것을 깨닫게 된다. Freud는 남아의 오이디푸스 갈등의 해결과정을 상세히 설명한 데 비해 여아의 엘렉트라 갈등의 해결과정은 상세히 설명하지 못했다.

(4) 잠복기(Latency Stage)

제4단계인 잠복기는 6세경에 시작되어 12세경에 끝난다. 오이디푸스 콤플렉스를 성공적으로 해결한 아동은 이제 비교적 평온한 시기인 잠복기에 들어선다. 부모와의 동일시가 강력해지고, 그로 인해 초자아가 발달되는 시기가 바로 잠복기이다. 일반적으로 초등학교 시기가 여기에 해당된다. 이 시기에 공격적 행동, 성적 본능 그리고 리비도의 힘은 잠복상태에 있게 된다. 첫 세 단계의 갈등해결에 투입되던 이전의 막대한 성적 에너지는 이제 부모에 대한 애정을 발달시키고, 동성 친구와의 강한 사회적 유대를 확립하는 데 집중된다.

정신분석가들은 아동이 자신을 부모와 동일시하는 잠복기에 중요한 사회적 · 도덕적 가치를 습득하게 된다고 보았다. 이 시기에 시작되는 학교교육은 기본적인 사회적 기술의 습득을 촉진한다. 게임과 놀이를 통해 새로운 역할이 시도되고 운동능력의 발달도 촉진된다.

(5) 생식기(Genital Stage)

제5단계인 생식기는 12세경에 시작된다. 생식기에는 남근기에서와 같이 이성 부모를 향한 성적 욕망이 다시 한 번 나타나는데, Freud는 이를 사춘기에 거세불안이 환기되는 오이디푸스적 상황의 재현이라고 보았다. 잠복기에 확립되었던 원초아, 자아, 초자아 간의 균형이 갈등과 혼란을 겪으면서 갑자기 균형을 잃게 된다. 자아와 초자아는 생식기 동안 중요한 시험에 직면하며, 한쪽 내지 양쪽 모두의 부적절한 발달로 인해 청소년의 자살, 비행, 심각한 정신이상을 야기한다. 이때 자아는 한편으로는 억압과 같은 방어기제를 통해 원초아의 욕구를 부정함으로써, 다른 한편으로는 지성화, 합리화, 금욕주의, 퇴행 등의 방어기제를 통해 초자아를 진정시킴으로써 이러한 갈등에 대처한다.

Freud(1925)는 사춘기 남아의 진지한 첫사랑의 대상이 자신의 어머니와 흡사한 인물이기 쉽다고 설명했다. 마찬가지로 사춘기 소녀가 선생님이나 영화배우, 연예계 스타에게 홀딱 반하고 열중하는 모습에서 볼 수 있듯이, 자기 또래의 남자에게 관심을 보이기에 앞서 나이 많은 남자와 사랑에 빠지기도 한다. 따라서 청소년의 첫 이성애 대상은 상징적으로 말해서 오이디푸스적 소망을 수용할 수 있는 비근친상간적 대상으로 흔히 어머니나 아버지 같은 사람이다.

〈그림 2-5〉는 성격구조와 발달단계에 관한 것이다.

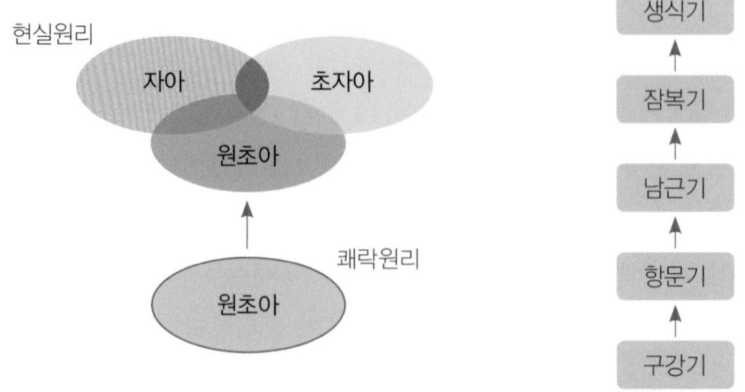

〈그림 2-5〉 성격구조와 발달단계

7) 평가

20세기가 Freud에게 진 빚은 이루 헤아릴 수 없을 정도로 많다. 무엇보다 인간의 정신세계에 대한 그의 뛰어난 통찰은 현대인들에게 인간과 세계를 바라보는 전혀 새로운 시각을 제공함으로써 인간이해에 새로운 지평을 열었다. 이처럼 무의식에 대한 Freud의 통찰과 발견은 오늘날 Freud의 공헌 중 가장 중요한 공헌 중의 하나로 평가되고 있다.

Freud는 또한 과학적 관점에 입각하여 유아기가 왜 중요한지를 밝힌 최초의 인물로 평가되고 있다. 그의 정신분석이론은 인생 초기경험의 중요성, 특히 5세 이전의 부모자녀관계가 인간발달에 미치는 영향을 강조함으로써 부모역할과 자녀양육행동에 대한 관심을 불러일으켰다.

현재 아동발달 분야에서 Freud의 이론을 무조건 지지하는 것은 아니지만, 아동의 발달단계라든가 성격의 구조 등과 같은 핵심 개념들은 그의 이론에서 시작된 것이라 할 수 있다. 그 외에도 인간 정신의 무의식적 동기나 방어기제와 같은 개념의 소개 또한 Freud 이론의 성과로 볼 수 있다(Berk, 2000; Green & Piel, 2002; Miller, 1993).

한편, Freud 이론의 단점은 다음과 같은 것이라 할 수 있다. 첫째, Freud 이론은 아동을 직접 관찰한 결과가 아니고, 심리적으로 문제가 있는 성인들을 대상으로 그들의 기억이나 회상에 근거한 자료를 가지고 아동발달을 설명하고 있기 때문에 그 이론의 일반화가 어렵다는 점이다. 둘째, Freud 이론은 문화적 편견과 성적 편견이 있는 것으로 지적되고 있다. 예를 들면, 오이디푸스 콤플렉스는 Freud가 주장한 것처럼 모든 문화권에서 볼 수 있는 보편적인 현상이 아니고, 서구 사회의 중산층 가정의 산물이라고 지적하는 이가 있다. 그리고 여아는 거세불안이 없기 때문에 초자아를 내면화하지 못해 여성이 남성보다 덜 도덕적이라는 Freud의 주장에 대해, 이것은 단지 빅토리아 시대의 남성우월주의 문화권의 여성에 대한 편견을 반영한 것이라는 비판이 있다. 셋째, Freud 이론은 과학적 근거가 부족하기 때문에 과학적 검증이 어렵다는 지적이 있다. Freud가 사용한 대표적 연구방법인 자유연상이나 꿈의 해석 등은 그 해석에 있어 연구자의 주관이 개입될 수 있기 때문에 객관성과 정확성이 떨어진다는 것이다. 넷째, Freud 이론은 아동발달에서 성적인 면을 지나치게 강조했다는 지적이 있다(Fabes & Martin, 2000; Santrock, 2001).

Richard Fabes

2. Erikson의 심리사회적 이론

1) Erikson의 생애

Erik Erikson(1902-1994)

Erik Homburger Erikson은 1902년 독일의 프랑크푸르트에서 태어났다. 그의 부모는 덴마크 사람이었으나 그가 태어나기 몇 달 전에 이혼을 했다. 그 후 그의 어머니는 Erikson이 세 살 때 소아과 의사인 Homburger 박사와 재혼하였다.

고등학교를 졸업하고 나서 Erikson은 진로를 결정하지 못하고 망설였다. 그래서 대학에 가는 대신 1년 동안 유럽을 돌아다녔는데, 후에 그는 이 시기를 자신의 유예기라고 불렀다. 유예기(moratorium)란 젊은이들이 자기 자신을 찾고자 노력하는 얼마간의 기간을 말한다.

사진 설명 비엔나에서 Dorothy와 Anna

Erikson은 25세 때 Anna Freud와 Dorothy Burlingham이 세운 비엔나의 신설 학교에서 아동들을 가르쳤는데, 수업이 없을 때면 Anna Freud 등과 함께 아동 정신분석 문제를 연구하였다. 27세 때 Erikson은 캐나다 출신의 동료교사인 무용가 Joan Serson과 결혼을 하고, 1933년에 미국 보스턴에 정착했으며, 거기서 그 도시 최초의 아동분석가가 되었다. 보스턴에서 3년을 지낸 후 Erikson은 예일 대학에서 강사직을 맡게 되었다. 2년 후 그는 South Dakota의 인디언 보호지역으로 가서 Sioux족과 함께 살면서 그들에 관해 연구를 하였고, 다른 인디언족인 Yurok 어부들을 연구하러 캘리포니아 해안을 여행하기도 했다. Erikson은 Freud가 손대지 않았던 미지의 영역을 연구했는데, 그것은 바로 상이한 문화적 여건에서 자라는 아동들의 생활에 관한 분야였다.

1960년에 Erikson은 하버드 대학의 교수로 임명되었는데, 생활주기에 대한 그의 강좌는 학생들에게 인기가 대단히 높았다. 그는 1970년에 은퇴하여 샌프란시스코 교외에 살면서 저작활동을 계속하다가 92세가 되던 1994년에 사망하였다.

Erikson의 가장 중요한 저서는 『아동기와 사회(Childhood and Society)』(1950)이다. 이

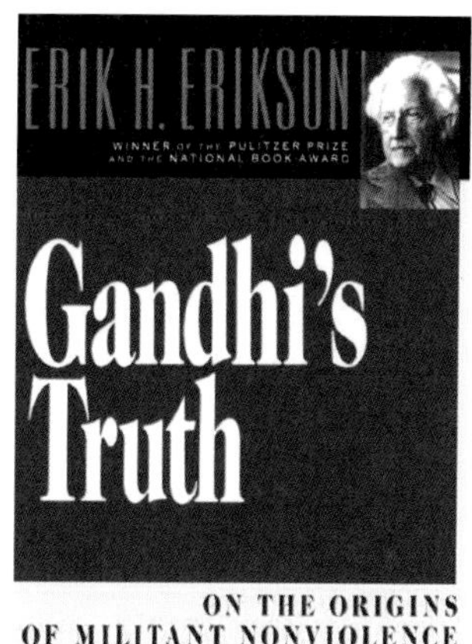

책에서 그는 생의 8단계를 제시하고, 이 단계들이 다른 문화권에서는 어떻게 전개되는지를 보여주고 있다. 그 외 주요 저서로는 『젊은 청년 루터(Young Man Luther)』(1962), 『자아정체감: 청년과 위기(Identily: Youth and Crisis)』(1968), 『간디의 진리(Gandhi's Truth)』(1969) 등이 있다.

2) Erikson 이론의 개요

Erikson(1950, 1982)은 내적 본능 및 욕구와 외적 문화적 · 사회적 요구 간의 상호작용으로 인해 심리사회적 발달이 전생애를 통해 계속된다고 주장하였다. 그리고 내재된 '기초안(ground plan)'에 의해 발달이 이루어진다고 믿었다. Erikson에게 있어 주요 개념은 자아정체감의 발달이다. 확고한 자아정체감을 확립하기 위해서는 일생을 통해 여덟 가지의 위기(또는 갈등상황)를 성공적으로 해결해야 한다고 하였다.

매 단계마다 갈등상황(또는 위기)은 '신뢰감 대 불신감'이나 '통합감 대 절망감'에서처럼 긍정적인 결과와 부정적인 결과를 초래할 수 있다. 즉, 여덟 개의 발달단계마다 나름대로의 갈등이 있으며, 그 갈등은 양극의 결과를 초래할 수 있다. 후기의 저술에서 Erikson은 갈등을 성공적으로 해결할 수 있는 잠재력(potential strength) 또는 생명력(vital strength)에 대해 언급하고 있다(〈표 2-1〉 참조). '성공적인 해결'은 반드시 긍정적인 측면만을 의미하는 것은 아니다. 최상의 해결책은 긍정적인 측면과 부정적인 측면이 균형을 이루는 것이다.

다른 단계이론가들과는 달리, Erikson은 특정 단계의 과업이나 위기를 완전히 해결하

표 2-1 Erikson의 심리사회적 발달 8단계

단계	발달과업과 위기	생명력 또는 잠재력	설명
영아기	신뢰감 대 불신감	희망	유아는 양육자와 신뢰관계를 형성해야 한다. 그렇지 않으면 불신감이 형성된다.
유아기	자율감 대 수치심과 회의감	의지	걷기, 잡기, 괄약근 통제를 포함하는 신체적 기술을 발달시키는 데에 에너지가 집중된다. 통제를 제대로 못하게 되면 수치심과 회의감이 나타난다.
아동 초기	주도성 대 죄책감	목적	좀더 단호해지려 노력하고 주도권을 잡으려고 애쓴다. 이 과정에서 다른 사람에게 상처를 주게 되면 죄책감을 느끼게 된다.
아동 후기	근면성 대 열등감	능력	새롭고 복잡한 기술을 습득해야 한다. 그렇지 않으면 열등감을 느끼게 된다.
청년기	정체감 대 정체감 혼미	충실	직업, 성역할, 정치, 종교를 포함하는 몇몇 영역에서 자신이 누구인가에 대한 정체감을 확립할 필요가 있다.
성년기	친밀감 대 고립감	애정	친밀한 관계를 형성하기 위해 '나'를 '우리'라는 개념 속에 빠져들게 해야 한다. 그렇지 않으면 고립감을 경험하게 된다.
중년기	생산성 대 침체성	배려	다음 세대를 지원하기 위해 생산성의 욕구를 충족시킬 수 있는 방법을 모색해야 한다.
노년기	자아통합감 대 절망감	지혜	앞서 7단계의 위기를 잘 해결하게 되면 있는 그대로의 자신을 받아들이게 된다.

출처: Erikson, E. H., Erikson, J. H., & Kivnick, H. Q. (1986). *Vital involvement in old age*. New York: Norton.

지 않고서는 다음 단계로 진행할 수 없다고 생각하지는 않았다. 위기를 해결하든 해결하지 못하든 일정한 연령에 도달하면 생물학적 성숙이나 사회적 압력에 의해 다음 단계로 진행하게 된다고 보았다. 새로운 단계에서는 새로운 윤리와 새로운 갈등을 만나게 된다. 60세나 70세가 되었을 때에 전 단계에서 해결하지 못한 과업이나 위기는 그대로 남아 있어 자아통합감을 이루고자 할 때 장애가 된다.

3) 후성설의 원리

후성설의 원리(epigenetic principle)는 전성설(前成說)과 대칭되는 개념으로 Erikson 이론의 토대를 형성한다. 후성설의 원리는 태생학적 모델에 근거하는 것으로, 태내발달 동안 일어나는 모든 일들은 특별히 우세한 시기가 있으며, 이에 대한 계획은 유기체의 유전인자에 내재되어 있다는 것이다. Erikson은 후성설(後成設)에 대해 다음과 같이 설명한다. "성장하는 모든 것은 기초안을 가지고 있으며, 이 기초안으로부터 각 부분이 파생하고, 각 부분에는 특별한 상승기가 있으며, 궁극적으로 통합된 전체로 기능하게 된다" (Erikson, 1968, p. 92).

상당히 비슷한 방식으로 다양한 심리적 부분들이 결합하여 전적으로 새롭고 질적으로 독특한 실체를 형성한다. 기능하는 전체는 원래 그를 형성했던 부분들로 더 이상 환원되지 않는다. 그러므로 후성설의 원리는 환원주의적 입장이 아니다. 이에 대한 한 유추로서 건물을 생각해 본다면, 완성된 상태의 건물은 단순히 콘크리트, 벽돌, 목재 이상의 존재와 같은 것이다. 한 독특한 실체로서 건물은 작업장소나 생활공간 또는 놀이공간이 될 수 있다. 기능의 단위로서 원래의 단순했던 구성요소들보다 훨씬 복잡한 새로운 수준의 목적을 위해 작용한다. 마찬가지로, 출생 시 존재하는 독립적인 반사들은 이들을 합한 것 이상의 질적으로 다른 행동을 낳는 방식으로 조직화된다.

Erikson에 의하면, 이 같은 시간안(time plan)은 후성설의 원리에 입각한 성숙과정에 의해 통제된다고 한다. Erikson의 심리사회적 모델의 8단계에서 매 단계마다 다른 갈등이 인간발달상 특별한 중요성을 갖게 된다. 이러한 갈등이 간접적으로 성숙과 사회적인 요구 간의 싸움에서 비롯된다면, 자아는 발달과정에서 중요한 중재요소가 된다. Freud는 자아가 출생 이후 원초아의 발달적 부산물로서 형성된다고 믿지만, Erikson은 자아가 미숙한 상태이긴 하나 출생 시부터 존재한다고 생각하였다.

4) 심리사회적 발달단계

Erikson(1950)은 인간생애의 발달과정을 8단계로 나누고 매 단계마다 성취해야 할 발달과업과 극복해야 할 위기를 개념화하였는데 그 내용은 다음과 같다.

(1) 1단계: 신뢰감 대 불신감(Trust vs. Mistrust)

제1단계는 Freud의 구강기에 해당되는 시기로서 출생에서 약 1세까지이다. 이 시기의 주된 발달의 위기는 영아가 세상을 신뢰할 수 있느냐 없느냐 여부에 관한 것으로, 어머니의 관여가 이 신뢰의 초점이 된다. 신뢰감은 다른 사람에 대한 믿음과 자신에 대한 믿음을 포함한다. 이 시기에 아기를 돌보아주는 사람(주로 어머니)이 영아의 신체적 · 심리적 욕구를 잘 충족시켜주면 아기는 신뢰감을 형성하게 되고, 만약 아기의 욕구가 잘 충족되지 않으면 아기는 불신감을 갖게 된다. 자신의 기본적인 욕구가 일관되게 충족되는 예측 가능하고 안전한 세계에서 사는 것이 이상적인 삶이다.

사진 설명 양육자가 영아의 욕구에 민감하게 반응하면 아기는 신뢰감을 형성하게 된다.

그러나 Erikson은 완전한 신뢰감만이 바람직한 것은 아니라고 했다. 왜냐하면 사람이 살다보면 때로는 불신도 필요하기 때문이다. 지나친 신뢰는 아동을 너무 순진하고 어수룩하게 만든다. 따라서 건강한 자아발달과 성장을 위해서는 불신감도 경험해야 한다. 건강한 발달을 위해 중요한 것은 신뢰와 불신 사이의 적당한 비율인데, 물론 불신감보다는 신뢰감이 더 큰 비중을 차지해야 한다.

신뢰감과 불신감이 균형있게 형성되면 영아는 '희망(hope)'이라는 덕목을 발전시키게 된다. 희망은 부모가 지금 당장은 반응을 보이지 않는다 할지라도 곧 영아의 요구에 응해줄 것이라는 믿음이다.

(2) 2단계: 자율성 대 수치심과 회의감(Autonomy vs. Shame and Doubt)

제2단계는 Freud의 항문기에 해당되는 시기로서 약 1세에서 3세까지이다. 이 단계의 쟁점은 '자율적'이고 창의적인 사람이 되느냐, 아니면 의존적이고 '자기회의'로 가득 찬 '부끄러운 인간'이 되느냐 하는 것이다. 이 시기에 유아는 여전히 다른 사람들에게 의존하고 있지만 자유로운 선택의 자율성도 경험하기 시작한다. 새롭게 얻은 자율감은 사회적 갈등을 일으킬 정도로 지나치게 과장될 수 있다. 자율성을 향한 투쟁은 완강한 거부나 떼쓰기 등으로 나타날 수도 있다.

사진 설명 옷을 스스로 입고 벗는 것은 자율감의 표현이다.

이 단계의 중요한 과업은 자기통제인데, 그중에서도 특히 배변훈련과 관련된 배설기능의 통제가 중요하다. 이 단계에 대응하는 Freud 이론의 단계는 항문기로서 항문부위의 특정 근육의 통제를 강조하는 단계이다. Freud에게 있어서 항문기의 발달과업은 이들 특정 근육의 통제능력을 획득하는 것이다. 그러나 이 단계에 대한 Erikson의 입장은 특정의 항문부위를 넘어 신체 전반의 근육조직에 관한 통제능력으로까지 일반화시킨 것이다. 즉, 아동은 배설관련 근육의 통제력뿐만 아니라 일반적인 충동 또한 어느 정도 통제할 수 있을 것으로 기대된다. 이러한 변화는 통제력 부족으로 인한 '수치심'에 반대되는 성공적인 '자율감'에 이르게 한다.

이 단계에서는 아동이 자신의 행동을 통제할 수 있는 정도를 스스로 발견하는 과업이 요구된다. 만약 아동에게 새로운 것들을 탐색할 기회가 주어지고 독립심이 조장되면 건전한 자율감이 발달할 것이다. 반면, 아동에게 자신의 한계를 시험해볼 기회가 주어지지 않고 아동이 지나친 사랑을 받고 과잉보호를 받게 되면, 세상사에 효과적으로 대처할 자신의 능력에 회의를 느끼고 수치심을 갖게 될 것이다.

자율성 대 수치심과 회의감의 갈등을 성공적으로 해결한 결과로 나타나는 덕목이 '의지(will)'이다. Erikson에 의하면 "의지는 억제되지 아니하는 고집과 통제당하는 것에 대한 분노로 야기되는 예전의 수치심과 회의감의 경험에도 불구하고, 자기통제와 자유로운 선택을 하려는 꺾이지 않는 결의(determination)"라고 한다.

(3) 3단계: 주도성 대 죄책감(Initiative vs. Guilt)

3단계는 Freud의 남근기에 해당하는 시기로서 3세에서 6세까지이다. 이 단계에서 경험하는 심리사회적 갈등은 '주도성 대 죄책감'의 발달이다. 이제는 활동, 호기심, 탐색의 방법으로 세상을 향해 돌진하는 것과 두려움이나 죄책감으로 인해 주저하는 것 사이에 갈등이 발생한다. 3세에서 6세 사이의 아동은 보통 생기와 활력, 호기심이 넘치고 활동수준이 높으며 에너지가 남아돈다. 아동은 놀이활동을 통해 보다 자유롭고 공격적으로 움직이며 활동반경을 점점 더 넓혀간다. 주도성을 발달시키는 과정에서 목표를 설정하는 것이 보이고 목적에 따라 활동하는 경향이 늘어난다.

사진 설명 3세와 7세 사이에 성적 관심이 크게 증가한다.

이 단계는 언어발달이 급격히 이루어지는 시기이기도 하다. 이 단계의 초기에 아이들은 끊임없이 질문을 한다. 새로운 단어나 개념, 기본적인 이해가 이와 같은 방식으로 습득되기 때문에, 이러한 질문들은 학습의 기본적 수단이 된다. 게다가 사물, 특히 장난감을 적극적으로 조작하기 시작한다. 아이들은 그 안에 무엇이 들어 있는지 보기 위해 물건을 뜯어보기도 하는데, 이것은 반드시 파괴적인 성향 때문만은 아니며 호기심 때문이기도 하다. 그러나 이러한 호기심이 파괴성으로 해석되어 아동이 처벌을 받게 되고, 그로 인해 죄책감을 느끼게 된다면 주도성은 이지러질 수도 있다. 또한 아동은 자신의 몸뿐만 아니라 친구의 몸도 탐색하게 되는데, 이러한 탐색적 행동에는 성기에 대한 호기심도 포함되어 있다. 성적 탐색과 관련된 사회적 비난과 처벌은 죄책감의 발달을 조장할 수 있다.

아이들이 장난감을 해체하거나 자신과 타인의 몸을 탐색하는 것을 놓고 죄책감을 느끼게 하는 것처럼, 새롭게 발달되고 있는 주도성을 부모가 억제하고 반대하여 처벌한다면 부정적인 결과가 나타나기 쉽다. 즉, 아동의 탐색과 주도성이 가혹한 질책과 직면하게 된다면 그 결과는 죄책감으로 나타난다.

주도성 대 죄책감의 균형잡힌 발달은 '목적(purpose)'이라는 덕목을 가져온다. 목적은 사람들이 인생에서 갈망하는 그 어떤 것이다. 과거의 실패나 자신의 한계를 이해하고, 이를 극복하는 용기와 진취성으로 그 목적을 달성하게 된다.

(4) 4단계: 근면성 대 열등감(Industry vs. Inferiority)

이 단계는 6세부터 11세까지이며 Freud의 잠복기에 해당된다. Freud는 이 단계를 비활동적인 시기로 보았으나, Erikson은 이 단계를 역동적이고 활동적인 시기로 보았다. Erikson은 이 시기가 아동의 근면성에 결정적이라고 믿는다. 근면성은 아동이 속한 사회에서 성공적으로 기능하고 경쟁하는 데 필요한 기술을 습득하는 능력이다. 이 시기는 학교교육이 시작되는 시기로 읽기, 쓰기, 셈하기 등 중요한 인지적 기술과 사회적 기술을 습득해야 한다. 만약 이러한 기술을 개발하지 못하게 되면 아동은 열등감을 느끼게 된다. 열등감은 아동이 그가 속한 세계에 대처함에 있어서 자신의 무능력이나 자신이 중요하지 않음을 지각하면서 생겨난다.

사진 설명 인지적 기술의 습득은 근면성에 매우 중요하다.

만일 아동이 성공에 대한 느낌이나 일을 잘 처리해서 인정을 받고자 하는 과업에 실패한다면, 근면성이 결여되고 무력감이 나타날 것이다. 그런 아동들은 즐거움을 느끼지 못하고 잘한 일에 대한 자부심을 발달시키지 못할 수도 있다. 또한 그들은 열등감에 시달릴지도 모르고, 결코 대단한 사람이 되지 못할 것이라는 믿음에 빠질 수도 있다.

근면성과 열등감의 균형있는 발달은 '유능감(competence)'이라는 덕목을 낳는다. "유능감은 유아적인 열등감에 의해 손상되지 않은 채, 발달과업을 완수하면서 지능을 자유롭게 발휘하는 것이다"라고 Erikson은 말한다.

(5) 5단계: 정체감 대 정체감 혼미(Identity vs. Identity Confusion)

이 단계는 12세에서 18세까지이며 Freud 이론의 생식기에 해당한다. Erikson(1968)은 청년기의 가장 중요한 발달과업이 자아정체감의 확립이라고 보았다. 청년기에 많은 청년들은 가장 근본적이고도 어려운 문제로 고민하게 되는데, "나는 누구인가?"라는 물음이 바로 그것이다. Erikson은 특히 청년기에 제기되는 일련의 질문들, 즉 나는 누구인가? 무엇을 할 것인가? 미래의 나는 어떻게 될 것인가? 어제의 나와 오늘의 나는 같은 인물인가? 등의 자문이 자아정체감을 형성하기 위한 과정이라고 보았다.

사진 설명 청년기의 가장 중요한 발달과업은 자아정체감의 확립이다.

정체감은 일생을 통해서 이룩해야 할 중요한 문제이기는 하지만, 특히 청년기가 정체감 형성에 있어 결정적인 시기라고 할 수 있으며, 또한 청년기에는 정체감의 위기를 경험하게 된다고 Erikson은 주장한다. 왜냐하면 이 시기는 아동기에서 성인기로 옮겨가는 과도기이며, 이 시기에 급격한 신체적 변화와 성적 성숙이 이루어지고, 진학문제 · 전공선택문제 · 이성문제 등 수많은 선택과 결정을 해야 하는 때가 바로 이 시기이기 때문이다.

정체감은 사회로부터 개인에게 저절로 주어지는 것도 아니고, 때가 되면 나타나는 2차 성징과 같은 성숙의 현상도 아니다. 정체감은 지속적인 노력을 통해서 획득하게 된다. 정체감 탐색에 실패한 청년은 정체감 혼미를 경험하게 된다. 그런 사람은 다른 사람의 견해에 병적으로 열중하거나, 아니면 또 다른 극단에 치우쳐 다른 사람의 생각은 더 이상 아랑곳하지 않고, 정체감 혼미에 따른 불안을 떨치기 위해 약물이나 알코올 남용에 빠질 수 있다. 정체감 혼미상태가 영구적이 되면 만성적 비행이나 병리적 성격장애를 가져올 수 있다.

정체감 대 정체감 혼미의 위기를 제대로 극복하면 '충실(fidelity)'이라는 덕목을 갖게 된다. 충실은 다양한 가치체계 간의 불가피한 충돌에도 불구하고 충성을 유지할 수 있는 능력이다. 충실은 정체감 형성의 기초가 되며 이념의 확립이나 진리의 확인을 통해 얻어진다. 충실은 또한 청년기의 부분적 위기인 권위혼미와 가치관혼미를 피할 수 있게 도와준다.

(6) 6단계: 친밀감 대 고립감(Intimacy vs. Isolation)

6단계는 성인기가 시작되는 단계로서 이 시기에는 타인과의 관계에서 친밀감을 이룩하는 일이 중요한 발달과업이다. Erikson은 친밀감을 자신의 정체감과 다른 사람의 정체감을 융합시키는 능력이라고 표현한다. Erikson에 의하면 성인기에는 친밀감이 필요하며 이를 원한다. 성인들은 다른 사람에 대해 개인적으로 깊이 관여하기를 바란다. 친밀한 관계란 타인을 이해하고 깊이 공감을 나누는 수용력에서 발달한다.

사진 설명 Erikson에 의하면 여섯 번째 위기인 '친밀감 대 고립감'의 위기는 성년기에 사랑하는 사람과 생을 함께하기로 약속함으로써 성공적으로 해결될 수 있다고 한다.

만약 이 같은 친밀한 관계를 형성할 수 없거나 그렇게 하는 것이 두렵다면, 그들은 고립되고 자기몰두에 빠지게 된다. 희생과 양보가 요구되는 친밀한 관계를 이룩할 수 있는 능력은 청년기에 획득되는 것으로 여겨지는 정체감에 의해 좌우된다. 즉, 정체감을 확립한 후에야 다른 사람과 진정한 친밀감을 형성할 수 있다. 친밀감은 자신의 정체감과 다른 사람의 정체감을 융합시킬 수 있는 능력이며 다른 사람을 사랑할 수 있는 능력에서 나온다. 친밀한 관계는 상호신뢰와 애정을 바탕으로 해서 '우리'라는 상호의존성을 발달시킨다. 정체감을 확립하지 못한 사람은 대인관계에서 위축되는 경향이 있는데 이것은 고립감을 낳는다.

자신을 남에게 주는 것은 진정한 친밀감의 표현일 수 있기 때문에 남에게 줄 자아를 갖고 있지 않다면 이것이 불가능할 것이다. 부부 중 한쪽 또는 양쪽 모두가 자신의 정체감을 확립하기 전에 결혼생활을 시작한다면 행복한 결혼생활이 지속될 가능성이 적다.

친밀감 대 고립감의 위기로부터 성숙한 '사랑(love)'이라는 덕목이 형성된다. 사랑은 우리 인생에서 매우 중요한 관계의 기초가 되는 것으로서 상호 헌신하는 것을 의미한다.

(7) 7단계: 생산성 대 침체성(Generativity vs. Stagnation)

Erikson에 의하면 중년기에 생산성 대 침체성이라는 일곱 번째의 위기를 경험한다고 한다. 생산성이란 성숙한 성인이 다음 세대를 구축하고 이끄는 데 관심을 기울이는 것을 말한다. 자신들의 인생이 저물어 가고 있는 것을 바라보고는 다음 세대를 통해 자신의 불멸을 성취하고자 한다. 그리고 이 욕구가 충족되지 않으면 침체성에 빠지게 된다고 Erikson은 말한다. 침체성은 다음 세대를 위해서 자신이 한 일이 아무것도 없다는 것을 깨닫는 것이다. 인생을 지루하고 따분하다고 생각하는 사람, 불평불만을 일삼는 사람, 매사에 비판적인 사람들이 침체성의 전형이다.

사진 설명 자녀를 낳아 기르는 것은 생산성의 가장 직접적인 표현이다.

생산성은 몇 가지 다른 방법으로 표출될 수 있다(Kotre, 1984). 생물학적 생산성은 자녀를 낳아 기르는 것이고, 직업적 생산성은 다음 세대에게 기술을 전수하는 것이며, 문화적 생산성은 문화의 어떤 측면을 창조하고, 혁신하고 그리고 보존하는 것이다. 이 경우에 생산성의 대상은 문화 그 자체이다.

생산성을 통해서 중년기 성인들은 다음 세대를 인도한다. 즉, 자녀를 낳아 기르고, 젊은 세대를 가르치고, 지도하고, 지역사회에 도움이 되는 일들을 함으로써 인생의 중요한 측면을 통하여 다음 세대를 인도한다. 생산적인 중년들은 다음 세대와의 연결을 통해 사회의 존속과 유지를 위해 헌신한다.

생산성 대 침체성의 위기에서 '배려(care)'라는 덕목이 나타난다. 배려는 보살핌, 사랑, 필요 또는 우연에 의해 생산된 것들에 대한 폭넓은 관심이다.

(8) 8단계: 통합감 대 절망감(Integrity vs. Despair)

마지막 단계인 8단계는 노년기로서 이 단계의 발달과업은 자아통합감과 절망감의 위기를 극복하는 것이다. 노인들은 자신의 죽음에 직면해서 자신이 살아온 삶을 되돌아보게 된다. 이때 자신의 삶을 의미 있고 만족스러운 것으로 인식하고, 지금까지 살아온 인생을 별다른 후회 없이 그대로 받아들이며, 인생의 피할 수 없는 종말로 죽음을 받아들이게 되면 통합감이라는 정점에 이르게 될 것이다. 반면, 자신의 삶이 무의미한 것이었다고 후회하면, 이제는 시간이 다 흘러 가버려서 다른 삶을 다시 살아볼 수 있는 기회가 없다는 느낌에 직면하게 되어 절망감에 빠지게 된다.

사진 설명 노년기의 발달과업은 자아통합감과 절망감의 위기를 극복하는 것이다.

이 위기를 성공적으로 해결하기 위해서는 통합감이 절망감보다 바람직하지만 어떤 절망감은 불가피한 것이기도 하다. Erikson에 의하면 자기 자신의 인생에서 불행이나 잃어버린 기회에 대해서뿐만 아니라 인간존재의 나약함과 무상함에 대한 비탄감은 피할 수 없는 것이라고 한다.

자아통합감 대 절망감의 갈등을 성공적으로 해결하는 경우에 나타나는 덕목이 '지혜(wisdom)'이다. 지혜는 자신의 죽음에 직면하여 얻게 되는 인생의 의미에 대한 통찰이다. 이와 같은 지혜는 노년기의 지적인 힘일 뿐만 아니라 중요한 심리적 자원이다.

5) 평가

많은 사람들이 Freud의 이론보다 Erikson의 이론을 선호한다. 그 이유는 인간의 성적 본능을 지나치게 강조한 Freud에 비해 인간의 이성과 적응을 강조한 Erikson의 이론이 훨씬 더 호소력이 있기 때문이다. Erikson은 Freud 이론의 경험적 기초를 확장하여 정신분석이론의 신뢰도와 적용가능성을 증가시켰다. 다시 말하면, Erikson은 심리성적 단계에 심리사회적 단계를, 생물학적 영향에 문화적 영향을, 자아방어에 자아정체감을, 비정상적인 연구대상에 정상적인 연구대상을, 특정한 문화적 시각에 비교문화적 시각을, 아동기에 대한 성인의 회상에서 아동에 대한 관찰을 그리고 아동발달에 성인발달을 첨가시켰던 것이다(Miller, 1993). 특히 인간발달에서 전생애발달적 접근을 한 점과 문화적 상대성을 인정한 점은 Erikson의 매우 중요한 공헌이라 할 수 있다.

Patricia H. Miller

한편, Erikson 이론의 단점은 첫째, 개념정의가 명확하지 못하고, 발달의 원인이 무엇인가에 대한 설명이 부족하다는 점이다. 다시 말해서, 인간의 사회정서발달에 대한 기술만 있고 설명이 없다는 것이다. 둘째, 그의 단계이론에서 각 단계로의 전환이 어떻게 이루어지는지 그 기제가 명확하지 않다는 점 또한 문제점으로 지적되고 있다. 셋째, 성인발달 단계의 연령구분이 아동기에 비해 모호하고, 다른 문화권 혹은 같은 문화권이라고 하더라도 시대에 따른 차이가 있어 보편적인 적용이 힘들다는 지적이다. 넷째, Freud 이론과는 달리 Erikson의 심리사회적 이론을 지지해주는 연구가 턱없이 부족한 실정으로 이론의 유용성이 Freud의 이론보다 못하다는 문제가 제기되고 있다.

제3장

인지발달이론

놀이는 아동에게 일과 같은 것이다. Jean Piaget

행동은 사고의 토대이다. Jean Piaget

어떤 발달단계에 있는 아동에게든지 지적으로 정직한 형태로 가르치면 어떤 소재든지 효율적으로 가르칠 수 있다. Jerome Bruner

이 세상의 모든 훌륭한 것들은 모두가 독창성의 과실이다. John Stewart Mill

사람은 누구나 자신의 기억력에 대하여 불평하지만, 누구 한 사람 자신의 판단에 대하여 탄식하는 이는 없다. La Rochefoucauld

1. Piaget의 인지발달이론
2. 정보처리이론
3. Vygotsky의 사회문화적 인지이론

정신분석이론이 아동의 무의식적 사고의 중요성을 강조하는 것이라면, 인지발달이론은 아동의 의식적 사고를 강조하는 이론이다. 인지발달이론에서는 정신구조가 매우 중요한 의미를 갖는다. 이 점에서는 정신분석이론과 별 차이가 없으나, 인지발달이론은 무의식적인 사고과정에는 전혀 관심이 없다. 그 대신에 합리적인 사고과정을 강조한다.

인지발달이론은 또한 발달과정에서의 아동의 능동적인 역할을 매우 중시한다. 아동은 능동적으로 환경에 적응하고, 스스로 사고하고, 정보를 처리하며, 적극적이고 주도적인 활동을 하는 존재이다. 인지발달이론에서는 아동발달은 환경적 요인에 의해 결정되는 것이 아니라, 아동이 환경적 요인들을 어떻게 받아들이고 해석하느냐 하는 주관적인 경험에 의해 결정된다고 본다. 환경에 대한 아동의 능동성을 강조하는 '열린 교실'의 많은 개념들이 인지발달이론의 전통에 근거한다.

인지발달이론은 아동의 능동적인 정신과정에 주목함으로써 발달심리학에 혁명적인 변화를 가져왔다. 인지발달이론은 '지능'이란 것이 단지 IQ점수로 요약되는 것이 아니라, 아동이 환경과의 상호작용을 통해 습득해온 다양하고 복잡한 능력을 반영하는 복합적 요인이라는 것을 보여준다. 인지발달이론은 발달을 유기체와 환경 간의 상호작용으로 간주하기 때문에 '상호작용적' 모형으로 분류되기도 한다.

이 장에서는 Piaget의 인지발달이론, 정보처리이론 그리고 Vygotsky의 사회문화적 인지이론에 관해 살펴보기로 한다.

1. Piaget의 인지발달이론

1) Piaget의 생애

Jean Piaget(1896-1980)

Jean Piaget는 1896년 스위스의 작은 마을 뉴사텔에서 태어났다. 아버지는 주의깊고 논리적인 사고를 하는 중세역사학자였고, 어머니는 감정적이며 정서적으로 불안정한 여성이었다. Piaget는 아버지의 학구적인 면을 좋아하여 연구에 몰두함으로써 어머니가 야기하는 가족 간의 갈등과 긴장감을 해소하였다.

Piaget는 어려서부터 과학에 깊은 관심을 가져 첫 번째 논

사진 설명 Piaget와 그의 아내 Valentine이 세 자녀와 함께

문을 10세 때에 발표하였으며, 고등학교 때에는 연체동물에 관한 연구를 했는데, 이로 인해 외국 학자들의 초청을 받기도 하였다. Piaget는 21세에 자연과학 분야의 박사학위를 받았으나, 그 후에는 아동심리 분야에 대한 과학적 연구를 하기로 결심하였다.

1920년에 Piaget는 파리의 Binet 실험실에서 근무하게 되었는데, 그의 연구과제는 아동용 지능검사방법을 마련하는 것이었다. Piaget는 아동의 반응, 특히 질문에 대해 틀린 대답을 하는 데에 관심을 갖고, 그들의 오류가 일관성이 있는 유형을 따르고 있음을 발견하였다. 이러한 유형들은 Piaget로 하여금 아동들의 사고가 그 나름대로 독특한 특성을 가지고 있을 것이라고 생각하게 했다. Piaget는 어린 아동이 나이 든 아동이나 어른에 비해 단순히 더 '우둔한' 것만은 아니고, 그들과 전혀 다른 방식으로 사고한다고 생각하였다.

1925년에 Piaget의 첫딸인 Jacqueline이 태어나자 Piaget는 이를 계기로 아동의 인지적 행동에 관한 일련의 중요한 연구들을 시작하였다. Piaget와 그의 부인 Valentine은 Jacqueline과 그다음에 태어난 Lucienne, Laurent의 행동을 세심하게 관찰하게 되는데, 이것이 Piaget의 인지발달이론의 초석이 되었다.

Piaget는 아동심리학 분야에서만 40권 이상의 저서와 100편 이상의 논문을 발표하였다. 제네바 대학과 소르본 대학의 심리학과 교수, 과학교육연구소장, 국제교육연구소 국장을 역임했으며, 철학자와 심리학자를 중심으로 발생학적 인식학 센터인 연구소를 설립하여 일생 동안 이곳에서 연구에 몰두하였다.

1960년대에 들어와서 Piaget의 연구들은 세계 도처에서 심리학자들의 폭발적인 관심의 대상이 되었으나, 연구방법상의 결함으로 인해 미국학자들을 중심으로 한 많은 학자들에 의해 비판의 대상이 되었다. 1970년대 이후부터 계속되던 Piaget에 대한 비판은 최근에 와서 그의 연구의 인식론적 뿌리에 대한 새로운 관심으로 바뀌어가고 있으며, 발달심리학 연구의 기초를 닦은 그의 학문적 기여에 대해 재평가가 시작되고 있다. 1980년 9월 16일 임종 시까지 Piaget는 생의 마지막 해에도 아동이 하는 사고의 본질과 발달에 관한 저술과 연구를 계속하였다.

2) Piaget 이론의 주요 개념

Piaget의 인지발달이론에서는 도식, 적응, 동화, 조절 그리고 평형의 개념이 중요한 의미를 갖는다.

(1) 도식(Schema)

도식은 사물이나 사건에 대한 전체적인 윤곽을 말한다. 빨기나 잡기와 같은 최초의 도식들은 본질적으로 반사적인 것이다. 그러나 이들 반사적 행동조차도 환경의 요구에 따라 변화한다. 예를 들면, 빨기는 유아가 자라서 숟가락을 사용하게 되면 형태가 변화한다. 여기서 빨기의 도식은 구조적으로는 변했지만, 그것을 수행하는 기능 면에서는 변한 것이 아니다. 유아는 많은 도식들을 지니고 태어나며, 적응의 과정을 통해서 새로운 도식을 개발하고 기존의 것들을 변화시킨다.

사진 설명 유아는 많은 도식을 지니고 태어나는데, 새로운 물체를 탐색하고 이해하는 데 그 도식들을 사용한다.

(2) 적응(Adaptation)

적응은 환경과의 직접적인 상호작용을 통해 도식이 변화하는 과정이다. 동식물의 세계는 적응의 예들로 가득 차 있다. 홍관조 수컷은 선명한 붉은색인 반면, 암컷은 눈에 잘 띄지 않도록 엷은 갈색조를 띠어 종의 생존에 대한 위협을 줄인다. 봄꽃의 아름다운 색채는 수분(受粉)작용을 통해서 일어나는 봄꽃의 생식과정에 참여하는 곤충을 유인한다. 이와 같이 적응은 개인의 욕구를 충족시키기 위해 이루어지는 것이지만 개인 또는 환경의 수정을 포함하는 매우 복잡한 과정이다. 적응은 동화와 조절이라는 두 가지 수단을 통해 진행된다.

(3) 동화(Assimilation)

동화는 새로운 환경자극에 반응함으로써 기존의 도식을 사용해 새로운 자극을 이해하는 것을 말한다. 유아가 음식이든 아니든 무엇이나 입으로 가져가는 것은 동화의 한 예이다. 이것은 환경의 요구에 관계없이 하나의 도식을 사용한다는 것을 나타낸다. 이 경우 유아는 자신의 내적 욕구를 만족시키기 위해 환경을 변화시킨다.

사진 설명 영아는 물체의 모양에 알맞도록 자신의 입을 조절한다.

(4) 조절(Accommodation)

조절은 기존의 도식을 가지고는 새로운 사물을 이해할 수 없을 때에 기존의 도식을 변경하는 것을 말한다. 아동이 조절을 할 때에는 도식의 형태에 질적인 변화가 일어난다. 아동이 사자를 보고 고양이라고 말할 때, 누군가가 "아니야, 그것은 사자란다"라고 말해줌으로써 잘못을 바로잡을 수 있다. 이때 아동은 '사자'라고 불리는 새로운 도식을 형성하게 된다.

(5) 평형(Equilibration)

끝으로 평형은 동화와 조절의 균형을 의미한다. 여기서 동화, 조절, 평형이 어떻게 작용하는지 예를 들어보자. 5세 된 아이가 하늘에 날아다니는 물체는 새라고 배웠다고 하자. 하늘에 날아다니는 물체를 볼 때마다 아이는 그 사물이 자기가 가지고 있는 기존체계, 즉 새라는 것에 자신의 생각을 동화시킨다. 그런데 어느 날 아이는 하늘을 날아가는 비행기를 보게 된다. 이 새로운 사물을 보고 아이는 그가 가지고 있는 기존의 개념인 '새'에 결부시키려고 하나 모양이나 크기 등이 너무 다르다. 그래서 아이는 기존의 체계를 변경하지 않으면 안 되는데 이 과정이 조절이다. 아이는 이제 불평형의 상태에 놓이게 된다. 즉, 이 새로운 물체가 새인지 아닌지, 만약 새가 아니라면 도대체 무엇인지 알 수 없다. 그래서 어머니에게 저 물체가 무엇인지를 물어본 결과 그것은 새가 아니라 비행기라는 답을 듣는다. 그리고 아이는 새와 비행기의 차이를 알게 되는데, 이것이 평형의 상태이다.

3) Piaget의 인지발달 단계

Piaget(1954)에 의하면 인지발달은 유기체와 환경과의 상호작용으로 이루어지는 적응 과정이며, 여기에는 질적으로 다른 네 개의 단계가 있다고 한다(〈그림 3-1〉 참조). 인지발달에는 네 단계가 있으며, 이 단계들은 정해진 순서대로 진행하고, 단계가 높아질수록 복잡성이 증가한다고 한다.

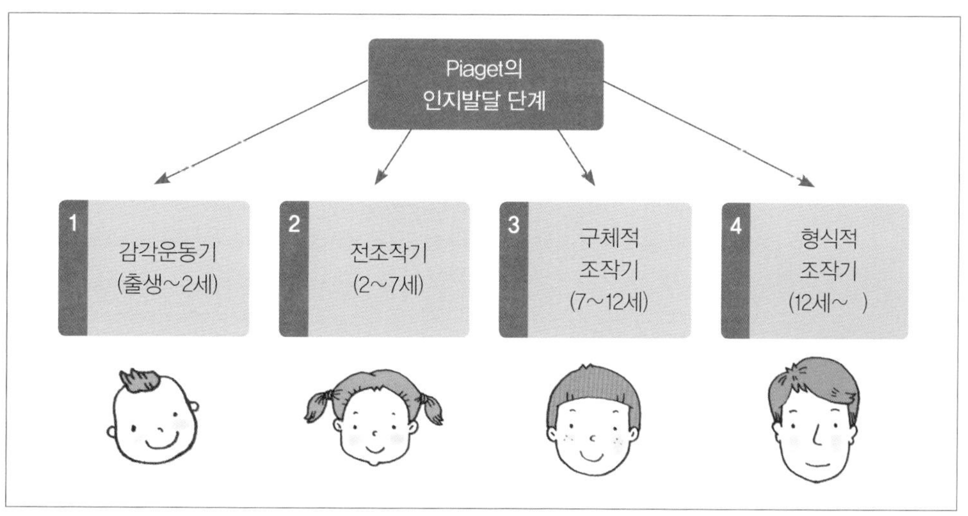

〈그림 3-1〉 Piaget의 인지발달 단계

(1) 감각운동기(Sensorimotor Stage)

인지발달의 첫 번째 단계는 감각운동기로서, 신생아의 단순한 반사들이 나타나는 출생에서 시작해서 초기의 유아적 언어가 나타나는 상징적 사고가 시작되는 2세경에 끝난다. 아동의 행동은 자극에 대한 반응으로 나타나는 것이지만, 이때의 자극은 감각이고 반응은 운동이다. 그래서 이 단계를 감각운동기라고 부른다. Piaget는 감각운동기를 6개의 하위단계로 나누었는데 그 단계들은 다음과 같다.

① 반사운동기(Reflex Activity: 출생~1개월)

영아는 세상에 대한 지식을 습득하는 일차적 자원으로서 빨기, 잡기, 큰 소리에 반응하기와 같은 반사적 행동에 의존한다. 영아는 다양한 반사능력을 가지고 이 세상에 태어나며, 이를 통해 외부 세계를 이해하게 된다. 이들 중 가장 우세한 반사는 빨기반사인데, 영아는 입에 닿는 것은 무엇이든 빨려고 한다(사진 참조). 빨기반사, 잡기반사 등은 외부

세계에 적응해나가는 과정을 통해 계속적으로 발달하며, 이후의 인지발달을 위한 초석이 된다.

이 하위단계의 중요한 특징은 첫째, 자신과 외부 세계 간의 구분이 없으며, 둘째, 다양한 반사도식들을 사용함으로써 영아는 환경의 요구에 보다 더 잘 적응할 수 있다는 것이다.

② 일차 순환반응기(Primary Circular Reactions: 1~4개월)

영아의 관심은 외부의 대상보다는 자신의 신체에 있기 때문에 '일차' 순환반응이라 불린다. '순환반응'이라는 용어는 빨기, 잡기와 같은 감각운동의 반복을 의미한다. 즉, 유아가 우연한 행동을 통해 재미있는 결과를 초래하게 되면 계속해서 그 행동을 반복하게 되는 것을 말한다. 예를 들어, 영아가 손가락을 빠는 것이 아주 재미있는 일이라고 생각하게 되면, 손가락을 자꾸만 입 속에 넣으려고 한다(사진 참조). 순환반응의 목적은 기존 도식에 대한 수정이며, 이 도식의 수정은 지적 발달에 대한 입증이다.

이 하위단계 동안 영아는 다양한 반사들에 숙달하며, 이 반사들은 서로 협응하게 된다. 예를 들면, 영아는 눈으로 흥미 있는 물체를 추적하면서, 한편으로는 그 물체를 잡으려고 팔을 뻗치기 시작한다. 빨기-잡기 도식과 보기-잡기 도식은 이 단계에서 획득되는 중요한 도식 간의 협응인 것이다.

③ 이차 순환반응기(Secondary Circular Reactions: 4~8개월)

이 하위단계의 주요 특징은 영아가 자신의 외부에 있는 사건과 대상에 열중한다는 점이다. 그래서 '이차' 순환반응이라 불린다. 일차 순환반응과 이차 순환반응 간의 주된 차이점은 행동의 초점에 있다. 일차 순환반응기에는 영아는 자신의 신체와 신체 주변에 있는 대상과 사건에 관심을 갖는다. 그러나 이차 순환반응기에는 영아의 관심이 자신의 신체 외부에 있는 대상과 사건에 쏠린다. 즉, 일차 순환반응은 영아의 여러 신체부분들이 서로 협응하는 것을 말하고, 이차 순환반응은 영아가 그 자신이 아닌 외부에서 흥미로운 사건들을 발견하고, 이를 다시 반복하려고 할 때에 일어난다.

보기-잡기와 같은 도식의 발달은 주변 환경에 흥미를 갖는 결과를 만들어내게 된다. 우연히 수행한 어떤 행동이 흥미있는 결과를 초래할 경우, 또다시 그 결과를 유발하기 위해 그 행동을 반복하게 된다. 예를 들어, 우연히 딸랑이를 흔들어 소리가 났을 경우, 영아는 잠시 멈추었다가 다시 한 번 그 소리를 듣기 위해 딸랑이를 흔드는 행위를 되풀이하게 된다(사진 참조). 그러한 행동이 되풀이되는 것은 '의도성(intentionality)'이 나타나는 증거이며, 심지어 목표지향적인 초기 형태가 시작된다는 증거이기도 하다.

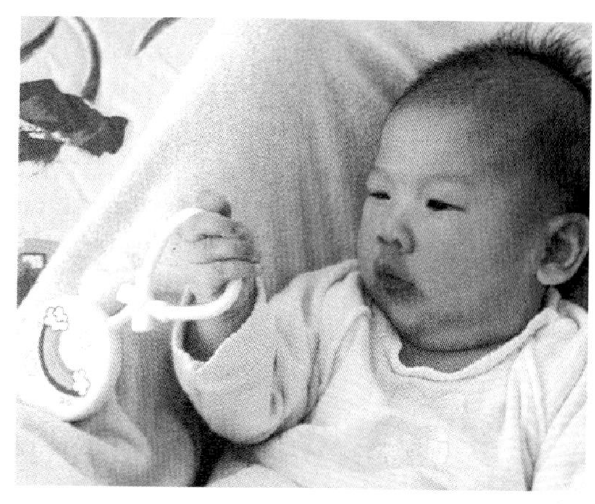

지능이 의도적 또는 목적지향적 행위와 동등한 것이기 때문에, 의도성은 Piaget 이론의 중요한 구성요소라 할 수 있다. 이 하위단계 동안 영아는 외부 세계에 있는 어떤 사건들이 영아 자신의 행동의 통제하에 있다는 것을 이해하기 시작한다.

④ 이차 순환반응의 협응기(Coordination of Secondary Circular Reactions: 8~12개월)

이 하위단계에서 영아의 관심은 자신의 신체가 아니라 주위의 환경에 있으며, 자신의 목표를 달성하기 위해 두 가지 행동을 협응하기 때문에, 이 단계를 이차 순환반응의 협응기라고 일컫는다.

영아기의 인지발달에서 중요한 의미를 갖는 두 가지 획기적인 사건이 이 하위단계에서 발생한다. 첫째는 영아가 인과개념을 갖기 시작한다는 점인데, Piaget는 이것을 진정한 의미에서 지능의 첫 신호라고 믿는다.

> 어느 날 Piaget의 아들 Laurent이 성냥갑을 잡으려 했을 때 Piaget가 손으로 그것을 가로막았다. 처음에 Laurent은 Piaget의 손을 무시하고 성냥갑을 재빨리 잡으려고만 하였지 손을 치우려고는 하지 않았다. 그러다가 마침내 Laurent은 성냥갑을 잡기 전에 방해가 되는 손을 치우고 성냥갑을 잡는 데 성공하였다(Piaget, 1952, p. 217).

사진 설명 영아가 자신이 원하는 장난감을 얻기 위해 방해물을 치우고 있다.

위의 예에서, Laurent은 목적을 달성하기 위

해 둘로 분리된 도식—방해물 치우기와 성냥갑 잡기—을 협응케 하였다. 여기서 하나의 도식인 방해물을 치우는 행위는 또 다른 도식인 성냥갑 잡기라는 목적을 위한 수단이 되었다. 이 시기의 영아는 목표가 되는 하나의 도식에 도달하기 위해 수단이 되는 다른 도식을 이용하는 능력을 갖게 된다.

Piaget는 이러한 수단과 목적의 관계를 영아가 인과개념을 이해하는 첫 번째 징후로 보았다. 또한 영아가 방해물을 치우고 숨겨진 물건을 찾아내는 행위는 두 번째의 획기적 사건인 대상영속성(object permanence)의 개념을 획득하기 시작했다는 사실을 보여준다. 이 시점까지는 어떤 물체가 영아의 시야에서 사라지면 그 물체는 더 이상 존재하지 않는 것으로 영아가 지각하는 것으로 보인다. 다시 말해서 영아는 "눈에서 멀어지면 마음도 멀어진다(out of sight, out of mind)"라는 속담을 증명하는 것처럼 보인다. 그러나 이 하위단계에서는 어떤 물체가 눈앞에서 사라진다고 하더라도 그 물체가 없어진 것이 아니라는 것을 인식할 정도로 영아의 대상영속성 개념이 발달하기 시작한다.

⑤ 삼차 순환반응기(Tertiary Circular Reactions: 12~18개월)

삼차 순환반응은 선행되는 두 순환반응과 구분하기 위해서 '삼차'라고 부른다. 일차 순환반응기 동안 영아는 자신의 신체에 관심을 가지며, 이차 순화반응기에는 외부 세계에 있는 대상에 관심을 갖는다. 이제 삼차 순환반응기가 되면 영아는 실험적 사고에 열중한다. 즉, 영아는 새로운 원인과 결과 간의 관계에 대해서 이를 가설화한다. 예를 들어, 영아는 처음에 장난감 북을 북채로 쳐보지만, 다음에는 어떤 소리가 나는가 보려고 연필로, 블록으로 그리고 망치로 두들겨본다(〈그림 3-2〉 참조).

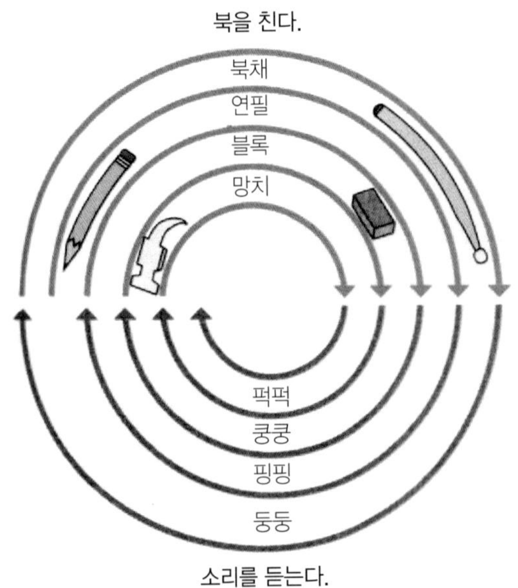

〈그림 3-2〉 삼차 순환반응기의 실험적 사고

증대된 운동기술이 영아와 대상 간의 좀더 복잡해진 관계에 기여하는 요소가 된다. 대부분의 영아가 걷기 시작하는 것이 바로 이때이다. 영아가 고도의 활동성을 갖기 시작할 때면 새로운 경험을 할 수 있는 가능성이 크게 증가한다.

이 하위단계에서 영아는 매우 적극적이고 목적지향적이며 시행착오적으로 탐색하는 특성을 보인다. 시행착오 학습의 결과, 영아는 새로운 대상이 제시되면 그 대상을 다각도로 탐색해 보고, 정해진 목표를 달성하기 위해 전 단계와는 다른 새로운 수단을 발견하게 된다. 한 예로, 영아는 팔이 닿지 않을 경우, 원하는 장난감을 갖기 위해 막대기를 사용하여 밀어보는 시도를 할 수 있다.

⑥ 정신적 표상(Mental Representation: 18~24개월)

이 하위단계는 영아의 지적 능력이 놀랄 정도로 크게 성장하는 시기이다. 영아는 이제 눈앞에 없는 사물이나 사건들을 정신적으로 그려내기 시작하고, 행동을 하기 전에 머릿속에서 먼저 생각을 한 후에 행동한다. 전 단계에서처럼 시행착오 과정을 통해서 문제를 해결하는 것이 아니라, 행동하기 전에 상황에 관한 사고를 하기 때문에 문제를 더 빨리 해결할 수 있다.

사진 설명 새로운 결과를 얻기 위해 영아는 여러 가지 새로운 방법을 시도해본다.

Piaget는 딸 Lucienne이 좋아하는 구슬을 성냥갑 속에 집어넣었다. Lucienne은 성냥갑 틈새로 손가락을 넣어 구슬을 꺼내려고 시도해보았지만 구슬을 꺼낼 수가 없었다. 그러자 Lucienne은 자기 입을 몇 번 벌렸다 다물었다 하더니, 재빨리 성냥갑을 열고 구슬을 꺼내었다(Piaget, 1952, p. 338).

위의 예에서, Lucienne이 입을 벌렸다 다물었다 하는 것은 성냥갑의 구조를 정신적으로 표상하고 있음을 반영하는 것이다. 정신적 표상이 가능해지면서 이전 단계까지는 불가능하던 지연모방(deferred imitation)이 가능하게 된다. 지연모방은 어떤 행동을 목격한 후 그 행동을 그 자리에서 곧장 모방하지 않고, 일정한 시간이 지난 후에 그 행동을 재현하는 것을 말한다. 예를 들어, 아버지가 세차하는 것을 형이 도와드리는 것을 목격한 영아가 그 다음날 걸레를 들고 자기 세발자전거를 닦는 시늉을 하거나, 동네 형들이 놀이를 하면서 욕설을 하는 것을 듣고서 며칠 후 손님 앞에서 그 욕설을 그대로 말해서 부모를 난처하게 만드는 경우를 볼 수 있다. 지연모방은 어떤 행동을 정신적으로 표상할 수 있는 능력과 그것을 정확하게 표현할 수 있는 능력을 필요로 한다.

Piaget의 딸인 Jacqueline이 어느 날 한 남자아이와 함께 놀게 되었는데, 그 남자아이는 한참 재미있게 놀다가 갑자기 놀이방에서 나가려고 고함을 지르고 문을 두드리고 발을 구르며 울었다. 이런 광경을 처음 목격한 Jacqueline은 놀라서 가만

대상영속성 개념의 발달

감각운동기에 획득하게 되는 중요한 능력 중의 하나는 대상영속성(object permanence)의 개념이다. 대상영속성은 물체가 눈에 보이지 않거나 소리가 들리지 않더라도 그 물체가 계속 존재한다는 것을 아는 것이다. 대상영속성의 개념은 인지발달 단계와 병행하여 발달하는데, 이 개념을 획득하기 위해서는 자신이 주변 세계와 분리된 독립된 존재라는 사고를 할 수 있어야 한다. Piaget는 다음과 같이 감각운동기의 하위단계별로 대상영속성 개념의 발달을 설명하고 있다.

하위단계 1

이 단계에서는 대상영속성의 개념이 전혀 없다. 신생아는 움직이는 물체가 보이면 눈으로 그 물체를 좇아가다가 그 물체가 시야에서 사라지면 더 이상 그 물체에 관심을 보이지 않는다.

하위단계 2

대상영속성의 개념이 어렴풋이 나타난다. 예를 들어, 영아의 눈앞에서 빨간색 공이 천천히 왔다갔다 움직이면 눈을 움직여 그 공을 좇는다. 그러다가 공이 영아의 눈앞에서 사라지면 공이 사라지기 바로 전에 머물렀던 지점을 잠시 바라보다가 이내 고개를 돌린다(사진 참조).

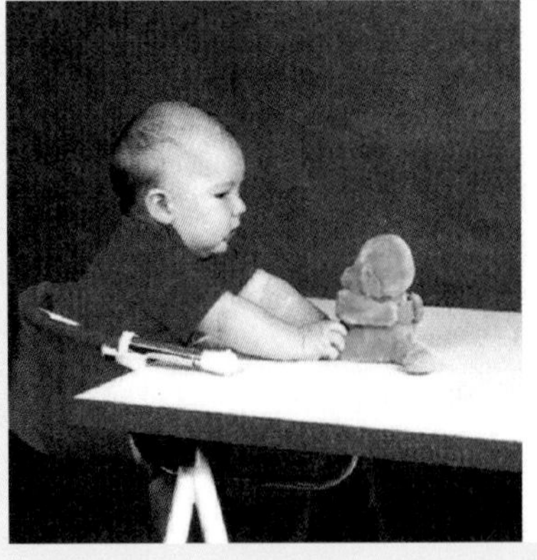
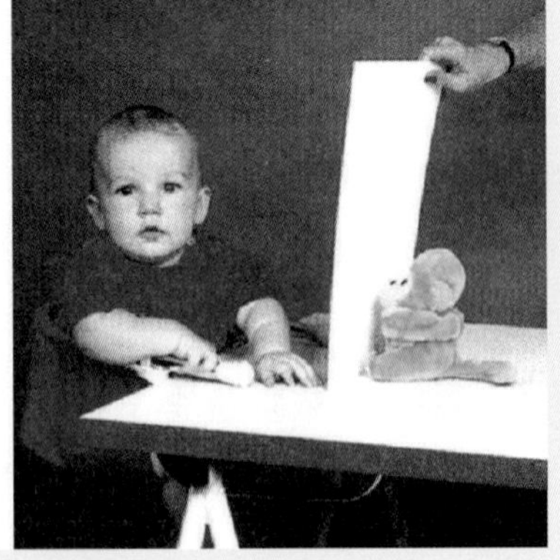

사진 설명 영아는 감각운동기의 제1, 제2 하위단계에서 물체가 시야에서 사라지자마자 관심을 보이지 않는다.

하위단계 3

하위단계 3에서는 대상영속성의 개념이 완전히 발달하지 못한 것으로 보인다.

〈그림 3-3〉 하위단계 3

주변의 물체가 보이지 않아도 어딘가에 존재한다는 사실을 어렴풋이 이해한다. 이 시기에는 눈과 손의 협응이 이루어져 물체가 부분적으로 눈에 보이는 경우에는 잡으려고 애쓰지만, 물체가 사라지는 과정을 보았음에도 불구하고 완전히 사라진 경우에는 찾으려 하지 않는다. 〈그림 3-3〉에서 보듯이 장난감을 보자기로 반쯤 가려 놓으면 영아는 장난감을 찾아낸다. 그러나 장난감을 보자기로 완전히 덮어놓으면 찾지 않는다. 이처럼 감춰진 물체를 찾으려고 하지 않는 것은 대상영속성의 개념이 완전히 발달하지 않은 것으로 해석할 수 있다.

하위단계 4

시야에서 사라진 물체를 적극적으로 찾으려고 한다. 그러나 영아가 지켜보고 있는 동안에 물체를 처음 감춘 장소에서 다른 장소로 옮겨 놓아도 처음 감추었던 장소에서 그 물체를 찾으려고한다(〈그림3-4〉 참조).

〈그림 3-4〉 하위단계 4

하위단계 5

영아가 보는 앞에서 빠른 속도로 장난감을 이리저리 숨겨놓아도 그것을 찾을 수 있다. 이 처럼 보이는 곳으로의 이동은 이해하지만, 아직도 보이지 않는 곳으로의 이동은 이해하지 못한다(〈그림3-5〉 참조).

〈그림 3-5〉 하위단계 5

하위단계 6

대상영속성의 개념이 완전하게 발달한다. 보이는 곳으로의 이동뿐만 아니라 보이지 않는 곳으로의 이동도 모두 이해할 수 있다. 숨기는 장면을 목격하지 않은 대상물도 찾을 수 있다.

우리나라의 영아를 대상으로 한 연구(박경자, 1981)에 따르면, 대상영속성 개념은 연령에 따라 일정한 단계를 거쳐 발달한다는 Piaget의 단계이론이 타당한 것임을 입증해주고 있다. 즉, 대상영속성 개념의 발달을 측정해본 결과, 영아들은 연령이 증가할수록 더 높은 점수를 얻었고, 6, 9, 12, 18개월은 서로 다른 발달단계를 구성하였음이 드러났다. 대상영속성 개념의 발달에 있어서 영아는 Piaget가 제시한 발달순서와 대체로 일치했는데, 부분적으로 감추어진 물체찾기가 가장 먼저 이루어졌고, 그 후에 완전히 감추어진 물체찾기로 발전하였다. 또한 성현란과 배기조(2004)의 연구에서도, 영아의 월령이 증가할수록 대상영속성의 개념이 더욱 발달하는 것으로 보인다. 즉, 9개월이 되면 부분적으로 숨긴 대상물에 대해 그리고 10개월이 되면 완전히 숨긴 대상물에 대해 대상영속성의 개념이 발달하는 것으로 나타났다.

> 히 쳐다보고만 있었다. 그러나 다음날 놀이방에서 놀다가 싫증이 난 그녀는 고함을 지르고 발을 구르면서 전날 그 남자아이가 한 것과 똑같은 행동을 했다(Piaget, 1962, p. 63).

이것은 이미 사라진 모델의 행동을 상징화하여 그 행동을 나중에 그대로 본받음으로써 지연모방을 한 것이다.

(2) 전조작기(Preoperational Stage)

두 번째 단계는 전조작기로서 2세에서 7세까지가 여기에 해당한다. 이 단계에서는 논리적인 조작이 가능하지 않기 때문에 전조작기라 부른다. '조작'이란 과거에 일어났던 사건들을 내면화시켜 서로 관련지을 수 있는 것을 뜻한다.

Piaget는 전조작기를 다시 두 개의 하위단계로 나누는데, 2세부터 4세까지를 전개념적 사고기(preconceptual period)라 부르고, 4세부터 7세까지를 직관적 사고기(intuitive period)라 부른다.

① 전개념적 사고기

개념이란 사물의 특징이나 관계, 속성에 대한 생각으로 정의할 수 있다. 만약 주어진 대상에 대한 정확한 개념을 가지고 있다면, 그것이 어떻게 변화하더라도 동일한 대상으로 인식할 수 있다. 그러나 이 단계의 아동은 환경 내의 대상을 상징화하고 이를 내면화시키는 과정에서 성숙한 개념을 발달시키지 못한다. 따라서 이 단계를 전개념적 사고기라고 부른다.

전개념적 사고의 특징은 상징적 사고, 자기중심적 사고, 물활론적 사고, 인공론적 사고, 전환적 추론을 하는 것 등이다.

㉠ 상징적 사고

Piaget(1962)에 의하면 전조작기의 가장 중요한 인지적 성취는 상징적 사고(symbolic thought)의 출현이라고 한다. 감각운동기의 말기가 되면 영아의 사고는 더 이상 자신의 행동이나 감각에 의존하지 않는다. 대신 정신적 표상, 지연모방, 상징놀이 등이 가능해진다. 이러한 정신능력은 감각운동기의 말기에 이미 싹이 트지만, 언어를 습득하게 되고 상상력이 풍부해지는 전

사진 설명 유아들이 커피잔과 받침접시 등을 가지고 소꿉놀이를 하고 있다.

조작기에 와서 활짝 꽃피운다.

상징(symbol)은 어떤 다른 것을 나타내는 징표를 말한다. 예를 들어, 국기는 국가를 상징하고, 악수는 우정을 상징하며, 두개골과 두 개의 대퇴골을 교차시킨 그림(☠)은 죽음과 위험을 상징한다. 언어는 가장 보편적인 상징이다. 예를 들면, '개'라는 단어는 털이 있고, 네 개의 다리와 꼬리를 가진, 사람에게 친근한 동물을 상징한다.

상징의 사용은 문제해결의 속도를 증가시키고, 시행착오를 감소시킨다. 단어나 대상이 어떤 다른 것을 표현하게 하는 상징적 사고능력은 유아로 하여금 '지금 여기'의 한계에서 벗어나 정신적으로 과거와 미래를 넘나들게 해 준다.

Kenneth Rubin

상징적 사고의 가장 매혹적인 결과 중의 하나는 가상놀이이다. 가상놀이란 가상적인 사물이나 상황을 실제 사물이나 상황으로 상징화하는 놀이를 말한다. 상징적 사고를 하기에는 충분한 나이지만, 아직 현실과 환상을 구분하기에는 너무 어린 나이인 유아기에 유아가 가장 좋아하는 활동이 가상놀이이다. 소꿉놀이, 병원놀이, 학교놀이 등이 가상놀이의 예들이다. 유아기 동안 가상놀이는 점점 더 빈번해지고, 연령이 증가하면서 점점 더 복잡해진다(Rubin, Fein, & Vandenberg, 1983).

ⓛ 자기중심적 사고

유아는 우주의 모든 현상을 자기중심적으로 생각하는데, 자신이 좋아하는 것을 다른 사람도 좋아하고, 자신이 느끼는 것을 다른 사람도 느끼며, 자신이 알고 있는 것을 다른 사람도 알고 있다고 생각한다. 그래서 어머니의 생일선물로 자신이 좋아하는 피카추 인형을 고르거나, 숨바꼭질 놀이(사진 참조)를 할 때 자신이 술래를 볼 수 없으면 술래도 자신을 볼 수 없다고 생각하여, 몸은 다 드러내놓고 얼굴만 가린 채 숨었다고 생각한다.

유아는 자신의 왼손과 오른손은 구별하지만, 맞은편에서 있는 사람의 왼손과 오른손은 구별하지 못한다. 유치원 교사는 이러한 사실을 알기 때문에, 유아와 마주 보고 '나비야'라는 무용을 가르칠 때 "이리 날아오너라"라는 손동작을 오른손을 들어야 할 경우 자신의 왼손을 든다. 그래야만 유아가 자신의 오른손을 들기 때문이다.

자기중심적 사고(egocentric thought)는 다른 사람의 관점을 고려하지 못하는 데에 기인한다. 이것은 유아가 이기적이거나 일부러 다른 사람의 입장을 배려하지 않는 것이 아

〈그림 3-6〉 Piaget의 '세 산 모형 실험'

니라, 단지 다른 사람의 관점을 이해하지 못하는 것을 의미한다.

유아기에 갖는 자기중심적 사고를 보여주는 매우 유명한 실험으로 Piaget와 Inhelder(1956)의 '세 산 모형 실험(three mountains experiment)'이 있다. 〈그림 3-6〉에서 보듯이, 색깔, 크기, 모양이 각기 다른 세 개의 산 모형을 만들어 탁자 위에 올려놓는데, 한 산의 정상에는 작은 집이 있고, 또 다른 산의 정상에는 십자가가 꽂혀 있으며, 나머지 한 산의 정상은 흰 눈으로 덮여 있다. 유아로 하여금 탁자 주위를 한 바퀴 돌아보게 한 다음 한 의자에 인형을 앉히고, 또 다른 의자에 유아를 앉게 한다. 몇 개의 사진을 제시하고서 유아가 본 것을 나타내는 사진과 인형이 본 것을 나타내는 사진을 선택하게 한다. 6~7세 이전의 유아는 자신이 본 것을 나타내는 사진은 잘 고르지만, 인형이 본 것을 나타내는 사진을 고르라고 했을 때에도 자신이 본 것과 똑같은 사진을 선택한다.

Robert M. Krauss

유아기의 자기중심성(egocentrism)은 유아의 자기중심적 언어(egocentric speech)에서도 잘 드러난다. 자기중심적 언어는 자신이 하는 말을 상대방이 이해하든 못하든 상관없이 자기 생각만을 전달하는 의사소통의 양식이다. 5세 된 두 유아의 대화를 예로 들어보자.

〈그림 3-7〉의 예에서 보듯이 전조작기의 유아는 타인과의 대화에서 의사소통을 할 목적이나 의도가 없이 독백과 같이 자기 말만 하는 것이 특징이다. 이러한 대화형태를 Piaget는 집단적 독백(collective monologue)이라 부른다.

Sam Glucksberg

Krauss와 Glucksberg(1969)는 유아기의 자기중심적 언어에 관한 실험

〈그림 3-7〉 집단적 독백의 대화

을 하였다. 이 실험에서는 두 명의 유아가 탁자를 마주하고 앉는다. 그리고 탁자 중간에 불투명한 스크린을 설치해서 상대방을 볼 수 없게 한다(〈그림 3-8〉 참조). 크고 작은 여러 가지 장난감과 블록을 두 명의 유아 앞에 똑같이 놓는다. 그중 한 명으로 하여금 자기 앞

〈그림 3-8〉 자기중심적 언어의 실험

에 놓인 물건 중 한 가지를 잘 설명해서 다른 유아로 하여금 그것과 똑같이 생긴 물건을 자기 앞에서 집도록 한다. 4~5세 유아는 이 실험에서 충분한 설명을 하지 못하는 것으로 나타났다. 예를 들면, 빨간색 블록을 집고서 "이걸 집어"라고 말했는데, 자신이 무엇을 집었는지 상대방 유아가 보지 못한다는 사실을 이해하지 못했기 때문이다.

ⓒ 물활론적 사고

전조작기의 유아가 생물과 무생물을 구분하는 방식은 성인의 경우와는 다르다. 이 시기에 유아들은 물활론적 사고를 한다. 즉, 생명이 없는 대상에게 생명과 감정을 부여한다(Opfer & Gelman, 2011). 예를 들면, 태양은 자기가 원해서 밝게 빛나고, 종이를 가위로 자르면 종이가 아플 것이라고 생각한다. 산너머 지는 해를 보고 유아는 해가 화가 나서 산 뒤로 숨는다고 말한다. 책꽂이에서 떨어진 책은 다른 책들과 함께 있기를 싫어해서 떨어졌다고 믿으며, 탁자에 부딪쳐 넘어진 유아는 탁자를 손바닥으로 때리면서 "때찌"라고 말하는데, 이것은 탁자가 자기를 일부러 넘어뜨렸다고 믿기 때문이다.

사진 설명 유아가 인형에게 전화를 받으라고 한다.

물활론적 사고는 유아기 초기의 가장 현저한 특성인데, 4~5세가 되면 감소하기 시작한다(Bullock, 1985). 물활론적 사고는 다음과 같은 단계로 진행되는데, 유아기에는 1, 2단계까지 발달한다.

사진 설명 유아는 구름이 움직이기 때문에 살아있다고 생각한다.

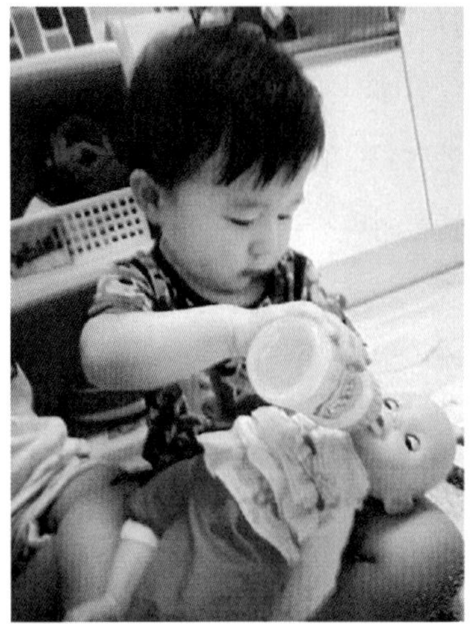

사진 설명 유아가 인형에게 우유를 먹이고 있다.

사진 설명 인형들에게 편안함을 주기 위해 흔들의자에 앉혀 준다.

1단계: 사람에게 영향을 주는 모든 사물은 살아있다고 생각한다.

2단계: 움직이는 것은 살아있고, 움직이지 않는 것은 죽었다고 생각한다.

3단계: 움직이는 것 가운데서도 스스로 움직이는 것은 살아있다고 생각한다.

4단계: 생물학적 생명관에 근거해서 생물과 무생물의 개념을 파악하게 된다.

우리나라 그림책에 나타난 유아의 물활론적 사고의 교육적 기능을 분석한 연구(백승화, 강기수, 2014)에서 물활론적 사고 특징이 잘 나타나 있으며 교육적 가치가 있다고 생각되는 그림책을 중심으로 분석한 결과, 그림책에 나타난 물활론적 사고는 유아에게 풍부하고 다양한 경험을 제공하여 유아의 바람직한 정서발달에 기여하며, 유아의 상상력과 창의력 발달에 도움을 주어 유아의 인지적 발달을 돕는다는 점에서 교육적 기능을 수행하는 것으로 나타났다.

㉣ 인공론적 사고

물활론적 사고와 관련이 있는 현상이 인공론적 사고이다. 어떤 의미에서 물활론(animism)과 인공론(artificialism)은 자기중심성의 특별한 형태라고 할 수 있다. 유아는 세상의 모든 사물이나 자연현상이 사람의 필요에 의해서 자신의 목적에 맞도록 쓰려고 만들어진 것이라고 믿는다. 유아는 사람들이 집이나 교회를 짓듯이 해와 달도 우리를 비추게 하기 위해 사람들이 하늘에 만들어두었다고 믿는다. 그리고 하늘이 푸른 이유는 누군가가 파란색 물감으로 하늘을 칠했기 때문이며, 비가 오는 이유는 누군가가 커다란 스프링클러로 물을 뿌렸기 때문이라고 믿는다. 유아는 자기중심적 사고의 특성으로 인해, 이러한 사물이나 자연현상이 특히 자신을 위해 존재한다고 생각한다.

ⓓ 전환적 추론

인과개념을 갖는다는 것은 어떤 현상의 원인과 결과 간의 관계를 추론하는 능력을 말한다. 성인은 추론을 할 때 대체로 귀납적 추론 또는 연역적 추론을 한다. 귀납적 추론(inductive reasoning)은 관찰된 개별적 사실들을 총괄하여 일반적 원리를 성립시키는 사고의 방법이다. 즉, 특수 사례를 근거로 하여 일반화의 진리를 도출해내는 방법이다. 연역적 추론(deductive reasoning)은 그와 반대로 일반적인 원리나 법칙을 바탕으로 하여 특수한 원리를 이끌어내는 추론이다.

유아기에는 전개념적 사고의 한계 때문에 귀납적 추론이나 연역적 추론을 하지 못하고 대신 전환적 추론(transductive reasoning)을 하게 된다. 전환적 추론의 특징은 한 특정 사건으로부터 다른 특정 사건을 추론하는 것이다. 예를 들어, 낮에는 항상 낮잠을 자던 Piaget의 딸 Lucienne이 어느 날에는 낮잠을 자지 않았다. Lucienne은 "내가 아직 낮잠을 자지 않았기 때문에 아직 낮이 아니에요."라고 말했다. 여기서 Lucienne은 '낮잠'이라는 특정 사건이 '낮'이라는 특정 사건을 결정짓는 원인이 되는 것으로 추론하고 있다.

또 다른 예로, 한 유아가 동생을 미워한다는 사실과 동생이 아프다는 두 가지 사실을 자기가 동생을 미워해서 동생이 아프게 되었다는 인과관계로 연결시킨다. 특히 어떤 두 가지 현상이 시간적으로 근접해서 발생하면 두 현상 간에 아무런 관계가 없는데도 유아는 인과관계가 있는 것으로 생각한다.

② 직관적 사고기

직관적 사고란 어떤 사물을 볼 때, 그 사물의 두드러진 속성을 바탕으로 사고하는 것을 말한다. 즉, 직관에 의해 사물을 파악하는 것을 의미한다. 판단이 직관에 의존하기 때문에 전체와 부분의 관계를 정확하게 파악할 수 없으며, 과제에 대한 이해나 처리방식이 그때그때의 직관에 의해 좌우되기 쉽다. 보존개념, 유목포함(類目包含), 서열화 등을 검토함으로써 직관적 사고의 특성을 살펴보기로 하자.

㉠ 보존개념

보존개념(conservation)은 어떤 대상의 외양이 바뀌어도 그 속성이 바뀌지 않는다는 것을 이해하는 능력을 의미한다. Piaget에 의하면 전조작기에는 보존개념이 획득되지 않는다고 한다. 가장 유명한 예가 양(액체)의 보존개념 실험이다(사진 참조). 이 실험에서는 유아가 보는 앞에서 모양이 같은 두 개의 잔에 같은 양의 물을 부은 다음 어느 잔의 물의 양이 더 많은지 유아에게 물어보면 두 잔의 물의 양이 같다고 대답한다. 그러나 한 잔의 물을 밑면적이 넓고 높이가 낮은 잔에 옮겨 담고, 이제 어느 잔의 물의 양이 더 많은지 유아에게 물어보면, 두 잔의 물의 양이 같다는 사실을 이해하지 못하고, 대부분의 경우 길고 폭이 좁은 잔의 물이 더 많다고 대답한다. 이는 물의 양에 대한 보존개념이 형성되지 않았다는 것을 말해준다. 그 이유는 유아가 물의 높이에만 관심을 두기 때문이다.

수, 길이, 무게, 부피 등의 보존개념 실험에서도 이와 유사한 결과가 나타난다. 〈그림 3-9〉는 여러 가지 보존개념에 관한 실험의 예들이다. 보존개념이 획득되는 연령은 과제의 종류에 따라 다른 것으로 보인다. 수의 보존개념은 5~6세, 길이의 보존개념은 6~7세, 무게, 액체, 질량, 면적의 보존개념은 7~8세, 부피의 보존개념은 11~12세에 획득하는 것으로 보인다.

우리나라 유아들을 대상으로 수보존개념과 양보존개념을 관찰한 연구(박종효, 1993)에서 수보존개념의 과제는 5세 유아 중 37.5%가 통과하였고, 6세 유아 중 78.6%가 통과하였다. 양보존개념은 5세 유아 중 12.5%만이 통과하였고, 6세 유아 중 21.4%만이 통과하였다. 또한 양보존개념의 과제를 통과한 유아 중 수보존개념의 과제에서는 실패한 유아가 없었던 반면, 수보존개념의 과제를 통과하고도 양보존개념에 실패한 유아는 45.5%였다. 이는 양보존개념이 수보존개념 이후에 출현한다는 Piaget의 주장을 뒷받침하는 것으로 보인다.

이와 같이 전조작기의 유아가 보존개념을 획득하지 못하는 이유를 Piaget는 다음 몇 가지로 설명하고 있다. 첫째, 중심화(centration) 현상 때문이다. 중심화란 두 개 이상의 차원을 동시에 고려하지 못한 채 한 가지 차원에만 주의를 집중하는 것을 말한다. 양의 보존개념에 관한 실험에서 물의 양은 잔의 밑면적과 높이에 의해서 결정되는데, 유아는 이 중에서 한 가지 측면(물의 높이나 넓이)만을 보고 대답을 한다. 둘째, 지각적 특성에 의해 판단하는 직관적 사고 때문이다. 유아가 보기에는 밑면적이 넓고 길이가 짧은 잔의 물의 양이 적어 보인다. 그러니까 유아는 그 잔의 물의 양이 적을 것이라고 생

사진 설명 유아가 수의 보존개념 과제를 풀고 있다.

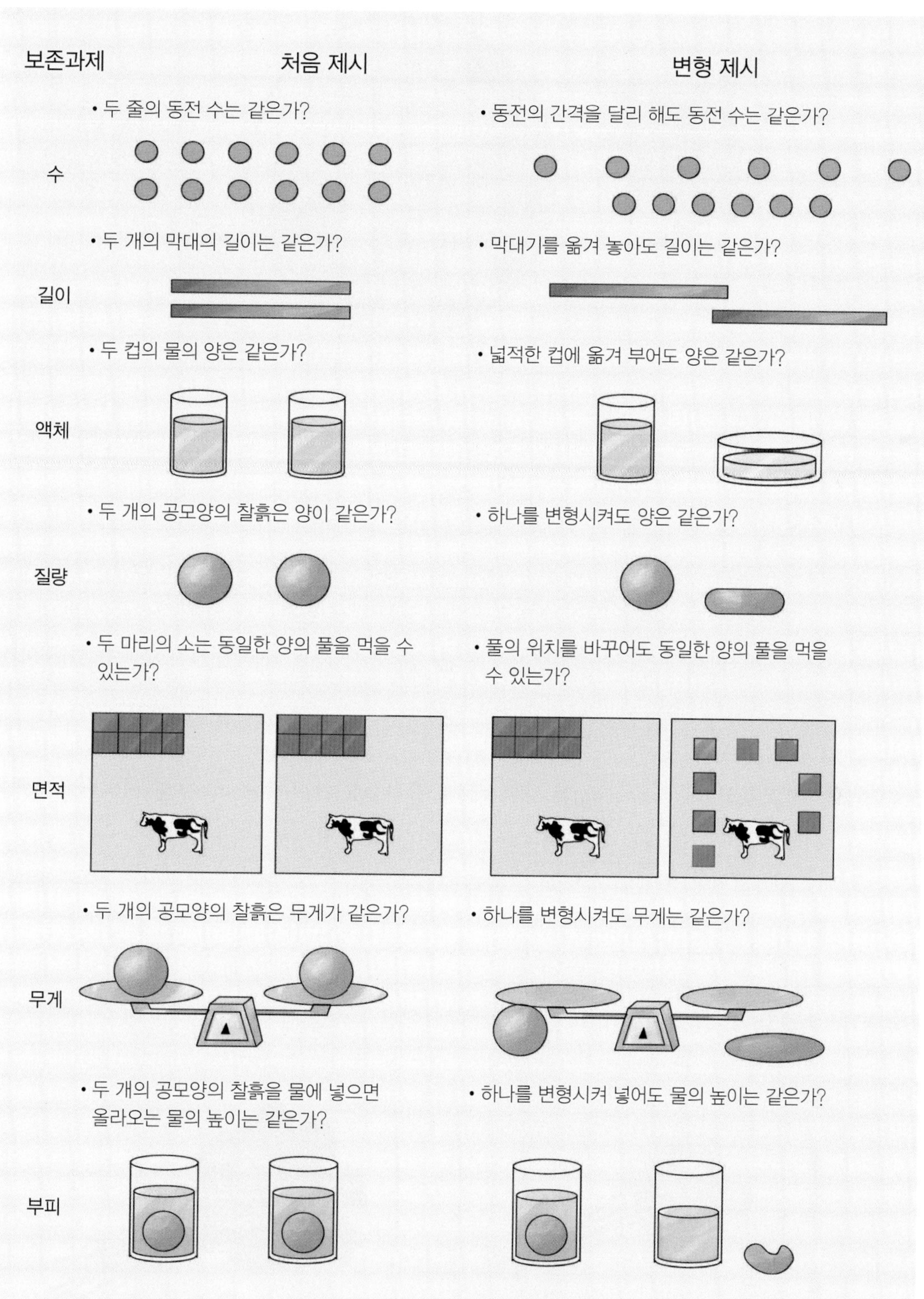

〈그림 3-9〉 보존개념 실험의 예

출처: Berk, L. E. (1996). *Infants, children, and adolescents* (2nd ed.). Needham Heights, MA: Allyn & Bacon.

각한다. 셋째, 정지된 상태(states)에 주의를 집중하여 바뀌는 상태(transformations)를 고려하지 못하기 때문이다. 양의 보존개념에 관한 실험에서 똑같은 양의 물을 한 잔에서 다른 잔으로 옮겨놓았다는 전환상태를 유아는 고려하지 못한다. 넷째, 전조작기의 비논리적 사고의 특징인 비가역성(irreversibility) 때문이다. 가역성(reversibility)은 어떤 변화가 일어났을 때 이것을 이전 상태로 되돌려놓는 것을 말하는데, 비가역성은 이런 능력이 없는 것을 말한다. 양의 보존개념에 관한 실험에서 물을 처음 잔에 도로 부으면 물의 양이 똑같다는 사실을 유아는 이해하지 못한다.

㉡ 유목포함

유목포함(class inclusion)은 상위유목과 하위유목 간의 관계, 즉 전체와 부분의 관계를 이해하는 능력을 말한다. 유목포함에 관한 실험(〈그림 3-10〉 참조)에서 유아에게 열 송이의 빨간색 장미와 다섯 송이의 노란색 장미를 보여주고 "빨간색 장미가 더 많니? 장미가 더 많니?"라고 물으면 유아는 빨간색 장미가 더 많다고 대답한다. 이때 유아는 빨간색 장미와 노란색 장미(하위유목)가 모두 장미라는 상위유목에 포함된다는 사실을 이해하지 못하고, 장미꽃의 색깔이라는 지각된 특성에만 주의를 집중하게 된다. 왜냐하면 전체(장

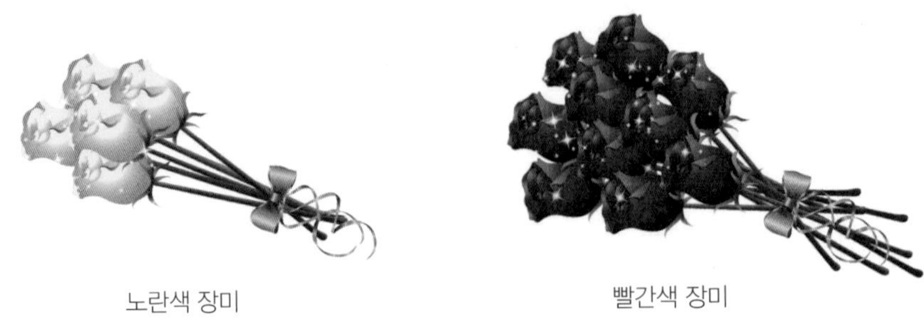

〈그림 3-10〉 유목포함 실험

미)와 부분(빨간색 장미와 노란색 장미)이라는 논리적 관계를 이해하지 못하기 때문이다.

우리나라 아동 120명을 대상으로 한 연구(이경렬, 1989)에서 아동의 유목포함 수행능력은 연령이 증가함에 따라 점차 우수한 것으로 나타났다. 즉, 4세 유아보다는 5~6세 유아가, 5~6세 유아보다는 7~8세 아동들의 수행능력이 우수한 것으로 나타났다. 우리나라 아동 60명을 대상으로 한 최근의 연구(박윤현, 2013)에서도 유목과제의 정답률과 응답시간은 연령에 따라 차이가 있는 것으로 나타났다. 즉, 5세 유아가 3, 4세 유아보다 유목과제를 보다 빠르게 수행하였으며, 정답률도 높은 것으로 나타났다.

ⓒ 서열화

유아에게 길이가 다른 여러 개의 막대기를 주고 길이가 짧은 것부터 순서대로 나열해 보라고 하면, 3~4세의 유아는 〈그림 3-11〉의 A에서 보듯이 차례대로 나열하지 못한다. 5~6세가 되면 일부는 순서대로 나열하나 전체적으로는 서열대로 나열하지 못한다. 때로는 〈그림 3-11〉의 B에서 보듯이 아랫부분은 무시하고 윗부분만을 순서대로 나열하기도 한다. 그러나 구체적 조작기에 이르러서는 〈그림 3-11〉의 C에서 보는 바와 같이 서열화의 개념을 완전히 획득하게 된다.

사진 설명 유아기에는 블록을 색깔이나 모양에 따라 분류할 수는 있지만, 색깔과 모양을 한꺼번에 고려해서 분류하지는 못한다.

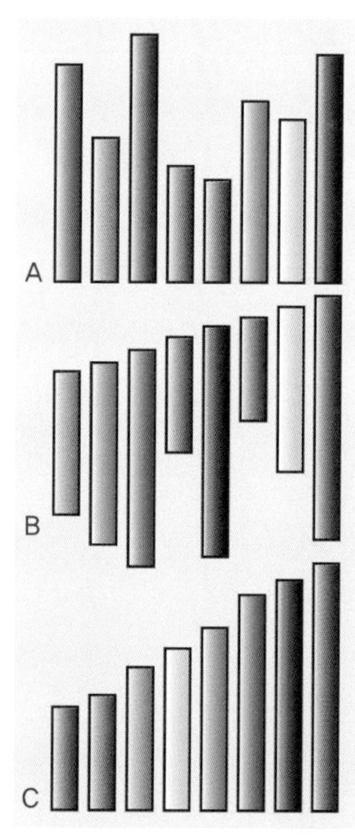

〈그림 3-11〉 서열화 개념의 발달

(3) 구체적 조작기(Concrete Operational Stage)

세 번째 단계는 구체적 조작기로서 7세에서 12세까지가 여기에 해당한다. 이 단계에서 아동은 전조작기에서 갖지 못한 가역성(可逆性)이라는 특성을 갖는다. 구체적 조작기의 아동은 조작의 순서는 전환될 수 있고, 조작 전 상황의 특성들이 회복될 수 있다는 것을 이해한다.

① 보존개념

전조작기와 구체적 조작기의 중요한 차이는 아동이 문제해결 과정에서 직관보다는 논리적 조작이나 규칙을 적용하기 시작한다는 사실이다. 이러한 사고의 변화를 보여주기 위해 Piaget가 사용한 대표적 과제 중 하나는 보존개념이다. 보존개념은 물체의 외형상 변화에도 불구하고 이로부터 빼거나 더하지 않으면, 그 물체의 특정한 양은 그대로 보존된다고 판단할 수 있는 능력이다.

학동기의 아동은 찰흙의 모양이 둥근 형태에서 길고 넓적하게 변하더라도 그 양은 같다는 사실을 알게 된다. 또한 폭과 넓이가 다른 두 잔의 물의 양이 동일하다는 사실도 알게 된다. Piaget의 보존개념 실험에서 유아기에는 높이나 폭의 한 차원밖에 고려할 수 없으나, 아동기에는 높이와 폭이라는 두 가지 차원을 동시에 고려할 수 있게 된다.

이러한 보존개념의 획득에는 가역성, 보상성, 동일성이라는 세 가지 개념의 획득이 전제가 된다. 가역성(reversibility)은 어떠한 상태의 변화가 그 변화의 과정을 역으로 밟아가면 다시 원상으로 복귀될 수 있다는 사실이다. 보상성(compensation)은 높이의 감소가 폭이라는 차원으로 보상된다는 것이고, 동일성(identity)은 어떤 방법으로든 더하거나 빼지 않았으므로 양은 동일하다는 것을 뜻한다.

여러 가지 형태의 보존개념이 특정한 시기에 한꺼번에 획득되는 것은 아니다. Piaget는 이를 수평적 위계(horizontal dècalage)의 개념으로 설명하고 있다. 수와 길이, 양에 대한 보존개념을 가장 먼저 획득하게 되며, 다음으로 무게에 대한 보존개념, 부피에 대한 보존개념의 순서로 획득하게 된다고 한다(〈그림 3-9〉 참조).

② 조망수용

아동기에는 자기중심성의 사고에서 벗어나 타인의 입장, 감정, 인지 등을 추론하고 이해할 수 있는 조망수용(perspective taking) 능력을 습득하게 된다.

Piaget의 '세 산 모형 실험'(〈그림 3-6〉 참조)에서 아동은 이제 인형이 보는 산 모양, 즉 타인의 위치에서 보는 공간적 시각을 추론할 수 있다. 또한 특정의 상황에서 타인의 감정을 추론하는 것이 가능하다. 어떤 줄거리를 이야기해주고 상황을 설명해주었을 때, 아동은 그 이야기의 주인공이 느끼는 감정을 이해할 수 있게 된다. 나아가 타인의 사고과정이나 행동의 원인을 추론하고 이해하는 인지적 조망능력도 획득하게 된다.

우리나라의 초등학교 1, 3, 5학년 아동 90명을 대상으로 한 연구(조성례, 2001)에서 사회적 조망수용능력은 아동의 학년이 높아질수록 더 높게 나타났다. 또한 남아보다 여아들의 조망수용능력이 더 높은 것으로 나타났다. 초등학교 1, 3, 5학년 72명을 대상으로 상황특성에 따른 아동의 감정조망 수용능력의 발달에 관한 연구(이종화, 1993)에 따르면, 아동의 감정조망 수용능력은 상황이 복잡하면 복잡할수록 더 낮아지는 것으로 나타났다. 즉, 한 가지 감정만이 관련된 단순상황에 비해 두 가지 감정이 복합적으로 관련되는 복합상황에서 감정조망 수용능력은 더 늦게 발달하는 것으로 보인다. 또한 아동의 감정조망 수용능력은 감정의 특성에 따른 상황에 따라 차이가 나타났다. 즉, 기쁨과 슬픔의 감정이 관련된 상황에서 감정조망 수용능력이 가장 높게 나타났고, 분노가 관련된 상황에서는 낮게 나타났다. 한편, 전반적으로 여아의 감정조망 수용능력이 남아보다 더 높은 것으로 나타났다.

③ 유목화

유아기에는 사건이나 사물을 일정한 규칙에 따라 분류하지 못한다. 색깔과 크기가 다른 여러 가지 모양의 물건을 주고 이를 일정한 속성에 따라 분류하라고 하면, 이 시기의 아동은 기준에 혼돈을 일으켜 이를 정확하게 분류하지 못한다. 또한 분류기준이 명확하지 않고 시시각각 변하며, 전체와 부분에 대한 개념도 가지고 있지 않다.

그러나 아동기에는 물체를 공통의 속성에 따라 분류하고 한 대상이 하나의 유목에 속하는 것으로 분류할 수 있다. 물체를 한 가지 속성에 따라 분류하는 단순 유목화(simple classification), 물체를 두 개 이상의 속성에 따라 분류하는 다중 유목화(multiple classification)의 개념이나 상위유목과 하위유목 간의 관계를 이해하는 유목포함(class inclusion)의 개념을 습득하게 된다. 만약 8세의 아동에게 8개의 빨간색 유리구슬과 2개의 파란색 유리구슬을 보여주고, 빨간색 유리구슬과 유리구슬 가운데 어떤 것이 더 많은지 물어보면, 이들은 대부분 유리구슬이 더 많다고 대답한다.

④ 서열화

구체적 조작기의 또 다른 특성은 사물을 영역별로 차례대로 배열할 수 있는 능력을 획득하게 된다는 점이다. 유아기에는 길이가 다른 여러 개의 막대기를 놓고 이를 상호관

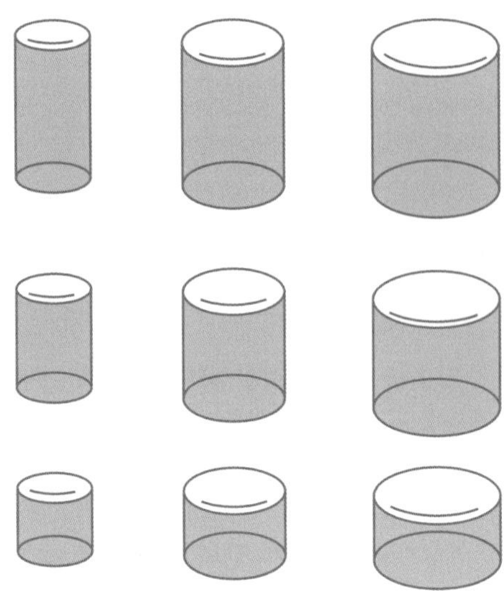

아동기에는 두 가지 이상의 속성(높이와 폭)에 따라 순서대로 배열하는 다중 서열화 과제도 해결할 수 있다.

〈그림 3-12〉 서열화 과제

계에 따라 순서대로 나열해보라고 지시하면 유아는 많은 오류를 보인다. 그러나 아동기에는 특정한 속성에 따라 유목으로 나누면서, 동시에 거의 시행착오 없이 상호관계에 따라 막대를 순서대로 배열하는 것이 가능하다. 즉, 〈그림 3-12〉에서처럼 높이와 폭이 상이한 원주 모양의 유리기둥을 각각의 차원에 따라 배열할 수 있다. 아동은 한 가지 속성에 따라 대상을 비교하면서 순서대로 배열하는 단순 서열화(simple seriation)뿐만 아니라, 두 가지 이상의 속성에 따라 대상을 비교해서 순서대로 배열하는 다중 서열화(multiple seriation)도 가능하다. 이러한 서열화의 개념은 수들 간의 관계를 이해하는 데 결정적인 역할을 하므로 산수를 배우는 데는 필수적이다.

〈표 3-1〉은 구체적 조작기의 주요 특성에 관한 내용이다(Berk, 1996).

표 3-1 구체적 조작기의 주요 특성

개념	주요 요점	실례
보존개념	구체적 조작기의 아동은 물체의 모양이 바뀌어도 물리적 특성은 동일하다는 사실을 인식한다.	유진이는 방바닥에 쏟은 동전을 찾으면서 어제 책상 위에 둔 동전이 모두 10개였으므로 동전 10개를 모두 찾으려고 한다.
탈중심화	구체적 조작기의 아동은 어떤 상황의 한 면에만 주의를 집중하지 않고 여러 측면을 한꺼번에 고려할 수 있다.	유진이는 주스 두 잔을 가져온 후 한 잔을 동생에게 건네주면서 "내 유리잔은 깊고 좁지만 네 잔은 납작하고 넓기 때문에 주스는 똑같은 양이야"라고 말한다.

가역성	구체적 조작기의 아동은 어떤 상태의 변화과정을 역으로 밟아가면 다시 원상태로 돌아갈 수 있다는 것을 안다.	덧셈과 뺄셈은 가역적 조작(reversible operation)이 가능하다는 것을 이해한다. 유진이는 7에 8을 더하면 15가 되고, 15에서 8을 빼면 7이 된다는 것을 이해한다.
위계적 유목화	구체적 조작기의 아동은 물체를 여러 가지 특성에 따라 다양하게 나눌 수 있다.	유진이가 친구에게 자신이 수집한 조약돌을 보여주었더니 친구는 "이것들은 크기에 따라, 또는 색깔에 따라 분류할 수 있어! 또 형태와 색깔에 따라서도 분류할 수 있어!"라고 말했다.
서열화	구체적 조작기의 아동은 물체를 배열할 때 전체적인 구도를 그리면서 배열한다.	유진이는 크기에 따라 조약돌을 배열하기로 하였다. 가장 작은 조약돌부터 시작해서 커지는 순서대로 배열하였다.
전이적 추론	구체적 조작기의 아동은 머릿속에서 서열화를 할 수 있다. A와 B를 비교하고, B와 C를 비교한 후에 그들은 A와 C의 관계를 추론할 수 있다.	"유선이 도시락은 내 것보다 큰 것 같아"라고 유진이가 말했더니, 유리가 "그리면 유선이 도시락은 내 도시락보다 클 거야! 왜냐하면 내 도시락은 네 것보다 작거든"이라고 말했다.
공간적 추론	구체적 조작기의 아동은 거리 보존개념이 있으며, 거리와 시간 그리고 속도 사이의 관계를 이해한다. 그리고 한 장소에서 다른 장소까지 갈 수 있는 방법을 제시할 수 있다.	유진이는 트럭이 인도를 가로막고 있다 하더라도 거리(인도의 길이)가 변하지 않는다는 것을 이해한다. 또한 같은 시간 동안 친구보다 더 빨리 달린다면 친구보다 더 먼 거리를 갈 수 있다는 것도 안다. 그리고 자기 집에서 친구 집까지 어떻게 가는지를 정확하게 말할 수 있다.
수평적 위계	아동기 동안 보존개념들이 차례로 습득된다.	유진이는 면적과 무게의 보존개념을 습득하기 전에 수와 액체의 보존개념을 습득한다.

(4) 형식적 조작기(Formal Operational Stage)

마지막 단계는 형식적 조작기인데 청년기가 이 단계에 해당한다. 청년기에는 추상적 사고와 가설적 사고가 가능하며, 아동기에 비해 훨씬 효율적으로 지적 과업을 성취한다.

① 추상적 사고

구체적 조작기의 아동은 눈에 보이는 구체적 사실들에 대해서만 사고가 가능하지만, 형식적 조작기의 청년은 추상적인 개념도 이해할 수 있다. 예를 들어, A〉B이고 B〉C이면, A〉C라는 논리적 추론을 살펴보자. 구체적 조작기의 아동은 A, B, C의 구체적 요소를 보아야 문제해결이 가능하나, 형식적 조작기의 청년은 구두제시만으로도 문제를 해결할 수 있다.

또 다른 예로 "머리가 세 개 달린 물고기가 오늘 4km를 날았고, 내일 다시 3km를 난다면 이 물고기는 모두 몇 km를 날게 되는가?"라는 질문을 던지면, 추상적 사고를 할 수 없는 형식적 조작기 이전의 아동은 이 문제를 이해하지 못한다. 왜냐하면 그들은 머리가 세 개 달린 물고기는 존재하지 않으며, 또한 물고기는 날지 못한다고 생각하기 때문이다. 그러나 질문양식을 바꾸어 4+3이 무엇이냐고 물으면 7이라고 대답한다.

② 가설적 · 연역적 사고

변형된 '스무고개' 놀이에서 42개(한 줄에 6개의 그림이 있고 모두 일곱 줄로 된 것)의 서로 다른 그림을 보여주고, 실험자가 마음에 두고 있는 그림이 어느 것인지 알아맞혀보라고 한다(〈그림 3-13〉 참조). 이때 청년들의 질문에 대한 실험자의 대답은 단지 "예" 나 "아니요"라고만 할 수 있다. 이 놀이는 가능한 한 적은 수의 질문을 해서 답을 맞히게 하는 것이다.

가설적 사고가 가능한 청년들은 계획을 세워 일련의 가설을 차례대로 시험하면서 정답의 범위를 점점 좁혀간다. 즉, 자신이 한 질문에 대해 실험자가 "아니요"라는 답을 하면 몇 가지 가능성이 즉시 정답의 범위에서 제외된다. 반면, 구체적 사고를 하는 아동은 아무런 계획 없이 마구 질문을 하여 제한된 스무 번의 기회를 모두 써버린다(Santrock, 1998).

〈그림 3-13〉 변형된 '스무고개' 놀이 그림

③ 체계적 · 조합적 사고

사진 설명 Piaget(左)와 Inhelder(右)

청년들은 과학자처럼 사고하기 시작한다. 문제해결을 위해 사전에 계획을 세우고, 체계적으로 해결책을 구하려고 한다. 반면, 아동은 시행착오에 의해 문제를 해결하는 편이다. Inhelder와 Piaget(1958)는 한 실험에서 무색 무취의 투명한 액체를 담은 1, 2, 3, 4 번호가 붙은 네 개의 플라스크와 무색의 액체를 담은 g라는 작은 플라스크를 보여주고, 이 액체들을 마음대로 섞어서 노란색이 나오도록 해보라고 하였다(〈그림 3-14〉 참조). 노란색은 1과 3 그리고 g의 액체를 섞어야 나타나게 되어 있었다. 그런데 이 실험에서 전조작기의 아동은 아무렇게나 액체를 섞어 혼란상태를 가져왔다. 구체적 조작기의 아동은 어느 정도 체계성을 보여주었다. 1, 2, 3, 4의 각 플라스크에 g의 액체를 차례대로 부어보았는데 노란색이 나오지 않자, 더 이상의 시도를 해보지 않고 그만두었다. 하지만 형식적 조작기의 청년은 모든 가능성에 대해 체계적으로 시험해볼 수 있었으므로 결국은 노란색을 만들어냈다.

〈그림 3-14〉 Inhelder와 Piaget의 조합적 사고 실험

④ 이상주의적 사고

구체적 조작기의 아동들은 구체적 사실에 한해서 제한된 사고만을 하는 반면, 청년들은 이상적인 특성, 즉 자신과 다른 사람들에게 이상적인 것이었으면 하는 어떤 특성들에 대해 사고하기 시작한다. 그들은 이상적인 부모상에 대해 생각하고, 이 이상적 기준과 자신의 부모를 비교한다. 그리고 자신이 생각하는 이상적인 기준에 맞추어 자신과 다른 사람을 비교하기도 한다. 사춘기에는 미래의 가능성에 대해 상상하고 공상을 한다.

4) 평가

Laura Berk

Piaget 이론의 가장 중요한 공헌은 인간발달에서 인지의 중심적 역할을 강조한 점이다. Piaget는 자연관찰 연구를 통해 아동의 행동 저변에서 중심 역할을 하는 사고과정을 연구하고, 아동이 능동적인 학습자라는 사실을 확인하였다(Berk, 2000). Piaget 이론은 일반적 인지발달 분야뿐만 아니라 기억, 학습, 언어, 사회인지 등의 분야에서 갖가지 연구성과를 거두었으며, 그것들은 교육철학이나 프로그램 개발 등에 응용되었다. 그는 일상생활에서 아동이 보여주는 적응에 중점을 두었으므로, 생태학적으로도 타당한 이론이라는 평가를 받는다.

한편, Piaget 이론의 단점으로 지적되는 사항은 다음과 같다. 첫째, 인지발달이 한 단계에서 다음 단계로 변화하는 기제가 명확하지 않다는 점이다. Piaget는 동화나 조절, 평형 같은 기제로 변화를 설명하고 있지만, 특정한 단계별 전환에 대한 설명이 부족하다. 뿐만 아니라 인지구조가 어떻게 행동으로 옮겨지는지에 대한 설명도 충분하지 않다. 둘째, Piaget는 유아의 능력을 과소평가했다는 지적을 받고 있다. Piaget의 전조작기는 일방적으로 부정적으로만 기술되어 있다. 즉, 이 시기의 사고는 논리적이지 못하고, 가역적이지 못하며, 모순과 오류로 가득 차 있다는 것이다. 셋째, Piaget 이론은 인지발달에서 아동의 개인차에 충분한 주의를 기울이지 않았으며, 사회문화적, 역사적 영향을 과소평가했다는 비판도 받고 있다(Miller, 1993). Piaget는 문화도 또한 아동이 어떻게 사고하는가에 영향을 준다는 사실을 간과했다. Piaget는 아동의 정신이 사회적 상호작용을 통해 발달하는 방식에 대해서는 거의 주의를 기울이지 않았다는 것이다.

2. 정보처리이론

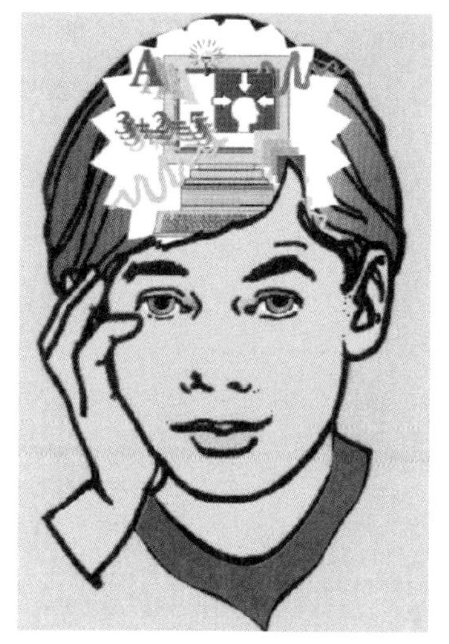

아동의 인지발달을 이해하기 위한 정보처리 접근법은 아동이 정보를 받아들이고, 이용하며, 저장하는 방법에 관해 연구하는 것으로 이 접근법은 특히 기억 쪽에 관심을 둔다. 이 접근법에 의하면, 아동의 인지발달은 정보를 조직하는 능력에서의 양적인 변화로 입증될 수 있다.

1) 정보처리이론의 개요

정보처리이론은 인간의 인지과정을 컴퓨터의 정보처리 과정과 비교해본 재미있는 이론이다. 이 이론은 최근에 와서 인간의 인지를 연구하는 주요 접근법이 되었다(Miller, 1993, 2016). 정보처리이론에 의하면, 컴퓨터와 인간의 사고과정에는 유사점이 있는데, 둘 다 논리와 규칙을 이용한다는 점이다(Belmont & Butterfield, 1971; Klahr, 1992; Siegler, 1996). 이 이론은 컴퓨터의 하드웨어와 소프트웨어의 용어를 사용해서 이들 둘을 비교하고 있다. 하드웨어란 컴퓨터의 물리적 장치를 말하는 것이고, 소프트웨어는 컴퓨터 조작을 위한 프로그래밍을 말한다. 정신활동 역시 하드웨어와 소프트웨어를 가졌다고 볼 수 있는데, 뇌와 신경계를 하드웨어로, 문제해결을 위한 계획이나 책략 등을 소프트웨어로 볼 수 있다(Flavell, 1971).

사진 설명 John Flavell이 아동과 함께

새로운 기술로 말미암아 컴퓨터의 구조와 프로그램이 점점 복잡해지듯이, 인간의 인지과정 또한 아동에서 청년으로 성장하는 동안에 점점 복잡해진다. 예컨대, 여덟 살 난 아이가 열 개의 단어를 외울 수 있을 때, 열네 살 난 아이가 스무 개의 단어를 외울 수 있는 것은 열네 살 난 아이의 뇌와 신경계가 더 성숙해 있는 것으로 해석할 수 있다. 이것이 하드웨어의 차이이다. 다른 한편으로는 아동기에 갖지 못하는 기억

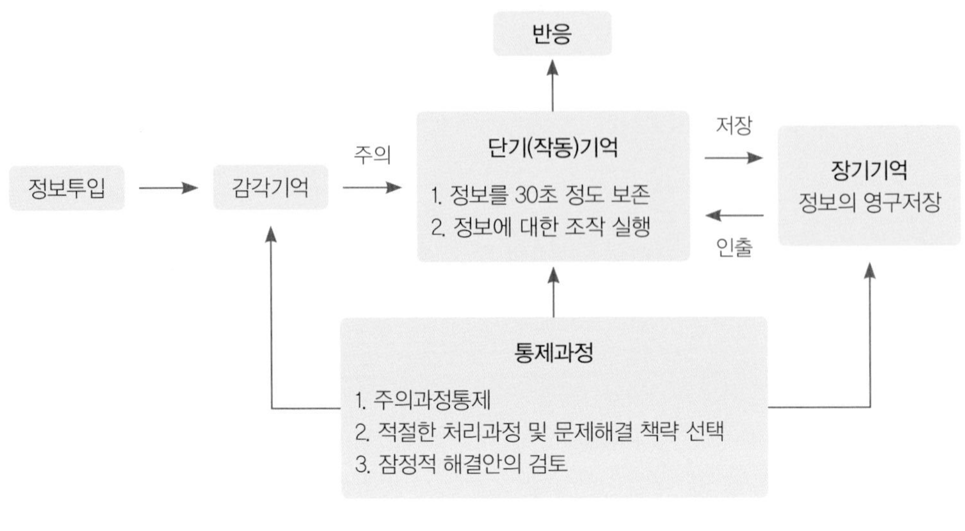

〈그림 3-15〉 정보처리 모델

출처: Atkinson, R. C., & Shiffrin, R. M. (1968). Human memory: A proposed system and its control processes. In K. W. Spence & J. T. Spence (Eds.), *The psychology of learning and motivation: Advances in research and theory* (Vol. 2). Orland, FL: Academic Press.

책략을 청년기에 와서 갖는 것으로도 해석할 수 있는데, 이것이 소프트웨어의 차이이다 (Kail, 1992; Santrock, 1981).

정보처리이론은 아동이 외부 세계로부터 들어오는 정보를 기억과정을 통해 저장하고, 시간의 흐름에 따라 저장된 정보를 전환하며, 또한 정보를 효율적으로 인출하는 정보처리의 과정을 연구대상으로 한다.

정보처리이론은 인간의 인지를 세 가지 체계로 개념화한다. 첫째, 외부 세계로부터의 정보는 시각, 청각, 미각, 후각과 같은 우리의 감각기관을 통해 인지체계에 투입된다. 둘째, 우리의 뇌는 감각기관에 투입된 정보를 다양한 방법으로 저장하고, 전환한다. 여기에는 정보를 부호화하고, 저장하며, 인출하는 과정이 포함된다. 정보처리에 관한 대부분의 연구가 이 부분에 집중되어 있다. 마지막 체계는 우리의 행동으로 나타나는 산출부분이다.

〈그림 3-15〉는 정보처리 모델에 관한 것이다. 이 모델에 의하면, 아동이 어떤 문제를 풀려고 할 때, 감각기관을 통해 외부환경으로부터 정보를 받아들인다. 이 같은 방법으로 획득된 정보는 감각기록기[1]에 잠깐 동안 머물게 된다. 감각기록기는 마치 사진기로 스냅사진을 찍듯이 정보를 있는 그대로 정확하게 기록한다. 그러나 사진과는 달리 감각기

1) 소량의 일정한 정보를 일시적으로 기억하여 특정 목적을 위해 쓰이는 중앙처리장치 내의 고속 기억부.

록 내의 정보는 특별한 주의를 기울이지 않으면 순식간에 사라져버린다. 특별한 주의를 기울이는 정보는 단기기억으로 넘어간다. 단기기억은 소량의 정보만 기억할 수 있으며 약 30초가 지나면 단기기억 내의 정보는 잊혀지든지 아니면 장기기억으로 넘어가게 된다. 장기기억으로 넘어간 정보는 영구히 저장된다. 그러기 위해서는 정보를 반복해서 외우거나, 좀더 낯익은 범주로 조직화하는 여러 가지 기억전략을 요한다. 단기기억과는 달리 장기기억은 새로운 정보를 저장하는 용량이 거의 무제한적이다. 그러나 문제는 정보를 인출할 때 발생한다. 저장된 정보를 필요할 때 꺼내는 과정을 인출이라고 하는데, 정보를 어디에 저장해두었는지 그 위치를 잊어버려 제대로 찾지 못하는 일이 발생한다.

아동이 성장함에 따라 정보를 보다 효율적으로 처리할 수 있는 인지변화가 일어난다. 즉, 아동이 좀더 많은 정보를 습득함에 따라 지식기반이 확장된다. 지식기반의 확장은 새로운 학습을 보다 용이하게 한다. 왜냐하면 아동으로 하여금 이전에 알던 정보와 새로운 정보를 보다 쉽게 연결시켜 주기 때문이다. 가장 중요한 발달적 변화는 정보를 통제하고 분석하는 통제과정(control process)이다. 통제과정은 컴퓨터와 인간의 정보처리 과정이 구별되는 부분으로서 어떤 정보에 주의를 기울이고, 저장과 인출과정에서 어떤 책략을 사용할 것인지 등을 결정하는 과정이다. 예를 들어, 전화번호를 기억하기 위해 그 번호를 외우거나 기타 다른 책략을 사용하는데, 이것이 바로 통제과정이다. 통제과정은 지식기반으로부터 특정의 정보를 인출하려고 할 때도 사용된다. 아동이 성숙함에 따라 통제과정이 점점 효율적이 되어 문제해결을 효율적으로 하게 된다 (Kuhn, 1988; Sternberg, 1988).

Deanna Kuhn

어떤 연령에서든지 아동이 문제해결에 필요한 모든 정보를 다 활용하지 못할 경우에는 문제해결에서 과오를 범하게 된다. 〈그림 3-16〉에서는 6세 아동과 10세 아동에게 저울대가 어느 한쪽으로 기울 것인지 아니면 균형을 유지할 것인지를 질문해보았다. 이 문제를 해결하기 위해서는 각 저울대의 추의 수와 지레받침과 추의 거리라는 두 가지 요소가 중요한 의미를 갖는다. 그림에서 보듯이 10세의 세훈이는 저울대가 왼쪽으로 기울 것이라고 답하지만, 6세의 지훈이는 정답을 맞히지 못한다. 지훈이와 세훈이는 문제해결을 위해 서로 다른 책략을 사용한다. 지훈이는 '무게'만을 고려하는 단순한 규칙을 적용함으로써, 저울대의 추의 수(무게)가 같기 때문에 저울대가 균형을 이룰 것이라고 답한 것이다. 즉, 지훈이는 '거리'라는 요소를 고려하지 못한 것이다. 반면, 세훈이는 '무게'와 '거리'라는 두 가지 요소를 모두 고려하여, 무게는 같더라도 지레받침으로부터 더 멀리

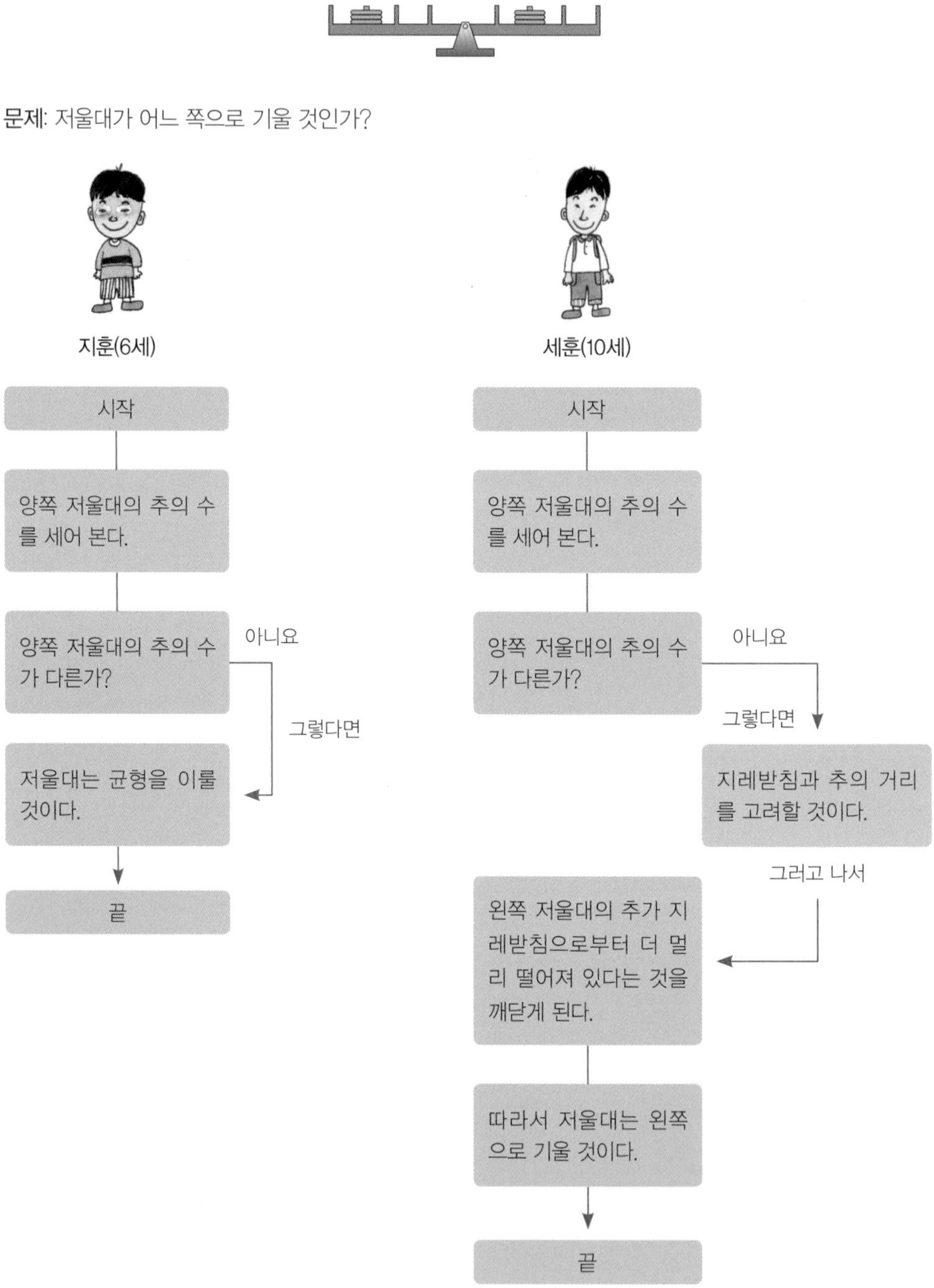

문제: 저울대가 어느 쪽으로 기울 것인가?

지훈(6세)

시작

양쪽 저울대의 추의 수를 세어 본다.

양쪽 저울대의 추의 수가 다른가?

아니요

그렇다면

저울대는 균형을 이룰 것이다.

끝

세훈(10세)

시작

양쪽 저울대의 추의 수를 세어 본다.

양쪽 저울대의 추의 수가 다른가?

아니요

그렇다면

지레받침과 추의 거리를 고려할 것이다.

그러고 나서

왼쪽 저울대의 추가 지레받침으로부터 더 멀리 떨어져 있다는 것을 깨닫게 된다.

따라서 저울대는 왼쪽으로 기울 것이다.

끝

정보처리이론에서 6세 아동과 10세 아동의 문제해결 과정을 도표로 보여주고 있다.

〈그림 3-16〉 아동의 문제해결 과정

떨어진 쪽의 저울대가 기울게 될 것이라고 답한 것이다.

이상의 예에서와 같이 아동이 문제해결을 위해 사용하는 정보처리 책략을 면밀하게 검토함으로써, 오답의 원인을 정확하게 밝혀낼 수 있다. 따라서 정보처리이론에서는 아동의 문제해결에 도움을 줄 수 있는 효율적인 방안이 모색된다(Siegler & Crowley, 1992; Siegler & Munakata, 1993).

Piaget의 이론과 마찬가지로 정보처리이론 또한 아동은 매우 능동적으로 정보를 탐색하고 처리한다고 본다(Klahr, 1992). 그러나 Piaget와는 달리 정보처리이론에서는 발달단계를 설정하지 않는다. 즉, 발달을 연속적이고 계속적인 과정으로 파악한다(Carlson, White, & Davis-Unger, 2014; Gelman, 2013).

2) 정보처리의 과정

정보처리 과정에는 부호화(encoding), 저장(storage), 인출(retrieval)이라는 세 가지 기본적인 과정이 있다. 〈그림 3-17〉은 부호화, 저장, 인출의 세 과정이 컴퓨터 부품의 기능과 얼마나 유사한지를 보여주고 있다. 즉, 우리가 정보를 입력하는 부호화 과정은 컴퓨터의 자판이 하는 기능에 해당하고, 저장과정은 정보가 저장되는 하드 드라이브의 기능에 해당하며, 인출과정은 정보가 나타나는 모니터 화면의 기능에 해당한다.

〈그림 3-17〉 정보가 처리되는 부호화, 저장, 인출의 세 과정

(1) 부호화

부호화는 정보를 나중에 필요할 때에 잘 기억해낼 수 있는 형태로 기록하는 과정이다. 우리는 일상생활에서 "정보의 바다"라는 말이 있을 정도로 수없이 많은 정보에 노출되기 때문에 그 모든 정보를 다 받아들일 수는 없다. 결과적으로, 선택적인 부호화를 하게 된다. 즉, 필요한 정보에 주의를 기울이고, 이를 선택적으로 부호화할 필요가 있다.

부호화 과정에서는 여러 가지 자극을 우리가 기억할 수 있도록 시각, 청각, 촉각 등의 방법으로 부호화하게 된다. 우리가 기억재료를 기억하는 이유가 나중에 필요할 때 효과적으로 인출하는 것이라면, 우선 그 정보를 체계적으로 부호화하여 저장할 필요가 있다. 부호화 과정은 서류정리를 할 때 분류체계를 사용하는 것과 비슷하다. 우리가 서류를 정리할 때 체계적으로 분류해두면 나중에 필요할 때에 찾기가 쉽다. 만일 여러 가지 서류와 자료를 들어오는 대로 아무런 체계 없이 저장해두면 나중에 필요할 때에 찾아내기가 어렵다.

(2) 저장

저장은 정보를 기억 속에 쌓아두는 과정이다. 저장과정은 다시 감각기억(sensory memory), 단기기억(short-term memory), 장기기억(long-term memory)의 세 과정으로 나뉜다. 우리가 어떤 전화번호를 기억하려고 하는 경우를 예로 들어보자. 처음 전화번호를 잠깐 쳐다본다면 그것은 감각기억이다. 만약 여기서 더 이상 아무것도 하지 않으면 수초 후에는 그 번호를 기억하지 못할 것이다. 그러나 그 번호를 입속으로 한 번 외우면 그 번호를 다시 보지 않고도 다이얼을 돌릴 수 있게 되는데 이것이 단기기억이다. 그러나 단기기억도 얼마 가지 않아 소멸된다. 즉, 몇 분 후에는 그것을 기억하지 못하게 된다. 장기기억으로 저장하기 위해서는 그 전화번호를 여러 번 써보거나 자기가 알고 있는 다른 번호와 연관지어 외우거나 하는 연습을 해야 한다. 여기서 감각기억, 단기기억, 장기기억을 좀더 구체적으로 살펴보자.

① 감각기억

뇌는 우리가 보고, 듣고, 냄새맡고, 맛보고, 만지는 것 등의 감각을 통해 들어오는 모든 것을 기록하여, 감각기억이라고 불리는 일시적인 기억 저장소에 정보를 담아두는데, 그곳에서 정보는 매우 짧은 시간 동안만(1초 이내) 머물게 된다. 감각기억은 환경으로부터 얻어진 정보가 잠깐 머무는 정거장으로 개념화할 수 있다(Hoyer & Plude, 1980). 감각기억에 담겨진 심상(心象)은 단기기억으로 바뀌지 않으면 곧 사라지고 만다.

감각기억은 다시 시각(iconic)기억과 청각(echoic)기억으로 나뉜다. 시각기억의 예는 우리가 보는 단어나 문자, 우리가 접촉한 사람들의 얼굴, 우리 눈에 보이는

경치 등이다(사진 참조). 물론 단어는 다른 사람이 특정 단어를 말하는 것을 듣거나 우리가 스스로 어떤 단어를 큰 소리로 반복할 때와 같이 청각기억을 통해서도 받아들이게 된다. 바다와 같은 경치 또한 파도가 철썩이는 소리를 들음으로써 우리 귀를 통해 감각기억으로 들어오기도 한다.

② 단기기억

단기기억은 정보를 조직하는 일시적 단계로서 이때의 정보가 반드시 뇌의 저장영역에 전달되는 것은 아니다. 일시적 저장임에도 불구하고 단기기억은 우리가 새로운 정보를 처리하는 데 있어 매우 중요한 것이다. 우리는 전화번호나 어떤 사람의 이름을 듣고 바로 그 이름이나 전화번호를 사용하고는 곧 잊어버린다. 이 정보를 장기기억 속으로 넘기려면 이 정보를 외우는 노력이 필요하다. 우리가 어떤 정보를 단기기억이 기억할 수 있는 60초 동안만이라도 보유하려고 애쓸지라도 주의가 산만해지면 곧바로 잊어버리게 된다.

단기기억은 다시 일차기억(primary memory)과 작동기억(working memory)으로 나뉜다. 일차기억은 적은 양의 정보(예를 들면, 전화번호)를 잠깐 기억하는 것을 말한다. 전화안내원으로부터 우리가 필요로 하는 전화번호를 듣게 될 경우, 안내원의 목소리가 처음에 감각기억으로 부호화된다. 그다음 그 전화번호는 우리가 다이얼을 돌리거나 번호를 받아 적을 때까지 일차기억 속에 저장된다. 일차기억은 매우 적은 용량을 가지고 매우 짧은 시간 동안에만 저장된다. 만약 우리가 그 번호를 나중에 다시 사용하기 위해 기억해야 할 필요가 있다면, 그 번호는 작동기억 속에 부호화되어야 한다. 작동기억 내의 정보는 기억(회상)하기 쉬운 개념의 형태로 처리된다.

Baddeley(1986, 1994, 2010, 2012)가 처음으로 만들어 사용한 작동기억의 개념은 다음과 같은 것으로 이해할 수 있다. 근무시간에 수많은 새로운 정보(메모, 보고서, 작업요구서)가 계속해서 책상 위에 쌓인다. 이때 우리는 어떤 정보가 가장 중요한 정보이며, 어떤 정보가 신속한 처리를 요하는 것인지, 처리과정에서 어떤 책략을 사용해야 하는지, 어떤 정보가 불필요한 것으로 책상을 어지럽히기만 하는 것인지, 그래서 어떤 정보는 버리고, 어떤 정보는 보관해야 할지 등을 결정해야 한다. 마찬가지로 작동기억은 어떤 정보는 외워야 하고, 어떤 정보는 무시할 것인지, 어떤 정보가 가장 중요한 것인지, 또 어떻게 하는 것이 정보를 가장 잘 처리하는 것인지 등을 결정해야 한다.

Alan Baddeley

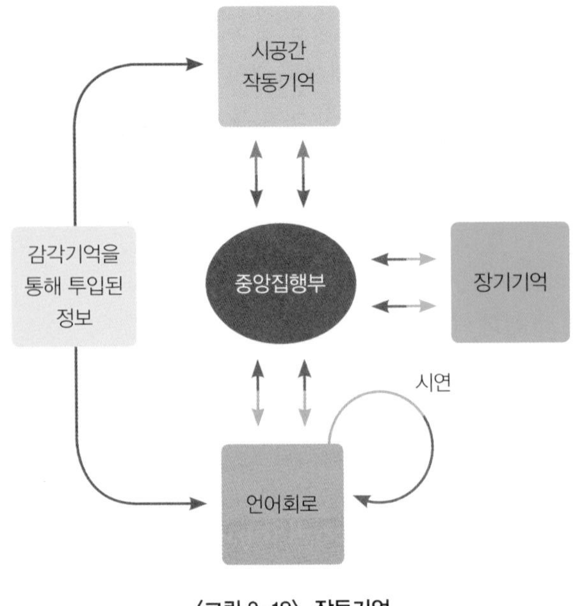

〈그림 3-18〉 작동기억

〈그림 3-18〉은 작동기억이 어떻게 작동하는가를 보여주고 있다. Baddeley의 작동기억모델에서 작동기억은 엄청난 양의 정보처리가 이루어지는 정신적 작업대(mental workbench)와 같다. 작동기억에는 세 가지 구성요소가 있는데 언어회로(Phonological loop), 시공간 작동기억(visuospatial working memory), 중앙집행부(central executive)가 그것이다. 여기서 언어회로와 시공간 작동기억은 중앙집행부가 제 역할을 하도록 보조역할을 해 준다. 감각기억을 통해 투입된 정보는 언어정보가 저장되고 시연(rehearsal)이 이루어지는 언어회로와 시각적·공간적 정보가 저장되는 시공간적 작동기억으로 이동한다. 그리고 중앙집행부가 하는 역할은 어떤 정보를 저장해야 할 것인지를 결정해서 그 정보를 장기기억 속에 저장하는 것이다.

③ 장기기억

우리가 일반적으로 기억이라 할 때 그것은 장기기억을 의미한다. 장기기억은 정보를 저장하는 큰 용량을 가진 것으로 보이며 오랜 시간 동안 정보를 보유할 수 있다. 장기기억은 서술기억(declarative memeory)과 절차기억(procedural memeory)으로 구분된다(〈그

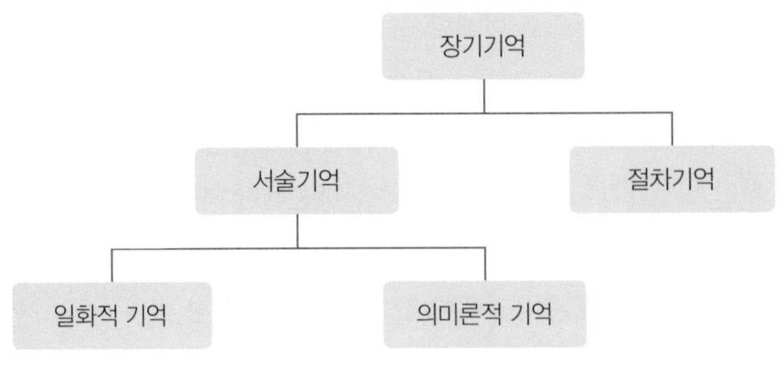

〈그림 3-19〉 장기기억의 분류

출처: Squire, L. R. (1994). *Declarative and non declarative memory: Multiple brain systems supporting learning and memory*. MIT Press.

림 3-19〉 참조). 서술기억은 언어적으로 의사소통이 가능한 특정 사실이나 사건과 같은 정보를 의식적으로 회상하는 것을 말한다. 예를 들어, 아동이 목격한 어떤 사건을 차례차례 얘기하거나 수학공식을 설명하는 것이다. 서술기억은 다시 일화적(episodic) 기억과 의미론적(semantic) 기억으로 나뉜다. 일화적 기억은 특정 시간이나 장소와 연관이 있는 것을 기억하는 것과 관련이 있다. 어떤 특정한 날 무슨 일을 했는가를 기억하거나 약을 언제 복용해야 되는지를 기억하는 것 등이 그 예가 된다. 의미론적 기억은 지식을 위한 기억을 의미한다. 예를 들면, 영어문법이나 수학공식 등을 기억하는 것이 그것이다.

춤을 추거나 자전거 타기 또는 컴퓨터의 키보드 두드리기와 같은 기술은 우리가 의식적으로 회상할 수 있는 내용이 그리 많지 않다. 그 이유는 이러한 기술에 대한 지식을 저장하는 기억체계가 절자적이기 때문이다. 우리가 의식적인 노력 없이도 문법에 맞는 문장을 자연스럽게 말하는 것도 절차기억의 예이다.

지금까지 저장과정에 대해 알아보았다. 〈그림 3-20〉은 한 저장체계에서 다음 저장체계로 전이되는 과정과 세 가지 저장체계에서 발생하는 세 종류의 망각에 대해 설명하는 것이다.

감각기억에서 단기기억으로의 전이(transfer)에는 주의집중이 수반되고, 단기기억에서 장기기억으로의 전이에는 시연을 필요로 한다. 감각기억으로부터의 망각(forgetting)은 단지 시간(1초 미만)이 지나면서 정보가 상실되기 때문이다. 단기기억으로부터의 망각은 새로운 정보가 낡은 정보를 대체한 결과이며, 끝으로 장기기억으로부터의 망각은 이전에 학습한 지식과 새로운 지식 간의 간섭작용 때문이다. 한 종류의 정보나 지식 때문에 다른 종류의 정보나 지식의 학습이 방해받는 것을 간섭(interference)이라 한다. 그러나 장기기억에서의 망각은 저장의 문제가 아니라 정보가 어디에 있는지 그 위치를 잊어버려 제대로 찾지 못하는 인출의 문제로 보는 연구자들도 많이 있다.

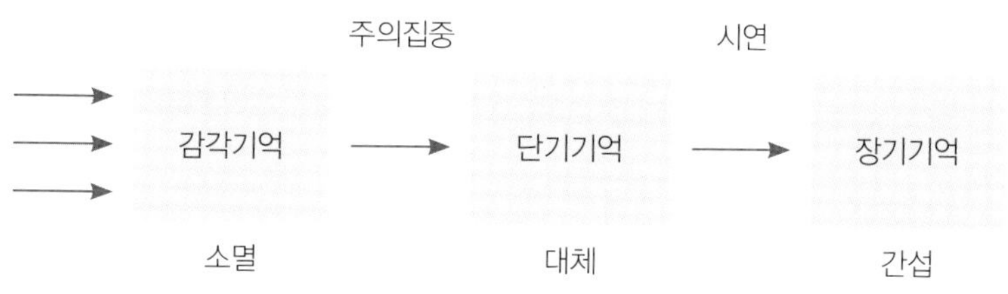

〈그림 3-20〉 기억의 3단계 모델

(3) 인출

저장된 정보를 필요한 때에 꺼내는 과정을 인출이라 한다. 기억된 정보를 얼마나 쉽사리 인출할 수 있는가는 기억재료들이 얼마나 체계적으로 잘 저장되어 있는가에 달려 있다.

인출과정에 관한 연구는 두 종류의 인출에 초점을 맞추는데, 회상(recall)과 재인(recognition)이 그것이다. 회상은 "미국의 수도는 어디인가?" "어린이날은 언제인가?"와 같이 장기기억 내에 저장되어 있는 정보의 바다 속에서 해답을 찾아내는 과정이다. 재인은 "보기에 제시된 세 도시 중 스페인의 수도는 어느 것인가?"와 같이 장기기억 내에 저장되어 있는 정보와 보기에 제시된 정답을 짝짓는 것으로 회상보다 용이하다. 우리는 때로 회상은 할 수 없지만 재인은 할 수 있다. 우리가 주관식 문제를 풀 때에는 회상을 이용하고, 오지선다형과 같은 객관식 문제를 풀 때에는 재인을 이용한다.

3) 기억의 발달

아동의 연령이 증가하면서 기억능력도 크게 발달하는데, 여기에는 네 가지 요인이 작용하는 것으로 보인다(Shaffer, 1999). 첫째, 정보를 저장할 수 있는 저장공간의 크기, 즉 기억용량(memory capacity)의 증가, 둘째, 정보를 체계적으로 저장하고 인출할 수 있는 기억전략(memory strategy)의 발달, 셋째, 기억과 기억과정에 대한 지식인 상위기억(metamemory)의 발달, 넷째, 연령증가에 따른 지식기반(knowledge base)의 확대가 그것이다.

(1) 기억용량의 증가

기억용량이 증가한다는 것은 정보를 저장할 수 있는 공간이 증가한다는 것을 의미한다. 기억공간에는 감각기억, 단기기억, 장기기억이 있는데, 감각기억과 장기기억의 용량은 연령에 따른 변화가 거의 없는 것으로 보이기 때문에, 기억용량의 증가는 단기기억 용량의 증가를 의미한다(Bjorklund, 1995).

일반적으로 단기기억의 용량은 기억폭(memory span) 검사에 의해 측정된다. 기억폭 검사는 예를 들어, 숫자를 몇 개 불러준 다음 그 순서대로 말해보도록 하여 정확하게 회상할 수 있는 항목수로 기억폭을 측정한다. 〈그림 3-21〉에서 보는 바와 같이 기억폭은 유아기에 급격히 증가하는 것임을 알 수 있다. 즉, 2세 유아의 기억폭은 2개 정도이고, 5세 유아는 4.5개 그리고 성인의 기억폭은 7~8개 정도이다(Dempster, 1981).

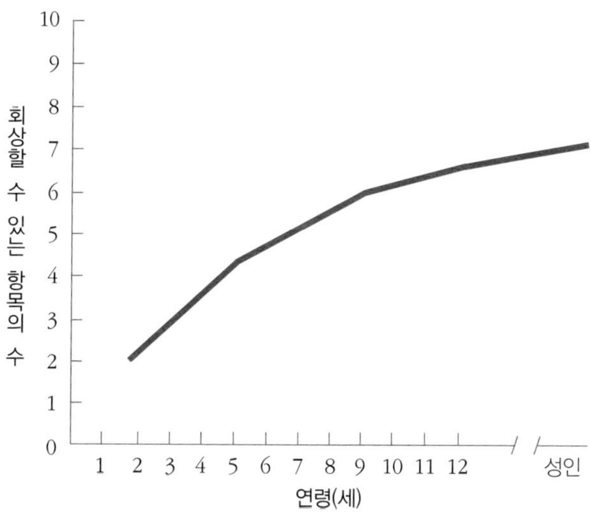

〈그림 3-21〉 연령에 따른 기억폭의 증가

출처: Dempster, F. N. (1981). Memory span: Sources of individual and developmental differences. *Psychological Bulletin, 89*, 63-100.

연령에 따른 기억폭의 증가는 Case(1985)의 조작 효율성 가설(operating efficiency hypothesis)로 설명할 수 있다. 이 가설에 의하면, 연령이 증가하면서 정보를 처리하는 속도가 빨라지고 점점 더 효율적이 되기 때문에, 조작공간을 덜 필요로 하고 그래서 저장공간이 증가하게 된다고 한다(〈그림 3-22〉 참조). 즉, 어렸을 때는 많은 시간과 노력을 필요로 했던 문제들이 나이가 들면서 자동적으로 처리되어 시간과 노력을 적게 들이고도 쉽게 답을 얻을 수 있게 된다는 것이다. 곱셈문제를 예로 들면, 아동이 구구단에 숙달되기 전에는 간단한 곱셈문제를 푸는 데도 시간과 노력이 많이 들지만, 일단 구구단을 다

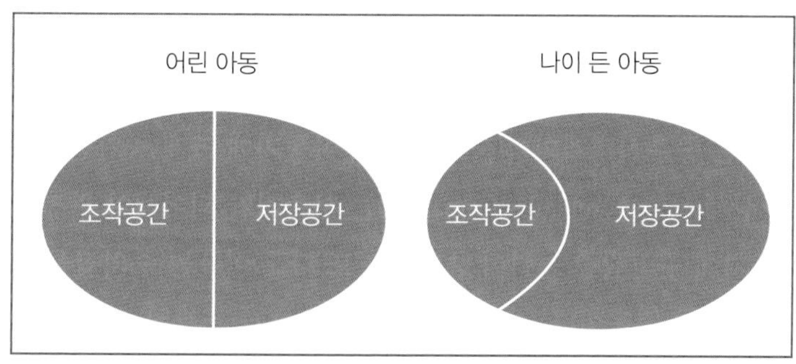

연령이 증가하면서 저장공간이 증가하게 된다.

〈그림 3-22〉 Case의 조작 효율성 가설

출처: Case, R. (1985). *Intellectual development: Birth to adulthood*. Orlando, FL: Academic Press.

Robert Kail

외우고 나면 어려운 곱셈 문제도 쉽게 풀 수 있게 된다.

Kail(1992, 1997)에 의하면 조작 효율성의 증가는 학습이나 경험의 영향도 받지만 주로 생물학적 성숙에 기인한다고 한다. 즉, 뇌와 신경계의 수초화(髓鞘化)가 증가하고 불필요한 뉴런의 제거가 정보처리를 좀 더 효율적으로 해준다는 것이다.

(2) 기억전략의 발달

기억전략은 정보를 장기기억 속에 저장하고 그 정보가 필요할 때 인출이 용이하도록 해주는 의도적인 활동을 말하는데, 기억술이라고도 한다. 기억전략에는 기억해야 할 정보에 주의를 기울이는 주의집중(attention), 기억하려는 것을 반복연습하는 시연(rehearsal), 관련있는 것끼리 집단화시키고 유목화하는 조직화(organization), 기억해야 할 정보에 다른 것을 연결시켜 정보가 갖는 의미의 깊이와 폭을 더욱 확장시키는 정교화(elaboration) 그리고 도움이 될 수 있는 단서를 사용하는 인출(retrieval) 전략 등이 있다. 기억전략은 유아기에 출현하기 시작하지만, 처음에는 그렇게 효율적이지 못하다. 그러나 아동기가 되면 기억전략은 크게 발달한다.

① 주의집중

우리가 어떤 정보를 기억하기 위해서는 먼저 그 정보에 주의를 기울여야 하는데 유아기에는 주의폭(attention span)이 매우 짧다. 유아는 한 가지 활동에 몰두하다가도 곧 흥미를 잃고 다른 활동에 다시 주의를 기울인다. 유치원 교사는 10~15분마다 활동을 바꾸는데, 그 이유는 유아가 한 가지 활동에 주의를 기울이는 시간이 매우 짧기 때문이다. 심지어 자신이 좋아하는 TV 프로그램을 보거나 장난감을 가지고 놀 때에도 2~3세 유아는 딴데를 보거나, 왔다갔다 하는 등 주의를 분산시켜 한 활동에 지속적인 주의를 기울이지 못한다(Ridderinkhoff & van der Molen, 1995; Ruff & Lawson, 1990).

주의집중 능력은 중추신경계의 성숙으로 인해 아동기에 크게 증가한다. 즉, 주의집중을 관장하는 망상체(網狀體: reticular formation)는 사춘기가 되어서야 완전히 수초화된다는 것이다. 아동기에 주의집중 능력이 증가하는 또 다른 이유는 주의집중에 필요한 효율적인 전략을 사용하기 때문이다. 아동기에는 과제수행과 무관한 자극은 무시하고 과제와 관련된 자극에만 주의를 집중하는 선택적 주의(selective attention)를 하게 되고, 상황에 따라 융통성 있게 주의집중을 하며, 행동에 앞서 먼저 계획을 세우는 등의 주의전략을 사용한다.

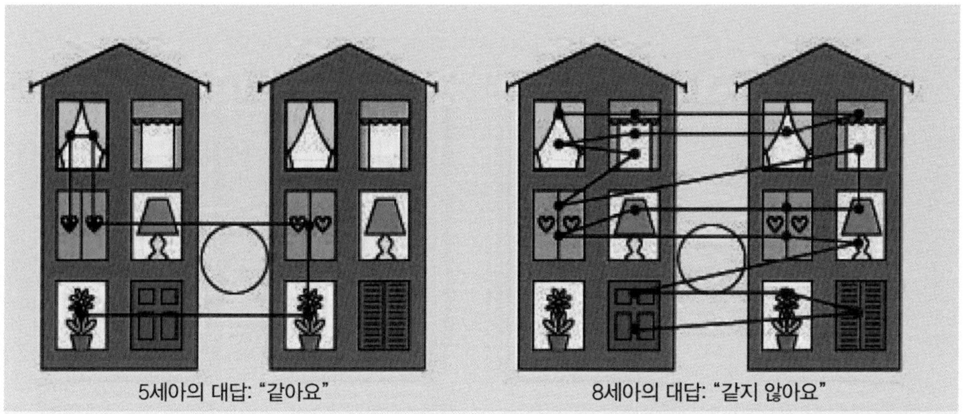

유아기에는 아동기보다 두 집의 창문을 체계적으로 비교하지 못하기 때문에 종종 틀린 답을 한다.

〈그림 3-23〉 두 집이 서로 같은가, 다른가?

출처: Vurpillot, E. (1968). The development of scanning strategies and their relation to visual differentiation. *Journal of Experimental Child Psychology, 6*, 632-650.

연령이 증가함에 따라 아동은 계획적이고 체계적으로 정보를 탐색하게 된다. Vurpillot (1968)의 연구에서는 4~10세 아동들에게 〈그림 3-23〉에서 보는 바와 같이 두 그림이 같은지 다른지를 물어보았다. 이 과제에서 4~5세 유아들은 한두 개의 창문만 비교해보고서 두 집이 같다는 틀린 답을 하였다. 반면, 6세만 지나도 아동들은 대응되는 창문을 꼼꼼히 대조해보고 두 집이 서로 다르다는 결론을 내렸다.

대부분의 아동들은 학동기에 주의집중 능력이 크게 향상되지만, 불행히도 어떤 아동들은 주의집중에 큰 어려움을 겪는다. 이 장애를 주의력결핍 과잉행동장애(Attention Deficit Hyperactivity Disorder: ADHD)라고 부른다.

② 시연

매우 간단하면서도 효과적인 기억전략이 시연이다. 시연은 기억해야 할 정보를 여러 번 반복해서 암송하는 것을 말한다(사진 참조). 친구의 전화번호를 기억하기 위해 그 번호를 여러 번 반복해서 외우는 것이 그 예이다. 일반적으로 어떤 정보가 단기기억에서 더 많이 시연될수록 그 정보는 장기기억으로 전환되기 쉽다고 한다. 그러나 시연에

주의력결핍 과잉행동장애

주의력결핍 과잉행동장애(Attention Deficit Hyperactivity Disorder: ADHD)는 신경발달장애의 한 범주로 분류된다. 주의력결핍 과잉행동장애는 동등한 발달수준에 있는 아동에게서 관찰되는 것보다 더 빈번하고, 심하며, 지속적으로 부주의 또는 과잉행동이나 충동성을 보이는 것을 의미한다. 이러한 증상들은 대개 7세 이전에 발견되며, 적어도 아동이 소속되어 있는 두 가지 이상의 상황(가정, 학교, 유치원 등)에서 나타나야 한다(미국정신의학협회, 2015).

주의력결핍 과잉행동장애를 가지고 있는 아동은 충동적이며, 한 가지 일에 주의집중을 못하고 부산하게 움직이는 특징을 가지고 있다. 주의력이 부족하기 때문에 정서적, 행동상의 문제를 유발하기도 하고, 또래들로부터 따돌림을 당하거나 부모나 교사로부터 벌을 받는 경우가 빈번하기 때문에 자아존중감이 낮고 우울증이 나타나는 경우도 있으며, 지능에 비해 학업성적이 낮게 나타난다(Obsuth et al., 2020; Tistarelli et al., 2020).

ADHD의 징후는 보통 유아기에 나타나는데, 이러한 유아들은 전반적으로 또래에 비해 미성숙하고 서투른 경향이 있다. 그 징후가 유아기부터 나타날지라도 ADHD로 진단되는 것은 보통 초등학교 시기이다(Pueschel, Scola, Weidenman, & Bernier, 1995). 공식적인 학교교육이 시작됨으로써 학업적 · 사회적 요구가 증가하고, 행동통제에 대해 보다 엄격한 기준을 적용하게 되기 때문이다. 교사들에 따르면, ADHD 아동들은 수업시간에 독립적으로 작업을 하거나 앉아서 하는 작업을 잘하지 못하고, 가만히 있지 못하며 행동이 매우 산만하다고 한다. ADHD 아동들은 친구가 없으며, 교우관계 측정도에서 친구들이 가장 싫어하는 유형으로 나타나기도 한다(Henker & Whalen, 1989). ADHD 아동의 부모들은 양육 스트레스를 더 많이 경험하는 것으로 보인다(Fischer, 1990).

신경학적 · 생화학적 · 사회적 · 인지적 요인들에 대해 많은 연구가 행해졌음에도 불구하고, ADHD의 원인은 아직 잘 알려져 있지 않다. 유전적 요인과 환경적 요인이 모두 영향을 미치는 것으로 보인다. 즉, 일란성 쌍생아 중 하나가 ADHD이면 다른 하나도 ADHD일 가능성이 높고, 부부관계가 원만하지 못하고 가족 간의 갈등이 심한 경우 자녀가 ADHD일 가능성이 크다(Bernier & Siegel, 1994; Biederman, Faraone, Keenan, Knee, & Tsuang, 1990).

사진 설명 ADHD 아동(오른쪽)은 사회적 규칙을 무시하고, 충동적으로 행동하며, 과제에 집중하지 못하고, 급우(짝)의 학업을 방해한다.

약물치료가 단기적으로는 도움이 될 수 있을지 모르나 장기적으로 ADHD를 치료하지는 못하는 것으로 보인다(Weiss, 1983). 약물치료와 더불어 적절한 학업적 · 사회적 행동을 강화해 주는 중재 프로그램이 가장 효과적인 방법인 것으로 보인다(Barkley, 1990).

의해 더 많은 정보가 저장되는 것은 아니고, 단지 같은 정보를 좀더 오래 기억하도록 해준다.

Flavell, Beach 그리고 Chinsky(1966)의 연구는 시연의 중요성을 보여준다. 이 연구에서 5세, 7세, 10세의 아동들에게 7장의 그림을 보여주고 나서 그중 3장의 그림을 지적한 후, 아동들로 하여금 3장의 그림을 그 순서대로 지적하게 하였다. 실험자가 그림을 지적한 후 15초 동안 아동들의 눈을 가리고 그 그림을 볼 수 없게 하였다. 그리고 그림의 이름을 외우고 있는지를 입술의 움직임을 통해 관찰하였다. 시연을 하는 비율은 연령과 함께 증가하였는데, 5세 유아는 10%, 7세 아동은 60% 그리고 10세 아동은 85%가 시연을 한 것으로 나타났다.

6세 유아를 대상으로 한 후속연구(Keeney, Canizzo, & Flavell, 1967)에서, 시연을 한 유아들이 시연을 하지 않은 유아들보다 기억을 더 잘하는 것으로 나타났다. 그리고 자발적으로 시연을 하지 않았던 유아들에게 시연을 해보라고 지시한 결과, 자발적으로 시연을 한 유아들과 비슷한 수준까지 기억량이 증가하였다.

좀더 어린 유아들도 초보적인 형태의 시연을 하는 것으로 보인다. 3~4세 유아를 대상으로 한 연구에서 이들에게 장난감 강아지를 세 개의 컵 중 한 개의 컵 아래에 숨기는 장면을 보여주었다. 그리고 유아들에게 강아지가 어디에 숨었는지 기억하도록 지시하였다. 이때 유아들은 강아지가 어느 컵 아래에 숨겨지는지 주의깊게 바라보고, 손으로 가리키고, 그 컵을 만지는 것과 같은 시연을 하였다(Wellman, Ritter, & Flavell, 1975).

③ 조직화

조직화란 기억하려는 정보를 서로 관련이 있는 것끼리 묶어 범주나 집단으로 분류함으로써 기억의 효율성을 높이려는 전략이다. 한 번에 기억할 수 있는 정보량에는 한계가 있기 때문에, 조직화에 의해 정보를 체계화하면 보다 많은 정보를 기억할 수 있게 된다. 예를 들어, 아래 목록에 있는 낱말들을 기억해야 한다고 가정해보자.

목록 1: 배, 성냥, 망치, 외투, 풀, 코, 연필, 개, 컵, 꽃
목록 2: 칼, 셔츠, 자동차, 포크, 배, 바지, 양말, 트럭, 숟가락, 접시

단어 하나하나를 단순히 암기하는 시연 전략의 관점에서 보면 목록 1과 목록 2의 난이도는 비슷하지만, 관련이 있는 것끼리 묶어 범주화하는 조직화 전략의 관점에서 보면 목록 2에 있는 단어들을 외우기가 훨씬 용이하다. 왜냐하면 목록 1에 있는 10개의 단어는

각각 독립적인 범주에 속한 것이어서 관련이 있는 것끼리 묶는 것이 어렵지만, 목록 2에 있는 항목들은 관련이 있는 것끼리 묶어서 기억할 수 있기 때문이다. 즉, 셔츠, 바지, 양말은 '의복'의 범주로 분류하고, 자동차, 배, 트럭은 '탈것'의 범주로 그리고 칼, 포크, 숟가락, 접시는 '식기'의 범주로 분류하여 기억하는 것이 훨씬 용이할 것이기 때문이다.

조직화는 상위개념과 하위개념에 대한 이해를 전제로 하기 때문에 시연보다 늦게 나타난다. 9~10세 이전에는 범주화할 수 있는 항목(목록 2)이라고 해서 범주화할 수 없는 항목(목록 1)보다 더 잘 기억하는 것은 아니다. 이것은 유아는 정보를 조직화하는 능력이 없다는 것을 의미한다(Hasselhorn, 1992).

그러나 시연과 마찬가지로 조직화의 초보 형태는 유아기에도 나타난다. 한 연구(DeLoache & Todd, 1988)에서 M&M 초콜릿과 나무못을 각각 12개의 똑같은 용기에 담아 유아들에게 주면서 초콜릿이 어느 용기에 들어 있는지 기억하도록 지시하였다. 이 연구에서 4세 유아도 조직화 전략을 사용하는 것으로 나타났다. 즉, 초콜릿이 든 용기를 한곳에 모아놓고, 나무못이 든 용기는 또 다른 곳에 모아놓았는데, 이 전략을 사용함으로써 초콜릿이 든 용기를 정확하게 기억해내었다. 그러나 유아기에는 아직 의미가 같은 것끼리 묶는 의미론적 조직화(semantic organization)는 하지 못하는 것으로 보인다. 집중적인 훈련으로 유아에게 조직화를 가르칠 수는 있지만 별로 성공적이지는 못한 것으로 보인다(Carr & Schneider, 1991; Lange & Pierce, 1992).

그렇다면 아동은 정보를 조직화하는 전략을 어떻게 학습하는가? 아동이 조직화 전략을 발달시키는 데는 학교와 가정에서의 학습경험이 중요한 것으로 보인다. 학교에서 교사의 지시로 서로 관련이 있는 항목끼리 범주화해본 경험이나 교사가 학습자료를 조직화된 방법으로 제시하는 것을 관찰한 경험 등이 아동의 조직화 전략의 발달에 영향을 준다(Moely et al., 1992). 학교에서의 경험뿐만 아니라 가정에서 부모와 갖는 학습경험 또한 아동으로 하여금 조직화 전략을 활용할 수 있게 해준다(Carr, Kurtz, Schneider, Turner, & Borkowski, 1989).

④ 정교화

때로는 기억재료를 범주화하는 것이 어려울 때가 있다. 예를 들어, 범주화가 쉽지 않은 단어목록 중에 '물고기'와 '파이프'가 들어 있다고 가정해보자. 만약 여러분이 파이프 담배를 피우는 물고기(사진 참조)를 상상한다면 여러분은 정교화라는 기억전략을 사용하는 것이다. 정교화란 서로 관계가 없는 정보 간에, 다시 말해서 같은 범주에 속하지 않는 기억재료 간에 관계를 설정해주는 것을 말한다.

정교화를 사용하기 위해서는 기억해야 할 항목을 이미지의 형태로 전환해야 하고, 양자 간의 관계를 설정해야 하기 때문에 정교화는 다른 전략에 비해 늦게 발달한다. 일반적으로 11세 이전에는 정교화 전략을 사용하지 못한다. 일단 아동이 정교화 전략을 사용하기 시작하면 다른 기억전략을 대신할 정도로 그 효율성이 뛰어나다. 11세 이전에는 아동들에게 정교화 전략을 가르치는 것이 별로 효과가 없다. 왜냐하면 11세 이전에는 정적 이미지(static image)를 사용하기 때문에 그것이 기억에 별 도움이 안 된다. 예를 들어, '개'와 '자동차'가 제시되었을 때 그들이 사용하는 이미지는 고작 '자동차를 소유한 개' 정도이다. 반면, 청소년이나 성인들은 좀더 기억하기 쉬운 동적 이미지(active image)를 사용하는데, 예를 들면, "개와 자동차가 경주를 하였다"(Reese, 1977)이다.

유아기에 정교화 전략을 효율적으로 사용하지 못하는 또 다른 이유는 일반적인 지식의 부족 때문이다. 정교화 전략을 사용하기 위해서는 새로 들어오는 정보를 기존의 지식과 관련지을 수 있어야 하는데, 그러자면 여러 종류의 지식을 풍부하게 가지고 있어야 한다.

⑤ 인출전략

주의집중, 시연, 조직화, 정교화가 정보를 효율적으로 저장하기 위해 사용되는 기억전략이라면, 인출전략은 저장된 정보 중에서 필요한 정보를 인출하기 위한 기억전략이다. 우리가 아무리 많은 정보를 장기기억 속에 저장하고 있다 하더라도 그것을 인출해내지 못하면 아무 소용이 없다.

저장된 정보를 인출하는 데에도 적절한 전략이 필요한데, 적절한 인출전략은 정보를 저장할 때 사용했던 전략을 그대로 사용하는 것이다. 즉, 조직화 전략을 이용해서 정보를 저장한 경우는 조직화 전략을 이용하여 정보를 인출하는 것이 효과적이고, 정교화 전략을 이용해서 정보를 저장한 경우는 정교화 전략을 이용하여 정보를 인출하는 것이 효과적이다.

Pressley와 Levin(1980)은 6세와 11세 아동들에게 정교화 전략을 이용하여 18쌍의 항목(구상명사)[2]들을 기억하게 한 후 얼마나 많은 항목을 기억하는지를 검사하였다. 이때

2) 돌 · 쇠 · 나무와 같은 구체적 개념을 나타내는 명사.
이 연구에서 쌍을 이룬 구상명사의 예는 냄비–오리, 연필–소년 등이다.

각 연령집단을 반으로 나누어, 한 집단에게는 그 항목들을 기억할 때 이용했던 정교화 전략을 이용하여 회상해보라고 지시하였으나, 다른 집단에게는 그냥 잘 기억해보라고만 하였다. 연구결과, 11세 아동들은 두 집단 모두 65%의 항목을 정확히 회상하였다. 반면, 6세 유아들은 정교화 전략을 이용하여 회상하도록 지시받은 집단은 42.5%를 회상하였으나, 지시를 받지 않은 집단은 23%밖에 회상하지 못하였다. 이 결과는 11세 아동은 스스로 정교화 전략을 이용하여 정보를 인출하지만, 6세 유아는 지시를 하지 않으면 정보를 인출할 때 스스로 인출전략을 이용하지 못한다는 것을 의미한다.

저장된 정보를 효율적으로 인출하기 위한 또 다른 전략은 이들 정보를 연상할 수 있게 해주는 여러 가지 인출단서를 활용하는 것이다. Kee와 Bell(1981)의 연구에서 7세와 11세의 아동 그리고 대학생들에게 동물원, 욕실, 옷장, 냉장고, 장난감통, 식탁 등 6가지 범주에 해당하는 항목의 그림을 6개씩 보여주고 모두 36개의 항목[3]들을 기억하게 하였다. 그리고 각 연령집단을 반으로 나누어 한 집단에게는 인출단서가 되는 그림 6개를 10초간 보여주고, 다른 집단에게는 아무것도 보여주지 않았다. 연구결과, 대학생은 두 집단 간에 차이가 없었으나, 11세 아동은 인출단서를 보여준 집단이 약간 더 기억을 잘하는 것으로 나타났으며, 7세 아동은 인출단서를 보여준 집단이 훨씬 더 기억을 잘하는 것으로 나타났다. 이 결과는 7세 아동은 스스로 인출단서를 이용하지는 못하지만, 인출단서를 제공해주면 인출전략을 이용할 수 있다는 것을 보여주는 것이다.

우리나라 유아(5~6세)를 대상으로 한 국내 연구(오선영, 1991)에서는 5세 유아도 초보적인 인출단서 활용능력이 있는 것으로 나타났다.

(3) 상위기억의 발달

상위기억이란 기억과 기억과정에 대한 지식을 말한다. 즉, 자신이 정보를 기억하는 데에는 한계가 있으며, 짧은 내용보다 긴 내용이 기억하기 더 어렵고, 어떤 기억전략을 이용하는 것이 더 효과적인지를 아는 것 등이 상위기억에 관한 것이다(Schneider & Bjorklund, 1998; Schneider & Pressley, 1997). 상위기억은 상위인지(metacognition)의 일부

3) 동물원(곰, 코끼리, 기린, 사자, 원숭이, 얼룩말)
욕실(비누, 타월, 칫솔, 치약, 빗, 솔)
옷장(코트, 원피스, 투피스, 스커트, 바지, 셔츠)
냉장고(사과, 상추, 햄, 계란, 우유, 치즈)
장난감통(블록, 인형, 도깨비상자, 팽이, 공, 잭스)
식탁(컵, 대접, 접시, 숟가락, 젓가락, 냅킨)

이다. 상위인지란 자신의 사고에 관한 지식을 말한다. 즉, 자신의 사고상태와 능력에 대해 알고 있는 지식을 의미한다.

유아도 상위기억에 대한 초보적인 지식을 가지고 있는 것으로 보인다. 3, 4세 유아도 짧은 내용이 긴 내용보다 기억하기 쉽고, 긴 내용을 기억하려면 더 많은 노력이 필요하다는 것을 안다(Kreutzer, Leonard, & Flavell, 1975; Yussen & Bird, 1979). 그러나 유아들은 자신의 기억능력을 과대평가하는 경향이 있다. 한 연구(Flavell, Friedrichs, & Hoyt, 1970)에서 4세부터 11세의 아동들에게 10개의 그림을 보여주고 나서 얼마나 기억할 수 있는지 알아보았다. 11세 아동들은 자신이 기억할 수 있는 그림의 수를 제대로 예측했지만, 4세의 유아들은 자신의 기억능력을 과대평가하여 10개를 모두 기억할 수 있다고 대답했으나, 실제로는 3~4개밖에 기억하지 못하였다.

아동기에 들어서면 상위기억에 대한 지식이 급격하게 발달한다. 7~9세 아동은 기억해야 할 내용들을 가만히 들여다보는 것보다는 시연이나 조직화와 같은 기억전략이 효율적이라는 것을 깨닫는다. 그러나 11세가 되어서야 시연보다 조직화가 더 효율적인 기억전략이라는 것을 이해하고, 정보를 인출할 때에도 메모 같은 인출단서를 사용하게 된다(Justice, Baker-Ward, Gupta, & Jannings, 1997).

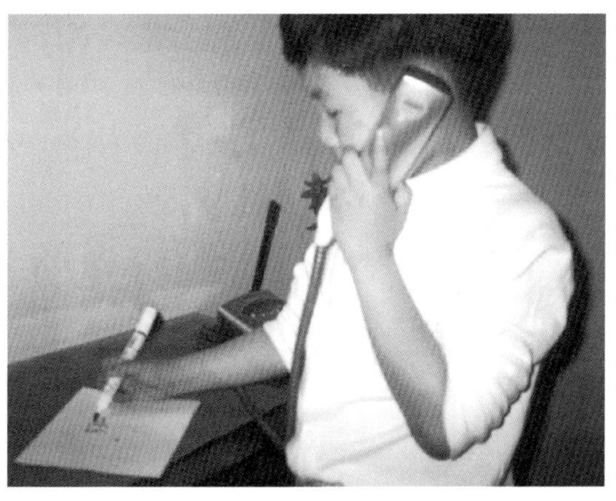

사진 설명 상위기억은 아동기에 급격하게 발달한다. 8세 된 이 아동은 전화번호를 받아 적는 것이 나중에 이 번호를 기억하는 데 효율적인 기억전략이라는 것을 깨닫는다.

우리나라 5, 6, 7세 유아를 대상으로 기억하는 과정과 기억하는 내용에 대한 지식을 측정하는 메타기억과 기억책략과의 관계를 살펴본 연구(박영아, 최경숙, 2007)에서, 연령이 증가할수록 기억책략을 효율적으로 사용할 수 있게 되고, 메타기억은 기억책략을 효율적으로 사용할 수 있도록 한다고 하였다. 즉, 암송책략에서는 항목의 수와 학습상황 등의 과제에 대한 지식이 암송책략의 효율적 사용에 영향을 미쳤으나, 조직화 책략에서는 항목의 범주와 학습상황 등의 과제에 대한 지식뿐 아니라 책략에 대한 지식 또한 조직화 책략에 영향을 미치는 것으로 나타났다.

(4) 지식기반의 확대

우리가 학습할 내용에 관해 이미 많은 지식을 가지고 있다면 그 내용을 기억하기가 훨씬 수월하다. 즉, 우리가 이미 알고 있는 주제에 관해 학습을 한다면, 그것은 우리 기억 속에 저장되어 있는 기존의 지식이나 정보와 빠르게 연결될 수 있기 때문에 쉽게 기억할 수 있다.

친숙한 주제와 친숙하지 않은 주제에 관한 글을 읽는다고 가정해보자. 친숙한 주제의 경우에는 우리가 이미 가지고 있는 지식에 새로운 정보를 연결시킴으로써 재빨리 정보를 처리할 수 있다. 즉, 새로운 정보를 조직하거나 정교화하기 위한 도식을 우리가 이미 가지고 있다는 것이다. 그러나 친숙하지 못한 주제를 학습하거나 기억해야 하는 경우, 그 주제와 관련된 지식이 우리 기억 속에 저장되어 있지 않기 때문에 더욱 많은 노력이 요구된다.

Wolfgang Schneider

David F. Bjorklund

아동은 유아에 비해 세상에 관해 더 많은 것을 알고 있기 때문에, 그들이 기억해야 할 대부분의 정보에 더 친숙하다. 따라서 아동이 유아보다 기억을 더 잘 할 수 있다. 이처럼 회상기억에서 연령차를 보이는 것은 연령증가에 따른 기억전략의 발달과 지식기반의 확대 때문일 수 있다(Bjorklund, 1997; Schneider & Bjorklund, 1998).

요약하면, 아는 것이 힘이다! 그러므로 어떤 주제에 대해 많이 알면 알수록 그 주제에 대한 학습과 기억이 그만큼 용이해진다. 일반적으로 아동이 유아보다 대부분의 주제에 대해 더 많은 지식을 가지고 있기 때문에, 아동은 확장된 지식기반을 통해 정보를 더 빨리 처리할 수 있으며, 정보를 범주화하고 정교화할 수 있는 전략들을 획득하게 된다(Bjorklund, 1995).

4) 평가

정보처리이론은 인간의 인지과정을 컴퓨터의 정보처리 과정과 비교함으로써 인간의 복잡한 사고과정을 가시화하고 알기 쉽게 풀이하였다. 그 덕분에 문제해결이나 사고과정에서의 개인차를 설명할 수 있게 되었고, 각 개인에 알맞은 교수방법을 제공해줄 수 있게 되었다.

또한 지각, 주의, 기억, 언어, 추상적 정신작용이 어떻게 관련되어 있는가를 밝혀내었으며, 특히 기억, 표상, 문제해결, 지능분야의 연구를 과학적으로 분석하여 진일보시켰다(Miller, 1993). 그밖에도 문제를 해결하기 위한 규칙이나 체계가 각 개인별로 기술될 수 있으므로, 개개인의 수준에 적합한 교육자료를 만들 수 있다는 것이 정보처리이론의 장점이다.

최근의 정보처리이론은 인간의 많은 속성들을 고려하고 있다. 지능, 기억, 개념형성, 문제해결만을 다루는 이전의 모델과는 달리 정서, 태도, 문화적 · 사회적 영향, 다른 사람들과의 상호작용 등을 고려함으로써 인간의 복잡성을 인식시키고 있다.

반면에, 상상력이나 창의성과 같이 논리직이지 못한 인지측면에 대한 연구를 소홀히 했다는 지적을 받고 있다. 게다가 정보처리이론가들은 과제의 처리기제나 과정에만 조점을 맞추었을 뿐 그 과정이 일어나는 맥락이나 개인의 욕구, 능력 및 이들 간의 관련성은 간과했다는 것이다(Miller, 1993). 인간과 컴퓨터 간에는 유사성이 있기는 하지만 인간은 컴퓨터가 아니다. 인간과 컴퓨터는 그 모두가 복잡한 조작을 하고 수행을 하지만, 인간만이 생존을 위해 발버둥치며 다른 사람과 상호작용을 하고 또 감정을 가지고 있다. 따라서 컴퓨터는 인간을 연구하기 위한 제한적인 모델로서의 가치만을 지닐 뿐이다. 그밖에 대부분의 연구가 인위적인 실험실 상황에서 진행되었기 때문에, 실제 학습상황에서 나타나는 중요한 특성을 고려하지 못했다는 비판도 받고 있다(Berk, 2000).

3. Vygotsky의 사회문화적 인지이론

1) Vygotsky의 생애

Lev Vygotsky(1896-1934)

Lev Vygotsky는 Piaget와 같은 해인 1896년에 러시아에서 태어났다. 그러나 80세 이상을 산 Piaget와는 달리 38세라는 젊은 나이에 폐결핵으로 요절했다. 그의 부모는 유태인이었는데, 아버지는 은행원이었고 어머니는 교사였으며, 7명의 형제가 있었다. 아버지는 매우 엄격하였으나 어머니는 자상한 편이었다고 한다.

Vygotsky는 모스크바 대학에서 법학을 전공하였고, 그 후 문학과 언어학을 공부하였으며, 셰익스피어의 『햄릿』에 관한 논문으로

사진 설명 Vygotsky의 두 딸

예술심리학 박사학위를 받았다. 레닌이 죽고 스탈린이 집권하던 1924년에 결혼을 해서 두 딸을 낳았다(사진 참조).

십대의 Vygotsky는 토론수업과 모의재판에서 항상 주도적인 역할을 하였기 때문에 '꼬마 교수'라고 불렸다. 그 후 대학에서 심리학 강의를 할 때, 그의 인기는 대단했었다. 그의 강의를 듣기 원하는 학생들로 강의실이 넘쳐나서 많은 학생들이 강의실 밖에서 창 너머로 그의 강의를 듣기도 했다. Vygotsky는 1917년 러시아 혁명 후에 새로운 사회주의를 건설하는 일환으로 마르크시즘에 기초한 '새로운 심리학'을 구상하였다. 즉, 인간발달에서 사회문화적 요인의 중요성을 강조하는 발달심리학을 구상했으며 사고, 기억, 추론 등의 정신활동을 강조하였다.

사진 설명 Vygotsky가 학생들과 함께

1930년대 초에 스탈린 정부는 Vygotsky를 Piaget 등의 서구 심리학자들과 같은 류의 '부르주아 심리학자'라고 규탄하고, 그를 숙청대상으로 지명했다. 1936년부터 1956년까지 그의 저서는 금서가 되었다. 금지령의 주된 이유는 Vygotsky가 공산당이 반대하는 심리측정 연구를 수행했기 때문이었다.

Vygotsky가 사망한 1934년에 『사고와 언어(Thought and Language)』가 출간되었다. Vygotsky는 젊은 나이에 요절했으며 짧은 생애 동안 그가 이룬 빛나는 업적 등으로 인해 '심리학계의 모차르트'로 불린다.

Vygotsky는 아동발달에서 문화와 사회적 관계를 강조하였기 때문에, 그의 이론은 사회문화적 인지이론으로 불린다. 최근 그 이론이 영어로 번역되어 서구 사회에 알려지게 된 이후, 그의 이론에 많은 관심이 집중되고 있다. Vygotsky가 사망한 지 90년이 지난 지금 그의 사회문화적 인지이론에 대한 관심이 날로 증대하고 있는 이유는 오늘날 아동발달에서 문화적 요인의 중요성에 대한 인식이 제고되었기 때문이다. 아동이 부모, 또래, 교사, 기타 성인과의 상호작용을 통해서 세계를 이해한다는 그의 생각은 매력적일 뿐만 아니라, 아동의 인지발달이 문화적 요인에 의해 형성된다는 비교문화연구의 결과와도 일치한다(Beilin, 1996; Daniels, 1996; Gauvain, 2013; Mahn & John-Steiner, 2013).

2) 마르크시즘과 Vygotsky의 이론

Karl Marx

Vygotsky의 인간발달이론은 러시아의 사회주의의 토대가 되는 마르크스의 이론과 조화를 이루는 이론이다. 마르크스는 이상적 사회주의를 건설함에 있어 다음과 같은 세 가지 가정을 하였다(Thomas, 2000).

첫째, 행동은 사고를 야기한다. 마르크스는 특정한 사회적 환경에서 인간의 행동은 특정한 사고양식을 야기한다고 주장하였다. 그는 인간의 의식은 그들이 전개하는 활동으로 구성된다는 주장을 하였다. 바꾸어 말하면, 인간의 의식이 존재를 결정하는 것이 아니라 오히려 사회적 존재양태가 의식을 결정한다는 것이다.

Vygotsky는 마르크스의 이러한 신념에 동의하여, 그의 발달이론에서 아동의 행동이 아동의 사고내용을 구성한다고 주장한다. 사고가 행동의 원인이 되는 것이 아니라 행동이 사고의 원인이 된다는 것이다. 그렇다면 사고의 발달은 아동이 자신의 환경과 교류한 결과를 내면화하는 과정이라 볼 수 있다.

둘째, 발달은 변증법적 변화의 원리에 따라 진행된다. 마르크스는 사회는 변증법적 갈등을 해결하는 과정을 통해서 발달이 이루어진다고 주장하였다. 헤겔의 논리적 사고에 대한 변증법적 공식은 정(正), 반(反), 합(合)으로 구성되어 있다. 〈그림 3-24〉는 헤겔의 변증법의 개념을 보여준다. 그림 맨 아래에 있는 네모 속에는 正, 反 그리고 이들의 상호작용이 있으며 이 상호작용은 合을 이끈다. 그러나 진행은 여기서 멈추지 않는다. 이전 수준의 合(合1)은 다음에 오는 正(正2)으로 나아가며 이것은 다시금 또 다른 反을 낳고, 그리하여 순환이 다시 시작된다. 논쟁에서 우리가 무엇인가를 주장하려고 하는 과정에서 이러한 예를 찾아볼 수 있다. 가령, 하나의 관점이 제시된다면(正), 논리적인 다음 단계는 反이라는 또 다른 관점이 제시된다는 것이다. 그리고 合의 형태로 갈등이 해결되게 된다.

마르크스는 한 사회의 발달을 설명하기 위해 헤겔의 변증법적 개념을 채택하였다. 물질을 생산하고 분배하는 사회체제(예컨대 지주와 농노가 있는 봉건제도의 농경사회)가 확립되면(正), 기술의 발달(예컨대 산업혁명)은 그 체제와의 갈등을 촉진시킨다(反). 이때의 갈등은 그 사회체제가 새로운 체제(예컨대 자본주의)로 전환함으로써 해결될 수 있다. 일단 자본주의가 확립되면 또 다른 갈등이 발생하는데, 마르크스의 견해로는 적절한 해결책

Georg Hegel

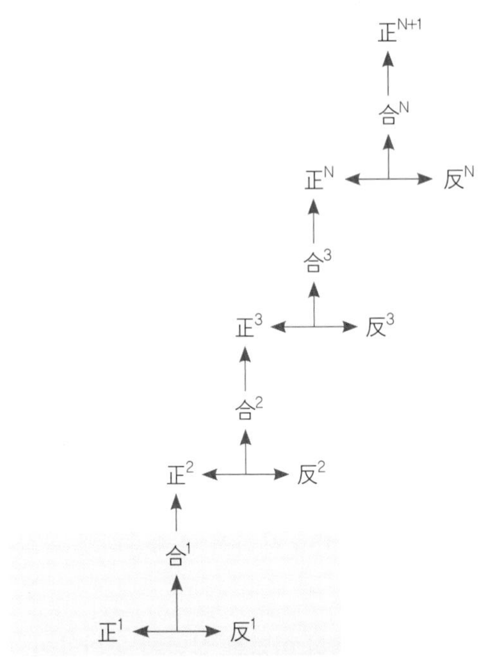

〈그림 3-24〉 헤겔의 변증법의 구조

출처: Salkind, N. J. (1985). *Theories of human development*. New York: Wiley & Sons.

이 사회적 · 정치적 · 경제적 체제를 물질의 생산과 분배를 공유하는 공산주의로 전환하는 방식이다. 사회의 발달과정에서 직면하는 몇 가지 변증법적 갈등상황 중에서 마르크스가 그의 변증법적 유물론에서 강조한 것은 사회계층 간의 투쟁이다.

Vygotsky는 변증법적 공식을 아동발달에 적용하였다. 아동이 어떤 문제를 해결하려고 할 때, 기존의 방식(正)이 언제나 성공적인 것이 될 수 없다. 왜냐하면 기존의 방식이 현재 상황(反)에 맞지 않기 때문이다. 따라서 아동은 그 상황에 적합한 새로운 문제해결 방법을 궁리해야 한다(合). 이와 같이 아동발달은 끊임없이 변증법적 갈등과 해결의 순환으로 구성된다. 이때 그 해결방법은 아동의 지식체계를 형성하게 되고, 이 지식은 다시 아동이 다른 활동에 접근하는 데 이해나 기술로 작용한다.

셋째, 발달은 문화적 맥락 내에서의 역사적인 과정이다. 마르크스는 사회의 발달을 진화의 과정이라고 생각하였다. 기술의 발달로 말미암아 사회는 봉건제도로부터 자본주의로 그리고 궁극적으로는 사회주의로 발달하게 된다는 것이다. 그가 '공산당 선언(The Communist Manifesto)'에서 천명한 것처럼 "과거의 모든 소유(재산)관계는 역사적 조건의 변화에 따르는 역사적 상황에 의해 언제나 결정되었다"(Marx, 1847, p. 231). 따라서 한 사회의 역사는 목적지향적 변화를 기록한 연대기이다. "형성 도중의 역사(history in the making)"라는 표현은 어떤 특정 시점에서 발생하는 변증법적 변화를 일컫는 것이다. 그러한 변화과정을 분석함으로써 사회가 어떻게 발달하는가를 이해하게 된다. 어떤 특정 순간에 특정 사회가 갖는 문화는 그 사회의 과거의 역사적 산물일 뿐만 아니라 미래에 있어서 발달의 맥락적 토대이기도 하다.

Vygotsky는 마르크스의 문화적 · 역사적 견해를 채택하여 아동발달이론을 공식화하였다. 아동발달을 이해하기 위해서는 한 문화의 역사적 배경을 이해해야 한다고 하였다. 왜냐하면 아동이 살고 있는 환경이 그 문화에 고유한 기회와 요구를 아동에게 제공하기 때문이다. 더욱이 아동 자신의 개체발생적 발달(아동이 체험한 과거의 변증법적 갈등의 연속)이 아동으로 하여금 어떻게 앞으로 나가올 문제를 해결하게끔 준비하게 하는가를 결정하기 때문이다.

3) Vygotsky 이론의 개요

Vygotsky의 사회문화적 인지이론은 특정 문화의 가치, 신념, 관습, 기술이 어떻게 다음 세대로 전수되는지에 초점이 맞추어졌다. Vygotsky에 의하면, 사회적 상호작용, 특히 아동과 성인 간의 대화가 아동이 특정 문화에 대해 적절하게 사고하고 행동하는 법을 습득하는 데 필수적이라고 한다(Wertsch & Tulviste, 1992). 아동이 성장하고 있는 그 문화적 배경을 고려하지 않고서는 아동발달을 제대로 이해할 수 없다는 것이 Vygotsky의 주장이다.

Vygotsky의 이론은 특히 아동의 인지를 연구하는 데 큰 영향을 미쳤다. 그러나 그의 접근법은 Piaget의 접근법과 상당히 다르다. Vygotsky의 사회문화적 인지이론은 Piaget가 간과했던 사회문화적 요인의 중요성을 강조함으로써 아동의 인지발달을 이해하는 새로운 견해를 제시하였다. 인지발달의 문화적 보편성을 강조했던 Piaget와는 달리 Vygotsky는 인지발달의 문화적 특수성을 강조하였다.

Piaget에 의하면, 모든 아동의 인지발달은 매우 유사한 단계를 거친다고 한다. 그리고 Piaget는 인지발달에 있어서 아동의 능동적이고 자발적인 노력을 강조하였기 때문에, 성인의 직접적인 가르침이 중요하다고 보지 않았다. 반면, Vygotsky는 모든 아동이 똑같은 인지발달 단계를 거친다고 보지 않았으며, 아동의 인지발달을 사회가 중재하는 과정으로 보기 때문에, 아동발달의 결정요인으로서 문화를 강조하였다(Gauvain, 2013). 인간은 이 지구상에서 문화를 창조한 유일한 종(種)이며, 모든 아동은 문화의 맥락 속에서 성장하고 발달한다. 문화는 아동의 인지발달에 두 종류의 기여를 한다. 첫째, 아동은 지식의 대부분을 문화로부터 습득한다. 둘째, 아동은 문화로부터 사고과정이나 사고수단(Vygotsky는 이것을 지적 적응의 도구라고 부른다)을 습득한다. 요약하면, 문화는 아동으로 하여금 무엇을 사고하고, 어떻게 사고할 것인가를 가르친다고 하였다.

아동발달에 대한 Vygotsky의 견해를 요약하면 다음과 같다(Tappan, 1998). 첫째, 아동의 인지기능을 이해하기 위해서는 인지기능의 기원과 초기 형태에서 그 이후의 형태로의 전환을 연구해야 한다. 혼잣말 같은 정신활동은 독자적으로는 정확하게 이해될 수 없고, 오로지 발달과정에서의 한 단계로 이해되어야 한다. 즉, 아동의 인지기술은 발달의 차원에서 분석되고 해석될 때에만 이해가 가능하다는 것이다.

둘째, 인지기능을 이해하기 위해서는 그것을 중재하는 도구를 연구하는 것이 필요한데, 언어가 가장 중요한 도구이다. Vygotsky는 아동 초기에 문제해결을 돕는 도구로서 언어가 사용되기 시작한다고 주장한다. 즉, 인지기술은 정신활동을 용이하게 해주는 도구인 언어에 의해 중재된다는 것이다.

사진 설명 손가락으로 셈하는 것은 아동이 처음으로 사용하게 되는 계산법 중의 하나이다.

셋째, 인지기능은 사회적 관계와 문화에 그 기초를 둔다. Vygotsky는 아동발달은 사회문화적 활동과 불가분의 관계에 있다고 주장한다. 기억, 주의집중, 추론 등의 발달은 사회가 고안해낸 언어나 수리체계, 기억전략을 사용하는 학습을 포함한다는 것이다. 예를 들면, 어떤 문화에서는 전자계산기나 컴퓨터를 사용해서 계산하는 법을 배우게 되고, 또 다른 문화에서는 손가락이나 발가락을 이용하여 셈하는 법을 배우게 된다(사진 참조).

4) 근접발달영역

Vygotsky는 아동의 지적 능력을 근접발달영역의 개념으로 설명하고 있다. 근접발달영역(Zone of Proximal Development)은 아동이 스스로의 힘으로 문제를 해결할 수 있는 수준인 실제적 발달수준과 성인이나 유능한 또래로부터 도움을 받아 문제를 해결할 수 있는 수준인 잠재적 발달수준의 중간 영역을 의미한다(〈그림 3-25〉 참조). 예를 들면, 산수문제를 혼자 힘으로 풀지 못하는 초등학생에게 교사가 옆에서 조언을 해주거나 힌트를 줌으로써 아동이 문제해결을 좀더 효율적으로 수행할 수 있게 된다. Vygotsky(1962)

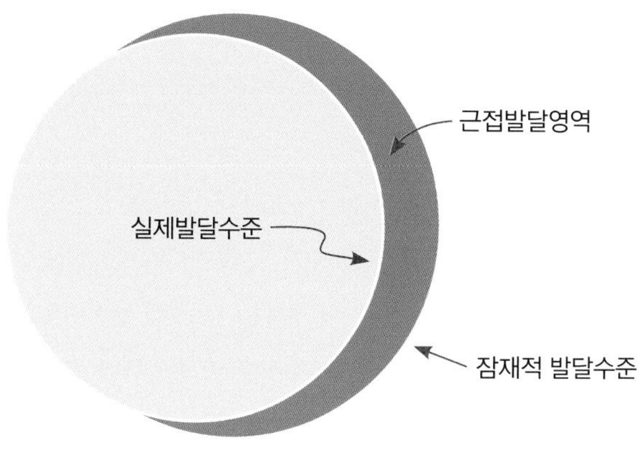

〈그림 3-25〉 근접발달영역

는 아동이 혼자 힘으로 문제를 해결할 수 있는 수준을 발날의 '열매'로 그리고 타인의 도움으로 문제를 해결할 수 있는 수준을 발달의 '봉오리' 또는 '꽃'이라고 불렀다.

근접발달영역의 개념은, 비록 두 아동이 도움 없이 혼자 힘으로 문제를 해결할 수 있는 수준이 비슷하다 할지라도, 도움을 받고 문제를 해결할 수 있는 수준은 크게 다를 수 있음을 암시한다. 즉, 도움에 의해 수행능력이 증가하면 할수록 근접발달의 영역은 더 넓어진다는 것이다(〈그림 3-26〉 참조).

예를 들어, 6세 된 두 아동이 초등학교에 입학할 무렵 수행평가에서 동일한 점수를 얻었다고 가정해보자. 입학 후 첫째 주에 교사가 이 아동들을 따로따로 학습을 시킨 결과, 한 아동은 교사의 도움을 받고 9세 아동이 풀 수 있는 문제를 푸는 반면, 똑같은 도움을 받고서 다른 아동은 7세 수준의 문제해결 능력밖에 보여주지 못했다. Vygotsky에 의하

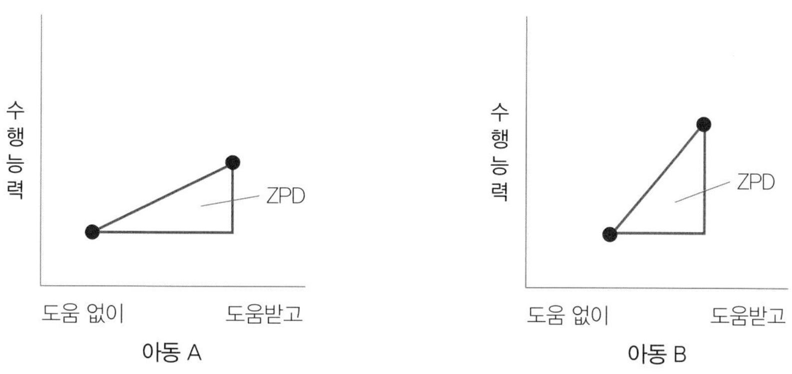

도움 없이 두 아동의 과제수행이 비슷하다 할지라도, 아동 B가 도움에 의해 수행능력이 더 많이 향상되었다. 따라서 더 넓은 근접발달영역을 갖게 된다.

〈그림 3-26〉 도움에 의한 문제해결 수준의 개인차

면 이 두 아동의 학습능력은 크게 다른데, 그 이유는 두 아동의 근접발달영역이 다르기 때문이다. 즉, 첫 번째 아동의 근접발달영역은 3년인 반면, 두 번째 아동의 근접발달영역은 1년이기 때문이다.

Vygotsky의 근접발달영역 개념에는 세 가지 중요한 시사점이 있다. 아동의 능력에 대한 평가, 교수법, 발달과정에 대한 연구가 그것이다(Goldhaber, 2000).

첫째, Vygotsky는 아동의 능력을 평가하는 도구에 대해 매우 비판적이다. 왜냐하면 아동의 능력을 평가하는 대부분의 도구가 아동의 잠재력에 대해서는 어떠한 정보도 주지 못하고, 다만 아동의 현재의 발달수준에 대해서만 평가하기 때문이다.

둘째, 교수법이 효율적이기 위해서는 교사는 아동의 현재 발달수준을 이해해야 할 뿐만 아니라, 학습과정에서 아동이 자발적으로 참여할 수 있는 방법으로 새로운 교재를 소개해야 한다. 만약 교수법이 아동의 발달수준을 반영하지 못한다면 그것은 아무 소용이 없다. 더욱이, 어떤 교실에서든지 아동들의 발달수준은 다양하기 마련이므로 아동 개개인의 수준에 적합한 교수법을 채택해야 한다.

셋째, 발달과정에 대한 연구는 정적인 상태—아동이 이미 획득한 기술—가 아니라 새로운 형태의 발달이 이루어지는 과정에 초점이 맞추어져야 한다. 고도로 통제된 연구방법에 비해 Vygotsky의 접근법은 보다 실제적이고 상황에 따라 수정이 가능하다. 이 접근법에서 종속변수는 사전에 알 수가 없고, 실험조작을 통해 발달과정이 명백해짐에 따라 그것이 드러나게 되어 있다.

사진 설명 Vygotsky의 이론에 의하면 성인으로부터 지도를 받는 것은 아동의 문제해결에 매우 중요한 요인이라고 한다.

5) 비계

근접발달영역과 매우 밀접한 연관이 있는 개념이 비계(scaffolding, 飛階)이다(〈그림 3-27〉 참조). 비계는 아동이 스스로의 힘으로 문제를 해결할 수 있도록 성인이나 유능한 또래가 도움을 제공하는 것을 의미한다. Vygotsky는 아동의 인지발달은 자신이 속한 문화에서 보다 성숙한 구성원과의 상호작용을 통해 이루어진다고 보았다. 이들은 아동의 인지발달을 위해 비계를 설정하여 아동이 성장할 수 있도록 도와준다. 아동을 가르치는 동안 아동의 현재 수준에 알맞도록 가르침의 양을 조절한다. 아동이 학습하는 내용이 새로운 것이라면 직접

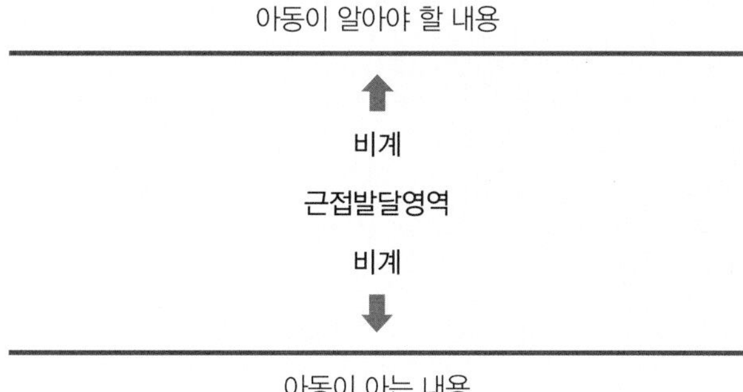

〈그림 3-27〉 근접발달영역에서의 비계의 역할

적인 지시를 하고, 아동이 따라오게 되면 직접적인 지시 대신에 힌트를 주게 된다(wright, 2018).

비계는 건축학에서 빌려온 용어로서[4] 건물을 지을 때 발판을 사용하다가 건물이 완성되면 제거해버리는 장치를 말한다. 마찬가지로 아동이 과제를 수행하는 데 도움을 주다가 일단 아동이 혼자서 문제를 해결할 수 있게 되면 비계는 더 이상 필요없게 된다.

비계는 즉각적인 문제해결뿐만 아니라 장기적인 안목에서 아동이 스스로 문제를 해결하는 데 필요한 기술을 가르치는 데에도 효율적인 것으로 보인다. 즉, 비계는 구체적인 문제해결뿐만 아니라 아동의 전반적 인지발달에 도움이 된다.

6) 사고와 언어의 발달

사고와 언어의 관계에 대해서 Vygotsky는 세 가지 가능성을 제기하였다(Thomas, 2000). 첫째, Watson의 행동주의가 "사고는 단지 침묵의 언어일 뿐이라고" 주장하는 것처럼 사고와 언어는 동의어인가? 둘째, 많은 내성심리학자들이 "언어는 단지 타인과의 의사소통의 수단일 뿐이라고" 믿는 것처럼 사고와 언어는 별개의 것인가? 셋째, 사고와 언어는 독립된 기능을 하지만 서로 상호작용을 하는가?

이 문제를 해결하기 위해 Vygotsky는 여러 나라의 심리학자와 문화인류학자들의 사고와 언어에 관한 연구를 분석하고, 러시아의 아동과 청소년 그리고 성인들을 대상으로 하여 사고와 언어에 관한 연구를 실시하여 다음과 같은 결론을 내렸다. 일반적으로 아동

4) 비계는 건물을 짓거나 수리할 때 또는 외벽에 페인트를 칠할 때 발판역할을 해주는 임시구조물을 뜻한다.

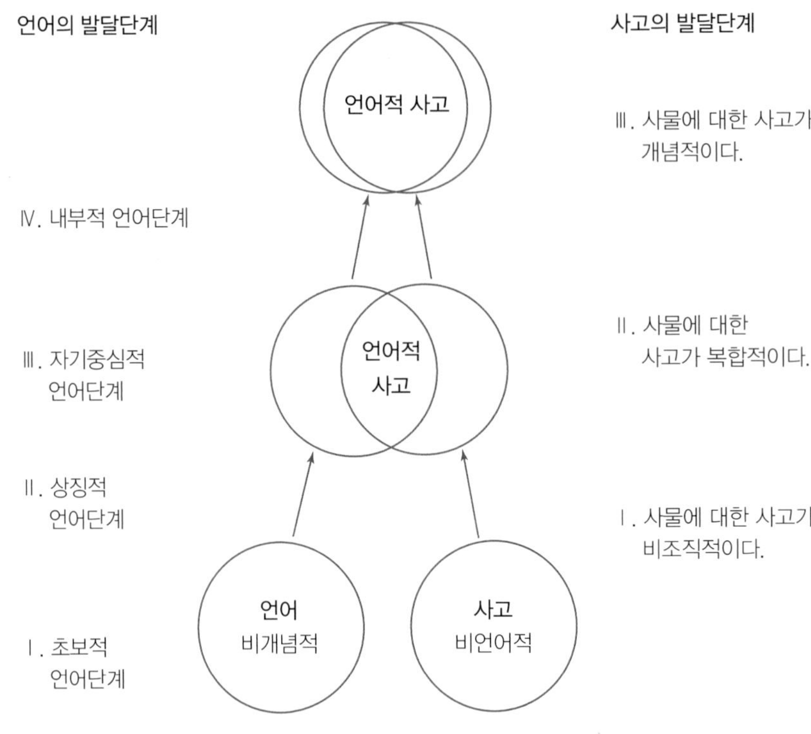

〈그림 3-28〉 사고와 언어의 발달에 관한 Vygotsky의 견해

출처: Thomas, R. M. (2000). *Comparing theories of child development* (5th ed.). Wadsworth Publishing Company.

의 사고와 언어는 초기에는 양자 간에 아무런 관련이 없이 독자적인 기능을 한다. 그들은 마치 서로 접하지 않는 두 개의 원과 같다. 〈그림 3-28〉에서 보듯이 하나의 원은 비언어적 사고를 나타내고 또 다른 원은 비개념적 언어를 나타낸다. 아동이 성장함에 따라 이 두 개의 원은 서로 만나 중복된다. 두 원의 중복된 부분이 언어적 사고를 나타내는데, 이것은 이제 아동이 호칭을 지닌 개념을 습득하기 시작했다는 것을 의미한다. 여기서 개념이란 어떤 구체적인 사물을 표현하는 것이 아니라 여러 가지 다양한 사물이 갖는 보편적인 특성을 나타내는 추상적 개념을 의미한다.

두 개의 원은 결코 완전히 겹쳐지지 않는다. 아동이 발달함에 따라 겹치는 부분이 점점 넓어지지만, 비언어적 사고와 비개념적 언어가 차지하는 부분이 여전히 남아 있다. 성인의 경우 비언어적 사고의 예는 도구를 능숙하게 사용하는 것이고, 비개념적 언어의 예는 애창곡을 부르거나, 좋아하는 시를 암송하거나, 잘 아는 전화번호를 외우는 것이다. 〈그림 3-28〉은 아동발달에서 사고와 언어의 관계에 대한 Vygotsky의 일반적인 견해를 보여주지만, 실제로 이 양자 간의 관계는 이보다 훨씬 더 복잡하다.

Vygotsky는 내적 성숙의 결과로 아동이 스스로 개념적 사고능력을 습득할 수 있다는 견해에 동의하지 않는다. 그는 아동발달에서 내적 성숙의 중요성을 인정하지만, 언어를 통한 공식적 · 비공식적 교육이 아동의 개념적 사고 수준에 매우 큰 영향을 미친다고 믿는다. 만약 아동의 언어환경이 단순하고 초보적인 수준이라면 아동은 매우 단순한 사고를 하게 될 것이다. 반면, 아동의 언어환경이 다양하고 복잡한 개념을 포함한다면, 아동의 생물학적 기관(예컨대, 감각기관이나 중추신경계)이 손상되지 않은 경우에 아동은 다양하고 복잡한 방식으로 사고할 것이다.

Vygotsky는 아동의 사고와 언어가 전개되는 양상이 오랜 세월 동안 인류의 사고와 언어가 진화되어온 모습과 매우 비슷하다고 주장한다. 따라서 아동의 개체발생적 발달을 연구하는 것은 아동의 사고와 언어를 이해하는 데 도움이 될 뿐만 아니라 우리 인류의 계통발생적 발달을 이해하는 가장 실질적인 방법이라고 한다.

7) 혼잣말

Vygotsky는 언어가 아동의 사고발달에 필수적인 것이라고 믿는다. Vygotsky에 의하면, 아동은 문제를 해결하거나 중요한 목표를 달성하고자 할 때 혼잣말(private speech)을 하는 경향이 있다고 한다. 성인들의 경우 혼잣말은 주로 마음속으로 하는 것이지만, 아동들은 혼잣말을 입 밖으로 소리내어 한다. 시간이 지나면서 큰 소리로 하던 혼잣말은 속삭임으로 변하고 다시 내부 언어(inner speech)[5]로 변한다.

언어가 사고발달에 유익한 것은 사회적 상호작용의 매개역할을 하기 때문이다. 직접적인 지시를 하든 일상적 대화를 하든 타인과의 언어적 상호작용은 아동의 현재의 이해 수준을 향상시켜준다.

Vygotsky는 아동은 의사소통을 위해서뿐만 아니라 자신의 사고과정과 행동을 이끌어가기 위해서 언어를 사용한다고 믿는다. 이러한 자기조절적 또는 자기지시적 목적으로 사용되는 언어가 혼잣말이다. Piaget에게는 아동의 혼잣말이 자기중심적이고 미성숙한 것이지만, Vygotsky에게서는 혼잣말이 아동의 사고발달에서 중요한 도구가 된다(Alderson-Day & Fernyhough, 2014; Sawyer, 2017; Wertsch, 2008). Vygotsky는 혼잣말을 많이 하는 아동이 그렇지 않은 아동보다 사회적 능력이 더 뛰어난 것으로 믿었다. 여러 연구결과도 혼잣말이 아동발달에서 긍정적인 역할을 한다는 Vygotsky의 견해를 지지하는

5) Vygotsky는 개인의 생각(사고)을 내부 언어(inner speech)라고 표현한다.

사진 설명 아동은 쉬운 과제보다 어려운 과제에서 혼잣말을 더 많이 한다.

것으로 보인다(Day & smith, 2019; Day et al., 2018; Winsler, Diaz, & Montero, 1997).

Vygotsky는 혼잣말을 인지발달에서 자기조절로 향하는 중간 단계로 보았다. 처음에 아동의 행동은 다른 사람의 지시에 의해 조절된다. 아동이 다른 사람의 도움 없이 새로운 과제를 해결하고자 할 때, 큰 소리로 혼잣말을 함으로써 자기 스스로에게 지시를 내린다(사진 참조). 따라서 혼잣말은 문제해결에서 자신이 올바르게 하고 있다는 확신을 주는 자기나름의 길잡이 역할을 한다(Behrend, Rosengren, & Perlmutter, 1992; Vissers, Tomas, & Law, 2020).

아동은 쉬운 과제보다 어려운 과제에서 혼잣말을 더 많이 한다. 왜냐하면 어려운 과제에서 더 많은 도움이 필요하기 때문이다. 또한 문제를 제대로 풀었을 때보다 실수를 한 후에 혼잣말을 더 많이 하는 것으로 보인다. 연구결과, 아동이 자신의 행동과 사고를 통제하는 데 언어가 중요한 역할을 하는 것으로 밝혀졌다(Berk, 1992).

우리나라 3세와 5세 유아의 혼잣말과 어머니의 비계설정에 관한 연구(박영순, 유안진, 2005)에서 유아 혼자 미로과제를 수행할 때 발화된 혼잣말은 성별과 연령의 상호작용으로 인하여 남아보다 여아에게서 총 발화빈도와 과제관련 혼잣말의 빈도의 연령 차이가 더 크게 나타났다고 하였다. 또한 유아와 어머니가 함께 미로과제를 수행할 때, 어머니가 사용하는 비계설정은 3세 유아의 어머니가 5세 유아의 어머니보다 언어전략 중 조절 및 통제, 교수 그리고 범주 외의 전략들을 더 많이 사용했다고 하였다.

8) Vygotsky 이론을 교육현장에 적용하기

Vygotsky 이론은 일선교사들에 의해 널리 수용되어 교육현장에서 성공적으로 적용된 바 있다(Daniels, 2017; Holtzman, 2017). Vygotsky 이론을 교육에 적용하는 방법은 다음과 같다.

첫째, 아동의 근접발달영역(ZPD)을 평가한다. Piaget와 마찬가지로 Vygotsky도 표준화검사가 아동의 학습을 평가하는 최선의 방법이라고 생각하지 않는다. Vygotsky는 평가는 아동의 ZPD에 의해 이루어져야 한다고 주장한다. 숙련된 교사는 아동의 학습 수준을 결정하기 위해 다양한 난이도의 과제를 아동에게 제시해야 한다.

둘째, 아동의 ZPD를 교육에 적용한다. 아동이 도움을 받아 목표에 도달할 수 있고, 높은 수준의 기술이나 지식을 획득하기 위해 교육은 ZPD의 상한범위(upper limit) 가까이서 시작해야 한다. 교사는 단순히 아동의 의도를 살펴보고 도움이 필요할 때 제공하면 된다.

셋째, 유능한 또래를 교사로 활용한다. 아동이 뭔가를 학습하는 데 성인만이 도움이 되는 것은 아니다. 아동은 유능한 또래로부터도 도움을 받아 문제를 해결할 수 있다.

넷째, 아동의 혼잣말(private speech)을 적극 권장한다. Vygotsky는 혼잣말이 아동의 사고발달에서 중요한 도구가 된다고 믿는다. 아동의 혼잣말을 격려함으로써 문제해결에서 자신이 올바르게 하고 있다는 확신을 심어주게 된다.

유아기 교육과정에서 Bodrova와 Leong(2007, 2015, 2019)이 개발한 "Tools of the Mind" 프로그램은 아동의 자기조절의 발달과 인지적 기초를 강조한다. 이 프로그램은 자기조절의 발달, ZPD, 비계, 혼잣말 등을 강조하는 Vygotsky 이론에 기초한 것이다. 이 프로그램에 참여한 대부분의 아동들은 빈곤 등의 이유로 학업실패의 위험에 처해 있는 것으로 나타났다. 연구결과(Blair & Raver, 2014) 아동의 자기조절능력뿐만 아니라 쓰기능력, 읽기능력, 어휘력, 수학능력 등이 향상된 것으로 나타나 프로그램의 효과가 입증되었다.

9) 평가

Vygotsky의 중요한 공헌은 개인의 발달에서 사회문화적 맥락의 중요성을 강조한 점이다. 또한 그는 아동발달과 학습과의 관계를 설명하고, 학습이 아동발달을 촉구한다고 주장하였다. 특히 그는 아동들이 일상생활에서 실제로 어떻게 행동하는가에 관심을 가졌으며, 이 관점을 이용해 아동의 발달과 학습에 대한 실질적 정보를 제공하였다. 예를 들면, 근접발달영역 내에서 교수(教授)의 수준과 방식 및 부모, 교사 그리고 또래의 역할 등에 대해 언급한 점 등이 그것이다. 대부분의 발달이론가들은 보편적인 아동발달에 초점을 두었으나, Vygotsky는 한 문화권 내에서의 개인 간 차이뿐만 아니라, 각 문화권 간에서의 개인의 차이에도 관심을 가졌었다. 즉, 아동발달의 보편적인 목표라는 것은 없으며, 이상적 사고나 행동은 각 문화권마다 다르다고 보고 문화적 상대성을 인정하였다.

한편, Vygotsky는 문화적 · 사회적 경험을 지나치게 강조함으로써 발달의 생물학적인 측면을 소홀히 했다는 비판을 받는다. Vygotsky는 생물학적 영향력의 중요성은 인정하였으나, 인지적 변화에 있어 유전이나 뇌의 성장이 미치는 영향에 대해서는 거의 언급하지 않았다(Berk, 2000). 그리고 Vygotsky가 주장한 근접발달영역 등의 개념정의가 명확하지 않기 때문에 경험적 검증이 어렵다는 지적도 받고 있다(Wertsch, 1999). 즉, 아동의 근접발달영역이 어떠한 것인지, 그것을 아는 것만으로는 학습능력이나 현재의 발달수준에 대한 정보를 얻을 수 없으며, 영역을 측정하는 방법에도 문제가 있다는 것이다. 뿐만 아니라 어머니와 아동 간의 상호작용에 대해서는 집중적으로 다루었지만, 또래관계나 아버지와 아동의 관계 등에 대해서는 그 내용이 부족하다는 비판을 받고 있다(Miller, 1993).

제 4 장

성숙이론

가지가 휘는 대로 나무도 기운다. Virgil

학습의 목적은 성장이다. 육체와는 달리 우리의 정신은 생명이 있는 한 계속 성장할 수 있다.

Mortimer Adler

훌륭한 교사란 언제 어디서나 아이들이 자율적으로 행동할 수 있게 도와줄 수 있는 사람이다.

Maria Montessori

아이가 걷는 법을 배우는 것은 무력한 존재에서 능동적인 존재로 전이되는 제2의 탄생이다.

Maria Montessori

환경적 요인은 개체발생의 기본 형태와 순서에 변화를 일으키지 못한다. Arnold Gesell

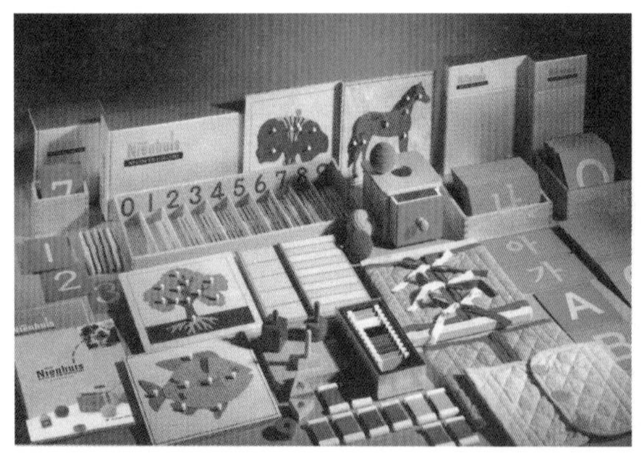
Nienhuis
0 1 2 3 4 5 6 7
가
A

Nienhuis

성숙이론은, 환경은 아동발달에 주도적인 영향을 미치지 못하기 때문에, 아동이 지닌 능력 이상으로 아동을 교육하는 것은 아동을 좌절케 한다고 주장한다. 성숙이론에 의하면, 인간발달이란 유기체 내부에서 자연스럽게 이루어지는 것이기 때문에, 환경은 행동을 변화시키는 2차적 역할을 할 뿐이라고 한다. 따라서 아동 자신의 속도에 알맞은 발달을 위해서는 아동중심의 양육환경이 제공되어야 할 것을 강조한다.

성숙이론은 '학습준비도'의 개념을 소개하였다. 학습준비도란 유아에게 무엇을 가르치기 위해서는 유아가 성숙할 때까지 기다려야 한다는 학습의 시기에 관한 개념이다. 즉, 아동이 배울 준비가 되어 있지 않다고 여겨지면, 아동이 준비를 마칠 때까지 기다려야 한다는 것이다.

Gesell은 유전자가 발달과정을 방향짓는 기제에 대한 일반적인 명칭을 성숙이라고 명명하고, 아동은 환경보다는 성숙을 통해 성장한다는 발달의 예정론을 주장하였다. Montessori 또한 아동은 자신의 성숙적 자극을 통해서 발달이 이루어진다고 보고 아동중심의 교육환경을 강조함으로써, Rousseau나 Gesell 등이 주장한 발달철학을 실제 현장에 적용하였다.

이 장에서는 Gesell의 성숙이론과 Montessori의 민감기이론을 통해 아동발달의 성숙론적 접근법에 관해 살펴보기로 한다.

1. Gesell의 성숙이론

1) Gesell의 생애

Arnold Gesell은 1880년에 미시시피강 상류에 위치한 위스콘신 주에서 태어났다. 그는 목가적이고 아름다운 자연환경에서 어린 시절을 보냈다고 회상하면서 "고향의 언덕들과 계곡, 강물 그리고 기후는 계절의 변화를 언제나 분명하게 보여주었다" (Gesell, 1952, p. 124)라고 술회하였다.

Arnold Gesell(1880-1961)

Gesell은 고향인 위스콘신 주에서 성장하였고, 위스콘신 대학에서 학사학위를 받았다. 1906년 매사추세츠 주 클라크 대학에서 아동심리학의 선구자 중 한 사람인 지 스탠리 홀의 지도하에

사진 설명 예일 대학 부설 아동발달연구소 전경

심리학을 전공하여 박사학위를 취득했다. 박사학위를 취득한 30세에 생리학 연구를 위해 다시 의과대학에 들어가 공부하는 열정을 보였으며, 1911년에 예일 대학에서 조교수로 임명을 받았다. 그는 예일 대학 부설 '아동발달연구소'를 설립하고, 그곳에서 37년간 소장직을 맡으며 아동발달 연구에 전념하였다. 1915년에는 의학박사학위를 취득하고, 그때부터 그의 연구소는 의과대학과 연계되어 운영되었다. 그는 이 연구소에서 심리학과 의학을 통합한 정신발달의 실증적 연구에 전념하여 많은 업적을 남겼다.

사진 설명 Gesell이 한 영아의 발달수준을 평가하고 있다.

특히 『취학전 아동의 지적 성장(Mental Growth of the Preschool Child)』(1925), 『생후 첫 5년(The First Five Years of Life)』(1940), 『영유아와 현대의 문화(Infant and Child in the Culture of Today)』(1943) 등의 여러 저서들을 통해, 영유아의 운동기술에 대해 광범하고 심도있는 연구를 수행하였다.

Gesell은 1948년 정년퇴직 후에도 연구를 계속 수행하였다. 그는 예일 대학 근처의 뉴 헤이븐에 동료들과 함께 '게젤 아동연구기관'이라는 개인 연구소를 설립하여 1950년부터 1958년까지 연구소의 자문역으로 활동하였으며, 1956년에는 『5세부터 10세의 아동(The Child from Five to Ten)』을 출간하였다.

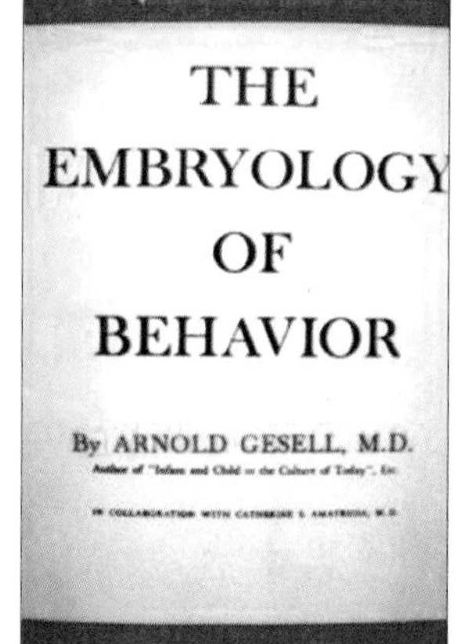

2) 성숙의 개념

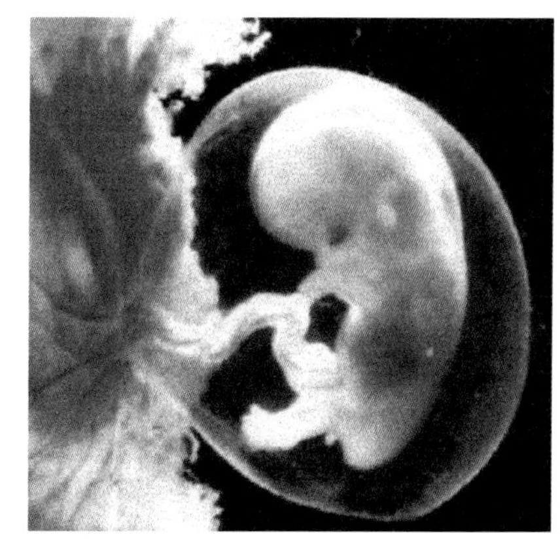

Gesell(1945)은 태아가 모체에서 하나의 개체로 자리 잡은 후(사진 참조) 10개월 동안 외부로부터의 영향(환경)보다는 내적인 힘에 의해 성장한다는 발달의 예정론을 주장하였다. 즉, 이러한 선천적인 메커니즘으로 인해 유기체는 주어진 환경과 관계없이 발달한다는 것이다. Gesell은 유전자가 발달과정을 방향짓는 기제에 대한 일반적인 명칭을 성숙(maturation)이라고 명명하였다.

Gesell은 모든 유기체들은 성장하는 데 있어 이미 성장의 방향이 결정되어 있는 성장모형(growth matrix)을 가지고 있으며, 이러한 성장모형(成長母型)은 이미 결정되어 있는 유전적 요소들로 이루어져 있다고 생각하였다. 따라서 환경적 요인들은 이러한 유전과 성장모형을 단지 유지하거나 약간 수정할 뿐이지, 발달을 유발하지는 못한다는 것이다. 그러나 Gesell이 발달에 미치는 환경의 영향력을 완전히 배제한 것은 아니다. 그는 성숙 역시 환경에 의해 영향을 받는다고 생각하였다. 예를 들어, 태아발달에 있어서 성숙은 자궁 내의 양수온도와 모체로부터 들어오는 산소의 양에 의해 영향을 받는다. 다만 Gesell은 아동의 성장과 발달을 촉진하는 이 두 가지 힘—성숙과 환경—중 성숙이 특별히 더 중요하다고 생각하였다.

성숙의 가장 큰 특징은 언제나 정해진 순서대로 발달단계를 거친다는 점이다. 예를 들어, 태아발달에서 가장 먼저 발달하는 기관은 심장이다. 심장이 먼저 생성 · 발달하고 기

능을 발휘한 후에야 비로소 세포들이 빠른 속도로 분화되어 두뇌와 척수 같은 중추 신경계가 형성된다. 그러고 나서 팔다리와 같은 다른 기관들이 발달하게 된다. 이 순서는 유전자지도에 의한 것으로 결코 발달순서가 바뀌지 않는다. 출생 이후의 발달도 이와 비슷하다. 예를 들어, 태아 때에 팔다리보다 머리가 먼저 발달한 것처럼 신생아도 머리가 먼저 발달한다. 그러고 나서 목, 어깨, 팔, 손, 손가락, 몸통, 다리, 발 등의 순서로 발달한다. 즉, 태내발달과 출생 이후의 발달은 모두 머리에서 발끝으로 발달이 이루어진다. 마찬가지로 영아의 발달에도 정해진 순서가 있다. 영아는 정해진 발달순서에 따라 앉고, 서고, 걷고, 뛰는 것을 학습한다. 어떤 아기도 앉기 전에 서거나 걸을 수 없다. 왜냐하면 이러한 능력들은 이미 유전적으로 결정된 신경 성숙과정과 함께 이루어지기 때문이다.

지금까지 살펴본 것과 같이 모든 아동들이 정해진 발달단계를 거치지만 발달속도에는 개인차가 있다고 Gesell은 생각하였다. 즉, 모든 아기들이 똑같은 나이에 서고 걷는 것은 아니다. 그러나 Gesell은 이러한 개인차 역시 내적인 유전적 기제에 의한 차이라고 생각하였다.

3) 발달의 원리

Gesell은 『유아행동의 개체발생(The Ontogenesis of Infant Behavior)』(1954)이라는 저서에서 발달의 기본 원리를 다음과 같이 상술하고 있다.

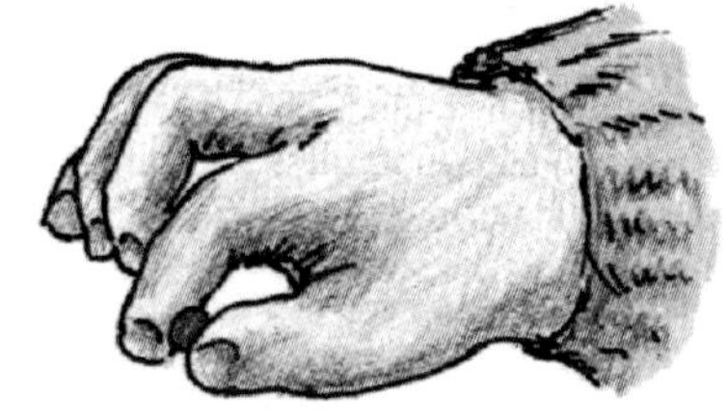
사진 설명 10개월이 지나면서 엄지손가락과 집게손가락을 사용해서 작은 물체를 집을 수 있게 된다.

(1) 발달방향의 원리

이 원리는 인간발달이 무작위가 아닌 정돈된 방식에 따라 진행된다고 가정한다. 출생 시에 신생아는 다리부분보다는 머리부분이 더 빨리 성숙하며, 팔의 협응이 다리의 협응에 선행한다. 이러한 경향을 두미(cephalocaudal)발달 경향(〈그림 4-1〉 참조)이라고 부른다.

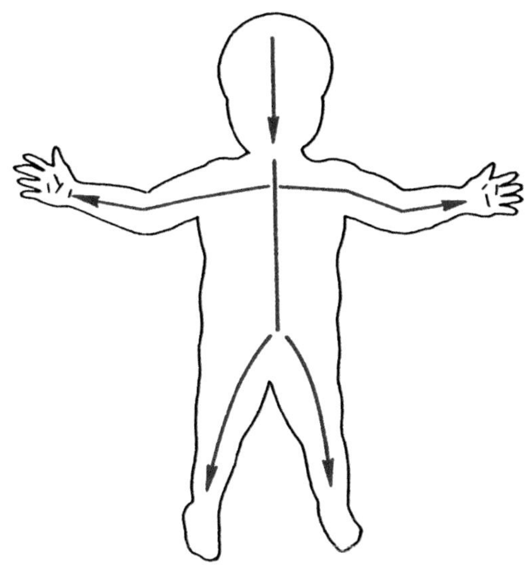

〈그림 4-1〉 두미발달과 근원발달의 원리

또 다른 예는 말초보다 신체의 중심이 먼저 발달한다는 것이다. 어깨 동작은 손목과 손가락 동작보다 더 일찍 나타난다. 이 근원(proximodistal)발달 경향(〈그림 4-1〉 참조)은 아동의 잡기행동에서도 나타나는데, 20주경에 나타나는 잡기행동은 아주 미숙하고 주로 상박(upper arm)[1]의 움직임에 의존한다. 그러나 28주가 되면 엄지손가락의 섬세한 사용으로 잡기행동은 보다 섬세한 근육운동에 의해 주도된다.

머리에서 발 방향으로와 중심에서 말초로의 경향은 모두 발달에는 방향이 있으며, 이 방향은 기본적으로 미리 계획된 유전적 기제의 기능이라는 Gesell의 주장을 입증해주고 있다.

(2) 상호적 교류의 원리

이 원리는 영아가 먼저 한 손을 사용하고, 그러고 나서 다른 한 손을 사용하고, 그다음 양손을 사용하는 등 계속적인 반복과정을 통하여 능숙하게 손을 사용할 수 있게 될 때까지의 발달과정을 의미한다. Gesell은 영아가 손을 능숙하게 사용하게 될 때까지 왼손과 오른손을 계속해서 사용하는 모습을 뜨개질하는 모습에 비유하여 상호적 교류(reciprocal interweaving)라는 용어를 사용하였다.

Gesell은 상호적 교류의 원리가 성격형성 과정에서도 나타난다고 보았다. 인간은 내

1) 팔꿈치에서 어깨까지의 사이.

향적 특성과 외향적 특성을 모두 가지고 있는데, 유아의 경우 3세에서 3세 반까지는 약간 소심하며 내향적 성격특성을 나타내고, 4세에는 외향적 특성을 보이다가 5세가 되면 이 두 가지 성격특성이 통합되어 균형을 이룬다고 보았다(Crain, 2000).

(3) 기능적 비대칭의 원리

인간의 발달은 앞에서 살펴본 상호적 교류작용을 통하여 균형을 이루어가지만, 실제 인간발달에서 완벽한 균형이나 조화를 이루는 것은 상당히 어려운 일이다. 오히려 약간의 불균형이 훨씬 더 기능적이다. 이러한 기능적 불균형은 신생아의 경직성 목반사(tonic neck reflex)에서도 잘 나타난다. 이 반사는 마치 펜싱하는 자세처럼 유아가 머리를 한쪽 방향으로 돌리고, 한 팔은 머리가 돌려진 방향으로 내밀고, 같은 쪽 다리는 쭉 편 상태이며, 다른 쪽 팔은 가슴에 얹고, 같은 쪽 다리는 무릎이 구부러진 자세를 취한다(사진 참조). 이 비대칭적 행동은 아동이 매달려 있는 물체를 잡기 위해서 두 팔을 함께 사용하는 것과 같은 대칭적 발달에 선행하며, 경직성 목반사의 자세가 손과 눈의 협응을 촉진시킨다고 한다. 이 반사는 생후 3개월간 우세하다가 새로운 신경계의 발달과 더불어 사라진다. Gesell은 또한 기능적 비대칭(functional asymmetry)의 원리가 오른손잡이, 왼손잡이와도 관련이 있다고 믿었다(Crain, 2000; Salkind, 1985).

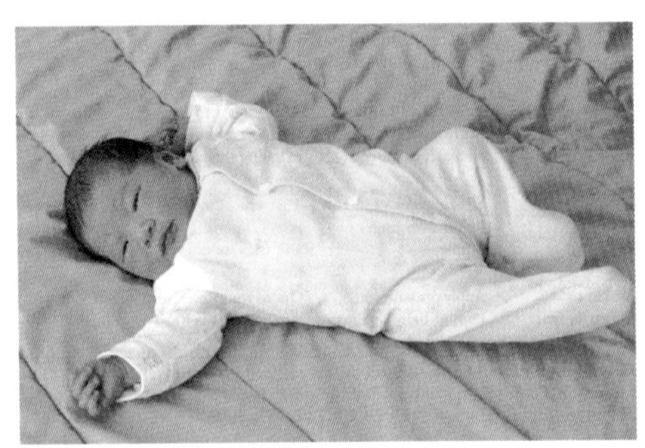

사진 설명 경직성 목반사를 보이고 있는 영아

(4) 개별적 성숙의 원리

Gesell의 이론에 의하면, 성숙은 내적 요인에 의해서 통제되는 과정이며, 학습과 같은 외적 요인에 의해서는 영향을 받지 않는다고 한다. 다시 말해서 성숙과정의 결과는 학습될 수 없다는 것이다. 개별적 성숙의 원리는 개인의 발달패턴과 방향을 확립하는 내적 기제로서 '성장모형'이 갖는 중요성을 강조한다. 즉, 모든 아동들은 동일한 순서의 발달단계를 거치지만 아동 개개인의 성장속도는 서로 상이하다는 것이다.

Gesell은 아동의 성장속도는 아동의 기질이나 성격상의 차이와 관계가 있을 것이라는 시사를 하면서, 느리게 자라는 아동, 빠르게 자라는 아동, 불규칙하게 자라는 아동 등 세 가지 유형을 제시하였다. 예컨대, 느리게 자라는 아동은 일반적으로 행동이 느리고, 조심성이 있으며, 기다릴 줄을 알고, 느긋한 기질을 가지고 있을 것이다. 그리고 빠르게 자라는 아동은 반응이 빠르고 쾌활하며 대부분 총명하고 영리할 것이다. 그러나 불규칙하

〈그림 4-2〉 Sheldon의 세 가지 신체유형

William Sheldon

게 자라는 아동은 어떤 때는 너무 조심스럽고 너무 느리면서 자주 기분에 좌우되고 기다릴 때에 조바심을 내며 순간적으로 번쩍이는 총명함을 보일 것이다.

Gesell은 William Sheldon이 체질심리학에서 논술하고 있는 세 가지 기본적인 신체유형에서 이상과 같은 아동의 세 가지 기질적 유형의 아이디어를 얻은 것으로 보인다. Sheldon(1949)의 기본적인 신체유형은 내배엽형, 중배엽형, 외배엽형으로 분류된다(〈그림 4-2〉 참조). 내배엽형은 체격이 뚱뚱하고 얼굴이 둥근 경향이 있는데, 안락함과 편안함을 추구하고, 사교적이며 말을 많이 하는 편이다. 중배엽형은 체격이 다부지고, 근육이 발달한 형으로 왕성한 활동을 즐기며, 자기주장이 강하고, 사회적 환경에서 다른 사람을 지배하려는 경향이 있다. 외배엽형은 키가 크고 마른 편이며, 머리가 크고 팔다리가 긴 편이다. 이들은 사회적인 접촉을 꺼리고, 지적이지만 내향적이고 혼자 있는 것을 좋아한다.

(5) 자기규제의 원리

Gesell은 일련의 신생아 연구에서 부모가 수유와 수면 등의 생리적인 리듬을 영아의 요구대로 따랐더니 영아 스스로 점차 수유시간을 줄이고, 더 오랫동안 깨어 있음을 발견하였다. 이러한 과정이 계속 일정하게 진행된 것은 아니고 때로는 뒤로 후퇴할 때도 있었다. 그러나 이러한 과정을 거치면서 영아는 점차적으로 안정된 스케줄을 형성하였다.

이러한 유기체의 자기규제(self-regulation) 메커니즘은 영아가 자신의 능력 이상으로 새로운 것을 시도하지 않도록 영아의 행동을 조절한다. 자기규제의 원리는 유아가 너무 빨리, 너무 많이 배우도록 강요받을 때, 유아 내부에서 스스로 저항하는 힘을 의미한다. 즉, 유아 스스로 자신의 수준에 맞도록 성장을 조절하고, 이끌어가는 능력을 말한다. 예를 들어, 영아가 걸음마를 배울 때 몇 걸음 걷다가 다시 기고, 또 몇 걸음 걸어보다가 다시 기는 것과 같은 발전과 퇴보의 과정을 주기적으로 거친 후에 걷게 되는 것이다.

4) 개인차의 중요성

사진 설명 어떤 각도에서도 아동을 관찰할 수 있고 사진을 찍을 수 있게 만들어진 둥근 지붕의 관찰실

Gesell이 발달심리학에 남긴 업적 중의 하나는 활동사진을 이용하여 발달을 연구하는 새로운 연구법을 개발한 점이다. Gesell은 40년간 예일 대학의 아동발달연구소에서 아동발달을 연구하면서 운동행동, 적응행동, 언어행동, 사회적 행동 등의 여러 영역에서 수많은 아동들을 관찰하고 측정하여 개인차를 기술하였다. 그는 동료들과 함께 오랜 기간 수많은 사진을 찍고 분석하여 영유아발달을 상세히 서술하였다(사진 참조).

여기서 운동기능(motor skills)은 이동, 협응, 특별한 운동기술을 포함하고, 적응행동(adaptive behavior)은 기민성과 여러 가지 형태의 탐색을 포함하며, 언어행동(language behavior)은 모든 형태의 의사소통을 포함하고, 사회적 행동(social behavior)은 인간과 환경에 대한 반응을 포함한다. Gesell의 발달 스케줄은 발달지체를 보이는 영아를 가려내기 위해 사용되는 스크리닝 테스트의 기초가 되었다.

Gesell은 또한 연구에 사용되는 자료의 표준화와 측정도구의 신뢰도 같은 문제에 관심을 보였다. 그는 성장과 발달을 기술하기 위해서 모든 정보를 조직화할 수 있었으며, 이것을 가지고 아동을 해당 연령집단과 비교함으로써, 아동 개인의 발달을 평가하는 데 사용될 수 있는 일련의 과업들을 고안하였다. 결과적으로 Gesell의 발달 스케줄이 작성되었고, 여기에서 발달지수가 산출되었다. Gesell의 발달 스케줄은 유아발달을 평가하는 규준이 되었다(사진 참조).

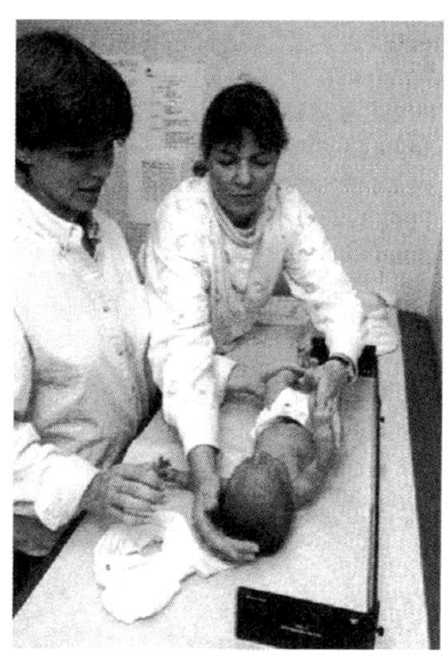

사진 설명 Gesell의 발달 스케줄은 오늘날에도 사용되고 있다.

이러한 규준적 접근은 연령에 따른 특징을 묘사하고 개인차의 안정성이나 연속성을 실험하기 위해서 장기간 동일한 아동들을 반복적으로 조사한다. 안정된 개인차는 또래들과 비교한 반복측정에서 동일한 상대적 위치를 유지하는 것을 말한다. Gesell과 그의 동료들은 이제는 고전이 된 '일란성 쌍생아 통제법'을 도입했는데, 이 방법은 유전적으로 동일한 쌍생아들을 대상으로 하여 생물학적 힘(성숙)과 경험(학습) 중 어느 것이 발달에 더 중요한 영향을 미치는가에 대한 논쟁을 해결하기 위한 것이었다(Gesell & Thompson, 1941). 일란성 쌍생아를 연구대상으로 삼는 이유는 두 아동들의 유전인자나 유전적 배경이 동일하므로 이러한 비교가 가능하기 때문이다.

이 방법에서 일란성 쌍생아(사진 참조) 중 한 아동에게는 특별한 훈련을 시키고 다른 아동에게는 아무런 훈련도 시키지 않는다(〈그림 4-3〉 참조). 그리고 걷기와 같은 어떤 규준 행동이 측정된다. 예를 들면, 계단오르기와 같은 행동을 훈련시키기 전에 먼저 기준선이나 초기 수행을 관찰한다. 다음 한 쌍생아(#1)에게는 계단오르기와 같은 특별한 훈련을 시키고, 다른 쌍생아(#2)에게는 훈련을 시키지 않는다. 얼마 후 각 쌍생아의 계단오르기 수행을 측정한다. 훈련을 받은 쌍생아는 행동에서 약간의 진전을 보이지만, 훈련받지 않은 쌍생아는 어떤 진전도 보이지 않는다. 그 후 훈련받지 않은 쌍생아가 계단오르기를 학습할 나이로 성숙했을 때 집중적인 훈련이 시작된다. 결과적으로, 적은 양의 훈련을 받은 통제된 쌍생아는 훈련된 쌍생아와 같은 수준의 계단오르기를 수행한다. 더욱이 실험이 끝날 무렵이면 두 아동 간에 아무런 차이도 없게 된다. 이와 같은 연구에 근거해서 아동이 신체적으로 성숙하기 전의 조기 훈련은 궁극적 결과에 거의 영향을 미치지 못한다는 결론이 내려졌다. 성숙이 발달에 있어서 주요한 요인이기 때문에, 학습은 성숙적 혹은 구조적 장치가 작용할 때에만 가능하다는 것이다.

사진 설명 일란성 쌍생아는 유전적 배경이 동일하다.

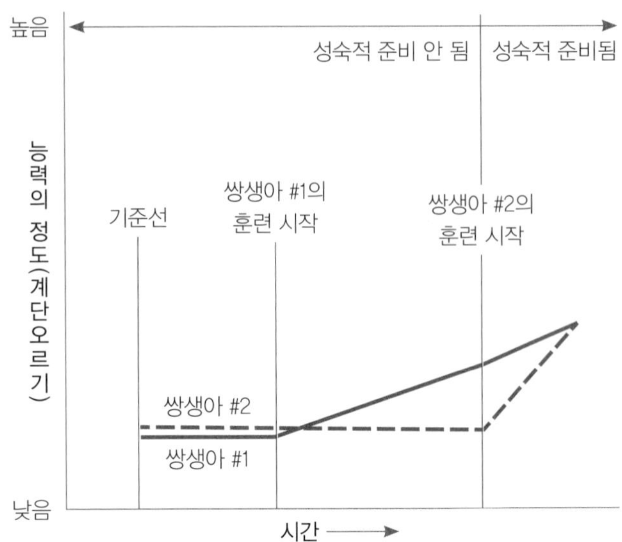

〈그림 4-3〉 쌍생아 훈련의 결과

5) 평가

아동발달에 관한 성숙론적 접근법은 유아교육에 매우 중요한 영향을 미쳤다. Gesell의 성숙이론은 루소를 비롯한 Gesell 이전의 많은 교육사상가들이 주장했던 아동의 내적인 능력에 대해 과학적인 설명을 해주었다. 그러나 Gesell은 아동발달의 전개과정에 있어서 루소나 스승인 Hall과는 다른 입장을 취하였다. 인류의 진화된 역사가 각 개인의 발달에 그대로 재현된다고 주장한 Hall과는 달리, Gesell은 유기체 내부에 있는 조절요인들은 한 종(種)이 성공적으로 주위환경에 적응하면서 갖게 된 조상 대대로 물려받은 유전인자(ancestral gene)라고 보았다. Hall의 연구방법을 더욱 체계화한 Gesell의 방법은 당시뿐만 아니라 오늘날에도 아동연구에 많은 영향을 미치고 있다. 세계 최초로 아동의 행동을 영상촬영기술을 이용하여 관찰 · 기록하였을 뿐만 아니라, 일방경(one-way mirror)을 사용함으로써 아동연구에 새로운 정밀성을 시도하였다. 또한 연령의 변화에 따른 아동의 발달을 보다 체계적으로 연구함으로써 종단적 연구의 개척자로도 알려져 있다. 이와 같이 Gesell은 무엇보다 체계적이고 객관적인 연구방법을 사용하였다는 점에서 높이 평가받고 있다.

사진 설명 일방경을 이용해 아동의 행동을 관찰하고 있다.

한편, 오늘날의 많은 심리학자들은 Gesell의 성숙이론이 지나치게 극단적이라고 생각한다. 아동발달에서 성숙요인도 중요하지만 그에 못지 않게 환경요인도 중요하다는 것이다. 그리고 Gesell이 연구한 아동들의 대부분이 예일 대학 근처에 살고 있는 중상류층 아동들이었기 때문에, 연구결과를 다른 계층의 아동들과 다른 문화권의 아동들에게 일반화시키는 데에는 문제가 있다는 지적을 받고 있다. Gesell의 연구는 아동연구에 있어 체계적이고 객관적인 방법을 사용하였다는 면에서 오늘날까지 높이 평가되고 있지만, 그의 연구내용 중 일부는 매우 독단적이며 비과학적이라는 비판도 받는다. Gesell이 연령에 따른 행동목록에서 5세에서 16세까지의 아동발달 중에서 홀수 해는 좋은 해이고 짝수 해는 별로 좋지 않은 해라고 주장한 것이 그 예이다.

또한 Gesell은 아동을 한두 가지 특성에 따라 몇 가지 유형으로 분류하여 같은 유형에 속하는 아동들은 개인적 특성이 본질적으로 비슷하다고 설명하였지만, 이처럼 몇 가지 유형으로 아동들의 특성을 분류하는 것은 아동들이 갖는 행동의 다양성을 왜곡한 것이라는 지적이 있다.

2. Montessori의 민감기이론

1) Montessori의 생애

Maria Montessori(1870-1952)

Maria Montessori는 1870년 이탈리아에서 태어났다. 그녀의 아버지는 사회에서 여성이 하는 역할에 대해 보수적인 생각을 가지고 있는 성공한 세무공무원이었다. 그녀의 어머니는 자유주의를 신봉하는 미모와 지성을 겸비한 신앙심이 깊은 여성이었다. Montessori는 적극적인 성격과 진보주의적 성향을 지닌 어머니로부터 많은 영향을 받았다.

어린 시절 Montessori는 수학에 뛰어난 재능을 보였기 때문에 그녀의 아버지는 그녀가 교사가 되기를 희망했다. 그 당시의 상황에서는 교사가 되는 것이 여성이 직업을 가질 수 있는 유일한 길이었기 때문이었다. 그러나 Montessori는 자신의 수학적인 재능을 키워 기술자가 되겠다는 생각으로 남자들이 다니는 기술대학에 진학했다. 이 시기에 생물학에 흥미를 갖기

사진 설명 어린 시절의 Montessori

시작하면서 의학을 공부해야겠다는 결심을 하게 된다. 그러나 그 당시 이탈리아 교육제도에 의하면 여자는 의과대학에 진학할 수 없게 되어 있었다. Montessori는 여러 차례 의학부에 도전했으나 번번이 거절당하자, 대학총장과 교황 레오 13세에게 자신의 의지를 밝혀 1892년에 드디어 의과대학에 입학하게 되고, 26세에는 이탈리아 역사상 최초의 여성의사가 되었다.

Montessori는 졸업 후 약 2년 동안 대학부속 정신병원의 보조의사로 일하면서 장애아동들에게 특별한 관심을 가지게 된다. 시설에 수용된 정신지체아들을 돌보면서 이들에게는 물건을 만지고 느끼는 것이 가장 좋은 학습방법임을 깨닫고, 나무로 된 글자 등의 몬테소리 교구(사진 참조)를 만들어 결국 이들로 하여금 읽기와 쓰기를 학습할 수 있도록 하였다. 그러다가 1901년에는 국립장애인 학교를 사직하고, 일반 아동에게 자신의 교육이론을 적용시키는 일에 몰두하였다. 1907년에는 로마의 빈민가에서 방황하는 노동자들의 자녀 50명을 대상으로 어린이집, 까사 데 밤비니(Casa dei Bambini)를 설립하였다. 까사 데 밤비니는 이탈리아어로 '어린이들의 집'이라는 뜻이다. Montessori의 '어린이집'(사진 참조)의 기적적인 교육성과는 그 당시 유럽은 물론 미국을 비롯한 세계 여러 지역에서 선풍적인 인기를 얻게 되었고, 세계 각국에서 이를 참관하려고 사람들이 몰려들었다. 그리고 1913년에는 정식으로 국제 몬테소리 교원양성코스가 창설되었다.

사진 설명 Montessori가 아동과 함께

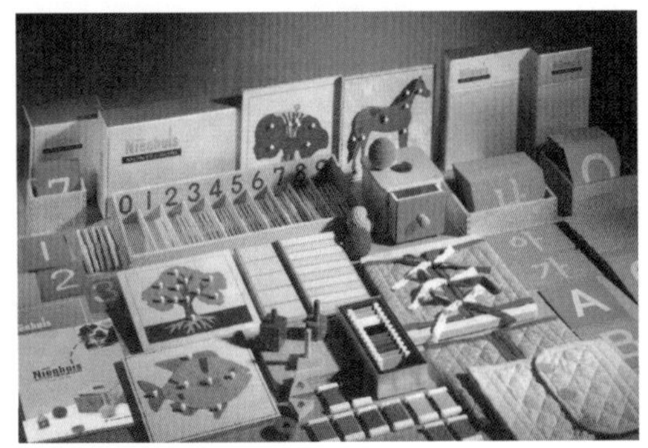

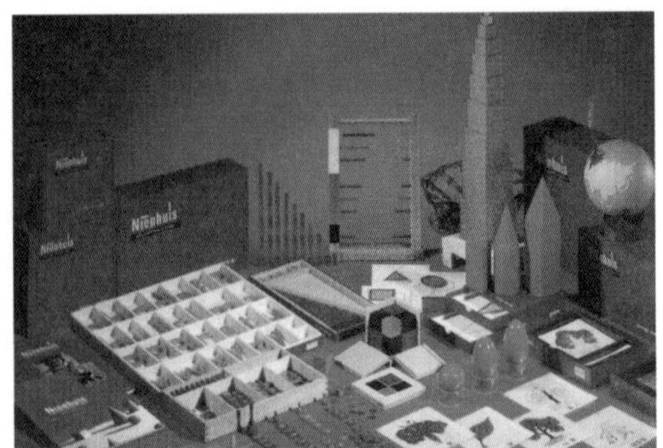

사진 설명 몬테소리 교구

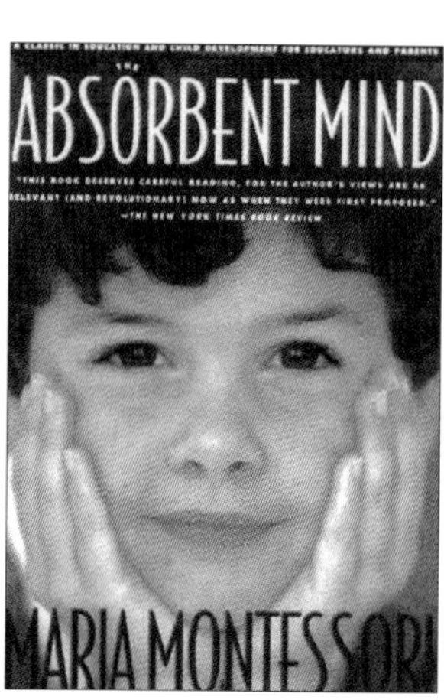

사진 설명 까사 데 밤비니

Montessori는 1952년에 82세의 나이로 네덜란드에서 세상을 떠났으나, Montessori의 교육철학은 아들 Mario Montessori에 의해 지금까지 계승되고 있다.

2) 민감기의 개념

Montessori는 자연주의자였던 루소의 영향을 많이 받았다. 예를 들어, 아동은 우리가 만들려고 하는 대로 만들어지는 것이 아니라 자신의 성숙적 자극(maturational promptings)을 통해서 발달이 이루어진다고 보았다. 또 루소와 마찬가지로, 아동은 성인과는 다르게 생각하고 배운다고 보았다.

Montessori 이론의 중요 요소는 '민감기(sensitive period)'의 개념인데, 이는 결정적 시기와 매우 유사한 개념이다. 즉, 민감기는 유전적으로 프로그램된 기간으로서 아동은 특별히 이 기간 동안 어떤 과제를 숙달하고자 노력하고 또 숙달할 수 있게 된다. 예를 들면, 언어를 획득하고 손을 사용하기 시작하는 민감기가 있는데, 이 기간중에 아동은 이러한 능력들을 숙달시키는 데 전력을 다하게 된다(Crain, 2000).

(1) 질서에 대한 민감기(The Sensitive Period for Order)

이 시기는 생후 3년 동안에 나타나는 시기로, 이때 유아는 질서에 대한 강한 욕구를 갖는다. 움직일 수 있게 되자마자 아기들은 물건을 제자리에 놓기를 좋아한다. 만약 책 또는 펜이 제자리에 놓여 있지 않으면 반드시 그것들을 제자리에 갖다 놓는다. 스스로 움직일 수 없을 때조차도 물건이 제자리에 놓여 있지 않으면 동요한다. 그 한 예로,

Montessori는 방문객이 우산을 탁자 위에 놓았을 때에 우는 6개월 된 여자아이에 대한 이야기를 했다. 그 여아는 탁자 위를 보고 울었는데, 어머니가 그 이유를 알아차리고 우산꽂이에 우산을 놓았을 때에야 비로소 울음을 그쳤다(Crain, 2000). 이러한 반응이 성인에게는 매우 어리석은 것으로 보일지 모른다. 그러나 성인에게 있어서 질서는 외부적인 즐거움을 제공해주는 것이지만, 아동에게 있어서 질서는 본능적인 것이다.

(2) 세부에 대한 민감기(The Sensitive Period for Details)

1~2세 사이의 아동은 작고 세부적인 것에 주의를 고정시킨다. 예를 들면, 아동은 우리 눈에 잘 띄지 않는 작은 곤충을 발견한다. 그리고 사진을 보여주면 우리가 중요하게 보는 것은 무시하고 대신 배경에 있는 작은 것에 주의를 기울인다. 이처럼 아주 세세한 것에 대한 아동들의 관심은 성인들을 어리둥절하게 만드는데, 이것은 아동의 정신은 성인과는 매우 다르다는 사실에 대한 증거가 된다.

사진 설명 여아가 양손을 사용하여 단추를 채우거나 리본을 묶는 연습을 하고 있다.

(3) 양손 사용에 대한 민감기(The Sensitive Period for the Use of Hands)

세 번째 민감기는 양손의 사용과 관련이 있다(사진 참조). 18개월에서 3세 사이의 유아는 끊임없이 물건을 움켜쥐려고 한다. 그들은 특히 열고 닫고, 그릇 속에 물건을 넣거나 꺼내는 것 그리고 다시 채우는 것 등을 좋아한다. 그다음 2년 동안에는 그들의 동작과 촉감을 다듬게 된다. 예를 들어, 4세 유아는 눈을 감고 손으로 물건을 만져서 그것을 알아맞히는 게임을 매우 좋아한다.

(4) 걷기에 대한 민감기(The Sensitive Period for Walking)

가장 쉽게 볼 수 있는 민감기는 걷기에 대한 것으로 약 1~2세 사이에 나타난다(사진 참조). Montessori는 아이가 걷는 법을 배우는 것은 무력한 존재에서 능동적인 존재로 전이되는 '제2의 탄생(second birth)'이라 말한다. 아기들은 억제할 수 없는 충동으로 걷기를 시도하며, 걷는 법을 배움으로써 대단한 자부심을 갖게 된다. 아동에게 걷기의 의미는 성인과는 사뭇 다르다. 성인은 어떤 목적지를 향해 걸어가지만, 아기들은 어디로 가기 위해 걷는 것이 아니라 걷는 그 자체가 목적이다.

(5) 언어에 대한 민감기(The Sensitive Period for Language)

민감기 중에서 가장 주목할 만한 것은 언어획득과 관련된 것이다. 놀라운 것은 아동이 이같이 복잡한 과정을 학습하는 속도이다. 언어를 배우기 위해서는 단지 단어와 그것의 의미뿐만 아니라 문법도 익혀야만 한다. 문법에 내재하는 규칙들은 너무 어렵고 추상적이기 때문에, 언어학자들도 그것들을 제대로 이해하기 위해서는 많은 노력을 해야 한다. 그러나 아동들은 규칙에 대해서 많은 생각을 하지 않고도 그 규칙들을 숙지한다. 두 가지 언어에 동시에 노출된다 하더라도 아동은 두 가지 언어에 모두 숙달하게 될 것이다. 성인들은 외국어를 배울 때 의식적으로 노력하면서 매우 힘들게 배우지만, 아동은 언어를 무의식적으로 흡수한다.

Montessori는 언어획득은 타고난 성숙적 요인에 의해 지배되기 때문에 아동은 어디에

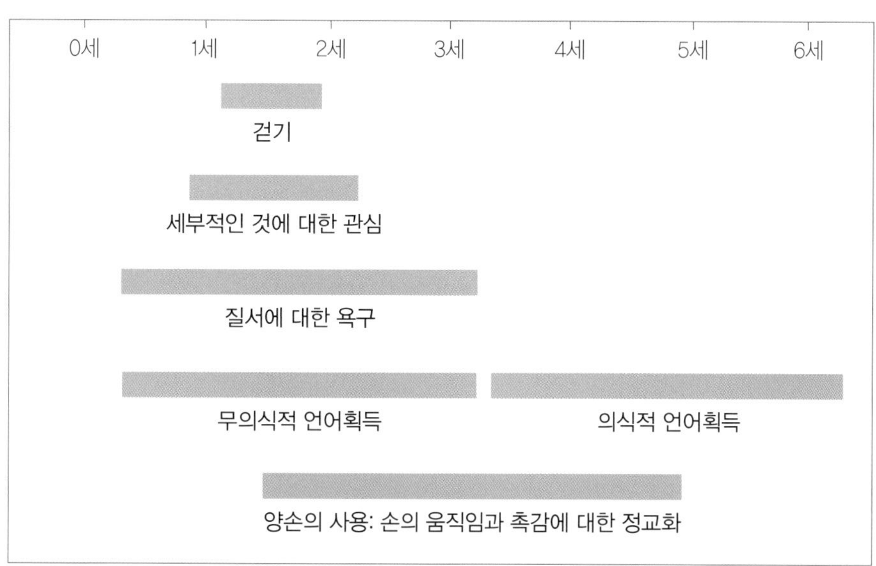

〈그림 4-4〉 생의 초기에 맞이하는 몇 가지 민감기

출처: Crain, W. (2000). *Theories of development: Concepts and applications* (4th ed.). NY: Prentice-Hall.

서 성장하든 동일한 단계를 거쳐 언어를 발달시킨다고 주장했다. 예를 들어, 아동은 옹알이 단계에서부터 단어를 말하기 시작하는 단계로 진행해나가며, 그 뒤에는 점점 더 복잡한 문장구조를 숙달하는 시기가 뒤따르게 된다.

〈그림 4-4〉는 민감기의 예들에 관한 것이다.

3) 아동중심의 교육환경

Montessori는 아동은 의식적인 노력 없이도 주위환경으로부터 생활에 필요한 매우 중요한 기술을 습득한다고 믿었다. 따라서 아동으로 하여금 질서를 배울 수 있게끔 아동의 주위환경을 아름답고 질서정연하게 조성해야 한다고 믿었다. 그녀는 또한 아동은 감각경험을 통해서 많은 것을 학습할 수 있다고 믿었기 때문에, 교사는 아동의 시각, 청각, 후각, 촉각 등을 자극할 수 있는 환경을 조성할 책임이 있다고 말했다. 아동의 감각경험을 자극할 수 있는 예로 아동의 작은 신체에 적합한 책걸상과 아동의 작은 손에 어울리는 도구를 제공해주는 것들을 들 수 있다(Mooney, 2000).

(1) 실제 사용이 가능한 진짜 도구의 제공

Montessori는 아동의 신체에 적합한 교구의 크기가 매우 중요하다고 강조하였다. 이탈리아에서 몬테소리 학교가 처음 문을 열었을 때 아동에게 맞는 크기의 교구를 구할 수가 없었다. 그래서 Montessori는 아동의 신체에 적합한 여러 가지 교구제작에 착수하게 되었다. 심지어 아동의 작은 발에 맞추어 계단도 주문제작을 하였다.

비록 이 교구들은 크기는 작지만 아동들이 실제로 사용할 수 있게끔 만들어졌다. 많은 학교에서 아동들이 다치는 것을 염려해서 가위나 칼의 날을 무디게 만들어 사용하는데, 이렇게 하면 가위나 칼이 잘 들지 않아 작업을 어렵게 만들어 아동의 흥미를 잃게 할 뿐만 아니라 심지어 더 위험한 경우가 발생할 수도 있다.

(2) 손쉽게 교구를 이용하기

진짜 도구를 사용하게 하는 것 외에 Montessori는 아동들이 도구에 손쉽게 접근할 수 있어야 한다고 주장했다. 선반을 낮게 만들어 아동들로 하여금 자신이 필요로 하는 것은 교사의 도움 없이 스스로 꺼내 사용할 수 있게 해야 한다는 것이다. 교사들은 때때로 교구들을 아이들 손이 닿는 곳에 두면 아이들이 너무 어질러 놓을 것이라고 우려하는데, 이에 대해 Montessori는 교구가 있어야 할 자리에 사진이나 그림 또는 글씨로 표시를 해

두면 아동은 자신이 필요한 교구를 꺼내 쓰고, 사용한 후에는 제자리에 도로 갖다 놓기 때문에 문제가 전혀 없다고 반박한다.

(3) 질서정연하고 아름다운 환경의 조성

성인들은 아동은 주위환경의 아름다움에 관심이 없으며 '깨끗하게 치우는 것'보다 '어질러 놓는 것'을 더 좋아한다고 믿는다. 그러나 Montessori는 아동을 위해 아름답고 질서정연한 환경을 조성해주는 것이 매우 중요하다고 생각한다. 예를 들어, 아름다운 음악을 들려주거나, 예쁘게 핀 라일락꽃을 교탁 위에 놓아두거나(사진 참조), 신선한 공기가 들어오게 창문을 열어두거나, 아동이 그린 그림을 예쁜 색종이로 테두리를 반늘어 벽에 걸어두는 것 등 아름다운 환경을 조성함으로써 아동의 미적 감각을 자극할 수 있게 만든다고 한다.

4) 몬테소리 학교

아동이 2.5세 정도가 되면 몬테소리 학교에 들어갈 수 있다. 거기서 6세까지의 아동들과 같은 교실에서 배우게 되는데, 이것은 Montessori가 아동들이 여러 연령층의 아동들과 함께 어울리는 환경을 좋아한다는 것을 발견했기 때문이다(Crain, 2000).

(1) 독립심과 집중

몬테소리 학교의 교사는 아동들에게 명령하거나, 지시하거나, 훈련하거나, 감독하려 하지 않고, 아동에게 독립적으로 숙달할 수 있는 기회를 주려고 노력한다. 만약 학교환경이 적절한 교구들로 구성된다면, 아동은 교사의 지시 없이도 스스로 그 교구들을 조작할 수 있다.

적절한 환경을 조성하기 위해 Montessori는 다양한 교구에 대한 아동의 행동을 관찰하는 데 많은 시간을 보냈다. 아동들은 매우 극적인 방법으로 자신에게 적합한 교구가 무엇인지를 알려주었다. 즉, 그들은 내적 욕구를 충족시켜주는 교구를 접하게 되었을 때 놀라울 정도의 집중력을 보여주었다.

Montessori는 어린이집에서 4세 된 여아가 실린더를 가지고 노는 것을 보았을 때, 아동의 집중력을 처음으로 깨닫게 되었다. 즉, 이 여아는 나무로 만든 실린더꽂이의 구멍

사진 설명 남아가 나무로 만든 실린더꽂이의 구멍에 실린더를 꽂고 있다.

에 서로 다른 크기의 실린더를 모두 꽂을 때까지 계속해서 구멍에 실린더를 꽂고 있었다(사진 참조). 그러고 나서 이 여아는 그것들을 모두 꺼내서 섞은 다음 다시 시작했다. 그러는 동안 이 여아는 자기 주위에 대해서는 까맣게 잊고 있었다. 이러한 활동을 14번 반복한 후에 Montessori는 여아의 집중력을 측정해보기로 했다. Montessori가 학급의 나머지 아동들에게 큰 소리로 노래부르면서 행진하게 했을 때에도 여아는 계속해서 그 일을 하고 있었다. 그다음에는 여아가 앉아 있는 채로 의자를 들어서 탁자 위에 올려 놓았다. 그래도 여전히 그 여아는 자기 무릎 위에서 실린더를 모으는 일을 계속했는데, 방해에 대해서는 전혀 눈치채지 못하는 것 같았다. 마침내 42번이나 반복한 후에야 그 여아는 꿈에서 깨어난 사람처럼 하던 일을 멈추더니 행복하게 미소지었다(Montessori, 1936). Montessori는 이런 종류의 집중력을 위한 가장 좋은 환경을 만들어주는 것을 교육의 목표로 삼았다.

(2) 자유선택

Montessori는 아동들에게 과제를 자유선택하게 하면 그들이 가장 몰두할 수 있는 과제를 선택한다는 것을 깨달았다. 예를 들어, 2세 된 아동이 방안을 자유롭게 돌아다니게 되었을 때, 끊임없이 물건들을 똑바로 놓고 순서대로 정리하는 것을 관찰했는데, 이는 질서에 대한 아동의 욕구를 보여주는 것이다. 이에 따라 그녀는 아동이 이러한 욕구를 충족시킬 수 있도록 환경을 바꾸어 주었다. 즉, 조그마한 세면대를 만들어 아동이 손을 씻을 수 있도록 했고, 작은 책상과 의자를 만들어서 똑바로 정리할 수 있도록 했으며, 선반을 낮게 만들어 교구를 제자리에 가져다 놓을 수 있도록 했다. 이런 방식으로 일상의 활동이 교과과정의 한 부분이 되게 하였다.

오늘날 Montessori의 교구 중 핵심적인 것들은 대체로 정해져 있지만, 교사들은 여전히 자유선택의 원칙에 많이 의존한다. 아동들로 하여금 각자 스스로 조작하기를 원하는 교구들을 선반에서 선택하도록 한다. 교사들은 아동들이 자신의 내적인 욕구를 충족시켜주는 과제를 자유롭게 선택할 것이라는 신념을 가지고 있다.

(3) 보상과 벌

몬테소리 학교에서는 상이나 벌이 없다. 아동은 상이나 벌과 같은 외적인 평가에 지나치게 관심을 가져 잘못된 답을 하거나, 바보처럼 보이는 것을 두려워한 나머지, 자신이 하고 있는 일에 집중할 수 없게 되는 일이 종종 있다. 압력에 의해 어느 정도의 교구들을 학습하게 될 수도 있지만, 이렇게 하면 학교와 학습과정을 싫어하게 될 수도 있다.

외적인 평가는 또한 아동에게서 독립심을 앗아간다. Montessori는 교사와 같은 외적 권위자들이 주로 아동을 그들의 의지에 굴복시키기 위해 상이나 벌을 준다고 생각했다. Rousseau와 마찬가지로 Montessori는 외적 인정을 염려하는 아동이 어떻게 독립적으로 사고하는 것을 배울 수 있으며, 감히 인습적 사회질서를 비판하게 될 수 있을 것인지에 대해 회의적이었다.

(4) 점진적 준비

Montessori는 아동이 한꺼번에 많은 기술을 배울 수 없다는 것을 발견했다. 예를 들면, 4세 아동은 독립적이 되려는 자연적인 욕구로 인해 단추를 채우고 신발끈 묶는 법(사진 참조)을 배우고자 하지만, 이러한 과제들은 그들에게는 너무 어려운 일이다. 그들은 소근육 운동기술이 아직 부족하기 때문이다. 이러한 문제에 대해 Montessori는 단계별로 기술을 습득하기 위한 교구를 제작하였다.

(5) 읽기와 쓰기

Montessori는 아동이 4세 정도가 되면 열심히 읽기와 쓰기를 배우려 한다는 것을 발견했다. 이것은 아직 그들이 언어에 대해 민감한 시기에 있기 때문이다. 그들은 이제 막 무의식적으로 언어를 익혔고, 지금부터는 읽기와 쓰기를 익힘으로써 보다 의식적인 수준에서 많은 것을 배우고자 한다. 만약 6~7세가 되어서야 글을 가르치려고 한다면, 이때는 이미 언어에 대한 민감기가 지나버렸기 때문에 훨씬 더 어려울 것이다.

사진 설명 아동이 4세 정도가 되면 열심히 읽기와 쓰기를 배우려 한다.

4세 아동은 보통 읽기에 앞서 쓰기부터 익힌다. 왜냐하면 쓰기가 더욱 구체적이고 감각적인 활동이므로 유아의 학습형태에 더 적합하기 때문이다. 그러나 한꺼번에 모든 것을 다 가르칠 수는 없

사진 설명 유아가 'A'라는 사포 문자를 손가락으로 만져보고 있다.

다. 처음에는 아동에게 연필잡는 법을 가르쳐주고 줄을 벗어나지 않고 그리는 훈련을 시킨다. 두 번째 훈련은 나무판 위에 붙여 놓은 사포 문자(sandpaper letters)를 손가락으로 더듬어보게 한다. 예를 들면 "A"라는 소리를 내면서 글자 모양대로 만져보게 한다(사진 참조). 이러한 연습을 통해서 아동은 글자가 생긴 모양을 익히게 된다. 세 번째 훈련은 움직일 수 있는 알파벳 문자들로 단어를 형성해보게 하는 것이다. 예를 들면, 아동은 고양이 그림을 본 다음 문자를 소리내어 보고 그 문자들을 가지고 단어를 만들어본다.

이처럼 아동은 분리된 훈련을 통해서 쓰기에 포함되는 다양한 기술을 배우게 된다. 아동이 마침내 이러한 기술들을 모두 함께 사용해서 쓰기를 시작하면 그 뒤에는 '쓰기의 폭발(explosion of writing)'이 뒤따르게 된다. 아동은 이제 하루 종일 글씨를 쓰려고 할 것이다.

쓰기를 익히고 나면 읽기는 수월해진다. 쓰기를 통해서 아동은 단어와 문자의 시각적 기억을 형성하게 되고, 따라서 단어와 문자를 재인할 수 있게 된다. 결과적으로 쓰기를 익힌 5~6세 아동은 교사의 도움을 받지 않고서도 읽을 수 있게 된다. 쓰기와 읽기의 준비기간 중에는 아동은 책을 보지 않는다. 그럼에도 불구하고, 쓰기와 읽기 훈련이 끝난 다음 처음 책을 집어 들었을 때에는 즉시 읽을 수 있게 된다. 그다음에는 '읽기의 폭발(explosion of reading)'이 뒤따른다. 즉, 아동은 눈에 띄는 모든 것을 읽는 것을 좋아한다(Crain, 2000).

사진 설명 타임아웃(time out)은 제한된 시간 동안 아동을 격리시켜 혼자 있게 하여 자신의 잘못을 되돌아볼 수 있는 기회를 갖게 해준다.

(6) 나쁜 행동

몬테소리 학교의 교사는 아동에게 어떤 기대도 하지 않고 칭찬이나 벌도 주지 않으면서, 아동으로 하여금 독립심을 갖게 하는 것을 중요하게 생각했다. 그러나 도덕적으로 나쁜 행동은 이와는 다른 문제이다. 교구를 함부로 다루거나 친구들을 함부로 대하는 것은 용납하지 않는다.

몬테소리 학교에서는 교구와 타인에 대한 존중은 매우 자연스럽게 발달된다. 아동은 자신의 작업이 얼마나 중요한지를 알기 때문에 다른 아동의 작업도 존중한다. 만약 열심히 작업중인 다른 아동을 방해하는 아동이 있다면, 몬테소리는 그 아동을 잠시 동안 격리할 것을 권하고 있다(사진 참조). 이런 방법을 통해 아동은 그 작업이 다른 아동에게 어떤 가치를 가지는가와 자신의 잘못이 무엇인지를 느끼는 기회를 갖게 된다.

(7) 환상과 창의성

Montessori는 동화나 우화 그리고 다른 환상적인 이야기를 통해서 아동의 환상적 삶을 풍부하게 해주기 위한 시도에 대해 비판적이었다. 환상에 대한 Montessori의 입장은 아동의 자연적 성향을 따라야 한다는 그녀의 기본적인 입장과 모순되는 것처럼 보인다. 왜냐하면 아동은 환상에 대한 자연적인 성향을 가지고 있기 때문이다. 그러나 교사들의 과제는 아동들이 이러한 성향을 극복하도록 돕는 것이다. 동화책을 읽어주거나 산타클로스(사진 참조)에 대해 이야기해주는 것은 아동들로 하여금 쉽게 믿게 만든다. 아동들은 변별력과 판단력이 발달되지 않았기 때문에 환상적인 것들을 쉽게 믿는다.

그러나 Montessori는 예술가들이 지닌 것과 같은 창의적 상상력은 인정하였다. 예술가의 창의성은 항상 현실과 연결되어 있다고 보았다. 예술가는 형태, 색채, 조화, 대비에 대해 우리들 보통 사람들보다 민감하다. 만약 아동이 창의적이 되기를 희망한다면, 그들의 관찰력과 변별력을 발달시키도록 도와주어야 한다고 Montessori는 주장한다.

5) 평가

Montessori는 아동중심의 교육환경을 강조함으로써 루소나 Gesell 등이 주장한 발달철학을 실제 현장(몬테소리 학교)에서 효과적으로 적용시켰다는 평가를 받는다. Montessori는 아동이 민감기에 다른 사람의 도움 없이 아동 스스로 연습할 수 있는 교구를 제공해줌으로써, 가장 효율적으로 교육적 효과를 얻을 수 있을 것이라 보고 다양한 교구를 개발하였다. 몬테소리 학교의 교사는 아동에게 지시하는 것이 아니라 아동의 자발적인 능력에 주의를 기울인다. 이를 위해 교사는 아동의 발달을 촉진하는 교구의 이론

William Crain

적 의미와 설계적 기능을 잘 알고 있어야 하며, 아동이 교구의 특별한 기능들을 정확하게 배우도록 가르친다.

Montessori는 교육자로서는 잘 알려져 있지만 혁신적인 이론가로서는 과소평가되고 있다. 그녀는 발달적인 사고에서 요즘 다루어지고 있는 것들 중 많은 것을 이미 예견했었다. 한 예로, 일찍이 그녀는 지적 발달에 있어서 민감한 시기 또는 결정적 시기의 가능성에 대해 주장한 바 있다. 언어획득에 대한 그녀의 통찰력은 더욱 인상적이다. 일찍부터 그녀는 아동들이 무의식적으로 복잡한 문법규칙을 익히며 이를 가능하게 해주는 내적인 기제를 가지고 있다고 주장했는데, 이는 Chomsky의 연구를 예견한 듯한 주장이었다(Crain, 2000).

한편, Montessori의 교육방법은 아동의 창의성과 자유를 제한하였다는 지적을 받고 있다. 즉, 아동으로 하여금 매우 제한된 용도 내에서만 교구를 사용하는 것으로 인식하게 만들었다. Montessori는 아동의 사회정서적 발달은 무시한 채 인지발달에만 치중했다는 지적도 받고 있다. 즉, Montessori 교육에 의하면, 물리적 대상(교구)을 가지고 작업하며, 다른 아동이나 교사와의 상호작용은 거의 하지 않는다는 것이다. 교사는 새로운 교구들을 소개만 하고 뒷전으로 물러나 있으며 아동들 스스로 작업하도록 한다. Montessori의 관점에서 보면, 사람이 아닌 사물이 가장 좋은 교사인 것이다. 그러나 이런 방법은 아동의 독립심은 길러줄지 몰라도 다른 많은 것을 잃게 하는 것이다.

제 5 장

학습이론

유전은 축적된 환경에 불과하다. — Luther Burbank

좋은 유전적 자질을 가진다는 것은 카드놀이에서 좋은 패를 쥔 것과 같은 것이지만, 좋은 환경은 그 판에서 승리할 수 있도록 이끌어 준다. — Walter Alvarez

경험은 실수를 되풀이했을 때 그 실수를 깨닫도록 해준다. — Franklin P. Jones

경험이란 어떤 일이 사람에게 생긴 것을 일컫는 것이 아니라 사람이 그에게 닥친 일에 어떻게 대처하는가를 일컫는 것이다. — Aldous Huxley

부모의 의무는 언덕 너머까지 볼 수 있는 사람이 되는 것이다. — James L. Hymes

부모는 자녀를 자기가 바라는 어떠한 인간으로도 만들 수 있다. — John Watson

1. Pavlov의 고전적 조건형성이론
2. Watson의 행동주의이론
3. Skinner의 조작적 조건형성이론
4. Bandura의 인지적 사회학습이론

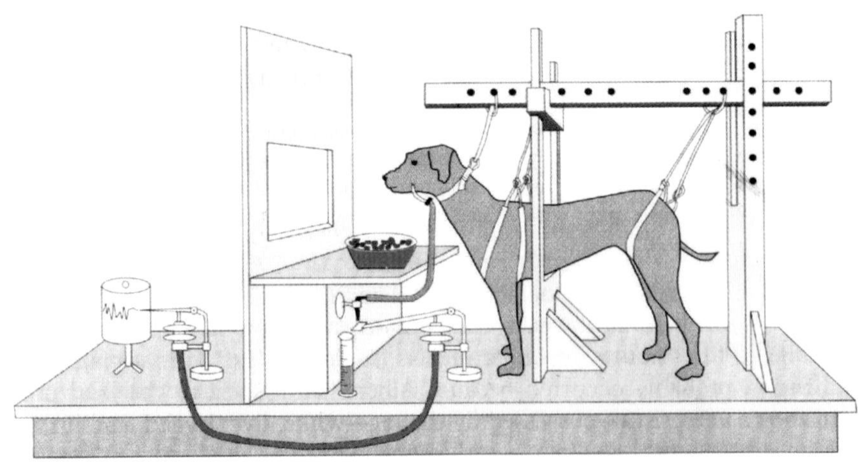

학습이론은 아동발달에서 생물학적 요인보다는 환경적 요인을 더 강조한다. 학습이론가들은 개인의 인생에서 얻게 되는 학습경험이 인간발달에서 변화의 근원이라고 믿는다. 따라서 환경을 재구성함으로써 새로운 학습경험을 하게 되면 발달에 변화를 가져올 수 있다고 주장한다. 학습이론가들은 또한 아동발달을 이해함에 있어서 정신분석이론에서처럼 내면의 감정을 연구하거나, 인지발달이론에서처럼 인지적 사고를 연구하는 것보다, 우리가 직접 관찰하고 측정할 수 있는 행동을 연구하는 것이 더 중요하다고 믿는다. 이런 의미에서 학습이론을 행동주의라고도 한다.

학습이론은 인간발달에서 단계를 설정하지 않는다. 학습이론의 기본 원리는 자극과 반응 간의 관계를 연구하는 것이다. 반사와 같이 어떤 반응은 자동적인 것이다. 예를 들어, 눈 안에 이물질이 들어가면 우리는 자동적으로 눈을 깜박기리게 되고, 배고픈 개가 음식냄새를 맡으면 침을 흘리게 된다는 점이다. 그러나 대부분의 반응은 반사적인 것이 아니고 학습된 것이다. 학습이론에 의하면 우리 인생은 학습과정의 연속이라고 한다. 즉, 새로운 자극이 새로운 행동패턴(반응)을 유발하고, 낡고 비생산적인 반응은 소멸된다는 것이다.

이 장에서는 Pavlov의 고전적 조건형성이론, Watson의 행동주의이론, Skinner의 조작적 조건형성이론 그리고 Bandura의 인지적 사회학습이론에 관해 살펴보기로 한다.

1. Pavlov의 고전적 조건형성이론

1) Pavlov의 생애

Ivan Pavlov(1849-1936)

Ivan Pavlov는 1849년에 러시아의 작은 읍에서 러시아 정교회의 사제의 아들로 태어났다. 21세까지는 자신도 사제가 되기 위한 공부를 하였으나, 21세가 되면서부터 자신이 과학에 더 흥미가 있다는 사실을 깨닫고 마음을 바꾸었다. 경제적으로 궁핍했던 몇 년간의 가정교사 생활 끝에 1883년에 의학박사 학위를 받았다. 그 후 성 피터스버그 대학의 생리학 교수로 임명되어 오랫동안 생리학 연구에 전념하였다. 그가 소장으로 있던 USSR 과학원의 파블로프 생리학 연구소는 반사학에 관한 생리학 연구

사진 설명 Pavlov(앞줄 오른쪽에서 첫 번째)가 그의 실험용 개와 함께

사진 설명 Pavlov가 부인과 함께

분야의 권위 있는 연구소로 남아 있다. 이 연구소는 '침묵의 탑'이라고 불리기도 하는데, 이는 연구소의 방음시설과 함께 실험자들의 연구태도를 반영한 것이다.

Pavlov는 1904년에 소화생리학을 연구한 공로로 노벨상을 수상했고, 이 연구와 관련해서 연합적 학습의 기본 원리를 발견하였다. Pavlov는 심리학자도 아니고 특별히 학습에 관심을 가졌었던 것도 아니지만, 그의 연구결과는 아동발달에 대한 사고에 커다란 혁명을 일으켰다. Pavlov의 주요 개념은 고전적 조건반사와 고전적 조건형성이다. 그가 조건반사에 대한 연구를 시작하게 된 것은 자신의 피험동물인 개의 소화과정을 실험하는 도중에 있었던 우연한 발견이 그 계기가 되었다. 보통 개는 음식이 혀에 닿으면 침을 분비한다. 이것은 타고난 반사이다. 그러나 Pavlov는 개가 입안에 음식이 들어오기 전에도

사진 설명 Pavlov의 동상과 무덤

침을 분비한다는 사실을 발견하였다. 개는 음식이 가까이 오는 것을 보거나 가까이 오는 발소리를 들었을 때에도 침을 분비하였다. 이것은 전에는 반응을 일으키지 못했던 자극, 즉 새로운 중성자극에 대해 반사가 조건형성된 것임을 보여주는 것이다.

Pavlov가 조건반사의 연구로 전환한 50세에 제2의 인생을 시작했다면, 80세에 조건형성에 대한 그의 작업을 정신질환에 적용하면서 제3의 인생을 시작하였다고 할 수 있다. 이러한 노력 끝에 그는 『조건반사와 심리치료(Conditioned Reflexes and Psychiatry)』(1941)라는 저서를 출간하게 되었고, 이 저서는 심리치료에 지대한 영향을 미친 것으로 알려져 있다.

2) 고전적 조건반사와 고전적 조건형성

음식에 대한 반응으로 개가 타액을 얼마나 많이 분비하는가를 측정하는 과정에서, Pavlov는 개가 음식을 보거나 냄새를 맡기 이전에 이미 침을 흘리기 시작한다는 사실을 발견하였다. 즉, 그에게는 음식과 관련된 자극(예를 들면, 음식을 주러 오는 사람의 발자국)이 타액을 분비하도록 유도하는 힘을 갖는 것으로 보였다. 이러한 사실을 확인하기 위한 유명한 실험(〈그림 5-1〉 참조)에서 Pavlov는 개에게 먹이를 주기 전에 종을 울렸다. 이 과정을 몇 번 계속했더니 나중에는 종소리만 듣고서도 개는 침을 흘렸다. Pavlov는 이런 학습과정을 고전적 조건형성이라고 불렀다.

Pavlov는 『조건반사(Conditioned Reflexes)』(1927)라는 책에서 이 현상을 자세히 설명

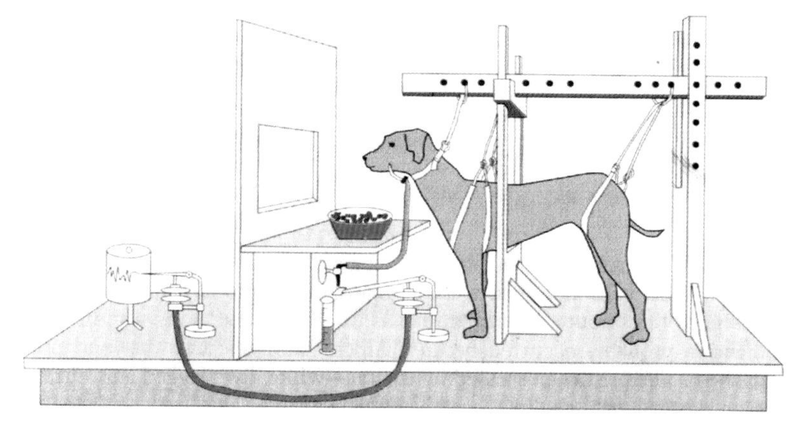

〈그림 5-1〉 Pavlov의 고전적 조건형성 실험

하고 있다. 배고픈 개에게 음식을 주면 개는 타액을 분비한다. 만일 음식을 다른 사건, 즉 종을 울리는 것과 같은 사건과 함께 제공하면, 개는 나중에는 종만 울려도 침을 흘리게 된다. 그 자체만으로는 개로 하여금 타액을 분비하도록 할 수 없었던 중립적 자극에 대해 이러한 학습된 타액분비 반응을 조건반사(conditioned reflex)라고 부르며, 이 과정을 고전적 조건형성(classical conditioning)이라고 한다. 여기서 음식은 무조건 자극

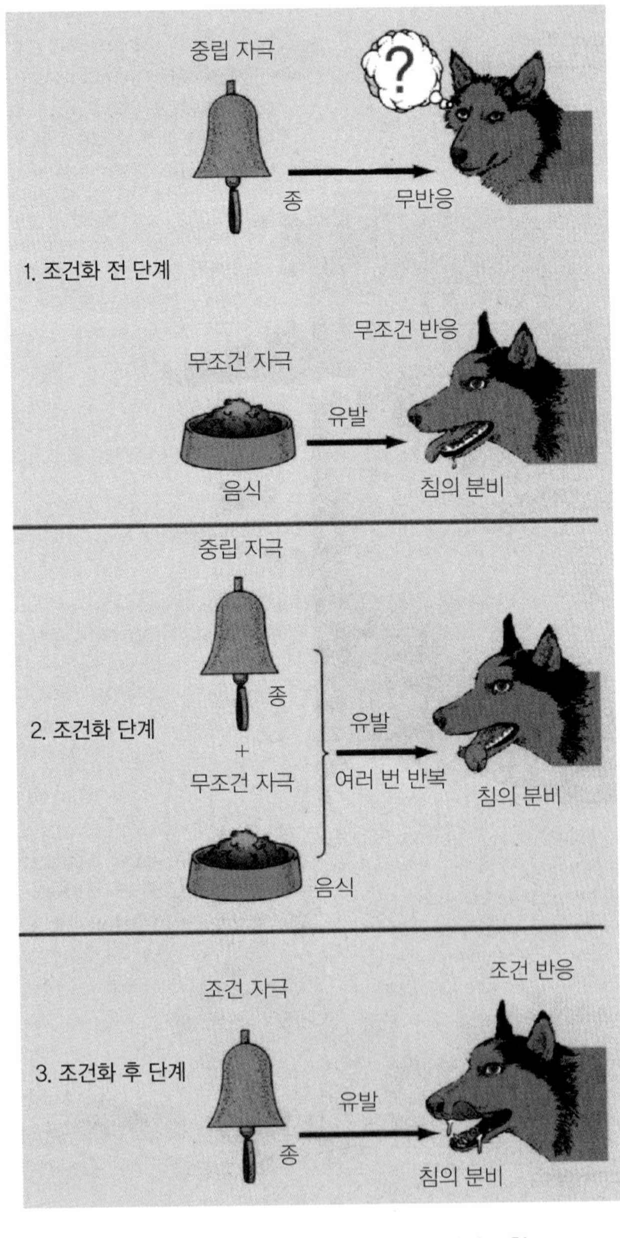

〈그림 5-2〉 Pavlov의 고전적 조건형성의 모형

(unconditioned stimulus)이다. 무조건 자극은 사전학습이나 경험 없이 학습되지 않은 반응을 자연적으로 일으키는 어떤 사건을 말한다. 무조건 자극의 또 다른 예는 무릎반사나 자율신경계의 통제를 받는 어떤 반사행동도 여기에 해당될 수 있다. 개의 타액분비는 무조건 자극에 대한 반응으로 무조건 반응(unconditioned response)이라고 부른다.

무조건 반응인 타액분비가 나타난 후에, 음식과 종을 짝지어 제시하면서 종을 울린다. 음식과 종소리를 몇 번 짝지어 제시한 후에는 종만 울려도 개는 타액을 분비하게 된다. 이때 종소리는 조건 자극(conditioned stimulus)이라 부르고, 개의 타액분비는 조건 반응(conditioned response)이라 부른다. Pavlov의 고전적 조건형성의 모형이 〈그림 5-2〉에 제시되어 있다.

우리가 일상생활에서 경험하는 고전적 조건형성의 예는 수없이 많다. 어린 아동이 보여주는 고전적 조건형성의 한 예로 개에게 물려 놀란 경험이 있는 아동은 강아지만 보아도 공포반응을 보이는 경우가 그것이다.

Pavlov는 기본적이고도 중요한 학습이 어떻게 이루어지는가를 이해하기 위한 방법론으로 조건반사를 이용한 점에서 그의 천재성을 보여주었다. 여러 면에서 그는 학습이론의 창시자이며, 그의 업적의 정수는 오늘날까지 세계 도처의 많은 실험실에서 계속되고 있다.

3) 고전적 조건형성과 영향요인

Pavlov(1927)는 조건반사의 강도에 영향을 주는 몇 가지 요인을 확인한 바 있는데, 강화와 소멸, 자발적 회복 그리고 자극 일반화와 자극 변별화가 그것이다.

(1) 강화(Reinforcement)

강화는 한 행동에 뒤따르는 자극사건이 그 행동을 다시 일으킬 가능성(확률)을 증가시킨다는 것을 의미한다.

(2) 소멸(Extinction)

조건형성이 한 번 이루어졌다고 해서 조건 자극이 계속해서 영원히 작용하는 것은 아니다. 예를 들면, 종소리를 타액분비를 위한 조건 자극으로 만들 수는 있으나, 만약 음식 없이 종소리만을 몇 번 울리면 종소리는 그 효과를 잃게 되는데 이것이 바로 소멸이다.

(3) 자발적 회복(Spontaneous Recovery)

소멸 후 상당한 시간이 지난 다음 조건 자극을 다시 제시하면 조건 반응이 일시적으로 다시 나타난다. 더 이상 조건 자극과 무조건 자극의 짝지음이 없어도 조건 반응은 자발적으로 회복된다. 이와 같이 이전에 소멸되었던 반응이 재현되는 것을 Pavlov는 자발적 회복이라고 불렀다. 그러나 짝지음이 지속적으로 유지되지 않는다면 자발적 회복도 사라지게 된다(〈그림 5-3〉 참조).

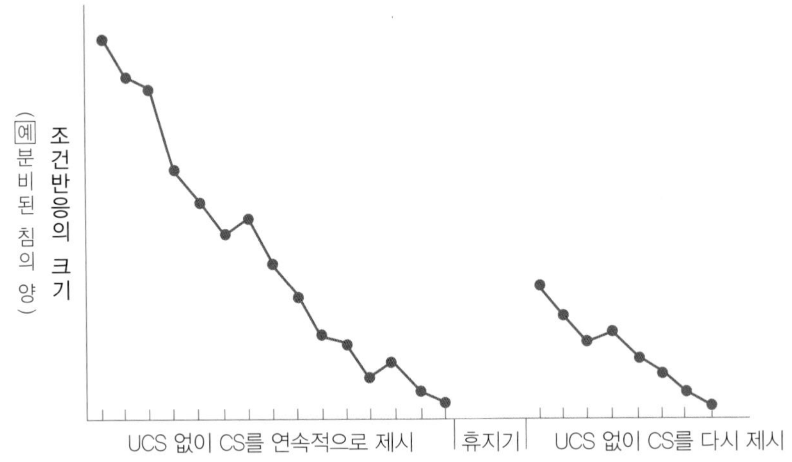

〈그림 5-3〉 조건 반응의 소멸과 자발적 회복을 보여주는 전형적 곡선

출처: 김영채 역(1990). 학습심리학. 서울: 박영사.

(4) 자극 일반화(Stimulus Generalization)

자극 일반화는 원래의 자극과 유사한 조건 자극에 대해 조건 반응하는 것을 의미한다. 예를 들면, 어떤 음조의 종소리에 타액을 분비하도록 조건형성된 개는 유사한 다른 음조의 종소리에도 같은 반응을 하는데 이것이 일반화이다. 또 다른 예는 악몽을 꾼 아이가 어두운 장소를 싫어하는 경우이다. "자라 보고 놀란 가슴 솥뚜껑 보고 놀란다"라는 속담도 자극 일반화의 예이다.

(5) 자극 변별화(Stimulus Differentiation)

자극 일반화에 대한 보완적인 과정이 자극 변별화인데, 어떤 자극이 다른 자극과 변별되는 경우를 말한다. 예를 들면, 어두운 곳에서 공포를 느끼는 아동도 극장과 같은 어떤 특정한 어두운 장소에서는 공포를 느끼지 않는 경우가 그것이다.

4) 고전적 조건형성의 적용

발달은 학습의 결과이고 이것은 다시 개인의 경험을 반영한다. Pavlov는 기본적이고 중요한 학습형태가 어떻게 이루어지는가에 대한 방법론으로 고전적 조건형성방법을 이용하였다. 그에 따르면, 학습은 환경에서의 자극과 그 자극에 대한 유기체의 반응 간의 관계에 의해 이루어지는데, 이들 관계는 강화와 소멸에 의해 강화되거나 약화된다. 또한 하나의 반응이 다른 자극에도 일반화되고, 다시 다른 자극과 변별되는 방식은 어떤 방법으로 유기체가 환경과 복잡한 관계를 맺는지를 보여준다.

고전적 조건형성은 임상적인 장면에서 자신이 속한 환경이나 문화에서 정상적인 감정이나 태도를 학습하지 못한 사람에게 재학습시키는 방법으로 많이 사용되고 있는데, 그 예로 혐오치료법, 충만노출, 체계적 둔감법 등이 있다.

(1) 혐오치료법(Aversion Therapy)

혐오치료법은 고전적 조건형성에 근거한 치료기법으로서 오늘날 심리치료에서 많이 사용되고 있다. 혐오치료란 어떤 행동을 중단시키기 위해 그 행동을 할 때마다 혐오스러운 자극을 주는 것이다. 예를 들면, 알코올 중독을 치료하기 위해 술잔에 썩은 거미를 넣거나, 담배를 피울 때 구역질이 나는 주사를 맞는 것 등이 있다. 또한 아기들에게 모유수유를 끊기 위해 어머니 젖에 키니네 등의 쓴맛이 나는 약을 바르는 것도 혐오치료에 속한다.

사진 설명 담배 혐오치료를 위한 포스터

(2) 충만노출(Flooding)

충만노출이란 주로 공포증 환자를 대상으로 하는 치료방법으로서 공포증을 소멸시키기 위해, 환자가 공포를 느끼는 조건 자극이 있는 데서 충분히 오랜 시간 머물도록 하여, 공포를 느낄 이유가 전혀 없다는 것을 학습하게 하는 것이다.

(3) 체계적 둔감법(Systematic Desensitization)

체계적 둔감법은 불안이나 공포를 야기하는 상황을 약한 것에서부터 강한 것까지 점진적으로 겪으면서 극복하게 하는 행동수정기법으로 Wolpe(1969)의 상호억제이론

Joseph Wolpe

(reciprocal inhibition theory)에서 발전하였다. 상호억제이론이란 불안이나 공포와 같은 신경증적 행동도 즐거운 행동과 조건형성됨으로써 소멸 · 치료될 수 있다는 이론이다. 다시 말하면, 공포반응과 즐거움은 동시에 공존할 수 없기 때문에 공포보다 즐거움을 더 강하게 제시하면 공포를 느끼지 않게 된다는 이론이다. 따라서 이것은 맛있는 음식을 먹거나 즐겁게 노는 동안에 두려움을 일으키는 조건 자극을 제시하여 공포를 느끼지 않도록 하는 방법이다. 체계적 둔감법은 이러한 상호억제이론에 기초하여, 불안이나 공포를 야기하는 사물이나 상황을 한꺼번에 바로 대면하게 하는 것이 아니라 약한 것부터 강한 것까지 점진적으로 겪으면서 불안이나 공포를 극복하게 하는 방법이다.

근육이 이완된 상태에서는 불안을 일으킬 수 없다는 가정하에, 편안하게 근육을 이완시킨 상태에서 불안과 공포를 유발하는 장면을 상상하도록 함으로써, 그러한 장면에 대한 공포반응을 둔감화하게 한다. 이 체계적 둔감법은 뱀 공포증이나 고소공포증과 같은 특정 불안을 제거하는 데 효과적인 치료기법이다.

5) 평가

Pavlov는 학습상태가 이루어지는 방법을 조건반사를 이용하여 과학적으로 설명함으로써, 이후의 학습이론에 초석을 마련했다는 평가를 받고 있다. 조건반사에 대한 Pavlov의 업적이 어떻게 인간의 발달과정에 적용되는가는 두 가지 점으로 요약될 수 있다. 첫째, 학습은 환경에서의 자극과 그 자극에 대한 유기체의 반응이 어떠한가에 의해 지배된다. 이들 양자의 관계는 강화와 소멸에 의해 강화되거나 약화된다. 둘째, 하나의 반응이 다른 자극으로 일반화되고 다시 다른 자극으로부터 분화되는 방식은 어떻게 한 유기체가 환경에 대한 다면적인 관계에서 점차적으로 복합적인 것이 되어가는가를 설명해준다.

그러나 Pavlov의 기본 개념은 새로운 것이 아니고 17세기 로크의 연합개념을 이용하여 이를 실험적으로 제시했을 뿐이다. 특히 고전적 조건형성은 선천적인 반응에만 초점을 두었다는 한계가 있다. 왜냐하면 인간의 감정이나 행동은 후천적인 조건형성의 결과로 보이기 때문이다.

2. Watson의 행동주의이론

John Watson(1878-1958)

1) Watson의 생애

Watson은 1878년에 미국 사우스 캐롤라이나 주의 한 농가에서 태어났으며 상당히 반항적인 어린 시절을 보냈다고 한다. 그는 자신의 학창시절에 대해 "나는 게을렀고 내가 기억하기에 한 번도 보통 이상의 성적을 받아본 적이 없었다"(Watson, 1936, p. 271)라고 회상하였다. Watson의 초등학교 시절 교사도 그를 골치 아프고 논쟁을 좋아하는 아동으로 묘사하였다. 그는 또한 싸움도 자주해서 경찰에 두 번이나 체포되기도 하였다.

사진 설명 Watson의 생가

Watson은 퍼만 대학을 졸업한 후, 존 듀이 교수 밑에서 철학을 공부하기 위해 시카고 대학에 진학했지만, 철학에는 별로 흥미를 느끼지 못했다고 한다. 그래서 그는 신경학과 철학을 부전공으로 하고 심리학을 전공하였다. 그는 생리학과 생물학을 공부하면서 특히 동물심리학에 관심이 많았다. 1908년에 심리학으로 박사학위를 받은 후, 볼티모어에 있는 존스 홉킨스 대학에 자리를 잡고, 여기에서 활발한 연구활동을 시작하였다. Watson은 동물연구를 통해 재능있는 연구자로서 그리고 독창적인 사고자로 알려져 미국 전역에 그의 명성이 빠르게 퍼져나갔다.

사진 설명 Watson의 부인

1913년에 Watson은『행동주의자가 보는 심리학(Psychology as the Behaviorist Views It)』을 발표함으로써, '행동주의'를 공식적으로 선언하고 미국 심리학계에 큰 영향을 미쳤다. 그다음 해에는『행동: 비교심리학 입문(Behavior: An Introduction to Comparative Psychology)』을 출간하였다. 이들 책에서 Watson은 내성법(introspection)을 통한 의식의 연구는 더 이상 과학으로서의 심리학이 아님을 주장하였다. 심리학은 "의식, 정신상태, 마음, 상상… 등과 같은 용어"(Watson, 1913, p. 166)를 버려야 하며, 그 대신에 "행동의 예언과 통제"(p. 158)를 심리학의 목표로 삼아야 한다고 주장했다. 당시 미국의 젊은 심리학자들은 Watson의 행동주의이론을 행동과 개혁의 심리학이라 하여 열렬히 환영하였으며, Watson은 1915년 37세라는 젊은 나이에 미국심리학회 회장으로 선출되었다.

사진 설명 Watson이 Rayner와 함께

사진 설명 Watson의 노후 모습

1차 세계대전 중 Watson은 1년간의 군복무를 마친 후 존스 홉킨스 대학으로 돌아와, 자신의 주 저서인 『행동주의자의 관점에서 보는 심리학(Psychology from the Standpoint of a Behaviorist)』(1919)을 출간하였다. Watson은 대학에서 아주 인기있는 교수였으며 가장 멋진 교수로 선출되기도 하였다. 그러나 1920년에 Watson의 학문생활에 갑작스러운 종말이 닥쳐왔다. 젊고 매력적인 Rosalie Rayner를 연구조교로 채용하여 영아행동에 관한 연구를 함께했는데, 이 연구가 끝날 즈음 Watson의 부인이 Watson과 Rayner를 상대로 이혼소송을 제기하였다. 이 일로 Watson은 존스 홉킨스 대학에서 해임당하고 얼마 후 Rayner와 재혼하였다.

42세에 대학을 쫓겨나게 된 Watson은 사업에 뛰어들었다. 그는 사업감각을 익히기 위해 잠시 동안이지만 커피 외판원과 대형 할인마켓 점원으로 있다가 광고업을 시작하였다. 그리고 이제는 학자나 학생들이 아닌 일반대중을 대상으로 대중잡지와 라디오 대담, 초청강연 등을 통해 행동주의를 강연하였다. 그는 대중의 관심을 끌기 위해 자신의 견해를 지나치게 단순화시켰다. 그래서 그는 행동주의가 아동양육에서 사회개혁에 이르기까지 인간의 모든 문제들을 해결할 수 있다는 지나치게 낭만주의적인 메시지를 전하는 오류를 범하게 되었다.

2) Watson 이론의 기본 개념

(1) 환경결정론

정신분석이론에서는 인간의 행동이나 사고에 영향을 주는 요인이 개인의 내적 요소에 있다고 생각하며 생물학적 요인을 강조한다. 이에 비해 Watson은 성격을 결정하는 요인

이 내적 요소가 아니라 외부의 환경자극이라고 본다. 사람은 경험을 통해 학습한 방식대로 자극에 반응하는데, 이러한 반응의 차이가 개인의 특성을 결정한다고 보는 입장이다. Watson의 환경결정론은 그의 저서『행동주의(Behaviorism)』(1924)에서 그가 한 유명한 제안에 잘 나타나 있다.

> 나에게 12명의 건강한 아기를 주어 모든 조건이 충족된 나의 세계에서 기를 수 있게 해준다면, 나는 그들 중 아무라도 택하여 그의 재능이나 취미, 성향, 능력, 적성 그리고 인종에 관계없이 의사나 법률가, 예술가, 사업가뿐만 아니라 심지어 거지와 도둑에 이르기까지 내가 원하는 어떤 유형의 전문가라도 만들 수 있다고 장담한다(Watson, 1924, p. 104).

이처럼 Watson은 인간의 행동은 환경에서 오는 사건에 의해 조건형성되고, 학습은 전적으로 환경적 사건의 결과라고 생각하였다. 즉, 인간은 전적으로 환경에 의해 형성된다는 것이다.

(2) 자극-반응(S-R) 연합

Pavlov처럼 Watson도 행동의 기본 구성이 자극-반응의 단위이고, 이 자극과 반응이 바라는 형태로 배열되는 한 어떤 행동이든 산출되거나 설명될 수 있다고 믿었다. Watson은 전적으로 인간의 순응성을 믿었으며, 결정적인 사건에 대해 통제할 수 있게 되면 어떤 결과든 가능하다고 믿었다.

Watson은 '자극'을 감각기관을 흥분시키는 에너지의 형태라고 정의하였다. 내적 사고와 느낌은 자극으로 간주될 수 없다고 했다. 왜냐하면 그것들은 에너지의 원천으로서 명확히 확인될 수 없을 뿐 아니라, 어떤 감각기관을 자극하는지를 볼 수 없으며, 더욱이 직접 측정할 수도 없기 때문이다. '반응'은 자극에 뒤따라 일어나는 것으로, 자극에 대한 관찰가능한 반작용(reaction)을 말한다.

Watson의 행동주의는 복잡한 행동의 분석은 자극-반응 단위의 구성요소 분석으로 이

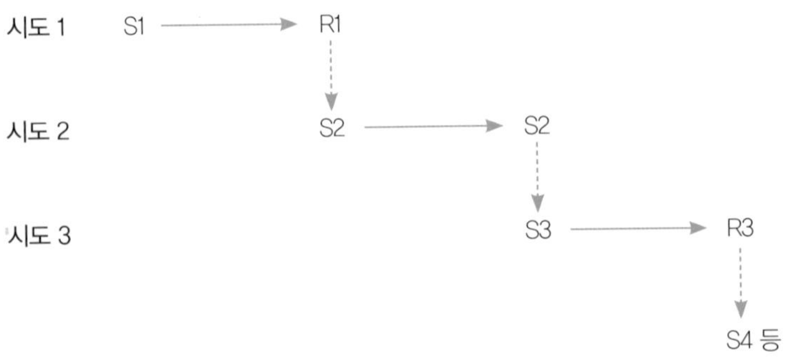

〈그림 5-4〉 S-R 연합의 연속

루어져야 함을 강조하였다. 이 반응들은 자극에 대한 반응일 뿐 아니라 다시 앞으로 오는 사건에 대한 자극으로 제공된다. 반응과 자극 간의 이러한 연계는 더욱 확대되어 복잡한 학습에 대한 기초를 제공한다. 고전적 조건반사는 뒤따르는 반응의 자극으로 작용한다. 이것은 〈그림 5-4〉에서 보는 바와 같이 S-R 연합의 연계가 다음의 S-R 연합 그리고 그다음의 S-R 연합 등으로 연결되며, 거기에서 앞의 S-R 연합의 반응이 그다음의 S-R 연합의 자극이 된다. 이 연합의 개념은 행동주의 발달에 있어서 중요한 계기가 되었다. 그 이유는 이것이 단순한 S-R 연합 사건을 넘어서 더욱 복잡한 행동체계를 제시해주었기 때문이다.

(3) 자극-반응 연합과 영향요인

Pavlov와 마찬가지로 Watson도 단순한 S-R 연합을 넘어서는 요인들을 반드시 고려해야 한다고 믿었다. Pavlov에게 있어 이러한 요인들은 강화와 소멸 그리고 일반화와 변별화의 보완적인 과정들이었으며, Watson에게는 빈도법칙과 최근법칙으로 그 개념이 세련되고 또한 발달과정을 이해하는 데 깊은 함축적 의미를 지닌 것이었다(Salkind, 1985).

① 빈도법칙

빈도법칙(law of frequency)이라 함은 어떤 자극에 반응을 자주 할수록 점차 그 자극에 대해 같은 반응을 강하게 보일 것임을 말하는 것이다. 예를 들면, 빨간색 신호등이 정지를 의미한다는 것을 배운 후에는 빨간색 불이 발을 브레이크에 얹어 차를 정지시키는 행동과 연합되는 빈도가 증가할 것이다. 이 연계의 확인은 Pavlov의 변별화의 개념과 유사하다. 신호등이 녹색으로 바뀌면 발을 브레이크에서 떼어 가속페달 쪽에 놓고 밟는다.

빈도법칙에 의하면 빨간색 불의 제시와 짝지워진 정지행동은 우선적인 연합 중의 하나가 된다. 두 개의 같은 자극과 반응의 집합 간에 매우 빈번히 연합이 이루어지면 그 연합은 더욱 강하게 된다. 따라서 어떤 자극이나 유사한 사건이 후에 있게 되면 같은 반응이 일어날 확률이 높다.

② 최근법칙

최근법칙(law of recency)이라 함은 특정한 자극과 특정한 반응 간의 연합이 시간적으로 근접해 일어날수록 그 연합이 다시 일어날 가능성이 커지는 것을 말한다. 빈도법칙이 어떤 것이 일어나는 빈도의 횟수를 말한다면, 최근법칙은 자극과 반응 간의 시간의 길이를 말한다. 자극과 반응 사이의 시간이 길어질수록 그 자극에 대한 반응이 다시 일어날 가능성은 적어진다. 이것은 시간이 흘러감에 따라 더 많은 중간사건들의 개입으로 그 광경이 흐려지기 때문이다. 마찬가지로, 자극에 대해 가장 최근에 일어난 사건들이 그전에 일어난 사건들보다 그 자극과 가장 잘 연합될 것이다. 예를 들어, 어떤 아동이 잘못된 행동을 했을 경우, 아버지가 퇴근해 집에 돌아왔을 때에 그 아동을 벌한다면 그것은 의미가 없다. 왜냐하면 너무 많은 시간이 지났으므로 잘못된 행동과 벌 간에 어떤 의미를 부여할 수 없기 때문이다. 이 예를 더 확대시켜서 말한다면, 만일 그 아동이 아버지가 현관에 들어섰을 때 달려가서 껴안고 인사하려고 하는데 그날 있었던 잘못된 행동에 대해 아버지가 벌을 준다면, 이때 아동이 갖게 될 유일한 느낌은 아버지에게 달려가서 인사하는 것이 벌받는 결과를 낳았다는 것일 것이다.

빈도법칙과 최근법칙은 동시에 작용하기 때문에, 한 자극에 즉시 뒤따르는 사건과 이 사건이 재발하는 정도를 고려하는 것이 중요하다. 이상적으로 말한다면, 될 수 있으면 강력한 연합이 형성되도록 하기 위해서 행동이 일어난 후에 가능한 한 빨리 아동에게 칭찬을 해주거나 벌을 주어야 한다.

3) 고전적 조건형성의 적용

Pavlov가 동물을 대상으로 실시한 조건형성을 인간에게도 적용할 수 있음을 최초로 보여준 사람이 Watson이다. '앨버트에게 공포반응 조건형성하기' 실험(〈그림 5-5〉 참조)에서 그는 인간의 정서도 조건형성될 수 있음을 입증하였다.

9개월 된 앨버트가 흰쥐에 공포반응을 보이도록 Watson은 흰쥐와 큰 소리를 짝지어 제시했다. 처음에 흰쥐를 두려워하지 않던 앨버트가 흰쥐와 큰 소리가 몇 번 짝지어 제

사진 설명 John Watson(가면 쓴 사람)이 조교 Rosalie Rayner와 함께 앨버트에게 공포반응 조건형성 실험을 하고 있다.

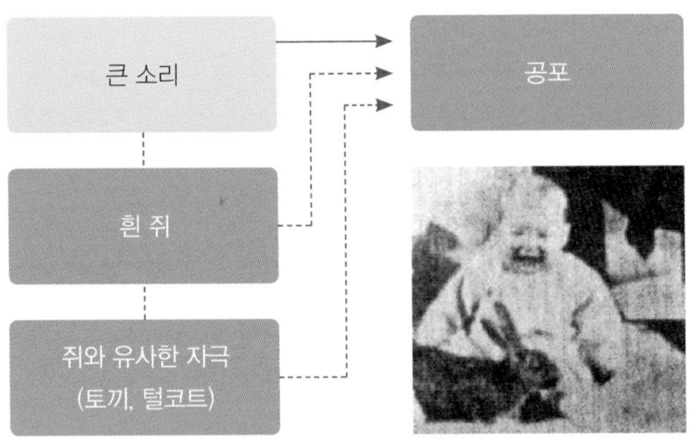

9개월 된 앨버트가 흰 쥐에 공포반응을 보이도록 Watson은 흰 쥐와 큰 소리를 짝지어 제시했다. 처음에 흰 쥐를 두려워하지 않던 앨버트가 흰 쥐와 큰 소리가 몇 번 짝지어 제시된 후에 흰 쥐에 대한 공포반응을 보였다. 심지어 흰 쥐뿐만 아니라 토끼나 개, 털코트에까지 공포반응을 보였는데, 이것이 바로 고전적 조건형성에서 나타나는 자극 일반화 현상이다. 즉, 인간의 공포와 같은 정서반응도 선천적으로 타고나는 것이 아니고 환경에 의해 습득된다는 것을 이 실험을 통해 객관적으로 증명한 것이다.

〈그림 5-5〉 앨버트에게 공포반응 조건형성하기

시된 후에 흰쥐에 대한 공포반응을 보였다. 심지어 흰쥐뿐만 아니라 토끼나 개, 털코트에까지 공포반응을 보였는데, 이것이 바로 고전적 조건형성에서 나타나는 자극 일반화 현상이다. 즉, 인간의 공포와 같은 정서반응도 선천적으로 타고나는 것이 아니고 환경에 의해 습득된다는 것을 이 실험을 통해 객관적으로 증명한 것이다.

이처럼 Watson은 인간의 반사행동을 주된 대상으로 하였던 Pavlov의 조건형성과정을 인간의 정서에 적용함으로써, 반사행동뿐만 아니라 인간의 정서도 조건형성이 가능하다고 생각하였다.

Watson의 실용적인 업적 중의 하나는 공포를 탈조건형성(deconditioning)하는 것이었다. 조건형성된 반응을 Pavlov식 방법을 통해 되돌리는 과정을 탈조건형성이라고 한다. Watson은 앨버트의 조건형성된 공포를 없애주고 싶었지만 그러지 못했다. 왜냐하면 안타깝게도 고아였던 앨버트가 입양되어 Watson이 이러한 시도를 하기 전에 마을을 떠났기 때문이다.

4) 평가

행동주의는 Watson이 이를 공식적으로 주창했을 때부터 극심한 논란의 대상이 되었다. 많은 사람들이, 심리학이란 정신이 아니라 행동에 대한 과학이라고 주장하는 행동주의에 대해 노골적으로 분노와 적의를 나타내었는데, 이러한 반감은 오늘날까지 공공연하게 이루어지고 있다. 행동주의에서는 인간을 기계와 비슷한 것으로 개념화했는데, 어떤 이들에게는 이것이 비천하고 모욕적인 것으로 해석되었던 것이다. 한편, 행동주의를 지지하는 사람들의 입장에서 보면, 행동주의는 그동안 과학적 학문의 위치에 도달하지 못했던 심리학의 영역을 물리학이나 생물학과 같은 어엿한 자연과학의 한 영역으로 격상시켰다고 보는 것이다. 이처럼 행동주의의 여러 개념들 중 어떤 요소가 강조되는가에 따라 행동주의에 대한 평가는 매우 달라지게 된다.

특히 Watson의 빈도법칙과 최근법칙은 서로 상반된 평가를 받고 있다. 한편에서는 Watson이 학습의 원리에서 강화나 처벌의 원리를 등한시한 채 빈도법칙과 최근법칙만을 수용하였기 때문에, 지나치게 주관적인 개념만으로 학습원리를 설명하고 있다는 지적을 한다. 또 다른 한편으로는, Watson의 빈도법칙과 최근법칙은 오늘날 유아들에게 적용할 때 중요한 시사점을 준다는 평가를 한다. 일례로, 유아가 벌이나 칭찬받을 행동을 하였을 경우, 일관성 있게 곧바로 피드백이 주어지지 않는다면 유아의 행동에 중요한 영향을 미치지 못하게 된다는 점을 들 수 있다.

Watson의 공헌에 대해서는 행동주의자들 사이에서조차 논란이 있다. 그러나 그에 대한 사람들의 평가와는 상관없이 행동주의가 심리학사에 미친 영향은 가히 혁명적이라 할 수 있다.

3. Skinner의 조작적 조건형성이론

1) Skinner의 생애

B. F. Skinner는 1905년에 미국 펜실베이니아 주의 작은 마을에서 법률가의 아들로 태어나 단란한 가정분위기에서 성장했다. 그는 뉴욕에 있는 해밀턴 대학에 입학하여 영문학을 전공하면서 작가가 되기로 결심했다. 문학에 전념한 2년 동안에 신통한 작품이 나오지 않자, Skinner는 문학을 포기하고 하버드 대학의 심리학과 대학원에 진학하여 학습에 대한 연구를 시작하게 된다. Skinner가 하버드 대학에서 보낸 시기는 행동주의자로서 이론적으로 무장하는 시기였다.

B. F. Skinner(1905-1990)

사진 설명 Skinner는 조작적 조건형성 원리를 자녀양육에 적용하였다. 그는 공기침대(air crib)라는 유아용 특별침대를 제작했는데, 이것은 보통 유아용 침대보다 훨씬 더 안락한 것이 특징이다.

그는 1936년부터 1945년까지 미네소타 대학에서 강의를 담당했는데, 이 시기에 자신을 행동주의학파의 선구자적 위치로 확고히 올려놓았다. 1945년에 인디애나 대학 심리학과 학과장으로 취임했으며, 1947년에 하버드 대학으로 다시 돌아왔다. 그는 오랫동안 하버드 대학의 심리학과 교수로 활동하다가 1990년 8월 18일 85세를 일기로 세상을 떠났다.

과학자로서의 성공적인 경력에도 불구하고 Skinner는 자신이 옛날에 가졌던 관심을 완전히 포기하지 않았다. 예를 들면, 그의 첫아이가 태어났을 때에는 새롭고 개량된 아기침대를 만들기도 했다. 이 침대는 지나치게 옷을 많이 입힐 필요가 없을 정도로 알맞게 따뜻하며 자유롭게 움직일 수 있는 침대이다(사진 참조). 문학에 대한 Skinner의 관심 역시 다시 살아나서 1948년에는 자신의 조작적 조건형성 원리에 기초하여 이상사회를 묘사한 『월덴 투(Walden Two)』라는 소설을 출간했다.

Skinner는 첫 번째 저서인 『유기체의 행동: 실험적 분석(The Behavior of Organisms: An Experimental Analysis)』(1938)에서 그의 독자들의 일상의 관심사에 적용된 여러 가지 기본적 개념들을 제안했다. 그리고 그의 원리를 수용하고 적용하는 독자들의 수는 나날이 증

가하였다. '행동수정(behavior modification)'과 '교수기계(teaching machine)' 같은 훈육에 관한 어구의 사용이 Skinner의 영향력의 범위를 말해준다.

2) 반응적 행동과 조작적 행동

Skinner는 인간의 모든 행동은 두 가지 범주로 나눌 수 있다고 했다. 첫 번째 유형은 반사(reflexes)로서, 그것은 반응을 유발하는 자극으로 구성된다. 이때 자극과 반응과의 관계는 생물학적이고 선천적인 것이다. 모든 유기체에서 보이는 단순한 반사를 포함하는 반응을 Skinner는 반응적 행동(respondent behaviors)이라고 부른다. Pavlov의 실험에서 개가 음식을 보고서 침을 흘리는 반응이 그 예이다. 반응적 행동의 특징은 반응을 유발하는 자극에 의해 전적으로 통제된다는 것이다. 즉, 자극이 있으면 반응하고, 자극이 없으면 반응하지 않는 매우 단순한 모형이다. 인간에게 있어서 반응적 행동은 영유아기에 특히 현저한데, 아기 입에 젖꼭지를 물리면 빨기 반응을 보이고, 손바닥에 어떤 물체를 놓으면 잡기 반응을 보인다. 아동이나 성인도 눈 깜박이기, 재채기와 같은 단순한 생리적 반응과 공포, 분노, 성적 흥분 등의 정서적 반응 형태로 반응적 행동을 보이기도 하지만 그 종류는 매우 적다.

두 번째 유형은 조작적 행동(operant behaviors)인데, Skinner는 인간행동의 대부분을 조작적 행동이라고 본다. 조작적 행동은 어떤 행동이 야기하는 결과에 의해서 행동이 통제된다. 아동의 어떤 행동이 강화를 받게 되면, 그 행동이 다시 나타날 확률이 높아지고, 어떤 행동이 벌을 받게 되면, 그 행동이 다시 일어날 확률이 낮아진다. 조작적 조건형성에서는 강화와 벌의 역할이 중요하다.

Skinner는 습관은 조작적 학습경험의 결과라고 믿는다. 예를 들어, 한 소년의 공격적인 행동은 친구들에게 공격적인 행동을 했을 때, 친구들이 그의 힘에 굴복하면서 강화된다. 또 다른 소년의 경우, 그보다 더 힘이 센 친구가 역공을 하게 되면 더 이상 공격적인 행동을 하지 않게 된다. 위에서 예를 든 두 소년은 강화와 벌이라는 두 요인에 기초해서 전혀 다른 방향으로 공격적 성향이 발달하게 된다. Skinner에 의하면 아동발달에서 '공격적 단계'라는 것은 없으며, 인간에게 '공격적 본능'이라

사진 설명 퍼즐 맞추기 같은 활동은 단순히 문제해결이라는 결과에 의해서도 강화될 수 있다.

는 것도 없다고 한다. 대신 아동이 습득하게 되는 대부분의 습관—아동의 독특한 '성격'을 형성하게 되는—은 자신의 행동의 결과에 의해 형성된다고 한다. 따라서 Skinner의 조작적 조건형성이론에서는 아동발달이 본능, 욕구 또는 생물학적 성숙과 같은 내적 요인보다는 강화인(强化因) 또는 처벌인(處罰因)이라는 외부 자극에 달려 있다고 본다.

Skinner는 Pavlov의 고전적 조건형성이 인간의 어떤 행동유형은 설명할 수 있지만, 보다 복잡한 행동유형을 설명하는 데에는 조작적 조건형성이 보다 더 적합하다고 믿는다. 고전적 조건형성에서는 자극이 반응을 유발한다고 보지만, 조작적 조건형성에서는 반응이 자극을 유도한다고 본다. '조작적(operant)'이라는 말은 라틴어가 그 어원으로 바라는 결과를 얻기 위해 행해지는 노력을 의미한다.

조작적 조건형성에서는 개로 하여금 개의 행동목록에 들어 있지 않은 특정의 행동(예를 들면, 신문 가져오기)을 수행하도록 훈련시키기 위해 강화(reinforcement)가 사용된다. 조작적 조건형성에서 어떤 행동이 다시 발생하도록 만드는 과정을 '강화'라고 부르며, 어떤 행동이 다시 발생할 가능성을 증가시키는 자극을 '강화인(reinforcer)'이라고 부른다(Skinner, 1953). 강화인은 긍정적일 수도 있고 부정적일 수도 있다. 〈표 5-1〉은 고전적 조건형성과 조작적 조건형성을 비교한 것이다.

표 5-1 고전적 조건형성과 조작적 조건형성의 비교

	고전적 조건형성	조작적 조건형성
자극의 원인은 무엇인가?	알려져 있고 중요함	관련성이 없음
반응의 원인은 무엇인가?	반응은 자극에 의해 유도됨(S^E)	반응은 유기체에 의해 방출됨
자극과 반응과의 관계	유도 자극은 반응에 선행함(S^E R)	강화 자극은 반응에 따름(R S^R)
각각의 예	눈 깜박이기, 소화	운전, 잔디깎기, 사회화
사용되는 다른 용어	고전적 조건화 S 형태 학습 연합적 이동 조건화	도구적 조건화 R 형태 학습 시행착오 학습 문제해결

출처: Salkind, N. J. (1985). *Theories of human development*. New York: Wiley & Sons.

3) 강화인

강화인에는 두 종류가 있는데, 긍정적(positive) 강화인과 부정적(negative) 강화인이 그것이다. 여기서 긍정적 또는 부정적이라는 용어는 좋거나 나쁘다라는 가치판단과는 무관한 것이다. 즉, 좋다 또는 나쁘다라는 판단보다는 행동의 제시 또는 철회를 반영한다.

특수한 상징이 강화인을 표현하는 데 사용된다. 긍정적 강화인은 S^+로 표시되며, 부정적 강화인은 S^-로 나타낸다. 강화인의 일반적 부류는 S^R로 나타낸다.

(1) 긍정적 강화인

긍정적 강화인은 그것의 제시가 행동을 다시 나타나게 할 확률을 증가시키는 자극이다. 다시 말해서, 그것은 한 상황이 더해질 때 앞으로 그 행동을 다시 할 확률을 증가시키는 자극이다. 예를 들면, 자기 방 청소를 한 아동에게 용돈을 주거나 칭찬을 하는 것은 그 행동을 유지하도록 하는 매우 효과적인 방법이 될 수 있다(사진 참조).

사진 설명 칭찬은 긍정적 강화인으로 작용한다.

미신적 행동

우리 일상에는 '미신적 행동' 또는 우연히 강화된 행동이라고 불리는 흥미로운 현상이 있다. 그것은 어떤 행동과 강화인으로 작용하는 어떤 자극이 우연히 짝지어짐으로써 발생하는 계획되지 않은 학습이다. 예를 들면, 메이저리그의 한 유명한 야구선수는 경기에 앞서 닭고기만을 먹는다. 또 다른 선수는 유니폼을 입을 때 정해진 순서대로 입고, '행운의 양말'을 신는다. 옷을 입는 순서나 어떤 양말을 신는 것이 팀의 우승과 연결되었기 때문이다. 그 양말은 승리라는 강력한 강화자극과 연결되었기 때문에 하나의 강화인으로서의 가치를 지닐 수 있다. 또 다른 예로 어떤 사람들은 비행기를 탈 때 특정 좌석을 고집한다. 그 결과가 안전한 여행이었기 때문에 그 좌석을 다시 선택하는 행동을 강화시킨다. 그런 행동은 물론 안전비행과는 무관하다. 그러나 그 행동은 그 상황에서 어떤 다른 조건(안전한 여행)과 그 행동(특정 좌석 선택)의 우연한 짝지어짐을 통해 학습된 것이다.

(2) 부정적 강화인

부정적 강화인은 그것의 철회가 행동을 다시 나타나게 할 확률을 증가시키는 자극이다. 불쾌하거나 혐오스러운 자극의 철회를 통해 그 행동은 강화된다. 예를 들어, 다리에 박힌 파편을 제거하는 것은 불쾌한 것이 제거되므로 강화되는 것이다. 이 경우 파편을 제거하는 행위는 부정적 강화인으로 작용한다. 부정적 강화인은 벌과는 다르다. 벌은 어떤 행동이 발생할 확률을 감소시키는 반면, 부정적 강화인은 긍정적 강화인과 마찬가지로 어떤 행동이 발생할 확률을 증가시킨다.

4) 소멸과 벌

우리는 아무 이유 없이 같은 일을 계속하지는 않는다. 조작적 행동에 영향을 미쳐 빈도를 줄이거나 전적으로 중지하도록 하는 요인이 있는데, 이 과정을 소멸(extinction)이라 하고, 소멸은 어떤 반응이 더 이상 강화되지 않을 때 발생한다.

벌(punishment)은 혐오스럽거나 불쾌한 자극을 제시함으로써 반응이 감소하는 것을 말한다. 예를 들어, 주차금지구역에 주차를 하게 되면 주차위반 고지서를 받음으로써 그 행동이 벌을 받게 된다. 여기서 주차위반 고지서(또는 과태료)가 처벌인으로 작용한다.

벌은 앞에서 논의한 두 종류의 강화인과 연결될 수 있다. 벌은 긍정적 강화인의 철회(부정적 벌) 또는 부정적 강화인의 제시(긍정적 벌)로 볼 수 있다. 자극이 긍정적 또는 부정적 강화인으로 작용하느냐 아니면 긍정적 또는 부정적 처벌인으로 작용하느냐를 결정하는 질문은 "그 자극의 제시 또는 철회가 행동에 미치는 효과는 무엇인가?"이다. 만일 그 효과가 행동의 빈도수를 증가시킨다면 강화인이 되지만, 행동이 다시 일어날 가능성을 감소시킨다면 그것은 처벌인이 된다. 여기서 중요한 것은 자극의 특징이 아니라 행동에 미치는 효과이다.

부정적 벌과 소멸의 차이는 소멸에서는 결과가 없는 반면(그 행동에 따르는 것이 없다), 부정적 벌에는 결과가 있다(어떤 것이 제거된다). 예를 들면, 좋지 못한 행동을 한 아동에게서 장난감을 빼앗는 것이 나쁜 행동을 줄어들게 한다면 부정적 벌의 예가 될 수 있다.

5) 강화 스케줄

강화인과 처벌인이 발생하는 상대적 빈도와 관련된 또 다른 중요한 요인이 있다. 행동이 나타날 때마다 매번 강화되거나 벌을 받게 되는 것은 아니다. 실제 생활에서는 행동의 결과가 그렇게 규칙적인 기조로 일어나지는 않는다. 때로는 사람들은 주차금지 표시를 무시하고 경기장에 더 가까이 주차하기 위해 주차위반 고지서를 받을 위험을 감수한다. 우리는 때로는 포커에서 승리하고, 때로는 우편배달부를 기다린 끝에 오래 고대하던 편지를 받음으로써 보상을 받는다. 이러한 모든 '때로는'이란 말은 강화인과 처벌인이 작용하는 많은 자극들의 빈도를 예측하는 것이 쉽지 않다는 것을 암시한다.

표 5-2 강화 스케줄의 형태

언제 강화가 주어지는가?		
계속적	간헐적	
	간격	비율
유기체가 반응할 때마다	**고정** 단위 시간당 한 번 (예: 매 10초마다) **유동** 단위 시간당 평균 한 번 (예: 10초, 6초, 2초마다, 그래서 반응당 평균 6초)	반응의 횟수당 한 번 (예: 매 10회마다) 단위 반응당 평균 한 번(예: 3번, 4번, 2번째마다, 그래서 평균 3반응에 대해 강화 1번)

출처: Salkind, N. J. (1985). *Theories of human development*. New York: Wiley & Sons.

강화(처벌) 스케줄은 조작에 뒤따르는 자극들의 유형이 갖는 규칙성과 자극들이 미치는 효과를 말하는 것이다. 예를 들면, 아이들이 예의 바르게 먹을 때마다 매번 돈을 주는 것과 세 번마다 돈을 주는 것은 훌륭한 예절을 갖추도록 하는 데 차이가 있는가?

강화 스케줄 또는 강화나 벌을 주는 방식이 900개가 넘는 것으로 알려져 있지만(Ferster & Skinner, 1957), 일반적인 강화 스케줄은 계속적 강화와 간헐적 강화 두 가지로 분류될 수 있다. 행동이 '계속적으로' 강화된다는 것은 매 반응마다 강화된다는 것을 말하고, 반면에 행동이 '간헐적으로' 강화된다는 것은 그 행동이 반응 횟수나 반응 간의 시간길이 같은 기준에 따라 강화된다는 것을 의미한다.

〈표 5-2〉는 강화 스케줄을 나타낸 것으로 "언제 강화를 주었는가?"에 대한 답이 어떻게 다른지를 보여준다. 다시 말해서, 행동이 나타날 때마다 강화를 주었는가(계속적인 스케줄의 형태) 아니면 매 다섯 번마다(간헐적 스케줄의 형태) 강화가 주어졌는가?

(1) 계속적 강화

계속적 강화에서는 반응의 횟수나 반응 간의 시간차에 상관없이 유기체가 반응할 때마다 매번 강화가 주어진다. 이 강화 스케줄은 다른 것보다 덜 복잡하지만 발달의 관점에서는 매우 중요하다. 이러한 스케줄을 통해서 초기의 많은 조작적 행동들이 시작된다. 계속적 강화 스케줄은 초기 단계에서 어떤 행동을 시작하게 하고 강화시키기 위한 아주 좋은 방법이다. 그러나 그것은 소멸과 벌의 영향을 받기 쉬우므로, 행동의 비율을 높게 유지하도록 하는 데에는 별로 좋지 않다. 영아가 옹알이를 시작할 때 그 행동은 가능한 한 자주 강화되어야 한다. 마찬가지로 초등학교 아동이 덧셈 법칙을 새로 익힐 경우 그 행동 또는 습관이 확립될 때까지는 계속적 강화 스케줄이 가장 효과적이다.

(2) 간헐적 강화

간헐적 스케줄은 두 차원으로 구분할 수 있다. 첫째, 반응의 횟수에 의해 강화되는가(비율 스케줄), 혹은 반응과 반응 간의 시간경과에 의해 강화되는가(간격 스케줄)? 예를 들면, 만일 한 아이가 다섯 개의 문제에 대한 답을 정확히 맞힐 때마다 강화된다면, 그 아이는 비율 스케줄에 의한 강화를 받은 것이 된다. 반면, 한 아이가 다른 학생들을 괴롭히지 않고 자신의 자리에 조용히 앉아 있을 때 30분마다 강화된다면, 그 아이는 간격 스케줄에 의해 강화를 받은 것이 된다.

두 번째 차원은 동일한 반응 횟수나 동일한 시간 경과에 따라 강화가 주어지느냐(고정 스케줄) 혹은 다양한 반응 횟수나 다양한 시간경과에 따라 강화가 주어지느냐(유동 스케줄)이다. 만일 사무원에게 이틀 동안 지각하지 않으면 그때마다 강화를 준다면 강화인 간에 시간의 양이 이틀로 고정되어 있기 때문에, 이것은 고정된 간격 스케줄의 예가 된다. 반면, 사무원이 지각하지 않은 매 3회마다 강화를 받는다면 이는 고정된 비율 스케줄의 예가 된다.

유동 스케줄은 그것과 약간 다르다. 유동적 비율 스케줄은 반응이 발생하는 '평균 횟수'에 근거해서 강화인이 주어진다. 예를 들면, 한 학생이 처음 자신의 방을 청소했을 때 1,000원을 받았고, 다섯 번째 청소했을 때 다시 1,000원을 받았다면 평균해서 세 번에 한 번 강화를 받은 것이 된다.

유동적 간격 스케줄에서 중요한 요소는 강화를 주는 사이의 시간적 간격이다. 혼자서 일을 잘 해낸 어린이에게 평균 5분마다 상으로 1점을 준다고 하자. 이것이 의미하는 바는 1분 후에 강화를 받고, 다시 9분 후에 강화를 받게 되어, 30분 동안 모두 여섯 번의 강화를 받는 셈이다.

인간과 인간보다 하등의 유기체(쥐 같은)를 대상으로 한 실험연구에 근거해서, Skinner 학파의 심리학자들은 어떤 형태의 전달체계가 행동의 일정 비율을 유지하는 데 가장 좋은가를 밝혀내었다. 행동은 단지 강화를 주는 것뿐만 아니라 강화가 주어지는 방식에도 의존하기 때문에 강화 스케줄을 이해하는 것은 중요한 것이다. 사실상, 강화의 방식은 그 행동이 강화된다는 사실만큼 중요하다고 말할 수 있다.

6) 연쇄와 조형

연쇄(chaining)는 한 사건에 강화인으로 작용한 자극이 다음에 변별 자극으로 되어가는 과정을 말한다. 다시 말해서, 행동의 사슬은 일련의 자극-반응-강화 요소들로 이루어지는데, 여기서 선행한 강화 자극이 변별 자극이 된다. 이 방식으로 매우 복잡한 행동들이 구성된다.

예를 들어, 아동이 수영을 배울 때 그들은 즉시 팔, 다리, 숨쉬기 운동을 협응할 수가 없다. 대신 가장 단순한 요소가 먼저 학습되고, 연습과 경험을 통해 이들 운동이 서로 연결지어진다(사진 참조). 아이들은 한쪽 팔을 움직이는 것이 고개를 돌리고 호흡을 하기 위한 변별 자극이 되고, 또 물 속에 머리를 넣는 것은 숨을 내뿜기 위한 또 다른 변별 자극이 된다는 것을 배운다.

그래서 하루의 여러 가지 활동이 갖가지 행동들의 복잡한 사슬로 이루어진다. 잠자리에서 일어나는 그 시간부터 그날 일어날 행동에 영향력으로 작용할 자극들이 개인에게 쏟아진다. 일기예보는 그날 무슨 옷을 입을까에 대한 변별 자극이 된다. 마찬가지로 전날밤 집에 늦게 들어와 피곤한 것이 오늘밤 일찍 집에 와서 부족한 잠을 보충하는 변별 자극으로 작용한다.

조형(shaping)은 동물 행동의 실험분석에서 발견되었다. Skinner는 바람직한 반응에 가까워짐에 따라 계속적으로 강화함으로써, 신체의 동작 한계 내에 있는 거의 모든 행동을 창출할 수 있다는 것을 알았다. 그 예로 그는 비둘기에게 수정한 탁구게임을 가르쳤고, 심지어 유도탄을 안내하는 항해 피드백으로서의 역할을 할 수 있게 하였다. 조형은 점진적 접근법(method of approximations)이라고도 불리는데, 이는 원하는 반응에 점점 더 가까이 접근할 때마다 강화가 주어지기 때문이다.

7) 자극 일반화와 반응 일반화

자극 일반화는 고전적 조건형성뿐만 아니라 조작적 조건형성에도 나타난다. 어떤 반응양식이 여러 상황에서 보상을 받는다면 일반화가 일어난다. 예를 들어, 한 아동이 그의 형제와 친구들, 부모, 교사에게 하는 공격적인 행동이 허용된다면, 그 아동은 다른 곳에 가서도 일반화된 공격적 행동을 하게 될 것이다. 또 다른 예로 한 어린이가 모든 여성을 "엄마"라고 부르는 것은 어쩌면 그 아이는 모든 여성들이 실제로 자기 엄마라고 생각하기 때문일 수도 있고, 또 어쩌면 그가 학습했던 초기 자극의 범위를 넘어 일반화하기 때문일 수도 있다(〈표 5-3a〉 참조).

표 5-3a 자극 일반화

	초기 자극	일반화
자극 변함 반응 변함없음	여자 보모 "엄마"	모든 여성 "엄마

반응 일반화는 자극은 동일하지만 원래의 자극에 대한 반응은 변한다는 것을 의미한다. 예를 들면, 어린아이는 용어는 다르지만 그 의미는 동일한 다른 용어("엄마" 또는 "어머니")를 사용해서 반응할 수도 있다(〈표 5-3b〉 참조).

표 5-3b 반응 일반화

	초기 반응	일반화
자극 변함없음 반응 변함	여자 보모 "엄마"	여자 보모 "엄마" 또는 "어머니" 또는 "선생님"

8) 평가

Skinner 이론의 주요 강점은 기본 개념의 의미가 명확할 뿐만 아니라 가설검증을 비롯한 과학적 연구의 중요성을 강조한 데 있다. Skinner는 또한 학습이론의 범위를 상당히 넓혔다는 평가를 받고 있다. 그는 고전적 조건형성의 한계를 주목한 후에 조작적 행동의 본질을 탐구했다. 특히 조작적 조건형성의 원리를 이용한 행동수정(behavior modification) 기법은 아동의 문제행동을 바람직한 행동으로 대체하는 데 효과가 있는 것으로 보이는데, 행동수정 전문가들에 의하면 아동의 정서적 문제 중 대부분은 아동의 바람직하지 못한 행동이 우연히 강화된 데 기인한다고 한다. 프로그램화된 교수법(programmed instruction)은 조작적 조건형성의 원리를 교육실제에 적용한 예이다. 프로그램화된 교수법은 학습과제를 난이도에 따라 작은 단위로 나누어 정돈해 놓은 다음, 교수기계(teaching machine; 사진 참조)를 사용하여 아동에게 제시하고 학습목표에 도달할 때까지 단계적으로 학습하게 하는 수업방법이다.

한편, Skinner 이론의 단점은 첫째, 환경의 중요성만을 강조하고, 생물학적 영향력을 간과하였다는 점에 있다. 따라서 인간의 행동발달에 있어서 연령에 따른 자연적인 변화나 개인차, 독창적인 문제해결능력 등을 충분히 설명해주지 못한다. 둘째, Skinner의 이론은 인간을 포함한 모든 동물의 행동에 동일한 법칙이 적용된다는 가정하에 인간이 아니라 개나 쥐, 비둘기와 같은 하등동물을 대상으로 한 연구에서 출발하였다는 점이다. 따라서 인간은 동물과 달리 복잡한 인지능력을 가지고 있기 때문에, 환경이 인간발달에 미치는 영향을 제대로 이해하기 위해서는 실험실이 아닌 자연환경에서 연구해야 한다는 비판을 받고 있다. 셋째, Skinner의 학습이론은 단지 눈에 보이는 행동에만 주의를 집중함으로써 인간행동과 발달을 충분히 이해하는 데 한계가 있다는 지적을 받고 있다는 점이다.

4. Bandura의 인지적 사회학습이론

1) Bandura의 생애

Albert Bandura는 1925년에 캐나다 앨버타 북쪽에 있는 작은 마을에서 태어났다. 그는 위로 다섯 명의 누이를 둔 집안의 외동아들이었다. 그는 학생이 20명밖에 없는 마을에서 하나뿐인 고등학교를 졸업했으며, 그 마을에서 유일하게 대학교육을 받은 사람이었다. Bandura는 브리티시 컬럼비아 대학에서 심리학을 전공했으며, 대학원은 미국의 아이오와 대학에서 수학했다. 아

Albert Bandura(1925–2021)

Robert Sears

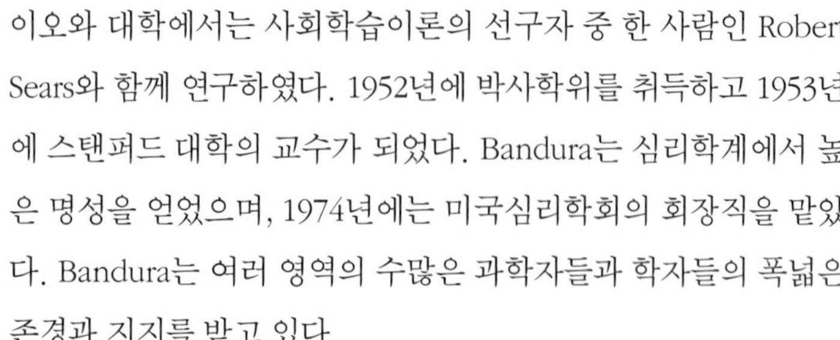

이오와 대학에서는 사회학습이론의 선구자 중 한 사람인 Robert Sears와 함께 연구하였다. 1952년에 박사학위를 취득하고 1953년에 스탠퍼드 대학의 교수가 되었다. Bandura는 심리학계에서 높은 명성을 얻었으며, 1974년에는 미국심리학회의 회장직을 맡았다. Bandura는 여러 영역의 수많은 과학자들과 학자들의 폭넓은 존경과 지지를 받고 있다.

초기 Bandura의 연구과제는 그의 정신적 지주인 사회행동과 학습에 관한 연구로 유명한 Robert Sears의 영향을 받아, 사회학습과 공격성에 관한 것이었다. Sears는 Bandura가 스탠퍼드 대학에 왔을 때에 학과장을 맡고 있었기에, 자연스럽게 그와의 만남이 이루어지면서 영향을 받게 된 것이다. Bandura는 그의 첫 박사과정 학생인 Richard Walters와의 공동연구를 통해 몇 년 동안 관찰학습 연구에 매진했다. 그 결과 첫 번째 저서인 『청소년의 공격성(Adolescent Aggression)』을 1959년에 출간하고, 계속해서 두 번째 저서 『사회학습과 성격발달(Social Learning and Personality Development)』을 1963년에 그리고 『공격성: 사회학습분석(Aggression: A Social Learning Analysis)』을 1973년에 출간했다. 1977년 52세 때에 유명한 『사회학습이론(Social Learning Theory)』이라는 저서를 세상에

사진 설명 Bandura가 쌍둥이 손자들과 함께 비눗방울 놀이를 하고 있다.

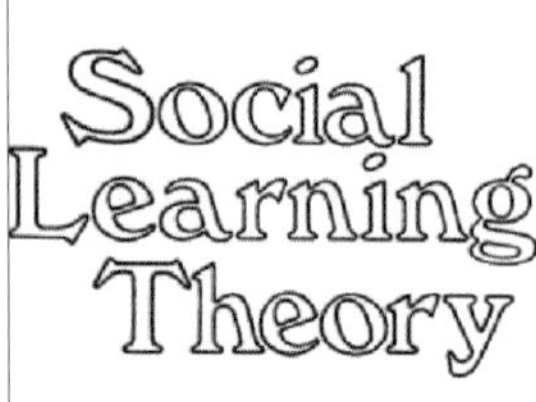

내 놓으면서 1980년대 심리학의 지표를 바꾸게 된다. 이처럼 사회학습이론으로 알려진 그의 업적의 상당 부분은 초기의 연구에서 형성되었다. 그리고 말년에는 자기효능감에 관심을 가지게 되어 1997년에 『자기효능감: 통제훈련(Self-efficacy: The Exercise of Control)』을 출간하였다.

2) Bandura 이론의 개요

전통적 학습이론에서는 동물을 대상으로 한 실험을 통해 여러 가지 개념을 개발하였다. 이 이론은 실험을 통해 동물들이 어떻게 미로를 찾아가고, 어떻게 수수께끼 상자를 열며, 어떻게 스키너 상자(〈그림 5-6〉 참조)에서 지렛대 누르기를 학습하는지를 관찰하였다. 이러한 상황들은 실제로 존재하는 사회적 상황은 아니다. 그러나 인간은 사회적 동물이므로 사회적 상황 속에서 모방을 통해 많은 것을 학습하기 때문에 이러한 실험의 결과는 중요한 의미를 갖는다. 다만 모방학습에 관한 충분한 이해에는 몇 가지 새로운 개념이 필요하다고 Bandura는 주장한다.

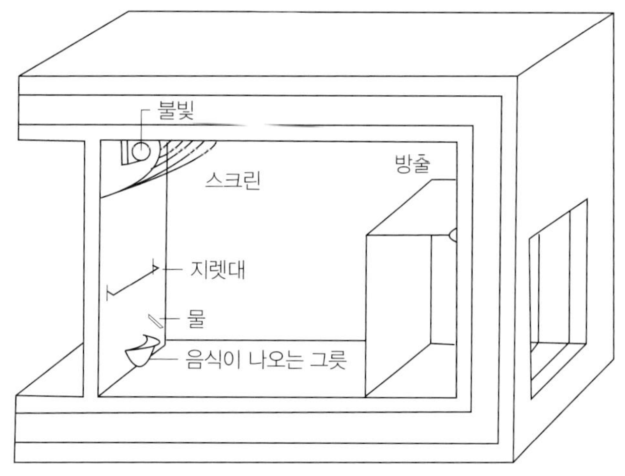

〈그림 5-6〉 스키너 상자

출처: Skinner, B. F. (1938). *The behavior of organisms*. Englewood Cliffs, NJ: Prentice-Hall.

Bandura의 인지적 사회학습이론에서는 행동과 환경뿐만 아니라 인지도 인간발달에 있어서 중요한 요인이 된다. 사회학습이론은 사회적 환경과 아동의 인지능력이 학습과 발달에 미치는 중요성을 강조한다. 이 이론은 아동행동의 갑작스러운 변화는 고전적 조건형성 또는 조작적 조건형성을 통해서가 아니라, 다른 사람의 행동을 관찰함으로써 학습되어 나타난다고 주장한다(Bandura, 1977). 예를 들면, 유아는 어머니의 자녀양육행동을 관찰하고, 인형놀이를 할 때 그 행동을 그대로 모방한다.

사회학습이론은 관찰학습(observational learning), 즉 다른 사람의 행동에 대한 관찰을 통해서 하는 학습에 초점을 맞추는데, 이것을 모방(imitation) 또는 모델링(modeling)이라고도 한다. 관찰학습에서 인지는 어떻게 작용하는가? 관찰학습을 통해서 우리는 다른 사람의 행동을 인지적으로 재현하고, 때로는 우리 스스로 그러한 행동을 한다. 예를 들면,

사진 설명 성인의 공격적인 행동을 관찰한 아동들은 같은 상황에서 공격적인 행동을 그대로 모방하였다.

아동은 아버지의 공격적인 행동과 다른 사람에 대한 적개심을 관찰하고, 친구에게 아버지와 똑같이 공격적인 행동을 보일 수도 있다. Bandura(1965)는 한 실험에서 아동들을 실험실로 데려와 어른이 성인 크기의 보보인형을 계속해서 때리는 것을 보게 하였다. Bandura는 어른의 공격적인 행동을 아동들이 어느 정도로 모방할 것인지 알아보고자 하였다. 아동들의 모방행동은 놀라울 정도였다(사진 참조). 사회학습이론가들은 아동은 다른 사람의 행동을 관찰함으로써 그들의 행동, 사고, 감정을 습득한다고 믿으며, 이러한 관찰은 아동발달에서 중요한 부분이 된다고 믿는다.

3) 관찰학습의 구성요소

Bandura에 의하면 관찰학습에는 주의, 기억, 운동재생, 동기유발의 네 가지 과정이 필요하다고 한다. 이 중 한 과정이라도 빠지면 사회학습이론의 모형은 불완전한 것이 되며, 성공적 모방이 이루어지지 않는다.

(1) 주의과정(Attention Process)

모방이나 관찰학습이 일어나기 위해서는 우선 모델의 행동에 '주의(attention)'하거나 정신집중을 해야 한다. 주의가 산만한 아동의 경우는 자극에 주의를 집중시키기에 필요한 충분한 시간 동안 가만히 앉아 있지 못한다. 우리는 수업시간에 주의집중만 잘 해도 공부를 잘할 수 있다는 말을 많이 듣는다.

(2) 기억과정(Retention Process)

관찰학습에서 또 다른 중요한 요소는 한 사건의 중요한 형상을 '기억(memory)'하는 능력이다. 이들 형상은 필요에 따라 회상될 수가 있고, 유용하게 이용될 수도 있다. 기억은 부호화나 연습 같은 과정을 포함한다. 이러한 기억의 요소는 한 사건을 내면화하고 나중에 그 순서를 재생하도록 해준다.

모델을 관찰한 후 얼마간의 시간이 지나서야 모방이 나타나기 때문에, 상징적인 형태로서 모델의 행동을 기억하기 위한 방법이 필요하다. Bandura(1971)는 상징적 과정을 동시에 일어나는 자극 사이의 연합이라는 자극근접(stimulus contiguity)이라는 용어로 표현한다. 예를 들어, 아동이 처음 보는 도구인 드릴을 사용하는 남자의 행동을 관찰하게 된다고 가정해보자. 아동이 그 남자가 이것을 사용해서 어떻게 조이고, 푸는지를 보게 된 뒤에는, 단지 드릴만 봐도 이전의 연합된 많은 이미지를 떠올리게 될 것이다. 따라서 이것은 이후 아동이 드릴을 사용하는 행동에 영향을 준다. 이 예에서처럼 대부분의 자극은 시각적인 것이다. 그러나 Bandura에 의하면 보통 이러한 자극들은 언어적 부호와 연합시킴으로써 기억된다고 한다. 예를 들어, 운전자가 새로운 길을 가게 될 때, 그 길과 언어적 부호(예: 1번 도로, 그러고 나서 12번 출구)를 연결시켜 운전을 하게 된다는 것이다. 그리고 나중에 그 길을 다시 가게 되면, 언어적 부호는 길을 제대로 따라가는 데 도움이 될 것이다. 따라서 Bandura는 시각적 과정과 언어적 부호를 통해 행동을 기억하기 때문에, 이후의 행동이 발생하는 데 영향을 주게 되는 기억과정에 대한 관찰이 필요하다고 보았다.

(3) 운동재생과정(Motor Reproduction Process)

세 번째 과정은 모방하고자 하는 행동의 '운동재생(motoric reproduction)'을 포함한다. 여기서는 행동의 신체적 수행능력이 학습자에게 필요하다. 예를 들면, 야구공 치기 학습은 공을 보고, 공의 정확한 각도와 시간에 맞추어 방망이 휘두르기로 구성된다(사진 참조). 성공적인 모방을 하기 위해서는 학습자가 이 모든 행동을 하나하나 수행할 수 있어야 한다.

(4) 동기유발과정(Motivational Process)

마지막으로 필요한 구성요소는 '동기유발(motivation)'이다. Bandura에 의하면, 동기유발은 직접강화 또는 대리강화의 형태를 취한다. 직접강화의 동기유발은 전통적 S-R 모형이나 관찰학습에서 제시하는 강화와 같은 형태이다. 그러나 대리강화(vicarious reinforcement)는 사회학습이론적 접근에서만 나타난다. 대리강화는 잠재적인 학습자가 다른 사람이 강화받는 행동을 관찰하고 자신도 그러한 행동을 하는 현상을 말한다. 경험은 위대한 교사라지만, 인간 유기체는 너무도 복잡해서 학습된 모든 것이 직접경험과 직접강화의 결과만일 수는 없다.

〈그림 5-7〉은 관찰학습에 필요한 네 가지 요소에 관한 것이다. 여기서 주목해야 할 것은 한두 가지 과정이 때로는 다른 과정보다 더 중요하기 때문에 관찰학습에 이 모든 영향력들이 동등하게 기여하지는 않는다는 점이다.

모방된 행동은 모델의 행동과 아주 똑같지는 않지만 거의 비슷하게 일치한다. 예를 들면, 나무를 조각하는 어떤 기술을 학습했다면 학습자는 자신의 독특한 스타일로 나무를 조각할 것이다. 같은 방법으로, 모방은 행동에 또 다른 효과를 줄 수 있다. 모방 또는 관찰학습 과정을 통해 학습된 새로운 것 외에도, 모델링 과정은 이전에는 필요하지 않았던 우리의 목록 속에 있던 행동을 촉진시킨다. 모델의 관찰은 현재와 미래의 행동에 세 가지 뚜렷하게 다른 효과, 즉 모델링 효과, 유도 효과, 비억제/억제 효과를 가져다줄 수 있다(Salkind, 1985).

학습자가 새로운 행동을 할 때에는 '모델링 효과'가 일어난다. 예를 들면, 낡은 걸레를 들고 어머니가 한 것처럼 가구의 먼지를 닦기 시작하는 유아는 과거에 자신이 보여주었

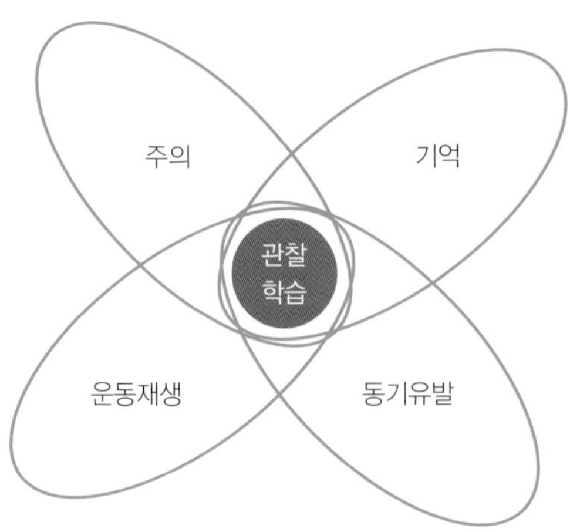

〈그림 5-7〉 관찰학습의 네 가지 요소

던 다른 행동과는 관계가 없는 새로운 행동을 나타내는 것이 된다. 그전의 다른 행동과 일치하는 부분이 전혀 없다는 의미에서 어떤 행동이 완전히 새로운 것인지를 말하기는 매우 어렵다. 아마 아동이 집안 청소를 돕는 것(사진 참조)은 벽 표면을 문지르는 것과, 걸레를 잡는 것과 같은 이전에 이루어졌던 행동들의 결합일 것이다. 이 행동들이 결합되어 먼지닦기라는 새로운 행동이 된 것이다. 새로운 행동이란 대개 이전에는 그러한 형태로 결합되지 않았던 것이지만 이미 존재하는 요소들의 재결합으로 정의될 수 있을 것이다.

다음으로 '유도 효과(eliciting effect)'가 있다. 흔히 모델은 학습자의 목록에 이미 존재하지만, 이제까지는 요구되거나 적극적으로 자극받지 않은 행동을 유도 또는 촉진시킬 것이다. 많은 행동들은 필요하지 않으면 하게 되지 않는다. 새롭고 상이한 상황에서 오래된 또는 이전에 학습된 전략을 사용하는 것이 그 예이다. 예를 들면, 사람들은 렌트카를 빌릴 경우 자기 차와 비슷한 것을 빌릴 것이다. 행동은 목표행동에 근접해가게 되며, 이런 이유로 어떤 행동이 새롭고(모델링 효과), 어떤 행동이 아직 나타나지는 않았지만 이미 존재했던 행동인지(유도 효과)를 밝히는 것은 그 개인의 경험에 대한 사전 지식 없이는 어려울 것이다.

끝으로, Bandura가 제시한 마지막 효과는 '억제/비억제 효과(disinhibitory/inhibitory effect)'인데, 이는 유도 효과의 특수한 경우이다. 모델의 관찰은 행동을 비억제(격려) 또는 억제(좌절)하도록 작용한다. 과거에 매우 공격적이었던 아동을 예로 들어보자. 공격적인 행동은 그 아동의 행동목록에 들어 있기 때문에, 상황에 따라 공격적 행동이 나타나기도 하고 나타나지 않기도 할 것이다. 즉, 공격적인 모델과의 상호작용에서 공격적 행동이 크게 강화될 것이지만(비억제), 공격적 행동이 벌을 받게 되면 아동은 공격적 행동을 하지 않게 될 것이다(억제).

이상의 세 가지 효과는 네 가지 과정(주의, 기억, 운동재생 그리고 동기유발)과 결합하여, 개인과 환경 간의 일련의 복잡한 상호작용을 통해 어떠한 행동이 행해지는 것을 이해할 수 있는 기본틀을 제공한다.

4) 상호결정론

사회학습이론에서는 행동의 원동력은 본질상 환경이라는 초기 행동주의의 기본 가정에서 벗어나, 발달과정을 개인과 환경 간의 상호성으로 보는 양방향성인 것으로 가정한다. Bandura(1977, 2009, 2012, 2016, 2018)는 이러한 견해를 상호결정론(reciprocal determinism)이라고 불렀다. 환경이 아동의 성격과 행동을 조성한다는 Watson이나 Skinner와는 달리 Bandura는 개인, 행동, 환경 간의 관계는 양방향성이라고 주장한다. 〈그림 5-8〉에서 보듯이, 상호결정론의 모형은 상호작용의 삼각형을 구성한다. 여기서 개인(P)은 아동의 인지능력, 신체적 특성, 성격, 신념, 태도 등을 포함한다. 이것은 아동의 행동이나 환경에 영향을 미친다. 아동은 자신이 원하는 것을 선택할 뿐만 아니라(P→B), 아동의 행동(그리고 그 행동이 야기하는 반응)은 자신에 대한 느낌, 태도, 신념에 영향을 미친다(B→P). 마찬가지로 이 세상이나 사람들에 대한 아동의 지식의 대부분은 TV, 부모, 교과서, 그외 다른 환경으로부터 얻은 정보에 의한 것이다(E→P). 물론 환경도 행동에 영향을 미친다. 학습이론가들이 주장하는 것처럼 아동의 행동의 결과나 아동이 관찰하는 모델은 아동 자신의 행동에 영향을 미친다(E→B). 그러나 아동의 행동 또한 자신의 환경에 영향을 미친다(B→E).

요약하면, 사회학습이론은 아동발달이 아동과 환경 간의 계속적 상호작용에 의해 이

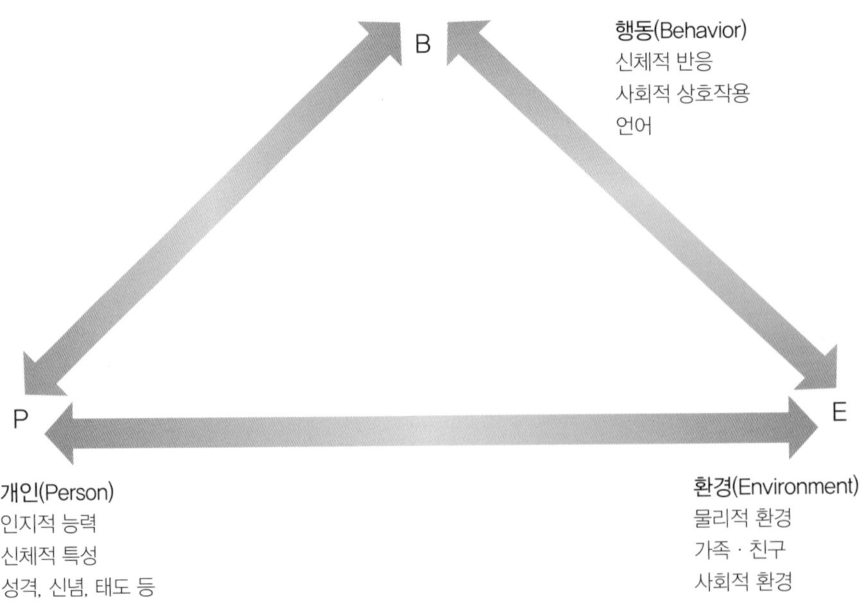

〈그림 5-8〉 Bandura의 상호결정론 모형

루어진다고 주장한다. 즉, 아동이 경험하는 환경이 아동에게 영향을 미치고, 아동의 행동 또한 환경에 영향을 미친다는 것이다. 이것이 시사하는 것은 아동은 자신의 성장과 발달에 영향을 미치는 환경조성에 적극적으로 참여한다는 점이다.

최근에 Bandura(2018)는 인지적 사회학습이론의 주요 인지 요인으로 사전 숙고(forethought)라는 용어를 사용하였다. 사전 숙고는 계획을 세우고, 목표를 설정하며, 긍정적인 결과를 그려봄으로써 자신에게 동기부여를 하는 것을 의미한다.

5) 자기효능감

사회학습이론에서는 자기효능감(self-efficacy) 또한 중요한 요소가 된다(Bandura, 1986, 1989). 자기효능감이란 자신이 어떤 일을 잘 해낼 수 있다는 개인적 신념으로서 어떤 행동을 모방할지를 결정하는 데 도움이 되는 것이다. 즉, 자신의 능력범위 내에 있는 활동은 시도하게 될 것이고, 자신의 능력을 벗어나는 과제나 활동은 회피하려 할 것이다(Bandura, 1981). 예를 들어, 자신이 운동(농구)에 소질이 있다고 생각하는 아동은 마이클 조던의 덩크 샷(dunk shot)[1]을 흉내낼 것이다(사진 참조). 어떤 사람의 행동을 모방할 것인지 아닌지의 여부는 그 사람이 누구인지, 그 사람의 행동이 보상을 받았는지 그리고 자신의 능력에 대한 신념(자기효능감)에 달려 있다.

Bandura는 아동에게는 자신의 능력과 성공할 수 있을 것이라는 믿음에 대한 약간의 과대평가가 필요하다고 본다. 왜냐하면 우리는 삶에서 좌절, 역류 그리고 불공평과 같은 여러 가지 난관에 부딪치게 되는데, 이때 낙천적인 자기효능감은 삶을 살아가는 데 큰 도움이 되기 때문이다.

Bandura(1986)에 의하면 자기효능감에 대한 평가는 다음 네 가지 요인에 달려 있다고 한다. 첫째 요인은 실제 수행이다. 어떤 과제를 계속해서 성공적으로 수행하게 되면 자기효능감이 증대되지만, 계속해서 실패하게 되면 자기효능감이 떨어진다. 일단 어떤 일에서 확고한 자기효능감이 확립되고 나면 한 차례 정도의 실패로는 자기효능감이 손상

1) 점프하여 바스켓 위에서 공을 내리꽂듯 하는 샷.

되지 않는다. 이때에도 실패의 원인을 자신의 노력부족이나 잘못된 방법 탓으로 돌리고 재시도를 하게 된다. 그리고 성공하게 되면 자기효능감은 더 한층 높아진다. 둘째 요인은 대리경험이다. 우리는 다른 사람이 어떤 과제를 성공적으로 수행하는 것을 보게 되면 우리 자신도 그렇게 할 수 있다고 생각하는 경향이 있다. 자신과 능력이 비슷하다고 생각하는 사람들일 경우 더욱 그러하다. 셋째 요인은 격려의 말이다. 어떤 일을 함에 있어서 누군가가 우리에게 잘할 수 있다고 격려를 해주면 대부분의 경우 더 잘하게 된다. 물론 격려의 말을 듣는다고 해서 지나치게 어려운 과제를 언제나 성공적으로 수행할 수 있는 것은 아니다. 그러나 격려의 말은 어떤 일을 하는 데 우리로 하여금 더 많은 노력을 기울이게 함으로써 도움이 된다. 넷째 요인은 생리적 신호이다. 우리는 어떤 일에서 피로감을 느끼거나 긴장을 하게 되면 그 과제가 우리에게 너무 어려운 것으로 해석할 수 있다. 같은 생리적 징후에도 사람들은 가끔 다른 반응을 보인다. 예를 들어, 400m 경주에 앞서 불안감을 가진 소녀는 너무 긴장을 한 탓에 잘 달릴 수 없을 것으로 해석하는가 하면, 또 다른 소녀는 같은 생리적 징후를 '전의가 불타고' 있는 것으로 해석한다면 후자의 소녀는 이미 최선을 다할 준비가 되어 있는 것이다(사진 참조).

Bandura(1994, 2012)는 최근에 개략적이나마 전생애에 걸친 자기효능감의 발달양상을 제시해주고 있다. 유아는 자신의 환경을 탐색하고, 그것을 통제할 수 있다는 자신감을 갖게 되면서 자기효능감을 발달시키게 된다. 아동이 성장하면서 그들의 사회적 세계 역시 넓혀나간다. 그리고 점차 또래를 자기효능감의 모델로 그리고 사회적 비교 대상으로 삼는다. 10대들은 이성교제를 통해서 자기효능감을 평가한다. 성인들은 사회인으로서 그리고 부모로서의 새로운 역할에 대해 자신의 능력을 평가하며, 노인들은 은퇴에 대한 적응과 새로운 생활양식의 창출을 통해서 자신의 능력을 재평가한다. 자기효능감은 개인으로 하여금 일생 동안 에너지와 생명력을 가지고 앞으로 나아가게 하는 원동력이 된다. 자기효능감이 낮은 사람들의 경우 자신감을 상실하고, 쉽게 포기하며, 우울증에 빠지게 된다.

6) 평가

Skinner와는 달리 Bandura는 인간을 대상으로 연구함으로써 Skinner가 동물을 대상으로 한 연구결과를 인간에게 적용함으로써 받았던 비판을 피할 수 있었다. 그리고 Bandura의 인지적 사회학습이론은 인지발달에서 사회적 · 정서적 · 동기적 측면을 고려함으로써 인지발달에 대한 이해를 넓혔다(Miller, 1993)는 평가를 받고 있다. 또한 관찰학습과 상징적 표상을 통해 인간의 사고가 사회와 어떻게 연관되는가를 구체적으로 보여주었다.

Bandura의 이론은 지난 40년간 발달심리학에 지대한 영향을 미쳤으며, 이 이론에 자극을 받아 공격성, 성역할, 감정이입, 친사회적 행동 등에 관한 수많은 실험연구가 수행되었다. 최근 Bandura의 이론은 보다 폭넓게 확장되었다. 특히 자기효능감 이론을 통해 성공적인 수행에 있어 이전과는 달리 모델링보다 자기효능감이 더 큰 영향력을 갖는다고 보게 되었다. 그리고 자기효능감의 발달 내에서 사회적 맥락을 보다 넓게 생각하게 되었다.

Bandura의 사회학습이론은 초기 학습이론에 비한다면, 인간의 인지체계를 통해 연결된 환경과 행동을 강조하는 것이기 때문에 보다 완성도가 높다고 할 수 있다. 그러나 이러한 인지체계가 어떻게 발달하고, 이러한 발달이 관찰학습에 어떻게 영향을 미치는가 하는 점은 규명되지 않았다는 지적을 받고 있다.

제 6 장

인본주의이론

아무도 당신의 동의 없이 당신에게 열등감을 갖게 할 수는 없다.	Eleanor Roosevelt
지구상의 모든 사람은 여섯 사람을 건너서 연결된다.	Stanley Milgram
어떠한 경우에도 함께 해주는 것이 참된 친구이다.	Solomon
신기한 역설은 내가 있는 그대로의 나를 수용할 때 내가 변화한다는 것이다.	Carl Rogers
자아실현은 계속되는 과정이며, 이러한 과정에서 이루어지는 매번의 선택이 자신의 성을 위해 이루어지는 것을 의미한다.	Abraham Maslow
인간의 행동은 어느 정도 수정될 수 있으나 인간의 본질은 변하지 않는다.	Abraham Lincoln
자신을 가치 있게 여기는 사람은 다른 사람을 비참하게 만들지 않는다.	Abraham Lincoln

인본주의이론은 한편으로는 정신분석학적 인간관에서 볼 수 있는 음울한 비관론과 절망론에 반대하고, 또 다른 한편으로는 행동주의에서 볼 수 있는 인간 로봇관에 반대한다. 인본주의이론은 한마디로 인간에 대해 보다 희망적이고 낙관적인 이론인 것이다.

인본주의이론은 특히 학습이론과 반대되는 입장을 취한다. 인본주의이론과 학습이론 간의 가장 큰 쟁점은 인간을 바라보는 관점과 인간과 환경과의 관계를 이해하는 관점에 있다. 즉, 인본주의이론에서는 인간이 환경을 능동적으로 창조할 수 있다고 보지만, 학습이론은 인간을 환경의 지배를 받는 수동적인 존재로 본다.

학습이론 중에서도 특히 Skinner의 이론이 인본주의이론과 정반대의 입장을 취하고 있다. Skinner는 인간의 행동은 환경적 현상에 의해 통제된다고 주장하지만 인본주의 이론가들은 실제 행동보다는 개인의 주관적인 경험을 강조한다. 인본주의이론에서는 인간성장, 개인적 성취, 자아실현 등의 개념이 중요한 의미를 갖는다. 인본주의이론은, 인간은 누구나 자신의 내부에 건전하고 창조적인 성장을 위한 가능성을 가지고 있다고 믿는다.

인본주의이론에 의하면 인간은 자신의 행동, 정서, 사고를 조직하는 역동적 성격구조를 가지고 있다. Freud도 인간은 역동적 성격구조를 가진 것으로 믿었지만, 그는 개인의 행동을 통제하는 것은 무의식적인 힘이라고 믿은 데 반해, 인본주의자들은 그것을 의식적인 정신과정이라고 믿는다.

인본주의이론은 다른 이론들에 비해 덜 과학적이다. 그럼에도 불구하고 인본주의이론은 상당한 임상적 가치를 갖는 것으로 보이며, 우리에게 깊은 통찰력을 제공해준다. 인본주의이론을 대표하는 두 학자는 Maslow와 Rogers이다.

이 장에서는 Maslow의 욕구위계이론과 Rogers의 인간중심이론에 관해 살펴보기로 한다.

1. Maslow의 욕구위계이론

1) Maslow의 생애

Abraham Maslow는 1908년 4월 1일에 뉴욕시의 브루클린에서 태어났다. 그의 부모는 러시아에서 이민 온 교육을 받지 못한 유태인으로 자신들보다는 자녀의 행복한 삶을

Abraham Maslow(1908-1970)

꿈꾸는 사람들이었다. 하지만 Maslow는 자신의 어린 시절이 매우 힘들었다고 회고한다. 그의 부모는 칠남매 중 장남인 그에게 많은 격려와 지원을 해주었지만, 유태인이라고는 아무도 살지 않는 곳에서 Maslow는 아주 고독한 아동기와 청소년기를 보냈다. 그는 친구도 없이 도서관에서 책에 파묻혀 외롭게 지냈다. 사람들이 보다 풍요로운 삶을 살도록 도와주고자 하는 그의 바람은 아마도 그 자신의 갈망에서부터 시작되었을지도 모른다.

Maslow의 부모는 그에게 법학을 전공하도록 강력히 권고했으나, 그는 뉴욕 시립대학에 입학한 지 겨우 2주 만에 법학공부를 포기하고 코넬 대학으로 옮겼다. 나중에 다시 위스콘신 대학으로 전학하여 1930년에 심리학으로 학사학위를, 1931년에 석사학위 그리고 1934년에 박사학위를 취득하였다. 그는 대학 재학 중이던 20세에 고등학교 동창인 Bertha Goodman과 결혼을 하였다. Maslow가 "결혼을 하고 위스콘신에 가서야 비로소 나의 인생이 시작되었다"라고 회고할 정도로 결혼은 그의 인생의 중요한 전환기가 되었다.

Maslow는 Thorndike와 Harlow 밑에서 엄격한 실험훈련을 받았으며, 그가 심리학을 공부하기로 결심한 데에는 Watson의 행동주의가 큰 영향을 미쳤다. 그는 한때 행동주의가 인간의 모든 수수께끼를 풀어줄 것이라고 믿었지만, 자신의 첫딸이 태어난 이후에는 행동주의로 인간을 이해하는 데는 한계가 있음을 깨달았다. 인간은 성장과 창의성, 자유선택에 대한 잠재력을 가지고 있기 때문에, 행동주의의 일방성으로는 인간을 이해하는 것이 역부족이라고 인식했던 것이다.

Maslow는 1937년부터 1951년까지 브루클린 대학에서 교수직을 수행했는데, 이 시기에 뉴욕에는 히틀러를 피해서 온 유럽 지성계의 중심 인물들이 많이 있었다. 그중에서도 Erich Fromm, Alfred Adler, Karen Horney, Ruth Benedict와 같은 유명한 학자들과 교류하면서 그는 인본주의이론의 지적 근간을 마련하게 되었다. 1951년부터 1969년까지는 브랜티스 대학의 교수로 재직했는데, 이 기간에 Maslow는 미국 심리학계의 인본주의 운동의 가장 유명한 인물이 되었다. 인본주의 심리학은 미국 심리학의 제3세력으로 불리는데, 미국 심리학의 다른 두 주류는 행동주의와 정신분석학이다. 제2차 세계대전을 통해서 경험한 인간의 잔인성 때문에 심리학에 대한 그의 태도는 근본적으로 바뀌게 되었고, 이때부터 동양철학을 비롯한 새로운 지적 흐름을 추구하기 시작하였다. Maslow의 인본주의 심리학은 행동주의의 기계적인 인간관과 정신분석이론의 비관적인 인간관을 극복함과 동시에 인간에 대한 관점을 바꾸어놓았다.

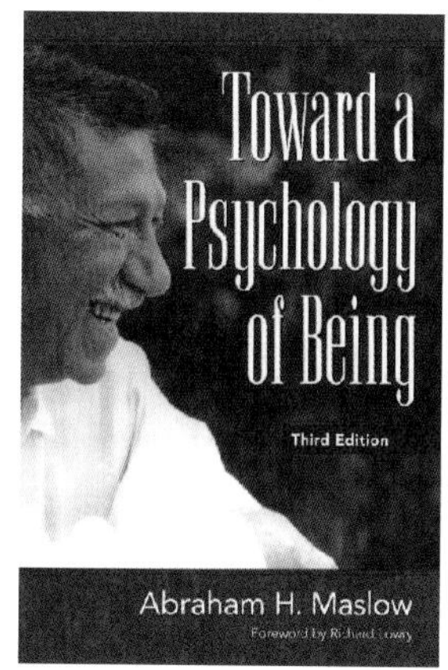

건강한 삶과 자기완성을 추구하고 인간을 존중했던 Maslow는 62세가 되던 1970년 6월 8일에 지병인 심장병으로 생을 마감하였다. 그의 저서로는『욕구와 성격(Motivation and Personality)』(1970),『존재심리학에 대하여(Toward a Psychology of Being)』(1962),『인간본성의 고찰(The Farther Reaches of Human Nature)』(1971) 등이 있다.

2) Maslow 이론의 개요

인본주의 심리학의 입장에서 Maslow(1943)가 내디딘 첫걸음은 욕구위계이론(motivation theory)의 형성이었다. 이 이론에 의하면 인간에게는 생리적 욕구, 안전에 대한 욕구, 애정과 소속의 욕구, 자아존중감의 욕구, 자아실현의 욕구 등 다섯 가지 욕구가 있다고 한다. 이러한 욕구들은 강도와 중요성에 따라 위계적 관계로 배열되어 있는데, 일단 하위욕구가 충족되면 유기체는 상위욕구를 추구하게 된다는 것이다. 예를 들면, 배고픔과 같은 강한 생리적 욕구를 가지고 있는 사람은 다른 어떤 욕구에 의해서도 동기화되지 않는다. 그러나 일단 이 욕구가 충족되면 그는 다음 단계의 욕구인 안전에 대한 욕구를 추구하게 된다. 그리고 안전에 대한 욕구가 충족되면 다시 세 번째 수준의 욕구로 옮겨가게 된다. 네 번째와 다섯 번째 욕구도 마찬가지이다.

주요 연구들에서 Maslow는 가장 높은 수준의 욕구인 자아실현의 욕구에 많은 관심을 보였다. 자아실현이라는 용어는 Goldstein(1939)으로부터 빌려온 개념인데, 자신의 잠재적 능력이나 재능 등을 실현시키는 것을 말한다. 자아실현을 연구하기 위하여 Maslow(1954)는 그가 찾을 수 있었던 가장 건강하고 창의적인 사람들의 생애와 경험을 검토하였다. 그가 연구한 사람들 중에는 Thomas Jefferson이나 Eleanor Roosevelt 같은 역사적 인물뿐만 아니라 문화인류학자인 Ruth Benedict 같은 동시대인이나 친지도 포함되어 있다.

연구결과에 의하면 자아실현을 이룬 사람들은 다른 사람들에 비해 그들이 속한 사회적 환경으로부터 독립하여 자율성을 갖는 것으로 보인다. 대부분의 사람들은 소속, 애정, 존경 등의 욕구에 강하게 동기화된 나머지 다른 사람들로부터 용인받지 못할 생각을 품는 것을 두려워한다. 그들은 소속된 사회에 자신을 맞추려고 노력하며 그 속에서 명성을 얻는 일이라면 무엇이든 하려고 한다. 반면, 자아실현을 이룬 사람들은 사회에 무조건 동조하지는 않는다. 그들은 사회적 환경의 영향을 덜 받으며, 보다 자발적이고, 자유롭고, 자연스럽다. 그대신 그들은 주로 자신의 내적 성장이나 잠재력의 개발, 삶에서의 개인적 사명 등에 의해 동기화된다.

자아실현을 이룬 사람들은 그들의 문화로부터 독립성을 유지해왔으므로, 인습적이고 추상적이며 고정관념화된 지각양식에 별로 구애받지 않는다. 예를 들어, 대부분의 사람들은 미술관에 가면 먼저 그림 아래에 붙어 있는 예술가의 이름부터 보고 그다음에 인습적인 평가기준에 따라 작품을 평가한다. 반면에, 자아실현인들은 사물을 보다 신선하고 순진하게 있는 그대로 지각한다. 그들은 어떤 그림이건 마치 그것을 처음 보는 것처럼 볼 수 있다. 보통 사람들에게는 그저 평범한 것으로 보이는 작품 속에서도 그들은 경이로운 아름다움을 발견할 수 있다. 실제로 그들은 어린아이의 특성인 창의적이고 개방된 접근방식을 가진 것으로 보인다. 어린아이와 마찬가지로 그들의 태도는 종종 "넋을 잃고 몰두해 있거나, 눈이 휘둥그래지거나, 매혹되어 있곤 한다"(Maslow, 1966, p. 600). 안타깝게도 대부분의 아동들은 사회화되면서 삶에 대한 이러한 접근방식을 상실하게 된다.

이러한 지각이 강렬할 때 이것을 '절정경험(peak experience)'이라고 부른다. 절정경험은 미(美)에 대한 지각뿐만 아니라 운동경기나 춤, 사랑의 행위 중에도 가능하다. 절정경험을 하는 동안 사람들은 자아를 초월하게 되고 심오한 의식을 갖게 된다.

Maslow(1962, 1966, 1968)는 심리학자들이 자아실현인들의 현상학적 · 도교적 접근방식으로부터 많은 것을 배울 수 있다고 믿었다. 도교적 접근방식은 간섭하거나 통제하려는 시도 없이 사물을 감상하는 것을 말한다. 한편, 과학은 지적이고 목표지향적인 방법으로 진행되어야 한다고 알려져 있다. 과학자들은 연구의 목적을 분명하게 설정하고, 가설검증이나 문제해결을 위한 자료를 수집한다. 이 과정에서 연구목적 이외의 것은 사람들의 풍부한 경험을 포함하여 무엇이든지 제거해버린다. Maslow는 이런 과학에 대해 비판적이었다. 그는 행동주의로 대표되는 기계주의적인 과학은 전체적인 인간을 연구하는데 적합하지 않다고 생각하였다. Maslow는 연구에서 연구의 목적이나 가설, 일반화 등도 중요하지만 그 전에 어린 아이처럼 순수하고 개방적인 마음으로 세상을 경험하는 것이 필요하다고 제안하였다. 그렇게 함으로써 과학자들은 인간에 대해 통찰하는 안목이 생기고, '인간성의 고양' 등과 같은 문제를 다룰 수 있게 된다는 것이다.

Maslow는 수년에 걸쳐 자신의 견해를 재검토하였으나 그의 전반적인 입장은 대체로 다음과 같은 것이었다(Crain, 2000).

① 인간은 본질적으로 생물학적인 내적 본성을 가지고 있는데, 여기에는 성장과 자아실현을 위한 기본적인 욕구와 충동이 포함된다.

② 이러한 내적 본성의 일부는 종보편적(species-wide)이며 일부는 개인특질적(idiosyncratic)이다. 왜냐하면 우리는 모두 특수한 소질이나 기질, 능력 등을 가지고 있기 때문이다.

③ 내적 본성은 자아실현을 향해 나아가도록 하는 긍정적인 힘인데, 이것은 마치 도토리가 떡갈나무가 되기 위해 힘을 받는 것과 같다(사진 참조). 여기에서 길잡이 역할을 하는 것은 환경이 아니라 내적 본성임을 인식하는 것이 중요하다. 환경은 태양이나 비료나 물과 같은 것들로서 성장에 필요한 자양분을 제공하지만 그것이 씨앗은 아니다. 사회적 · 교육적 훈련은 그것이 얼마나 효율적으로 아동을 통제하고 적응시키느냐 하는 것보다는, 아동의 성장 잠재력을 얼마나 지지하고 육성시키는가에 의해 평가되어야 한다.

④ 내적 본성은 동물의 본능처럼 그렇게 강하지 않다. 오히려 그것은 미묘하고, 섬세하며, 여러 가지 면에서 약하다. 그것은 학습이나 문화적 기대, 공포나 비난 등에 의해 쉽게 기가 꺾인다.

⑤ 내적 본성은 대체로 아동기에 억제된다. 처음에 아기들은 섭식, 수면, 배변훈련, 서고 걸으려는 충동 등을 포함하는 대부분의 문제들에 대해 내적 지혜를 갖고 있다. 아기들은 또한 기쁨을 주는 특정 사물에 초점을 맞추면서 환경을 열심히 탐색한다. 그들 자신의 감정과 내적 자극이 그들을 건강한 성장으로 이끌어준다. 하지만 성인이나 사회는 흔히 아동의 선택을 존중하지 않는다. 대신에 그들은 아동을 지도하고 가르치려고 한다. 그들은 아동을 비판하거나, 아동의 잘못을 바로잡고, 아동으로 하여금 '올바른' 답을 하게끔 만들려고 애쓴다. 결과적으로, 아동은 자기 자신이나 자신의 감각을 믿지 않게 되고, 다른 사람들의 견해에 의존하기 시작한다.

⑥ 자아실현을 향한 충동과 더불어 내적 본성은 비록 약하기는 해도 완전히 사라지지

는 않으며 성인기에도 여전히 남아 있다. 그것은 무의식 속에 살아남아 내면의 소리를 통해 우리들에게 속삭인다. 내적 신호는 우리에게 묻혀진 역량과 아직 발휘되지 못한 잠재력을 발휘하도록 인도해준다. 내적 본성은 소위 "건강에 대한 의지"라 불리는 압력으로서 모든 성공적인 심리치료는 이 충동에 근거를 두고 있다.

⑦ 자아실현을 이룬 사람들은 성인이 되어서도 내적 본성이나 성장을 향한 충동에 여전히 반응적이다. 이들은 문화적 압력에 별로 영향을 받지 않으며, 보다 자발적이고 어린아이와 같은 천진난만한 태도로 세상을 보는 능력을 간직하고 있다.

3) 인간욕구의 위계

Maslow(1971)에 의하면 인간의 욕구에는 기본적으로 다섯 가지가 있는데, 그것은 생리적 욕구, 안전에 대한 욕구, 애정과 소속에 대한 욕구, 자아존중감의 욕구 그리고 자아실현의 욕구가 그것이다(〈그림 6-1〉 참조).

(1) 생리적 욕구

생리적 욕구(physiological needs)는 음식, 물, 공기, 수면에 대한 욕구와 성욕으로서, 이들 욕구의 충족은 우리의 생존을 위해서 필요불가결한 것이다. 생리적 욕구는 모든 욕구 중에서 가장 강렬하며, 이 욕구가 충족되지 않으면 안전이니, 사랑이니, 자아존중감이

〈그림 6-1〉 Maslow의 인간욕구 위계

니, 또는 자아실현이니 하는 것들은 모두 하찮은 것이 되어버린다. 물론 우리가 배고픔이나 갈증을 참고 견딜 때도 있지만, 이러한 생리적 욕구들이 줄곧 만족되지 못하면 우리는 보다 높은 단계로 나아가지 못할 것이다.

(2) 안전의 욕구

생리적 욕구가 해결되고 나면 안전의 욕구(safety needs)에 의해 동기가 유발된다. 안전의 욕구에는 안전, 안정, 보호, 질서 및 불안과 공포로부터의 해방 등과 같은 욕구가 포함된다. 은행에 돈을 저축하고, 보험에 가입하며, 안정된 직장을 얻는 것 등이 좋은 예이다.

Maslow는 부모 간의 갈등, 별거, 이혼, 죽음 등은 가정환경을 불안정하게 만들기 때문에 아동의 심리적 안녕감에 해가 된다고 주장한다.

(3) 애정과 소속의 욕구

애정과 소속의 욕구(love and belongingness needs)는 특정한 사람들과 친밀한 관계를 맺고, 어떤 집단에 소속되고자 하는 욕망으로 표현된다. 즉, 단체나 클럽에 가입하여 소속감을 느끼기도 하고, 특정한 사람과 친밀한 관계를 가짐으로써 애정의 욕구를 만족시키려고 한다. 이러한 관계에서는 사랑을 받는 것도 중요하지만 사랑을 주는 것 역시 중요하다. 사랑의 욕구가 충족이 되면 다른 사람과 원만한 관계를 갖게 되는데, 친구 및 배우자와 가깝고 의미 있는 관계를 유지하게 된다. 그러나 안타깝게도 현대 사회의 특징(예를 들면, 도시화, 관료주의, 가족 간 유대관계의 쇠퇴 등)으로 인해 이 욕구의 만족이 저해되고 있다. 애정과 소속의 욕구를 충족시키지 못하게 되면 소외감과 외로움을 느끼게 된다.

(4) 자아존중감의 욕구

자아존중감의 욕구(self-esteem needs)는 기술을 습득하고, 맡은 일을 훌륭하게 해내고, 작은 성취나 칭찬 및 성공을 통해서 그리고 다른 사람들로부터 긍정적인 평가를 들음으로써 충족된다.

자아존중감에는 다른 사람이 자기를 존중해주기 때문에 갖게 되는 자아존중감과 스스로 자기를 높게 생각하는 자아존중감이 있다. 다른 사람이 존중해주기 때문에 갖게 되는 자아존중감은 명성, 존중, 지위, 평판, 위신, 사회적인 성과 등에 기초를 두는데, 이것은 쉽게 사라질 수도 있다. 반면, 스스로 자기를 높게 생각하는 자아존중감을 지닌 사람은 내적으로 자신이 가치 있는 사람이라고 생각하므로 자신에 대해 안정감과 자신감이 생긴다. 자아존중감의 욕구를 충족시키지 못하게 되면 열등감, 좌절감, 무력감, 자기비하 등의 부정적인 자기지각을 초래하게 된다.

(5) 자아실현의 욕구

자아실현의 욕구(self-actualization needs)는 인간욕구의 위계 중에서 가장 높은 수준의 것이다. 앞에서 언급한 모든 욕구를 충족시킨 사람들이 이 범주에 속하는데, 그들은 자신의 능력과 재능을 최대한 활용하는 성숙하고 건강한 사람들이다. Maslow에 의하면 인간은 누구나 다 자아실현의 욕구를 가지고 있지만, 대부분의 사람들은 이 욕구를 실현시키지 못한다고 한다.

4) 결핍동기와 성장동기

인간은 기본적으로 삶을 유지하려는 동기와 삶을 창조하려는 동기를 가지고 있다. 동기는 행동을 유발하고 일정한 방향으로 움직이게 하는 힘을 말한다. 욕구는 어떤 것이 결핍되어 있는 상태인 데 반해, 동기는 좀더 넓은 개념으로 사람들을 일정한 방향으로 움직이도록 하는 힘을 말한다. 그러나 동기는 종종 욕구와 동의어로 사용되기도 한다.

사람들은 삶을 유지하기 위해 호흡, 배설, 수면, 식욕, 성욕, 안전, 애정, 자기존중 등의 욕구를 충족시키려 하는데, 이것들을 기본욕구 또는 결핍동기라고 한다. 결핍동기는 음식이나 애정과 같은 결핍(deficiency)으로 인하여 생기는 동기를 말한다. 반면에, 삶을 창조하고자 하는 동기는 자신의 잠재력을 실현하고 자기를 완성하고자 하는 동기로서, 이것을 메타욕구 또는 성장동기라고 한다. 진, 선, 미, 독창성, 정의, 질서, 조화 등이 성장동기의 예들이다. 성장동기는 결핍동기가 어느 정도 충족된 후에 작용한다. 기본욕구가 대부분의 경우에 위계적 순서로 배열되어 있다면, 메타욕구는 계층이 없으며 서로 쉽게 대치될 수 있다.

성장동기는 결핍동기만큼 본능적이거나 선천적인 것은 아니지만, 인간이 심리적으로 건강하고 완전한 성장에 이르려면 성장동기 또한 충족되어야 한다고 한다. 그렇지 못할 때 인간은 심리적으로 병들게 되는데, Maslow는 이것을 메타병리(metapathologies)라고 불렀다. 소외, 고민, 냉담, 냉소, 무관심, 우울, 무기력 등이 메타병리로 인해 나타나는 증상이다. 〈그림 6-2〉는 결핍동기와 성장동기에 관한 것이다.

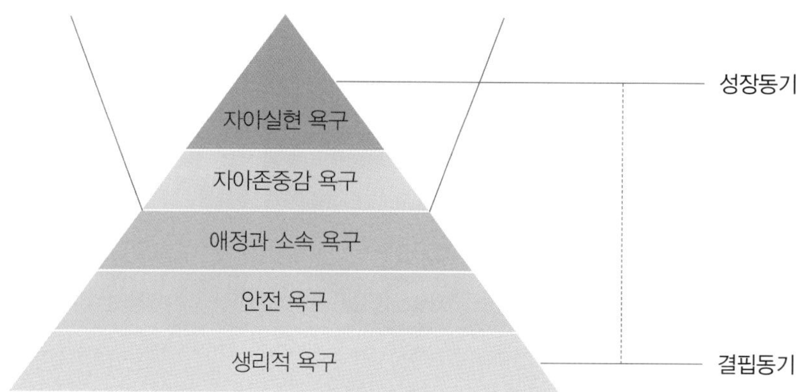

〈그림 6-2〉 결핍동기와 성장동기

5) 자아실현인의 특성

많은 사람들이 성인기에 이상적인 인간상인 자아실현인이 되고자 노력한다. 자아실현인이 되기 위해서는 자신의 잠재력을 충분히 실현시킬 수 있도록 해야 한다. Maslow는 인간의 행동에 동기를 부여하는 것은 단순히 쾌락을 추구하고, 고통을 회피하거나 내적 긴장을 감소하려는 노력 이상의 것이라고 주장한다. 우리 인간의 많은 동기가 유기체의 긴장에 의해 유발되고, 그리고 긴장수준이 감소된 후에라야 높은 수준의 행동이 가능하다(Maslow, 1970).

Maslow는 자아실현을 이루기 위해서는 몇 가지 전제조건이 충족되어야 한다고 주장한다. 우선 세속적인 걱정, 특히 생존과 관련된 근심으로부터 자유로워야 한다. 그리고 자신이 하는 일(직업)에서 편안해야 하고, 가족원이나 직장동료로부터 인정을 받는다는 것으로 느껴야 한다. 게다가 자신을 진정으로 존중하는 마음이 있어야 한다.

중년기 이전에는 자아실현을 이루기가 어렵다. 성년기에는 에너지가 성욕, 교육, 직업경력, 결혼과 부모역할 등의 여러 방향으로 분산된다. 그리고 경제적 안정을 이루려는 노력은 상당한 양의 정신적 에너지를 소모하게 한다. 그러나 중년기에는 이러한 욕구를 대부분 충족하고, 이제 자아성숙을 향한 노력에 에너지를 할애할 수 있다.

자아실현인의 성격특성을 연구하기 위해 Maslow는 자신의 재능을 최대한 살리고 자아실현을 이룬 것으로 생각되는 48명을 연구대상으로 삼았다. 그들은 학생, 지인(知人), 유명한 역사적 인물(예를 들면, 링컨 대통령, 루스벨트 대통령의 부인, 토머스 제퍼슨; 사진 참조)들로 생존해 있는 사람들에게는 면접, 자유연상 그리고 투사적 기법을 사용하였고, 이미 세상을 떠난 사람들의 경우는 전기와 자서전을 자료로 이용하였다. 이들에게서 나

사진 설명 Maslow가 자아실현인으로 생각한 Abraham Lincoln, Eleanor Roosevelt, Thomas Jefferson.

타난 성격특성은 다음과 같다.

(1) 효율적인 현실 지각: 자아실현인들은 사람과 사물을 객관적으로 지각한다. 즉, 자신의 소망, 감정, 욕망으로 인해 현실을 왜곡하지 않는다. 환경에 대한 분석이 객관적이고 거짓과 부정직을 감지하는 능력이 있다.

(2) 자신과 타인에 대한 수용: 자아실현인들은 현실지각에 장애가 되는 죄의식, 수치심, 의심, 불안과 같은 부정적 특성이 없다. 자신을 있는 그대로 받아들이고, 죄책감을 느끼거나 방어적이지 않으면서 자신의 강점과 약점을 인정한다.

(3) 자연스러움: 자아실현인들은 가식이 없이 솔직하고, 외현적인 행동뿐만 아니라 내적 사고나 충동이 비교적 자연스럽다. 사회적 기준을 따르기도 하지만 사회가 기대하는 역할에 무관심하다. 자신의 가치관이 확고하기 때문에, 다른 사람들이 한다고 해서 모든 것을 따라 하지 않는다.

(4) 문제중심적: 자아실현인들은 자기중심적이 아니고 문제중심적이다. 자기중심적인 사람들이 자기평가에 많은 시간을 보내는 것과는 달리, 문제중심적인 사람들은 자신의 에너지를 과제나 문제에 집중하고, 자신의 목표를 매우 중요하게 생각한다.

(5) 초연함: 자아실현인들은 혼자 있기를 좋아하고, 홀로인 것에 개의치 않는다. 반면, 일반인들은 다른 사람의 존재를 필요로 하고, 혼자 있게 되면 다른 사람을 찾게 되는데,

이것은 소속의 욕구, 다른 사람으로부터 인정을 받으려는 욕구를 반영한다.

(6) 자율성: 자아실현인들은 자신이 속해 있는 사회적 환경으로부터 독립하여 자율성을 갖는다. 자율성은 결핍동기보다는 성장동기에 의해 유발된다.

(7) 신선함: 자아실현인들은 사람과 사물에 대한 인식이 구태의연하지 않고 신선하다. 다른 사람들에게는 시시하게 느껴지는 경험일지라도 자아실현인들은 즐거움과 황홀감을 느낀다. 이러한 느낌은 자연으로부터 올 수도 있고, 음악 또는 어린이들에게서도 느낄 수 있다.

(8) 신비로운 경험: 자아실현인들은 반드시 종교적인 것이 아니더라도 황홀한 기쁨을 경험한다. 이러한 절정경험을 하는 동안 자아를 초월하게 되고, 심오한 의식을 갖게 된다.

(9) 인류애: 자아실현인들은 인류에 대한 연민과 애정을 가지고 있다. 자아실현인들은 모든 인간에 대하여 강하고 열렬한 애정을 갖는다. 그들은 인류의 구성원으로서 인류 모두에게 형제애를 느낀다.

(10) 깊고 풍부한 대인관계: 자아실현인들은 대인관계가 피상적이지 않고 깊고 풍부하다. 열렬히 사랑하고, 깊은 우정을 나누고, 대인관계가 보다 강렬하지만, 가까이 지내는 사람들의 범위는 넓지 않다.

(11) 민주적인 성격구조: 자아실현인들은 사회계층, 인종, 교육수준, 종교, 정치적 신념에 상관없이 모든 인간을 존중한다.

(12) 수단과 목적의 구분: 자아실현인들은 수단과 목적을 혼동하지 않는다. 많은 사람들이 편의주의에 근거해서 의사결정을 하지만, 자아실현인들은 아무리 좋은 목적이라도 수단이 도덕적으로 옳지 않으면 추구하지 않는다.

(13) 철학적인 유머감각: 자아실현인들은 다른 사람에게 상처를 주거나 어떤 특정한 사람을 놀림감으로 삼는 종류의 유머를 좋아하지 않는다. 그들의 유머는 폭소를 자아내기보다는 이해의 미소와 고개를 끄덕이게 하는 철학적인 유머이다.

(14) 창의성: 자아실현인들은 지혜롭고 창의적이다. 모차르트나 아인슈타인의 천재성에는 못 미치지만 독창적이며 혁신적이다. 그들의 창의성은 생각, 아이디어, 행동에서 어린아이같이 천진난만하고, 자발적이며, 신선한 것이 특징이다.

(15) 문화에 대한 저항: 자아실현인들은 자신의 문화를 대부분 인정하지만 무조건 동조하지는 않는다. 사회변화를 원하지만 청년기와 같은 반항의 의미를 갖는 것은 아니다.

Maslow의 연구대상 중 대부분은 위에서 언급한 성격적 특성을 많이 소유하고 있었지만, 그것이 이들이 완벽하다는 것을 의미하는 것은 아니다. 오히려 Maslow는 이들에게서 많은 단점을 발견하였다. 지루하고, 따분하고, 고집세고, 허영심이 강하고, 분별 없는 습관이 있는 경우도 있고, 때로는 죄책감과 불안감 및 경쟁심을 느끼기도 하고, 내적 갈등을 경험하는 것을 볼 수도 있었다.

그들은 가끔 놀라울 정도의 무정함도 보였는데, 이것은 친구에게 배신을 당했다고 느끼거나, 어떤 이가 정직하지 못하다고 느낄 때 나타났다. 이런 경우에는 얼음같이 차고 냉정하게 그 관계를 끝내버렸다.

6) 평가

인간발달에 대한 Maslow의 지대한 공헌은 그가 정상적이고 건강한 사람들을 대상으로 연구하여 인간의 긍정적인 성장능력을 제시했다는 점이다. Maslow는 심리학이 인간의 장점보다 약점에 초점을 맞춘 나머지 염세적이고 부정적인 면을 지나치게 부각시켜 왔다고 생각하였다. Maslow는 심리학에서 고통이나 갈등, 수치심, 적개심보다는 사랑, 행복, 충만, 안녕 등을 강조해야 한다고 주장하였다. 그는 지금까지 심리학이 어둡고 병적인 면에만 치중했다고 비판하면서, 나머지 반쪽, 즉 밝고 희망찬 면을 강조하고 건강한 인간의 모습을 제시하고자 노력하였다.

Maslow는 미국 심리학계의 인본주의운동의 중심인물이었는데, 미국심리학의 제3세력으로 불리는 인본주의 심리학은 제1세력인 행동주의와 제2세력인 정신분석학에 대한 대안을 제시했다는 평가를 받는다. 인본주의이론은 행동주의가 인간의 삶에 풍요로움과 존엄성을 주는 요소들을 지나치게 간과한다고 하여 반대하며, 정신분석학의 염세적 비관론과 절망에 대해서도 반대해왔다. 인본주의이론은 인간에 대해 보다 희망적이고 낙관적인 이론이다.

Calvin S. Hall

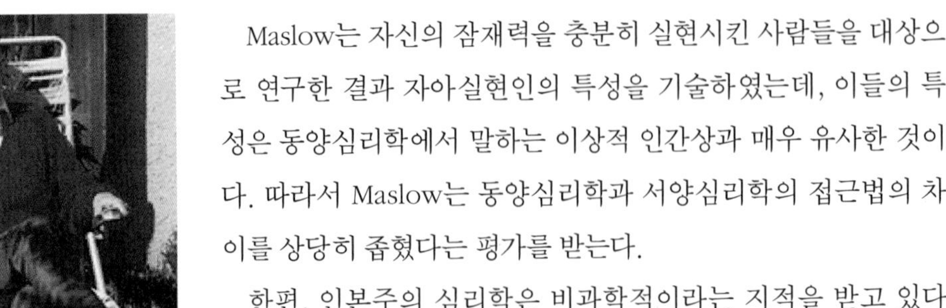

Maslow는 자신의 잠재력을 충분히 실현시킨 사람들을 대상으로 연구한 결과 자아실현인의 특성을 기술하였는데, 이들의 특성은 동양심리학에서 말하는 이상적 인간상과 매우 유사한 것이다. 따라서 Maslow는 동양심리학과 서양심리학의 접근법의 차이를 상당히 좁혔다는 평가를 받는다.

한편, 인본주의 심리학은 비과학적이라는 지적을 받고 있다 (Hall & Lindzey, 1978). 심지어 어떤 비평가들은 인본주의 심리학은 과학적 심리학이라기보다는 오히려 현세적 종교의 성격이 강한 것이라고 주장한다. 또 다른 비평가들은 심리학의 경험적 기초에 대한 인본주의자들의 공헌은 그들의 사색적이고 영감적인 저서와 어울리지 않는다고 믿는다. 어떤 심리학자들은 인본주의자들이 아직 가설적인 것을 기정사실로 받아들이는 것, 이론과 이데올로기를 혼동하는 것 그리고 과학적 연구 대신에 수사학(rhetoric)을 대용(代用)하는 것 등을 비판한다. 그러나 Maslow로 대표되는 인본주의 심리학에 대한 이러한 비판에도 불구하고, 그것이 오늘날 인간의 주요 관심사를 다루고 있기 때문에 이 이론에 매력을 느끼는 사람들이 많다.

2. Rogers의 인간중심이론

1) Rogers의 생애

Carl Rogers는 1902년 1월 8일에 미국 일리노이 주 시카고의 단란한 기독교 가정에서 태어났다. 그의 부모는 기독교 신앙과 근면성을 중시하는 사람들이었다. 그가 12세 되던 해에 그의 가족은 시카고의 서부에 있는 큰 농장으로 이사를 하였다. 이때 Rogers는 과학적 농작법에 관심을 가졌었다. 이로 말미암아 과학과 실험에 대한 관심을 발전시키게 된다.

Carl Rogers(1902-1987)

Rogers는 위스콘신 대학에서 중세 역사를 전공하였으며 종교활동에도 깊이 관여하였다. 그는 대학시절에 목사가 되기로 결심했는데, 당시 중국의 베이징에서 개최되었던 국제 기독학생연합회에 미국 대표 중 한 사람으로 참석하였다. 6개월 동안의 베이징에서의 생활은 그의 인생을 크게 바꾸어 놓는 계기가 되었다. 다양한 종교와 문화적 특성을 지닌 외국인들을 만나면서 그의 사상과 종교관이 보다 자유롭게 바뀌는 경험을 했던 것이다.

1924년에 위스콘신 대학을 졸업한 Rogers는 유니온 신학교에서 2년간 수학하였다. 그 후 컬럼비아 대학에서 임상 및 교육심리학 박사과정을 마쳤다. 컬럼비아 대학에서 Rogers는 John Dewey의 철학의 영향을 많이 받았다. 1931년에 컬럼비아 대학에서 심리학으로 박사학위를 취득한 후에 Rogers는 로체스타에 있는 Guidance Center의 연구원으로 일하다가 나중에는 그 연구소의 소장이 되었다. Rogers는 이 연구소에서 12년간 재직했는데, 이 기간에 임상경험에 기초한 그의 이론이 형성되기 시작하였다.

1940년부터 1945년까지 Rogers는 오하이오 주립대학의 심리학과 교수로 재직했는데,

사진 설명 Rogers가 아내 Helen과 함께

이와 같이 임상적 환경에서 학구적 환경으로의 전환은 Rogers에게 있어서 커다란 변화임에 틀림없었다. 1945년에 그는 시카고 대학으로 옮겨 심리학과 교수와 카운셀링 센터의 행정책임자가 되었다. Rogers는 거기서 내담자를 중심으로 하는 심리치료법을 개발했으며, 성격이론을 공식화하고, 심리치료에 관한 연구를 지도하였다. 1957년에는 모교인 위스콘신 대학의 심리학과와 정신의학과 교수로 초빙되어 갔으며, 그곳에서 1963년까지 재직하였다. 이곳에서 Rogers는 그의 이론을 정신분열증 환자의 치료에 적용하려고 노력하였다.

1964년에 Rogers는 대학의 교수직을 그만두고 캘리포니아 주의 남단 샌디에이고 근교에 있는 '서부행동과학연구소(Western Behavioral Science Institute)'의 연구원으로 취임하였다. 그 후 1968년에는 동료들과 더불어 같은 지역에서 '인간연구센터(The Center for the Studies of the Person)'를 창설하였다. 이 기간에 Rogers는 특히 참만남집단(Encounter Groups)과 대인관계 등에 초점을 두고 활동을 했으며, 그의 '내담자 중심'의 원리를 과학철학, 교육, 소외문제에까지 확대하여 적용하였다. 1974년에 Rogers와 그의 동료들은 '내담자 중심'을 '인간 중심'으로 바꾸고 그의 상담이론을 상담장면뿐만 아니라 생활지도, 교육, 사회사업, 종교, 산업경영, 조직개발, 심지어 국제관계에까지 적용하려는 시도를 하였다.

Rogers는 1987년 2월 4일에 85세로 생을 마감하였다. 그가 사망한 후 『Journal of

Humanistic Psychology』『Person-Centered Review』 등의 학술잡지에서는 그에 관한 특집을 실었고, 인본주의심리학회(Association for Humanistic Psychology)의 학회지에는 그를 추모하는 각계각층의 추모사를 특집으로 실었다. Rogers는 미국심리학회(American Psycholgical Association), 미국심리치료자협회(American Academy of Psychotherapists), 미국응용심리학회(American Association for Applied Psychology) 등의 회장을 역임하였다. 그의 저서로는『내담자 중심의 치료(Client-Centered Therapy)』(1951),『자아의 발견에 관하여(On Becoming a person)』(1961) 등이 있다.

2) Rogers 이론의 개요

Rogers(1974)는 인간은 자기이해에 대해 놀라울 정도의 잠재력을 가지고 있다고 믿는다. 이 잠재력은 일상생활에서는 잘 드러나지 않지만 적절한 심리적 환경이 조성되면 나타난다. Rogers의 이론에서 자아는 매우 중요한 개념이다. 자신이 지각하는 자아와 다른 사람이 자신을 보는 자아의 일치가 중요하다. 이 양자가 일치하지 않으면 개인은 부적응적이 되어 결과적으로 불안, 방어, 왜곡된 사고를 하게 된다.

Rogers는 또한 실제적 자아(real self)와 이상적 자아(ideal self) 간의 관계를 강조한다. 실제적 자아는 실제로 있는 그대로의 자아이고, 이상적 자아는 자신이 그렇게 되었으면 하고 바라는 자아이다. 실제적 자아와 이상적 자아 간에 상위가 크면 클수록 적응문제를 보이기 쉽다.

Rogers는 또한 의미 있는 타자와의 아동기의 경험이 성인기에 개인의 자기지각에 영향을 미친다고 한다. 만약 아동이 부모, 형제, 또래, 교사와의 관계에서 자주 부정적인 평가를 받았다면, 성인이 되었을 때에 적응문제를 보이기 쉽다. 부정적인 피드백을 많이 받을수록 다른 사람들로부터 받는 부정적인 평가에서 벗어나고자 자기지각을 왜곡하게 된다. 자기지각과 자신에 대한 다른 사람의 평가 간에 상위가 크면 클수록 불안하게 되고, 방어적이 되어 다른 사람들에게 적개심을 갖게 된다.

한편, Rogers는 비지시적(nondirective) 또는 내담자 중심(client-centered)의 치료법을 발전시켰다. 내담자 중심의 심리치료란, 치료자가 내담자를 연구대상으로 생각하거나 치료자의 입장에서 진단하거나 치료하려고 하지 않고, 인간 대 인간으로서 내담자와 인간적이고 사적인 관계를 맺으면서 치료가 이루어지는 것을 의미한다. 이것은 치료자가 내담자를 그 사람이 처한 상황, 그의 행동이나 감정이 어떻든지 간에 가치 있는 하나의 인간으로 생각하고 있음을 의미한다.

Rogers의 비지시적 치료법은 상담가들 사이에 상당한 인기를 얻고 있는데, 그 이유는 그것이 의학보다는 오히려 심리학과 더 가깝기 때문이다. 비지시적 치료법은 배우기가 쉽고, 성격진단이나 역동성에 대한 지식이 거의 필요 없는 것으로 알려져 있다. 더욱이 치료과정은 정신분석과 비교해서 비교적 간단하며 불과 몇 번의 심리치료로도 어느 정도 효과를 볼 수 있다고 한다(Hall & Lindzey, 1978).

3) 성격의 구조

Rogers가 성격의 구조에서 강조한 두 가지 구성개념이 있는데, 이들은 유기체와 자아이다(Hall & Lindzey, 1978).

(1) 유기체(Organism)

유기체란 모든 경험의 소재지이다. 경험은 어떤 특정의 순간에 유기체 내에서 진행되고 있는 모든 것을 포함한다. 경험은 개인의 외적 세계뿐만 아니라 내적인 것까지도 포함한다. 이 모든 경험이 현상적 장(phenomenal field)을 구성하고 있다. 현상적 장이란 인간이 경험하는 모든 것을 일컫는다. 개인이 행동하는 방식은 현상적 장(주관적 현실)에 달려 있지, 자극적인 상황(외적 현실)에 달려 있는 것이 아니다.

현상적 장은 의식의 장(field of consciousness)과 동일한 것이 아니다. "의식은 우리 경험의 일부를 상징화한 것이다"(Rogers, 1959, p. 198). 따라서 어떤 특정한 순간의 경험적 장은 의식적인(상징화된) 경험과 무의식적인(상징화되지 않은) 경험으로 구성되어 있다. 그러나 유기체는 상징화되지 않은 경험을 식별하여 이것에 반응한다.

개인은 상징화된 자신의 경험을 현존하는 세계에 비추어 점검하는 경향이 있다. 현실에 대한 이 같은 검증은 세계에 대한 신빙성 있는 지식을 제공해주기 때문에 현실적으로 행동할 수 있게 해준다. 그러나 어떤 지각들은 검증되지 않은 채 남아 있거나 부적절하게 검증되고 있는데, 이처럼 검증되지 않은 경험들은 개인으로 하여금 비현실적으로, 심지어 자신에게 손상을 주는 행동까지 하게 할지 모른다. 무엇이 개인으로 하여금 자신의 주관적 세계 속에서 허구와 사실을 분리할 수 있도록 해주는가? 이것이 현상학이 지니는 커다란 모순이다.

Rogers는 순수현상학의 개념적인 틀에서 벗어남으로써 이러한 모순을 해결하고 있다. 어떤 사람이 경험하거나 사고하는 바가 실제로는 그에게 현실이 아니며 단지 현실에 대한 잠정적인 가설, 즉 진실일 수도 있고 아닐 수도 있는 가설에 지나지 않을 뿐이다. 그

사람은 그 가설을 검증할 때까지 판단을 유보한다. 검증이란 그가 받아들인 정보와 함께 자신의 가설이 근기를 두고 있는 정보의 정확성을 점검하는 것이다. 예를 들면, 어떤 사람이 음식에 소금을 쳐서 먹으려고 하는데, 식탁 위에 똑같은 모양의 흔들뿌리개(shaker)[1]가 두 개 놓여 있다. 그중 하나에는 소금이 들어 있고 다른 하나에는 후춧가루가 들어 있다. 그는 구멍의 수가 적은 조미료 통에 소금이 들어 있다고 생각하지만, 그 내용물을 조금 손바닥에 부어본다. 만약 내용물의 색깔이 흰색이라면 그는 그것이 소금이라고 거의 확신할 수 있다. 그러나 매우 신중한 사람이라면, 그것이 소금이 아니라 흰색 후춧가루일지도 모르기 때문에, 입에 살짝 갖다대고 맛을 보기까지 할 것이다. 여기서 그 사람이 하는 일은 감각자료의 다양성에 비추어 자신의 생각을 검증하는 것이다. 앞에서 예로 든 소금의 경우에 최종 검증은 그것을 맛보는 것이며, 특정 감각(미각)에 의해 그것이 소금이라고 단정 짓게 된다.

물론 앞의 예는 하나의 이상적인 상태를 기술한 것이다. 많은 경우 사람들은 그들의 경험을 믿을 만한 현실의 반영으로 받아들이고, 그들의 현실에 대한 가설로 다루지 못한다. 그 결과 사람들은 종종 자신과 외적 세계에 관해 그릇된 관념을 많이 가지게 된다. Rogers는 "전인(全人)이란 내적 경험에서 얻어진 자료와 외적 세계의 경험으로부터 얻어진 자료에 대해 완전히 개방적인 사람이다"(1977, p. 250)라고 쓰고 있다.

(2) 자아(Self)

현상적 장의 일부는 점점 분화되어 가는데, 이것이 바로 자아이다. 자아는 Rogers 이론의 기본 구성개념들 중의 하나이지만, 그는 자아에 대해 다음과 같이 재미있는 설명을 하고 있다.

> 나는 '자아'라는 것이 내성심리학(內省心理學)의 쇠퇴와 더불어 심리학자들의 어휘에서 사라져버린 애매모호하고 과학적으로 무의미한 용어라는 생각을 가지고

---

1) 소금 · 후추 따위를 담는 조미료 통.

> 연구를 시작하였다. 결과적으로 나는 내담자들에게 그들의 문제점들과 마음가짐을 자신의 말로 표현할 수 있는 기회가 주어졌을 때, 그들은 자아라는 견지에서 이야기하는 경향이 있음을 얼른 깨닫지 못했다. … 자아는 내담자의 경험에 중요한 요소이며, 어떤 의미에서는 그의 목표는 '실제적 자아(real self)'를 발견하는 것임이 분명한 것 같았다(1959, pp. 200-201).

사진 설명 반은 벗고 반은 옷을 입은 피카소의 '거울 앞에 선 소녀상'은 Rogers의 실제적 자아와 이상적 자아의 '쌍둥이' 이미지를 반영한다.

Rogers의 이론에서 유기체와 자아라는 구성개념의 중요성은 자신이 지각하는 자아와 다른 사람이 자신을 보는 자아 간의 일치 또는 불일치를 논의하는 데서 명백해진다. 이 양자가 일치하는 경우에는 그 사람은 성숙하고, 적응적이며, 충분히 기능을 발휘하게 된다. 그러한 사람은 위협이나 불안 없이 유기체의 모든 경험을 받아들인다. 다시 말해서 현실적으로 사고할 수 있는 사람이다. 반면에, 양자가 일치하지 않으면 개인으로 하여금 위협과 불안감을 느끼게 한다. 결과적으로 방어적으로 행동하게 되고 그의 사고는 위축되고 경직된다.

실제적 자아와 이상적 자아 간의 불일치도 문제가 된다. 실제적 자아와 이상적 자아 간의 차이가 크면 개인은 적응을 잘 하지 못하게 되고 심지어는 신경증으로까지 발전한다. 실제적 자아와 이상적 자아가 일치하지 않으면 위협적인 상황에 처하게 된다. 위협적인 상황에서 우리는 불안감을 느끼게 되는데, 불안감이란 좋지 못한 일이 곧 닥칠 것 같은 불길한 예감이다. 이때 우리는 방어기제를 사용함으로써 위협적인 상황에서 벗어나고자 한다. Rogers는 '부정'과 '왜곡'이라는 두 가지 방어기제를 제시하고 있다.

'부정'은 Freud의 방어기제 중에서 '부정'이나 '억압'과 매우 유사한 개념이다. 부정은 위협적인 상황을 부정하는 것이다. 우리는 어떤 기억이나 충동을 의식 밖으로 밀어냄으로써 위협적인 상황을 피할 수 있다. '왜곡'은 위협적인 상황을 재해석함으로써 덜 위협적인 것으로 지각하는 것이다. 왜곡은 Frued의 '합리화'라는 방어기제와 매우 유사하다. 예를 들면, 좋지 못한 성적을 받아 이것을 위협적인 상황으로 지각하는 학생의 경우, "교수가 잘 가르치지 못해서" 또는 "시험문제가 너무 어려워서" 등으로 자신을 합리화한다는 것이다.

유감스럽게도 우리가 방어기제를 사용하면 할수록 실제적 자아와 이상적 자아 간의 간격이 크게 벌어진다. 그러면 더욱더 위협적인 상황에 처하게 되고, 불안감은 더욱 커지며, 그래서 방어기제를 더 자주 사용하게 되는 등의 악순환이 이루어진다.

Rogers의 주요 관심사는 어떻게 해서 불일치가 발생하며, 어떻게 하면 자아와 유기체 간에 일치를 이루게 할 수 있는가에 있다. Rogers가 그의 연구생활 중 많은 시간을 할애했던 것은 바로 이러한 중요한 문제들을 해명하는 것이었다.

4) 성격의 발달

유기체와 자아는 자아실현을 이루려는 생득적 경향을 지니고 있을지라도 환경, 특히 사회적 환경으로부터 강력한 영향을 받게 된다. Freud, Sullivan, Erikson 등과 같이 임상에 근거를 둔 다른 이론가들과는 달리 Rogers는 유아기부터 성인기까지의 발달단계를 제시하지 않는다. 대신에 그는 특히 어린 시절에 다른 사람들로부터 받는 평가에 초점을 두고 있다(Hall & Lindzey, 1978).

만약에 이런 평가가 전적으로 긍정적인 것이라면 유기체와 자아 간에 불일치가 일어나지 않을 것이다. Rogers는 "만약에 어떤 사람이 무조건적인 긍정적 평가만을 경험한다면 심리적으로 잘 적응하며, 충분히 기능을 발휘하게 될 것이다"(1959, p. 224)라고 말한다.

그러나 아동의 행동에 대한 부모나 다른 사람들의 평가는 때로는 긍정적이고 때로는 부정적이기 때문에, 아동은 인정받는(가치 있는) 행동이나 감정을, 인정받지 못하는(가치 없는) 행동이나 감정과 구별하는 것을 배우게 된다. 가치 없는 경험들은 유기체에게는 유효할지라도 자아개념에서 배제되는 경향이 있다. 이것은 유기체의 경험과 일치하지 않는 자아개념을 낳는 결과를 초래한다. 이때 아동은 실제 자신이 되려고 하는 사람보다 다른 사람들이 그에게 요구하는 사람이 되고자 한다. Rogers는 "아동은 자신의 경험이 유기체를 향상시키는가 향상시키지 못하는가에 의해서가 아니라, 다른 사람들이 어떻게 평가하느냐에 따라 자신의 경험을 긍정적으로 또는 부정적으로 평가한다"(1959, p. 209)라고 본다.

한 가지 예를 들어보기로 하자. 어떤 소년이 자신은 착한 아이이며, 부모로부터 사랑을 받고 있다는 자기상(self-picture)을 가지고 있지만, 동시에 여동생을 괴롭히는 것을 좋아하는데, 이러한 행동은 벌을 받게 한다. 이제 그 소년은 다음과 같은 방법으로 자기상을 수정하지 않으면 안 된다. (a) "나는 나쁜 아이이다" (b) "나의 부모는 나를 좋아하지 않는다" (c) "나는 동생을 놀리는 것을 좋아하지 않는다" 이 중 어느 것도 진실을 왜곡하지 않은 것이 없다. 그 소년이 자신의 실제 감정을 부정하면서 "나는 동생을 괴롭히는 것을 좋아하지 않는다"라는 태도를 취한다고 가정해보자. 부정은 그 감정이 더 이상 존재하지 않음을 의미하는 것은 아니다. 그 감정은 무의식적일지라도 여러 가지 방법으로 그 소년의 행동에 계속해서 영향을 미칠 것이다. 그러한 경우에 자아 속에 투사된 거짓인 의식적 가치와 진짜인 무의식적 가치 사이에 갈등이 발생하게 된다. 만약 '진짜' 가치가 점점 '가짜' 가치에 의해 대치되고, 또 대치된 가치들이 자신의 것으로 지각된다면, 자아는 그 자신과 분리된 하나의 '집'이 되어버릴 것이다. 그렇게 되면 그 사람은 긴장되고, 불안하며, 기분이 언짢아질 것이다. 그는 실제로 자신이 어떤 사람이며 무엇을 원하는지조차 모르는 사람이 될 것이다.

아동기 내내 자아개념은 다른 사람에 의한 평가로 인해 더욱더 왜곡될 것이다. 결과적으로, 이와 같이 왜곡된 자아개념과 일치하지 않는 유기체의 경험은 위협으로 느껴져 불안을 유발하게 된다.

경험을 부정한다는 것은 그것을 무시하는 것과 같은 것이 아니다. 부정은 현실이 존재하지 않는다고 말하거나 현실을 왜곡된 방식으로 지각함으로써 현실을 왜곡하는 것을 말한다. 사람들은 자신의 공격적인 감정을 부정할지 모른다. 왜냐하면 그 감정이 자신은 평화적이고 우호적인 사람이라고 생각하는 자신의 상(像)과 일치하지 않기 때문이다. Rogers는 사람들이 현실과 완전히 동떨어진 자아상을 완강하게 유지하는 때가 종종 있다는 점을 지각한다. 자기 자신이 무가치하다고 생각하는 사람은 이와 같은 상에 모순되는 증거를 의식적으로 배제시키거나, 아니면 일치하도록 증거를 재해석할 것이다. 예를 들면, 어떤 사람이 직장에서 승진했을 경우 그는 "상사가 나를 딱하게 여겼나봐" 또는 "나는 승진할 자격이 없는데 …"라고 말할 것이다. 심지어 어떤 사람들은 자신이 유능하지 못한 것을 증명하기 위해 새로 승진된 자리에서 일을 일부러 서투르게 할 것이다.

자아와 유기체 간의 불일치는 방어와 왜곡을 초래할 뿐만 아니라 대인관계에 영향을 미치기도 한다. 방어적인 사람은 다른 사람의 행동이 자신이 '부정'하는 감정을 나타내고 있는 것처럼 자기 눈에 비칠 때 그 사람들에게 적대감정을 느끼게 된다.

자아와 유기체 간의 불일치는 어떻게 무마할 수 있는가? 이 문제에 대해 Rogers는 세 가지 방법을 제안하고 있다(Hall & Lindzey, 1978).

첫째, 자아구조에 대한 어떤 위협도 존재하지 않는 조건하에서는 자아구조와 모순되는 경험들이 지각되고 검토될 수 있으며, 자아구조는 그러한 경험들을 포함시키기 위해 수정될 수 있다. 내담자 중심의 치료에서는 상담자는 내담자가 말하는 것을 모두 수용하기 때문에 비위협적인 상황이 된다. 상담자 쪽에서 이처럼 따뜻하게 받아들이는 태도는 내담자로 하여금 자신의 무의식적인 감정을 탐색하여 이것을 의식하게 만들어준다. 내담자는 이제 자신의 안전을 위협하는 감정들을 천천히 시험삼아 탐색하게 된다. 이처럼 안전한 치료적 관계 속에서 지금까지의 위협적인 감정들은 이제 자아구조 속으로 동화될 수 있다.

둘째, 부정된 경험들을 수용하고 동화함으로써 얻게 되는 중요한 사회적 이점은 다른 사람들을 좀더 이해하고 수용하게 된다는 것이다. 어떤 사람이 성적 충동으로 위협을 받는다면, 그는 성적으로 행동한다고 생각하는 다른 사람들을 비난하는 경향이 있다. 반면에, 자기 자신의 성적 감정과 적대적인 감정을 수용한다면, 다른 사람들이 이러한 감정을 표현하는 것에 대해 수용적일 것이다. 결과적으로 그의 사회적 관계는 개선될 것이고 사회적 갈등의 발생빈도는 감소될 것이다.

셋째, 인간은 건강하고 통합된 적응을 하기 위해서 자신의 경험들이 어떤 변화를 필요로 하는지 계속해서 평가하고 있어야 한다. 고착된 가치체계는 개인으로 하여금 새로운 경험들에 효율적으로 반응하지 못하게 하는 경향이 있다. 인간은 변화하는 생활조건에 적절히 적응하기 위해서는 융통성이 있어야 한다.

5) 충분히 기능하는 사람

Rogers가 생각하는 이상적인 인간상은 자아실현을 이룬 사람이라고 할 수 있는데, 이때 자아실현이라는 것은 어떠한 상태가 아닌 과정이다. 이 과정은 때로는 어렵고 고통스러우며, 그 과정에는 인간의 능력에 대한 끊임없는 시련과 긴장이 수반된다. 그러나 Rogers는 인간은 아무리 어려운 시련이라도 굴하지 않고 꿋꿋하게 일어서는 불굴의 의지를 가지고 있다고 믿는다. 이러한 자아실현의 경향성은 Rogers가 캘리포니아 주의 북부 해안에서 관찰한 야자수를 인간과 비교한 데서 잘 나타나 있다.

Rogers는 성난 파도가 울퉁불퉁한 바위를 거세게 몰아치고 있는 것을 바라보고 있었는데, 이때 부서지는 파도 속의 작은 바위 위에서 1m가 채 안 되는 아주 자그마한 야자수를 발견하였다. 야자수는 너무나 연약하고 불안정해 보였기 때문에 금방이라도 파도에 휩쓸려갈 듯이 보였다. 파도가 한 차례 야자수를 후려칠 때면 가냘픈 줄기는 납작하게 휘어지고, 잎새는

> 폭포수 같은 물보라에 태질을 당하곤 했다. 그러나 파도가 지나가고 나면 야자수는 불굴의 의지로 강인하게 다시 일어섰다. 이 가냘픈 야자수가 수시 간, 수주 간, 어쩌면 수년 간을 끊임없이 시련을 당하면서도 꿋꿋하게 성장하는 모습을 보이는 것은 기적과도 같은 일이었다. 이 작은 야자수에서 Rogers는 강인한 생명력, 성장에 대한 집념, 열악한 환경에 대한 적응력을 보았다. Rogers의 견해로는 우리 인간도 이와 마찬가지인 것이다(Rogers, 1963).

자아실현을 이룬 사람들은 진정한 자기자신이 되며 자기가 아닌 어떤 것을 가장하거나 진정한 자아의 일부를 숨기지 않는다. 이와 같은 사람들을 Rogers는 "충분히 기능하는 사람(The fully functioning person)"이라고 불렀다. Rogers(1961)는 충분히 기능하는 사람의 특징으로 경험에 대한 개방성(openness to experience), 실존적인 삶(existential living), 자신의 유기체에 대한 신뢰(trust in one's own organism), 경험적 자유(experiential freedom), 창의성(creativity) 등을 들고 있는데, 이들에 대해 간단히 살펴보면 다음과 같다.

(1) 경험에 대한 개방성

충분히 기능하는 사람의 가장 두드러진 특징은 경험에 대한 개방성이다. 경험에 대한 개방성은 방어(defensiveness)와 정반대되는 개념이다. 방어는 자신의 자아상과 불일치하기 때문에, 유기체가 위협적인 것으로 지각하는 경험에 대한 반응을 의미한다. 이러한 위협적인 경험들은 종종 왜곡되거나 부정된다.

경험에 대한 개방성은 자신의 경험에 대한 정확한 지각으로서 자신의 감정을 포함하여 현실을 수용하는 능력이다. 자신의 경험에 대해 개방적인 사람은 자신을 성찰할 수 있으며, 자신의 감정에 솔직할 수 있다. 그리고 유기체로부터 오는 자극이든 환경으로부터 오는 자극이든 어떤 자극이라도 방어기제에 의해 왜곡될 필요가 없다.

(2) 실존적인 삶

충분히 기능하는 사람의 두 번째 특징은 실존적인 삶을 영위하는 것이다. 즉, 과거나 미래가 아닌 '지금 여기'에서 매 순간을 충실하게 사는 것을 의미한다. 과거는 이미 흘러갔고 미래는 아직 오지 않았다. 현재만이 우리의 유일한 현실이다. 여기서 유의해야 할 점은 과거를 기억해서는 안 된다거나 과거로부터 배울 것이 없다는 것을 의미하는 것은 아니라는 점이다. 마찬가지로 미래에 대한 계획을 세우거나 꿈을 가져서는 안 된다는 의미도 아니다.

(3) 자신의 유기체에 대한 신뢰

우리는 우리 자신을 신뢰해야 하고, 우리가 옳다고 느끼는 것을 행해야 한다. 어떤 상황에서 어떤 행동을 하는 것이 좋을지를 결정할 때, 대부분의 사람들은 사회규범에 따르거나, 다른 사람들의 판단에 의존하거나 아니면, 전에 이와 유사한 상황에서 자기가 했던 것과 같은 방법에 의존한다.

반면에, 충분히 기능하는 사람은 새로운 상황에 처했을 때, 자신의 유기체가 적절한 행동을 할 수 있는 믿을 만한 수단임을 안다. 그는 바로 그 순간에 '옳다고 느껴지는' 행동을 할 것이고, 그것이 일반적으로 그의 행동에 적절하고도 믿을 만한 지침이 된다는 것을 안다.

(4) 경험적 자유

충분히 기능하는 사람은 자신이 선택한 인생을 자유롭게 살아갈 수 있다. 그는 자기의 인생에서 여러 가지 선택이 있다는 것을 알고, 실제적으로 그가 원하는 것은 무엇이든지 다 할 수 있다고 생각한다. 이것은 말 그대로 무엇이든지 다 할 수 있다는 의미는 아니다. 예를 들면, 우리가 팔을 넓게 벌려 아무리 날갯짓을 하더라도 '슈퍼맨'(사진 참조)처럼 날지는 못한다. Rogers가 의미하는 것은 충분히 기능하는 사람은 선택을 해야 할 상황에서 자유의지대로 선택을 할 수 있고 자신이 선택한 결과에 대해 책임을 질 줄 안다는 것이다.

(5) 창의성

충분히 기능하는 사람은 모든 경험에 대해 개방적이고 자신의 유기체에 대해 신뢰하며, 자신의 결정과 행동에 융통성이 있기 때문에, 스스로를 창의적인 삶으로 표현한다. 창의적인 사람은 자신이 속한 문화에 무조건 동조하지는 않지만, 자신의 욕구와 균형을 이루면서 조화롭게 살아간다. 어떤 문화적 상황에서는 불행을 느낄 수도 있지만, 이런 상황에서도 자아를 발견하기 위한 노력을 계속한다.

진화론자들은 이런 사람을 변화하는 환경 속에서도 적응을 잘 하고 살아 남는 유형으로 인식할지 모른다. 다시 말해서 그는 인간의 진화과정에서 선구자적 역할을 하는 사람이다. Rogers의 창의성은 Erikson이 말하는 자아통합감과 매우 유사한 개념이다.

6) 평가

Rogers의 인간중심이론은 상담과 심리치료의 여러 분야에서 지대한 영향을 미쳤다. 그중에서도 가족상담분야에 많은 영향을 미쳐 이 분야에서 가장 영향력 있는 이론가로 인정받고 있다. 그리고 참만남집단을 통한 집단상담 운동에도 많은 기여를 했다. 또한 인본주의 교육운동에 선봉장의 역할을 할 정도로 교육에 큰 영향을 미쳤으며, 산업, 행정, 종교, 의료, 정치, 예술, 국제관계에 이르기까지 폭넓은 영향을 미쳤다.

Rogers의 인간중심이론은 또한 연구활동에도 굉장한 자극이 되었다. 자아에 관한 연구는 1940년대에는 작은 개울과 같은 것이었으나, 1960년대와 1970년대에 와서는 큰 내를 이룰 정도로 성장하였다. 경험적 연구결과들이 모두 Rogers의 이론을 지지하는 것도 아니며, 자아에 관한 모든 연구가 직접적으로 Rogers에 기인하는 것이라고 할 수도 없다. 그럼에도 불구하고 자아에 관한 연구가 번성할 수 있도록 지적 전통을 마련하는 데 그보다 더 큰 기여를 한 사람은 없다.

Rogers는 Maslow와 함께 인본주의 운동을 주도하였다. 그는 낙관주의, 인간의 선한 본성에 대한 믿음, 병든 사람들이 치료될 수 있다는 확신 등으로, 행동주의는 지나치게 냉담하고 정신분석학은 지나치게 비관적이라고 생각하는 수많은 사람들을 매혹시켰다. 심리학에서 행동주의와 정신분석학과 더불어 제3세력인 인본주의 심리학이 존재할 수 있게 된 것은 Rogers에 힘입은 바 크다(Hall & Lindzey, 1978).

한편, Rogers의 인간중심이론은 지나치게 소박한 현상학에 근거를 두고 있으며, 정서적 요인을 강조하는 반면에 인지적 요인을 무시하는 경향이 있다는 비판을 받는다(Smith, 1950). Rogers가 유기체의 본질에 대해 기술하지 못한 점 또한 문제점으로 지적되고 있다(Hall & Lindzey, 1978). 만일 유기체가 기본적인 심리적 실체라면 이러한 실체의

Henry Murray

Erich Fromm

Neal Miller

John Dollard

Gordon Allport

Raymond Cattell

특성은 무엇인가? 유기체의 내부에 존재하고 있는 실현되어야 할 잠재력이란 정확히 말해서 무엇인가? 다른 이론가들은 이러한 요소들을 본능(Freud), 원형(Jung), 욕구(Murray, Lewin, Fromm, Maslow), 충동(Miller, Dollard), 특성(Allport, Cattell) 등으로 가정하고 있지만, Rogers는 매우 일반적인 자아실현의 경향성 외에는 어떤 것도 가정하고 있지 않다는 지적을 받고 있다.

제7장

동물행동학적 이론

인간은 그 모든 고귀한 자질과 함께 태양계의 운동과 구성을 통찰해온 신과 같은 지능을 갖추었어도, 여전히 그의 비천한 근본에의 지울 수 없는 낙인을 신체 골격에 지니고 있다. Charles Darwin

진화는 힘이 아니라 과정이며, 원인이 아니라 법칙이다. Viscount Marley of Blackburn

진화론은 자연계에서 시작하여 지속되는 영원의 위대한 발달과정이며, 천체의 움직임과 구르는 돌의 낙하로부터 식물의 성장과 인간의 의식에 이르기까지 예외 없이 모든 자연현상은 똑같은 위대한 인과율에 의해 지배된다고 가정한다. Ernst Haeckel

포유류가 치열한 생존경쟁을 이기고 지금까지 건재하여 생물의 영장으로 존립할 수 있었던 이유는 그들이 강해서도 아니고 그들의 지능이 뛰어나서도 아니고 오직 그들이 변화에 가장 잘 적응했기 때문이었다. Charles Darwin

인간의 본성을 이해하는 데에는 사회생물학적 방법론이 가장 중요한 역할을 한다. Edward Wilson

모든 사회적 행동은 생물학적 기초 위에서 이루어진다. Edward Wilson

동물행동학은 진화론적 관점에서 동물과 인간의 행동을 연구하는 학문으로서 인간 발달에 있어 생물학적 역할을 강조한다. 동물행동학자들은 다양한 종 특유의(species-specific) 행동들이 종의 생존 가능성을 높이기 위해 진화되어온 것이라는 믿음을 가지고 있다.

동물행동학의 기본 가정은 모든 종은 진화의 산물이며, 생물학적으로 프로그램된 생존기제 행동을 몇 가지 가지고 태어난다는 것이다. 예를 들면, 여러 종류의 새들은 어미새를 따라다니고, 보금자리를 짓고, 노래하는 등의 본능적 행동(instinctual behaviors)을 가지고 태어나는데, 이러한 생물학적으로 프로그램된 행동은 다윈의 적자생존의 과정에 의해 진화된 것으로 여겨진다. 즉, 진화과정에서 이러한 적응적인 행동 유전인자를 가진 새들은 그렇지 못한 새들에 비해 살아 남을 확률이 높고, 결과적으로 그러한 유전인자를 자손에게 전할 확률 또한 높다는 것이다. 따라서 동물행동학자들은 종의 구성원들이 공유하는 본능적 행동에 초점을 맞춘다. 그리고 실험실에서보다 자연환경에서 동물의 행동을 관찰하는 것을 선호한다. 왜냐하면 이러한 연구방법에 의해서만 동물의 행동패턴이 전개되는 것을 관찰할 수 있으며, 이러한 행동패턴이 종의 적응에 어떤 역할을 하는지 알 수 있기 때문이다.

동물행동학의 기원은 찰스 다윈의 진화론이다. 유럽의 동물학자인 Lorenz와 Tinbergen은 진화과정과 적응행동 간의 밀접한 관계를 강조함으로써 동물행동학의 기초를 확립하였고, 1960년대에 와서 Bowlby는 동물행동학적 이론을 인간의 발달—유아와 어머니 간의 애착관계—에 적용하였다. Wilson은 다윈의 이론에 입각하여 인간을 포함한 모든 동물의 사회적 행동을 체계적으로 연구하였다.

이 장에서는 Lorenz의 각인이론, Bowlby의 애착이론 그리고 Wilson의 사회생물학에 관해 살펴보기로 한다.

1. Lorenz의 각인이론

1) Lorenz의 생애

Konrad Lorenz(1903–1989)

동물행동학의 아버지라 불리는 Konrad Lorenz는 동물행동연구에 다윈의 진화론적 관점을 도입하여 독자적인 이론을 발전시켰다.

사진 설명 Lorenz가 야생거위와 함께 일광욕을 즐기고 있다.

사진 설명 Lorenz가 아내와 함께

Lorenz는 1903년 오스트리아에서 의사의 아들로 태어났다. Lorenz는 어려서부터 동물에 관심을 보였는데, 어류와 조류, 개, 고양이, 토끼 등 동물들을 집으로 데리고 와서 길렀다. 젊었을 때에는 집 근처에 있는 동물원에서 병든 동물을 간호해주었고, 일기형태로 조류의 행동을 자세히 기록하기도 했다.

Lorenz는 아버지의 희망에 따라 의학을 공부한 후 의사자격증을 획득했지만, 야생동물연구에 대한 미련을 버리지 못하고 비엔나 대학에서 동물학을 연구하여 1933년에 동물학 박사학위를 취득했다. 갈가마귀와 회색기러기 같은 조류를 관찰한 일련의 연구논문들을 발표하여 국제적인 명성을 얻었다.

1936년에 독일에 동물심리학회가 설립되었고, 그다음 해에 Lorenz는 새로 창간된 「동물심리학회지」의 공동편집장이 되었다. 이 학회지는 동물행동학의 선구자적 역할을 담당하였다. 1937년에는 비엔나 대학의 비교해부학과 동물심리학의 강사로 임명되었으며, 1948년에는 오스트리아의 알텐부르크 비교행동학 연구소의 소장이 되었다. 1973년에는 Niko Tinbergen, Karl von Frisch와 함께 노벨생물학상을 공동수상하였다. 말

Niko Tinbergen

Karl von Frisch

사진 설명 Lorenz가 1973년 노벨상을 수상하고 있다.

년에 그는 인간을 사회를 구성하는 동물의 하나로 생각하고, 그러한 생각을 인간 행동연구에 적용시켰는데, 이 점에 대해서는 철학적 · 사회학적인 논쟁의 여지가 있다.

Lorenz의 저서로는 『본능적 개념의 확립(The Establishment of the Instinct Concept)』(1937), 『솔로몬 왕의 반지(King Soloman's Ring)』[1](1952), 『공격성에 관하여(On Aggression)』(1963), 『진화와 행동수정(Evolution and Modification of Behavior)』(1965), 『동물행동학의 기초(The Foundations of Ethology)』 등이 있다.

2) 본능적 행동

동물행동학자들은 본능에 흥미를 갖는다. 본능이란 일반적으로 학습되지 않은 행동을 의미하지만, 동물행동학자들에게 있어서 본능은 학습되지 않은 특별한 종류의 행동을 뜻한다. 이러한 본능에는 몇 가지 특징이 있다(Crain, 2000).

첫째, 본능은 특수한 외적 자극에 의해 유발된다. 어미 닭이 위험에서 병아리를 보호하는 본능을 예로 들어보자. 얼핏 보기에 어미 닭은 병아리가 위험에 처해 있을 때에는 언제나 달려가 구조하는 반응을 하는 것처럼 보이지만, 실제로 어미 닭은 매우 특수한 자극, 즉 병아리가 울부짖는 소리에 반응하는 것으로 밝혀졌다. 한 실험에서 병아리를 기둥에 묶고 장막으로 가렸을 때, 어미 닭은 병아리가 울부짖는 소리를 듣고서 병아리를 구조하려고 하였다. 다음에는 장막을 치우고 버둥대는 병아리를 유리로 된 방음상자 안에 집어넣었다. 어미 닭은 고통을 당하는 병아리를 볼 수는 있었지만 소리는 들을 수 없었다. 이때 어미 닭은 병아리의 고통을 본체만체하였다. 왜냐하면 어미 닭이 구조본능을 보이려면 특수한 외적 자극—병아리의 울부짖는 소리—이 필요했기 때문이다. 특수한 유발자극은 어미의 행동에 대한 새끼들의 반응도 결정한다. 예를 들면, 새끼 꿩은 어미

1) 솔로몬 왕은 그의 마법의 반지로 동물과 대화할 수 있는 특별한 능력을 가지고 있었다고 한다. 그러나 Lorenz는 반지가 없어도 사랑과 관심 그리고 노력이 있다면 몇몇 동물과는 이야기를 주고받을 수 있다고 말했다. 그는 연구를 위해 새끼 기러기의 부모가 되고 갈가마귀, 까마귀, 늑대, 개, 오리, 앵무새 등의 친구이자 우두머리가 되었다.

가 다급하게 부르는 소리를 들을 때에만 숨을 곳을 향해 돌진한다. 마찬가지로 새끼 갈가마귀도 어미가 일정한 각도와 속도로 날아갈 때에만 어미의 뒤를 따른다.

둘째, 본능은 종 특유의 것이다. 즉, 어떤 행동유형은 어떤 특수한 종의 구성원에게서만 발견할 수 있다. 이런 행동들은 항상 어떤 고정된 반응유형, 즉 판에 박힌 운동요소를 포함한다. 바꾸어 말하면 싸우는 자세나 구애행동, 어미를 따르는 행동양식 등은 언제나 고정된 행동유형으로 나타난다고 한다.

셋째, 본능은 진화의 산물로서 종(種)의 생존가치를 결정하는 의미를 갖는다. 예를 들면, 갈매기는 알을 부화시킨 다음에 알의 껍질을 없애려고 하는데, 그런 본능적 행동은 알의 껍질이 햇빛에 비치면 반짝거려 천적들이 모여들기 때문이다.

요약하면, 본능은 학습되지 않은 다른 형태의 행동과는 다른 것이다. 이를테면, 본능은 배고픔과 같은 일반적 욕구와는 구별되는데, 그 이유는 배고픔과 같은 욕구는 모든 종(種)에서 발견되는 것이기 때문이다. 따라서 그것은 종특유의 것이 아니다. 본능은 또한 반사작용과도 다른 것이다. 본능에는 반사작용도 포함되지만, 반사작용보다 더욱 복잡한 것이다. 그리고 반사작용에는 특수한 외적 유발자극이 필요없다. 예를 들어, 눈을 깜박이는 반사작용은 바람이나 소리, 먼지, 밝은 빛 등 여러 가지 자극에 의해 유발될 수 있다.

3) 각인

Lorenz는 여러 종의 동물들의 행동을 관찰한 다음 생존가능성을 증진시키는 행동패턴을 발견했는데, 이들 중 가장 잘 알려진 것이 각인(imprinting)이다. 각인은 새끼 새가 부화된 직후부터 어미 새를 따라다니는 행동을 의미하는데, 그것은 새끼가 어미 곁에 가까이 있음으로써 먹이를 얻을 수 있고, 위험으로부터 보호를 받을 수 있기 때문이다. 각인은 생후 초기의 제한된 기간 내에서만 일어나는데, 만약 이 기간에 어미가 없으면 대신 어미를 닮은 어떤 대상에 각인이 일어날 수도 있다(Lorenz, 1952).

한 실험에서 Lorenz(1965)는 어미 오리가 낳은 알을 두 집단으로 나누었다. 한 집단의 알은 어미 오리가 부화하게 하고, 다른 집단의 알은 부화기에서 부화시켰다. 첫 번째 집단의 새끼 오리는 예측한 대로 부화 직후부터 어미 오리를 따라다녔다. 그러나 부화하자마자 Lorenz를 보게 된 두 번째 집단의 새끼 오리들은 Lorenz를 어미로 생각하는 것처럼 그를 졸졸 따라다녔다(사진 참조). Lorenz는 새끼 오리들에게 각기 표시를 한 후 상자로 덮어씌웠다. 어미 오리 옆에 Lorenz가 나란히 서서 상자를 들어올렸더니, 두 집단의 새

사진 설명 새끼 오리가 Lorenz를 '엄마'로 잘못 알고 그 뒤를 졸졸 따라가고 있다. 여기서 새끼 오리들은 Lorenz에게 각인되었는데, '각인'은 태어나서 처음 접하는 물체에 애착을 형성하는 선천적 학습을 일컫는 말이다.

끼 오리들은 각각 자기 '엄마' 뒤에 나란히 줄을 섰다. Lorenz는 이 과정을 각인이라고 불렀다.

Lorenz는 각인되는 대상의 범위가 종에 따라 각기 다르다는 것을 발견하였다. 기러기 새끼는 움직이는 것이면 무엇이든지 각인되는 것으로 보인다. 실제로 움직이는 보트에도 각인된 경우가 있었다. 반면, 물오리 새끼들은 Lorenz가 어떤 높이 이하로 몸을 구부리고 꽥꽥거리는 소리를 지를 때에만 그에게 각인되었다.

각인의 적응가치는 과연 무엇인가? 집단으로 생활하고, 출생 후 곧 움직이며, 천적의 강한 위협하에 있는 조류와 포유동물에서 각인은 강한 애착기제로 진화해온 것 같다. 이러한 종에 있어서 어미를 쫓아다니는 추종반응의 신속한 형성은 새끼들이 위험에 처했을 때, 새끼들로 하여금 도망가는 어미를 따를 수 있도록 해준다(Freedman, 1974).

4) 결정적 시기

각인에 관한 연구에서 밝혀진 것은 이 현상이 결정적 시기(critical period)에서만 일어난다는 것이다. 각인은 어린 동물이 생후 초기의 특정한 기간에 어떤 대상에 노출되어 그 뒤를 따르게 되면, 그 대상에 애착을 가지게 되는 것을 의미하는데, 여기서 '특정한 기

사진 설명 각인 연구가 실패했을 때…

간'이 결정적인 시기가 된다.

만약 결정적 시기의 이전이나 이후에 대상에 노출되면 애착은 형성되지 않는다. 즉, 일단 결정적 시기가 경과해 버리면, 그 동물로 하여금 다른 대상에게 애착하도록 하는 것이 불가능해진다.

각인은 아동발달에 폭넓게 적용되어온 주요 개념인 결정적 시기라는 개념을 도출하게 되었다. 결정적 시기는 제한된 시간 내에 아동이 특정한 적응행동을 습득하도록 생물학적으로 준비되어 있는 것이기는 하나, 그러기 위해서는 적절한 자극적 환경의 지원이 있어야 한다는 것을 의미한다(Berk, 2000).

5) 평가

Lorenz의 동물행동학적 이론은 새롭고 흥미있는 수많은 개념과 행동에 접근하는 새로운 방식을 우리에게 제시하였다. 동물행동학적 이론은 생물학적 · 환경적 영향에 관한 연구에 진화론적 견해를 더함으로써 아동발달에 대한 관점을 넓히고 있음은 물론이고, 연구자들이 아동행동의 기능적인 측면에까지 관심을 갖도록 하였다. 동물행동학적 이론은 특히 특정 행동의 기능을 이해하기 위해서는 자연적인 환경에서 아동을 관찰해야 한다고 주장하였다. 또한 아동발달을 연구할 때 변화의 주체인 아동뿐만 아니라 변화하는 물리적 · 사회적 세계도 고려해야 한다고 주장한다. 이들은 애착, 또래집단, 표정과 신체의 움직임 등에 대한 설명을 통해 이들 주제와 관련이 있는 많은 연구들을 고무한 바 있다.

반면에, 동물행동학적 이론은 그 방법론상 자연관찰적 방법에 의존하는 것이므로 많은 어려움이 있을 뿐만 아니라, 박탈 실험은 인간을 대상으로 하는 경우 윤리적인 문제로 인해 거의 불가능하다고 할 수 있다. 또한 아동의 언어나 추상적 사고와 같은 특정 부분의 발달에 대해서는 별로 관심을 기울이지 않았다는 비판을 받고 있다(Miller, 1993).

특히 미국의 심리학자들은 동물행동학적 이론이 학습과 경험의 역할을 무시했다고 비판하였다. 그러나 이러한 비판은 잘못된 감이 없지 않다. 물론 각인은 Locke, Pavlov, Skinner 등이 언급한 학습의 종류와는 다르지만 각인도 일종의 학습임에 틀림없다. 왜냐하면 각인은 결정적 시기에만 일어나는 학습이기 때문이다.

2. Bowlby의 애착이론

1) Bowlby의 생애

John Bowlby(1907-1990)

John Bowlby는 1907년에 런던에서 출생했다. Bowlby는 외과의사인 아버지의 뜻에 따라 케임브리지 대학에서 의학공부를 시작했다. 그러나 3학년이 되었을 때, 자신의 생애를 투자할 만한 가치가 있는 것은 바로 발달심리학이라 생각하고 의학공부를 포기하게 된다. 하지만 아동의 심리치료를 하기 위해 다시 의학공부를 시작한다.

임상의로서 Bowlby는 제2차 세계대전 후 고아원에서 성장한 아동들에게는 타인과 친밀하고 지속적인 관계를 형성하지 못하는 등 여러 가지 정서적 문제가 있음을 발견하였다. Bowlby는 이 아동들이 생의 초기에 어머니에 대한 확고한 애착을 형성할 기회가 없었기 때문에 친밀한 인간관계를 맺지 못하는 것으로 해석하였다. 또 정상적인 가정에서 성장했지만 어머니와 장기간의 분리를 경험한 아동들도 유사한 징후를 보인다는 것을 알았다. 이러한 아동들은 너무 충격을 받아서 영원히 인간적 유대를 밀접하게 형성할 수 없는 것처럼 보였다. 이와 같은 관찰결과 Bowlby는 어머니와 유아 간의 관계에 대해 세심한 주의를 기울이지 않고는 아동발달을 이해할 수 없다는 확신을 갖게 되었다. 이 분야에 대한 관심은 결국 그로 하여금 동물행동학적 이론을 인간관계—특히 유아와 어머니 간의 애착관계—에 적용하도록 만들었다.

Bowlby는 「아동의 어머니에 대한 유대의 본질(The nature of the child's tie to his mother)」(1958)이라는 논문에서 동물행동학적 틀 안에서 당시의 애착이론을 논의했다. 이 논문과 그 후의 폭넓은 저술을 통해서 그는 우리가 애착이라고 부르는 복잡한 행동체계의 일차적 기능이 위해로부터 유아를 보호하기 위한 것이며, 유아로 하여금 성인으로 발달할 수 있도록 돌보는 것이라고 주장하였다.

Bowlby의 저서로는 『아동양육과 애정의 성장(Child Care and Growth of Love)』(1953), 『애착과 상실: 애착(Attachment and Loss: Attachment)』(1969), 『애착과 상실: 분리(Attachment and Loss: Separation)』(1973), 『애착과 상실: 상실(Attachment and Loss: Loss)』(1980), 『안전기지(A Secure Base)』(1988) 등이 있다.

Bowlby는 1990년 83세의 나이로 세상을 떠났다. 이후 '후기 보울비학파' 또는 '신 보울비학파'로 알려진 Mary Main, Phil Shaver, Alan Sroufe, Inge Bretherton 등이 그 뒤를 잇고 있다.

2) Bowlby 이론의 개요

Bowlby(1969, 1973)는 아동도 다양한 형태의 프로그램된 행동을 나타내는데, 이러한 행동은 생존뿐만 아니라 정상적인 발달에도 유용하다고 주장한다. 예를 들면, 아기의 울음은 어머니의 주의를 집중시키는 생물학적으로 프로그램된 '고통 신호(distress signal)'로 여겨진다(사진 참조). 아기가 자신의 고통을 전하기 위해 큰 소리로 우는 것도 생물학적으로 프로그램된 것이고, 어머니가 아기의 울음에 반응하는 것도 생물학적으로 프로그램된 것이다. 아기 울음의 적응적인 요소는 첫째, 아기의 기본 욕구(배고픔, 목마름, 안전 등)가 충족되고, 둘째, 아기가 애착관계를 형성하는 데 필요한 충분한 접촉을 할 수 있다는 점이다(Bowlby, 1973).

사진 설명 아기의 울음은 어머니(또는 양육자)의 주의를 끄는 '고통신호'이다.

유아가 태어나면 자신을 돌보는 사람, 특히 어머니와 강한 정서적 유대를 맺게 되는데 이것이 애착관계이다. 아기의 애착행동—미소짓기, 옹알이 하기, 잡기, 매달리기, 울기 등—은 선천적인 사회적 신호라고 Bowlby는 주장한다. 이러한 행동들은 부모로 하여금 아기에게 접근해서 보살피고, 상호작용하도록 독려할 뿐만 아니라 아기를 먹이고, 위험으로부터 보호하며, 건강한 성장에 필요한 자극과 애정을 기울이게 해준다. 이것은 인간의 진화적 유산의 일부로서 다른 영장류와도 공유하는 적응기제이다. 유아의 애착발달은 새끼 새에서 보이는 각인형성보다 훨씬 더 복잡한 것인데, 이것은 어머니(또는 양육자)와 장기간에 걸친 유대관계를 통해 형성된다(Bretherton, 1992).

Harry Harlow

사회적 상호작용을 강조한 Bowlby의 애착이론은 애착이 배고픔과 같은 일차적 욕구 충족과 관계없이 발달한다고 밝힌 Harlow의 연구결과에 그 토대를 두는 것이다. Harlow와 Zimmerman(1959)의 유명한 원숭이 실험에서, 원숭이 새끼들은 어미와 격리되어 '철사엄마'와 '헝겊엄마'의 두 대리모에 의해 양육되었다. 철사엄마와 헝겊엄마에게 우유병을 부착해서 이 중 반은 철사엄마에게서 우유를 얻어먹게 하고, 나머지 반은 헝겊엄마에게서 우유를 얻어먹게 하였다. 연구결과 원숭이 새끼들은 어떤 엄마에게서 수유를 받았든 그와 상관없이 모두 헝겊엄마를 더 좋아하는 것으로 나타났다. 심지어 철사엄마에게서만 젖을 먹을 수 있었을 때조차도 젖 먹는 시간만을 제외하고는 대부분의 시간을 헝겊엄마와 함께 보냈다(사진 참조). 그리고 낯선 물체가 나타났을

Robert R. Zimmerman

사진 설명 우유병이 '철사엄마'에게만 부착된 경우에도 원숭이 새끼는 '헝겊엄마'와 애착형성을 이루었다.

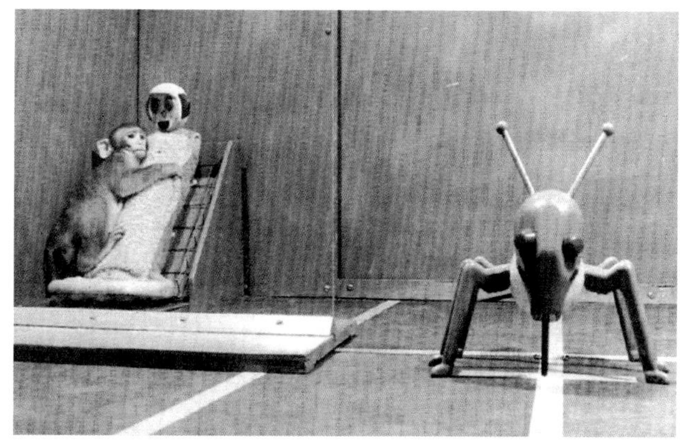

사진 설명 두려운 물체가 나타나자 원숭이 새끼는 '헝겊엄마'에게 매달렸다.

때에도 두려워하는 반응을 보이면서 모두 헝겊엄마에게로 달려가 매달렸다(사진 참조). 배고픔을 덜어준 것이 철사엄마였기 때문에, 원숭이 새끼들은 철사엄마를 더 좋아해야 하는데 그렇지 않았다. 이 연구결과는 수유가 애착형성에 결정적 요인이 아니라는 것을 시사해준다.

Bowlby의 애착에 관한 연구는 인간의 애착관계의 질이나 유대과정(bonding process)에 관한 여러 가지 연구를 촉진하였다. 그중 대표적인 것이 Mary Ainsworth가 유아의 애착을 측정하기 위해 개발한 '낯선상황(strange situation)' 실험이다. 그뿐만 아니라 그것은 진화적 맥락에서 아동발달의 다른 측면(예를 들면, 아동의 공격적 행동, 또래 간의 상호작용, 사회적 놀이, 인지발달 등)에 관한 연구에도 자극을 주었다.

3) 민감한 시기

Marc Bornstein

Freud와 마찬가지로 동물행동학에서도 초기 경험의 중요성을 강조한다. Freud처럼 Bowlby 또한 인생 초기에 형성되는 사회적 관계의 질이 그 후의 발달에서 결정적인 역할을 한다고 믿는다. 위에서 본 바와 같이 동물행동학에서는 아동발달에는 결정적 시기가 있다고 주장한 바 있다. 동물에게서는 결정적 시기의 개념이 각인과 같은 발달의 특정 측면을 설명하는 것으로 보이지만, 인간발달에서는 민감한 시기(sensitive period)가 보다 더 적절한 개념인 것으로 보인다(Bornstein, 1989). 민감한 시기는 그 개념이나 범위가 결정적 시기보다 덜 고정적이다. 민감한 시기는 특정한 능력이나 행동이 출현하는 데에 최적의 시기로서, 아동은 이 시기에 특정한 환경의 자극에 민감한 반응을 보인다. 민감한 시기가 지난 후에도 발달이 이루어질 수는 있지만, 그때는 시간이 더 오래 소요될 뿐 아니라 어렵기도 하다.

Bowlby(1988)는 인생에서 첫 3년이 사회정서발달의 민감한 시기라고 본다. 즉, 첫 3년간이 친밀한 정서적 유대를 형성하는 데 매우 민감한 시기이다. 만약 이 기간 동안 그런 기회를 갖지 못한다면, 나중에 친밀한 인간관계를 형성하는 것이 거의 불가능하게 된다고 한다.

4) 애착형성의 단계

영아가 어머니와 어떻게 애착을 형성해나가는가에 대해 Bowlby(1969)는 영아의 발달단계와 관련해서 애착의 발달단계를 전 애착단계, 애착형성단계, 애착단계, 상호관계의 형성단계라는 네 단계로 분류하고 있다.

(1) 전 애착단계(Preattachment Phase: 출생 후~6주)

영아는 붙잡기, 미소짓기, 울기, 눈 응시하기(사진 참조) 등 다양한 신호체계를 통해 주위 사람들과 가까운 관계를 유지한다. 그러나 이 단계에서는 아직 애착이 형성되지 않는다. 따라서 낯선 사람과 혼자 남겨져도 영아는 별로 개의치 않는다.

(2) 애착형성단계(Attachment in the Making: 6주~8개월)

이 단계에서 영아는 친숙한 사람과 낯선 사람에게 다르게 반응하기 시작한다. 예를 들어, 영아는 어머니와의 상호작용에서 더 많이 웃거나 미소지으며, 옹알이를 더 자주 한다. 영아는 자신의 행동이 다른 사람에게 영향을 미친다는 것을 깨닫게 되고, 자신이 필요할 때 어머니가 언제든지 반응할 것이라는 신뢰감을 발달시키기 시작한다. 그러나 낯선 얼굴과 친숙한 얼굴을 구별할 수 있음에도 불구하고 부모가 자기를 혼자 남겨놓고 자리를 떠나도 아직 이 단계에서는 분리불안을 보이지 않는다.

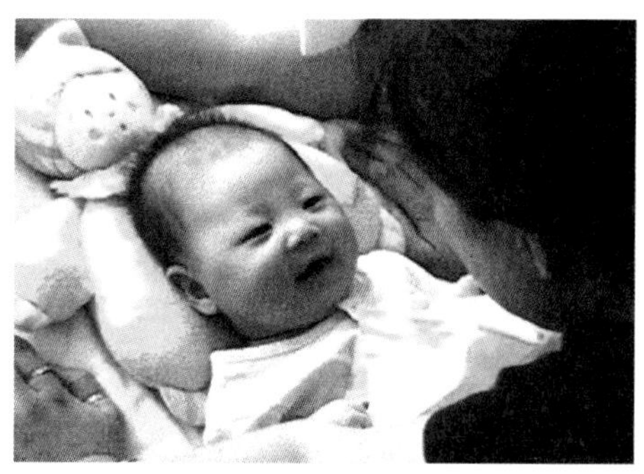

사진 설명 영아는 어머니와의 상호작용에서 더 많이 웃거나 미소짓는다.

(3) 애착단계(Clear-Cut Attachment: 8~18개월)

이 단계에서는 영아가 이미 애착이 형성된 사람에게 적극적으로 접근한다. 따라서 애착대상이 떠나면 분리불안을 보인다. 분리불안은 모든 문화권에서 보편적인 현상인 것으로 돌 전후에 나타나기 시작해서 15개월까지 계속 증가한다. 분리불안은 애착대상이 시야에서 사라져도 계속 존재한다는 대상영속성의 개념을 영아가 획득했다는 증거이기도 하다. 연구에 의하면 대상영속성 개념을 획득하지 못한 영아는 분리불안을 보이지 않

Barry M. Lester

는 것으로 나타났다(Lester et al., 1974).

(4) 상호관계의 형성단계(Formation of Reciprocal Relationships: 18개월~2세)

2세 말경이 되면 영아는 정신적 표상과 언어발달로 인해 이미 애착을 형성한 사람의 행동을 예측할 수 있게 된다. 즉, 어머니가 언제 다시 돌아올지 예측할 수 있으므로 결과적으로 분리불안이 감소한다. 이 단계에서 영아는 양육자와 협상하고, 자신이 원하는 대로 그 사람의 행동을 수정하고자 한다. 예를 들어, 어머니가 어디로 가고 언제 돌아올 것인지를 물어보고, 빨리 다녀와서 이야기책을 읽어달라고 부탁한다.

Bowlby는 이상과 같은 네 단계를 거쳐 부모-자녀 간에 형성되는 애착관계는 개인의 성격발달에 큰 영향을 미친다고 보고 있다. 그러나 Bowlby의 이론은 발달단계에 따른 애착의 형성에 초점을 맞추고 있기 때문에, 동일한 연령집단 내에서의 개인차는 간과하고 있다. 이 점에 착안하여 애착을 측정하기 위해 가장 보편적으로 사용되는 방법이 Ainsworth 등이 개발한 '낯선상황(strange situation)' 실험이다.

5) 애착의 유형

Marry Ainsworth

Ainsworth(1983)는 8가지 에피소드(〈표 7-1〉 참조)로 구성된 낯선상황 실험을 실시하여, 애착형성을 세 가지 유형으로 구분하였다. 이후 Main과 Solomon(1986, 1990)은 낯선상황 실험에서 분리와 재결합 상황을 녹화한 비디오테이프를 분석한 결과, 이들 세 유형에 속하지 않는 또 다른 애착유형이 있음을 발견하고, 이를 혼란애착으로 분류하였다.

(1) 안정애착(Secure Attachment)

연구대상의 65% 정도를 차지하는 안정애착 유형은 주위를 탐색하기 위해 어머니로부터 쉽게 떨어진다. 그러나 낯선 사람보다 어머니에게 더 확실한 관심을 보이며, 어머니와 함께 놀 때 밀접한 관계를 유지한다. 또한 어머니와 격리되었을 때에도 어떤 방법으로든 능동적으로 위안을 찾고 다시 탐색과정으로 나아간다. 이들은 어

표 7-1 Ainsworth의 낯선상황 실험[2)]

에피소드	내 용	관찰되는 애착행동
1	실험자가 어머니와 영아를 실험실로 안내하고 떠난다.	
2	영아가 장난감을 가지고 노는 동안 어머니는 그 곁에 앉아 있다.	안전기지로서의 어머니
3	낯선 이가 들어와 앉아서 어머니와 이야기를 나눈다.	낯선 이에 대한 반응
4	어머니가 방을 나간다. 낯선 이가 영아와 상호작용하고, 영아가 불안반응을 보이면 진정시킨다.	분리불안
5	어머니가 돌아와 영아를 반기고 필요하다면 영아를 진정시킨다. 낯선 이가 방을 나간다.	재결합 반응
6	어머니가 방을 나간다.	분리불안
7	낯선 이가 들어와서 영아를 진정시킨다.	낯선 이에 의해 진정되는 정도
8	어머니가 돌아와 영아를 반기고 필요하다면 영아를 진정시킨다. 영아의 관심을 장난감으로 유도한다.	재결합 반응

출처: Ainsworth, M. D. S., Blehar, M., Waters, E., & Wall, S. (1978). *Patterns of attachment*. Hillsdale, NJ: Erlbaum.

머니가 돌아오면 반갑게 맞이하며, 쉽게 편안해진다.

(2) 회피애착(Avoidant Attachment)

연구대상의 20% 정도를 차지하는 회피애착 유형은 어머니에게 반응을 별로 보이지 않는다. 이들은 어머니가 방을 떠나도 울지 않고, 어머니가 돌아와도 무시하거나 회피한다. 어머니와의 관계에서 친밀감을 추구하지 않으며, 낯선 사람에게나 어머니에게 비슷한 반응을 보인다.

(3) 저항애착(Resistent Attachment)

연구대상의 10~15%를 차지하는 저항애착 유형은 어머니가 방을 떠나기 전부터 불안해하고, 어머니 옆에 붙어서 탐색을 별로 하지 않는다. 어머니가 방을 나가면 심한 분리불안을 보인다. 어머니가 돌아오면 접촉하려고 시도는 하지만, 안아주어도 어머니로부터 안정감을 얻지 못하고, 분노를 보이면서 내려달라고 소리를 지르거나 어머니를 밀어

2) 에피소드 1은 30초간 진행되고, 나머지 에피소드는 모두 3분간 진행된다. 에피소드 4, 6, 7은 영아가 심하게 울거나 어머니가 중단시킬 것을 요청하면 끝낼 수 있다. 에피소드 5와 8은 영아를 진정시키는 데 시간이 더 필요하다면 연장될 수 있다.

내는 양면성을 보인다.

(4) 혼란애착(Disorganized Attachment)

연구대상의 5~10%를 차지하는 혼란애착 유형은 불안정애착의 가장 심한 형태로 회피애착과 저항애착이 결합된 것이다. 어머니와 재결합했을 때에도, 얼어붙은 표정으로 어머니에게 접근하거나 어머니가 안아줘도 먼 곳을 쳐다본다.

12~18개월 영아의 낯선상황 실험절차에 따른 애착유형 분포를 살펴보면, 김은하 등(2005)은 35명의 영아를 대상으로 연구한 결과, 안정애착을 형성한 영아가 62.9%로 가장 높게 나타났으며, 회피애착이 14.3%, 저항애착과 혼란애착이 각각 11.4%인 것으로 보고하였다. 반면, 12~18개월 영아 40명을 대상으로 한 진미경(2006)의 연구에서는 안정애착이 67.5%로 가장 높게 나타났고, 회피애착 2.5%, 저항애착 22.5%, 혼란애착 7.5%로 나타났다.

이러한 연구결과들에 대하여 정성훈, 진미경, 정운선, 임효덕(2006)은 회피애착과 저항애착 유형이 제각기 다르게 나타난 이유는 각 연구들에서 절차를 다소 수정하거나 평정기준을 수정하는 과정에서 다른 기준을 적용하였기 때문이라고 해석하였다. 예를 들면, 예비연구에서 영아의 과도한 스트레스를 피하기 위하여, 영아가 혼자 남겨지는 에피소드를 포함시키지 않는다거나 각각의 에피소드를 2분으로 단축시키는 등 한국 실정에 맞게끔 절차상 수정을 하였다는 것이다.

우리나라 유아를 대상으로 애착유형에 따라 유아의 정서조절 및 사회적 능력에 차이가 있는가를 알아본 연구(황소연, 방희정, 2012)에서 안정애착 유아와 불안-회피애착 유아 간에 정서조절 능력 면에서 차이가 있는 것으로 나타났다. 즉, 양육자와의 안정적인 애착관계를 통해 유아의 정서가 민감하고 효율적으로 조율되는 경험이 반복됨으로써, 유아는 보다 효율적인 정서조절 능력을 발달시킬 수 있게 되는 것으로 여겨진다. 또한

사진 설명 낯선상황 실험

교사가 평가한 사회적 능력에서도 유의한 차이가 있는 것으로 나타났는데, 어머니와 안정애착을 형성한 유아가 불안정 애착을 형성한 유아에 비해 교사 및 또래와 긍정적인 관계를 형성하고, 대인관계문제를 보다 효율적으로 해결하며, 사회적으로 보다 유능한 것으로 나타난 선행연구(서명원, 2009; 이진숙, 2001)의 결과와 일치하는 것으로 보인다.

낯선상황 실험이 애착의 질을 측정하기 위한 중요한 지표가 되기는 하지만, 이를 안정 유형과 불안정 유형으로 해석하는 데는 주의가 필요하다. 안정 유형과 불안정 유형의 구분은 부모가 방으로 들어왔을 때의 반응에 근거하고 있으나, 이러한 반응은 상황요인의 영향을 크게 받는다. 또한 영아 자신의 기질이나 부모의 양육태도 등 여러 요인이 그것에 영향을 미치게 된다.

Everett Waters

최근에는 그 대안으로 애착 Q-sort(Waters et al., 1995)를 많이 사용한다. 애착 Q-sort는 "어머니가 방으로 들어오면 영아는 함박웃음을 지으며 어머니를 맞이한다" 또는 "어머니가 움직이면 영아도 따라간다"와 같은 애착과 관련된 90개의 문항에 "매우 그렇다"부터 "매우 그렇지 않다"까지 9점 척도에 부모가 답하도록 되어 있다. 총점을 계산해서 안정애착 집단과 불안정애착 집단으로 나누는데, 연구결과 애착 Q-sort와 낯선상황 실험은 상당히 일치하는 것으로 나타났다(Pederson et al., 1998).

6) 애착반응: 낯가림과 분리불안

영아가 특정 인물과 애착을 형성했다는 증거로 나타나는 현상이 낯가림과 분리불안이다.

(1) 낯가림(Stranger Anxiety)

영아가 특정인과 애착을 형성하게 되면 낯선 사람이 다가오거나 부모가 낯선 사람에게 자신을 맡기면 큰 소리로 우는데, 이런 반응을 낯가림이라고 한다. 낯가림은 6~8개월경에 나타나기 시작해서 첫돌 전후에 최고조에 달했다가 서서히 감소한다.

낯가림을 설명하는 몇 가지 이론이 있다. 첫째, 정신분석이론이나 사회학습이론(Sears, 1963; Spitz, 1950)에 의하면, 낯가림은 유아가 애착을 이룬 사람과 헤어지게 되지 않을까 또는 그 사람을 잃어버리지 않을까 하는 두려움을 표현하는 것이라고 한다. 이런 견해는 낯가림이 누군가에게 애착을 이룬 후에 발생한다는 것과 애착을 이룬 유아는 낯선 사람이 접근하면 어머니나 다른 친근한 사람에게 꼭 달라붙는 경향이 있다는 관찰과 일치한다(Morgan & Ricciuti, 1969; Schaffer & Emerson, 1964).

Bowlby의 동물행동학적 이론에 의하면 한 종의 진화적 역사를 통해 어떤 상황들은 너무나도 자주 위험과 연합되어서 이에 대한 공포반응이나 회피반응이 생물학적으로 프로그램되었다고 한다. 낯선 사람에 대한 회피나 경계는 이러한 생득적인 공포반응의 한 예이다. 출생 시에는 유아의 인지적 · 지각적 능력이 매우 미숙하기 때문에 친숙한 것과 낯선 것을 구분하지 못하며, 유아가 그 두 가지를 구분하는 데에는 어느 정도의 시간이 필요하다. 그리고 일단 그런 구분이 가능해지면 유아는 생물학적으로 프로그램된 '낯선 것에 대한 공포반응'을 나타내기 시작한다.

Jerome Kagan

Kagan(1972)의 인지발달이론에 의하면 낯가림은 유아의 지각적 · 인지적 발달의 자연스러운 결과이다. 낯가림은 낯선 사람 그 자체에 대한 반응이 아니고, 영아가 익숙해 있는 얼굴과 낯선 얼굴의 불일치에 대해 보이는 반응이다. 즉, 일단 영아가 친숙한 사람에 대한 도식을 형성하게 되면 이를 낯선 사람과 비교하게 되며, 그 차이가 큰 경우에는 혼란스러움을 경험한다는 것이다.

인지발달적 견해에 의하면 일상적으로 소수의 사람만을 보게 되는 유아들은 이런 몇몇 사람에 대한 안정된 도식을 빨리 발달시키므로, 더 어릴 때부터 낯가림을 하게 된다고 하다. 반면, 낯선 사람들(예를 들면, 친척, 보모, 가족의 친구 등)을 많이 그리고 자주 접하는 유아들은 이들에 대한 안정된 도식을 천천히 발달시키므로, 낯선 사람에 대한 두려운 반응을 덜 보이게 된다고 한다. 이러한 견해를 지지하는 한 연구(Schaffer, 1966)에서 낯가림을 더 일찍 시작하는 유아는 실제로 가족 수가 적으며 가족 이외의 사람들과는 거의 접하지 못한 것으로 나타났다.

대부분의 영아는 낯선 사람에 대한 불안반응을 보이지만, 낯가림의 정도는 영아의 기질이나 환경요인에 따라 다르게 나타난다. 부모나 친숙한 성인이 함께 있는 상황에서는 낯가림이 덜 나타나고, 기질적으로 순한 영아가 까다로운 영아보다 낯가림을 덜 하는 편이다. 그러나 낯가림을 전혀 하지 않는 것도 바람직한 것은 아니다. 이런 영아들은 낯선 사람에 대한 변별력이 없기 때문에 애착형성이 잘 이루어지지 않는 경향을 보인다.

생후 3개월에서 5세 사이에 있는 우리나라 유아의 낯가림 및 분리불안과 어머니의 양육태도와의 관계를 알아본 연구(이주혜, 1981)에 의하면, 어머니의 양육태도가 수용적일수록 낯가림과 분리불안 현상이 일찍 나타났다고 한다. 이 결과는 어머니가 수용적인 태도일 때 어머니와의 애착이 잘 이루어지고, 애착형성이 잘 될수록 유아의 대상에 대한 개념형성이 빨라져서 나타난 현상으로 해석되었다.

(2) 분리불안(Separation Anxiety)

낯가림이 낯선 사람에 대한 불안에서 비롯된 것이라면, 친숙한 사람과의 분리 또한 불안의 근원이 된다. 분리불안은 영아가 부모나 애착을 느끼는 대상과 분리될 때 느끼는 불안을 의미한다. 분리불안은 돌 전후에 나타나기 시작해서 20~24개월경에 없어진다. 안정애착을 형성한 영아는 불안성애착을 형성한 영아보다 분리불안 반응을 덜 보이는 경향이 있으며, 어머니를 탐색을 위한 기지로 삼아 주변 환경에 대한 탐색활동을 하게 된다.

정신분석이론과 학습이론에 의하면, 어머니가 옆에 없을 때에 강한 불쾌감(예를 들면, 배고픔, 젖은 기저귀, 통증 등)을 경험한 유아들은 어머니와 헤어지는 것을 두려워하게 된다고 한다. 다시 말해서, 유아가 크나큰 불편함과 어머니의 부재를 연결지어 학습하게 되면 어머니가 떠나려고 할 때마다 저항함으로써 '조건화된 불안감(conditioned anxiety)'을 표현하게 된다는 것이다(사진 참조).

동물행동학적 이론에 의하면 유아들은 낯선 사람, 낯선 장면, 친숙한 사람과 헤어지는 낯선 상황 등을 포함해서 불확실한 상황에 대한 생득적 공포를 가지고 있다고 한다

사진 설명 애착관계가 형성된 한 가지 증거는 영아가 양육자와 떨어질 때 보이는 분리불안이다.

(Bowlby, 1973; Stayton, Ainsworth, & Main, 1973). 그러나 유아의 선천적인 탐색활동이 점점 증가하고 어머니를 안전기지로 삼아 탐색활동을 하면서 어머니와 잠깐 떨어지는 경험을 하게 되면서 2세경에 분리불안은 사라진다.

동물행동학자들은 어린 것이 어머니 곁에 머물면 여러 가지 유해한 자극이나 불편함으로부터 보호를 받을 수 있기 때문에, 분리불안을 어린 종족들을 보호하기 위한 선천적인 반응으로 본다. 어머니는 이런 보호기능뿐만 아니라 분리불안도 경감시킬 수 있다. 어머니는 탐색활동을 위한 안전기지의 역할을 함으로써 유아가 낯선 상황을 탐색하고 낯선 환경에 친숙하도록 해준다. 그 결과 분리불안은 점차 감소하고 이전에 두려워했던 자극들(낯선 사람이나 낯선 환경)을 덜 경계하게 된다.

인지발달이론에서는 동물행동학적 견해를 보완하여 또 다른 설명을 제시한다. Kagan(1972, 1976)은 유아가 친숙한 얼굴에 대한 도식뿐만 아니라 그 사람이 어디에 있을 것이라는 도식도 발달시킨다고 믿는다. 즉, 유아들은 친숙한 장소에 있는 친숙한 얼굴을 도식화한다. 따라서 유아들은 친숙한 사람들이 어디로 갔는지 또는 그들이 언제 돌아올 것인지에 대해 알 수 없을 때 분리불안을 보이는 경향이 있다.

인지발달이론에 의하면 유아는 대상영속성 개념을 획득하기 시작하면서 분리불안을 보인다고 한다. 즉, 어머니가 지금 눈앞에 보이지 않더라도 어디엔가 계속 존재한다는 사실을 모른다면 유아는 어머니의 행방에 대해 궁금해하지 않고 분리불안을 나타내지 않을 것이다.

Cindy Hazan

우리나라 영아의 낯가림, 분리불안과 어머니의 양육태도를 알아본 연구(박은숙, 1982)에서 12~13개월 된 영아의 92%가 분리불안을 보인 것으로 나타났다. 분리불안은 평균 9개월경에 시작되었으며 첫돌 무렵에 가장 심한 것으로 나타났다. 또한 이정희(2019)의 연구에서도 어머니의 분리불안이 높을수록 과보호 양육행동을 많이 하는 것으로 나타났다.

Philip Shaver

7) 애착의 전생애발달

애착연구의 초기 단계에서는 애착이란 영아와 양육자 간에 형성되는 애정적 유대관계만을 의미하였으나, 영아기에 형성된 애착은 전생애를 통하여 계속되고 가족 이외의 타인과의 관계에서도 애착이 형성될 수 있다는 새로운 연구결과들(Ainsworth, 1989; Hazan & Shaver, 1987)이 제시됨에 따라, 이제 애착은 영아와 양육자 간에 국한되지 않고 전생애를 통해 발달할 수 있는 애정적 유대관계로 정의할 수 있다.

Inge Bretherton

Kim Bartholomew

영아기에 형성된 양육자에 대한 애착이 아동기와 청년기를 거쳐 성인기까지 계속될 수 있다는 논리적 근거는 Bowlby(1969)가 제안한 애착의 내적 작동모델(internal working model)에서 찾을 수 있다. 애착의 내적 작동모델은 아동 자신과 애착 대상과의 관계에 대한 표상을 의미한다. 내적 작동모델은 특히 초기 환경에서 애착 대상과의 상호작용의 패턴에 의해 구성된다. 다시 말하면, 애착 대상으로부터 거절당한 경험이 있는 아동은 그 애착 대상에게 부정적인 내적 표상을 가질 뿐만 아니라 자신을 가치 없는 존재로 또는 수용되지 못하는 존재로 자신에 대한 내적 작동모델을 형성하게 된다는 것이다. 반면에 애착 대싱이 자신을 정서적으로 지지하며 도와준다고 느낄 때, 영아는 애착 대상에 대해 긍정적인 표상을 가질 뿐만 아니라 자신에 대해서도 능력 있고 사랑받는 존재로서의 작동모델을 형성하게 된다(Bretherton, 1992). '작동(working)'이라는 단어가 의미하듯이 관계에 대한 내적 표상은 고정적인 것이 아니라 영아와 애착 대상, 즉 양육자와의 상호작용적 경험에 따라 지속적으로 변화한다.

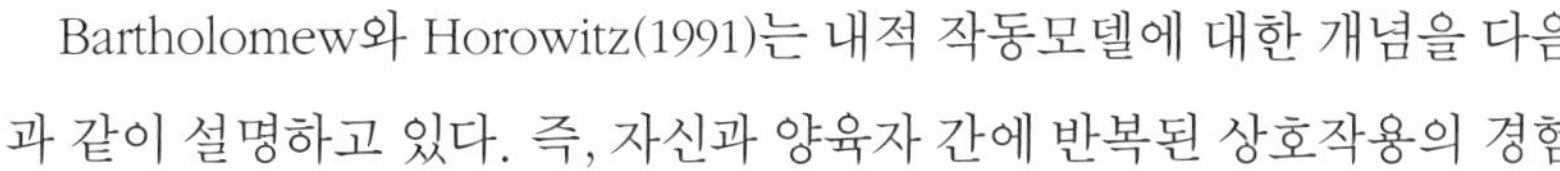

Bartholomew와 Horowitz(1991)는 내적 작동모델에 대한 개념을 다음과 같이 설명하고 있다. 즉, 자신과 양육자 간에 반복된 상호작용의 경험을 통하여 내적 작동모델을 형성한 영아는 안정적 애착을 형성하게 되고, 새로운 도전에 효율적으로 대처할 수 있는 자신감을 갖게 되며, 이후 삶에서 친구나 배우자와 안전하고 상호 신뢰적인 관계를 형성하는 경향을 보인다. 요컨대, 영아기에 형성된 부모에 대한 애착은 내적 작동모델의 형태로 계속되고 그것은 후속적 관계형성 방식에 지속적으로 영향을 미치게 된다는 것이 내적 작동모델의 기본개념이다.

내적 작동모델이론의 발전은 영유아기뿐만 아니라 아동기, 청년기, 성인기, 즉 전생애에 걸쳐 애착발달을 개념화하는 이론적 토대가 되었다. 이는 개인의 발달과 맥을 같이해 애착대상이 어머니에서 아버지, 교사 그리고 연인과 배우자로 다양하게 확대된다. 이와 같이 전생애적 애착발달의 이론적 토대가 내적 작동모델이라면, 이를 경험적으로 가능하게 한 것은 성인애착면접(Adult Attachment Interview: AAI)의

사진 설명 영아기에 형성된 애착유형은 전생애를 통해 계속되고, 타인과의 관계에도 일반화된다.

Alan Sroufe

개발이다. 면접방법을 통해 측정된 성인의 인생초기의 애착경험을 면밀하게 분석하면 현재 성인이 가지고 있는 애착에 대한 태도를 확인할 수 있게 된다. 즉, 행동관찰을 통해서 영아기의 애착발달을 측정하던 한계에서 벗어나, 질문과 면접을 통한 표상적 수준에서의 애착측정이 가능해진 것이다.

이와 같이 표상을 통한 애착측정 방법의 개발은 애착연구에 있어 일대 전환을 가져왔다. 무엇보다 영아기 수준에서만 머물렀던 애착측정과 애착이론을 성인기까지 확대시킴으로써, 단지 이론적 수준에 머물렀던 전생애적 관점에서의 애착이론을 경험적으로 입증할 수 있게 된 것이다.

사진 설명 왼쪽으로부터 Inge Bretherton, Jude Cassidy, Mark Greenberg

애착의 전생애발달을 지지하는 연구들 중에서 Sroufe(1985)는 영아기 동안 안정애착을 형성한 아동들이 또래들 간에 인기가 있고 사회적 유능성이 높다는 사실을 확인한 바 있다. 청년을 대상으로 한 연구에서는 청년과 부모 간의 안정애착(사진 참조)은 청년의 사회적 능력, 자아존중감, 자기통제, 정서적 적응 등과 관련이 있는 것으로 나타났다(Allen & Kuperminc, 1995; Eberly, Hascall, Andrews, & Marshall, 1997; Juang & Nguyen, 1997; Kobak, 1992). 부모와의 안정애착은 또한 가족 이외의 다른 사람과의 관계에서도 자신감을 갖게 해준다. 한 연구에서 부모와 안정애착을 이룬 청년들은 친구, 데이트 상대 그리고 배우자와도 안정애착을 이루는 것으로 나타났다(Armsden & Greenberg, 1984; Hazan & Shaver, 1987).

우리나라 중 · 고등학교 청소년들과 대학생을 대상으로 애착을 연구한 장휘숙(1997)은 부모에 대한 애착이 중 · 고등학교 및 대학교 시기에도 여전히 계속되고 있기는 하지만, 남녀 모두 연령증가와 함께 친구에 대한 애착은 증가하고, 부모에 대한 애착은 다소 약화되는 경향을 나타낸다고 밝혔다. 그럼에도 불구하고 부모에 대한 애착은 여전히 자아존중감과 학구적/직업적 자기효능감에 중요한 역할을 하고 있어 청년기에도 부모에 대한 애착이 중요하다는 것을 확인할 수 있었다.

우리나라의 대학생을 대상으로 부모와의 애착 및 심리적 독립과 성인애착의 관계에 대해 살펴본 연구(조영주, 최해림, 2001)에서는, 그 양상이 성별에 따라 차이가 있는 것으로 나타났다. 남자 대학생의 경우, 아버지와의 애착은 어머니와의 애착의 영향을 통제한 후에도 이성친밀과 친구의존과 상관이 있었지만, 여자 대학생의 경우는 어머니와의 애착을 통제한 후 아버지와의 애착은 이성애착이나 친구애착과 상관이 없는 것으로 나타났다.

유아기에 안정애착을 체험하느냐 못하느냐 하는 것은 성인이 되어서 누군가를 사랑할 수 있는 능력에도 영향을 미친다고 한다. 사랑의 애착이론(Hazan & Shaver, 1987; Simpson, 1990)에 의하면 사랑하는 두 남녀의 관계는 세 가지 유형으로 나눌 수 있다고 한다. 첫째, '안정애착'을 체험한 사람들은 쉽사리 친밀한 관계를 유지하고 상호의존적이 된다. 그리고 상대방으로부터 버림받을까 두려워하지 않는다. 반면에 '회피애착'을 체험한 사람들은 너무 가까워지는 것을 두려워하고, 쉽사리 상대방을 믿거나 의지하지 못한다. 세 번째 유형인 '불안애착'을 체험한 사람들은 자신은 상대방과 가까워지기를 간절히 갈망하는데 상대방은 그에 상응하지 못한다고 생각한다. 그래서 상대방이 자신을 진심으로 사랑하지 않을까 봐 걱정하기 때문에 관계유지에 대해 자신이 없다.

한 연구(Hazan & Shaver, 1987)에 의하면, 성인의 53%가 안정애착, 26%가 회피애착 그리고 20%가 불안애착의 유형인 것으로 나타났다고 한다. 그리고 354명의 연인들을 대상으로 성인의 애착유형을 조사한 연구(Kirpatrick & Davis, 1994)에서는 반 이상이 두 사람 모두 안정애착 유형이었고, 10%의 경우는 한 사람은 안정애착의 유형이지만 또 다른 사람은 회피애착의 유형이었으며, 10%는 안정애착과 불안애착의 유형에 해당하는 연인들이었다. 두 사람 모두 회피애착의 유형 또는 불안애착 유형인 경우는 한 쌍도 없었다.

Keith E. Davis

이와 같은 연구결과들은 영아기에 형성된 애착관계가 내적 작동모델의 형태로 지속될 가능성이 있음을 시사한다. 이제 애착은 더 이상 영아기만의 발달문제로 한정되지 않고 있으며, 그것은 전생애를 통해 계속해서 발달하는 것임을 알 수 있게 해준다.

8) 평가

Bowlby와 동물행동학자들은 우리로 하여금 아동의 행동을 보는 새로운 시각을 갖게 해 주었다. Bowlby의 이론을 접하기 전에 우리는 아기가 미소 지으면 귀엽다고 생각하고 아기가 울면 아기들은 으레 그러려니 여겨왔다. 그러나 Bowlby는 아동의 이런 행동들이 종의 생존에 크게 기여한다고 믿는다. 아기의 울음은 다른 종에서와 마찬가지로 부모의 주의를 끄는 고통 신호이다. 아기의 미소 또한 부모의 사랑과 보살핌을 유발하는 행동유형으로 종의 생존을 돕는다.

Bowlby와 동물행동학자들은 진화의 맥락에서 인간발달을 보는 것이 얼마나 중요한 것인가를 깨닫게 해주었다. Bowlby는 아동수용시설에 의한 결핍에서 생기는 해로운 영향과 아동격리에 따르는 잠재적인 문제를 처음으로 인식한 사람으로 평가된다. Bowlby의 연구는 또한 애착단계를 고려한 아동입양에 대해서도 시사점을 주고 있다. 가능하다면 입양은 특별한 한 사람에게 애착을 형성해서 분리불안을 겪기 전에 하는 것이 바람직한 것으로 보인다.

한편, Bowlby 이론의 단점으로 지적되는 사항은 다음과 같다. 첫째, 연구대상을 유아기에만 한정시켰다는 지적을 받는다. 따라서 유아기 이후의 발달에 대한 고려가 필요한 것으로 보인다. 둘째, Lorenz나 Tinbergen 등의 전통적 동물행동학적 개념을 인간의 행

사진 설명 Jerome Kagan이 행동억제(기질) 연구에 관해 설명하고 있다.

동에 적용하는 범위가 명확하지 않다는 지적을 받고 있다. 즉, 어떤 특수한 외적 자극이 인간의 본능을 유발하는가에 대한 설명이 명확하지 않다는 것이다. 예를 들어, 특수한 유발자극(옆얼굴보다는 정면얼굴)으로 인해 아기가 보이는 비소와 불안이나 두려움 등과 같은 단순자극에 의해 나타나는 아기의 울음은 동일한 본능적 개념이 아니다. 그럼에도 불구하고 Bowlby는 어떤 동물학적 개념이 인간의 행동에 적용되는지 또는 적용되지 않는지를 밝히지 않고 있다. 셋째, Kagan(1984)은 Ainsworth가 구분한 애착유형은 유아의 기질을 고려하지 않았다는 지적을 한다. 유아의 기질 또한 애착형성에 간접적으로 영향을 미치기 때문이다. 예를 들어, 모자(母子)가 서로 매우 다른 기질을 가지고 있으면, 어머니가 유아에게 적합한 반응을 하지 못함으로써 안정애착을 형성하기가 어렵기 때문이다(Crain, 2000).

3. Wilson의 사회생물학

1) Wilson의 생애

Edward Wilson은 미국에서 대공황이 일어나기 직전인 1929년 6월 10일 앨라배마 주의 버밍햄에서 태어났다. 정부의 회계관이었던 그의 아버지는 한 근무처에서 2년을 넘기지 못하고 줄곧 옮겨다닌 관계로 대학에 진학하기까지 Wilson은 무려 16군데의 학교를 다녔다. Wilson이 7세 되던 해에 부모가 이혼하여 그는 형제도 없고 친구도 사귀기 어려웠다. 그는 어린 시절을 불우하게 보냈다. 주로 자연을 벗삼아 늪을 뒤지고 곤충, 뱀, 개구리 등을 관찰하면서 지냈다고 한다. 그의 가족이 워싱턴 DC로 이사한 후에는 주로 동물원에 가서 동식물을 관찰하며 보냈다. 1936년 여름 어느 날 일곱 살의 Wilson은 낚시질을 하던 중에 사고를 당해 한쪽 눈을 잃게 된다.

Edward Wilson(1929-2021)

Wilson은 앨라배마 대학에서 곤충연구를 한 후 하버드 대학에서 개미연구로 1955년에 박사학위를 받았다. 그는 2021년 사망할 때까지 하버드 대학에서 석좌교수로 재직하였다.

Wilson은 사회생물학의 태두로 잘 알려져 있지만, 그의 학문적 뿌리는 개미연구에 있

사진 설명 Wilson이 TV 대담 프로그램에서 '사회생물학'에 대한 설명을 하고 있다.

다. 그는 열 살 때부터 개미를 연구하기 시작하였는데 지금도 자타가 공인하는 개미연구의 제일인자이다. 그는 개미들이 페로몬이라고 불리는 화학물질로 서로 의사소통하는 것을 발견하여, 1971년에 『곤충사회(The Insect Socities)』를 발표하였다. 이처럼 Wilson은 개미 연구만으로도 세계적인 학자이지만, 그를 세계적인 석학으로 유명하게 만든 것은 역시 1975년에 발표한 명저 『사회생물학: 새로운 통합(Sociobiology: The New Synthesis)』이다. 이 책에서 그는 우리 인간을 포함한 모든 사회적 동물들은 자신의 유전자 속에 기재된 대로 행동하는 이기적인 존재에 불과하다고 규정하였다. 그는 이 책에서 정리한 이론을 인간에 적용해서 인간의 본성을 파헤치고자 시도했는데, 그 결실이 바로 『인간본성에 대하여(On Human Nature)』(1978)이다. 그는 이 책으로 퓰리처상을 받는다. 자신의 이론을 설명한 과학자의 저서가 문필가에게 주어지는 미국 최고의 상을 받은 최초의 사례가 된 것이다. Wilson은 1990년에 일생의 연구대상이었던 개미에 대한 저작 『개미(The Ants)』를 발표하여 다시 한 번 퓰리처상을 받는 영광을 누렸다. 그리고 2002년에는 생물권에 대한 감동적인 묘사와 더불어 인간을 포함한 모든 생명체의 보호 지침서인 『생명의 미래(The Future of Life)』를 출간하였다.

2) Wilson 이론의 개요

사회생물학은 다윈의 이론에 입각하여 인간을 포함한 모든 동물의 사회적 행동을 체계적으로 연구하는 학문이다. 사회생물학에서는 개체의 발생보다 계통의 발생을 강조한다. 바꾸어 말하면 그것은 발달적 변화를 한 개체의 일생 동안에 일어나는 변화가 아니라 그 유기체의 세대 간에 일어나는 변화로 규정한다. Wilson은 『사회생물학』(1975)에서 인간의 본성을 이해하는 데에는 사회생물학적 방법론이 가장 중요한 역할을 한다고 주장하였다.

사회생물학자의 과제는 동물의 사회적 행동을 연구하고 그 같은 행동이 어떻게 환경에 적응하게 되는가를 증명하는 것이다. 보다 구체적으로 말하면, 유기체의 발달은 부모 세대에게 어떤 대가를 치르게 하더라도 반드시 종의 성공적인 번식에 기여하는 형태로 이루어진다는 것이다(Salkind, 1985).

예를 들면, 동물 세계에서는 부모가 새끼를 위해 먹이와 서식지뿐 아니라 때에 따라서는 생명까지도 희생하는 일이 보통이다. 이 모든 희생은 새끼가 번성하고 번식하기 위한 기회를 증대시키려는 노력을 나타내는 것이다. 인간행동의 경우는 사회생물학적 모형 내에서 최고의 희생의 예를 에스키모인에게서 찾아볼 수 있다. 에스키모 문화에서 조부모는 명예와 존경을 받는 위치에 있다. 이 같은 존경은 조부모의 실제적이고 전설적인 희생에서 나온 것으로, 이들은 자식들이 새로운 서식지를 찾아 떠나야 할 때, 식량공급이 모든 가족 구성원이 여행하는 동안 충분치 않음을 알기에, 가족이나 종족의 다른 사람들(다음 세대의 번식자)을 위하여 자기 몫의 식량을 먹지 않고 뒤에 남아 조용히 죽어갔다.

사진 설명 에스키모 전통의상을 입고 있는 에스키모인 부부

이에 대한 사회생물학적 해석은 살 만큼 살고 보람있는 삶을 살아온 조부모가 그들이 할 수 있는 유일한 선택을 했다는 것이다. 즉, 전체 종족을 위한 개인적 차원의 희생으로 종(그리고 유전자 총체)이 계속해서 생존하리라고 확신할 수 있는 희생인 것이다. 나아가, 이 같은 희생의 동기는 그들이 사회 구성원으로부터 명예와 존경을 받으리라는 생각을 해서가 아니고, 이론적으로는 유전질에 기인한다고 보는 것이다.

그러나 이 같은 주장의 주된 문제점은 이를 입증하거나 적절히 검증하기가 불가능하다는 것이다. 사람들이 어떤 것을 희생한다는 관념은—어떤 상황에서는 심지어 생명까지도—어떤 유전적 속성의 결과일 수도 있는 동시에 학습되었거나, 문화적으로 획득된 현상일 수도 있다. 이 문제를 해결할 유일한 방법은 유기체의 유전적 잠재력을 조작하여, 다음 세대에서의 결과를 관찰해보는 것이다. 실험실에서 과실파리를 대상으로 이 방법을 적용해볼 수는 있지만 인간에게는 어림도 없는 일이다. 왜냐하면 인간을 대상으로 이런 실험을 하기 위한 기술적 능력도 없지만 윤리적, 사회적으로도 용납이 되지 않기 때문이다.

3) 유전자 결정론

Wilson(1975)에 의하면 유전인자는 매우 이기적인 구조를 가지고 있다고 한다. 유전인자의 유일한 관심은 대대로 계속해서 자신의 생존을 보장받는 것이기 때문이다. 사회생물학자들은 유전인자는 신체적 특성뿐만 아니라 사회적 행동(근친상간 금기와 같은)도 결정한다고 믿으며, 생존에 적합한 사회적 행동은 신체적 특성과 유사한 적자생존의 과정을 겪게 된다고 가정한다.

자신의 목숨을 걸고 위험에 처한 자식을 구하려는 어머니의 행동을 예로 들어보자. 전통적 동물행동학에 의하면, 어머니의 이러한 반응은 동물행동학적 기초에 의한 것이 아니다. 왜냐하면 적자생존 과정은 자신의 생존가능성을 감소시키는 이런 행동을 좋아하지 않기 때문이다. 그러나 사회생물학은 어머니의 유전인자는 후손에게 전달된다는 보장만 있으면, 어떤 행동도 불사하도록 프로그램되어 있다고 주장한다. 자녀는 부모로부터 유전인자를 물려받을 뿐만 아니라 앞으로 생식기간이 훨씬 더 길기 때문에, 진화론적

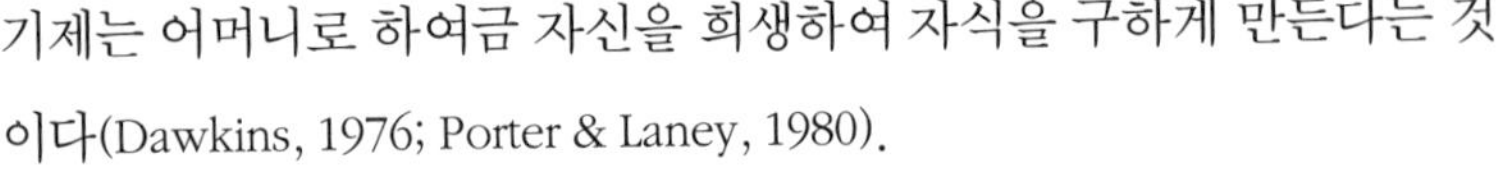

기제는 어머니로 하여금 자신을 희생하여 자식을 구하게 만든다는 것이다(Dawkins, 1976; Porter & Laney, 1980).

Richard Lerner

Wilson은 유전적 요인이 사회적 행동에 미치는 영향은 개인적 수준에서가 아니라 문화적 · 사회적 수준에서 훨씬 더 이해하기 쉽다고 믿는다. 예를 들면, 살인이나 근친상간의 금기 등 사회적 관례(문화적 규범)는 진화적 과정을 반영한 것이고, 진화적 과정은 종의 생존에 가장 적합한 행동과 일치하는 사회적 행동을 선호한다고 주장한다. 따라서 이타적 행동과 같이 바람직한 사회적 행동은 후손에게 전해지고, 근친상간과 같이 바람직하지 못한 행동은 전해지지 않게 된다는 것이다(Green, 1989; Lerner & von Eye, 1992).

4) 사회적 행동의 원인

사회생물학자들은 인간을 포함한 동물의 행동의 원인에는 두 가지 범주가 있다고 믿는다. 일차적인 원인(近因)과 이차적인 원인(遠因)이 그것이다. 〈그림 7-1〉은 이들 두 원인과 사회적 행동 간의 관계를 보여주고 있다. 이차 원인은 계통발생적 관성과 생태학적 압력으로 구성된다. 이들은 다시 일차 원인에 영향을 미치는데, 일차 원인은 인구통계학적 변인, 유전자 유동률, 유전적 유사성으로 설명된다. 이 모든 것이 이른바 사회적 행동을 하게 하는데, 이것은 물론 종의 번식과 가장 적응적인 유전자를 공유하게 만든다(Salkind, 1985).

Neil Salkind

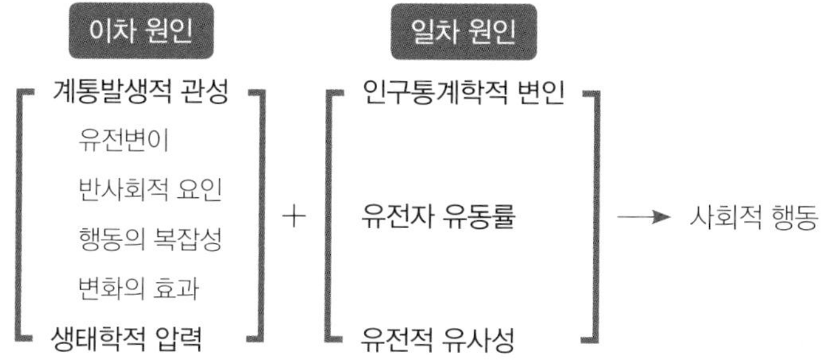

〈그림 7-1〉 행동의 일차 원인과 이차 원인

(1) 이차 원인

① 계통발생적 관성

관성이란 변화에 대한 저항으로 정의되는데, 사회생물학에서 계통발생적 관성은 유전적으로 변화하지 않고 그대로 계속 남으려는 경향 혹은 계통이 세워진 대로 지속하려는 경향으로 정의될 수 있다. 경우에 따라서 관성이 높을 수도 있고 그래서 변화가 이루어지기 어렵지만, 그 반대의 경우도 있다.

다음의 네 가지 요인이 특정한 행동 유형과 관련이 있는 계통발생적 관성의 정도를 결정한다. 첫 번째는 종에 존재하는 '유전변이'의 정도이다. 변이의 정도가 클수록(따라서 새로운 유전자 조합이 일어날 기회가 증가한다) 유기체의 변화에 대한 저항 또는 관성은 낮아진다. 이것은 또한 새롭고 좀더 적응적인 행동을 낳을 가능성이 높아짐을 뜻하며, 모든 동물에서 가능한, 매우 중요한 기능이다. 반면에 거의 변이가 일어나지 않으면 관성

수준이 매우 높아진다. 요약하면, 유전자가 섞일 기회가 커질수록 계통발생적 관성은 감소한다는 것으로, 이는 좀더 새로운 물질이 도입됨으로써 변화의 가능성이 증가하기 때문이다.

두 번째 요인은 '반사회적 요인'으로 그것은 종을 스스로 고립시키게 하는 어떤 것이다. 고립하게 되면 선택할 수 있는 잠재적인 배우자 수가 적어지기 때문에 유전변이의 가능성이 낮아지고 계통발생적 관성은 증가함으로써 적응적 변화의 기회가 감소하게 된다. 이는 분명히 종의 동종교배에 역행하는 논리이다. 이러한 논리는 열성적 특성, 때로는 비적응적인 특성을 지나치게 강조한 것일 뿐만 아니라 유전변이의 기회를 최소화하는 것이기도 하다. 사회생물학자는 우리 사회의 근친상간 금기는 개체가 잠재적 변화의 원천으로부터 고립되는 것을 피하려는 욕구에서 기인한다고 주장할지도 모른다.

세 번째 요인은 '행동의 복잡성'이다. 행동이 좀더 정교해질수록 행동을 구성하는 부분이 많아지고, 구성 부분이 많아질수록 이들의 통합을 유지하고 기능케 할 관성이 커지므로, 점점 더 행동이 변화하기는 어렵게 된다. 예를 들면, 고도로 상호 연관되어 있는 복잡한 수많은 행동으로 구성된 부모역할과 같은 인간행동을 볼 때, 인간이 자신의 부모역할 행동을 변화시키기가 왜 그렇게 어려운 일인가는 이 같은 복잡한 행동과 관련된 계통발생적 관성이 높기 때문인 것으로 해석할 수 있다.

마지막 네 번째 요인은 행동의 '변화의 효과'이다. 만약 행동이 복잡하다면, 따라서 계통발생적 관성이 높다면, 이를 변화시키는 데는 상당한 노력이 요구된다. 복잡한 체계의 한 부분이 변화하면 다른 부분 역시 변하게 된다. 즉, 체계의 한 부분에서 일어난 변화가 다른 부분의 변화에 미치는 영향의 정도가 계통발생적 관성의 정도를 결정한다.

② 생태학적 압력

생태학적 압력은 유기체의 변화를 고무하는 환경 측면으로 정의될 수 있다. 사회생물학자들에 의하면, 생태학적 압력은 유전과 환경의 논쟁에서 환경의 입장 쪽을 대변하는 것이다.

어떤 생태학적 또는 환경적 사건은 동물의 사회적 진화에 아무런 영향을 주지 않는 반면, 어떤 사건은 매우 중요한 의미를 지닌다. 예를 들면, 가장 중요한 형태의 생태학적 압력 중 하나가 약탈자의 존재이다. 왜냐하면 약탈자는 동물의 존재에, 따라서 그 동물의 가장 적응적인 유전자의 전달에 주요한 위협이 되기 때문이다.

이 같은 위협 때문에 모든 동물은 약탈자로부터 자신을 보호하기 위한 매우 정교하게 고안된 방법을 발전시켜왔다. 예를 들면, 갈색 참새의 천적은 매인데, 매가 참새 아래쪽으로 날고 있을 때에는 참새들은 위협을 느끼지 않으므로 느슨하게 흩어져 날지만, 매가 그들 위쪽에서 날면서 공격 태세를 취하면 참새들은 밀집하여 하나의 무리로 뭉친다. 따라서 매는 이 무리를 쉽게 공격하지 못하게 되고, 결과적으로 참새의 생존 가능성이 높아짐으로써 그들의 유전자를 후대에 물려줄 기회 역시 높아지게 된다.

또 다른 생태학적 압력의 주요 근원은 먹이의 여유이다. 먹이가 여의치 못할 때에 종이 살아남기란 매우 어려운 일이다. 그 같은 상황에서 동물들은 먹이가 좀더 풍부한 다른 지역으로 이동하게 된다. 예를 들면, 아프리카의 많은 동물들은 그들의 먹이인 식물종이 성장하는 지역을 따라 철마다 이동한다. 인간이 열악한 환경 조건에도 불구하고 먹이를 재배하고 사육할 수 있게 된 것은 상당히 최근의 일에 불과하다. 오늘날에도, 기술 문명이 덜 발달한 몇몇 종족들은 먹이와 피복재 등으로 삼는 동물의 무리를 따라 이동한다.

유기체 간의 경쟁은 생태학적 압력의 또 다른 예이다. 일부다처제 사회에서는 한 남성이 여러 명의 여성과 결혼할 수 있다. 이런 사회적 맥락에서 여성을 두고 경쟁하는 것은 어떤 남성이 더 많은 자손을 둘 것인지를 결정한다. 경쟁은 자손뿐만 아니라 직업, 지위, 재산 등의 다른 자원에 대해서도 발생한다.

③ 계통발생적 관성과 생태학적 압력의 관계

계통발생적 관성과 생태학적 압력은 모두 높거나 모두 낮을 수 있다(〈그림 7-2〉 참조). 생태학적 압력이 낮을 때에는 유기체가 변화할 가능성이 적다. 여기에는 변화에 대한 어떠한 압력이나 동기가 없다. 만약, 계통발생적 관성이 높다면 어떤 종류의 유전적 변화라도 그에 대한 저항이 높아진다. 예를 들면, 부모가 자식에게 영양을 공급하는 방법을 살펴보도록 하자. 먹을 것이 풍부하고 관련 종과 고립되어 있는 환경(낮은 생태학적 압력과 계통발생적 관성의 부재)에서는 변화에 대한 생물학적 동기가 크지 않다.

반면에 계통발생적 관성이 낮고(이종교배의 기회가 있고 유전자 조합의 다양성이 증가한 경우) 생태학적 압력이 크다면(약탈자의 증가와 같은 자연적 사건으로 저장된 음식물이 소멸되었을 경우) 새끼를 먹이는 행동에서 변화가 일어날 가능성이 더 커진다.

생태학적 압력과 계통발생적 관성이 모두 높을 때의 경우를 예측하기는 어려운 일이지만, 아마도 유전적 변화에 저항하는 생물학적 명령이 강한 상황에서는 아무 변화도 없으리라고 추측한다.

		계통발생적 관성	
		낮음	높음
생태학적 압력	낮음	변화 가능성이 적다.	변화에의 저항이 매우 높다.
	높음	변화 가능성이 높다.	변화에의 저항이 높다.

〈그림 7-2〉 계통발생적 관성과 생태학적 압력의 관계

(2) 일차 원인

일차 원인은 이차 원인과 마찬가지로 중요하며 실제 행동과 좀더 밀접하게 연관되어 있다. 즉, 실제 행동에 대해 좀더 추적이 가능한 원인들로서 다음의 세 가지 범주로 나누어볼 수 있다.

① 인구통계학적 변인

이것은 출생률, 사망률, 인구 크기 등을 뜻하며, 이들은 직접적으로 삶의 질을 반영하는 것이다. 예를 들면, 인구 과잉의 효과를 알아보기 위해 동물을 대상으로 많은 연구가 이루어졌다. 미국의 국립정신건강연구소(National Institute for Mental Health)의 실험에 의하면, 흰 쥐를 번식과 사회화가 가능한 그들만의 '공간'에서 살게 하자, 쥐의 수가 증가할수록 사회적 일탈행동과 사망률이 증가하였으며, 유전적으로 좋은 조건을 가진 쥐의 출생률이 감소하였다. 이것은, 흰 쥐들은 질병과 스트레스에 좀더 민감하게 되었고, 따라서 번식이 가능한 성체기(成體期)[3]에 접어들어서는 덜 적응적인 특성을 물려주게 된 것임을 보여준 것이다. 그 같은 상황은 사회적 행동의 어떤 종류의 변화에 크게 기여하는데, 그렇지 않으면 그 동물은 그처럼 제한된 사회에서는 멸종될 수밖에 없기 때문이다.

② 유전자 유동률

유전자 유동률은 동종교배와 이종교배의 정도를 말하는 것이다. 유전자 유동률은 동물의 행동이 환경의 변화에 얼마나 빨리 적응할 수 있는가를 잘 설명해준다. 예를 들면, 새로운 유전자의 유입률이 느릴 때에는 그것이 높을 때보다 변화가 훨씬 덜 일어난다.

3) 특정 생물의 일생 중에 짝짓기를 통해 후대로 자손을 번식할 수 있는 기간.

유전자 유동은 비교적 짧은 세대에 걸쳐 일어날 수 있기 때문에, 행동이 적응적으로 되는 가장 직접적인 방법 중의 하나이다. 이것은 수세대, 수천 년에 걸쳐서 일어나는 자연도태의 과정을 인위적으로 속도를 내게 하는 것과 같은 것이다.

③ 유전적 유사성

유전적 유사성은 혈연 기능으로서 종에 존재하는 유사성의 정도를 말한다. 유전적으로 좀더 유사한 집단일수록 이러한 상관도는 높다. 또한 상관도가 높을수록 일련의 유전자군에 기인하는 사회적 행동이 그 종족 내에서 안정되게 된다. 끝으로, 이 사회적 행동이 안정될수록 다른 요인에 의해 변화될 가능성이 적어진다. 이 같은 안정성은 아마도 적응적 행동의 계속성을 보장할 수 있기 때문에 고무되는 것 같다. 그런데 유전자를 공유한 종(따라서 상관도가 높은 종)은 동종교배의 결과를 조심해야만 한다. 즉, 높은 상관은 안정성을 확고히 해주는 반면에 부적응적 특성 또한 강조하는 것이 된다.

중요한 것은 이들 세 가지 일차 원인이 결코 고립적으로 작용하지 않고 서로 연관을 맺어 작용한다는 것이다.

5) 사회생물학의 인간발달에 대한 적용

사회생물학자에게 있어서 인간의 행동은 일차 원인과 이차 원인의 반영으로 간주된다. 요컨대 인간 종족은 동일한 법칙과 원리로 지배되는 동물 왕국의 한 연장인 것이다. 인간의 행동에 대한 이 같은 원리의 적용은 아직도 어려운 일이며, 논쟁의 여지를 안고 있다. 왜냐하면 많은 사람들이 자신들을 다른 동물과는 달리 정신적, 지적인 면뿐만 아니라 생물학적으로도 독특하다고 느끼기 때문이다. 또한 이들 대부분은 인간의 복잡한 행동들을 단순히 생물학적 행동으로 격하시키는 사고방식에 당황한다. 예를 들어, 인간이 보다 나은 직업을 위해 새로운 도시로 이사하는 것이 먹이를 찾아 다른 동물의 무리를 추적하는 동물의 약탈 행동과 같은 것인가? 많은 사람들이 이 같은 유추에 반대한다. 그러나 사회생물학자들은 새로운 직업을 찾아 이동하거나 먹이를 찾아 이동하는 행동 모두 '생존'의 기회를 높이려는 노력이라고 주장한다.

사회생물학자들이 이러한 주장을 입증하기 위해 사용하는 논쟁은 '보편성'에 대한 것이다. 즉, 인간에게서 발견된 동일한 행동이 다른 영장류에게서도 발견되었기 때문에, 이러한 행동은 유전적으로 관련되어 있음에 틀림없다는 것이다. 이 논리의 문제점은 동

David P. Barash

일한 결과라고 해서 반드시 동일한 원인에서 비롯되는 것은 아니라는 데 있다. 또 다른 이유는 인간은 동물이라는 것이 곧 동물에 불과한 존재라는 의미는 아니라는 것이다.

지금까지 논의한 내용은 같은 결론으로 이끌어진다. 즉, 동물의 행위는 그것이 약탈자를 격퇴하는 것이든 먹이를 찾아다니는 것이든 모두 그 자체의 번식이라는 목적하에 이루어진다는 것이다.

이 같은 번식이라는 목적의 주요한 기능 중의 하나가 부모역할의 기능이다. Barash(1977)는 사회생물학적 입장에서 부모역할을 논의하였는데, 그는 부모의 '투자(investment)'를 자손의 생존과 번식 가능성을 높이는 행동으로 정의한다. 따라서 20대보다 40대에 첫아이를 가진 부모는 생물학적으로 번식에 적합한 시기가 얼마 남지 않았으므로 자식에 대해 좀더 많이 투자해야 한다는 것이다.

부모가 다른 자식에게보다 첫아이에게 더 많은 투자를 하는 것은 곧 장자에게 '미래를 기대'하기 때문이다. 이는 부분적으로 첫아이에 대한 강한 정서적 애착을 설명해준다. 또한 출생순위에 따라 아동 간에 나타나는 유의한 차이와도 관련해볼 수 있는데, 보통 장자는 이후의 인생에서 좀더 성공적이며 성취수준이 높다.

사회생물학적 입장에서의 또 다른 적용은 부모자녀의 상호작용과 갈등에 관한 것이다. 부모와 마찬가지로 자녀도 번식 가능성과 적응 수준을 최대화하려고 노력한다. 그 같은 목표하에서 자녀는 부모가 자신에 대한 투자를 최대화해주기를 요구하며, 따라서 자원에 대한 경쟁이 높아지게 된다. 이 같은 점에서 유아가 쉽게 젖을 떼지 못하거나 부모의 독립심 고취를 쉽게 받아들이지 못하리라는 예견을 할 수 있다. 게다가 형제 간의 경쟁의식은 부모의 투자 자원을 두고 경쟁하는 기능으로 작용한다고 예측할 수 있다.

동물행동학과 마찬가지로 사회생물학도 인간의 행동에 적용함에 있어서 비교적 새로운 미개척 분야이다. 그러나 많은 사람들은 앞으로 인간의 행동을 좀더 잘 이해하기 위해서는 생물학적 과정 또는 심리생물학적 과정에 대한 이해가 선행되어야 한다고 믿는다. 사회생물학은 발달의 본질에 대한 흥미있는 생각과 앞으로의 연구에 상당한 가능성을 제공할 것으로 보인다(Salkind, 2004).

6) 평가

Wilson은 그의 저서『사회생물학』에서 인간의 모든 행동을 생물학적 현상으로 보고, 그것을 집단생물학과 진화적 방법론으로 분석할 수 있다고 주장하여 사회과학의 새로운 방법론을 제시하였다는 평가를 받고 있다. 하지만 그것은 동시에 인문 사회학자들로부터는 유전자 결정론이라는 비판을 받고 있다. Wilson의 사회생물학은 Wilson 스스로가 자신의 저서에서 밝혔듯이 유전자 결정론에 입각한 이론이다. Wilson은 모든 사회적 행동은 생물학적 기초 위에서 이루어지며, 자연 도태에서 선택되는 것은 개체가 가지고 있는 유전자이며, 개체는 유전자가 증식하기 위한 수단으로서의 운반자에 불과하다고 주장하였다. 이에 대해 비판자들은 인간과 생명현상은 결코 유전자로 환원될 수 없으며, 아직 과학적으로나 객관적으로 충분히 검증되지 않은 유전자를 상정하고, 그에 따라 인간의 본성과 행동을 설명하는 유전자 결정론은 위험한 사고라고 반박하였다(Caplan, 1978; Green & Piel, 2002).

Arthur L. Caplan

Wilson은 인간의 사회적 행동과 문화의 기원을 다른 사회적 동물들의 행동과 그 사회구조들과 비교하고 있을 뿐 아니라, 친족 선택이나 상호 이타주의 등 여러 기제를 도입하여 이러한 현상들이 이기적인 유전자로 인해 나타난다고 하는 흥미로운 설명을 하고 있다. 그러나 그는 오직 유전자의 진화만을 인정하고, 인간의 주체성, 지성, 창조성, 도덕성의 진화를 무시했다는 지적을 받고 있다.

제 8 장

생태학적 이론

사람들은 항상 그들의 현 위치는 그들의 환경 때문이라고 탓한다. 나는 환경을 믿지 않는다. 이 세상에서 출세한 사람들은 자리를 떨치고 일어나 그들이 원하는 환경을 찾아내는 사람들이다. 그들이 원하는 환경을 찾지 못할 경우에는, 그들이 원하는 환경을 스스로 만든다.

George Bernard Shaw

사람이 역경에 처했을 때에는 그를 둘러싼 환경 하나하나가 모두 불리한 것으로 생각된다. 그러나 사실은 그것들이 몸과 마음의 병을 고칠 수 있는 힘과 약이 된다. 양약이 입에 쓰듯이 역경은 잠시 몸에 괴롭고 마음에 쓰리지만, 그것을 참고 잘 다스린다면 몸을 위하여 많은 소득을 기약할 수 있다.

채근담

인간은 강제수용소 같은 환경 속에서조차도 그 환경의 운명으로부터 도망칠 수 있다. 그토록 사회적으로 제한되어 있는 환경에 있으며, 개인의 자유가 제약되어 있음에도 불구하고 궁극적인 자유, 즉 수용소 속에서조차도 그의 존재에 의의를 부여하는 자유는 남아 있다.

Viktor Frankl

인간이 적응할 수 없는 환경이란 없다.

Leo Tolstoy

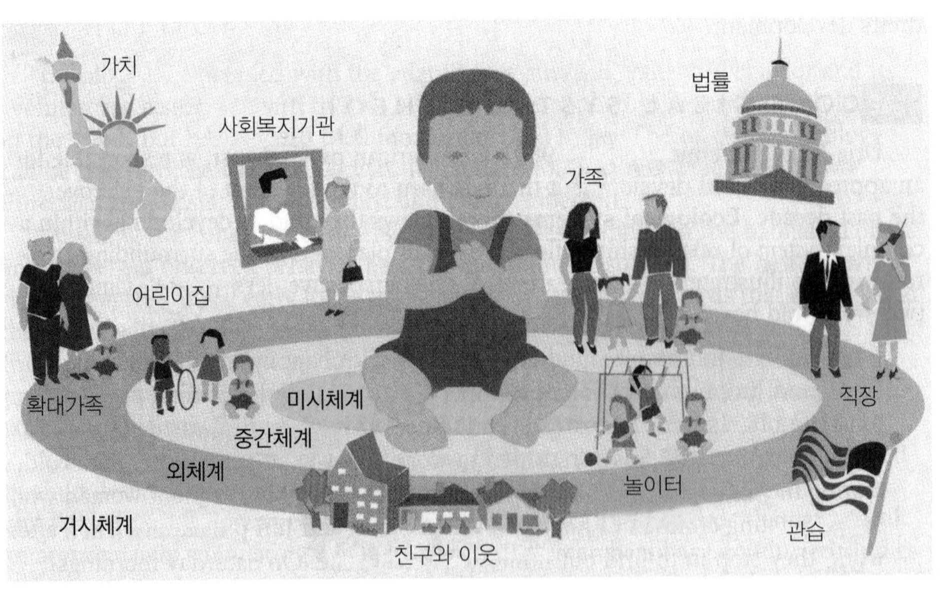
가치
사회복지기관
법률
가족
어린이집
확대가족
미시체계
중간체계
외체계
놀이터
직장
거시체계
친구와 이웃
관습

생태학이라는 용어는 19세기 말에 독일의 생물학자인 헤켈이 만들어 사용한 것이다. 그는 생태학을 다윈의 생존경쟁 상황에 적용되는 생물들의 복잡다양한 모든 상호연관관계를 연구하는 학문이라고 정의하였다. 인간생태학(Human Ecology)이라는 용어는 1920년대에 와서 사용되기 시작했는데, 인간생태학자들은 생태학을 줄곧 인간사회에 확대하려는 노력을 기울여왔다. 1960년대 중반을 넘어서면서부터는 환경오염과 관련해서 생태학이란 용어가 유행처럼 사용되기 시작하였다.

생태학은 생물학적 유기체와 그 유기체가 놓인 사회적 · 물리적 환경 간에 존재하는 복잡하면서도 짜임새 있는 상호 의존적인 체계에 관해 연구하는 학문분야이다. 유기체와 외부 세계 간의 상호작용이라는 개념은 생태학적 이론의 토대가 되는 것이다.

Bronfenbrenner는 인간발달생태학을 능동적으로 성장해가고 있는 인간 유기체와 그가 살고 있는 변화하는 속성을 지닌 인접 환경 간에 전생애에 걸쳐 일어나는 점진적인 상호조절 과정을 과학적으로 연구하는 학문이라고 정의하고 있다. 이러한 과정은 인접 환경들 간의 관계에 의해서 그리고 이 인접 환경들을 포함하는 광역 환경에 의해서 영향을 받는다고 한다. 따라서 Bronfenbrenner는 성장하는 인간 유기체와 변화하는 사회적 · 물리적 환경 간의 끊임없는 상호작용이라는 개념을 그의 이론의 토대가 되는 개념으로 부각시킨다.

아동의 발달은 진공상태에서 이루어지는 것이 아니라 가족, 이웃, 국가라는 여러 가지 환경 속에서 이루어지는 것이다. 아동은 가족, 친구, 친척, 종교단체, 학교 등의 영향을 받는다. 또한 대중매체나 아동 자신이 속한 문화뿐만 아니라 세계 도처에서 일어나는 사건에 의해서도 영향을 받는다.

이 장에서는 Bronfenbrenner와 Elder의 이론을 통해 아동발달의 생태학적 접근법에 관해 알아보기로 한다.

1. Bronfenbrenner의 생태학적 체계이론

1) Bronfenbrenner의 생애

Urie Bronfenbrenner는 1917년에 러시아의 모스크바에서 출생했으나, 부모를 따라 6세 때에 미국으로 이주하였다. 그는 1938년에 음악과 심리학을 복수 전공하여 코넬 대학에

Urie Bronfenbrenner(1917-2005)

the Ecology of Human Development
EXPERIMENTS BY NATURE AND DESIGN
Urie Bronfenbrenner

서 학사학위를 받았으며, 하버드 대학에서는 심리학 전공으로 석사학위를 취득하였고, 1942년에는 미시간 대학에서 박사학위를 취득했다. 1948년에 코넬 대학의 교수가 되었으며, 2005년 사망할 때까지 코넬 대학의 인간발달 · 가족학과의 석좌교수로 재직하였다.

Bronfenbrenner는 발달이론과 그에 관한 연구가 실제로 적용되는 것에 많은 관심을 가졌을 뿐더러, 헤드스타트 프로그램의 창시자 중 한 사람으로 미국과 여러 나라에서 발달프로그램을 설계하는 데 실제적 역할을 담당하기도 하였다. Bronfenbrenner는 아동발달에 있어서 가정의 중요성, 특히 부모역할의 중요성을 강조하였다. Bronfenbrenner의 이러한 생각은 발달 프로그램의 성공에 크게 기여하게 되었다. 그는 또한 예술이나 문학 등 여러 분야에서 대학원생들과의 공동연구나 출판물을 통해 다학문 간 교류를 이루고자 노력하였다.

Bronfenbrenner는 1979년에 『인간발달생태학(The Ecology of Human Development)』이라는 세계적으로 널리 알려진 저서를 비롯하여 12개 국어로 번역된 『아동기의 두 세계: 미국

사진 설명 Bronfenbrenner가 아동들과 함께

과 소련(Two Worlds of Childhood: U.S.A. and U.S.S.R.)』(1970)과 『인간발달에 대한 영향(Influences on Human Development)』(1975) 등 15권에 이르는 저서와 300여 편의 논문을 발표하였다.

1985년에 Bronfenbrenner는 미국심리학회에서 수여하는 G. Stanley Hall Medal을 수상했으며, 1993년에는 심리학과 생태학에서 괄목할 만한 공헌을 한 러시아 교육학의 외국 석학으로 선정되기도 했다. 이처럼 Bronfenbrenner는 국내외적으로 널리 알려진 학자로서 유럽의 6개 대학에서 명예학위를 받았으며, 1994년에는 한국을 방문하여 한국아동학회와 발달심리학회가 공동으로 개최한 국제학술심포지엄에서 기조연설을 한 바도 있다.

2) Bronfenbrenner 이론의 개요

생태학적 체계 이론은 Bronfenbrenner(1979, 1986, 2000, 2004)가 인간발달을 사회문화적 관점에서 이해하는 이론이다. 이 이론에는 다섯 가지의 환경체계라는 것이 있다. 미시체계, 중간체계, 외체계, 거시체계 그리고 시간체계가 그것이다. 이들은 아동을 둘러싸고 있는 직접적 환경으로부터 아동이 살고 있는 문화적 환경까지를 모두 아우르는 것이다. 서로서로 짜 맞춘 듯 들어 있는 한 세트의 러시아 인형 마트료시카(사진 참조)처럼 좀더 근접한 것에서부터 좀더 광역의 것까지 이 다섯 가지의 체계는 서로 다른 체계에 담겨져 있다. 생태학적 체계의 본질은 상호작용적이다. 그들의 영향력은 호혜적 방식으로 작용된다. 이러한 구조들 각각의 관계와 영향은 인간이 발달함에 따라 변한다. 신생아는 단지 자신의 최인접 환경인 미시체계만을 인식할 뿐이다. 형식적 조작적 사고가 가능하여 직접 겪는 경험 이상으로 사고할 수 있는 청년들에게는 외체계와 거시체계가 점점 더 중요한 의미를 가지게 된다.

생태학적인 환경은 개인에게 영향을 미치는 즉각적인 상황으로, 개인이 반응하는 대상이나 그가 얼굴을 마주 보고 상호작용하는 사람들을 초월한, 훨씬 확대된 개념으로 정의된다. 이때 중시되는 것은 그 장면에 함께 있는 또 다른 사람들 간의 관계, 그 관계의 본질에 관한 것들이다. 이러한 즉각적인 환경 내에서의 상호관계들의 복합체를 미시체계라고 부른다. 중간체계는 상호연결성의 원리로서 장면들 내에서만 적용될 뿐만 아니라, 장면들 간의 연결고리들에게도 똑같은 힘과 결과로써 적용되는 것을 말한다. 외체계는 발달하는 개인이 실제로 참여하는 장면은 물론 한 번도 참여한 적이 없어도, 그 사건이 발생함으로써 그 사람의 직접적인 환경에서 무엇인가 일어나도록 영향을 끼치는 경우까지도 적용되는 것이다. 거시체계는 겹구조로 된 상호관련된 체계들의 복합체로서, 그것은 특정한 문화나 하위문화에 공통되는 사회적 제도의 이념과 조직의 상부를 덮고 있는 아치형태를 띠는 것이다. 시간체계는 전생애에 걸쳐 일어나는 변화와 사회역사적인 환경을 포함한다.

이처럼 Bronfenbrenner의 생태학적 체계이론은 아동발달을 환경과의 관계체계와 연결지어 다룬다. 그의 체계이론은 그 각각이 아동의 발달에 영향을 주는 복잡한 환경의 '층'으로 정의된다. 하나의 층에서 일어나는 변화와 갈등은 다른 층에 전반적으로 영향을 미친다. 따라서 아동발달을 연구할 때 그 아동의 직접적인 환경뿐만 아니라 방대한 환경과의 상호작용을 고려해야 한다. 그리고 최근에 와서 Bronfenbrenner(1995)는 그의 생태학적 체계이론을 아동 자신의 생물학적 영향을 강조하는 '생물생태학적 체계이론'으로 개명하였다.

3) 환경체계 모델

환경체계 모델에는 미시체계, 중간체계, 외체계, 거시체계 그리고 시간체계가 포함된다.

(1) 미시체계(Microsystem)

〈그림 8-1〉은 Bronfenbrenner의 생태학적 체계 모델이다. 여기서 아동은 중앙에 위치하는데 아동의 근접환경이 미시체계이다. 미시체계는 아동이 살고 있는 집의 크기, 근처에 있는 운동장의 시설물, 학교 도서관에 구비된 장서의 크기 등과 같은 물리적 특성을 포함한다. 또한 아동의 가족, 친구, 학교, 이웃이 이 체계에 포함된다. 이들은 아동의 발달에 관련이 있는 특성들을 지니는데, 또래집단의 사회경제적 지위, 부모의 교육수준, 교사의 정치적 신념 등이 그것이다.

이 미시체계 내에서 아동과 부모, 친구, 교사, 코치와 같은 사회인자 간에는 대부분 직접적인 상호작용이 이루어진다(〈그림 8-2〉 참조). 아동은 환경의 영향을 받는 수동적인 존재가 아니라 환경을 구성하는 능동적인 주체이다. 미시체계는 아동이 성장하면서 변화한다. Bronfenbrenner는 대부분의 사회문화적 영향에 관한 연구가 이 미시체계에 초점을 맞추고 있다고 지적한다.

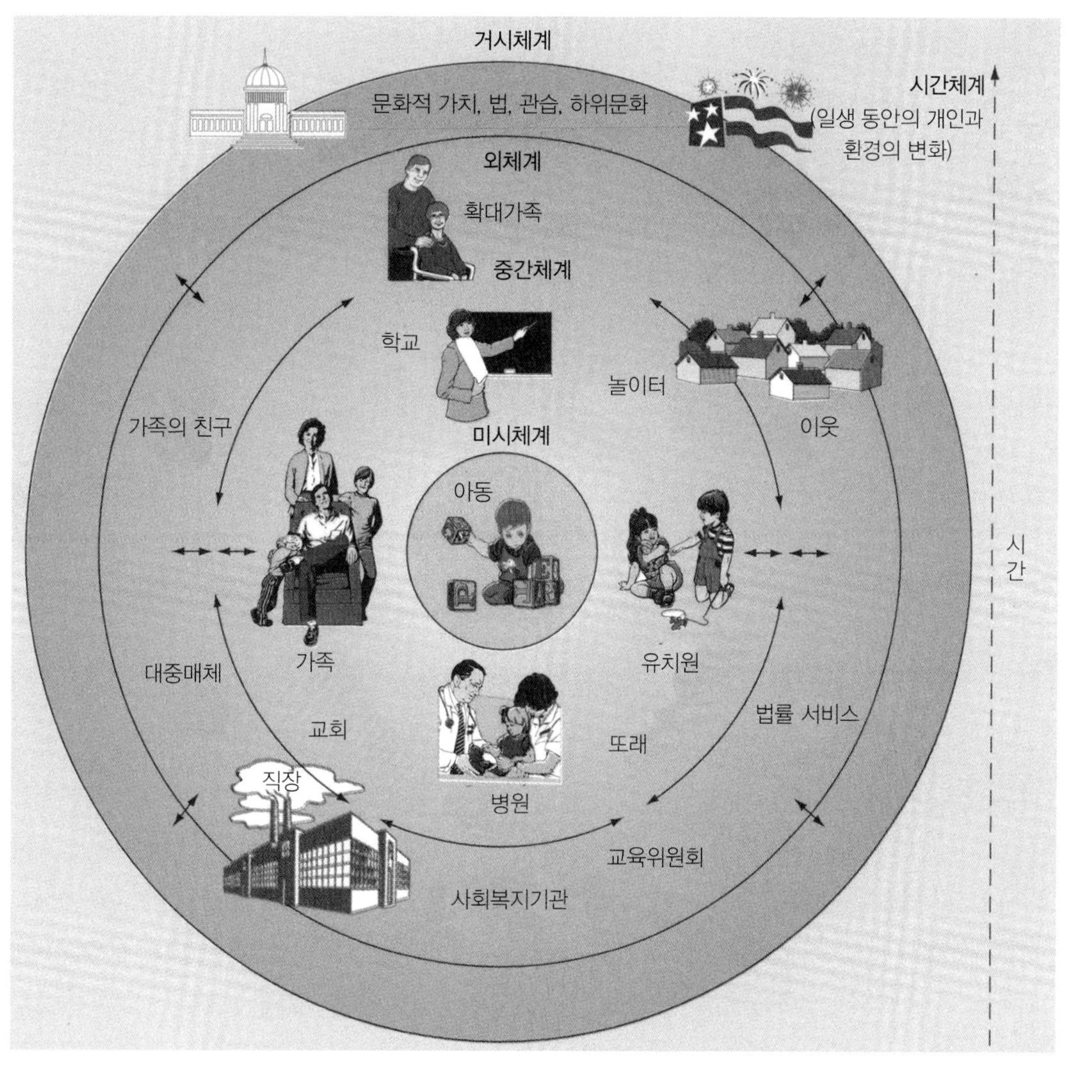

〈그림 8-1〉 Bronfenbrenner의 생태학적 체계 모델

출처: Shaffer, D. R. (1999). *Developmental psychology: Childhood and adolescence* (5th ed.). California: Brooks/Cole.

미시체계는 항상 사람들에게 영향을 주며, 변화하는 일상경험은 물론이고 성숙과정 때문에도 끊임없이 변화한다. 그러나 생태학적 관점에서 본다면, 미시체계의 변화는 연구대상이 되는 아동의 성숙과 발달뿐 아니라 부모, 교사, 또래와 같이 아동이 상호작용하는 사람들, 그리고 아동의 미시체계를 구성하는 환경에 의해 일어난다.

건강한 미시체계는 호혜성에 기반을 두고 있다. 부모는 자녀의 합리적인 요구를 받아들이고, 자녀는 부모의 합리적인 요구를 존중함으로써 화답한다. 부모자녀 간의 의사소통에서 호혜성이 무너지게 되면 미시체계의 질은 떨어진다.

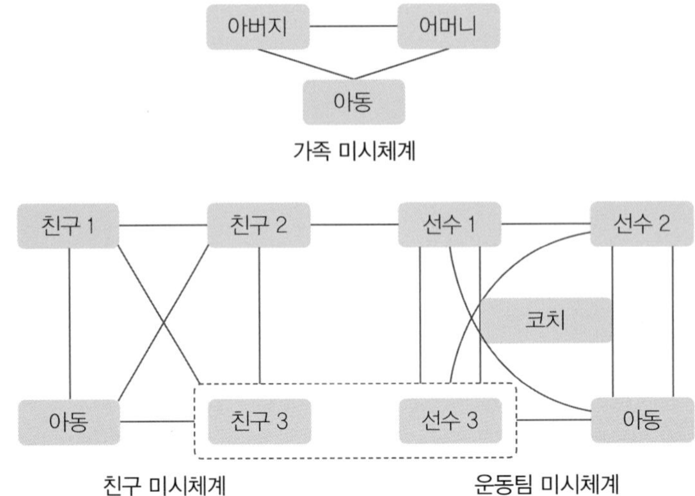

아동은 여러 개의 미시체계에 속한다. 위에는 가족, 친구, 운동팀 미시체계가 있다. 한 사람이 하나 이상의 미시체계의 역할을 수행할 수 있다. 친구 3은 선수 3과 동일 인물이다.

〈그림 8-2〉 미시체계

출처: Muuss, R. E. (1996). *Theories of adolescence* (6th ed.). New York: McGraw-Hill.

(2) 중간체계(Mesosystem)

중간체계는 미시체계들 간의 상호관계, 즉 환경들과의 관계를 말한다. 이를테면, 부모와 교사 간의 관계, 형제관계, 이웃친구와의 관계 등이 그것이다. 일반적으로 이 체계들 간의 관계가 밀접하면 할수록 아동의 발달은 순조롭게 진행된다. 예를 들어, 부모로부터 사랑을 받지 못한 아동은 교사와도 긍정적인 관계를 맺기 어려울지 모른다. 아동발달을 보다 체계적으로 이해하기 위해서는 가족, 친구, 학교, 교회 등 다양한 상황에서 아동들이 어떻게 행동하는가를 관찰하는 것이 중요하다는 믿음이 발달론자들 사이에 점점 확산되고 있다(〈그림 8-3〉 참조).

미시체계와 중간체계 간에는 다음과 같은 문제가 발생할 가능성이 있다(Muuss, 1996). 첫째, 여러 다른 미시체계가 제각기 다른 가치관을 표방할 때에는 잠재적인 위험이 따른다. 예를 들면, 또래집단은 음주, 흡연, 약물남용, 조기 성행위를 영웅시하고, 격려하며, 보상하는 반면, 부모나 교회는 이러한 행동들을 부정적으로 보며 처벌한다. 둘째, 극도로 빈약한 중간체계 내에는 미시체계들 간에 의미 있는 연결이 거의 또는 전혀 없다. 즉, 개인생활이 각기 분리되어 있다. 자녀의 친구를 알지 못하는 부모, 같은 학교에 다니지 않는 친한 친구, 부모나 친구가 알지 못하는 교회에 다니는 아동 등이 그 예이다.

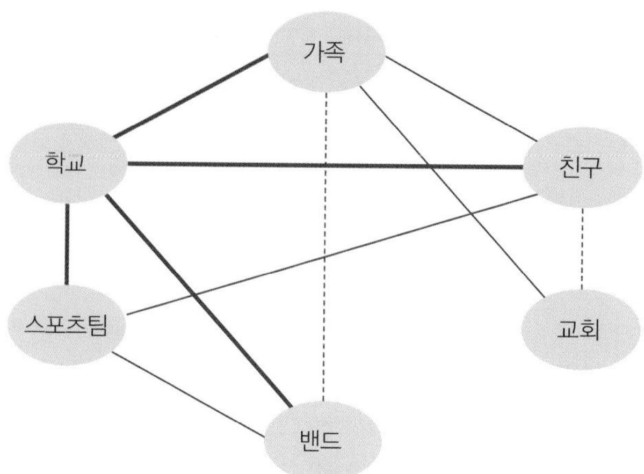

중간체계는 상호작용하는 미시체계로 구성된다. 일부 미시체계는 다른 미시체계보다 더 많은 상호작용을 한다(예: 가족-학교, 학교-밴드, 학교-스포츠팀 등). 한정적 상호작용을 하는 미시체계도 있다(예: 친구-교회, 가족-밴드). 마지막으로 비교적 상호작용이 없는 미시체계도 있다(예: 교회-밴드, 교회-스포츠팀).

〈그림 8-3〉 중간체계

출처: Muuss, R. E. (1996). *Theories of adolescence* (6th ed.). New York: McGraw-Hill.

중간체계의 상호작용은 아동이 아들/딸, 친구, 학생, 밴드부원 등으로 동시에 다중적 역할에 참여하는 것이다. 사람들이 서로 다른 환경에서 서로 다른 역할을 수행한다는 생각은—시간에 따라 그리고 어떤 환경에서 다른 환경으로 옮겨 감에 따라 역할이 바뀐다는 것은—Bronfenbrenner의 이론에서 매우 중요한 의미를 갖는다.

서로 다른 역할을 거의 동시에 수행한다는 인식은 그의 중간체계 개념에 내포되어 있다. 사람들이 다양한 미시체계에 참여할 때에는 다양한 역할을 수행한다는 것이 분명하다. 사회적 역할은 사회에서의 다양한 대인관계라든가 그가 갖는 지위와 연관된 행동과 기대라고 정의된다. 예를 들어, 가정에서의 딸 또는 아들, 또래집단의 친구, 학교친구, 운동선수, 직장의 동료, 친밀한 관계에서 서로 사랑하는 연인의 역할이 그것이다. 이러한 사회적 역할은 다른 사람이 아버지 또는 어머니, 교사, 코치, 직장상사, 연인 등의 대응적 역할을 수행한다는 것을 암시한다.

(3) 외체계(Exosystem)

외체계는 아동이 직접 참여하지는 않지만 아동에게 영향을 미치는 사회적 환경을 의미하는 것으로, 정부기관, 사회복지기관, 교육위원회, 대중매체, 직업세계 등이 여기에 포함된다(〈그림 8-4〉 참조).

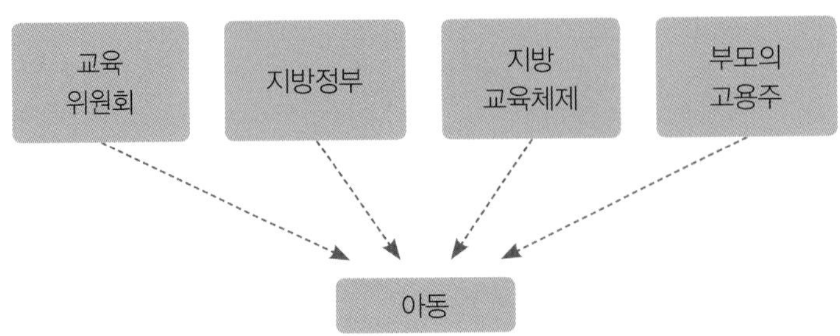

교육위원회, 지방정부, 지방교육체제, 부모의 고용주는 외체계의 예이다. 외체계 결정 중 어떤 것은 아동에게 영향을 준다. 그러나 그 영향력은 일차적으로 비개인적이고, 간접적이며, 일방적이다. 외체계 의사결정자들은 아동 개개인을 모르며, 그 역도 마찬가지이다.

〈그림 8-4〉 외체계

출처: Muuss, R. E. (1996). *Theories of adolescence* (6th ed.). New York: McGraw-Hill.

이러한 외체계의 환경들은 아동의 행동에 영향을 미친다. 예를 들면, 부모의 직장상사는 부모가 어디에서 일을 할지, 언제 일을 할지, 얼마만큼 수입이 있을지, 언제 휴가를 갈 수 있을지, 자유로운 근무시간을 허용할지 등을 결정한다. 더욱 중요한 것은 고용주는 아버지나 어머니를 동해안에서 서해안으로 전근시킬 수도 있고, 아주 해고시킬 수도 있다. 이러한 결정들은 자녀의 미시체계와 중간체계에 심각한 영향을 미칠 수 있다.

학교정책을 결정하는 교육제도는 아동들에게 중요한 의미를 갖는 외체계 변인의 예이다. 재학 중인 아동이 어떤 활동에 참가할 것인지, 그리고 어떤 교육과정과 방과 후의 활동이 제공될 것인지는 교육위원회가 결정한다. 재정수지를 맞추기 위해 교육위원회는 도서관을 폐관할 수도 있고, 음악이나 미술과목의 예산을 줄일 수도 있으며, 방과 후의 활동을 없앨 수도 있다. 어른들은 아동의 최대 이익을 항상 염두에 두면서 그들의 외체계에 대한 결정을 하는지를 자문해볼 필요가 있다. 불행히도 그러한 결정에는 아동의 이익보다는 예산이나 정치적 고려가 우선하는 경우가 흔히 있다.

아동학대와 아동유기에 관한 연구들은 외체계의 변인을 아동에게 영향력을 미치는 요인으로 보고 그 중요성을 시사한다. 빈약한 주거, 실직, 장기간의 빈곤은 모두 외체계의 요인들로서 부모의 통제권이 미치지 않는 요인들이다. 그럼에도 불구하고 외체계의 요인들은 아동학대와 아동유기의 확률을 높이는 요인들이다. 예방요인들이 외체계에 존재할 수도 있다. 예를 들면, 활발한 친족지원망, 교회출석 등은 아동학대와 아동유기의 가능성을 줄여주는 경향을 보여주고 있다.

(4) 거시체계(Macrosystem)

거시체계는 미시체계, 중간체계, 외체계에 포함된 모든 요소에다 개인이 살고 있는 문화적 환경까지 포함한다. 문화란 한 세대에서 다음 세대로 전수되는 행동유형, 신념, 관습 등을 일컫는다. 아동이 속해 있는 사회문화적 배경은 아동의 발달에 지속적인 영향을 미친다. 즉, 거시체계는 신념, 태도, 전통을 통해 아동에게 영향을 미친다. 거시체계는 일반적으로 다른 체계보다 더 안정적이지만, 때로는 사회적 변화(예를 들면, 경제적 번영에서 IMF 체제로의 변화 또는 평화체제에서 전시체제로의 변화)에 따라 변할 수 있다(Elder & Caspi, 1988).

거시체계는 아동의 삶에 직접적으로 개입하지는 않으나, 전체적으로 보면 아치처럼 펼쳐 있는 사회계획을 포괄함으로써 비록 간접적이기는 하나 매우 강력한 영향력을 발휘한다(〈그림 8-5〉 참조).

거시체계는 사회관습과 유행을 통해 자신의 가치관을 표현한다. 무엇이 현재 '유행하는 것'이고, '한물간 것'인지에 대한 흥미로운 기사를 작성함으로써, 언론인들은 거시체계의 경향을 확인해준다. 거시체계는 또한 미(美)의 기준을 제시하기도 하고(사진 참조),

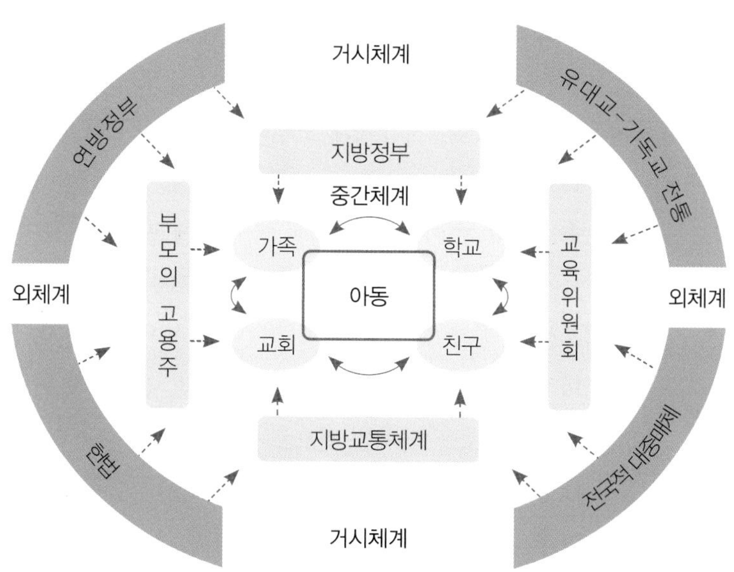

개인은 여러 미시체계의 부분이 되며, 다수의 미시체계는 중간체계를 형성한다. 중간체계 수준의 상호작용은 사적이며 직접적이다. 중간체계는 외체계와 더 일반적인 사회문화적 거시체계에 포함되어 있다. 이 수준의 영향은 비개인적이며 종종 간접적이다.

〈그림 8-5〉 거시체계

출처: Muuss, R. E. (1996). *Theories of adolescence* (6th ed.). New York: McGraw-Hill.

성별에 따라 적절하거나 부적절한 행동을 정의하기도 한다. 의학지식의 확산은 건강관리에 영향을 줄 수 있다. 이를테면, 어떤 음식이 건강에 이롭다거나 해로운지를 구별해줌으로써, 흡연에 대한 사회적·법적 제재를 가하게 함으로써, 또 에이즈나 임신을 피하기 위하여 콘돔 사용에 대한 광고를 권장함으로써 그렇게 할 수 있다. 거시체계적 가치관은 메마른 체형을 미 또는 성적 매력과 동일시함으로써, 거식증이나 폭식증과 같은 먹기장애를 초래할 수도 있다.

(5) 시간체계(Chronosystem)

시간체계는 전생애에 걸쳐 일어나는 변화와 사회역사적인 환경을 포함한다(〈그림 8-1〉 참조). 이 체계는 아동이 성장함에 따라 겪게 되는 외적인 사건(부모의 죽음 등)이나 내적인 사건(심리적 변화 등)이 구성요소가 된다.

시간체계에 관한 연구들은 인간의 생애에서 단일 사건이 발달에 미치는 영향에 국한하지 않는다. 오히려 그 연구는 시간의 경과와 더불어 연속적으로 일어나는 사건들이 누적되어 미치는 영향에 관해 연구한다. 시간체계 모델과 관련된 연구들을 살펴보면 다음과 같다(Bronfenbrenner, 1986).

Mavis Hetherington

부모의 이혼이 아동에게 미치는 영향에 관한 연구(Hetherington, 1981; Hetherington, Cox, & Cox, 1978)에 따르면, 이혼의 부정적인 영향은 이혼한 첫해에 최고조에 달하며, 딸보다 아들에게 더 부정적인 영향을 미치는 것으로 나타났다. 그리고 이혼 후 2년쯤 되면 가족 간의 상호작용은 안정을 되찾는 것으로 나타났다. 8~14세의 핀란드 아동들을 대상으로 한 Pulkkinen(1982, 1983, 1984)의 종단연구에서는, 환경의 안정성과 변화가 아동발달에 미치는 영향이 어떠한가를 알아보았다. 그 결과 자주 이사를 한 경우, 유치원이나 학교를 옮긴 경우, 부모의 이혼이나 사별 등으로 인해 가족구조가 변화한 경우와 같이 가정환경이 안정적이지 못할 때에는 아동기나 청소년기에 공격성과 불안수준이 높은 것으로 나타났다. 그리고 성인기에도 높은 범죄율을 나타내었다. 하와이에서 행해진 종단연구(Werner & Smith, 1982)에서도 유사한 결과가 나타났다. 이 연구에서는 빈곤, 생물학적 위험, 가족의 불안정성에 노출되고, 교육수준이 낮거나 정신적 장애가 있는 부모에 의해 양육되었지만, 이에 굴하지 않고 '제대로 자란' 청년집단과 유사한 환경에서 '제대로 성장하지 못한' 청년집단을 비교해보았다. 두 집단 간에 차이가 나는 주된 환경적 요인은 '제대로 자란' 집단의 청년들이 아동기와 청소년기에 스트레스를 주는 인생사건을 훨씬 적게 경험하고, 돈독한 세대 간의 친족망이 있었다는 점이다.

4) 생태학적 전환

Bronfenbrenner는 한 체계 또는 둘 이상의 체계가 주요한 전환을 겪는 중대한 변화를 '생태학적 전환(ecological transition)'이라고 하였다. 생태학적 전환은 전생애에 걸쳐 자연스럽게 이루어진다. 그러나 주요한 전환은 민감성과 불안감을 고조시키고 아동발달을 강화하거나 저해할 수 있다. 따라서 전환경험은 생태학적 변화와 발달과정 간의 관계에 대해서도 관심을 갖도록 한다. 가장 보편적인 전환경험은 오래된 미시체계가 기능을 상실하고 새로운 미시체계가 나타날 때처럼 중간체계가 수정되는 경우에 경험하게 된다. 그러한 생태학적 전환은 역할정의의 변화와 관련이 있다. 예를 들면, 초등학교 입학, 중학교 입학, 사립학교에서 공립학교로의 전학, 학교 중퇴, 졸업, 새로운 친구집단의 형성 또는 새로운 연인관계의 형성, 개종(改宗), 다른 지방으로 이사하는 것 등이다. 이러한 생태학적 변화는 발달과정의 결과일 뿐만 아니라 그 이상으로 새로운 발달과정에 자극을 주는 사건이 된다. 그러한 변화는 새로운 중간체계에 대한 적응을 필요로 하는 것이기 때문에 개인에게는 진지한 도전이 될 수 있다. "생태학적 전환은 생태학적 환경에서 역할이나 배경 또는 그 모두의 변화의 결과인 것으로, 개인적 지위가 변경될 때마다 일어난다"(Bronfenbrenner, 1979, p. 26).

군장교의 자녀들이나 지방으로 자주 전근을 해야 하는 산업체 종사자인 부모를 둔 자녀들은 깊은 상처를 남기는 생태학적 전환을 경험할지도 모른다. 부모의 이혼도 주요한 생태학적 전환의 또 다른 예이다. 이혼이 자녀들에게 유해한 영향을 미친다는 연구결과는 많다. 그러나 생태학적 체계연구는 이혼 그 자체의 영향력이라는 관점보다는 다른 미시체계들 간의 상호관계라는 관점에서 이혼의 영향력을 해석한다. 예를 들어, 이혼한 부모가 서로 지원적 관계를 맺고 있고, 자녀들과 애정적인 관계를 유지할 때에는 해악적 영향력이 완화될 수 있음을 시사해주고 있다.

생태학적 전환은 또한 거시체계에의 적응이나 거시체계 전환의 결과로 초래될 수도 있다. 예를 들면, 선거전에서 압도적 승리를 한 후에 새로이 선출된 대통령과 더 강력해진 국회는 세제, 복지, 교육, 보건체계를 획기적으로 변경함으로써, 소비패턴과 실직감소에 기여하고 궁극적으로는 좀더 낙관적인 경제전망을 낳게 할 수도 있을 것이다.

좀더 개인적인 수준에서 본다면, 외국여행을 하거나, 상이한 배경을 가진 사람들과 사귀거나, 외국인과 사랑에 빠지거나 국제결혼을 하는 것 등은 거시체계 전환의 정도를 반영하는 것이다. 상이한 거시체계의 패턴을 제대로 인식한다는 것은 문화적 다양성에 대한 이해를 가능케 한다. 생태학적 전환은 "유기체와 주변 환경 간의 상호조절 과정의 현저한 사례"(Bronfenbrenner, 1979, p. 27)이며, 인간발달 생태학의 정수라 할 수 있다(Muuss, 1996).

5) 평가

생태학적 체계이론은 학습이론이 제공하는 것보다 환경에 대하여 더 풍부한 자료를 제공해주고 있다. 즉, 기존의 연구자들이 아동의 환경을 아동 주변의 직접적 환경과 조건 그리고 사건에만 한정하여 상당히 협소하게 본 데 반해, Bronfenbrenner는 아동을 둘러싼 환경을 겹겹의 구조로 체계화하고 이들 각 체계와 아동발달 간의 관계를 설명하고 있다. 따라서 거시체계 모형, 외체계 모형, 시간체계 모형 등 보다 다양하고 체계적인 연구방법을 통해, 아동발달에 가족 외적인 환경이 미치는 영향과 그 방식을 설명해주었다는 평가를 받고 있다. 또한 개인-과정-맥락 모형 등 보다 세분화된 과정중심적 연구방법을 통해 중재 프로그램이나 정책 방향을 위한 실질적인 제언을 하는 데 크게 기여했다고 할 수 있다. 그리고 환경의 영향을 인위적인 실험실 상황에서 탈피하여 자연환경 속에서의 상호작용을 관찰함으로써 인간이 어떻게 환경에 영향을 주고, 환경에 의해 영향을 받는지를 이해할 수 있게 해주었다.

한편, 생태학적 이론은 아동발달이 일어나는 맥락과 발달에 영향을 미치는 맥락을 모두 고려하고 있으나, 실제로 이러한 모든 맥락을 고려한 연구를 진행하기에는 어려운 점이 많다고 할 수 있다. 또한 생태학적 이론은 주로 맥락적 · 역사적 영향력을 중시한 반면, 아동의 능동적 발달과정이나 생물학적 영향력은 간과하고 있다는 비판을 받고 있다. 최근에 와서 Bronfenbrenner(1995)가 그의 이론에 생물학적인 영향을 첨가함으로써, 그의 이론은 이제 생물생태학적 이론으로 지칭되고 있지만, 인간발달에 대한 생물학적 기여에 대해서는 거의 언급을 하지 않아 그의 이론에서는 여전히 생태학적 · 환경적 영향론이 우세한 실정이라 할 수 있다.

2. Elder의 생애이론

1) Elder의 생애

Glenn Elder(1934-)

Glenn Elder는 1934년 2월 28일 미국 오하이오 주의 클리블랜드에서 태어났다. 1957년 펜실베이니아 주립대학을 졸업하고 곧이어 1958년에 오하이오 켄트 주립대학에서 석사학위를 취득하였으며, 1961년에는 노스캐롤라이나 대학에서 박사학위를 받았다.

Elder는 어린 시절 클리블랜드에서 성장하는 동인 제2차 세계대전을 겪었고, 그 후 펜실베이니아의 시골 농촌에서 성장했다. 이러한 경험들을 통해 그는 사회적 변화가 인간에게 미치는 영향에 대해 깊은 관심을 가지게 되었으며, 이에 따라 대학원과 박사 후 과정 동안 사회학과 심리학을 전공하게 되었다.

Elder는 1962년부터 1963년까지 버클리에 있는 캘리포니아 대학의 인간발달연구소 사회학 조교수와 연구원으로 재직하면서, 1920년대에 태어난 캘리포니아 사람들을 대상으로 한 종단연구에 참여하게 되었고, 이 연구를 통해 인간의 삶이 어떻게 사회적으로 조직화되고 변화하는지에 대해 깊이 생각하게 되었다. 그러나 그 시기에 적용되던 역할이론만으로는 역사적인 시간과 장소에 놓인 사람들을 이해하는 데 충분하지 않다는 것을 깨닫게 되었다. 이에 따라 그는 역할이론과 연령에 기초를 둔 이론을 통합하여 '대공황기의 아동'이라는 주제로 연구를 진행하였다. 이 연구에서 역할이론은 특정 시간에 구애받지 않는 세대에 대한 관점을 제시하는 것이지만, 연령집단이론은 인간의 삶의 연구에서 시간과 맥락을 고려해야 한다는 점을 강조하였다. 버클리의 종단연구를 통해 그는 특정 시기의 사회화에 대한 연구에서 변화하는 사회에서의 생애연구로 연구의 초점을 옮기게 된다.

1967년에 노스캐롤라이나 대학의 교수로 부임한 후에도 이 연구를 계속했으나, 연구를 진행하는 동안 연구문제에 대한 변화가 필요하게 되었다. 왜냐하면 1920~1930년대의 아동에 대한 연구를 통해 극심한 고난과 그것이 인간의 삶에 미치는 지속적인 효과를 알아보고자 하였으나, 연구가 진행되는 동안 그들에게 고등교육, 안정된 결혼, 군입대를

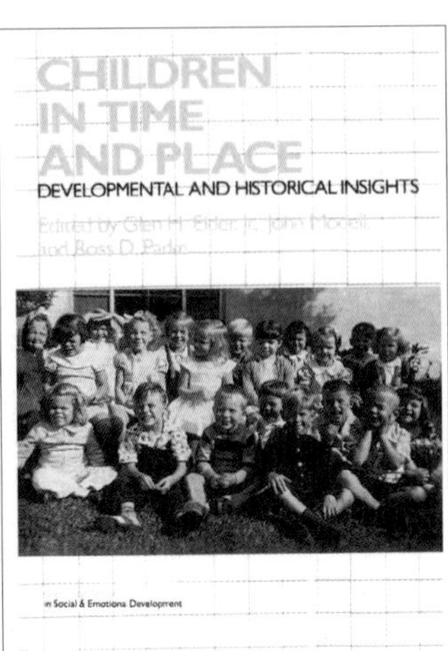

통한 교육기회의 제공과 같은 바람직한 외적 환경이 제공됨으로써, 1930년대에 불우했던 아동들의 삶이 보다 개선되고 어려움이 극복되는 것을 보고 '회복성의 과정'에 연구의 초점을 두지 않을 수 없게 되었기 때문이다.

1970년대 말 생애이론 연구는 새로운 연구영역으로 자리 잡게 되었다. Elder는 코넬대학(1979~1984년)에서 교수로 재직하는 동안 Bronfenbrenner와 친밀한 유대관계를 형성하게 되었고, 그와의 만남을 통해 다학문적 연구가 가능해졌다. 그는 현재 노스캐롤라이나 대학의 사회학과 교수이자 심리학과 연구교수, 노스캐롤라이나 인간발달협회 회장직을 맡고 있으며, 탁월한 연구성과를 인정받아 여러 분야에서 많은 상을 받았고 지금도 활발한 연구와 강의를 계속하고 있다.

Elder의 저서로는 『대공황기의 아동(Children of the Great Depression)』(1974), 『농촌의 아이들(Children of the Land)』(2000), 『생애과정 연구방법: 질적 접근과 양적 접근(Methods of Life Course Research: Qualitative and Quantitative Approaches)』(1998) 등이 있다.

2) Elder의 생애이론의 개요

Bronfenbrenner의 생태학적 이론은 환경적 맥락을 강조하고, 역사적 시간을 의미하는 시간체계를 포함하지만 전생애발달을 지향하는 것은 아니다. 전생애발달을 크게 강조하는 생태학적 이론은 Elder의 생애이론이다. 오늘날과 같이 급변하는 사회에서는 각기 다른 연령대의 사람들은 각기 다른 역사적 환경에 노출되고, 역사적 변화에 대해서도 각기 다른 영향을 받는다.

사진 설명 경세공황으로 어려움을 겪고 있는 가족들

생애이론은 인간발달과 사회변화 간의 관계에 대한 인식이 높아짐에 따라 1960년대부터 관심을 끌기 시작했다. 1970년대에 와서 발달심리학에서의 전생애적 접근, 변화하는 환경 속에서의 사회적 역할과 사건에 대한 사회학적 관점, 연령과 관련된 변화(예를 들면, 노화)에 대한 관점을 고려한 연구들이 많이 이루어짐에 따라 생애이론은 더욱 빠르게 확산되었다.

생애이론은 인간의 발달과정과 결과를 맥락 속에서 이해하려는 것으로 삶의 변화라는 맥락과 그것의 결과가 인간의 발달에 어떤 영향을 미치는가에 초점을 둔다. 예를 들면, 구소련의 붕괴, 경제적 풍요와 빈곤(미국의 대공황), 전쟁참여(한국전과 베트남전)와 같은 사회구조와 역사적 변화는 인간의 삶의 패턴을 변화시킬 수 있고, 각 개인은 그러한 사회구조와 변화 속에서 자신의 인생역정을 꾸려나가게 된다. 또한 생애이론에서는 인간의 삶에서의 사회적 경로(전환기, 역할순서) 등을 강조한다.

1980년대 중반 이후의 생애이론 연구에서는 인간발달이 이루어지는 맥락의 구조적인 속성을 밝히고자 하였다. 인간의 발달역정과 그들 삶의 사회적 경로 간의 관계를 고찰함으로써 발달역정과 사회적 경로는 일생 동안 계속 상호작용하는 것임을 밝혔다. 또한 변화하는 시간에 대해 연구하고 변화하는 시간대가 삶의 발달과정에 미치는 영향도 고려하였다. 오늘날 생애이론 연구에서는 전생애를 통한 발달역정, 연령에 따른 인생과정, 그것이 인간발달에 미치는 영향 그리고 역사적인 맥락을 모두 고려하고 있다. 말하자면, 인간발달은 생애과정과 역사적 시간 속에서 형성된다는 것이다.

3) 생애이론의 원리

Elder는 생애이론의 네 가지 원리를 설명하고 있는데, 생애와 시대적 배경의 원리, 생애와 시간대의 원리, 연결된 상호의존적 삶의 원리, 능동적인 수행의 원리 등이 그것이다(Goldhaber, 2000). 〈그림 8-6〉은 생애이론의 네 가지 원리에 관한 것이다.

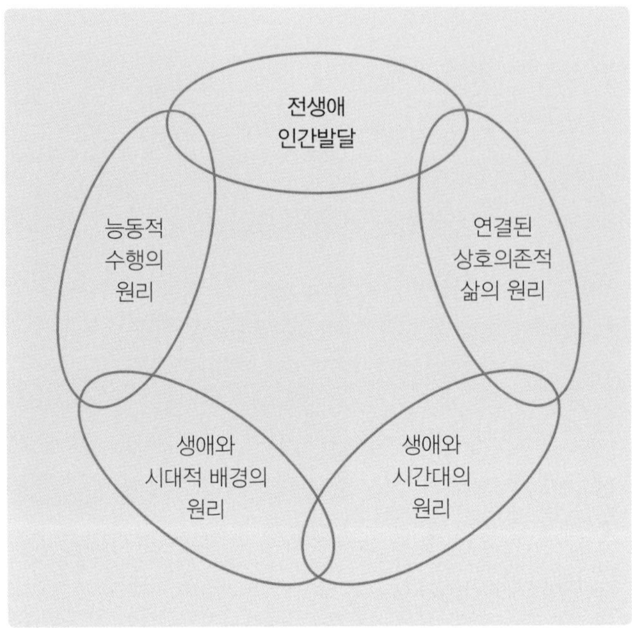

〈그림 8-6〉 생애이론의 원리

(1) 생애와 시대적 배경의 원리

생애와 시대적 배경 간의 상호작용의 원리는 동시대 출생집단의 효과(cohort effect)를 의미한다. 동시대 출생집단의 효과는 특정한 시대에서 함께 살아온 사람들이 공통적으로 가지는 특성의 효과를 말한다. Elder는 어떤 시대를 사느냐에 따라 개인이 경험하는 기회와 제약 등이 다르다고 본다. 각기 다른 시대에 태어난 사람들은 각기 다른 발달단

사진 설명 1930년대 경제 대공황은 그 시대의 동시대 출생집단에게 매우 독특한 영향을 미친다.

계에서 그 시대의 특성을 경험할 것이기 때문에, 역사적 사건이 주는 영향은 크게 다를 수 있다.

그러나 Elder의 관심은 역사적 사건이 개인의 삶에 차이를 가져오는 것에만 한정되지 않는다. 각기 다른 동시대 출생집단이 특정한 역사적 사건을 다르게 경험할 뿐만 아니라 역사적 사건과 장소의 상호작용도 개인의 행동에 반영된다. 즉, 인간의 생애는 그들이 전생애에 걸쳐 경험하는 역사적 사건뿐만 아니라 장소에 의해서도 영향을 받는다는 것이다. 역사적 사건은 언제나 시간과 장소의 영향을 받기 때문에, Elder의 주요 목표는 격렬한 사회변화를 수반하는 대공황, 전쟁, 사회혁명 등의 역사적 사건을 개인이 어떻게 경험하는가를 이해하는 데 있다. 예를 들어, 1920년대 초에 태어난 사람들은 아동기에는 부유한 생활을 했으나 청소년기를 지나면서 경제적 공황으로 인해 힘든 위기를 경험하게 된다. 그러나 동시대 출생집단의 구성원들이 특정의 역사나 환경에 노출된다 하더라도, 그들 모두가 사회적 변화를 똑같이 경험하는 것은 아니다. 사회적 변화를 강력한 것으로 느끼는 사람도 있지만 그렇지 않은 사람도 있다.

(2) 생애와 시간대의 원리

역사적 사건의 계속된 영향은 개인의 발달수준에만 한정되지 않고, 사회가 요구하는 사회적 역할에도 영향을 미친다. 바꾸어 말하면, 개인이 이러한 사회적 역할을 어떻게 수행하는가에도 영향을 미친다는 것이다. 사회적 시간대는 ① 특정의 사회역사적 맥락에서 사회적 삶을 구성하는 주요 인생사건(예를 들면, 결혼, 출산, 은퇴 등), ② 주요 인생사건이 발생하기에 적절한 시간대(예를 들면, 결혼 적령기), ③ 주요 인생사건이 일어나는 순서(예를 들면, 자녀출산에 앞서 결혼을 먼저 하는 사회적 선호), ④ 주요 인생사건 간의 적절한 간격(예를 들면, 결혼과 첫 자녀 출산 사이의 적정 간격에 대한 사회적 규준)을 규정한다.

결혼, 출산, 직업과 같은 성인기의 인생궤적(trajectories)[1] 간의 상호작용은 대부분의 성인의 인생에서 매우 중요한 요인이 되는 것이다. 출산연령을 예로 들어보자. 오늘날에는 많은 여성들이 직장생활을 계속하기 위해 결혼이나 출산을 미루기 때문에 출산연령이 높아지는 경향이 있다. 한편, 10대 임신비율 또한 그 어느 때보다 높다. 10대의 임신도 대부분 사회적 시간대가 적합하지 않은 사건이며, 그것은 또한 산모나 아기 모두에게 위험한 것이다. 또 다른 예로 성적 성숙의 시기를 들 수 있다. 또래와 비교해서 훨씬 일찍 또는 늦게 성숙하는 경우에는, 제때에 성숙하는 청소년과는 다른 사춘기 전환의 경험

1) 생애의 장기적인 관점에서 가족과 직업역할의 순서성과 같은 것을 의미한다.

을 하게 된다(Turkewitz & Devenny, 1993).

(3) 연결된 상호의존적 삶의 원리

상호의존은 생애이론에서 매우 중요한 개념이다. 우리 인생은 일생 동안 가족관계, 친구관계, 그 외 다른 사회적 관계로 이루어진다. 예를 들면, 결혼에 실패한 성인자녀가 다시 집에 들어온다면 그것은 부모의 생활에 중요한 영향을 미치기 때문에, 자녀에게 발생한 개인적인 문제가 세대 간의 문제가 되기도 한다. 부모의 인생에서 일어나는 변화 또한 자녀의 발달에 영향을 미친다. 따라서 부모나 자녀의 인생에서 일어나는 사건이나 중대한 결정 등으로 세대와 세대는 연결된다.

> 생애이론의 원리 중 어떤 원리도 상호의존의 원리만큼 핵심적인 것은 없다. 인간의 삶은 일생 동안 가족, 친척, 친구 간의 사회적 관계로 이루어진다. 사회적 지원이나 규제는 이러한 관계를 통해서 발생한다. 이것은 일생 동안 사회화과정을 통해 표출된다. 성인자녀의 개인적 문제뿐만 아니라 행운이나 불운 또한 이제 세대 간에 공유된다(Elder, 1994, p. 6).

(4) 능동적 수행의 원리

능동적 수행의 원리는 두 가지 면에서 중요한 의미를 갖는 것이 명백하다. 개인은 일생 동안 수많은 선택을 하면서 자신의 인생을 구성해나간다. 그러나 동시에 특정한 사회적 상황, 사회적 구조, 사회적 관계 속에서 개인이 어떤 선택을 하는가는 그 상황을 어떻게 개념화하는가를 반영하는 것이기도 하다. 한 예로 중국문화혁명 기간에 국가는 개인의 직업, 가정, 이주활동에 많은 제약을 가했지만, 시민들은 이러한 구조 속에서 중요한 결정을 내려야 했다(Zhou & Hou, 1999).

능동적 수행의 의미부여 측면은 얼마나 많은 선택을 할 수 있는가라는 양적 의미와 각각의 선택에 따르는 상대적 가치와 위험부담이라는 질적 의미를 모두 반영한다. 똑같은 상황이라도 어떤 사람에게는 선택의 폭이 넓은 반면, 또 다른 사람에게는 선택의 폭이 매우 좁다. 예를 들면, 대공황은 사람들로 하여금 세상에 대한 무력감을 느끼게 했지만, 이러한 상황 속에서도 어떤 사람들은 성공적인 적응을 할 수 있었다. Elder가 대공황과 같은 격렬한 사회적 변화가 일어나는 시기에 대해 그토록 많은 관심을 표명했던 이유는 의심할 여지없이 개인의 선택과 그 의미가 생의 전환기에 의해 어떻게 영향을 받는가를 알아보고자 한 데 있다.

4) 생애이론 연구

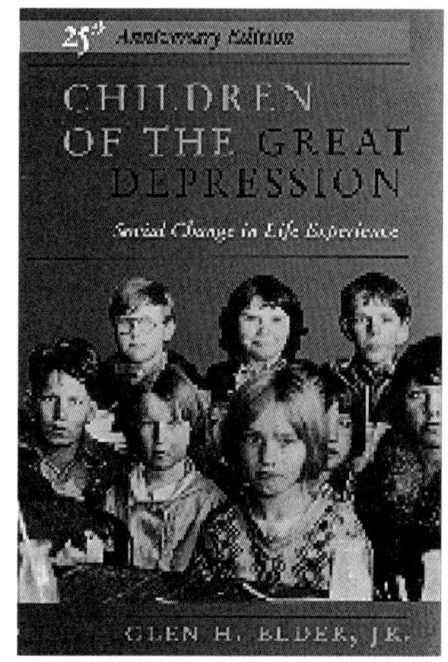

생애이론의 네 가지 원리를 가장 적절하게 예증해주는 것이 Elder의 대공황의 영향에 관한 연구이다. 이 연구는 1974년에 『대공황기의 아동(Children of the Great Depression)』이라는 제목으로 출판되었다. 이 종단연구에서 Elder는 캘리포니아 주의 오클랜드에서 1920년과 1922년 사이에 태어난 아동들을 추적조사하였다. 이 동시대 출생집단은 경제적으로 풍요로운 시기에 아동기를 보내고 대공황기에 청년기를 보내게 된다. 이들이 고등학교를 졸업할 무렵에 제2차 세계대전이 발발하고 경제적 전망이 밝아진다. 이들 중 많은 이들이 군에 입대하고 전쟁이 끝날 무렵 이들은 성인기에 접어든다. 이후 눈부신 경제적 성장, 사회적 안정을 맞게 되고, 제대 군인들에게는 무상교육의 기회가 주어진다.

Elder는 이러한 대조적인 사회적 사건이 이 동시대 출생집단의 인생에 어떤 영향을 미쳤으며, 그들이 이러한 경험을 어떻게 해석하는가를 알아보고자 했다. 1974년의 연구에서는 하나의 동시대 출생집단만을 대상으로 했지만, 후속 연구에서는 여러 개의 동시대 출생집단을 대상으로 하였다.

우선 1974년의 연구대상에서 Elder는 이들을 네 집단으로 나누어 대공황의 영향을 조사하였다. 그들의 사회경제적 지위를 중산층과 노동계층으로 나누고, 경제적 궁핍의 정도를 보통 또는 심각한 수준으로 구분하였다. Elder는 이 네 집단의 가족들이 새로운 인생의 변화에 어떻게 대처했는지 그리고 그들의 대처양식이 자녀가 생활사건을 지각하는 데에 어떤 영향을 미쳤는지를 집중적으로 연구하였다.

사진 설명 대공황기의 노동계층의 아동들

경제적 궁핍수준은 노동계층이 중산층보다 3~4배 정도 높았으며, 어머니와 자녀들이 일자리를 찾아야만 했다. 이것은 아버지가 유일하게 가계를 책임지던 그 시대의 관점에서 보면 커다란 변화였다. 특히 아버지

의 심리적 상태가 영향을 많이 받았는데, 가장으로서의 역할을 제대로 하지 못하고 인생의 실패자로 자신을 보았기 때문이다(사진 참조). 흥미롭게도, 아버지의 심리적 건강상태는 나빠진 반면, 어머니와 아동들의 심리적 건강상태는 오히려 좋아졌다. 이것은 가족 내에서 그들이 좀더 의미 있고 중요한 역할을 할 수 있었기 때문인 것으로 보인다. 나이 든 아동이나 청년의 경우 직업을 가진 경우가 많았고, 이른 나이에 성인으로서의 역할을 수행하였다. Elder는 이러한 행동들이 이러한 변화에 대처하는 데에 필요하고 적절한 반응이었다고 믿었지만, 일찍 성인이 되는 것에 대한 장기적인 효과에 대해서는 우려를 표명하였다.

이와 같은 변화는 대부분의 가족에게서 발견되었지만 Elder는 사회계층에 따라 그 정도가 다르다는 것을 발견하였다. 중산층은 경제적 궁핍으로 인한 사회적 지위의 상실에 더 많은 영향을 받았고, 노동계층은 수입의 상실에 더 많은 영향을 받았다. Elder는 특히 어머니의 역할변화에 주목했다. 어머니는 가계에 대해 가중된 책임을 지게 되었을 뿐만 아니라, 아버지의 경제력 상실과 이로 인해 자녀가 지각하는 사회적 지위의 상실을 중재하는 역할을 수행하였다. 아버지의 경제적 지위의 변화에 부정적으로 반응하는 어머니는 자녀들에게 불만감을 노골적으로 표현하였다. 결과적으로 아버지의 지위상실은 자녀의 눈에 심각한 것으로 비춰졌다.

Elder는 모든 가족 구성원들이 경제적 궁핍으로 인해 고통을 받았지만, 가족들이 그 상황을 어떻게 받아들이고 있는가도 중요한 요인이라고 지적하였다. 자신을 거대한 사회적 힘의 희생물로 여기고 그들에게 닥친 경제적 궁핍이 불가항력이라고 믿는 가족들은 효율적인 대처능력 또한 전혀 없는 것으로 보였다. 경제적 · 사회적 · 심리적 측면에서 이런 가족들은 대공황으로 가장 큰 고통을 당하는 것으로 나타났다. 반면, 대공황으로 인한 경제적 궁핍이 자기들 잘못은 아니지만 역경을 헤쳐나갈 길이 있다고 믿는 가족들은 경제적 · 사회적 · 심리적 안정을 유지하는 데 좀더 효율적으로 대처했다.

1930년대 말에 대공황은 끝나고 제2차 세계대전이 발발하였다(어떤 이들은 대공황이 종식된 이유가 바로 제2차 세계대전의 발발이라고 주장한다.). 이후 눈부신 경제성장과 사회적 번영이 뒤따랐다. 오클랜드 가족의 아동들은 이 새로운 인생경험에 어떻게 대처하였는가? 대공황이 이들에게 남긴 유산은 무엇인가?『대공황기의 아동』후반부에서는 이러한 문제들을 다루었다. 일반적으로, 대부분의 남성들에게는 세계대전과 그 이후의 교육

기회가 훌륭한 교육경험과 좋은 직장을 제공해주었다. 이 점에서 대공황은 성인의 직업 경험에는 부정적인 영향을 거의 미치지 않았던 것으로 보인다. 오히려 이른 나이에 좋은 직장을 얻고 자리를 잡을 수 있게 된 것이다.

두 연령층을 대상으로 두 개의 장기종단연구를 실시한 Elder와 Rockwell(1978)의 연구에서는, 경제공황이 빈곤계층 아동들의 발달에 어떤 영향을 미쳤는지를 분석해보았다. 두 연령층 중 하나는 대공황 기간에 아동기에 있던 사람들이고, 다른 하나는 대공황기가 막 시작될 무렵에 출생한 아동들이었다. 이 연구는 경제적 빈곤이 이 두 연령집단에 미친 영향에 대한 비교분석을 가능하게 해준다. 연구결과, 대공황은 그 사건을 더 어렸을 때 겪었던 사람들의 삶에 더 불리하게 작용하여 역경으로 이어지는 발달결과를 수반한 것으로 나타났다.

경제공황으로 인해 극빈층이 되어야 했던 아동들은 집안일을 돕거나 취업을 함으로써(사진 참조) 가족의 부양에 기여하는 것 외에는 달리 선택할 것이 없었다. 그러나 이러한 경험은 이들에게 책임감과 독립심을 고취시켜 더 확고한 직업적 야망을 갖게 해주었을 뿐더러 더 열심히 일하고 책임감 있는 성인이 되게 하였다. 한편, 취학 전에 이미 경제공황을 경험한 아동들의 경우는 그들의 발달에 지장을 받을 정도로 부정적인 결과가 나타났다. 이 아동들은 학교성적이 좋지 않았으며, 직업면에서도 별로 성공적이지 못했고, 그 일부에게서는 인생 후반기에 정서적 문제가 발생하기도 했다. 이러한 부정적인 영향력은 여자보다 남자들에게서 더 뚜렷하게 나타났다.

사진 설명 대공황기에 광산에서 일하고 있는 아동들

Lewis Terman

Elder는 또한 1900~1920년 사이에 태어난 아동들을 대상으로 한 Terman의 종단연구와 1928~1929년에 태어난 아동들을 대상으로 한 버클리 종단연구를 오클랜드 종단연구와 비교분석해보았다. 이 세 가지 연구의 대상들은 출생연도가 다르기 때문에, 같은 역사적 사건(대공황)을 인생의 각기 다른 시점에서 경험한 사람들이다.

대공황이 최악의 상태에 있을 때에 Terman의 연구대상 중 일부는 군에 입대하였지만 나머지는 이미 성인이 되어 있었다. 버클리의 연구대상은 제2차 세계대전중에는 너무 어렸었지만 한국전에는 참전할 수 있었다. 이 세 동시대 출생집단은 모두 같은 역사적 사건을 경험했지만 각기 다른 인생의 시기에 그 사건을 경험하였다. 그리고 그들에게는 가족 내에서도 각기 다른 역할이 부여되었다.

군입대의 시간대와 관련해서 오클랜드의 연구대상은 청년 후기로부터 성년기로 전환하는 시점에서 바로 '제때'에 군에 입대함으로써 대공황의 영향으로부터 벗어날 수 있었다고 Elder는 주장한다. 더욱이 이들은 제대 후에 교육의 기회를 제공받았다. 반면, 전쟁이 발발했을 때 이미 성인이 된 Terman의 연구대상은 대부분 결혼을 하였고, 자녀를 두었으며, 직업을 가지고 있었다. 이들 동시대 출생집단에게 병역은 전환의 계기라기보다는 오히려 방해물이었다. 제대를 하고 민간인으로 돌아오는 것이 성인역할을 시작하는 기회가 된 것이 아니라, 모든 것을 제자리에 되돌려놓도록 노력하지 않으면 안 될 계기가 되었다. Elder는 Terman의 연구대상 성인들의 인생은 여러 가지 어려움으로 점철되었다고 묘사하였다. "그들은 직업의 불안정, 많지 않은 수입, 높은 이혼율, 50대가 되었을 때의 건강악화 등으로 고통을 받았다"(Elder, 1998, p. 9). 오클랜드나 버클리의 연구대상이 중산층이나 노동계층 출신인 반면, Terman의 연구대상은 천재아 집단[2]이었음을 감안한다면 이 결과는 더욱 놀랄 만한 것이다.

대공황기에 유아였던 버클리의 연구대상은 어떠한가? 대공황기에 청년기에 있던 오클랜드의 연구대상이 어려움에 처한 가족들을 위해 의미 있는 역할을 할 수 있었던 데 반해, 버클리 연구대상은 나이가 너무 어려 아무것도 할 수 없었다. 그들은 집에서 경제적 궁핍으로 인한 가족의 분열 때문에 스트레스를 경험하였다. Elder는, 버클리의 연구대상은 아동기에 측정한 검사에서는 자신감이 낮았으며, 청년기에는 사회적 능력과 열망수

2) Stanford-Binet 지능검사를 제작한 Terman은 천재아를 대상으로 장기종단 연구를 실시하였다.

준이 낮은 것으로 보고하였다(Elder & Hareven, 1993). Elder는 두 동시대 출생집단 간에 볼 수 있는 이러한 차이는 이들에게 제공된 능동적 수행능력을 습득할 기회를 반영하는 것이라고 주장한다. 즉, 오클랜드 연구대상은 어느 정도 나이를 먹었기 때문에 경제적 궁핍에 처해 있는 가족들을 도울 수 있었는데, 이러한 경험은 그들에게 능동적 수행능력을 강조하는 자신감을 갖게 해 주었다. 반면, 버클리의 연구대상은 나이가 너무 어려 이런 의미 있는 활동을 할 수 없었고, 능동적 수행능력을 습득할 기회도 주어지지 않았다.

5) 평가

Elder의 생애이론은 기존의 연구자들이 주로 유아기에서 청소년기까지의 발달을 중점적으로 살펴본 것에 반해, 인간발달이 성인기나 노년기까지 생애주기 동안 지속적으로 진행되는 과정이라는 관점을 소개하였다. 일생을 통해 인간발달이 이루어진다는 전생애 접근법은 우리에게 몇 가지 중요한 시사점을 던져주고 있다. 인간발달의 각 단계는 이전의 단계로부터 영향을 받고 그리고 앞으로 다가올 단계에 영향을 미친다. 따라서 각 발달단계는 나름대로의 독특한 가치와 특성이 있다. 인생에서 어느 단계도 다른 단계보다 더 중요하거나 덜 중요하지가 않다.

Elder의 생애이론은 또한 인간발달에 미치는 다양한 경로를 밝힘으로써 인간발달의 본질에 관한 관점을 제공했을 뿐만 아니라 인간본성의 유연성, 개체성, 다양성, 고유성을 인정하고 인간과 환경 간의 복잡한 상호연결성을 강조했다는 평가를 받는다.

반면에 Elder는 일반적인 발달규칙, 구체적인 발달단계, 발달과업 등을 가정하지 않았으며, 발달단계에 대한 중요성을 인식하지 못했다는 지적을 받고 있다. 바꾸어 말하면, 그의 연구는 인간발달에 대한 이론적 개념화보다는 연구결과나 행동 쪽을 설명하는 다소 자극적인 연구매체일 뿐이라는 지적이다. Elder는 또한 모든 것이 전적으로 환경맥락에 달려 있다고 생각한다는 비판도 가해지고 있다. 이러한 비판에 대해 Elder 또한 개인이 환경을 선택한다는 것을 가정하지만, 환경맥락은 수시로 변화하고 이러한 환경맥락은 개인에게 상당한 영향을 미치므로, 환경맥락이 인간의 삶을 좌우하는 것임을 강조한다는 것이다.

제 9 장

언어발달이론

남의 말을 열심히 듣는 사람은 말하는 사람 입장에서는 진실한 벗과 같다.	Platon
적게 아는 사람은 보통 말을 많이 하고, 많이 아는 사람은 말을 적게 한다.	Jean Jacques Rousseau
당신을 좋게 말하지 말라. 그러면 당신은 신뢰할 수 없는 사람이 될 것이다. 또 당신을 나쁘게 말하지 말라. 그러면 당신은 당신이 말한 그대로 취급받을 것이다.	Jean Jacques Rousseau
군자는 말이 행함보다 앞서는 것을 부끄러워한다.	孔子
언어는 인간이 갖는 종 특유의 특성이다.	Eric H. Lenneberg
세상 사람들이 말을 쉽게 하는 것은 자기 말에 대한 책임감이 없기 때문이다.	孟子

언어발달이 타고난 것이냐 아니면 학습에 의한 것이냐에 관한 논쟁은 고대 그리스 시대로 거슬러 올라간다. 고대 그리스의 스토아 학파의 철학자(Stoics)와 회의론적 학파의 철학자(Skeptics)들은 언어가 생물학적 성숙에 따라 본능적으로 출현하는 것이라고 믿었다. 반면, 아리스토텔레스 학파의 철학자들은 언어를 학습되는 것으로 보았다. 2000년이 지난 오늘날에도 그 논쟁은 계속되고 있다.

인간은 언어를 통해서 정보를 교환하고, 타인과 의사소통을 하며, 자신의 생각과 감정을 표현하게 된다. 언어발달은 언어의 여러 가지 구성요소에 대한 이해와 규칙에 따라 언어를 적절하게 사용할 수 있게 되는 과정을 말한다.

유아가 일단 말을 하기 시작하면, 사회적 상호작용이 보다 활발해지면서 언어발달이 가속화한다. 유아기에 언어발달이 활발히 진행되어, 보통 5세 정도가 되면 대부분의 유아들은 모국어를 유창하게 구사할 수 있다.

유아기에 상당히 많은 언어능력을 획득하지만, 언어적 유능성을 판가름하는 중요한 발달은 보통 아동기에 이루어진다. 학동기 아동들은 보다 많은 단어를 학습하게 되고, 길고 문법적으로 복잡한 문장을 이해하고 사용할 수 있게 된다. 동시에 타인과의 의사소통 기술도 대상에 따라 그리고 맥락에 따라 보다 세분된다. 이 시기의 언어발달에서는 특히 읽기와 쓰기 능력이 빠르게 발달하기 시작한다.

이 장에서는 Chomsky와 Brown의 언어발달이론을 살펴보기로 하지만, 먼저 언어의 구성요소에 관해 알아보기로 한다.

1. 언어의 구성요소

아동이 언어를 습득하게 되는 과정에는 음운론적 발달, 형태론적 발달, 구문론적 발달, 의미론적 발달, 어용론적 발달 등의 다섯 가지 구성요소가 있다(〈그림 9-1〉 참조). 음운론적 발달과 의미론적 발달은 영아기에 매우 빠른 속도로 이루어지지만, 구문론적 발달은 영아기 말에 시작해서 유아기까지 계속된다.

1) 음운론적 발달

음운론(phonology)은 언어의 소리체계를 의미하는 것으로, 여기에는 소리의 강약, 억

〈그림 9-1〉 언어의 구성요소

출처: Owens, R. E. (1992). *Language development*. Columbus, OH: Merrill.

양, 발음 등이 포함된다(Kuhl & Damasio, 2012; Shea & O'Neill, 2021; Vihman, 2014). 음소(phonemes)는 소리의 기본 단위로서 모든 언어에는 모음과 자음의 기본 음소가 있는데, 이들의 수는 적게는 10개에서 많게는 100개가 넘는다. 예를 들어, 한국어의 음소는 30개 정도이고, 영어의 음소는 40개 정도이다. 모음과 자음을 구별하고, 그 발성적 특징을 이해하게 되는 것은 음운론적 발달의 대표적인 예이다. 모국어의 음소를 정확하게 발음하는 능력을 획득하는 것 또한 음운론적 발달에 속한다.

언어학자들은 영아기에 소리를 내기 시작하면서 음소의 발달이 이루어지는데, '말소리'가 영아의 언어발달을 성공적으로 이끄는 길이라고 한다(Eimas, 1995; Morgan & Demuth, 1995). 즉, 말소리를 지각하고 처리하는 과정에서 영아는 말의 흐름 속에서 단어가 결합되는 법칙과 불규칙성을 발견하게 된다(Ratner, 1993).

Patricia Kuhl

Kuhl(1993, 2007, 2011, 2015)의 연구에 의하면, 영아는 단어의 의미를 이해하기 훨씬 전부터 의미 있는 소리와 의미 없는 소리를 가려낼 수 있다고 한다. Kuhl은 출생 후 4개월까지 영아는 인간의 언어를 구성하는 150개의 '소리'를 구별할 수 있는 능력이 있다고 주장한다. 즉, 영아는 어떤 음소든지 소리 낼 수 있고, 어떤 언어든지 말할 수 있는 잠재력을 가지고 태어난다는 것이다. 이때 영아는 가히 "세계의 시민(Citizens of the World)"이라고 불릴 만하다(사진 참조). 그러나 생후 1년경이 되면 모국어에 없는 소리는 내지 않고, 모국어에 있는 소리만 낼 수 있게 되는데, 이것은 주위에서 모국어만 듣게 된 결과라고 한다. 이와 같이 인간의 소리를 거의 모두 낼 수 있게끔 발전하는 것을 음소의 확장(phonetic expansion)이라 하고, 점차 모국어의 음소만 소리 내게 되는 것을 음소의 축소(phonetic contraction)라고 한다.

2) 형태론적 발달

형태론(morphology)은 단어의 구성을 의미하는 것으로, 형태소(morpheme)는 특별한 의미를 전달하는 소리의 기본 단위이다(Booij, 2013). 모든 단어는 한 개 이상의 형태소로 구성되어 있다. 즉, 대부분의 단어는 한 개의 형태소로 구성되지만, 두 개 이상의 형태소로 구성되는 단어도 많다. 예를 들어, '영아'라는 단어는 한 개의 형태소로 구성되고, '우리의'는 두 개의 형태소, 즉 '우리'와 '의'로 구성된 단어이다.

언어발달에서, 영아는 음소를 발성할 수 있게 된 후에라야 형태소를 발성할 수 있다. 음소를 지배하는 규칙이 어떤 소리가 순서대로 발생할 것을 정해주듯이, 형태소를 지배하는 규칙은 일련의 소리가 의미 있는 순서로 발생할 것을 정해준다(Brown, 2013).

3) 구문론적 발달

구문론(syntax)은 의미 있는 구와 절 그리고 문장을 형성하기 위해 단어가 배열되는 방식을 말한다(Culicover, 2013; Tallerman, 2013). 한국어와 영어의 단어배열(어순)은 다르다. 우리말은 주어 · 목적어 · 서술어의 순으로 배열되고, 영어는 주어 · 서술어 · 목적어의 순으로 배열된다. 문장을 이해하기 위해서는 문장의 구조에서 구문을 이해할 수 있어야 한다.

문법적으로 맞는 말과 맞지 않는 말이 있는데, 형태론과 구문론의 규칙이 결합된 것을 문법이라고 한다. 예를 들면, 영어의 동사를 과거시제로 만들기 위해서는 동사의 어미에 'ed'를 붙인다. 문법은 또한 문장 내에서 단어나 구, 절이 적절히 배열되는 것을 그 내용으로 한다. 따라서 구문론적 발달은 단어를 문법적으로 정확한 순서로 배열하여 문장으로 만드는 능력과 문법의 규칙을 이해하고 구사하는 능력이 발달하는 것을 의미한다.

외국어를 배울 때 가장 힘든 일 중의 하나는 새로운 구문형태를 배워야 한다는 점이

Michael Maratsos

다. 그러나 구문의 구조가 다름에도 불구하고 세계 모든 언어에는 공통점이 있다. 그것은 한 문장 내에서 주어와 목적어가 지나치게 복잡하게 배열되지 않는다는 것이다(de Villiers & de Villiers, 2013; Maratsos, 1998; O'Grady, 2013).

4) 의미론적 발달

의미론(semantics)은 단어와 문장의 의미를 말한다(Parrish-Morris, Golinkoff, & Hirsh-Pasek, 2013; Slavakova, 2021). 모든 단어에는 일련의 의미론적 특징이 있다. 예를 들어, 소녀나 부인은 여성이라는 단어와 마찬가지로 의미론적 특징을 많이 공유한다. 단지 의미론적으로는 소녀와 부인은 연령에서 차이가 있을 뿐이다.

어떤 문장이 구문상으로는 정확하지만 의미론상으로는 정확하지 않은 경우가 있다. 예를 들어, "우리 아빠가 임신했어요"라는 문장에서, 이 문장은 문법적으로는 하자가 없지만 의미론적 규칙에는 맞지 않는다. 왜냐하면 이 문장은 아빠는 임신을 할 수 없다는 의미론적 지식에 위배되기 때문이다. 즉, '아빠'라는 의미와 '임신'이라는 의미가 일치하지 않는다.

5) 어용론적 발달

언어의 중요한 기능 중의 하나가 의사소통이다. 어용론(pragmatics)은 의사소통을 효율적으로 하기 위해 언어를 적절하게 사용하는 규칙을 말한다(Bryant, 2012; Elbourne, 2012; Taboada, 2021). 예를 들면, 우리는 대화를 할 때, 두 사람이 동시에 말하지 않고 한 사람씩 차례로 이야기하며, 두 살짜리에게 얘기할 때와 성인에게 얘기할 때 사용하는 단어와 문장구조가 각기 다르다. 그리고 무엇을 지시하거나 주장할 때와 무엇을 부탁하거나 요구할 때에 언어를 사용하는 법이 제각기 다르다.

어용론(語用論)은 사회언어적 지식(sociolinguistic knowledge)을 포함하는데, 모든 문화에는 언어가 어떻게 사용되어야 하는지에 대한 규칙이 있다(Bryant, 2012). 예를 들어, 우리말에는 존댓말과 낮춤말이 있다.

어용론적 발달을 통해 아동은 단어나 구 또는 문장을 적절히 사용함으로써 의미가 전달되는 법을 배운다. 즉, 어용론적 발달은 아동으로 하여금 다른 사람과의 의사소통을 원활히 할 수 있도록 도와준다.

2. Chomsky의 생득이론

1) Chomsky의 생애

Noam Chomsky(1928-)

Noam Chomsky는 1928년 12월 7일 미국 펜실베이니아 주의 필라델피아에서 태어났다. 그는 아버지로부터 언어학의 기초지식을 배웠는데, 그의 아버지는 존경받는 헤브라이어 학자였다. 그의 아버지 윌리엄 촘스키 박사는 차르(Czar)군에 징집당하는 것을 피하기 위해 1913년에 그가 태어난 러시아를 떠나 미국으로 망명하였다. 미국에 도착한 윌리엄은 일용노동자로 일하면서 고학으로 존스 홉킨스 대학을 졸업하였다. 그리고 필라델피아의 이스라엘 신학교에서 헤브라이어를 가르치다가 이 학교의 교장이 되었다. 그 후 미국에서 가장 오래된 사범학교인 그라츠 칼리지의 교수로 임명되었는데, 1969년 은퇴할 때까지 45년간을 이 학교의 학장으로 재직하였다.

Chomsky는 아버지의 영향을 많이 받았다. 그는 어렸을 때 아버지가 저술한 책들을 즐겨 읽었으며, 이 책들을 통해 유태인으로서의 자각과 함께 시오니즘운동과 민주주의에 일찍 눈을 떴다. Chomsky의 자유와 민주주의에 대한 자각은 어렸을 때부터 나타났다. 그가 10세 때 당시 스페인 내전으로 바르셀로나가 함락당한 사건에 대해 자신의 생각을 학교신문에 발표하기도 하였다.

Zellig Harris

Chomsky는 1945년에 열여섯 살의 나이로 펜실베이니아 대학에 입학했지만, 고등학교 시절 그토록 혐오했던 제도교육이 펜실베이니아 대학에서도 되풀이되고 있다는 사실에 곧 실망하게 된다. Chomsky는 대학을 중퇴하려다가 언어학자인 Zellig Harris를 만나게 되어 학업을 계속했다. Harris는 Chomsky의 삶에 지대한 영향을 미치게 된다. Chomsky는 Harris의 연구에 전념하면서 그 자신의 이론을 형성하기 시작하였다.

Chomsky는 대학을 졸업하고 대학원에 진학하여, 1955년에 펜실베이니아 대학에서 박사학위를 받고, 1957년에 『구문론적 구조(Syntactic Structures)』를 출간하였다. 이 책에서 그는 문장을 형성하고 변형하기 위해 사용되는 여러 가지 조작들에 관해 기술하였다. Chomsky의 새로운 이론은 수학과 언어학을 조합한 이론으로서 기존의 다른 이론들과는 크게 달랐다. 그리고 그의 이론은 미국뿐만 아니라 전 세계 언어학계를 석권하게 된다.

Chomsky는 27세에 MIT 공과대학의 언어학 분야 교수가 되었다. 언어학과 철학분야의 혁명적인 연구로 학계에서 유명해짐에 따라 여러 곳에서 연설과 강연을 해달라는 요청을 받게 되었으며, 런던 대학과 케임브리지 대학 등으로부터 명예박사학위를 수여받았다.

Chomsky는 1949년 21세 되던 해에 언어학자인 Carol Schatz와 결혼하여 1남 2녀의 자녀를 두었다. 그의 부인인 캐럴은 학교를 졸업한 후 가정에서 자녀들을 양육하는 데 전념하였다. 그러나 Chomsky가 정치적 활동으로 감옥에 수감되자 가족을 부양하기 위해 다시 언어학을 공부하여 대학에서 학생들을 가르치고, 남편의 이론을 토대로 하여 아동의 언어발달에 관한 여러 연구들을 수행하였다.

Chomsky는 언어학에서의 새로운 이론뿐만 아니라 정치적 활동과 저서로도 유명하다. 그는 미국의 외교정책과 베트남 전쟁, 이라크 전쟁, 동티모르와 코소보 사태를 비롯하여 약소국에 대한 강대국의 군사개입에 반대하는 글들을 많이 발표하였다. Chomsky의 동료들은 그의 급진적 정치성향에 대해서는 찬성하지 않지만, 언어학자로서의 그의 업적에 대해서는 거의 모두가 인정하고 있다.

Chomsky는 왕성한 연구활동을 통해 70여 권에 가까운 저서들을 발표하였다. 그의 저서는 언어관련 저서와 정치관련 저서로 뚜렷이 나뉘고 있다. 언어관련 저서로는『언어에 관한 지식(Knowledge of Language: Its Nature, Origin, and Use)』(1986)과『언어와 사고

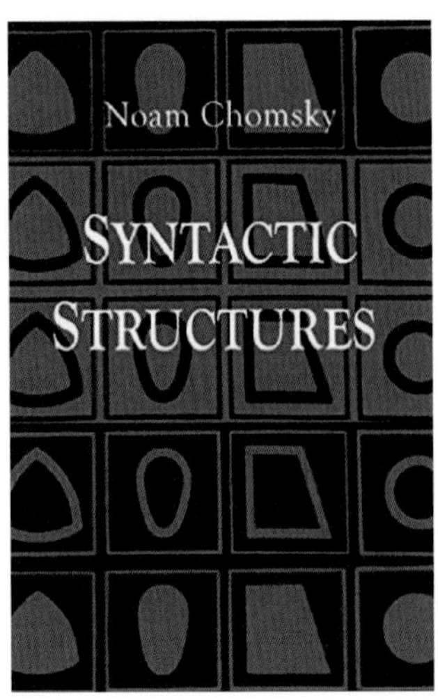

(Language and Thought)』(1994) 등이 있으며, 정치관련 저서로는 『아시아와의 분쟁(At War with Asia)』(1970)과 『테러리즘의 문화(The Culture of Terrorism)』(1988) 등이 있다.

2) Chomsky 이론의 개요

Chomsky(1957, 1968, 1978, 1991, 1995, 2005)의 생득이론은, 아동은 성인을 통해 언어를 배우기보다는 아동 스스로 배울 수 있는 가능성을 가지고 태어난다고 생각하는 이론이기 때문에, 언어습득 과정에서 환경적인 요인보다 생물학적 요인을 더 강조하는 것이다. Chomsky 이전의 언어학자들은 당시 심리학을 지배하고 있던 행동주의의 영향으로 인해, 관찰할 수 있는 것만을 기술하는 데 주로 관심을 기울였다. Skinner는 『언어행동(Verbal Behavior)』(1957)에서 언어의 습득과 발달은 다른 모든 행동과 마찬가지로 조작적 조건형성에 의해 학습된다고 주장하였다. Chomsky는 인간의 행동을 조건반사로 전락시키는 것은, 실제로 존재하는 인간의 의식의 복잡성과 인간이 지니고 있는 자유에 반하는 것으로 인식하였다. Chomsky는 또한 학습이론가들이 주장하는 것처럼, 언어는 '학습'되는 것이 아니고 '습득'되는 것임을 분명하게 밝혔다.

Chomsky에 의하면 아동은 언어습득장치(Language Acquisition Device: LAD)를 가지고 태어나며, 이를 통해 투입된 언어자료를 처리하고 규칙을 형성하고, 문법에 맞는 문장을 이해하고 산출하게 된다고 한다(〈그림 9-2〉 참조). 이 이론은 3~4세경에 어휘가 급증한다든가, 각 문화권에서 아동이 범하는 문법적 오류가 유사하고 매우 체계적이라는 점에서 설득력을 갖는다.

Chomsky는 인간의 언어능력이 생득적임을 분명히 밝히고 있다. 여기서 생득적이라는 것은 아동이 이미 완성된 언어능력을 가지고 태어난다는 것, 다시 말하면 언어능력이 이미 만반의 준비를 다 갖추고 아동의 뇌 속에서 쓰임을 기다리고 있다는 성숙결정론적 관점을 의미하는 것이 아니라, 아동은 자신이 준비를 갖추었을 때에 사용할 수 있는

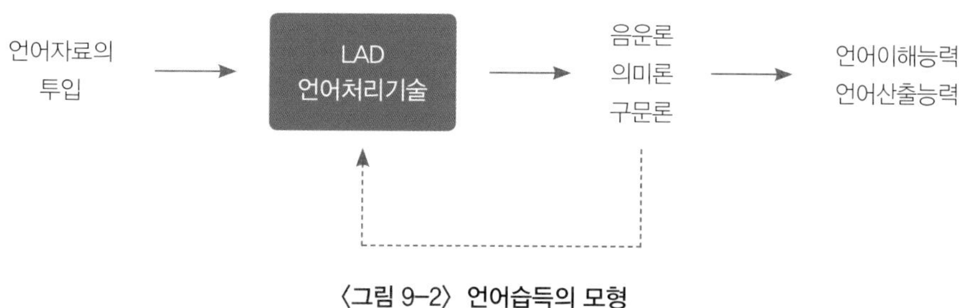

〈그림 9-2〉 언어습득의 모형

언어사용에 관한 기본 설계도를 유전적으로 가지고 태어난다는 것을 의미한다. 좀더 구체적인 예를 든다면, 생득적이라는 말의 의미는 아동이 이미 조리가 완료되어 당장 먹을 수 있는 음식을 발견한다는 것이 아니라 몇 가지 요리의 재료와 조리법을 적어 놓은 조리책을 발견하는 것과 같다는 의미이다.

Eric H. Lenneberg

언어발달이 생물학적 성숙에 의한 것이라고 믿는 또 다른 생득론자는 Lenneberg이다. 그에 의하면, 언어를 이해하고 산출하는 것은 인간의 고유 능력으로서, 이것은 인간이 갖는 종특유의 특성(species-specific characteristic)이라고 한다. Lenneberg(1967)는 세계의 모든 아동들의 언어발달이 비슷한 시기에 비슷한 순서로 이루어진다고 주장한다. 즉, 생후 2~3개월경에 옹알이를 시작하고, 첫돌 무렵에 첫마디 말을 하며, 두 돌 무렵이면 몇 개의 단어를 말하고, 4~5세경에는 수천 개 단어의 의미를 이해하고 문장을 산출하게 된다는 것이다.

사진 설명 아동학대를 당한 것으로 알려진 Genie

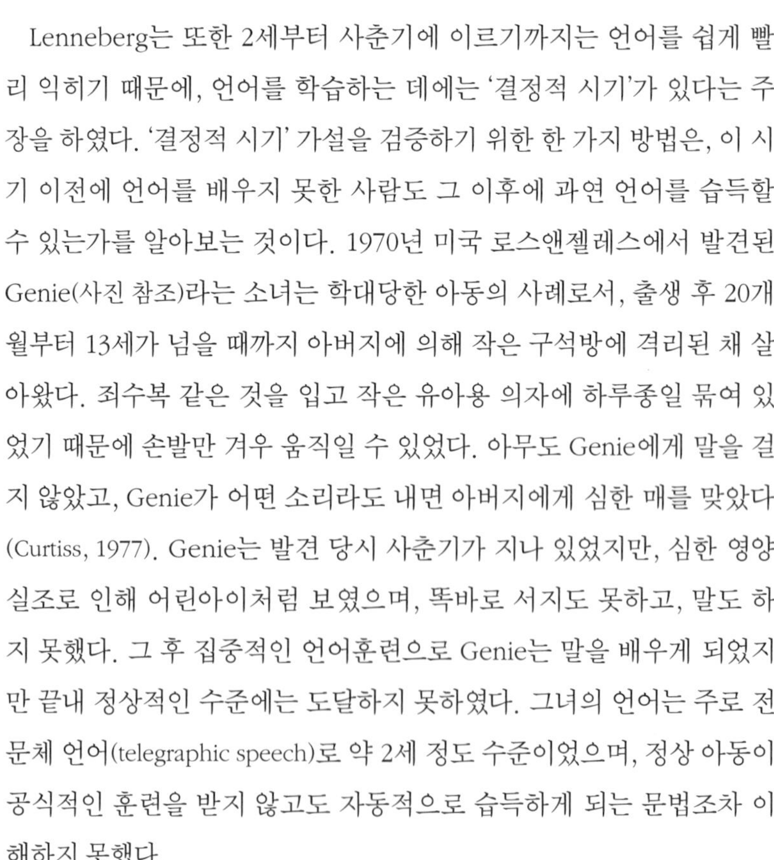

Lenneberg는 또한 2세부터 사춘기에 이르기까지는 언어를 쉽게 빨리 익히기 때문에, 언어를 학습하는 데에는 '결정적 시기'가 있다는 주장을 하였다. '결정적 시기' 가설을 검증하기 위한 한 가지 방법은, 이 시기 이전에 언어를 배우지 못한 사람도 그 이후에 과연 언어를 습득할 수 있는가를 알아보는 것이다. 1970년 미국 로스앤젤레스에서 발견된 Genie(사진 참조)라는 소녀는 학대당한 아동의 사례로서, 출생 후 20개월부터 13세가 넘을 때까지 아버지에 의해 작은 구석방에 격리된 채 살아왔다. 죄수복 같은 것을 입고 작은 유아용 의자에 하루종일 묶여 있었기 때문에 손발만 겨우 움직일 수 있었다. 아무도 Genie에게 말을 걸지 않았고, Genie가 어떤 소리라도 내면 아버지에게 심한 매를 맞았다(Curtiss, 1977). Genie는 발견 당시 사춘기가 지나 있었지만, 심한 영양실조로 인해 어린아이처럼 보였으며, 똑바로 서지도 못하고, 말도 하지 못했다. 그 후 집중적인 언어훈련으로 Genie는 말을 배우게 되었지만 끝내 정상적인 수준에는 도달하지 못하였다. 그녀의 언어는 주로 전문체 언어(telegraphic speech)로 약 2세 정도 수준이었으며, 정상 아동이 공식적인 훈련을 받지 않고도 자동적으로 습득하게 되는 문법조차 이해하지 못했다.

Susan Curtiss

3) 언어습득장치

Chomsky(1957)는 언어발달에서 강화나 모방의 중요성을 인정하지만, 강화나 모방이론만으로는 언어발달을 설명하는 것이 불가능하다고 본다. 유아가 부모의 언어를 모방할 때 하는 실수 등은 유아가 성인의 언어를 단순히 모방하는 것이 아니라 스스로 어떤 규칙을 활용하고 있다는 것을 보여준다.

Chomsky는 모든 인간은 언어습득장치를 가지고 태어난다고 주장한다. 즉, 인간은 태어나면서부터 생물학적 기초를 가진 선천적인 언어능력을 가지고 있어서, 어떤 언어를 배우든지 간에 이 언어습득장치의 도움으로 자신의 모국어를 습득하게 된다는 것이다. 유아는 언어를 습득해가는 과정에서 문장의 구성이나 규칙에 적합한 말을 무한히 만들어낼 수 있는 창조적인 힘을 발휘하는데, 이것이 바로 언어능력이다. 이 언어능력은 모든 문화권에서 공통적으로 규칙적인 순서를 따라 발달하며, 인간 종 특유의 현상이라고 Chomsky는 주장한다.

Chomsky는 인간의 뇌의 어느 부분에 언어습득을 관장하는 영역이 있는데, 이 영역을 언어습득장치라고 불렀다. 유아는 언어습득장치를 통해 주변에서 듣게 되는 언어에 포함된 문법적 규칙들을 하나의 법칙으로 인식하고 추출하면서 여과시키게 된다. 그런 다음 이 언어습득장치는 이러한 일반화된 규칙들을 이용하여 이전에는 듣지 못했던 아주 새로운 방식으로 단어를 조합해낸다. 자신이 들어본 것 이상으로 새롭고 문법에 맞는 문장을 만들어내는 인간의 능력은 선천적인 것이며, 이러한 능력은 언어습득장치의 기제에 의한다는 것이다.

Chomsky는 어린 아동들이 복잡한 언어규칙을 습득하는 놀랄 만한 속도에 대해 강조한다. 아동은 모국어의 규칙뿐만 아니라 외국어의 규칙도 빠른 속도로 학습한다. 우리는 이민 온 사람들의 어린 자녀들이 거리에서 다른 아동들로부터 그 나라말을 놀라운 속도로 빠르게 학습하여 새로운 언어를 유창하게 말하는 것을 관찰할 수 있다.

Chomsky에 의하면 아동의 언어발달을 단지 강화나 모방, 호기심만으로 설명하기에는 미흡하다고 한다. 아동들은 제한된 수의 문장을 들으며, 그중에서도 많은 문장들이 잘못 구성되어 있지만, 그럼에도 불구하고 아동들은 무한정한 수의 새로운 문장들을 이해하고 만들어내는 데 있어 고도로 세련된 규칙들을 발전시킨다. 그렇게 하도록 하려면 그들로 하여금 가설을 세우고, 규칙성을 찾도록 하는 기제를 부여해야만 하는데, 그것이 바로 언어습득장치이다.

4) 표면구조와 심층구조

우리가 어떻게 문장을 만들어내고 변형시키는가를 이해하기 위해, Chomsky는 언어의 표면구조(surface structure)와 심층구조(deep structure)라는 개념을 소개하였다. 많은 언어학자들이 이 개념을 매우 유용한 것으로 생각한다. 표면구조는 언어의 문법적인 구조이고, 심층구조는 언어의 의미를 뜻한다. Chomsky는 언어에서 문법보다 의미를 강조한다. 바꾸어 말하면, 다른 사람이 우리에게 말을 할 때, 우리는 문법적인 구조(표면구조)는 별로 의식하지 않고, 그 사람이 한 말의 의미(심층구조)를 받아들이게 된다는 것이다. Chomsky는 심층구조를 이해하는 능력도 타고난 것이라고 믿는다(Grieser & Kuhl, 1989). 따라서 언어의 심층구조를 이해하기 위한 학습은 필요없다고 보았다. 학습을 필요로 하는 것은 언어의 문법구조, 즉 어휘와 문법이다. 심층구조는 우리가 새로운 문장을 생성하기 위해 다양한 조작을 행하는 기본 구조를 말한다. 아래 문장들을 예로 들어보자.

(1) Susan ate the apple.

(2) The apple was eaten by Susan.

(3) Susan did not eat the apple.

(4) What did Susan eat?

(5) Susan ate the apple, didn't she?

앞에 제시한 문장들 중에서 문장 (1)이 가장 간단하다. 즉, 문장 (1)은 단순능동서술문(simple, active, declarative sentence)으로서 주어-서술어-목적어 순으로 되어 있다. 영어에서는 이러한 문장이 추상적인 심층구조의 기본 형태이다. 즉, 문장 (1)은 기본적인 문장으로서, 이를 근간으로 해서 다른 형태의 모든 문장들을 생성하기 위한 조작을 할 수 있다. 다른 문장—예를 들어 문장 (2)—의 경우는 그 외의 다른 문장들을 만들어내기 위한 일련의 조작을 할 수 없다(Chomsky, 1957, 1965).

Chomsky가 심층구조라는 용어를 소개했을 때, 그는 모든 언어에는 보편적 문법이 있다고 생각했다. 그러나 언어마다 어순이 다르기 때문에 심층구조는 보편적인 것이 아니다. 영어를 예로 들면, 어순이 주어-서술어-목적어 순으로 되어 있고, 이것을 기초로 해서 변형이 이루어진다. 그러나 한국어의 경우는 어순이 다르다. 즉, 주어-목적어-서술어의 순으로 배열된다.

다른 사람이 말을 할 때 우리는 문법적인 구조, 즉 표면적으로는 별로 의식하지 않고 그 사람이 한 말의 의미, 즉 심층구조를 받아들이게 된다. 자신이 들은 이야기를 제3자에게 설명할 때, 처음 들은 것과 똑같이 반복할 수는 없지만 내용은 그대로 전달할 수 있다. 이는 심층구조가 그대로 우리의 머릿속에 남아 있기 때문이다. 이러한 사실에 비추어 Chomsky는 심층구조도 타고난 것이며, 이는 바로 우리에게 언어를 배울 수 있는 특별한 능력을 부여한다고 하였다. 이처럼 상이한 표현형태를 가진 문장이라 하더라도, 여러 가지 가능한 방법으로 변형시키면 심층구조가 동일하다는 결론에 도달할 수 있으므로, 이를 변형문법이론이라고도 한다.

5) 언어발달의 단계

단어나 문장을 습득하는 시기에는 개인차가 있지만, 대부분의 아동은 언어 획득 시에 동일한 발달단계를 거친다. 일반적으로 아동이 알아들을 수 있는 단어를 사용하기 시작하는 것은 12개월경이라는 사실에 대부분의 사람들은 동의한다. 그러나 영아는 단어를 표현하기 오래전부터 울음이나 표정, 몸짓 등 비언어적인 행동을 통한 의사소통을 꾀한다. 영아는 단어 자체가 아니라 말의 리듬, 고저, 강세에 따라 반응하며, 이를 통해 상대방의 말에서 감정적인 단서를 알아차리게 된다. 화난 목소리가 나면 행동을 멈추고 다정한 목소리에 대해서는 반응을 보인다.

(1) 초기 언어

① 울음

언어발달의 첫 단계는 울음이다. 울음은 아기가 자신의 욕구를 표현할 수 있는 유일한 의사소통 수단이다(사진 참조). 초기의 울음은 아기가 왜 우는지 이유를 구분할 수 없는 미분화된 울음이지만, 점차 우는 이유를 알 수 있는 분화된 울음으로 바뀌게 된다. 울음의 패턴이나 고저 · 강도에 비추어 아기가 배고픈지, 졸린지, 화가 났는지 혹은 고통스러운지를 알 수 있게 되면서, 울음은 보다 정확한 의사전달의 수단으로 사용된다.

사진 설명 언어발달의 첫 단계에서 영아는 울음으로써 의사전달을 한다.

② 옹알이

2~3개월경에 나타나는 옹알이는 언어와 유사한 최초의 말소리이다. 이는 신체적 성숙으로 인해 나타나는 근육활동의 결과이며, 농아도 처음에는 옹알이를 한다. 일반적으로 옹알이는 만족스러운 상태에서 가장 많이 나타난다(사진 참조). 처음에는 옹알이를 하는 기쁨 자체를 위해 옹알이를 하게 되는데, 옹알이는 그 자체가 영아에게 기쁨을 주는 놀이의 기능을 갖는다. 그러나 이후에는 자신의 옹알이가 환경에 주는 영향 때문에 옹알이를 하게 되며, 자신이 내는 옹알이 소리에 대해 주위에서 반응이 없으면 점차 옹알이를 하지 않게 된다. 그러나 어머니나 주변 사람들로부터 반응을 얻게 되면, 점차 그 소리가 빈번해지고 다양해진다. 옹알이는 이러한 주변 인물로부터의 강화를 통해 모국어를 습득하는 중요한 기제로 작용한다. 또한 그들이 내는 소리가 이후에 언어로 발달하건 하지 않건, 생후 1년 동안 영아가 내는 옹알이 소리가 전 세계적으로 동일하다는 사실은 영아는 어떠한 언어든지 습득할 수 있는 잠재력을 가지고 있음을 말해준다.

단어의 강세는 영아가 단어를 식별하는 데 있어서 첫 번째 단서가 된다(Brownlee, 1999). 단어의 의미는 모르지만 단어의 강세에 주목함으로써, 일상생활의 계속적인 소리에서 분리된 개별적인 단어를 식별해낼 수 있게 된다. 이러한 경로를 통해 영아가 내는 소리는 점차 다양해져 인간이 내는 소리를 거의 모두 낼 수 있을 정도로 음소의 확장(phonetic expansion) 현상이 나타난다. 반면, 영아는 자신이 내는 소리 가운데에서 모국어의 음소와 유사한 것만 강화를 받게 되므로, 외국어에는 관심을 두지 않고 모국어와 유사한 음만 습득하게 되는 음소의 축소(phonetic contraction) 현상이 일어난다.

사진 설명 유아가 사용하는 첫 단어는 대부분의 경우 사물의 이름이다.

(2) 단어와 문장의 발달

유아가 사용하는 단어의 수는 유아기에 빠른 속도로 증가한다. 이와 같이 단어수가 급증하는 것은 유아의 인지적 성숙으로 인해 사물을 범주화할 수 있는 능력이 발달하는 것과 관련이 있어 보인다(Goldfield & Reznick, 1990). 문장의 길이도 길어져서 3~4세경에는 3~4개의 단어로 문장을 구사하고, 유아기 말에는 6~7개 단어로 구성된 문장을 구사하게 된다.

① 한 단어 문장

생후 1년경이 되면 영아는 분명하게 이해할 수 있는 단어를 사용할 수 있으며, 그 단어가 자신의 생각을 표현하는 수단이 된다. 자음 하나와 모음 하나가 합쳐진 말의 반복이 대부분이며, 성인의 발음과는 차이가 있다. 동시에 하나의 단어가 전체 문장을 대신하므로, 영아는 그들의 부모가 이해하는 것을 돕기 위해 표정이나 몸짓을 함께 사용한다(사진 참조). 이는 사물이나 사건을 지칭하거나 자신의 기분이나 욕구를 표현하기 위해 주로 사용한다. 최근 한 연구(Tincoff & Jusczyk, 2012)에서 6개월 된 영아는 '손'이나 '발'과 같은 신체 부위에 관한 단어를 이해하는 것으로 나타났다. 하지만 이런 단어들을 아직 소리 내어 말을 할 수는 없다.

사진 설명 영아는 표정이나 몸짓을 한 단어와 함께 사용하여 자신의 의사를 표현한다.

② 두 단어 문장

24개월경이면 영아는 문장을 만들기 위해 두 개 이상의 단어를 연결시킬 수 있다. 두 단어의 문장은 한 단어의 문장에 비해 보다 정교하고 명료하며, 두 단어 가운데 강세의 위치가 어디에 있는가에 따라 자신이 원하는 바를 강조하게 된다. 두 단어를 결합시키는 것은 보편적으로 50개 정도의 단어를 말할 수 있을 때 가능하다. 초기의 결합형태는 명사와 동사의 결합으로 이루어지는 전문체(電文體) 문장이며 자기중심적인 특성을 갖는다.

아동은 그들이 듣는 수많은 단어들로부터 일정한 규칙을 추론해낼 수 있다. 일상생활에서 받아들인 수많은 단어 가운데 어떤 것은 대상을 지칭하는 데 사용되는 반면, 또 어떤 것은 동작을 지칭하는 데 사용되는 것임을 알게 된다. 또한 단어의 의미를 알기 전에 문장구성이나 단어배열과 같은 문법적 규칙을 추론해낼 수도 있다.

한편, 유아가 습득한 단어의 의미가 성인들이 알고 있는 의미와 차이가 있는 경우도 종종 볼 수 있다(Anglin, 1985; Clark, 1981; MacWhinney, 1989). 예를 들어, 유아가 '멍멍이'

사진 설명 유아가 자신이 그 이름을 모르는 물체를 보고서 자신이 이미 알고 있는 물체의 이름을 적용하는 것을 '과잉확대' 현상이라고 한다. 사진 속의 유아는 양을 개라고 한다.

라고 할 때, 이는 강아지 외에 고양이나 소, 양과 같이 네 발이 달리고 털이 있는 동물을 가리키는 경우가 있다. 즉, 유아의 언어가 성인의 경우처럼 정교하게 세분화되지 않은 것이다. 이와 같이 유아가 단어의 의미를 원래의 범주보다 더 확대해서 사용하는 것을 과잉확대(overextension)라고 한다. 반면, 유아는 실제 그 단어의 범주보다 축소해서 사용하기도 하는데, 이를 과잉축소(underextension)라고 한다. 예를 들어, '개'라는 단어를 자기 집 개에만 축소해서 적용하는 경우가 있다. 이와 같은 오류 현상은 유아가 단어의 의미를 습득하기 위해 보다 능동적인 자기만의 방식으로 단어를 범주화한다는 것을 보여준다.

아동의 언어능력의 도약은 뇌의 발달과 밀접한 관련이 있다. 첫 2~3개월 이내에 영아의 신경세포는 출생 시의 20배에 달하는 10,000개의 연합이 이루어지며, 8~9개월경이 되면 뇌는 거의 제 기능을 다하게 된다. 이는 영아가 단어의 의미에 관심을 갖게 되는 시기와 일치한다. 또한 일련의 단어들을 빠짐없이 알아듣기 위해서는 개개의 단어들을 재빨리 인식하는 능력이 필요하다. 15개월경의 영아는 상당히 친숙한 단어를 인식하는 데에도 1초 이상의 시간이 필요하지만, 24개월경에는 0.6초 내에 인식할 수 있다. 이러한 인식 속도의 변화는 언어와 관련된 기능을 뇌의 양반구가 담당하다가 좌반구가 관장하게 됨으로써 가능해진다고 한다(Brownlee, 1999).

우리나라의 영아를 대상으로 한 언어발달 연구(김금주, 2000)에 의하면, 영아들이 월령별로 가장 많이 사용하는 어휘의 품사는 17~20개월까지는 감탄사였고, 21~24개월에는 명사의 사용이 두드러졌다. 품사의 출현 시점을 살펴보면, 명사 · 부사 · 감탄사는 9~12개월, 수사 · 대명사 · 동사는 13~16개월, 형용사는 17~20개월, 조사는 21~24개월 사이에 처음 나타났다.

영아의 언어발달을 지원하는 환경으로 어머니의 언어와 놀이참여행동에 대하여 13~23개월 영아 42명을 대상으로 실시한 우리나라 연구(김명순, 성지현, 2002)에 따르면, 영아의 언어발달은 어머니가 자녀에게 놀이상황이나 사건에 대하여 설명을 하거나 묘사해주는 것을 통하여 촉진되는 것으로 나타났다. 또한 어머니의 이러한 설명이나 묘사 외에도 놀이에 함께 참여하는 행동이 영아의 언어와 놀이발달에 중요한 역할을 하는 것으로 나타났다.

③ 문장의 발달

유아의 연령이 증가함에 따라 언어의 사용이나 이해가 점차 증대한다. 한 단어의 문장을 거쳐, 전문체(telegraphic) 형태를 보이는 두 단어 문상을 사용하게 된 후, 2~3세경에 이르면 세 단어 이상을 이용하여 문장을 만들 수 있다. 또한 세 단어 문장의 시기에 문법적 형태소를 사용하기 시작한다(조명한, 1982; 조성윤, 1992). 유아가 문법적 형태소를 획득함에 따라 전문체 표현이 감소하고 말의 길이가 점차 길어진다. 일반적으로 만 1.5세에서 4세 정도까지는 말의 길이가 유아의 구문론적 발달 정도를 나타낸다(Newcombe, 1996). 우리나라 3~5세 아동을 대상으로 한 연구(권경연, 1980)에서도 연령이 증가함에 따라 문장의 평균 길이는 3단어에서 5단어로, 형태소 수는 8개에서 18개로 점차 증가하였다.

(3) 문법의 발달

유아기에는 문법의 발달 면에서도 문장구조에 대한 분명한 감각이 엿보인다. 유아기 초기에는 전문체 문장의 형태를 유지하나, 점차 주어 · 동사 · 목적어 이외의 문장의 요소들을 첨가하기 시작하며, 복수형이나 어간에 어미를 다르게 활용하여 사용하기 시작한다. 3세경에는 부정문이나 복수형에 대한 개념을 갖게 되며, 특히 '싫어' '아니'와 같은 부정적 의미의 문장을 많이 사용한다. 4~5세경에는 부사, 형용사를 사용하거나 어간에 붙이는 어미를 달리함으로써 문장을 변형시킬 수 있고, 5~6세경에는 성인문법에 접근하여 대부분의 문법에 숙달하게 된다. 유아기의 아동이 만들어내는 대부분의 문장은 문법적으로 옳은 것이지만 가끔 실수도 한다. 이는 지나치게 열성적으로 문법적 규칙을 고수하려는 데에 기인한다.

① 문법적 형태소의 발달

우리말에서 문법적 형태소가 활발하게 나타나는 연령은 약 2~3세경이다. 이 시기는 Brown(1973)이 제시한 MLU가 2.0에서 2.5 사이에 이르는 단계로, 시제형 형태소나 주격조사 '가' 등이 출현하기 시작한다. 앞에서 설명한 한 단어 문장이나 두 단어 문장 또는 두 단어 이상의 문장은 모든 유아가 비슷한 시기에 사용하게 되지만, 격조사나 기타 다른 어미들, 보조 어간들과 같은 문법적 형태소의 획득 순서와 시기는 유아에 따라 어느 정도 차이가 있다(조명한, 1982).

전반적으로 살펴보면, 초기 언어발달 단계에서 가장 먼저 나타나는 형태소는 '엄마야'와 같은 호칭 어미와 '내 거야'와 같은 문장 어미이다. 다음으로 '같이, -랑, -하고, -도'

와 같은 공존격을 나타내는 형태소 및 장소격(처소격이나 목적격 조사)을 나타내는 형태소가 출현한다. 주격 조사인 '가'와 '는'은 그 이후에 출현한다. 보통 주격 조사 '가'를 '는'보다 먼저 사용한다. 그다음으로 기타 격조사들이 몇몇 출현하며, 과거, 현재, 미래를 나타내는 시제 형태소와 수동형태가 사용된다.

유아는 능동적으로 문법적 규칙들을 찾아내고 이를 적용하려는 노력을 한다. 이러한 노력은 특정의 문법적 규칙을 적용하지 말아야 하는 경우에까지 일괄적으로 적용하는 과잉일반화(overregularization)를 초래하기도 한다. 우리말의 경우, 유아들이 주격 조사인 '-가'를 과잉일반화하는 것을 쉽게 볼 수 있다(조명한, 1989). 예를 들어, '엄마가' '아빠가'에 사용하는 주격 조사 '-가'를 지나치게 규칙적으로 적용하여 '삼촌이가' '선생님이가'라는 식으로 말을 하기도 한다. 영어의 경우, 흔히 복수형이나 과거형을 만들 때 과잉일반화가 나타난다. 예를 들어, 3, 4세 정도의 유아들이 'feet'를 'foots'로, 'I went'를 'I goed'로 표현하는 것을 볼 수 있다. 이러한 과잉일반화는 유아들이 언어의 세부 규칙을 완전히 파악하지 못하였기 때문이기도 하지만, 언어 규칙을 자발적으로 내면화하고 있다는 증거이기도 하다. 그러나 특별히 지도하지 않아도 유아가 성장하면서 자연적으로 점차 올바른 형태의 표현을 사용하게 된다.

'한국어-영어' 이중언어를 사용하는 유아의 한국어 조사습득에 관한 연구(이하원, 최경숙, 2008)를 살펴보면, 미국에서 출생하여 가정에서는 고정적으로 한국어를 사용하고 학교에서는 영어를 사용하면서 현재 외국인학교에 소속되어 있는 5~6세 '한국어-영어' 이중언어 아동의 조사습득은 단일언어 아동과 비교하여 조사 유형수, 유형별 산출률, 평균 발화당 오류율, 산출수에 대한 평균 오류율에서는 유사하나 발화당 조사산출 빈도가 낮고, 부사격 오류율, 격내 대치오류[1] 및 이중사용 특성오류 등이 높은 것으로 나타났다고 하였다. 또한 이중언어 아동이 사용하는 조사형태 중에는 어린 연령의 단일언어 아동에게서 나타나는 조사유형들이 있다고 하면서 이는 균형 잡힌 이중언어자로 발달하기 위한 중간언어 형태특징이라고 하였다. 그러므로 '한국어-영어' 이중언어 아동은 한국어와 영어를 각각 모국어로 사용하는 두 명의 단일언어 아동의 합이 아니며 이중언어 아동들만의 독특한 언어형태를 보유한 집단이라고 연구자들은 논의하였다.

② 복잡한 구문의 발달

유아는 점차 의문문이나 부정문의 형태도 사용할 수 있게 되며, 자신들의 생각이나 욕

---

1) 동일한 격 안에서 의미 · 음운지식 제한으로 발생되는 조사오류이다.

구를 표현하는 데도 융통성을 갖게 된다. 보통 2세경이면 "이게 뭐야?"라는 질문을 끊임없이 하고, "먹어?"와 같이 말 끝을 올려서 질문을 하게 된다. 부모가 질문을 귀찮게 여기지 않고 인내심을 가지고 반응하면, 자연스럽게 언어적 상호작용이 이루어질 수 있고, 이를 통해 유아의 언어능력이나 지적 능력의 발달을 도울 수 있다. 유아는 점차 다양한 의문사를 사용하게 되어 4세경이면 '뭐, 어디, 누가, 언제, 왜, 어떻게'와 같은 의문사를 모두 사용할 수 있다. 부정문도 2세경부터 나타나는데, 초기에는 '안 ~'형태를 많이 사용한다. 예를 들어 "안 먹어" "안 아파" "안 예뻐" 등이 있다(신경혜, 1994).

일반적으로 복문에는 대등한 내용을 나란히 병행시킨 형식과 주절과 종속절을 병행시킨 형식이 있다. 우리나라 유아들의 언어발달을 살펴본 연구(조명한, 1982)에 따르면, 이 두 형식의 문장은 거의 비슷한 시기에 출현한다. 그러나 시간이 지날수록 주절과 종속절을 병행시킨 형식이 많아진다. 비교적 정교한 형태의 복문은, 대략 Brown(1973)이 제시한 MLU가 3.0인 언어발달의 3단계에 나타난다. 이 시기의 유아의 연령은 약 30개월 정도로, 영어권 유아들이 접속문을 산출하는 시기인 40개월 정도에 비하면 그 출현 시기가 더 빠르다는 것을 알 수 있다.

(4) 어휘와 문법의 확장

아동기에는 어휘 능력이 급속히 발달하여 초등학교를 졸업할 때쯤에는 약 40,000단어 정도를 습득하게 되는데, 이는 하루에 평균 20개 정도의 새로운 단어를 습득하는 셈이 된다(Anglin, 1993). 물론 초등학생들이 일상생활에서 이 많은 단어를 모두 사용하는 것은 아니다. 이 시기의 아동들이 획득하게 되는 언어능력 중 하나는 단어의 형태학적 지식(morphological knowledge)에 관한 것이다. 즉, 단어를 구성하는 형태소의 의미에 대한 지식을 획득하게 된다. 아동들은 형태학적 지식을 이용하여 익숙하지 않은 단어의 구조를 분석하여 그 의미를 추론할 수 있게 된다(Anglin, 1993).

Jeremy M. Anglin

어휘력의 증가와 함께 유아기에 비해 단어를 더 정확하게 사용하게 되고, 단어에 대한 사고도 달라지게 된다. 예를 들어, 5~6세 유아들에게 단어의 의미를 물으면 그 단어의 기능이나 외양을 언급하며 구체적으로 묘사하지만(칼은 사과를 깎을 때 쓴다, 또는 칼은 날카롭다 등), 초등학교 고학년 아동들은 그 단어의 동의어나 범주적 관계를 나타내는 설명(칼은 일종의 도구이다, 또는 칼은 때로는 무기가 될 수도 있다 등)을 한다(Wehren, DeLisi, & Arnold, 1981). 또한 학동기 아동들은 각 단어가 가진 여러 가지 의미를 이해할 수 있다

(Berk, 2000). 예를 들어, '시원하다' 또는 '달콤하다'라는 단어가 물리적 의미를 가질 뿐만 아니라 심리적인 의미도 가질 수 있다는 것을 안다. 이렇듯 단어의 이중적 의미를 파악함으로써 미묘한 은유적 표현이나 유머도 이해하게 된다.

학동기 아동들은 유아기 때 보이던 문장의 오류를 수정하게 되고, 문법적으로 보다 복잡하고 긴 구문을 사용할 수 있게 된다. 논리적 추론능력과 분석적 기술이 발달하여 내포문(內包文)이나 사동사(使動詞), 피동사(被動詞) 등의 문법적 규칙이나 구조를 이해하고 적절히 사용할 수 있게 된다. 여기서 내포문이란 관계절을 포함하는 문장으로, 영어의 경우 관계대명사 또는 관계부사 등을 사용한 문장을 의미한다.

(5) 읽기와 쓰기 능력의 발달

Chall(1979)은 읽기 능력의 발달을 다섯 단계로 나누어 설명하고 있는데, 이것은 보편적인 단계와 시기를 나타낸 것으로 아동 개개인마다 발달 시기와 능력에 차이가 있을 수 있다.

Jeanne S. Chall

준비단계(출생~초등학교 1학년)에서는 읽기에 요구되는 선행조건을 학습해야 한다. 그리고 글을 왼쪽에서 오른쪽으로 읽고 쓰며, 어떤 글자가 있는지, 자기 이름은 어떻게 쓰는지를 배우게 된다. 'Sesame Street'(사진 참조)와 같은 TV 프로그램이나, 유아원이나 유치원의 경험으로 인해 요즘 아이들은 훨씬 이른 나이에 글을 읽을 수 있게 되었다. 1단계(초등학교 1~2학년)에서는 글 읽는 법을 배우고 단어를 소리로 바꾸는 능력을 획득하게 된다. 2단계(초등학교 2~3학년)에서는 글을 읽는 데에 보다 능숙해진다. 하지만 읽기를 통한 학습은 그리 활발하지 않다. 3단계(초등학교 4학년~중학교 3학년)에서는 글을 통해 정보를 획득하는 능력이 급속히 발달한다. 즉, 읽기를 통한 학습이 이루어진다. 이 시기에 읽기를 배우지 못하면 학업수행에 심각한 문제가 발생한다. 4단계(고등학교)에서 대부분의 학생들은 읽기 능력을 완전히 발달시키며, 여러 관점에서 제시된 정보도 잘 이해할 수 있다. 문학, 역사, 경제학, 정치학 등에 대해 철학적이고 복잡한 논의를 할 수 있게 된다.

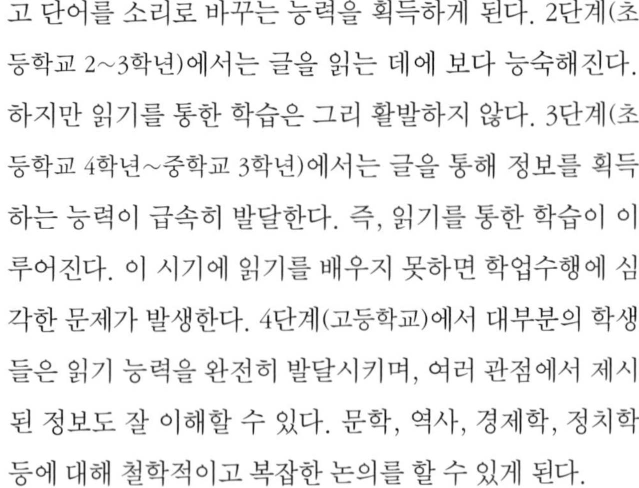

사진 설명 TV프로그램 'Sesame Street'

쓰기 능력은 읽기 능력이 어느 정도 발달된 후에 나타난다. 아동들은 처음 글쓰기를 할 때 글씨를 틀리게 쓰는 경우가 많다. 예를 들어, 글자나 숫자를 거꾸로 쓰거나 종종 소리나는 대로 글을 쓴다(Cunningham, 2013). 이는 아동들이 글자를 쓸 때 일반적으로 단어의 소리를 이용하여 글자의 기본 형태를 생각해내기 때문인 것으로 보인다. 하지만 초등학교 시기에 이러한 경향은 사라지고, 글씨를 바르게 쓸 수 있게 될 뿐 아니라, 나아가 자신들의 생각을 글로써 표현하는 능력이 점차 발달하게 된다.

사진 설명 읽기 준비단계에서는 읽기에 요구되는 선행조건을 학습해야 한다.

우리나라 8세 아동 63명을 대상으로 한 연구(김순덕, 장연집, 2000)에서, 문학작품을 통한 읽기지도 전략이 초등학교 아동의 문식성(文識性)에 미치는 효과를 알아본 결과, 문학 작품을 통한 읽기지도 전략은 아동의 어휘력, 이야기의 이해력 증진에 효과가 있었고, 이는 특히 초인지 읽기 기능이 이야기의 문법구조의 습득을 통하여 그 효과가 나타났다고 한다.

(6) 의사소통 기술의 발달

유아기에는 단어의 획득이나 문법의 숙달로 인해, 영아기에 비해 의사소통이 보다 효율적으로 이루어질 수 있다(사진 참조). 그러나 아직까지는 사고의 자기중심성 때문에 언어도 의사소통을 위한 사회화된 언어로 발달하지 못하고 자기중심적인 특성을 갖는다. 반복, 독백, 집단적 독백 등은 유아의 자기중심적인 언어표현의 대표적인 형태이다. 즉, 서로에게 이야기는 하고 있지만 그 말의 의미는 그들 자신의 사고 속에 국한되어 있다. 그러나 유아기 말에는 자기중심적 언어가 줄어들고 점차 사회화된 언어를 사용하게 된다. 또한 유아는 추상적인 언어적 비유나 어휘가 지닌 다양한 의미나 느낌을 제대로 이해하지 못하며, 언어이해를 돕는 표정이나 몸짓을 필요로 한다. 자신이 한 말을 확인해보려는 의도에서 확인부가 의문문을 상당히 많이 사용한다.

의사소통을 효율적으로 하기 위해서 유아는 물리적 · 사회적 맥락에 적절한 언어를 사용하는 방법을 습득해야 한다(Newcombe, 1996). 바꾸어 말하면, 단어의 의미나 문법적

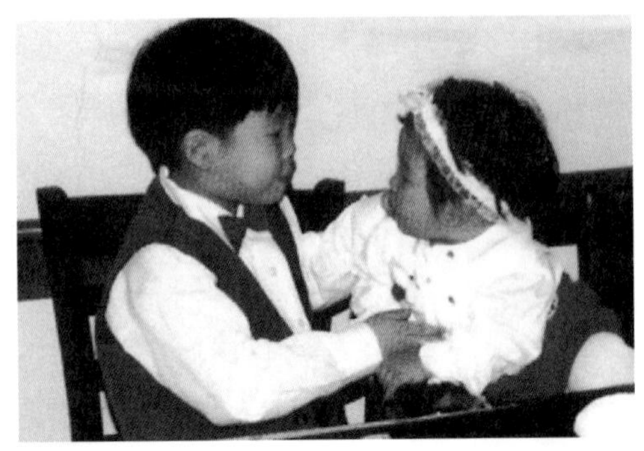

사진 설명 유아가 어린 동생에게 말할 때 쉬운 말로 바꾸어서 이야기한다.

지식뿐 아니라, 청자에게 알맞은 주제와 알맞은 어투로 적당한 시간과 적절한 장소에서 이야기할 수 있는 능력이 필요하다는 것이다. 보통 어린 유아조차도 기본적인 대화 규칙을 잘 따른다. 이러한 화자(speaker)로서의 기술은 유아기에 빠르게 발달하여, 만 2세 정도만 되어도 대부분 말을 걸면 대답을 해야 한다는 것을 알고 있다. 만 4세 정도가 되면, 말을 할 때 듣는 사람의 수준에 맞게 화법을 조절해야 한다는 것을 안다. 즉, 듣는 사람이 이해하기 쉬운 형태로 바꾸어서 이야기한다. 예를 들어, 유아가 자신보다 어린 동생에게 말할 때, 쉬운 단어를 사용하여 단순화시켜서 말하거나 천천히 혹은 반복해서 이야기하는 것을 볼 수 있다(사진 참조).

이처럼 의사소통 시 상대방의 연령을 고려할 뿐만 아니라, 상대방의 성별이나 사회적 지위에도 민감하다. 한 예로, 4~7세 아동을 대상으로 인형을 이용해 역할극을 하도록 한 연구(Anderson, 1984)에서, 4세아조차도 각 사회적 위치에서 나타나는 전형적인 말투를 사용하였다. 즉, 교사나 의사, 아버지와 같이 사회적으로 지배적인 역할이나 남자 역할을 할 때에는 명령문을 보다 많이 사용하였고, 학생이나 환자, 어머니와 같이 덜 지배적인 역할이나 여자 역할을 할 때에는 보다 공손한 표현을 사용하고, 요구 사항을 간접적으로 표현하였다.

하지만 유아의 의사소통 능력에는 여전히 한계가 있다(Hetherington & Parke, 1993). 일대일 대화는 어느 정도 잘 이어가나, 동시에 여러 사람들과 대화하는 능력은 떨어진다. 즉, 두 사람 이상과 대화를 할 때에는 자신이 이야기해야 할 때가 언제인지를 판단하는 데 어려움을 느낀다.

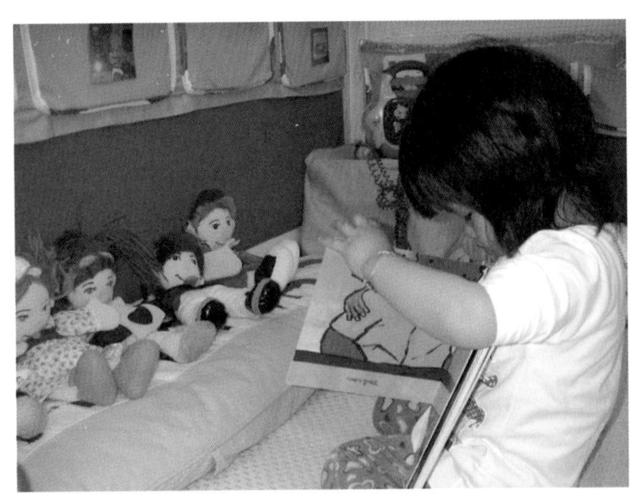

사진 설명 유아가 인형들에게 그림책을 보여주면서 설명하고 있다.

의사소통을 위해 요구되는 또 다른 기술은 다른 사람의 말을 잘 듣고 모호한 부분이 있으면 분명하게 알 때까지 물어볼 수 있는 청자(listener)로서의 능력이다. 어린 유아는 보통 자신이 타인이 전달하고자 하는 내용을 이해하지 못하였다는 사실을 인식하지 못하는 경우가 많다. 다시 말하면 3~5세 유아는 자신이 듣는 말에서 모호한 정보를 찾아내고 이를 해결하는 능력이 부족하다(Shaffer, 1999)는 것이다. 이 시기의 유아는 종종 자신이 듣는 정보 그 자체보다 화자가 의미하는 것에 대한 자신의 생각에 초점을 두고 정보를 해석하는 것으로 보인다.

사진 설명 아동기에는 의사소통 기술이 크게 발달한다.

아동기에는 의사소통 기술이 크게 발달한다. 특히 분명한 언어적 메시지를 전달하는 능력인 참조적 의사소통 기술(referential communication skills)이 발달한다. 3~5세 정도의 유아들은 보통 구두 메시지에서 의미가 모호한 부분을 잘 인식하지 못하지만, 학동기 아동들은 상대방이나 자신의 메시지가 분명하지 않을 때 어느 부분이 모호한지를 인식하고, 그 부분을 분명하게 만드는 참조적 의사소통 기술을 발달시키게 된다. 이 문제와 관련된 연구(Sonnenschein, 1986, 1988)에 의하면, 6~10세 아동들은 듣는 사람에게 익숙하지 않은 사물에 대한 말을 전달할 때에는 익숙한 사물에 대한 말을 전달할 때보다 더 길게 설명하였다. 특히 이들 중 9~10세 아동들은 익숙하지 않은 사물에 대해 설명할 때 듣는 사람에 따라 다른 정보를 제공하였는데, 이는 청자에 맞게 전달하는 내용을 조절할 수 있다는 것을 의미한다.

이처럼 학동기 아동들에게서 참조적 의사소통 기술이 빠르게 발달하는 것은, 한편으로는 이 시기의 인지적 발달로 자기중심성이 완화되고 역할수용 기술을 획득하게 되며, 다른 한편으로는 청자에 맞도록 말을 조절해야 한다는 사회언어학적 이해 능력이 발달하기 때문이라고 할 수 있을 것이다.

우리나라 6, 8, 10세 아동 168명을 대상으로 한 연구(오선영, 2001)에서는, 6세 또래 쌍 집단에서는 자기중심적 언어와 사회화된 언어가 비슷하게 나타났으나, 8세, 10세 또래 쌍 집단에서는 자기중심적 언어보다 사회화된 언어가 더 많이 나타났다. 즉, 또래 쌍 아동의 연령이 높아짐에 따라 사회화된 언어가 증가하였다. 또한 아동 상호 간에 공유하는 활동에 대해 설명하면서 논쟁하는 원시논쟁의 대화유형, 타당한 이유와 관련시켜 협조하거나 논쟁하는 추상적 협조 설명과 순수논쟁의 대화유형이 증가하였다.

우리나라 2~3세 유아와 그의 어머니를 대상으로 어머니의 대화양식에 따른 유아의 의사소통 의도를 살펴본 연구(성미영, 2003)에서, 2~3세에도 의사소통 능력이 발달하기는 하였으나, 유아보다 숙달된 대화 능력을 갖춘 어머니와의 상호작용에서는 어머니의 반응을 이끌어내면서 대화를 지속시키기보다는 어머니의 의도에 반응하여 상호작용을 지속시켜나갔다고 하였다. 또한 자녀와의 놀이상황에서 대화 유도적 양식을 사용하는 어머니의 유아는 지시적 양식을 사용하는 어머니의 유아보다 제공 의도에 의한 반응을 많이 보였으며, 지시적 양식을 사용하는 어머니의 유아는 대화 유도적 양식을 사용하는 어머니의 유아보다 자신의 행동에 대한 허용을 어머니에게 더 자주 요구하는 것으로 나타났다. 이러한 결과는 일상생활에서 어머니가 자녀와 놀이를 할 때 사용하는 의사소통 방식이 유아의 의사소통 능력 발달에 누적된 영향력을 행사한다는 것을 나타낸 것이다.

6) 평가

René Descartes

Chomsky의 언어발달이론에는 언어학자보다는 플라톤이나 데카르트와 같은 철학자들의 영향이 큰 것으로 보인다. Chomsky는 대학원 재학시절 데카르트의 철학을 공부하던 중 연역법을 언어학에 도입할 아이디어를 얻었다고 한다. 즉, 언어학계에서 아무도 주목하지 않았던 300년 전 철학자의 방법론을 언어학에 도입한 것이다. 이처럼 기존의 언어학 연구방법을 180° 바꾼 그의 업적은 언어발달 연구사에 있어서 코페르니쿠스적인 전환으로 평가받고 있다.

Chomsky는 종래의 구문론적 구조와는 아주 다른 방식으로 언어행동을 심리학적 용어로 재정의하고, 문법의 생성적 특징을 강조함으로써 자신만의 새로운 문법규칙을 정립하였다. 비조직적이고 비체계적인 1960년대 이전의 언어발달연구들이 Chomsky의 『구문론적 구조』에서 발표된 변형생성문법이론의 출현과 함께 체계를 갖추게 되었다.

Lenneberg는 언어가 생물학적 성숙에 의해 본능적으로 출현하는 것이라고 주장함으로써 Chomsky의 생득이론을 지지하고 있다. 그에 의하면, 언어를 이해하고 산출하는 것은 인간의 고유한 능력으로서, 이것은 인간이 갖는 종 특유의 특성(species-specific characteristic)이라고 한다. Lenneberg는 또한 2세부터 사춘기에 이르기까지는 언어를 쉽게 빨리 익히기 때문에, 언어를 학습하는 데에는 '결정적 시기'가 있다는 주장을 하였다.

한편, Chomsky의 생득이론에 대해서는 몇 가지 문제점이 지적되고 있다. 첫째, 언어습득기제가 구체적으로 어떤 작용을 하며, 왜 그런 작용을 하는지 설명을 하지 못한다는 지적이다. 둘째, 사춘기 이후에도 여러 형태의 언어발달이 가능하다는 연구결과도 있어 '결정적 시기' 가설도 도전을 받고 있다(Maratsos, 1989; Moerk, 1989). 셋째, Chomsky의 이론은 구문론적 구조에만 너무 치중해 설명한 나머지, 언어의 의미론적 발달과 어용론적 발달을 설명하지 못하는 한계를 드러내었다는 지적이 있다. 넷째, Brown의 연구에서와 같이 실제로 아동을 대상으로 하여 언어발달을 연구한 것이 아니라, 논리적인 논쟁을 통해서만 여러 쟁점들을 해결하려 한 점 또한 문제점으로 지적되고 있다.

3. Brown의 생성적 언어습득이론[2)]

1) Brown의 생애

Roger Brown(1925-1997)

Roger Brown은 1925년 4월 14일에 미국 미시간 주의 디트로이트에서 태어났다. Brown이 초등학교에 입학할 무렵 미국은 대공황으로 경제사정이 매우 어려웠다. 그의 아버지 프랭크 브라운은 여행사 직원으로 일하다 미국의 경제 대공황 때 실직하였다. Brown의 어머니 뮤리엘은 간호사였는데, 그녀는 매주 3권의 책을 읽는 독서광이었으며, Brown은 어머니의 영향을 많이 받았다고 한다.

그는 미시간 대학 1학년 때에 해군에 입대하여 오키나와 전쟁에 참여하였고, 나가사키에 핵폭탄이 투하된 직후 나카사키항에 입항하였다. Brown은 고등학교를 졸업할 무렵에 소설가가 될 생각이었으나, 해군에 복무하는 동안 Watson이나 Skinner 등의 행동주의이론을 접하고 나서, 소설가의 꿈을 접고 심리학에 관심을 가지게 되었다. 전쟁이 끝나고 1952년에 Brown은 미시간 대학에서 박사학위를 취득하였다. 학위논문은 사회심리학 분야(제2차 세계대전 후 갑자기 인기를 얻게 된 주제인 권위적 성격에 관한 논문)였지만 그는 언어발달에 지대한 관심을 가지고 있었다.

Brown은 1952년부터 하버드 대학에서 언어와 사회심리학 강의를 하게 되었다. 그리

2) Brown은 아동의 언어발달에 관한 자신의 견해가 '공식 이론(formal theory)'으로 불리는 것을 원치 않았다. 대신 언어습득이론의 공식화에 기여할 수 있는 '일반화(generalization)' 정도로 언급되기를 원하였다.

고 Jerome Bruner가 주관하는 인지과정에 관한 연구팀에 합류하였다. 1950년대 중반에 MIT와 하버드 대학에서는 인공지능, 언어, 인지에 관한 개념이 행동주의이론의 인기를 능가하고 있었다. Brown은 1957년에 MIT로 옮겨 그의 유명한 저서인 『단어와 사물(Words and Things)』을 출간하였는데, 이 책은 언어심리학에 관한 것이다. 모두 10개 장으로 구성된 이 책에서 Brown은 특정 언어의 구조는 그 언어를 사용하는 사람의 사고에 영향을 미치고, 언어는 또한 인간의 사고의 본질에 의해 제한을 받는다는 주장을 하였다.

1962년에 다시 하버드 대학으로 돌아온 Brown은 1965년에 『사회심리학(Social Psychology)』을 출간하였다. 이 책은 미국에서 20여 년 동안 사회심리학의 교재로 널리 사용되었다. 그 후 그는 미국국립정신건강연구소(NIMH)의 지원을 받아 아동의 언어발달에 관한 획기적인 연구에 착수하게 되는데, 아담, 이브, 사라라고 명명한 세 명의 아동의 언어발달에 관해 수년간 집중적으로 연구하게 된다. 세 아동 모두 매사추세츠 주의 케임브리지 근교에 살고 있었는데, 매주 각 아동의 가정에서 자연스러운 분위기에서 어머니와 자녀 간의 대화를 한두 시간씩 기록하였다. 결과적으로, 많은 수의 피험자를 대상으로 피상적인 자료수집을 하는 방법보다 세 명의 아동을 대상으로 광범위한 자료수집을 한 이 연구방법이 아동의 언어발달을 이해하는 데 훨씬 더 효율적인 것으로 판명되었다.

이 연구를 토대로 하여 1973년에 하버드 대학에서 출판된 『최초의 언어: 초기 단계(A First Language: The Early Stages)』에서, Brown은 아동의 언어습득에 관해 발달단계의 특성, 개인차, 언어발달의 원인과 같은 몇 가지 일반원리를 도출해내었다. 그리고 부모와 자녀 간의 언어적 상호작용을 관찰한 결과, 많은 부모들은 자녀가 문법적으로 옳지 않은 문장을 사용할 때에도 그 의미만 맞으면 미소나 칭찬으로 강화한다는 사실을 발견하고서, 강화가 아동으로 하여금 언어의 규칙을 배우게 하는 요인이라는 증거는 없다는 결론을 내렸다. 이러한 결론은 그 당시에 인기가 있던 Skinner의 주장, 즉 아동의 언어습득은 강화와 모방이라는 학습기제를 통해 이루어진다는 주장을 반박한 것이다.

Brown은 아동들이 '전문체 언어'[3]를 사용할 때에도 마음속으로는 문장 전체를 염두에 두고 있다는 것을 발견하였다. 단지 문제는 그것을 언어로 표현할 수 없다는 것이다. 바꾸어 말하면, 아동은 실제로 말하는 것보다 더 많은 것을 말할 수 있는 능력을 지니고 있다고 Brown은 생각하였다. 그러나 여전히 말로 표현하지 않고 남아 있는 언어능력, 즉 아동이 실제로 이야기하는 것과 이야기할 수 있는 것과의 사이에 있는 무언의 부분에 대한 능력을 측정할 수 있는 적당한 방법이 없다는 사실이 문제인 것이다.

Brown은 미국심리학회 산하의 '성격과 사회심리학 분과위원회(Division of Personality and Social Psychology)' 위원장을 역임하였고, '동양심리학회(Eastern Psychological Association)' 회장으로도 활동하였다. 그리고 Phi Beta Kappa Teaching Prize를 비롯하여 많은 상을 수상하였다.

Brown은 평생 한 번도 결혼을 하지 않았다. 그는 1989년에 자서전을 발표하면서 자신이 동성연애자임을 공개적으로 고백하였다. Brown은 1994년 69세 되던 해에 하버드 대학에서 은퇴하였으며, 말년에 심장질환과 전립선암 등 많은 질병으로 고생하다가 1997년에 72세의 나이로 생을 마감하였다.

2) 언어발달의 연구방법과 측정단위

심리언어학(Psycholinguistics)은 언어습득의 문제를 다루고 있는 새로운 학문분야이다. 일반적으로 언어학을 전공한 사람의 입장에서는 'Psycholinguistics'를 '심리언어학'으로, 반면에 심리학을 전공한 사람의 입장에서는 '언어심리학'이라는 용어로 번역해서 사용하고 있다. 이처럼 서로 다른 용어를 사용하는 것은 언어연구의 역사적 배경에 기인한다(박경자, 1998).

1950년대에 언어를 연구하는 방법으로 두 가지 독립적인 방법이 사용되었다. 그중 하나는 행동주의 심리학을 배경으로 한 심리학적 접근방식이고, 다른 하나는 구조주의 언어학을 배경으로 한 심리언어학적 접근방식이었다. 일반적으로 심리학자들은 언어를 인

3) 성인들이 사용하는 전보의 문장과 같이 핵심적인 단어만으로 문장이 구성된다고 해서 '전문체 언어(telegraphic speech)'라고 Brown이 명명하였다.

간의 여러 행위 중의 하나로 인식함으로써 언어행동의 동기나 언어가 다른 행동들에 미치는 영향 등에 관심을 기울여왔다. 즉, 언어연구에 있어 심리학자들은 문법에 중요한 역할을 부여하지 않고 있으며, 언어습득과 언어처리과정은 인간의 인지과정 속에서 가장 잘 이해할 수 있는 부수적인 현상이라는 입장을 취하고 있다. 따라서 이러한 접근법에서는 문장수준이나 구문론이 심리언어학의 중심이라는 심리언어학자들의 주장을 부정하고, 아동의 언어습득보다는 의사소통과 같은 언어사용에 관한 문제들을 주로 다룬다.

반면에 심리언어학자들은 언어를 인간의 여러 행위 중의 하나가 아닌 독립적인 분야로 보고 있다. 즉, 언어활동은 인지활동과는 다른 독립적이며 독특한 기능이라는 것이다. 이처럼 언어의 독립성을 인정하는 틀 내에서 언어를 연구하는 심리언어학자들은, 언어습득과 처리과정을 살펴볼 수 있는 가장 중요한 방법은 구문현상을 살펴보는 것이라고 생각한다. 특히 구문구조의 핵심은 단어나 음소가 아닌 문장이라는 인식하에 아동의 언어습득과 학습을 주로 다룬다. 따라서 심리언어학자들은 아동의 음운과 구문규칙을 찾아내고, 이들 규칙들이 습득되는 시기, 과도기 단계에서 아동이 범하는 오류 그리고 아동이 성인 언어라는 마지막 단계를 습득하기 위해 밟는 과정과 단계들을 살펴보기 위해 연구를 수행한다.

심리언어학은 1957년 Chomsky가 발표한 변형생성문법 이후에 체계적으로 발달하기 시작하였다. 그 이전의 언어연구의 특징은 언어습득과정을 어떤 이론적인 언어구조이론에 근거하여 설명하는 것이 아니라, 아동을 관찰한 그대로를 기술하는 기술연구라는 것이다. 더욱이 당시 심리학의 주류는 행동주의 심리학이었기 때문에, 아동의 언어습득을 다른 모든 발달과 마찬가지로 환경의 영향에 기인한 학습과정으로 이해하였다. 따라서 당시에는 언어습득이라는 용어 대신에 언어학습이라는 용어가 사용되었으며, 아동을 대상으로 한 언어발달의 연구방법 역시 단순한 일기형식이나 관찰기록 형식에 불과하였다. 이러한 비조직적이고 비체계적인 1960년대 이전의 언어습득연구는 Chomsky의 변형생성문법이론의 발표로 진일보하게 되었다. 즉, Chomsky의 문법이론으로 인해 1960년대 이후의 연구는 과거와 달리 이론적 체계를 갖추고 과학적으로 연구가 수행되었는데, 바로 이 1960~1970년대 언어발달연구를 대표하는 학자가 Brown이다.

심리언어학 분야의 대부분의 연구자들과 마찬가지로, Brown도 아동을 대상으로 통제된 실험연구를 한 것이 아니라 가정과 같은 자연환경에서 아동의 언어를 기록하고, 생후 18개월에서 4세까지의 기간에 걸쳐 1주 내지 2주 간격으로 아동의 언어에서 일어나는 변화를 분석하였다. 그는 아담(27개월, 흑인), 이브(18개월, 백인), 사라(27개월, 백인)라고 하는 가명의 세 아동에 대해 수년간에 걸쳐서 광범위한 자료를 수집하였다. 세 아동

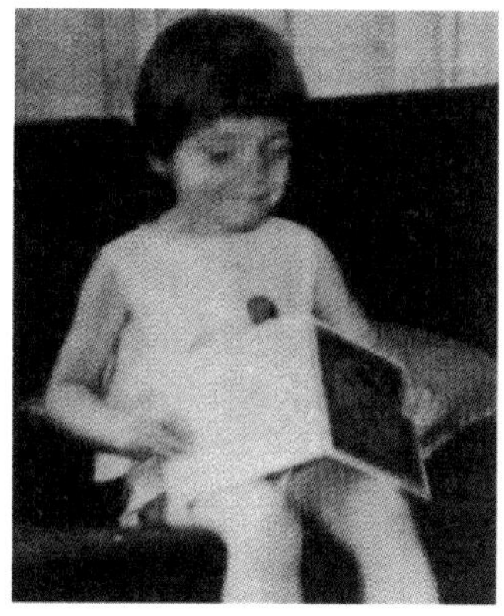

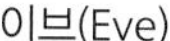
이브(Eve)

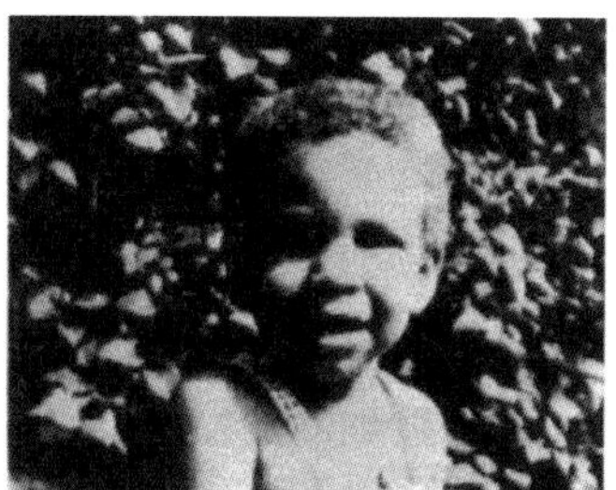
아담(Adam)

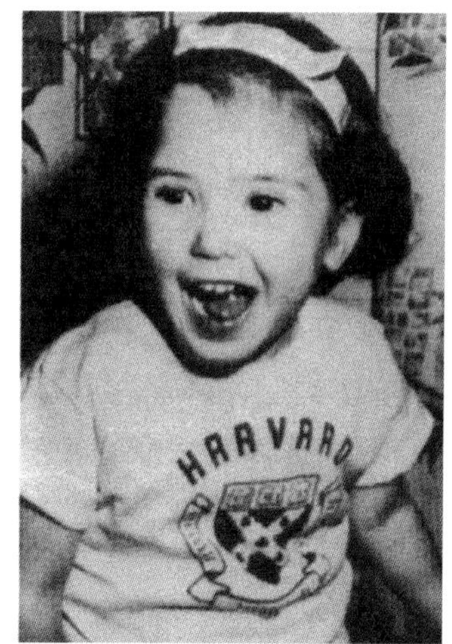
사라(Sarah)

모두 매사추세츠 주의 케임브리지 근교에 살고 있었는데, 수년간 매주 한두 시간씩 각 아동의 대화를 기록하였다. 세 아동은 모두가 이야기하기를 좋아했기 때문에, 정기적인 표집방법이 결과적으로는 상당한 분량의 대화를 분석하게 했으며, 아동의 언어발달의 중요한 종단연구의 기초를 형성하였다. 아담, 이브, 사라의 언어를 분석하는 것 외에 Brown과 그의 동료들은 단편적이긴 하지만 다른 아동들의 언어에 관한 자료도 수집하였다. 그들은 또한 다른 연구자들이 핀란드어, 사모아어, 스페인어, 독일어, 영어 등을 학습하는 아동들에 관해 연구한 연구결과도 참고하였다.

Brown은 언어발달의 측정단위로 MLU(Mean Length of Utterance)를 사용하였다. 왜냐하면 2세부터 4세까지에 유아가 사용하는 말의 길이가 점차적으로 길어져 가기 때문이다. Brown의 측정단위의 구성요소는 형태소이다. 언어학 분야에서 형태소는 특별한 의미를 전달하는 소리의 기본 단위를 말한다. 대부분의 단어는 한 개의 형태소로 구성되지만, 두 개 이상의 형태소로 구성되는 단어도 많다. 예를 들어, '엄마'라는 단어는 한 개의 형태소로 구성되고, '엄마의'는 두 개의 형태소, 즉 '엄마'와 '의'로 구성된 단어이다.

생후 9개월에서 15~20개월 사이의 영아의 언어는 일반적으로 한 개의 형태소로 구성된다. 이제 말을 갓 배우기 시작한 영아는 '엄마' '먹다' '개' '공' 등과 같이 한 개의 단어로 자신의 생각을 표현한다. 심리언어학에서는 많은 개념을 한 개의 형태소로 표현하는 것을 일어문(一語文)이라고 한다. 구문론과 문법은 형태소와 단어가 결합하여 구와 문장을 이루는 데 관련되기 때문에, Brown은 문법의 발달 척도의 출발점으로서 일어문에는 주목하지 않았다. 오히려 MLU에 기초하여 발달척도를 5단계로 나누었다(〈표 9-1〉 참조).

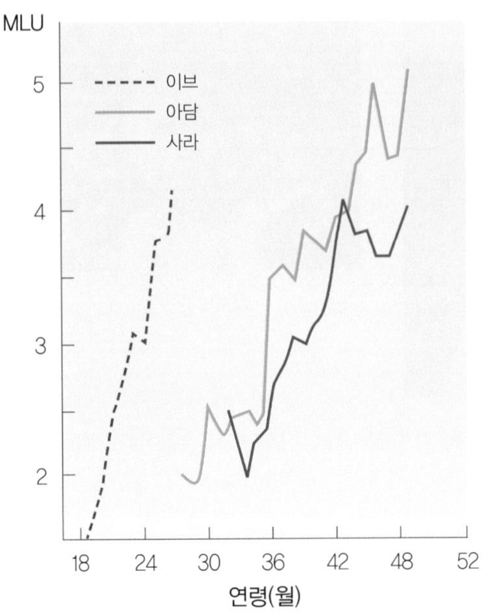

〈그림 9–3〉 세 아동의 MLU의 성장률

출처: Brown, R. (1973). *A first language: The early stages*. Cambridge, Mass.: Harvard Universtiy Press.

〈그림 9–3〉은 아담, 이브, 사라를 대상으로 한 매주 또는 2주 마다의 언어기록이 MLU 척도상에 어떻게 나타나는가를 도식화한 것이다. 〈그림 9–3〉으로부터 세 가지 명백한 결론이 도출되었다. 첫째, 각 아동의 MLU는 매달 일정한 속도로 성장하고 있기 때문에, MLU가 유아의 언어발달을 측정하기에 훌륭한 단위인 것으로 보인다. 만약 어느 기간 중의 언어표본의 MLU가 일시적으로 하향하는 경향이 있더라도 MLU는 즉시 상승세를 회복한다. 발달의 비율을 반영하는 성장선의 경사가 세 명의 유아에게 있어서 유사할 뿐만 아니라 Brown이 5단계의 문법적 요소를 분석했을 때, 세 명의 유아의 언어발달이 놀라울 정도로 같은 순서로 이루어진다는 사실을 발견하였다(Brown, 1973).

둘째, 언어발달의 유형은 세 아동이 모두 유사하지만, 이브는 아담이나 사라보다 각 단계에 빨리 진입하고 끝낸다. 그리고 아담은 사라보다 약간 앞서 있다. 이와 같이 발달단계 간의 개인차는 발달단계 내에서의 개인차보다 큰 것으로 보인다.

셋째, 각 단계 간의 경계선은 다소 임의로 설정되어 있으며, 각 단계 간의 언어의 수준이 질적인 면에서나 양적인 면에서 구별이 분명하지 않다. 다시 말해서 이것은 피아제식의 단계 개념이 아니다. 이 단계 개념은 분석을 용이하게 하기 위해 연속적 성격의 자료를 가지고 임의로 단계를 설정한 것이다. 그러나 이 단계들이 서로 융합되어 있음에도 불구하고 각각의 단계들은 나름대로의 분명한 특성이 있다.

3) MLU의 사용

Brown(1973)은 유아가 사용하는 어휘의 수에 따라 언어발달의 단계를 분류하였다. MLU(Mean Length of Utterance)란 유아가 사용하는 50에서 100개 정도의 문장을 이용하여 한 문장 내에서의 평균 형태소의 수를 산출한 것으로, 일종의 언어발달의 지표가 된다. Brown은 MLU에 기초하여 언어발달을 5단계로 나누었다(〈표 9-1〉 참조).

표 9-1 언어발달의 5단계

단계	MLU
1	1.5~2.0
2	2.5
3	3.0
4	3.5
5	4.0

1단계는 유아가 하나 이상의 형태소를 가진 문장을 만들어내는 시기이다. 이 시기의 문장의 특징은 주로 명사와 동사로만 구성되어 있고, 전치사나 관사 등은 생략되어 있는 전문체 문장이다. 유아가 하는 말의 평균 형태소가 2개가 될 때까지 1단계가 계속된다. 그 이후의 단계들에서는 MLU가 0.5씩 증가하게 된다. 2단계에서는 문장이 점점 복잡해지고 전치사와 관사 및 불규칙 동사와 명사의 복수 형태 등을 배우게 된다. 그러나 여전히 완전한 형태로 사용하지는 못한다. 3단계에서는 의문문, 부정문, 명령문과 같은 다양한 문장형태 등을 보이며, 좀더 성인의 언어에 근접한다. 4단계에서는 어휘의 수가 증가하고, 종속절을 문장에 사용하기 시작하며, 문법의 법칙을 보다 정확하게 사용한다. 5단계에서는 둘 이상의 문장이 '그리고'에 의해 연결되는 접속문과 복합문을 사용할 수 있게 된다.

3개월에서 6개월 정도의 연령차이가 있는 유아들도 유사한 언어패턴을 보이는 경우가 있으므로, MLU는 유아의 연령보다 언어발달의 정도를 보다 잘 나타내는 지표가 된다. 또한 MLU가 유사한 유아들은 사용하는 언어규칙의 체계도 비슷한 것으로 보인다(Santrock, 2001). 따라서 이제는 아동의 언어발달을 측정하는 데 있어 연령보다는 MLU를 사용하게 되었다.

John Santrock

4) 전문체 언어

전문체 언어(telegraphic speech)는 어린 아동이 의미전달에 별로 중요하지 않은 단어는 생략하고, 핵심적인 단어만을 가지고 자신의 생각을 표현하는 것을 묘사하기 위해 만들어진 용어이다. 이것은 마치 성인들이 전보문을 만들 때에 관사나 조동사, 대명사 등을 생략하는 것과 같다. 1단계에 있는 아동의 전문체 언어의 예를 들면 다음과 같다. "차 간다" "영희 공" "저 개" 등이 그것이다.

1960년대 초에 Brown이 전문체 언어에 관해 연구하고 있을 때에, 아동이 어떤 부류의 단어는 포함시키고(주로 명사와 동사), 어떤 부류의 단어를 생략하는지(관사, 전치사, 복수형 어미, 조동사 등)에 관심을 가지고 이에 대해 설명하였다. 전문체 언어에서 어떤 형태소가 삭제되고 안 되는가는 몇 가지 문법적 조건과 의미론적 조건에 달려 있는데, 이들 조건은 빈도, 지각적 특징, 어구의 맥락, 의미론적 역할 등이다(Thomas, 1979).

빈도(frequency)는 주위 사람들이 특정의 형태소를 사용하는 것을 아동이 얼마나 자주 들었는가 하는 것을 의미한다. 아동이 스스로 그 단어를 사용하기 위해서는 최소한 어느 정도로 그 단어를 들어야 하는가 하는 수준이 있다. 그러나 일단 최소 수준에 도달하게 되면, 그 단어를 자주 듣는다고 해서 자동적으로 그 단어가 아동의 언어에서 자주 사용된다는 보장은 없다. 아동은 단순히 자주 듣는 말이라고 해서 그 말을 많이 사용하는 것 같지는 않다. 예를 들어, 아동은 성인들이 정관사나 부정관사를 사용하는 것을 자주 듣지만 자신의 언어에서는 관사를 다 생략해버린다.

지각적 특징(perceptual salience)은 어떤 단어가 문장 중에서 강조되고 있는가 아니면 맨 끝에 오는 말인가 등과 같이, 그것이 다른 단어보다 얼마나 두드러지는가 하는 것을 의미한다.

어구의 맥락(verbal context)은 문장 내의 다른 단어들이 특정 단어의 형태를 결정한다는 것을 의미한다. 예를 들어, "나는 어제 여기에 왔다(I ________ here yesterday)"라는 문장에서 '오다'라는 동사의 올바른 형태는 'come' 'comes' 'came' 'comming' 중에서 'came' 뿐이다. 그 외 다른 형태는 모두 이 문장의 맥락에 적합하지 않다. 어구의 맥락이 문법의 올바른 사용에 영향을 주는 예는 이외에도 얼마든지 있다. Brown에 의하면 맥락의 결정요인 중 어떤 것은 다른 것보다 학습하기가 훨씬 용이하다고 한다. 따라서 학습하기에 어려운 것들은 어린 아동의 언어에서 사용되지 않는다는 것이다.

의미론적 역할(semantic role)은 특정의 형태소가 아동이 표현하고자 하는 의미를 전달하는 데에 얼마나 중요한가 하는 것을 의미한다. 의미는 일반적으로 명사나 동사에 주로 의존하지만, 어떤 경우에는 '여기' 또는 '저기'와 같은 처소격 부사나 '큰' 또는 '작은'과 같은 형용사에 의존하기도 한다. 반면, 다른 단어들은 단지 기본 의미를 조정하거나, 뉘앙스를 표현하거나, 아니면 전혀 필요하지 않은 경우도 있다. 관사나 be 동사는 가끔 중요하지 않은 의미론적 역할을 한다. 예를 들면, "The dog wants a cookie(그 개는 과자를 원한다)"라고 말하는 대신에 "Dog want cookie"라고 말하거나, "Jenny is sleepy(제니는 졸립다)"라고 말하는 대신에 "Jenny sleepy"라고 말하는 것이다.

빈도, 지각적 특징, 어구의 맥락, 의미론적 역할 등의 네 가지 조건을 가지고 Brown은 왜 어떤 형태소는 아동의 전문체 언어에 사용되고, 어떤 형태소는 사용되지 않는지를 다음과 같이 설명한다. 만약 어떤 형태소가 최소빈도 수준 이상으로 자주 들을 수 있고, 지각적 특징이 두드러지며, 어구의 맥락에 의존하지 않으면서, 기본 의미를 전달하는 데 중요한 역할을 한다면, 그 형태소는 아동의 언어에서 사용될 것이다. 반면에 어떤 형태소가 빈도가 낮으며, 지각적 특징이 두드러지지 않고, 어구의 맥락에 의존하며, 기본 의미를 약간 바꾸는 정도라면 그 형태소는 아동의 언어에서 사용되지 않을 것이다.

5) 언어습득의 일반화

R. Murray Thomas

Brown이 제안한 언어습득의 일반화는 발달단계의 특성, 언어기술의 개인차, 언어발달의 원인 등이다(Thomas, 1979).

(1) 발달단계의 특성

Brown은 MLU를 기초로 하여 연속선상의 발달곡선에 경계선을 설정해서, 18개월에서 4세 사이의 언어발달을 5단계로 나누었다. 제1단계는 MLU가 1.5~2.0이며, 제2단계는 2.0~2.5이다. 그리고 3, 4, 5단계도 마찬가지로 MLU 단위를 가지고 규정하였다. 단계를 설정하는 방식이 인위적인 것으로서 단계와 단계를 경계짓는 의미 있는 발달적 변화에 기초한 것은 아니지만, Brown은 단계와 단계를 구별할 수 있는 몇 가지 특성들을 확인할 수 있었다.

예를 들면, 제1단계에서 아동의 언어는 의미전달에 있어서 매우 중요한 부분인 명사와 동사에 한정된다. 이 단계에서 문법은 아동의 의도를 전달하고자 하는 순서대로 2~3개의 단어를 나열하는 것이다. 그래서 제1단계에서는 어순이 중요한 발달적 특성이 된다. 제2단계에서는 전치사, 현재진행형 동사의 어형변화, 복수형태, 소유격 등을 점차적으로 사용하게 된다. 이들 문법적 형태소(grammatical morphemes)[4]의 역할은 제1단계에서 아동이 명사와 동사만으로 말한 기본 내용을 간단한 방식으로 조정하거나 꾸미는 것이다. Brown은 이 시기의 아동들의 언어발달의 특징으로 14개의 문법적 형태소의 습득을 들었다. 문법적 형태소에 대한 Brown의 연구는, 이 형태소들이 아동의 초기 언어적 특징인 전문체 언어에서 완전한 형태로 말하게 되는 것, 즉 성인 언어로의 전환과정에서 나타나는 보편적인 현상임을 보여주었다. 이를 구체적으로 살펴보면 다음과 같다.

첫째, 14개의 문법적 형태소가 습득되는 순서는 보편적이다. 즉, 아동 개개인이 서로 다른 비율과 속도로 문법적 형태소들을 습득하지만, 이러한 형태소들이 나타나는 순서에는 놀라울 정도의 획일성이 있다.

둘째, 문법적 형태소들을 사용하기 시작하는 시기와 그 발달은 아동마다 다양하게 나타난다. Brown은 연구대상인 세 명의 아동들이 문법적 형태소들을 사용하기 시작하는 연령과 문법적 형태소 14가지 모두를 숙달하는 데 걸리는 시간이 다름을 발견하였다. 즉, 형태소들이 나타나는 순서에는 놀라울 정도의 획일성이 있지만, 아동마다 발달속도가 다르고, 무엇보다 연령이 문법의 발달을 측정하는 지표로서 사용되는 데 적합하지 않은 것으로 보인다.

셋째, 문법적 형태소의 습득은 그것을 처음 사용한 때와 아동 스스로 자유롭게 사용할 수 있을 때까지 오랜 기간 동안 서서히 일어난다. Brown의 연구자료는 아동이 단지 한 번 이들 새로운 형태소를 정확하게 사용하자마자 복수형태나 소유격의 개념을 돌연 이해하게 되고, 그래서 그들 언어가 급진적으로 변하는 것은 아니라는 사실을 보여주고 있다. 오히려 이들 형태소의 사용에는 시간이 걸린다. 일반적으로 첫 번째 문법의 형태소는 세 단어의 조합에서 처음 나타나고, 한 형태소를 능숙하게 사용하는 데에도 오랜 시간이 걸린다. 즉, 아동이 2단계나 3단계에 최초로 나타나는 언어형태를 90% 이상 정확하게 사용하게 되는 5단계에 가서야 가능한 일이다. 따라서 아동이 성인의 언어를 구성하는 언어형태를 확실히 사용할 수 있게 되는 것은 점진적이고 복잡한 과정을 통해서만이 가능하다. 〈표 9-2〉는 14개의 문법적 형태소와 이들의 습득순서에 관한 것이다.

아동의 경험이 증가함에 따라 의미와 문법상의 복잡성도 증가한다는 Brown의 결론은 학문적인 발견이라기보다는 오히려 상식적이다. 그러나 그의 연구자료를 세밀히 들여다보고, 다른 이론들과 비교해보면 그의 결론은 훨씬 더 중요한 의미를 지니는 것임을 알

4) 문법적 형태소란 우리가 구성하는 문장들의 의미를 보다 정확하게 만드는 수식어들이다. 이러한 의미 수식어들은 일반적으로 3세경에 나타나는데, 이 시기의 유아들은 명사에 -s를 붙여 복수형을 만들고, 's로 소유격을 만들며, 진행시제 -ing와 과거시제 -ed로 동사시제를 만들기도 한다.

표 9-2 14개의 문법적 형태소와 습득순서

형태소	예 문	숙달 연령(개월)*
현재진행형 –ing(조동사 없이)	Mommy driving.	19~28
In	Ball in cup.	27~30
On	Doggie on sofa.	27~30
규칙 복수형 –s	Kitties eat my ice cream. 형식: /s/, /z/, /iz/ cats(/kæts/) dogs(/dɔːgs/) classes(/klæsiz/), wishes(/wiʃiz/)	27~33
불규칙 과거	came, fell, broke, sat, went	25~46
소유격 –s	Mommy's ballon broke. 형식: /s/, /z/, /iz/가 규칙 복수형	26~40
비축약형 연계사(be 동사가 주동사)	He is.("Who's sick?"에 대한 답변)	27~39
관사	I see a kitty. I throw the ball to daddy.	28~46
규칙 과거 –ed	Mommy pulled the wagon. 형식: /d/, /t/, /id/ pulled(/pvld/) walked(/wɔkt/) glided(/glaLdid/)	26~48
규칙 삼인칭 –s	Kathy hits. 형식: /s/, /z/, /iz/가 규칙 복수형으로	26~46
불규칙 삼인칭	does, has	28~50
비축약형 조동사	He is ("Who's wearing your hat?"에 대한 답변)	29~48
축약형 연계사	Man's big. Man is big.	29~49
축약형 조동사	Daddy's drinking juice. Daddy is drinking juice.	30~50

* 90% 이상 정확하게 사용하게 되는 것을 기준으로 함.
출처: 이승복 역(2001). 언어발달. 시그마프레스.

수 있다. 예를 들면, 학습이론은 언어습득이 조건형성에 의해 이루어진다고 주장한다. 즉, 아동은 주변에서 자주 듣게 되는 소리를 모방한다는 것이다. 그러나 Brown이 부모와 자녀가 각기 사용하는 문법적 구조의 형태와 빈도를 서로 비교해본 결과, 특정의 구조나 어휘를 듣는 빈도는 아동의 언어패턴이 어떻게 발달하는가와 아무 관계가 없는 것으로 나타났다.

(2) 개인차

언어발달의 단계는 특정 언어를 학습하고 있는 아동들 간에 매우 유사하지만 발달의 속도는 아동들 간에 큰 차이가 있다. 문법의 습득에 있어 아동들 간의 주요한 차이는 발달단계를 이동하는 속도에 있다. 이러한 속도 차이의 상당 부분은 심리학자들이 말하는 일반 지능(general intelligence)에 기인할는지도 모른다고 Brown은 생각하였다. 문법은 일련의 규칙이기 때문에, 점점 복잡해지는 문법이나 의미론적 관계의 단계들을 빠른 속도로 학습하는 아동들은 논리적으로 말해서 높은 지능을 지닌 아동일 것이다.

이러한 견해와 더불어, 어린 아동은 문법적으로 옳은 말을 듣는 빈도에 의해 거의 영향을 받지 않는다고 주장하는 Brown은, 유전적으로 예정된 성숙이 언어발달에서 매우 중요한 역할을 한다고 본다. 아동이 혼자서는 스스로 특정 언어의 구조를 고안할 수 없기 때문에, 아동의 언어환경이 언어습득에 영향을 준다는 것은 의심할 여지가 없다. 그러나 Brown의 연구자료에 의하면 보다 복잡한 형태소를 더해가는 순서나 속도는 아동의 타고난 언어능력에 크게 의존하는 것으로 보인다.

(3) 발달의 원인

Brown이 숙고한 마지막 질문은 무엇이 아동으로 하여금 성인의 언어사용 수준까지 발달하도록 촉진시키는가 하는 것이다. 즉, 언어발달의 배경에 있는 동기유발의 힘은 무엇일까 하는 것이다. 한 단어를 사용하는 아동이나 두세 개의 형태소를 사용하는 2단계 또는 3단계로 진행하는 아동에게 있어서 그 대답은 언어가 그의 욕구를 보다 빨리 전달하게 해준다는 것이다. 즉, 언어는 그가 원하는 것을 얻게 해주는 역할을 한다는 것이다.

그러나 성인의 표준적인 문법을 분석해보면, 어떤 문법적 항목은 실제로 정확한 의미를 전달하는 데 불필요하다는 사실을 알 수 있다. 특히 어떤 사람이 다른 사람에게 직접 이야기하고 있는 경우에는 그들의 대화환경이 의미전달에 도움이 된다. 예를 들면, 음성의 강세나 억양이 소기의 목적을 달성한다. 한 아동이 "저 차"라고 말할 때에 차를 가리키면서 '차'라는 단어에 강세를 두면 "저것은 차이다"라는 전체 문장이 필요없게 된다. 또는 "저 차"에서 '저'를 강조하면 몇 대의 차 중에서 한 대의 특정한 차를 가리키는 것이 된다. 그래서 "저것이 그 차이다"라고 할 필요가 없다. 그렇다면 왜 아동이 일정 수준에 도달한 후에는, 그들의 문법이 세련되지는 않더라도 그것으로 의미전달이 충분한 데도 불구하고 성인의 언어수준으로 계속해서 향상하려고 하는 것일까? Brown은 이것이 불가사의한 일이라고 말한다.

한 가지 가능한 설명은 주위의 사람들이 아동의 잘못된 언어를 수정하도록 아동에게 압력을 행사한다는 것이다. 요컨대, 아동들은 성인들이 승인하는 어법을 사용하고 그렇지 않은 어법을 사용하지 않도록 기대된다. 특히 아동의 불완전한 어법이 받아들여지지 않거나 쉽게 이해되지 않는 가정 이외의 장소에서 보다 적절한 문법을 사용하도록 하는 압력이 있을지 모른다고 Brown은 주장한다. 그러나 현재 시점에서 Brown의 견해로는 의사소통의 기본적 수준이 달성된 후에 무엇이 아동의 언어발달을 동기유발시키는가 하는 문제는 여전히 수수께끼로 남아 있다. 심리언어학 분야에서 다른 많은 쟁점들과 마찬가지로, 이 문제도 보다 창의적인 이론과 그것을 뒷받침해주는 증거들이 필요하다.

6) 평가

Brown이 아동발달에 기여한 공헌 중의 하나는 MLU의 발견이다. Brown은 MLU에 기초하여 언어발달의 단계를 분류했는데, MLU는 한 문장 내에서의 평균 형태소의 수를 산출한 것이다. 연령이 다른 유아들도 유사한 언어패턴을 보이는 경우가 많으므로, MLU는 유아의 연령보다 언어발달의 정도를 보다 잘 나타내는 지표인 것으로 보인다.

Brown은 1973년에 출간된『최초의 언어: 초기 단계』에서 아동의 언어습득은 강화나 모방이라는 학습기제를 통해 이루어진다는 학습이론의 주장을 반박하였다. 그는 부모와 자녀 간의 언어적 상호작용을 관찰한 결과, 많은 부모들은 자녀가 문법적으로 옳지 않은 문장을 사용할 때에도 그 의미만 맞으면 미소나 칭찬으로 강화한다는 사실을 발견했으며, 아동이 특정 어휘를 듣는 빈도수와 아동의 언어패턴과는 관계가 없다는 사실을 발견하였다. Brown은 자신이 발견한 이러한 사실들에 근거해서 강화나 모방이 아동의 언어발달에 중요한 요인이라는 증거가 없다는 결론을 내렸다.

한편, Brown이 아담, 이브, 사라라고 하는 세 명의 아동의 언어를 분석하는 것 외에 다른 아동들의 언어발달에 관한 자료도 수집했으며, 다른 연구자들의 연구결과도 참고하였지만, 여전히 그의 연구결과를 일반화하는 데는 문제가 있는 것으로 보인다. 다시 말해서 좀더 다양한 언어환경의 아동과 좀더 다양한 연령층의 아동(Brown의 연구대상은 18개월에서 4세까지의 아동이었음) 그리고 좀더 다양한 지능수준의 아동들을 대상으로 광범위한 연구를 수행하지 못한 점이 아쉬움으로 남는다.

또한 Brown은 모든 아동의 언어습득에서 보편적으로 나타나는 14개의 문법적 형태소가 언어발달에 중요하다고 강조하였지만, 많은 형태소들 중에서 왜 이 14개의 형태소만이 특히 더 중요한지, 그리고 다른 형태소들은 언제 습득되며, Brown이 제시한 14개의 형태소와 어떤 연관이 있는지에 대해서는 전혀 언급을 하지 않았다는 지적을 받고 있다.

제 10 장

도덕성발달이론

도덕적 행위란 그 행위 뒤에 기분 좋은 느낌이 드는 것이고, 비도덕적 행위란 그 행위 뒤에 기분이 나쁜 것을 말한다.

Ernest Hemingway

공중도덕이 없는 사회는 멸망할 것이고, 개인에게 도덕심이 없으면 그 삶은 아무 가치도 없다.

Bertrand Russel

좋은 것과 나쁜 것의 차이는 단지 남에게 도움을 주는 것이냐, 고통을 주는 것이냐의 차이이다.

Ralph Waldo Emerson

받을 능력이 없는 사람에게 우리는 아무것도 줄 수가 없다.

Agatha Christie

양심은 영혼의 소리요, 정열은 육신의 소리이다.

Jean Jacques Rousseau

청소년들의 도덕적 판단 기준은 곧 그 사회가 가지고 있는 권위와 법률이 된다.

Lawrence Kohlberg

인간의 본성에 관심을 가진 사람들에게 가장 오래된 연구 주제 중의 하나가 도덕성발달에 관한 것이다. 일찍부터 철학자와 신학자들은 인간의 본성에 관해 열띤 논쟁을 거듭해왔다. 어떤 이는 성선설을 주장하고, 어떤 이는 성악설을 주장하기도 하였다. 오늘을 살고 있는 사람들도 여전히 도덕성발달에 관심을 가지고 있지만, 어떤 행동이 바람직한 행동이고 윤리적인 행위인지, 어떻게 하면 우리 사회가 도덕적인 사회가 될 수 있는지에 관해 매우 고심하고 있는 실정이다.

도덕성이란 선악을 구별하고, 옳고 그름을 바르게 판단하며, 인간관계에서 지켜야 할 규범을 준수하는 능력을 말한다. 도덕성발달은 자신이 속한 사회의 문화적 규범에 따라 행동하도록 배우고 이를 자신의 것으로 받아들이는 과정을 통해 이루어진다.

Kohlberg에 의하면 개인에게 내면화된 문화적 규범의 가치체계가 도덕성인데, 그는 무엇이 문화적 규범에 합치하는가를 결정하는 도덕적 판단능력을 곧 도덕성이라 정의하였다. 도덕적 판단의 원리를 정의(justice)로 간주하고 있지만, 여기서 정의란 보편적인 가치와 원리로서 도덕적 관점을 구성해나가는 기준을 의미한다고 한다.

하지만 도덕성이란 본질적으로 인간관계 속에서 존재한다는 사실을 염두에 둘 때, Kohlberg의 정의지향적 도덕성발달이론은 타인에 대한 배려나 보살핌, 대인관계의 중요성을 과소평가한 면이 없지 않다. 이에 대하여 Gilligan은 인간은 다양한 사회적 관계 속에서 존재하기 때문에, 공정한 도덕적 관점을 가지기 위해서는 배려의 도덕성이 필요하다고 주장하였다. 그렇다면 정의의 관점뿐만 아니라 배려의 관점에서도 도덕성에 접근하는 것이 보다 타당하다고 볼 수 있다.

Kohlberg의 도덕성발달이론이 갖는 한계점인 문화적 편견을 극복하기 위해 대두된 이론이 Turiel의 영역구분이론이다. Turiel의 이론은 모든 문화권에서 볼 수 있는 보편적인 도덕적 영역과 각 문화권에 특수한 사회인습적 영역을 구분함으로써 문화적 편견을 극복할 수 있다고 한다.

이 장에서는 Kohlberg의 정의지향적 도덕성발달이론, Turiel의 영역구분이론 그리고 Gilligan의 배려지향적 도덕성발달이론에 대해 살펴보기로 한다.

1. Kohlberg의 정의지향적 도덕성발달이론

1) Kohlberg의 생애

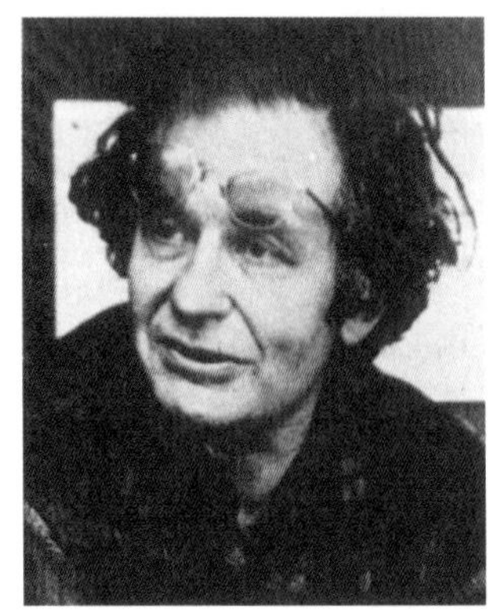
Lawrence Kohlberg
(1927-1987)

Lawrence Kohlberg는 1927년 10월 25일 뉴욕 브롱스빌의 부유한 가정에서 태어났다. 고등학교를 졸업하자마자 선원이 되고자 하는 자신의 꿈을 좇아, 17세의 어린 나이에 상선회사 선원으로 취직하여 20세가 될 때까지 세계를 여행하였다. 그는 오래된 화물선의 선원으로 일하면서 영국 군함의 봉쇄선을 뚫고, 유럽의 유태인들을 이스라엘로 피난시키는 위험한 밀수작전에도 참여하였다. 아마도 그는 이러한 모험과 시련을 통해 인간이 법과 합법적인 권위에 저항하거나 도전해야만 하는 상황이 있을 수도 있다는 점을 깨달았을지도 모른다.

Kohlberg는 1949년 시카고 대학을 졸업한 후 박사과정에 들어가 임상심리학과 아동발달문제에 관심을 가지게 되었다. 그는 운좋게도 Morris로부터 철학을, Bettelheim과 Rogers로부터 임상심리학을 그리고 Neugarten과 Havighurst로부터 발달심리학을 교육받았다. 그러다가 보스턴 근교의 아동병원에서 실습을 하면서 정신분석적 관점에 회의를 품게 되었고, 이론적 갈등과 방황 끝에 Piaget의 이론을 접하고 그것에 심취하게 되었다. 그는 이때부터 아동의 도덕적 추론이 어떻게 전개되고 발달하는지에 대한 새로운 생각을 하게 되고, 이를 토대로 1958년에 도덕성발달에 관한 논문으로 박사학위를 받게 된다. 그 당시에는 정신분석학적 관점에 따라 초자아와 도덕적 행동 간의 관계를 규명하는 것이 당연시되었지만, Kohlberg는 자신의 도덕성발달에 관한 새로운 이론을 제시하였다.

Kohlberg는 박사학위를 받은 후 잠시 예일 대학의 조교수로 부임했다가, 1962년에 모교인 시카고 대학의 조교수로 부임하면서 아동심리훈련 프로그램을 만들어, 박사학위논문에서 제시한 여러 주제들을 정리하였다. 특히 박사학위논문을 끝낸 후에도 그 피험자들이 중년이 될 때까지 그들에 대한 도덕성발달에 관한 종단연구를 계속하였다. 1968년에는 하버드 대학의 교수로 부임하면서 하버드 대학에 도덕교육센터를 설립하였다. 이 센터는 1987년에 Kohlberg의 사망으로 문을 닫을 때까지 근 20년간 세계적으로 명성을 떨친 교육중재활동과 그에 관한 연구의 온상이 되었다.

사진 설명 1982년 스위스에서 개최된 도덕교육학회에 참석한 Kohlberg(오른쪽에서 두번째)가 동료들과 함께

1970년대 후반부터 Kohlberg의 이론은 상당한 인기를 누린 동시에 그에 못지않은 비판도 받게 된다. 이러한 비판을 수용하여 그는 10여 년에 걸쳐 자신의 이론을 정교화하는 작업을 계속해나갔다. 그의 저서로는 『도덕적 사고와 도덕적 행동의 발달단계(Stages in the Development of Moral Thought and Action)』(1969), 『도덕성발달의 철학(The Philosophy of Moral Development)』(1981), 『도덕성발달의 심리학(The Psychology of Moral Developement)』(1984) 등이 있다.

1973년 이후 Kohlberg는 이전에 중앙아메리카를 여행하던 중에 감염된 병으로 인해 고통을 받게 되고 심한 우울증에 빠지게 된다. 그는 1987년 1월 17일 실종된 것으로 공식발표되고, 그해 5월 초순에 보스턴 교외의 늪에서 사체로 발견되었다. 정확한 사인은 밝혀지지 않았지만 자살했을 것이라는 추측이 있다.

2) Kohlberg 이론의 개요

Kohlberg는 Piaget의 도덕성발달이론을 기초로 하여 그의 유명한 도덕성발달이론을 정립하였다. Kohlberg의 이론을 논의하기 전에 우선 Piaget의 이론에 대해 간단히 살펴보기로 한다.

사진 설명 아동들이 공기놀이를 하고 있다.

(1) Piaget의 이론

Piaget(1965)는 5~13세 아동들의 공기놀이를 관찰함으로써 규칙의 존중에 대한 아동들의 발달과정을 연구하였다(사진 참조). Piaget는 아동들에게 "게임의 규칙은 누가 만들었는가?" "누구나 이 규칙을 지켜야만 하는가?" "이 규칙들은 바꿀 수 있는가?" 등을 질문해 보았다. Piaget는 규칙이나 정의, 의도성에 대한 이해, 벌에 대한 태도 등의 질문을 근거로 하여, 아동의 도덕성발달 단계를 타율적 도덕성(heteronomous morality)발달과 자율적 도덕성(autonomous morality)발달의 두 단계로 구분하였다.

타율적 도덕성발달 단계의 아동(4~7세)은, 규칙은 신이나 부모와 같은 권위적 존재에 의해서 만들어진 것으로 믿으며, 그 규칙은 신성하고 변경할 수 없는 것으로, 이를 위반하면 벌을 받아야 한다고 생각한다. 이 단계의 아동은 규칙은 변경할 수 없는 절대적인 것으로 생각하기 때문에, 이들에게 공기놀이에 적용할 새로운 규칙을 가르쳐주어도 기존의 규칙을 그대로 사용해야 한다고 고집하였다. 또 모든 도덕적 문제에는 '옳은' 쪽과 '나쁜' 쪽이 있으며, 규칙을 따르는 것이 항상 '옳은' 쪽이라고 믿는다. 또한 행위의 의도성에 대한 이해에서도, 어떤 행동의 옳고 그름을 행위자의 의도와는 상관없이 단지 행동의 결과만을 가지고 판단한다. 예를 들면, 어머니가 설거지 하는 것을 도와드리다가 실수로 컵을 열 개 깨뜨리는 것이, 어머니 몰래 과자를 꺼내 먹다가 컵을 한 개 깨뜨리는 것보다 더 나쁘다고 생각한다(〈그림 10-1〉 참조). 더욱이 타율적 도덕성발달 단계의 아동은 사회적 규칙을 위반하게 되면, 항상 어떤 방법으로든 벌이 따르게 된다는 내재적 정의(immanent justice)를 믿는다. 따라서 만약 6세 남아가 과자를 몰래 꺼내 먹으려다 넘어져서 무릎을 다쳤다면, 그것은 자기가 잘못한 것에 대해

〈그림 10-1〉 피아제의 도덕적 판단 상황: 행위의 동기와 결과

"철이야, 조심해! 하느님께서는 우리가 하는 짓을 다 보고 계신단 말야. 그리고는 산타 할아버지께 다 일러바칠 거야!"

마땅히 받아야 할 벌이라고 생각한다(Shaffer, 1999).

7세부터 10세까지는 일종의 과도기적인 단계로서 타율적 도덕성과 자율적 도덕성이 함께 나타나는 시기이다. 그러나 10세경이면 대부분의 아동은 두 번째 단계인 자율적 도덕성 단계에 도달하게 된다. 이 단계의 아동은 점차 규칙은 사람이 만든 것이고, 그 규칙은 변경할 수 있다고 생각하며, 도덕적 판단을 함에 있어 상황적 요인을 고려하는 융통성을 보인다. 예를 들면, 응급실에 환자를 수송하기 위해 속도위반을 한 운전기사라면 부도덕하다고 생각하지 않는다. 옳고 그름에 대한 판단도 이제는 행위의 결과가 아닌 의도성으로 판단하게 된다. 따라서 과자를 몰래 꺼내 먹으려다 컵을 한 개 깨뜨리는 것이, 어머니의 설거지를 도우려다가 실수로 컵을 열 개 깨뜨리는 것보다 더 나쁘다고 생각한다. 이 단계의 아동은 또한 규칙을 위반하더라도 항상 벌이 따르지 않는다는 것을 스스로의 경험에 의해 알게 되었기 때문에 더 이상 내재적 정의를 믿지 않는다.

Piaget에 의하면 타율적 도덕성 단계에서 자율적 도덕성 단계로 발달하기 위해서는 인지적 성숙과 사회적 경험이 중요한 역할을 한다고 한다. 인지적 요소로는 자기중심성의 감소와 역할수용 능력의 발달을 들 수 있는데, 이것들은 도덕적 문제를 여러 각도에서 조망해볼 수 있도록 해준다. Piaget가 중요하게 여기는 사회적 경험은 또래와의 대등한 위치에서의 상호작용이다. 아동은 또래와 사이좋게 놀고, 공동의 목표를 달성하기 위해서는 다른 사람의 입장에 서보아야 하며, 갈등이 있을 때에는 어떻게 해야 서로에게 이익이 되는 방식으로 해결할 수 있는지를 배우게 된다. 따라서 대등한 위치에서의 또래와

Daniel K. Lapsley

의 접촉은 좀더 융통성 있고 자율적인 도덕성발달에 도움을 준다.

Piaget의 도덕성발달이론을 검증한 대부분의 연구는 Piaget의 이론과 일치하는 결과를 얻었다. 즉, 어린 아동이 나이 든 아동보다 더 많이 타율적 도덕성의 특성을 보였으며(Jose, 1990; Lapsley, 1996), 도덕적 판단은 IQ나 역할수용 능력과 같은 인지발달과 관련이 있는 것으로 나타났다(Ambron & Irwin, 1975; Lapsley, 1996). Piaget의 이론을 지지하는 많은 연구결과에도 불구하고, Piaget의 이론은 아동의 도덕적 판단능력을 과소평가했다는 지적을 받고 있다. 예를 들면, 행위의 의도성에 관한 설명에는 다음과 같은 문제점이 있다는 것이다. 첫째, 이야기 속의 아동이 나쁜 의도로 작은 손상을 가져온 경우와, 좋은 의도를 가졌지만 큰 손상을 가져온 경우를 비교함으로써 의도와 결과가 혼합되어 있다. 둘째, 행위의 결과에 대한 정보가 의도에 대한 정보보다 더 명확하게 제시되어 있다.

Nelson(1980)은 이러한 문제점을 해결하기 위해 3세 유아들을 대상으로 재미있는 실험을 하였다. 이야기 속의 주인공이 친구에게 공을 던지는 상황을 설정했는데, ① 행위자의 동기가 좋으면서 결과가 긍정적인 경우, ② 행위자의 동기는 좋지만 결과가 부정적인 경우, ③ 행위자의 동기는 나쁘지만 결과는 긍정적인 경우, ④ 행위자의 동기도 나쁘고 결과도 부정적인 경우의 네 가지가 그것이다. 3세 유아가 행위자의 의도를 이해할 수 있도록 Nelson은 이야기와 함께 그림을 보여주었다(〈그림 10-2〉 참조).

이 연구에서 3세 유아들은 긍정적인 결과를 가져온 행위를 부정적인 결과를 가져온

〈그림 10-2〉 행위자의 의도를 보여주기 위한 그림의 예

출처: Nelson, S. A. (1980). Factors influencing young children's use of motives and outcomes as moral criteria. *Child Development, 51*, 823-829.

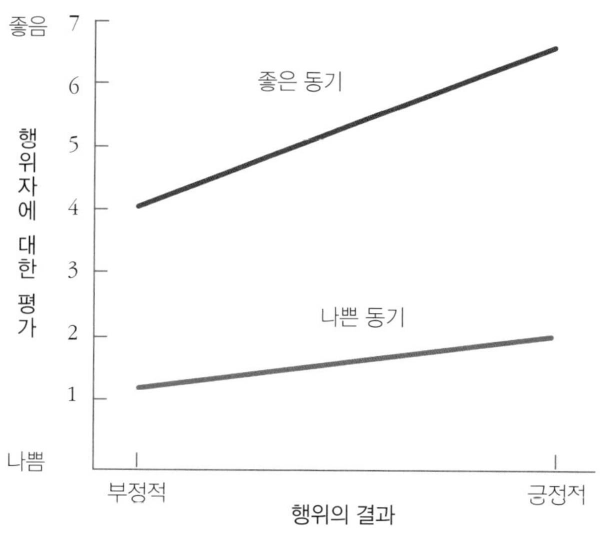

〈그림 10-3〉 동기와 결과에 대한 평가

출처: Nelson, S. A. (1980). Factors influencing young children's use of motives and outcomes as moral criteria. *Child Development, 51*, 823-829.

행위보다 더 호의적으로 평가하였다. 그러나 〈그림 10-3〉에서 보는 바와 같이, 유아들은 행위의 결과에 관계없이 나쁜 의도를 가졌던 행위보다 좋은 의도를 가졌던 행위를 더 호의적으로 평가하였다. 따라서 유아들은 도덕적 판단에서 행위자의 의도를 고려하고 있다는 것을 알 수 있다. 그러나 유아나 아동 모두 다른 사람의 행위를 평가할 때 의도와 결과를 다 고려하지만, 유아는 아동에 비해 의도보다는 결과에 더 비중을 둔다는 점에서 Piaget의 이론이 옳다고 볼 수 있다(Lapsley, 1996; Zelazo, Helwig, & Lau, 1996).

3세와 5세 유아를 대상으로 공격행동에 대한 도덕적 판단과 추론에 대해 살펴본 우리나라 연구(박진희, 이순형, 2005)에서, 3세와 5세 유아는 공격행동의 의도를 긍정적인 것과 부정적인 것으로 구분하여 도덕판단을 할 수 있는 것으로 나타났다. 이들은 이기적 동기나 화풀이로 행한 공격행동보다 이타적 동기나 규칙준수를 위한 공격행동을 덜 나쁘다고 판단하였다. 또한 공격행동에 대한 도덕판단은 결과의 제시 유무에 따라 다르게 나타났는데, 3세와 5세 유아는 상처를 입힌 것과 같은 공격행동의 부정적 결과가 제시된 경우에는 결과가 제시되지 않은 경우보다 더 나쁘다고 판단하였다.

또 다른 연구(김유미, 이순형, 2014)에서 유아는 공격행동의 의도와 유형에 따라 도덕판단에 차이가 있는 것으로 나타났다. 즉, 3~5세 유아들은 이기적 공격행동을 이타적 공격행동보다 더 나쁜 것으로 판단하였으며, 신체적 공격을 언어적 공격이나 관계적 공격보다 더 나쁜 행동으로 판단하였다. 이는 유아들도 공격행동의 의도뿐만 아니라 공격유형에 대한 정보를 활용하여 도덕판단을 할 수 있다는 것으로 해석할 수 있다.

(2) Kohlberg의 이론

Kohlberg는 1956년부터 10~16세 사이의 아동과 청소년 75명을 대상으로 하여 도덕성발달을 연구하기 시작하였다. 이 연구는 30년 이상 계속되었다. Kohlberg(1976)는 피험자들에게 가상적인 도덕적 갈등상황을 제시하고서, 그들이 어떤 반응을 나타내는가에 따라 여섯 단계로 도덕성 발달수준을 구분하였다. 그는 이 갈등상황에 대한 피험자의 응답 자체에 관심을 두지 않고, 오히려 그 응답 뒤에 숨어 있는 논리에 관심을 가졌다. 즉, 두 응답자의 대답이 서로 다르더라도 그 판단의 논리가 비슷한 경우에는 두 사람의 도덕성 판단수준을 같은 단계에 있는 것으로 보았다. '하인츠와 약사' 이야기는 Kohlberg의 도덕적 갈등상황에 관한 가장 유명한 예이다.

하인츠와 약사

유럽에서 한 부인이 암으로 죽어가고 있었다. 의사가 생각하기에 어쩌면 그 부인을 살릴 수 있을지도 모르는 한 가지 약이 있었는데, 그 약은 일종의 라튬으로서 같은 마을에 사는 약사가 개발한 것이었다. 그 약은 재료비도 비쌌지만 그 약사는 원가의 10배나 비싸게 그 약을 팔았는데, 아주 적은 양의 약을 2,000달러나 받았다. 그 부인의 남편인 하인츠는 그 약을 사려고 이 사람 저 사람에게서 돈을 꾸었지만, 약값의 절반인 1,000달러밖에 구하지 못했다. 그래서 하인츠는 약사에게 가서 자신의 아내가 죽어가고 있으니, 그 약을 조금 싸게 팔든지 아니면 모자라는 액수는 나중에 갚겠으니 편의를 보아달라고 부탁하였다. 그러나 약사는 그 약으로 돈을 벌 생각이라면서 끝내 하인츠의 부탁을 거절하였다. 하인츠는 절망한 나머지 그 약을 훔치기 위해 약방의 문을 부수고 들어갔다.

피험자는 이 이야기를 다 읽고 나서 도덕적 갈등상황에 대한 몇 가지 질문을 받게 된다. 하인츠는 약을 훔쳐야만 했는가? 훔치는 것은 옳은 일인가, 나쁜 일인가? 왜 그런가? 만약 다른 방법이 전혀 없다면 아내를 위해 약을 훔치는 것이 남편의 의무라고 생각하지 않는가? 좋은 남편이라면 이 경우 약을 훔쳐야 하는가? 약사는 가격 상한선이 없다고 해서 약값을 그렇게 많이 받을 권리가 있는 것인가? 있다면 왜 그런가?

빅토르 위고의 유명한 소설『레 미제라블』또한 도덕적 갈등상황에 기초한 작품이다. 장발장은 굶주린 조카들을 위해 빵을 훔쳐야만 했는가? 우리는 왜 장발장이 빵을 훔치거나 또는 훔치지 말았어야 하는지에 대한 많은 이유를 생각할 수 있다.

Kohlberg 이론의 핵심은 인지발달이다. 각기 상이한 도덕성 발달 단계에서는 각기 다른 인지능력이 필요하다는 것이다. 전인습적 수준의 도덕적 판단은 자기중심적이다. 인습적 수준에 도달하고 도덕적 규범을 따르기 위해서는 다른 사람의 견해와 입장을 이해할 수 있어야 한다(Walker, 1980). 그리고 후인습적 수준의 도덕적 추론을 하기 위해서는 형식적 · 조작적 사고가 필요하다(Tomlinson-Keasey & Keasey, 1974; Walker, 1980). 따라서 구체적 조작기에 있는 사람이 후인습적 도덕수준에 도달할 수는 없다.

역할수용 능력이나 형식적 · 조작적 사고는 도덕적 성장에 있어서 필요조건이지만 충분조건은 아니다. 다시 말해서 역할수용 능력이 있는 모든 사람이 다 인습적 수준의 도덕적 추론을 하는 것은 아니고, 형식적 · 조작적 사고를 하는 모든 사람이 다 후인습적 수준에 있는 것은 아니다 (Stewart & Pascual-Leone, 1992).

사진 설명 신부님의 은촛대를 훔치는 장발장

Kohlberg(1976)는 또한 그의 도덕성발달 단계는 1단계부터 6단계까지 순서대로 진행한다고 주장한다. 그러나 모든 사람이 다 최고의 도덕수준까지 도달하는 것은 아니고, 겨우 소수의 사람만이 제6단계에 도달할 수 있다고 한다. 청년 후기와 성년기에는 도덕적 판단수준이 안정되는 경향이 있는데, 대부분의 성인들이 도달하는 도덕적 판단수준은 여성의 경우는 대개 3단계이고, 남성의 경우는 그보다 한 단계 높은 4단계라고 한다.

Kohlberg가 제시한 발달단계는 한 단계에서 다음 단계로 진행하는 데에 상당한 시간을 요한다. 그러나 때로는 도덕적 동기에 급격한 변화가 일어날 때 극적인 진행이 이루어지기도 한다. 그러한 변화의 주목할 만한 예가 스티븐 스필버그 감독이 만든 영화 '쉰들러 리스트'이다.

Steven Spielberg

쉰들러 리스트

Oskar Schindler

흔히 전쟁의 발발은 제조품의 수요가 급증함에 따라 약삭빠른 사업가들에게 좋은 기회를 제공해준다. 1939년에 발발한 제2차 세계대전도 예외가 아니었다. 오스카 쉰들러는 폴란드를 점령한 독일정부를 상대로 사업을 벌여 막대한 돈을 벌어들인 기업가였다. 그의 현란한 사업적 수단은 관할 지역의 독일 지휘관들로부터 호감을 샀다. 처음에는 자신의 이익을 위한 동기로 일말의 양심의 가책도 없이 유대인들을 노예같이 부리며 공장을 세웠다.

그의 사업은 번창하였다. 그러나 전쟁이 계속되면서 유대인들에 대한 독일정부의 방침이 유대인 박멸로 선회하였다. 폴란드와 다른 나라에 있던 유대인들은 체포되어 수용소로 보내지거나, 즉결처형을 당했다. 쉰들러는 이것 때문에 몹시 상심하였고 그래서 그의 태도가 변하기 시작했다. 공장을 계속 가동해야 한다는 필요성을 이유로 독일정부에 자신의 유대인 노동자의 명단을 제시하였다. 이 명단은 유대인의 안전을 보장해주는 한편, 그들의 노동력으로 인해 돈도 많이 벌어들였다. 그러나 쉰들러의 동기는 점차로 변해갔다. 더 이상 자신의 사적인 이익을 위해서가 아니라, 위험을 무릅쓰고서라도 타인의 생명을 보존하는 데에 더 신경을 쓰게 되었다. 노동력이 필요하다는 자신의 주장을 뒷받침하기 위해 가공의 기사를 만들어 신문에 내기도 했으며, 실수로 보내졌던 유대인 노동자들을 구하기 위해 아우슈비츠 수용소를 방문하기도 하였다.

오스카 쉰들러의 명단은 많은 생명을 구했다. 돈도 벌었지만(이것은 자신의 주장을 뒷받침하는 데에 크게 도움이 되었다) 그는 가스실로부터 그들을 구할 목적으로 공장에 유대인들을 고용하였다. 쉰들러는 전쟁이 시작될 무렵에는 콜버그의 전인습적 수준—자신의 이익을 위해서 동기화됨— 에서 시작해서 결국에는 후인습적 수준—생명을 구하고자 하는 높은 도덕원리에 의해 동기화됨—으로 발전해갔을 것이다. 그리고 이런 후인습적 수준은 그를 영웅으로 만들었다.

3) 도덕성발달의 단계

Kohlberg는 1950년대에 도덕성발달의 단계에 대한 연구를 시작하였고, 1958년에 박사학위논문으로 그의 이론을 제시했다. 몇 년 후 Kohlberg(1963)의 연구결과가 출간되자, 철학자와 심리학자 그리고 도덕성발달에 관심을 둔 학자들은 이에 대해 상당한 관심을 보였다. 1970년대에 대두된 비판론, 경험적 자료 그리고 철학적 · 교육적 반응의 결과로서, Kohlberg는 이러한 수많은 학구적인 평가와 개념들을 통합하여 그의 단계이론을 수정하였다. 따라서 Kohlberg의 이러한 단계들에 대해서는 각기 다른 개정판과 채점안이 제시되어 왔다.

Kohlberg의 이론은 도덕성발달의 세 가지 기본 수준들, 즉 전인습적 혹은 전도덕적 수준, 인습적 혹은 도덕적 수준 그리고 후인습적 혹은 자율적 수준으로 구분된다. 도덕성발달은 어린 아동에게서는 미분화되고 이기적이며 자기중심적인 개념으로 시작되지만, 성숙과 더불어 도덕적 사고의 연속적인 단계들을 거쳐가면서 더 정교해지고 더 사회중심적이 된다. 어떤 개인의 경우, 도덕적 판단은 정의의 보편적 가치와 윤리적 원칙 모두를 인식하는 수준에 도달할 수도 있다. Kohlberg는 이러한 세 가지 일반적인 수준들을 각 수준 안에서 다시 두 가지 단계들로 세분하여, 고도로 분화되고 정교화된 여섯 단계의 도덕성발달이론을 만들어내었다.

(1) 1수준: 전인습적 수준(Preconventional Level)

인습적이란 말은 사회규범, 기대, 관습, 권위에 순응하는 것을 뜻하는데, 전인습적 수준에 있는 사람은 사회규범이나 기대를 제대로 이해하지 못한다. 전인습적 수준에 있는 아동의 도덕적 판단의 기초가 되는 추론은 더 높은 수준에 있는 사람들의 추론과는 다르다. 이 수준에 있는 아동은 매우 자기중심적이고 쾌락주의적이며, 다른 사람의 입장을 이해하지 못하고, 자신의 욕구충족에만 관심이 있다. 9세 이전의 아동이나 일부 청소년 그리고 성인 범죄자들이 이 수준에 있다.

• 1단계: 벌과 복종 지향의 도덕

이 단계에서는 기본적인 의도보다는 어떤 행위로 인해 발생하는 실제적인 물리적 손실이 선이나 악의 평가에서 매우 중요한 작용을 한다. 이 단계의 아동은 결과만 가지고 행동을 판단한다. 즉, 보상을 받는 행동은 좋은 것이고, 벌 받는 행동은 나쁜 것이다. 이 단계에서 아동은 벌을 피하기 위해 복종한다. 예를 들면, 부모에게 야단을 맞을까 봐 차가 달리는 거리에서 뛰어다니지 않는 것 등이다.

• 2단계: 목적과 상호교환 지향의 도덕

이 단계에서 하는 도덕적으로 올바른 행동은 자신의 개인적 욕망을 만족시키는 것에 기초한다. 동기를 유발하는 주요한 힘은 바라던 보상을 획득하기 위해 타인을 이용하는 것이다. 예를 들면, 가능한 한 선물을 많이 받기 위해 크리스마스 바로 전에 선행을 하는 것을 들 수 있다. 이 단계에서 상호성(reciprocity)의 개념이 나타나기 시작하지만, 어떤 상황에서 상호성이 결과적으로 자신에게 이익이 될 때에만, 타인의 욕구를 고려한다. 즉, 타인이 자신에게 어떻게 행동하였는가에 따라 행동한다. 이 단계에서는 서로 이익을 주고받는 일종의 교환관계로서 인간관계를 이해하며, 결과적으로 나에게 이익이 되는 행동을 도덕적 행동이라고 생각한다.

(2) 2수준: 인습적 수준(Conventional Level)

이 수준에 있는 아동은 다른 사람의 입장을 더 잘 이해하게 되고, 이제 도덕적 추론은 사회적 권위에 기초하며 보다 내면화된다. 그리고 사회관습에 걸맞은 행동을 도덕적 행동이라 간주한다. 대부분의 청년과 다수의 성인이 이 수준에 있다.

• 3단계: 착한 아이 지향의 도덕

다른 사람들의 기대 때문에 그리고 다른 사람들로부터 인정을 받기 위해 착한 아이로 행동한다. 이 단계에서는 동기나 의도가 중요하며, 신뢰, 충성, 존경, 감사의 의미가 중요한 것이 된다. 개인적 욕구와 도덕성은 구별될 수 있으나, 사회적 승인과 옳고 그른 것 간에 혼돈이 발생한다. 타인의 기대에 따라 행동하는 것이 '선(善)'보다 더 중요한 것이 된다. 착한 행동은 이제 타인을 기쁘게 하거나 돕는 것이 되고, 아동은 어떤 행위가 옳기 때문이 아니라 사회적 승인을 얻기 위해 어떤 행동을 하려고 할 것이다.

• 4단계: 법과 질서 지향의 도덕

이 단계에서는 사회질서를 위해 법을 준수하는 행동이 도덕적 행동이라고 생각한다. 개인은 합법적인 권위가 부과할 수 있는 처벌을 피하기 위해 법을 따르고 존중한다. 법을 어기는 것은 죄악이 된다고 생각한다. 그러므로 개인적인 죄악과 합법적인 검열에 대한 두려움이 도덕적 행동의 동기가 된다. 이 단계에서의 도덕적 지향은 현존하는 권위를 인정하고 법에 복종하며 자신의 의무를 행하고, 어떤 희생을 치르더라도 사회적 질서를 유지하는 것을 의미한다.

(3) 3수준: 후인습적 수준(Postconventional Level)

후인습적 수준에 있는 사람은 사회규범을 이해하고 기본적으로는 그것을 인정하지만,

법이나 관습보다는 개인의 가치기준에 우선을 둔다. 일반적으로 20세 이상의 성인들 중 소수만이 이 수준에 도달한다. 후인습적 수준에서 추론하는 사람은, 법의 변화가 여론을 반영하고 사회적 유동성에 대한 이성적 숙고와 고려를 따르는 것일 경우에 한해서는 변경될 수 있는 것으로 보고, 법을 바꾸기 위해 노력한다.

• 5단계: 사회계약 지향의 도덕

법과 사회계약이 '최대 다수의 최대 행복'이라는 전제하에 만들어졌다는 것을 이해하고, 모든 사람의 복지와 권리를 보호하기 위해 법을 준수한다. 그러나 때로는 법적 견해와 도덕적 견해가 서로 모순됨을 깨닫고 갈등상황에 놓인다. 법이란 인간의 권리를 보호하고 다수인이 화목하게 살기 위해 공동체가 동의한 장치라고 이해하기 때문에, 불공평하거나 불공정한 법은 바꾸어야 한다고 생각한다. 행동에 대한 법률 및 규칙은 합의된 사회적 계약 그 이상도 이하도 아니며, 법률과 규칙이 만약 사람들이 필요로 하는 바를 충족시키지 못한다면 언제든지 변경할 수 있다고 생각한다.

• 6단계: 보편적 원리 지향의 도덕

법이나 사회계약은 일반적으로 보편적 윤리기준에 입각한 것이기 때문에 정당하다고 믿는다. 따라서 만일 이러한 원칙에 위배될 때에는 관습이나 법보다 보편적 원리에 따라 행동한다. 보편적 원리란 인간의 존엄성, 인간의 평등성, 정의 같은 것을 말한다.

보편적 원리의 지배를 받는 개인은 법을 경시해서가 아니라 현존하는 법보다 더 고귀한 도덕성을 존중하기 때문에 법에 불복종한다. 6단계의 도덕성이 합법성이 아닌 정의의 윤리적 원칙과 개인의 권리에 대한 존중에 기초를 두기 때문에 불공정한 법은 깨질 것이다. 시민으로서 법에 불복종하는 행동을 할 때, 개인은 정의의 원칙, 인간의 권리, 인류의 존엄성 등이 법보다 더 중요하다는 점을 사회에 충분히 나타내기 위해 처벌을 기꺼이 받아들인다.

〈표 10-1〉은 '하인츠와 약사' 이야기에 대한 반응의 예를 각 단계별로 제시한 것이다.

4) 성인기의 도덕적 사고

성인기에 도덕적 사고는 어떻게 변화하는가? 도덕적 판단은 청년기에 절정에 달하고 성년기에 퇴보한다는 주장도 있지만, 성년기 동안 더 윤리적이고 옳고 그름에 대한 자신의 판단과 더 일치하는 행동을 보인다는 연구결과도 있다. Kohlberg 또한 보다 높은 도

표 10-1 '하인츠와 약사' 이야기에 대한 반응의 예

1단계	2단계
찬성: 하인츠는 약을 훔쳐야 한다. 그는 나중에 약값을 지불하겠다고 했다. 처음부터 약을 훔치려던 것과는 다르다. 그리고 그가 훔친 약값은 2,000달러가 아니라 실제로 200달러짜리이다. **반대**: 하인츠는 약을 훔쳐서는 안 된다. 그것은 큰 범죄이다. 그는 허락을 받지 않고 강제로 침입했다. 그는 가게를 부수고 들어가서 매우 비싼 약을 훔치고 큰 피해를 입혔다.	**찬성**: 하인츠가 약을 훔치는 것은 괜찮다. 그는 아내를 살리기를 원하고, 그러기 위해서 약을 훔치는 것은 어쩔 수 없는 일이다. 그냥 도둑질하는 것과는 다르다. **반대**: 하인츠는 약을 훔쳐서는 안 된다. 약사가 그리 나쁜 것도 아니다. 그는 다른 사람들과 마찬가지로 이윤을 남기려고 한 것뿐이다. 그것은 사람들이 돈을 벌기 위해 사업을 하는 것과 마찬가지이다.
3단계	**4단계**
찬성: 하인츠는 약을 훔쳐야 한다. 그는 좋은 남편으로서 마땅히 해야 할 일을 했을 뿐이다. 우리는 그가 아내를 사랑하는 마음에서 한 행동에 대해 그를 비난할 수 없다. 약을 훔쳐서라도 그녀를 살리고 싶을 정도로 아내를 사랑하지 않는 것이 비난받을 일이다. **반대**: 하인츠는 약을 훔쳐서는 안 된다. 만약 하인츠의 부인이 죽는다 해도 그를 비난해서는 안된다. 약을 훔치지 않았다고 해서 그가 무정한 사람이거나 아내를 사랑하지 않는 것은 아니다. 하인츠는 그가 할 수 있는 최선을 다했다. 약사가 이기적이고 무정한 사람이다.	**찬성**: 하인츠는 약을 훔쳐야 한다. 아내를 죽게 내버려두어서는 안 된다. 아내를 살리는 것은 하인츠의 의무이다. 나중에 갚을 생각으로 약을 훔치는 것은 괜찮다. **반대**: 하인츠가 그의 아내를 살리고 싶어 하는 것은 당연하다. 그러나 남의 물건을 훔치는 것은 나쁜 일이다. 어떤 상황에서도 법을 준수해야 한다.
5단계	**6단계**
찬성: 절도가 도덕적으로 잘못된 것이라고 말하기에 앞서 모든 상황을 고려해야 한다. 물론 약국을 무단침입해서 약을 훔치는 것이 옳은 일은 아니지만 그러한 상황에서 약을 훔치는 것은 정당화될 수 있다. **반대**: 하인츠가 약을 훔친 것이 전적으로 잘못된 일이라고 말할 수는 없지만, 아무리 극한 상황이라도 범법행위가 정당화될 수는 없다. 아무리 절박한 상황에서도 모든 사람이 다 도둑질을 하지는 않는다. 목적이 수단을 정당화할 수는 없다.	**찬성**: 법을 어기는 것과 한 사람의 생명을 구하는 것 사이에서 선택을 해야 할 때 생명을 구하려는 도덕적으로 더 높은 원리가 약을 훔치는 행위를 정당화한다. 하인츠는 생명을 보존하고 존중하는 원리에 따라 행동해야 한다. **반대**: 하인츠는 그의 아내만큼 그 약을 절실히 필요로 하는 다른 사람도 생각해야 한다. 그는 아내에 대한 특별한 감정에 의해 행동해서는 안 되고 다른 모든 사람의 생명의 가치도 생각하면서 행동해야 한다.

출처: Kohlberg, L. (1969). *Stages in the development of moral thought and action*. New York: Holt, Rinehart, & Winston.

덕원리를 인지적으로 깨닫는 것은 청년기에 발달하지만 대부분의 사람들이 성년기가 되어서야 이 원칙에 따라 행동하게 된다고 한다.

Kohlberg와 그의 동료들(Colby, Kohlberg, Gibbs, & Lieberman, 1980)은 1956년부터 20년간 도덕성발달에 관한 종단연구를 실시하였다. 〈그림 10-4〉는 청년 초기부터 성년기까지의 도덕적 판단의 발달과정을 보여준다. 그림에서 보듯이 연령과 도덕성발달 단계 간에는 분명한 관계가 있음을 알 수 있다. 20년 동안 1단계와 2단계는 감소하였으며 10세 때 전혀 보이지 않던 4단계가 36세에는 62%로 증가하였다. 5단계는 20~22세 이후에야 나타났는데 그것도 10%를 넘지 않았다. 소수의 성인들만이 법과 사회관습에 깊은 이해를 보이고, 정당한 법과 그렇지 못한 법을 구분할 줄 아는 5단계의 후인습적 수준에 도달하는 것으로 보인다.

도덕적 판단은 청년기에 절정에 달하고 성년기에 퇴보한다는 주장도 있지만 성년기 동안 도덕적인 자신의 판단과 더 일치하는 행동을 보인다(Stevens-Long, 1990). 30대 성인의 대부분은 여전히 인습적 수준에 머물지만 3단계에서 4단계로 옮겨가는 경향이 엿보인다. 그리고 성년기에는 도덕적 사고가 성장하는 것이 확실하다(Walker, 1989). 이러한 경향은 노년기까지 계속되는가 아니면 노인들은 도덕적 추론이 더 낮은 수준으로 되돌아가는가?

Judith Stevens-Long

많은 연구들(Chap, 1985/1986; Pratt, Golding, & Hunter, 1983; Pratt,

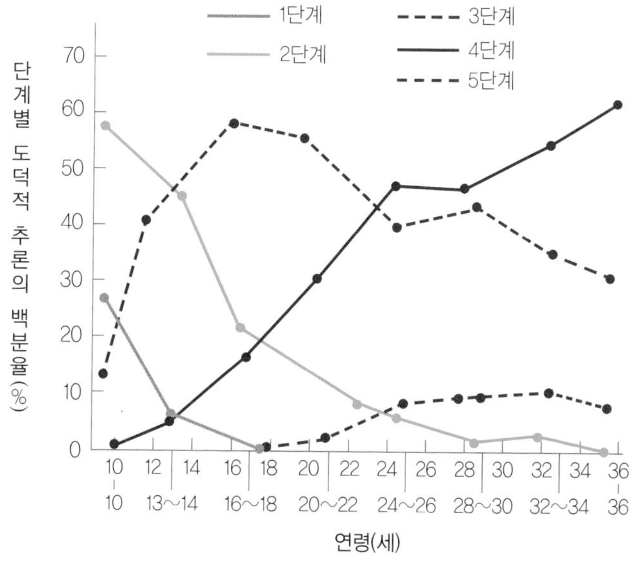

〈그림 10-4〉 연령과 도덕적 판단 수준

Golding, & Kerig, 1987)에 의하면 적어도 비슷한 교육수준의 피험자들을 대상으로 했을 때 도덕적 추론단계에서 연령에 따른 차이는 없는 것으로 보인다. Speicher(1994)에 의하면 도덕성발달 단계와 교육수준은 관련이 있다고 한다.

Kohlberg의 가설적 도덕적 갈등상황이 제시되든 아니면 '어떻게 하는 것이 옳은 일인지 확실치 않은' 실제 상황이 제시되든 간에 노인들은 젊은이들과 마찬가지로 도덕적 추론을 적절히 잘 하는 것으로 나타났다(Pratt et al., 1991). 장기종단 연구에 의한 자료는 없지만 적어도 횡단적 연구에서는 도덕적 사고가 노년기에도 저하되지 않는 것으로 보인다. 오히려 어떤 연구에서는 노인들의 경우가 도덕적으로 옳고 그름에 대한 판단이 더 확고한 것으로 나타났다(Chap, 1985, 1986). 노인들은 도덕적 갈등상황이 제기하는 쟁점을 나름대로 재구성하고(Pratt, Golding, Hunter, & Norris, 1988), 도덕적 추론에서 더 일관성을 유지하는 것으로 보인다(Pratt, Golding, & Hunter, 1983).

요약하면, 대부분의 노인들은 성년기에 획득한 도덕적 추론을 그대로 유지하는 것으로 보인다. 심지어 어떤 경우에는 더 일관성 있는 도덕적 추론을 한다. Kohlberg(1973)도 도덕적 갈등상황에 직면한 경험과 일생에 걸쳐 자신의 의사결정에 대한 책임을 진 경험이 노인들로 하여금 더 일관성 있는 도덕적 추론을 하게 한다고 주장한 바 있다.

"살아 있는 한 배워라"라는 격언은 성인의 도덕성발달을 집약한 표현이다. 경험은 성인들로 하여금 옳고 그른 것에 대한 판단의 기준을 재평가하게 해준다. 그와 같은 변화를 촉진시키는 경험은 가설적이고 일반적인 논의로는 할 수 없는 방식으로 재사고하도록 촉진한다. 그러한 경험을 겪게 되면서 사람들은 사회적 · 도덕적 갈등에 관한 다른 사람들의 입장을 이해하게 된다. 하인츠의 갈등과 같은 Kohlberg의 도덕적 갈등에 대해 답을 하게 된 이유로 어떤 성인들은 자신의 개인적 경험을 자연스럽게 제시한다. 실제로 자신이 암에 걸린 경험이 있는 사람은 그렇지 않은 사람보다 아내를 위해 값비싼 약을 훔친 남편을 용서해주고, 자신의 경험을 예로 들면서 그 이유를 설명한다(Bielby & Papalia, 1975).

Denise D. Bielby

Kohlberg(1973)는 보다 높은 도덕적 원리를 인지적으로 깨닫는 것은 청년기에 발달하지만 대부분의 사람들이 성년기가 되어서야 이 원칙에 따라 행동하게 되는데 이때에는 정체감의 위기가 도덕적 쟁점을 둘러싸고 다시 일어난다고 한다.

도덕성발달을 조장하는 두 가지 경험은 집을 떠나서 겪는 가치갈등(예를 들면, 대학이나 군대 또는 외국여행에서 겪는 경험)과 다른 사람의 복지에 대한 책임감을 갖게 되는 경험(예를 들면, 부모가 되는 경험)과 직면하는 것이다.

도덕적 판단과 인지적 성숙이 관련은 있지만 전적으로 그런 것은 아니다. 사고가 아직 구체적 수준에 머물러 있는 사람이 후인습적 수준의 도덕적 판단을 할 수는 없다. 그러나 경험이 인지에 수반되지 않는 한 형식적 조작의 인지단계에 있는 사람도 최고 수준의 도덕적 사고에는 도달하지 못한다. 넬슨 만델라의 경우와 같이 경험이 그러한 전이를 가능하게 해주지 않는 한 논리적으로 추론할 수 있는 사람도 인습적 수준에서 벗어나지 못한다.

Nelson Mandela

후인습적 도덕 수준은 후형식적 사고와 밀접한 관계가 있다. 이들의 양자관계가 왜 많은 사람들이 성인기 전에는 후인습적 수준에 도달하지 못하는가를 설명해준다. 〈표 10-2〉는 인간생명의 가치에 대하여 아동기부터 성년기까지의 Kohlberg의 도덕적 추론 수준을 예시하고 있다.

표 10-2 인간생명의 가치에 대한 Kohlberg의 도덕적 추론단계

단계	피험자	질문	대답	해석
1단계	Tommy 10세 때	"중요한 한 사람의 생명을 구하는 것이 가치있는 일인가? 아니면 중요하지 않은 많은 사람의 생명을 구하는 것이 나은가?"	"중요하지 않은 많은 사람의 목숨을 구하는 것이 더 가치있다. 왜냐하면 한 사람은 단지 집 한 채와 약간의 가구를 가질 뿐이지만, 많은 사람들은 전체로 보면 어마어마한 수의 가구를 가지기 때문이다."	Tommy는 사람의 가치와 그들의 소유물의 가치를 혼동하고 있다.
2단계	Tommy 13세 때	"불치병이 있는 여자가 고통 때문에 죽기를 원한다면 의사는 그녀를 안락사시켜야 하는가?"	"그녀를 고통에서 벗어나게 해주는 것은 좋은 일인 것 같다. 그러는 것이 그녀에게도 좋다. 그러나 그 남편은 그것을 원하지 않을 것이다. 만약 애완동물이 죽는다면, 그럭저럭 살아갈 것이다—꼭 필요한 것은 아니기 때문에. 그런데 새 아내를 얻을 수는 있지만, 애완동물의 경우와는 꼭 같지가 않다."	Tommy는 여성의 가치를 그녀가 남편에게 어떤 존재인가 하는 견지에서 고려한다.
3단계	Tommy 16세 때	"불치병이 있는 여자가 고통 때문에 죽기를 원한다면 의사는 그녀를 안락사시켜야 하는가?"	"그것이 그 여자에게는 가장 좋은 것 같으나 남편에게는 그렇지 않다. 인간의 생명은 동물과 같지 않다. 동물은 인간이 가족에 대해 갖는 관계와 똑같은 관계를 갖지 않는다."	Tommy는 남편의 인간적인 동정과 사랑을 동일시한다. 그러나 아직 그는 여성의 인생이 남편이 사랑하지 않더라도 또는 남편이 없더라도 가치를 지닌다는 것을 인식하지 못한다.

4단계	Richard 16세 때	"불치병이 있는 여자가 고통 때문에 죽기를 원한다면 의사는 그녀를 안락사시켜야 하는가?"	"모르겠다. 어떻게 보면 그것은 살인이다. 죽고 사는 것을 결정하는 것은 인간의 권리나 특권이 아니다. 하느님은 모든 이에게 생명을 주셨다. 안락사는 그 무엇을 그 사람으로부터 빼앗는 것이다. 그리고 대단히 신성한 그 무엇을 파괴하는 것이다. 그것은 하느님의 몫이다. 그리고 사람을 죽인다면 그것은 하느님의 일부를 죽이는 것이다."	Richard는 생명이란 하느님의 권능으로 창조된 것이므로 신성하다고 여긴다.
5단계	Richard 20세 때	"불치병이 있는 여자가 고통 때문에 죽기를 원한다면 의사는 그녀를 안락사시켜야 하는가?"	"사람이 죽어가고 있는 것을 보는 것은 개인이나 가족 모두에게 어려운 일이라고 생각하는 의학 전문인들이 많다. 인공폐나 인공신장으로 살아가는 것은 오히려 인간이라기보다는 식물과 같다. 만약 그것이 그 여자의 선택이라면 인간이 되고자 하는 권리와 특권이 있다고 생각한다."	Richard는 이제 인생의 가치를 그 인생의 질과 실제적 결과를 고려해서 상대적인 상황에서 평등하고 보편적인 인간의 권리로 규정한다.
6단계	Richard 24세 때	"불치병이 있는 여자가 고통 때문에 죽기를 원한다면 의사는 그녀를 안락사시켜야 하는가?"	"인간의 생명은 그가 누구이든 그 어떤 도덕적 · 법적 가치보다 우선한다. 인간의 생명은 특정인에 의해 가치를 부여받았든 아니든 고유한 가치를 지닌다."	Richard는 이제 인간 생명의 가치는 절대적인 것이며, 사회적 또는 신성한 권위로부터 부여받거나 그에 의존하는 것이 아니라고 본다. 그의 사고에는 보편성이 있으며, 그것은 문화적 한계를 뛰어넘는다.

출처: Kohlberg, L. (1968). The child as a moral philosopher. *Psychology Today, 2* (4), 25-30.

5) 교육적 시사점

Kohlberg의 도덕성발달이론이 학교의 도덕교육에 많은 자극이 되기는 했지만, 도덕성교육을 둘러싼 수많은 쟁점들을 해결하지는 못한 것으로 보인다(Muuss, 1996). 많은 부모들은 학교에서 가르치는 종교적 · 정치적 · 철학적 가치들이 자신들의 가치관과 충돌할까 봐 두려워한다. 결과적으로 도덕적 쟁점에 대한 교육은 정신건강, 인생적응, 성격발달 등에서 '가치중립적' 접근으로 위장되기도 한다. 교사와 학교당국도 학생들에게 도덕적 가치를 가르치는 것을 꺼려왔다. 그 이유는 상대주의적 도덕철학에 대한 지지 때문이기도 하고, 학교에서 중산층의 가치를 가르칠 경우 하류계층의 아동들을 혼란스럽게 하거나 감정을 상하게 할 수 있기 때문이기도 하다.

그럼에도 불구하고 학교에는 종종 교사들이 상이나 벌을 주는 종류의 행동에서 명백해지는 '숨겨진 도덕 교과과정'이 있다. 학생들은 복종하기, 손씻기, 옆사람을 괴롭히지 않기, 싸움을 피하기 등을 학습한다. 교사들은 어떤 행동이 칭찬을 받고 어떤 행동이 벌을 받을 것인지에 대해 무의식적으로 도덕적인 가정을 하게 된다.

초기의 도덕적 교육은 '한 보따리의 미덕(bag of virtues)'을 가르치는 것이었다. 이 보따리에는 정직, 봉사, 자기통제, 우정, 진실 등이 포함되었었다. 아리스토델레스도 절제, 자유, 자부심, 좋은 기질, 정의 등을 포함하는 '미덕의 보따리'를 제안한 바 있다. 최근에 보이스카우트(사진 참조)는 정직, 존경, 청결 그리고 용기를 주창한다.

전통적으로 아동은 덕성스러운 행동을 하도록 배웠다. 그들은 선한 행동에 대한 이득과 보상에 대해 배웠고, 나쁜 행동에 대한 손해나 처벌에 대해 배웠다. 이러한 점을 예증하기 위해 교사들은 착한 아동은 보상을 받고 나쁜 아동은 처벌을 받는다는 교훈적인 이야기를 이용하였다. Piaget와 Kohlberg에 따르면, 이런 경험은 도덕성발달의 미성숙한 수준(2단계)에 대한 훈련에 해당한다. 왜냐하면 보다 성숙한 추론에서는 추상적인 도덕적 원칙이 물질적인 보상보다 더 중요하기 때문이다. 도덕교육에 대한 '미덕의 보따리' 접근은 미덕이 심리적인 특성이 아니기 때문에 효율적이지 못하다. 정직과 같은 미덕은 행동에 일관적으로 반영되지 않는 추상적인 특성이다.

Hartshorne과 May(1928~1930년)의 유명한 연구에서 보면, 학교, 교회 그리고 보이스카우트나 걸스카우트에서 제공하는 인성교육 프로그램에 참여하는 것이, 정직과 자기통제 및 봉사를 요하는 가상적 상황에서 측정된 도덕적 행동의 향상에 영향을 미치지 않는 것으로 나타났다. 예를 들면, 대부분의 아동들은 어떤 도덕교육을 받았는지에 상관없이 남을 속였다. 아동들은 상황에 따라 그리고 적발될 가능성에 따라 속이기도 하고 속이지 않기도 하였다. 속임수는 일관된 특성이 아니었다. 즉, 한 아동이 어떤 상황에서 속임수를 쓴다고 하더라도 다른 상황에서는 그의 행동을 예측하지 못했다. 후속연구에서도 도덕적 지식과 도덕적 행동 간의 상관관계는 낮다는 것이 발견되었다. 속이지 않았던 아동과 마찬가지로 속였던 아동도 속이는 것은 나쁘다라고 말하는 경향이 있었다.

"도덕성을 어떻게 가르쳐야 하는가?"라는 질문에 대해 Kohlberg는 소크라테스가 했음직한 대답을 했다. "당신은 내가 미덕이 어떻게 습득되는가에 대해 알게 되어서 매우 운이 좋다고 생각할 것입니다. 사실 나는 어떻게 미덕을 가르쳐야 하는가를 알기는커녕 미덕이 무엇인지조차 알지를 못합니다"(Kohlberg, 1970, p. 144).

Kohlberg는 교육과정이 도덕적 추론을 촉진할 수 있다고 믿었으며, 몇 가지 과정은 실험적으로도 시도된 바 있다. 이러한 접근의 목표는 아동이 좀더 성숙한 도덕적 단계에 도달하는 것을 돕는 것, 즉 그들이 이미 가지고 있는 타고난 성향을 발전시키도록 돕는 것이다. 도덕적 가치의 교육에 대한 Kohlberg의 제안은 '미덕의 보따리'를 교육하는 데 사용되었던 설교, 보상, 처벌, 감언이설, 요구 등의 제안과는 상당한 거리가 있는 것이다. '미덕의 보따리'가 아니라 Kohlberg의 도덕성은 정의지향적 도덕성이다. 따라서 학교는 도덕성발달, 도덕적 추론 그리고 정의에 대한 이해에 관심을 가져야 한다.

Piaget와 Kohlberg 이전에는 도덕성발달은 사회화과정에서 습득된다는 신념이 지배적이었다. Kohlberg는 한 단계에서 다음 단계로의 향상은 Piaget 이론에서의 발달처럼 인지적 불평형에 대한 적응에서 유래한다고 가정했다. 한 도덕성 단계에서 다음 단계로의 진행은 사회화나 더 나은 이해력뿐만 아니라 초기의 도덕적 도전에 대한 재조직과 재구성을 말한다. 또래와의 상호작용에서 발생하는 도덕적 갈등을 해결함으로써, 특히 또래의 도덕적 사고가 자신보다 조금이라도 앞서 있다면, 도덕성발달은 촉진될 수 있다.

Kohlberg(1969)는 Selman과 마찬가지로 도덕성발달은 역할수용 능력(role-taking ability)의 영향을 받는다고 생각한다. 역할수용을 통해 사람들은 자신의 도덕적 도식을 재구성하고 다른 사람들의 도식과 통합시키는 것을 배운다. 결과적으로 역할수용의 기회와 또래와의 상호작용은 도덕성발달을 촉진한다. Keasey(1971)의 연구에서 보면, 청년 초기의 도덕성발달 단계는 개인의 사회적 참여와 사회적 상호작용과 정적인 관계가 있는 것으로 나타났다. 또래집단참여, 역할수용의 기회 그리고 사회적 상호작용을 많이 경험한 청소년들은 사회적 참여기회가 적은 청소년보다 도덕성발달 단계가 급속히 진행되었다. Selman(1971) 역시 상호적인 사회적 관점을 이해하는 능력—역할수용 기술—은 높은 수준의 도덕적 사고와 정적인 상관이 있고, 도덕성발달의 향상을 위한 필수조건이라는 것을 발견하였다(Muuss, 1996).

Robert Selman

6) 평가

Kohlberg는 Piaget의 도덕성발달이론을 기초로 하면서도 자신의 독자적인 이론을 정립하였다. 그는 아동기의 도덕성발달에 관심을 가졌던 Piaget와는 달리 청년기의 도덕성발달에 관심을 가졌다. 그리고 Piaget의 연구를 확장하여 성인기까지의 도덕성발달을 6단계로 제시하였다. Kohlberg의 도덕성발달이론은 인지적 성숙과 도덕적 성숙의 관계를 제시한 것이었으며, 그것은 도덕성발달 연구에 많은 자극이 되었다. 그럼에도 불구하고 Kohlberg의 도덕성발달이론에 관해서는 그 한계와 몇 가지 문제점이 지적되고 있다.

첫째, Kohlberg의 이론은 도덕적 사고는 지나치게 강조한 반면, 도덕적 행동이나 도덕적 감정은 무시했다는 비판을 받는다(Bandura, 2016; Colby & Damon, 1992; Kurtines & Gewirtz, 1991; Lapsley, 1993; Turiel, 1997; Walker, 2004). 일상의 도덕적 갈등상황은 강력한 정서적 반응을 불러일으키므로, 도덕적 정서나 동기를 간과하는 어떤 이론도 완전하지 못하다는 주장이 있다(Haidt, Koller, & Dias, 1993; Hart & Chmiel, 1992). 더욱이 도덕성 연구에서 우리의 궁극적인 관심은 실제로 우리가 어떻게 행동하는가 하는 점이다. 아무리 높은 수준의 도덕적 판단을 하더라도 도덕적으로 옳지 못한 행동을 하면 아무런 소용이 없다. 우리는 무엇이 옳은 일인지를 알면서도 그렇게 행동하지 않는 경우가 종종 있다.

둘째, Kohlberg의 도덕성발달이론은 문화적 편견을 보이기 때문에, 그의 도덕성 발달단계는 모든 문화권에서 보편적인 현상이 아니라는 지적을 받는다(Gibbs, 2014; Miller &

사진 설명 어떤 문화에서는 후인습적 사고가 존재하지 않는다.

Lawrence Walker

Bland, 2014). 저개발국가, 특히 민주주의를 채택하고 있지 아니한 사회에서는 높은 단계에 도달하는 사람이 거의 없다. 연구결과, 아동이나 청소년은 모든 문화권에서 3, 4단계까지는 순차적인 발달을 하는 것으로 보인다. 문제는 후인습적 사고가 단지 어떤 문화권에서는 존재하지 않는다는 점이다. Kohlberg의 후인습적 추론은 서구 사회의 이상인 정의를 반영하는 것이기 때문에, 비서구 사회에 사는 사람이나 사회규범에 도전할 정도로 개인의 권리를 높이 평가하지 않는 사람들에게는 불리하다(Shweder, Mahapatra, & Miller, 1990). 사회적 조화를 강조하고 개인의 이익보다는 단체의 이익을 더 강조하는 사회에서는 정의에 대한 개념이 인습적 수준에 머무르게 된다(Snarey, 1985; Tietjen & Walker, 1985). 대만의 성인을 대상으로 한 도덕적 추론 연구(Lei, 1994)에 의하면, Kohlberg의 5단계와 6단계는 나타나지 않았으며, 우리나라의 연구(강영숙, 1981)에서도 6단계로의 이행은 전혀 나타나지 않았다.

셋째, Kohlberg의 이론은 또한 여성에 대한 편견을 나타내고 있다는 비판을 받는다. 그의 이론은 남성만을 대상으로 한 연구를 기초로 해서 도덕성 발달수준을 6단계로 나누고, 대부분의 남성은 4단계 수준에, 그리고 대부분의 여성은 3단계 수준에 머문다고 하였다. Gilligan(1977)은 Kohlberg의 도덕성발달이론은 추상적인 추론을 강조함으로써 남성의 성역할 가치가 높이 평가되고, 상대적으로 여성의 성역할 가치의 중요성은 과소평가되었다고 주장한다. 즉, Kohlberg는 여성의 도덕적 판단에서 나타나는 대인관계적 요소를 평가절하함으로써, 도덕적 추론에서 여성들이 내는 '다른 목소리'를 무시했다는 것이다.

Gilligan(1977, 1982, 1993, 1996)에 의하면 남아는 독립적이고, 단호하며, 성취지향적으로 사회화되므로, 도덕적 갈등상황을 해결하는 데 있어 다른 사람의 권리나 법과 사회적 관습을 중시하게 된다. 이것은 Kohlberg의 도덕성발달 중 4단계에 반영되는 견해이다. 반면, 여아는 양육적이고, 동정적이며, 다른 사람의 욕구에 대한 관심을 강조하는 사회화로 인해, 다른 사람과의 관계를 중시하는 도덕적 판단을 하게 되는데, 이것은 주로 Kohlberg의 도덕성발달 중 3단계에 반영되는 견해이다. 결과적으로 남성은 개인의 권리를 존중하는 법과 질서를 우선시 하는 정의의 도덕성(morality of justice)을 지향하게 되고, 여성은 다른 사람에 대한 책임과 복지가 핵심인 배려의 도덕성(morality of care)을 지향하게 된다고 한다.

한편, Gilligan의 이론에 대해서도 문제가 제기되고 있는데(Walker & Frimer, 2011), 여러 연구결과를 종합한 메타분석에서 도덕적 판단에서의 성차에 대한 Gilligan의 주장에 의문을 제기한다(Jaffee & Hyde, 2000). 일반적으로 여성은 추상적인 정의지향보다는 다른 사람과의 관계를 중시하는 배려지향의 경향이 있지만 필요에 따라서는 둘 다 모두를 지향하게 된다는 것이다(Blakemore, Berenbaum, & Liben, 2009).

2. Turiel의 영역구분이론

1) Turiel의 생애

Elliot Turiel(1938-)

Elliot Turiel은 1938년 9월 23일 그리스의 로도스에서 태어났다. Turiel은 미국으로 이주하여 1960년 뉴욕 대학을 졸업했으며, 1965년에는 예일 대학에서 심리학 전공으로 박사학위를 취득하였다. 1966년부터 1969년까지는 컬럼비아 대학의 심리학과에서 조교수로 재직하였다. 1969년부터는 하버드 대학에서 강의를 하다가, 지금은 버클리에 있는 캘리포니아 대학의 교육대학원에서 인간발달 관련 과목들을 강의하고 있다. 그리고 피아제 학회(Jean Piaget Society)의 회장직을 역임한 바 있다.

Turiel은 1960년대 말부터 지금까지 주로 아동과 청소년의 도덕적 사고발달에 대해 연구해왔다. 그중에서도 아동과 청소년의 사회적 판단과 행위 그리고 도덕적 추론에 특별한 관심을 기울여왔다. 뿐만 아니라 인간발달과 교육적 측면에서 학교의 규칙들과 권위에 대한 아동의 개념발달 과정과 더불어 아동의 사회성발달을 주로 연구하였다. 그는 아동의 사회인습적 개념의 발달과정을 제시하기도 하였다. Turiel은 이외에도 아동과 청소년들의 도덕적 사고발달에 관한 저서와 논문들을 많이 발표하였으며, 최근에는 사회와 문화적 관점에서의 도덕성에 관한 고찰을 책으로 엮어 발표하였다.

그의 대표적인 저술들로는, 『도덕성발달과 도덕교육(Moral Development and Moral Education)』(1971), 『도덕적 사고에 관한 최근의 연구들(Recent Researches in Moral Thinking)』(1973), 『도덕성발달과 사회화(Moral Development and Socialization)』(1980), 『사회적 지식의 발달: 도덕성과 사회적 인습(The

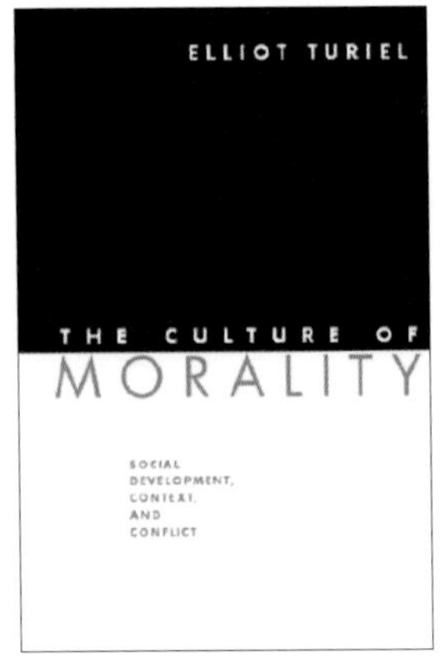

Development of Social Knowledge: Morality and Convention)』(1983) 외에 많은 논문들이 있다. 최근에는 미국사회뿐만 아니라 세계 곳곳에서 일어난 사건들과 사회 · 정치적 운동들에 관한 자료들을 수집하고 분석하여, 현대사회와 젊은이들의 도덕성이 과거에 비해 쇠락하였다고 주장하는 사람들에게 일침을 가하고 있을 뿐만 아니라, 또 다른 관점에서 도덕성 문제를 분석한 『도덕성의 문화: 사회성발달과 맥락 및 갈등(The Culture of Morality: Social Development, Context, and Conflict)』을 2002년 4월에 출간한 바 있다. 이 저서는 도덕성발달과 사회성발달에 관한 새로운 시각을 제시한 것으로, 발달심리학자들뿐만 아니라 여러 분야의 전문가들과 일반인들의 주목을 받고 있다.

2) Turiel 이론의 개요

Max Weber

Kohlberg의 인지적 도덕성발달이론이 갖는 한계점, 즉 문화적 편견 및 도덕적 판단과 도덕적 행위의 불일치 등을 극복하기 위해 대두된 이론이 Turiel의 영역구분이론이다. Turiel은 영역구분이론의 정립을 위해 Max Weber의 이론을 기본 토대로 하였다. Weber(1922, 1947)는 사회적 행동을 풍습, 인습, 윤리 등 세 범주로 구분하였다. 풍습(custom)은 예로부터 사회에서 행해져 온 생활에 관한 습관을 의미하는 말로서, 쉽게 변경할 수 있고 외적 제재를 받지 않는다고 한다. 인습(convention)은 사회조직의 법적 질서의 중요한 측면으로서 외적 제재를 받는다. 한편, 윤리(ethics)는 사람이 지켜야 할 도리, 즉 실제의 도덕규범이 되는 원리를 일컫는 말이다. Turiel(1983)은 Weber의 이론을 기초로 하여, 인간의 도덕성은 본질적으로 서로 다른 세 영역—도덕적 영역(moral domain), 사회인습적 영역(social-conventional domain), 개인적 영역(personal domain)—으로 구분된다는 영역구분모형(domain-distinction model)을 제시하였다.

Turiel의 이론은 모든 문화권에서 보편적인 도덕적 영역과 각 문화권에 특유한 사회인습적 영역을 구분함으로써 문화적 편견을 극복할 수 있다는 이론이다. 또한 동일한 사태를 개념적으로 어떻게 규정하느냐에 따라 행위를 정당화할 수도 있기 때문에, 도덕적 판단과 도덕적 행위 간의 불일치를 극복할 수 있다고 한다(김상윤, 1990).

사회인습적인 것은 주로 사회적 상황들에 의해 결정되는 상대적인 가치와 관습이지만, 도덕적인 것은 정의 및 가치와 관련된, 즉 시대와 상황을 초월하는 비교적 절대적인 것이다. 사회의 구성원들은 사회인습에 대해 서로 공통적인 인식을 지니고 있으며, 인습은 사회구성원들에게 행동지침에 관한 지식을 제공해준다. 호칭, 인사예절, 의복예절 등이 이와 같은 예에 속한다. 호칭문제를 예로 들면, 이것은 사회조직 내에서 개인의 상대적인 사회적 지위를 반영하는 것이다. 이에 반해 도덕성은 문화적 가치나 사회적으로 수용 가능한 행동들을 내면화하는 과정이다. 따라서 Turiel은 인습적인 것과 도덕적인 것들에 '영역(domain)'이라는 명칭을 붙임으로써, 사회인습적 영역을 도덕적 영역에서 분리시킨다.[1] 즉, 아동의 도덕성발달을 이해하기 위해서는 도덕적 영역뿐만 아니라 사회인습적 영역에서도 상이하게 나타나는 도덕성발달을 고려해야 한다는 것이다.

영역구분이론에서 도덕적 영역, 사회인습적 영역, 개인적 영역은 각기 상이한 내용으로 구성된다(송명자, 1992; Turiel, 1983). 도덕적 영역은 인간의 권리와 존엄성, 생명의 가치, 정의, 공정성 등과 같이 보다 근원적이고 본질적인 도덕적 인식과 판단내용을 포함한다. 따라서 도덕적 영역은 모든 시대, 모든 문화권에서 동일하게 통용되는 문화적 보편성을 지닌다.

사회인습적 영역은 식사예절, 의복예절, 관혼상제의 예법, 성역할 등과 같이 특정의 문화권에서 그 구성원들의 합의에 의해 정립된 행동규범을 의미한다. 그러나 어떤 행동이 일단 인습적 규범으로 정립되면 그 성원들에게 강력한 제약을 가하게 되며 도덕적 성격을 띠게 된다. 사회인습적 영역은 시대, 사회, 문화 등 상황적 맥락에 따라 달라지는 문화적 특수성을 지닌다.

개인적 영역은 도덕적 권위나 인습적 규범의 영향을 받지 않는 개인의 건강, 안전, 취향 등의 사생활에 관련된 영역이다. 개인적 영역은 자아를 확립하고 자율성을 유지하기 위한 주요 수단이 되지만, 사회인습적 규범과 갈등을 일으킬 가능성이 있다.

3) 사회인습적 개념의 발달단계

Turiel(1980)은 만약 도덕성이 판단과정을 수반하는 것이라면, 도덕적 판단은 다른 형태의 사회적 판단, 특히 사회인습적 판단과 구분되어야 한다고 생각한다. 따라서 사회인습적 개념은 도덕적 개념과 별개의 발달적 체계를 갖는 것으로 가정하고 있다. Turiel(1978)은 사회인습에 관한 연구에서 6세에서 25세까지의 110명을 대상으로 하여

1) Turiel은 나중에 도덕적 영역과 사회인습적 영역 외에 개인적 영역을 첨가하였다.

사회인습과 관련된 가상의 이야기를 들려주고 이들의 생각을 알아보았다. 연구에 사용된 이야기는 모두 다섯 가지로 다음과 같은 것이다.

- 호칭: 학교에서 교사를 "선생님"이라고 부르는 대신 교사의 이름을 부르고 싶어하는 소년의 이야기
- 의복예절: 사무실에서 평상복을 입고 일하는 사람의 이야기
- 성과 관련된 직업: 나중에 커서 아기를 돌보는 간호사가 되고 싶은 소년의 이야기
- 생활양식: 가족과 떨어져 사는 아버지의 이야기
- 식사예절: 손으로 식사하는 사람과 수저를 사용하는 사람의 이야기

이 연구를 통해 Turiel은 아동기부터 성인기까지 사회인습적 개념의 발달단계를 〈표 10-3〉과 같이 구분하였다. 이들 발달단계는 단순히 직선 모양의 단계가 아니라 사회인습에 대한 확인과 부정을 반복하는 발달양상을 보인다. 확인의 단계는 사회인습적 개념에 대한 구성을 수반하는데, 곧이어 그 구성의 타당성에 대한 부정의 단계가 뒤따른다. 부정의 단계는 다시 사회인습적 개념의 또 다른 구성으로 이어진다. 이러한 발달과정은 6~7세경에 시작하여 19~25세경에 이르기까지 지속되는데, 사회적 획일성 체재로서의 인습의 인식과 부정, 규칙체계로서의 인습의 확인과 부정, 사회적 체계로서의 인습의 인식과 부정을 거쳐 사회적 상호작용을 통합하는 기능으로서의 사회인습적 개념에 도달하게 된다.

사회인습적 개념발달의 발견은 도덕성발달에 대한 설명과 직접적인 관련이 있다. 지금까지 대부분의 도덕성발달이론은 사회인습과 도덕성을 구분하지 못하였다. 따라서 도덕성발달에 대한 설명이 충분하지 못한 것으로 보인다. 예를 들면, Piaget와 Kohlberg의 도덕성발달이론에서는 도덕적 갈등상황에서 추론이 잘 안 되는 '낮은' 단계와 추론이 잘되는 '높은' 단계로 이분된다. 이들 이론에서는 사회적 인습은 동조(conformity)와 동의어로서 도덕성발달의 낮은 단계의 구성요소라고 가정한다. 이러한 이분법은 잘못된 것으로 보인다. 왜냐하면 아동은 구분이 분명한 도덕적 개념과 사회인습적 개념을 소유하며, 이 두 개념은 각기 다른 발달과정을 따르기 때문이다(Turiel, 1980).

Nadine Lambert

표 10-3 사회인습적 개념의 발달단계

단계	설명	연령(세)
1단계	**사회적 획일성 체재로서의 인습의 인식** 인습을 개인들 간의 사회적 상호작용으로 인식하지 못하고, 사회적으로 획일적인 형태로 인식하는 단계이다. 따라서 인습은 꼭 지켜져야 한다고 생각한다.	6~7
2단계	**사회적 획일성 체재로서의 인습의 부정** 경험적인 획일성은 더 이상 인습을 유지하기 위한 토대가 되지 않는다. 이제 아동들은 인습적 행동들이 정해져 있는 것이 아니라고 인식하게 된다. 그러나 여전히 인습을 사회적 상호작용의 한 부분으로는 생각하지 못한다.	8~9
3단계	**규칙체계로서의 인습의 인식** 인습은 임의로 만들어진 것이므로 수정될 수 있다고 생각한다. 그럼에도 불구하고 인습을 시키는 것은 규칙과 권위 때문이라고 생각한다. 즉, 권위있는 사람들이 규칙을 준수하기 때문에 인습을 지켜야 한다고 인식한나.	10~11
4단계	**규칙체계로서의 인습의 부정** 이제 인습은 규칙과 관계없이 변할 수 있다고 생각하는 단계이다. 관습적인 규칙들은 행위에 대한 평가와 통합하여 평가할 수 있게 된다. 이제 관습은 단지 사회적인 기대에 불과함을 알게 된다.	12~13
5단계	**사회체계에 의해 중재 가능한 인습** 이 시기에는 체계적인 사회구조 개념이 나타나기 시작한다. 인습을 사회가 위계적인 조직을 기초로 세운 규범적인 규제로 인식하게 된다.	14~16
6단계	**사회적 규범으로서의 인습의 부정** 성문화된 사회적 규범으로 인습을 인식하는 단계이다. 이제는 사회적 획일성으로서의 인습을 사회를 유지하기 위한 기능으로 더 이상 인식하지 않게 된다. 인습은 단지 습관적으로 준수하는 사회적 규범으로 생각한다.	17~18
7단계	**사회적 상호작용의 통합으로서의 인습** 인습을 사회적 상호작용들을 통합하는 기능으로 인식한다. 인습 내에서 공유된 지식은 사회 구성원들 사이에서 사회제도의 상호작용과 기능을 촉진시킴을 알게 된다.	19~25

출처: Turiel, E. (1980). The development of social-conventional and moral concepts. In. M. Windmiller, N. Lambert, & E. Turiel (Eds.), *Moral development and socialization*. MA: Allyn & Bacon.

4) 영역구분의 문화적 차이

David Shaffer

Shweder, Mahapatra 그리고 Miller(1990)는 인도와 미국에서 성인과 5~13세 아동들을 대상으로 도덕적 영역과 사회인습적 영역에 관한 39개 문항을 제시한 후, 이 문항들 중 도덕적으로 잘못된 것들을 선택해보라고 하였다. 다음은 이들의 연구에서 사용된 문항들의 몇 가지 예이다(Shaffer, 1999).

- 결혼한 젊은 여성이 남편의 허락 없이는 영화관에 가지 말도록 경고받았지만, 허락 없이 영화관에 다녀와서 남편에게 멍이 들도록 두들겨 맞았다.
- 한 남매가 그들끼리 결혼하여 자녀들을 갖기로 결정하였다.
- 아버지가 돌아가신 다음 날 장남이 이발을 하고 닭고기를 먹었다.

인도의 아동과 성인들은 이 문항들 중에서 아버지가 돌아가신 다음 날 이발을 하고 닭고기를 먹은 행동을 도덕적으로 아주 잘못된 것으로 평가하였으나, 남편의 허락 없이 영화관에 다녀온 아내를 때린 남편의 행위는 도덕적으로 전혀 잘못이 없다고 응답하였다. 반면에, 미국의 아동과 성인들은 완전히 정반대의 응답을 하였다. 비록 근친상간과 같은 문항에 대해서는 인도와 미국의 아동과 성인들 모두 도덕적으로 잘못된 행동이라는 데 동의하였지만, 그 밖의 다른 많은 문항들에 대해서는 의견이 일치하지 않는 것으로 나타났다.

특히 인도의 아동과 성인들은 돌아가신 아버지에 대해 무례한 행동을 하는 것이라든가 미망인이 생선요리를 먹거나 밝은색의 옷을 입는 것, 여성이 생리기간 동안 가족을 위해 요리를 하는 것 등을 도덕적으로 크게 잘못된 행동이라고 생각하였다. 즉, 이것들은 남편이 가장으로서의 의무를 다하기 위해 불복종한 아내를 때리는 것으로 생각하는 것처럼 적어도 인도인들에게 있어서는 도덕적인 것이 될지언정, 그것이 사회 구성원들에 의해 임의로 만들어진 사회인습적인 것은 아니라는 것이다.

사진 설명 사회인습적 영역은 문화적 특수성을 지닌다. 인도의 이 소녀는 "아버지가 돌아가신 다음 날 닭고기를 먹는 것은 부도덕한 행동이다"라고 말한다. 왜냐하면 인도사람들은 그렇게 함으로써 아버지의 영혼이 구제받지 못한다고 믿기 때문이다.

이처럼 인도인들은 이러한 금지령을 보편적인 도덕규범으로 인식하여, 세계 모든 사람들 역시 이러한 규칙을 준수한다면 매우 좋을 것이며, 만약 대부분의 사람들이 이러한 규칙을 수정하기를 원한다 하더라도 자신은 그에 동의하지 않을 것이라고 응답함으로써, 이러한 규칙들을 지키는 것을 매우 소중하게 생각하고 있었다.

이와 같은 문화적 신념은 도덕성발달에 어떤 영향을 미치는가? Shweder 등이 관찰한 인도인들의 도덕적 사고의 발달경향은 미국인들의 발달경향과 매우 다른 것으로 보인다(〈그림 10-5〉 참조). 연령이 증가하면서 인도 아동들의 경우는 보편적 도덕원리로 인식하는 문항의 수가 증가한 반면, 미국 아동들의 경우는 보편적 도덕원리로 인식하는 문항의 수가 감소하였다. 바꾸어 말하면, 미국 아동들은 많은

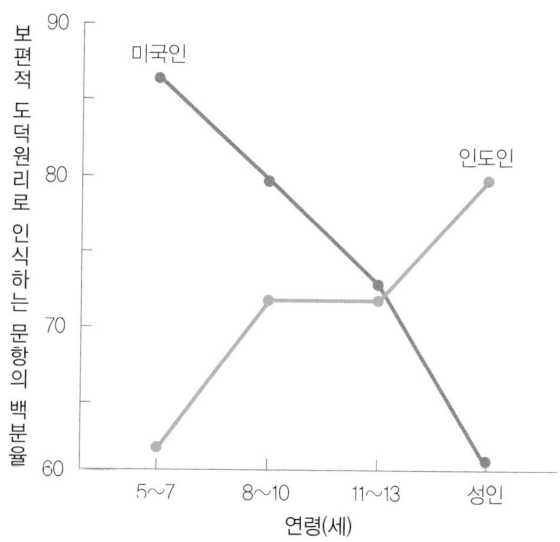

〈그림 10-5〉 도덕적 사고의 발달경향

출처: Shweder, R. A., Mahapatra, M., & Miller, J. G. (1990). Culture and moral development. In J. W. Stigler, R. A. Shweder, & G. Herdt (Eds.), *Cultural psychology: Essays on comparative human development.* Cambridge, England: Cambridge University Press.

문항들을 그 사회에서 임의로 규정한 사회인습적인 것으로 인식하였다. 미국과 인도 모두에서 매우 어린 아동들조차도 성인과 같은 생각을 가지고 있었다. 이러한 비교문화연구 결과를 토대로 Shweder 등은 세계의 모든 아동들이 어렸을 때부터 도덕적 규범과 사회인습적 규칙을 구분할 수 있다는 Turiel의 주장에 반론을 제기한다. 도대체 무엇이 도덕적 규범이고, 또 무엇이 사회인습적 규칙이란 말인가?

영역구분의 문화권 간 차이는 우리나라의 아동을 대상으로 한 연구(Song, Smetana, & Kim, 1987)에서도 나타났다. 서구의 아동들은 '어른에게 인사를 하지 않는 것'을 사회인습적인 것으로 지각하고 있는 데 반하여, 우리나라의 아동들은 도덕적인 것으로 지각하였다. 즉, 미국 아동들은 '인사'란 본질적으로 도덕적인 것이 아니고, 단지 그러한 규범이 정해져 있으므로 따라야 하는 것으로 생각하지만, 우리나라의 아동들은 '어른에게 인사를 하지 않는 것'은 사회적 관습이나 규칙에 의한 제재여부를 막론하고 본질적으로 나쁜 것이라고 믿고 있었다. 우리 사회는 '경로효친'이라는 한국적 정서로 인해 어른에게 인사하는 것(사진 참조)이 당연하다는 의미에서 도덕률

에 해당되는 것으로 볼 수 있다.

이상의 연구결과로 미루어 볼 때 Turiel의 영역구분이론 역시 문화적 보편성과 특수성의 문제를 해결하지 못한 것으로 보인다. 아동들의 도덕적 판단은 그들이 살고 있는 문화와 하위문화의 영향을 받아 형성되어가기 때문에, 도덕성발달은 모든 문화권에서 보편적이라기보다는 오히려 상대적이며 맥락적인 것임을 보여준다.

5) 도덕성의 문화: 사회성발달과 맥락 및 갈등

『도덕성의 문화: 사회성발달과 맥락 및 갈등(The Culture of Morality: Social Development, Context, and Conflict)』은 Turiel이 2002년에 출간한 저서이다. 이 저서는 사회성발달과 도덕성발달에 대한 Turiel의 새롭고도 도전적인 주장을 통해 기존 사회의 도덕성과 문화를 새로운 각도에서 바라볼 수 있는 시각을 제공했다는 평을 받고 있다.

20세기 말부터 오늘에 이르기까지 미국사회를 비롯한 전 세계적 차원에서 사회의 전반적인 도덕성 하락과, 그중에서도 젊은이들의 도덕적 쇠퇴에 대해 한탄하는 분위기가 팽배해 있다. 특히 젊은 세대의 극단적인 개인주의적 삶의 양식과 공동체 의식의 결핍 그리고 저조한 시민참여 의식은 모두 젊은이들의 '도덕적 위기' 때문이라는 비난을 받고 있다. 우리나라의 경우도 이와 크게 다르지 않은데, 우리 사회에서도 요즘 젊은이들의 나태한 삶의 양식과 개인주의적인 삶을 비판하며, 젊은 세대의 도덕개념이 예전과 같지 않음을 공공연히 걱정하는 분위기이다.

그러나 Turiel은『도덕성의 문화』라는 자신의 최근 저서에서 젊은 세대의 도덕성을 비판하는 이러한 사회적 시각에 대해 이의를 제기하고 있다. 그는 젊은 세대에 대한 기성세대의 우려와 비난은 오늘날뿐만 아니라 모든 시대와 사회에서 나타난 현상임을 지적하고 있다. Turiel은 여러 가지 역사적 사건들을 제시하면서, 기성세대가 젊은이들을 도덕적 타락자로 판단하는 것은 바로 기성세대의 고정관념이고, 전통에 도전하는 젊은이들의 도덕적 관점을 이해하지 못하기 때문이라고 주장하면서, 과거에 대한 향수는 현실적으로 도덕성 고양에 전혀 도움이 되지 않는다고 설명한다. 특히 사회 부조리, 기존의 전통, 부당한 사회관례에 대해 불만을 나타내는 것을 사회와 국가에 대한 헌신이 부족한 것으로 그릇 해석하고 있다고 Turiel은 주장한다.

Turiel은 과연 무엇이 그리고 어떤 것이 진정한 도덕성인가라는 질문을 던지면서, 진정한 도덕성이란 기존의 전통을 깨뜨릴 수 있으며, 또한 이것을 필요로 한다는 혁신적인 주장을 하고 있다. 그는 1960년대 시민운동의 지도자들과 오늘날 아랍의 여권주의자들

(사진 참조)을 예로 들면서, 진정한 도덕성이란 도덕성을 탄압하고 억압하는 문화적 관습과 전통을 종식시키기 위해 위험을 무릅쓰는 것이라고 설명한다. Turiel은 자신의 주장을 뒷받침하기 위해 여러 학문분야의 방대한 연구들과 세계도처에서 발생한 사건들과 정치적 투쟁들을 인용하고 있다.

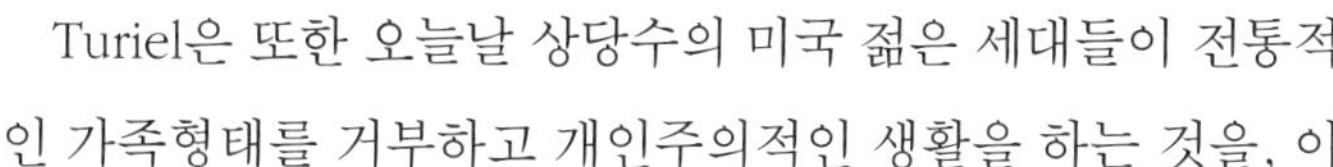

Turiel은 또한 오늘날 상당수의 미국 젊은 세대들이 전통적인 가족형태를 거부하고 개인주의적인 생활을 하는 것을, 이기심과 자기도취증의 한 형태로 바라보며 이를 한탄하는 사람들의 생각에도 이의를 제기한다. 그는 오히려 오늘날 현대인들의 이러한 삶의 모습들을 개인의 자율성과 사회정의를 구현하기 위한 새로운 가능성의 하나로 바라보는 것이다.

6) 평가

도덕성발달을 도덕적 영역, 사회인습적 영역, 개인적 영역으로 구분한 Turiel의 영역구분이론은 Kohlberg의 이론이 지닌 문화적 편견이라는 한계점을 어느 정도 극복했다는 점에서 그 가치가 인정된다. 도덕적 영역은 모든 문화권에 보편적인 도덕적 원리에 대한 개념들을 포함하므로, 이 영역에서의 도덕성발달은 그 보편성으로 인해 문화권 간의 직접적인 비교가 가능하다. 반면에, 인습적 영역은 각 문화권이 지니는 특유의 가치와 규범들을 독자적인 도덕개념의 일부로 수용함으로써 불필요한 문화권 간의 비교를 배제하며 문화적 특수성을 인정할 수 있게 한다(송명자, 1992).

최근에 이 영역구분이론은 도덕적 규범을 둘러싸고 야기되는 세대 간 갈등의 원인을 설명해주는 근거로서 자주 연구의 대상이 되고 있다. 예를 들어, 사춘기 소녀가 밤에 귀가시간을 잘 지키는 것을 부모는 절대적인 도덕률로 생각하지만 자녀는 그것을 개인적 권리로 판단한다면, 이러한 영역구분의 차이가 세대 간에 도덕적 갈등의 원인이 될 수 있다. 실제로 영역판단의 차이가 미국 가정에서 청소년기 자녀와 부모 간에 야기되는 갈등의 원인이 되고 있음이 밝혀졌다(Smetana, 1988). 우리나라에서도 가정, 학교, 사회에서 도덕적 규범을 둘러싼 세대 간 갈등의 원인이 영역판단의 차이에 있다는 사실이 일련의 연구를 통해 확인된 바 있다(송명자, 1992, 1994; 송명자, 김상윤, 1987).

Judi Smetana

한편, Turiel의 영역구분이론이 가지고 있는 이론적 논리성과 경험적 근거에도 불구하고 이 이론에 대해서는 몇 가지 문제점이 제기되고 있는데, 영역혼재현상(domain mixture phenomenon)과 이차적 현상(secondary order phenomenon)이 그것이다.

동일한 사태가 여러 영역의 특성을 공유함으로써 영역구분을 어렵게 만드는 것이 영역혼재 현상이다. 낙태, 성역할, 혼전순결 등은 영역혼재 현상의 대표적인 예가 된다(Smetana, 1983, 1986). 낙태의 경우를 예로 들어보자. 인간의 생명은 수정되는 순간부터 시작되는 것이므로 그 생명을 제거하는 낙태는 도덕적 영역에 속한다. 그러나 낙태를 합법적으로 인정하는 사회도 있으므로, 이 경우 낙태에 대한 도덕적 판단은 사회인습적 영역에 속하게 된다. 그리고 개인에 따라서는 낙태를 개인이 선택해야 할 문제로 인식하는 개인적 영역의 성격도 갖는다(송명자, 1992).

Larry Nucci

이차적 현상은 최초에는 인습적 성격을 띤 사태가 그 후 도덕적 결과를 낳게 되는 현상을 말한다. 예를 들어, 줄서기, 식사예절, 의복예절 등은 사회질서를 유지하기 위한 인습적 문제이지만, 이를 위반했을 경우 타인의 권리를 침해하거나 타인의 감정을 상하게 하므로 결국은 도덕적 문제를 야기하게 된다. 이러한 인습적 사태의 이차적 현상화는 인습에 대한 동조를 강조하는 교사나 부모, 그 외 다른 사회화 인자에 의해 강화되는 것으로 보인다(Nucci & Nucci, 1982; Nucci & Turiel, 1978).

Mordecai Nisan

만일에 모든 도덕적 사태들이 여러 영역이 혼재되어 있는 다면적 사태로 인식된다면, 영역구분이론은 그 설정근거를 상실하게 된다. 특정의 문화권에서 도덕적 영역으로 인식된 사태를 다른 문화권에서는 사회인습적 영역으로 인식하거나, 반대로 사회인습적 영역을 도덕적 영역으로 인식하는 영역구분의 문화권 간 차이는 영역구분이론에서도 역시 문화적 보편성과 특수성의 문제를 해결하지 못했음을 반영하기 때문이다.

Richard A. Shweder

이상에서 살펴본 바와 같이 영역혼재현상과 이차적 현상은 영역구분이론의 타당성을 크게 위협하는 것으로 보인다. 또한 영역구분이론이 Kohlberg의 이론에 비해 각 문화권의 도덕적 특수성을 반영하는 것이면서 동시에 모든 문화권에 보편적으로 적용될 수 있다는 Turiel의 주장도 연구결과(Nisan, 1987; Shweder, Mahapatra, & Miller, 1990) 크게 지지를 받지 못한 것으로 보인다.

3. Gilligan의 배려지향적 도덕성발달이론

1) Gilligan의 생애

Carol Gilligan(1936-)

Carol Gilligan은 1936년에 뉴욕에서 출생했다. 1958년에 스와르스모 대학을 졸업한 후 바로 래드클리프 대학원에 진학하여 1960년에 임상심리학으로 석사학위를 취득하였다. 1964년에는 하버드 대학에서 사회심리학으로 박사학위를 취득했다.

Gilligan은 1967년부터 Erikson, Kohlberg 등과 함께 하버드 대학에서 강의를 하였다. 그녀는 Erikson의 연구조교로 있을 때부터 도덕성발달에 관심을 가졌으며, Kohlberg의 초기 동료로서 그와 함께 도덕적 판단에 관한 여러 연구들을 함께 수행하였다.

원래 Gilligan이 계획한 연구는 베트남전쟁 당시 군복무 지원자들의 도덕성에 관한 것이었다. 그녀는 징병에 직면한 하버드 대학생들의 의식이 정체감과 도덕성에 관한 Kohlberg의 이론에 부합하는지를 알아보려고 하였다. 그러나 그녀가 연구를 시작하려고 할 즈음에 닉슨 대통령이 징병제도를 취소하였다. 따라서 Gilligan은 그 연구를 낙태에 대한 여성들의 도덕적 갈등에 관한 연구로 전환하게 되었다. Gilligan은 처음부터 성차에 관심을 기울이지는 않았다. 그러나 여성들이 낙태라는 도덕적 갈등상황에서 어떤 판단을 내리고 행동하는지를 알아보기 위한 연구를 시작한 후, 그녀는 지금까지 자신이 대학에서 가르쳐온 정체감과 도덕성발달에 관한 설명이 여성들의 경험에 적합하지 않다는 것을 깨닫게 되었다. 그리고 10여 년간 여러 사람들로부터 도덕성과 자기 자신에 관한 이야기를 들어오면서, 이런 이야기들이 남성과 여성에게 동일하지 않고 다르다는 사실을 인식하기 시작하였다.

특히 Kohlberg는 그가 제시한 도덕성발달 단계에서, 대부분의 남성은 4단계 수준에 머물고 대부분의 여성은 3단계 수준에 머문다고 주장함으로써, 여성이 남성보다 도덕적으로 열등함을 암시하였다. Gilligan은 이와 관련하여 1977년에 처음으로 Kohlberg의 도덕성발달이론을 비판하는 논문을 발표하였다. Gilligan은 여성이 남성보다 도덕적으로 열등하다는 Kohlberg의 연구결과에 대한 판단의 근거를, 여성 자신에게 돌리기보다는 Kohlberg 이론 자체의 결함으로 파악하였다. 그리고 1982년에 이 논문을 확장한 저서 『다른 목소리로(In a Different Voice)』를 출간하게 된다. 이 저서는 1996년까지 9개국어

로 번역되어 60만 부가 팔렸다. Gilligan은 이 저서에서 Kohlberg의 연구방법이 성적인 편견을 가지고 있다고 주장하였다. 즉, 그의 이론이 남성만을 대상으로 한 종단적 연구에 근거했기 때문에, 여성의 도덕적 추론과 여성의 발달단계는 적절하게 서술되지 않았다는 것이다. 따라서 Gilligan은 Kohlberg의 도덕성발달이론에 내재하고 있는 남성편견을 수정하고, 여성적 관점을 배려하여 '배려의 도덕성'이라는 새로운 도덕성발달이론을 제시한다. 비록 Gilligan이 도덕성발달 단계를 측정할 수 있는 체계적인 측정도구를 개발하지는 못했지만, 그녀가 제시한 관점에서 도덕성을 연구한 논문들이 미국을 위시하여 우리나라에서도 한두 편씩 발표되고 있다.

도덕성발달에 관한 Gilligan의 새로운 관점은 도덕교육에 대한 여성론적 접근법을 추구하는 학자들과 도덕성발달을 계열적이고 위계적인 것 이상의 것으로 파악하고자 했던 학자들에게 지대한 영향을 미치게 되었다. Gilligan은 교육분야와 음악분야에서의 노벨상인 그래마이어 상을 위시하여 하인츠 상을 수상한 바 있다.

2002년 6월에 Gilligan은 자신이 30년 이상 몸담았던 하버드 대학을 떠나 뉴욕 대학으로 자리를 옮겼다. 뉴욕은 Gilligan이 태어난 고향으로서, 뉴욕 대학은 Gilligan이 이곳에서 제2의 연구생활을 할 수 있기를 기대하고 있다.

2) Gilligan 이론의 개요

Gilligan은 많은 도덕성발달이론에 내재하고 있는 남성적 편견을 수정하기 위해 새로운 도덕성발달이론을 발전시켰다. 이 이론에서 나타나고 있는 여성의 도덕적 판단이 갖는 분명한 특징은 다른 사람들과의 관계에서 도덕문제를 판단하고 자신을 평가한다는 점이다. Gilligan(1990)은 그녀의 연구에 근거해서 남자와 여자의 경우 도덕적 명령이 추구하는 바가 다르다고 보았다. 즉, 여성에게 주어지는 도덕적 명령은 동정이나 보살핌 같은 것이고, 남성에게 주어지는 도덕적 명령은 정의와 같은 추상적 원칙과 다른 사람의 권리를 존중해 주는 것 등이다.

Gilligan은 도덕성의 두 가지 대조적인 개념을 극적으로 설명하고 있는데, 그 하나는 Kohlberg의 정의의 도덕성이고, 다른 하나는 Gilligan의 배려의 도덕성이다. Kohlberg의 6단계에서 제시된 관념적 도덕성은, 성경에서 하느님이 믿음의 징표로 아들의 생명을 요구했을 때, 아브라함이 기꺼이 아들의 목숨을 제물로 바친 것에서 볼 수 있다(사진 참조). Gilligan의 인간중심적 도덕성 역시 성경에서 볼 수 있는데, 아기가 다치는 것을 보느니 차라리 가짜 어머니에게 아기를 양보함으로써, 자신이 아기의 진짜 어머니라는 것을 솔로몬 왕에게 입증해보인 여자의 이야기(사진 참조)에서 나타나고 있다(Papalia, Olds, & Feldman, 1989).

사진 설명 아브라함이 아들 이삭을 제물로 바치려 하고 있다.

사진 설명 솔로몬 왕이 아기의 진짜 어머니가 누구인지 가리고 있다.

이렇게 상이한 도덕적 명령은 도덕적 문제를 다른 방향에서 보게 하지만, 결코 남성적 방향이 보다 우수하다는 것을 의미하지는 않는다. 오히려 보다 인간적인 도덕성발달의 개념을 발전시키기 위해서는 남성적 방향과 여성적 방향이 서로 보완적으로 통합될 필요가 있다고 Gilligan은 주장한다. 이러한 주장은 남성적 성역할과 여성적 성역할을 서로 보완·통합하는 양성적 성역할 개념과 매우 비슷하다.

3) 남성중심적 가치체계에 대한 문제제기

서양철학에서 여성혐오를 아주 명백히 표현한 것들은 아리스토텔레스(정치학), 아퀴나스(신학대전), 루소(에밀), 칸트(미적인 것과 숭고한 것의 차이에 대하여), 헤겔(법철학), 사

Immanuel Kant

Jean Paul Sartre

르트르(존재와 무)와 같은 대가들이 한 명시적 여성비하에서 볼 수 있다. 한결같이 합리성을 인간의 본질적 특징으로 간주하는 전통 속에서, 이들 철학자들은 여성의 이성적 능력이 남성에 비해 열등하다고 주장하였다. 그들은 여성은 도덕적 자율성을 가질 능력이 없기 때문에 여성의 장점을 복종, 침묵, 정절과 같은 '여성적' 미덕을 실천하는 것에 있다고 결론지었다. 즉, 여성들은 공적 삶으로부터는 배제당해야 하고 사적 삶에서는 예속당해야 한다는 것이다.

이처럼 학문적 차원에서의 명시적인 여성비하는 자연스럽게 여성의 이익에 대한 무관심과 여성문제의 경시로 이어졌다. 현재까지 도덕철학은 여성과 관계가 있는 많은 문제들, 특히 성과 가정생활의 문제들에 대해 거의 주목하지 않았다. 일반적으로 그러한 문제들은 정의의 영역 밖에 있는 사적 영역에 속하는 것으로 개념화됨으로써 무시되어왔다. 실천윤리의 영역에서도 여성은 가족이나 국가와 같은 남성지배제도하에서 남성을 위한 도구로 취급되는 경우가 많았다. 예를 들면, 역사적으로 낙태에 대한 철학적 논쟁에서도 임신한 여성의 인권보다는 태아를 위한 환경 이상으로 취급하지 않았었다. 이처럼 여성의 이익과 관심에 대한 경시는 여성에 대한 철학적 평가절하에 의해서 정당화되어 왔다.

Gilligan은 발달심리학 분야에서도 성적 편견이 있음을 지적하고 있다. 예를 들면, Freud는 주로 오스트리아의 중산층 여성들을 대상으로 임상연구를 실시했음에도 불구하고, 그의 심리성적 발달이론은 대표적인 남성위주의 발달이론으로 손꼽힌다. 그는 아동의 심리성적 발달단계를 설명하는 과정에서 남성의 성기를 지나치게 강조하는 용어들을 사용하였다. 또한 '남근선망' '거세불안' '약한 초자아'와 같은 개념과 용어들을 통해 여성의 남근선망을 지나치게 확대하고 왜곡하였을 뿐만 아니라 여성을 남성에 비해 열등한 존재로 다루었다.

Erikson 역시 정체감 성취에 있어서 성차가 있다는 점을 설명하면서, 남성의 경우에는 친밀감보다 정체감이 선행하지만, 여성은 정체감이 친밀감 뒤에 오거나 이 두 가지가 동시에 나타난다고 주장하였다. 더욱이 Erikson은 여성은 남성과 만나 결혼하여 자녀를 양육할 때까지는 정체감이 불완전하다고 생각하였다.

Erikson이 남성과 여성의 정체감형성의 차이를 설명하기 위하여 300명의 소년소녀들을 대상으로 그들의 공간구성에 대해 살펴본 연구가 있다(Muuss, 1996). 아동들은 사람, 동물, 가구, 차량, 블록 등과 같은 장난감으로 재미있는 장면을 스스로 만들고 줄거리를 말해보라는 지시를 받았다. Erikson은 이 연구에서 남아와 여아는 공간을 매우 다르게 구성한다는 사실을 발견하였다. 남아들은 외부공간을 강조한 반면에, 여아들은 내부공간을 강조하였다. 남아들은 탑과 같은 건축물을 만들었으며, 원기둥과 긴 블록을 이용하여 높다란 구조물을 축조하고, 사람, 동물, 차량들은 외부에 위치하도록 하였다(〈그림 10-6〉 참조). 반면에, 여아들은 블록을 옆으로 죽 둘러쌓음으로써 주로 실내의 방과 같은 장면들을 만들고 방 내부에 사람이 위치하도록 하였다(〈그림 10-7〉 참조). Erikson(1968)은 이 연구를 통해 여성은 직업이나 이념의 문제보다는 가정과 대인관계에 더 많은 관심을 가지고 있으며, 독립적 · 자율적이기보다는 타율적이라고 생각하였다.

Kohlberg의 이론 또한 여성에 대한 편견을 나타내고 있다. 그의 이론은 남자만을 대상으로 한 연구를 기초로 해서 도덕성 발달수준을 6단계로 나누고, 대부분의 남성은 4단계 수준에 그리고 대부분의 여성은 3단계 수준에 머문다고 하였다. Kohlberg는 이러한 남성과 여성의 성차를 질적인 개념이 아닌 양적인 개념으로 해석하였다. 즉, 여성은 남성과 비교해서 높은 수준의 도덕적 판단을 할 수 있는 능력이 부족하기 때문이라고 설명하였다.

이와 같이 학문적 · 철학적 영역에서의 여성의 배제는 남성 특유의 체험들을 반영하는 도덕적 관점을 보편적인 진리로 받아들이게 하는 결과를 가져왔다. Gilligan은 서구 전통이 문화/자연, 초월/내재, 보편/특수, 마음/몸, 이성/감정, 공적/사적과 같은 개념적 이분법을 통하여 현실을 해석한다고 주장한다. 여기에서 보다 높이 평가되는 사항은 남성

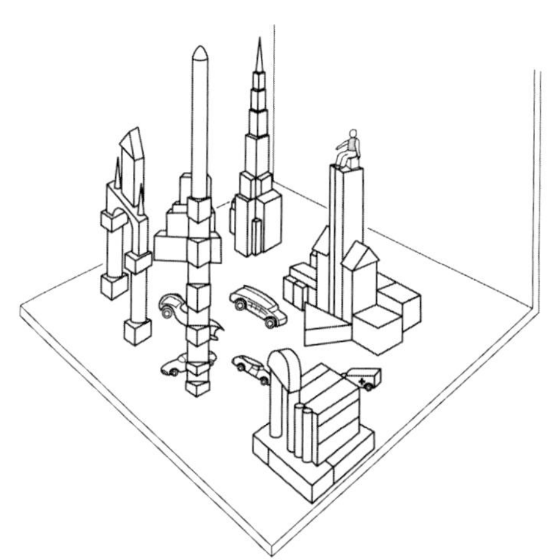

〈그림 10-6〉 남아의 전형적인 공간 구성

출처: Erikson, E. H. (1950). *Childhood and society*. New York: Norton.

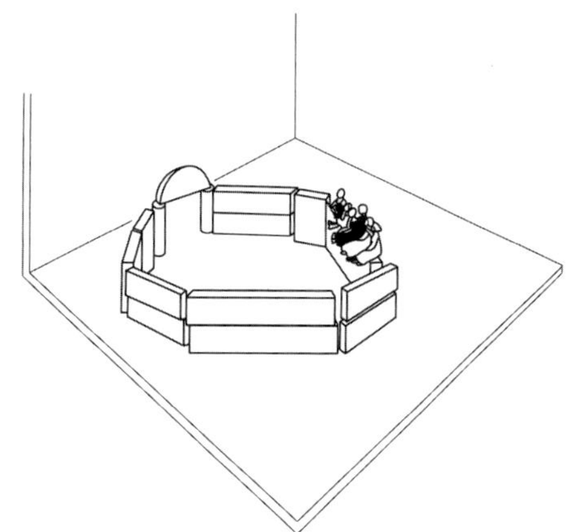

〈그림 10-7〉 여아의 전형적인 공간 구성

출처: Erikson, E. H. (1950). *Childhood and society*. New York: Norton.

성과 관련시키고 보다 낮게 평가되는 것은 여성성과 관련시킴으로써, 남성적인 것으로 정의된 특질들을 여성들이 성취하고, 여성적인 것을 거부할 때라야 비로소 최상의 도덕적 탁월성을 성취할 수 있다는 것이다.

Kohlberg가 제시한 도덕성발달 단계에서 보다 높은 도덕성 단계는 정의, 자율성, 평등, 공정성, 규칙과 같은 가치가 핵심적인 위치를 차지하고 있다. 이것은 서구사상 자체가 개인은 타자와 본질적으로 분리되어 있고, 전형적으로 갈등하는 이해관계를 가지고 있는 존재로 보는 것이다. 결국 타자에 대한 책임감이나 배려와 같은 가치를 주변화하고 때로는 비하하기까지 했다. Gilligan은 Kohlberg를 비롯한 학자들의 연구에서 다른 사람들에 대한 민감성이나 보살핌 등 전통적으로 여성적인 '선(goodness)'으로 규정되었던 특성이 도덕성발달에서 열등한 것으로 여겨진다는 사실에 주목하였다.

4) 다른 목소리

Gilligan은 Kohlberg의 도덕성발달이론이 남성중심적이라고 비판하면서, 동료들과 행한 자신의 여러 연구들을 통해 그동안 묻혀 있던 여성들의 '다른 목소리(different voice)'를 제시하고 있다(Muuss, 1996).

Seth Pollak

(1) 폭력의 지각에서 나타나는 성차

Gilligan은 Pollak과 함께 '주제통각검사 이야기에서 나타난 폭력의 이미지(Images of Violence in Thematic Apperception Test Stories)'(1982)라는 연구에서 폭력의 지각에 따른 성차를 보고자 하였다. Pollak과 Gilligan(1982)은 남녀 대학생들에게 친밀한 대인관계의 모습을 하고 있는 사람들의 그림(친교관계주제) 2장[2]과 성취상황과 관련된 그림(성취주제) 2장[3]을 주제통각검사(TAT)로 보여주고 나서, 대학생들이 만들어낸 이야기를 분석하여 폭력에 대한 지각을 살펴보았다. 연구결과, 친교상

---

2) 친교관계를 주제로 한 그림(2장).
① 서로 나란히 앉아 강을 바라보고 있는 남녀.
② 공중그네를 타고 곡예를 하는 상황에서 여성이 남성의 손목을 잡고 공중에 떠 있는 모습.

3) 성취주제 그림(2장).
① 고층빌딩의 사무실에서 아내와 아이들의 사진이 놓여 있는 책상에 혼자 앉아 있는 남성.
② 흰 가운을 입은 여성들이 실험실에 있고, 나이 든 여성이 뒤에서 그들을 지도하는 모습.

황과 성취상황에 대한 피험자들의 반응에서 폭력과 위험을 지각함에 있어 성차가 있는 것으로 나타났다. 즉, 친교와 친밀감을 나타내는 친교상황에 대해서는 남학생들(남학생 26%, 여학생 6%)이, 경쟁적인 학문적 성공을 나타내는 성취상황에 대해서는 여학생들(여학생 16%, 남학생 6.8%)이 폭력적인 이야기를 더 많이 만들어내었다. 또한 위험을 지각하는 데 있어서도 성차가 분명하게 드러났다. 친교상황에서 여학생들은 전혀 위험을 지각하지 않았지만, 남성들은 26%가 위험을 지각하였다. 반면에, 성취상황에서는 12%의 여학생들이 위험을 지각한 데 비해 남학생들은 단지 1.1%만이 위험을 지각하였다. 또한 남학생과 여학생 모두가 자신이 꾸며낸 이야기에서 남성보다 여성을 더 많이 폭력의 희생자로 묘사하였다. 특히 여학생들은 희생자가 남성인 경우의 이야기는 거의 만들어내지 않았다.

Pollak과 Gilligan(1982)은 이 연구에서 남성과 여성은 서로 다른 상황에서 위험을 지각하고 다른 방식으로 위험을 해석한다고 결론지었다. 즉, 남성은 대인관계의 연계성(예컨대, 거절당하는 것, 창피를 당하는 것, 배신당하는 것 등)에서 위험을 더 느끼는 반면에 경쟁적인 성취상황은 덜 위험한 것으로 지각하였다. 반면에, 여성은 경쟁적인 성공에 뒤따르는 타인과의 분리에 대해 많은 불안과 위험을 지각하였다. Gilligan은 여성은 유기(遺棄)에 대해 매우 민감한 반응을 보이고, 대인 간의 친교와 친밀감을 안전하고 버림받지 않는 상황으로 간주하는 경향이 있다고 말한다. Pollak과 Gilligan의 연구결과는 남성과 여성이 서로 '다른 목소리'로 이야기하고 있음을 객관적으로 밝힌 셈이다.

(2) 성적 갈등에 대한 십대의 도덕적 추론

도덕적 판단과 관련된 Kohlberg의 초기 연구들의 대부분은 '하인츠의 딜레마'와 같이 일상적인 경험에서 동떨어져 있는 것이라는 비판을 많이 받아왔다. Gilligan과 그녀의 동료들은 한 연구(1971)에서, 십대들이 동일시하기 쉽고 실제로 경험할 수 있는 성적 갈등상황을 제시하였다. 갈등상황의 예를 들면 다음과 같다.

> 고등학교에 다니는 한 소녀의 부모가 주말여행을 떠나고 소녀는 혼자 집에 남아 있었다. 금요일 저녁 뜻밖에 소녀의 남자친구가 집에 놀러왔다. 둘이서 이런저런 이야기를 하면서 놀다가 서로를 포옹하고 애무하기 시작하였다(사진 참조).

1. 이것은 올바른 것인가, 그른 것인가? 이것을 올바른 것(혹은 그른 것)으로 생각하게 하는 어떤 상황이 있는가?

2. 만약 이들이 성관계를 갖는다면 이것은 올바른 것인가, 아닌가? 왜 그렇게 생각하는가?
3. 성에 관한 이러한 문제가 도덕성과 관계가 있다고 생각하는가?
4. 당신은 옳고 그름에 대한 생각이 어디에서 나온다고 생각하는가?
5. 요즘에는 새로운 도덕성과 성적 혁명에 대한 말들이 많다. 이 점에 대해서 어떻게 생각하는가?

이 연구에서 고등학교 3학년 학생들 중 학업성적이 우수한 상위집단과 학업성적이 낮은 하위집단으로부터 남학생 25명과 여학생 25명을 선정하여, 이들에게 위의 예에서와 같은 성적 갈등상황을 '하인츠의 딜레마'와 같은 Kohlberg의 도덕적 갈등상황과 함께 제시하였다. 연구결과, Kohlberg의 도덕적 갈등상황에 대한 도덕성 성숙 점수(Moral Maturity Scores: MMS)가 성적 갈등상황에 대한 도덕성 성숙 점수보다 더 높은 것으로 나타났다. 즉, Kohlberg의 도덕적 갈등상황에서 피험자들은 3단계와 4단계의 중간 정도에 있었지만, 성적 갈등상황에서는 3단계에 있는 것으로 나타났다. 남학생들이 여학생들보다 두 딜레마에서 더 큰 차이를 보였다. 예를 들면, 성적 갈등상황에서 MMS가 남학생들 중에서 13명은 두 단계가, 6명은 세 단계가 낮아졌지만, 여학생의 경우 한 단계 이상 낮아진 사람은 한 명도 없었다.

도덕적 추론능력이 3.5단계에서 3단계로 하락하는 것은 매우 중요한 의미를 지닌다. 3단계는 의미 있는 타자, 또래집단의 압력, 자신의 인생에서 중요한 사람들에 대한 동조 그리고 다른 사람들이 기대하는 행동을 함으로써 그들에게 수용되고자 하는 바람 등이 청소년들에게 미치는 영향력을 의미하는 단계이다. 분명히, 성적 유혹을 포함하는 상황에서 이러한 종류의 압력은 청소년이 내리게 되는 실제적인 결정에 영향을 미칠 수 있다. Gilligan과 그의 동료들은 "청소년은 성적 문제에 대해 정서적으로 관여하게 되기 때문에 Kohlberg의 도덕적 갈등상황에서 보여주는 추론능력이 성적 갈등상황에서는 저하된다"(1971, p. 149)라고 결론지었다.

(3) 도덕적 갈등상황으로서의 낙태

Gilligan과 Belenky(1980)는 매우 어려운 도덕적 선택임과 동시에 지극히 개인적이고 실존적인 문제인 낙태를 고려 중인 젊은 여성들의 도덕적 추론능력을 살펴보았다. 그들은 '낙태 및 임신상담소'의 도움을 받아 낙태를 심각하게 고려하고 있는 여성 29명을 대상으로 심층면접을 실시하였다. 이들의 연령분포는 15~33세였는데 인종이나 사회계층이 다양하였다. 연구자들은 이들에게 먼저 Kohlberg의 도덕적 갈등상황을 제시하였으며, 낙태여부에 대한 여성들의 생각과 그러한 선택을 하게 된 이유와 설명에 대해 심층면접을 실시하였다. 연구자들의 관심은 그들이 낙태를 할 것인지 아니면 출산을 할 것인지에 대해서가 아니라, 그들의 궁극적인 선택을 유도하는 도덕적 추론에 있었다. 임신 3개월경에 첫 면접이 실시되었고, 1년 후에 재면접을 실시함으로써 그동안 도덕적 추론이 어떻게 변화되었는지를 살펴보았다. 이 연구의 연구문제와 연구결과는 다음과 같다.

연구문제 1. Kohlberg의 도덕적 갈등상황에 대한 도덕적 추론능력의 수준과 낙태결정의 기초가 되는 도덕적 추론능력 수준 간의 관계는 어떠한가?

연구문제 2. 첫 번째 면접과 1년 후의 두 번째 면접 사이에 발생한 도덕적 추론에서의 변화는 어떠하며, 연구문제 1에서 밝혀진 관계의 양상은 도덕적 추론에서의 변화와 어떤 관련이 있는가?

자료분석결과 세 집단으로 나뉘어졌는데, 첫 번째 집단은 Kohlberg의 도덕적 갈등상황과 낙태결정에 관한 도덕적 추론 점수가 비슷하였다. 두 번째 집단은 낙태결정에 대한 도덕적 추론 점수가 더 높았으며, 세 번째 집단은 Kohlberg의 도덕적 갈등상황에 대한 도덕적 추론 점수가 더 높았다.

첫 면접 이후 1년간의 중재기간 동안 세 집단 중에서 두 번째 집단의 도덕적 추론능력이 가장 많이 성장하였으며, 나머지 두 집단은 중재기간 동안 별다른 발전이나 퇴보가 없이 예전의 수준을 그대로 유지하였다. 하지만 세 번째 집단의 경우 전반적인 추론능력에서 변화는 없었지만, 낙태결정과 낙태 이후의 일상생활 모두에서 스트레스를 많이 받았으며 자신이 불행하다고 느끼고 있었다.

5) 도덕성발달의 단계

Gilligan(1982)은 도덕성발달을 이해하는 데 있어 핵심적인 틀로서 인정되어온 Kohlberg

의 도덕성발달이론이 여성에게는 편파적인 것이라고 비판하였다. 즉, Kohlberg의 도덕성발달이론은 추상적인 추론을 강조함으로써 남성의 성역할 가치는 높이 평가하고, 상대적으로 여성의 성역할 가치의 중요성을 축소하였다는 것이다. 정의를 중시한 Kohlberg의 도덕성발달이론은 이성이나 평등, 존엄성, 자율성 등과 같이 남성적 특성을 강조했기 때문에 남성주의적인 것인 반면, 다른 사람들에 대한 배려나 보호, 보살핌 및 책임 등과 같이 여성의 도덕적 판단에서 나타나는 대인관계적 요소를 평가절하함으로써 도덕적 추론에서 여성들이 사용하는 '다른 목소리'는 제대로 반영하지 못하였다는 것이다. 이러한 남성중심적인 도덕성발달이론을 대신하여, Gilligan은 여성의 도덕성을 이해할 수 있는 새로운 기준으로 배려지향적 도덕성발달이론을 제시하였다.

Gilligan(1982)이 제시하는 배려지향적 도덕성발달 과정은 세 수준과 두 과도기로 구분되는 다섯 단계로 이루어진다. 여기에서 1.5수준과 2.5수준은 과도기 과정이다.

(1) 제1수준: 자기중심적 단계

도덕적 추론의 가장 초보적인 단계로서, 이 단계에서 여성은 스스로의 생존을 위해 지극히 자기중심적이다. 이 단계에서는 다른 사람에 대한 관심이나 배려가 결여되어 있으며, 자신에게 최상의 것이 무엇인가에 의해 최종 결정이 내려진다. 이 단계에서의 배려는 다른 사람을 위한 것이 아니라 오직 자기 자신을 위한 배려이다. 여성의 관심은 오직

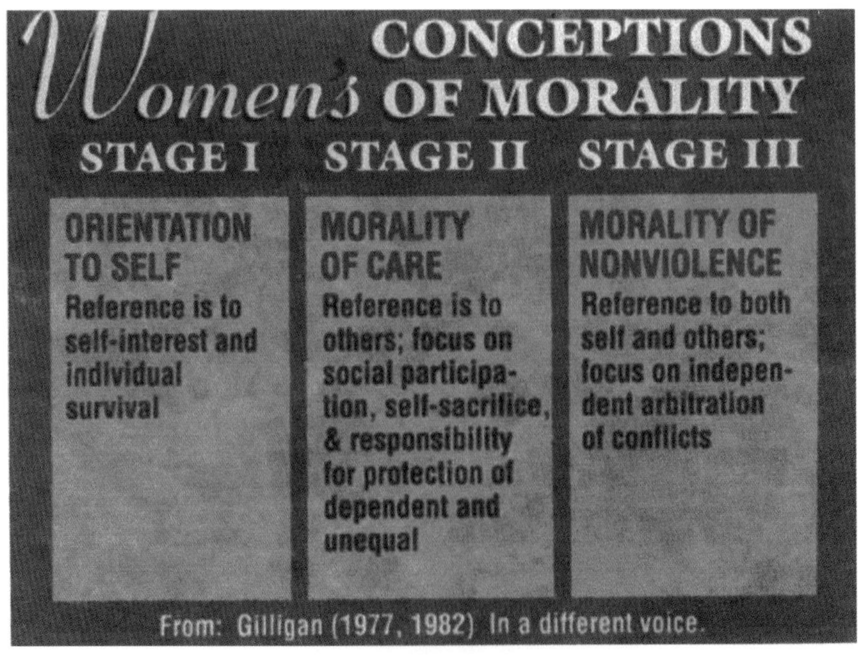

자신의 욕구뿐이다.

(2) 제1.5수준: 이기심에서 책임감으로의 변화

이 단계에서 처음으로 이기심(자신이 원하는 것)과 책임감(자신이 해야만 하는 것)이라고 하는 대립되는 개념이 등장한다. 자신의 판단이나 행동을 이기적이라고 자책하기도 하는데, 이는 자아와 타인 사이의 연계성을 인식하기 시작했다는 사실을 보여준다. 이제는 이기심이 타인을 생각하는 책임감으로 서서히 변하기 시작한다. 그러나 다른 사람들에 대한 관심이 증가했다고 할지라도, 여전히 자신의 행복이 삶의 목적이다.

(3) 제2수준: 책임감과 자기 희생의 단계

이 단계에서 여성은 다른 사람들에 대한 책임을 강조하게 되며, 자기에게 의존하는 사람들이나 자기보다 열등한 사람들을 보살피고자 하는 모성애적 도덕률을 채택하게 된다. 다른 사람들을 기쁘게 해주려는 욕구, 심지어 자신의 욕구를 희생해서라도 다른 사람이 원하는 것을 해주려는 욕구가 전면에 등장하게 된다.

그러나 배려의 대상이 오직 다른 사람에게만 국한되며, 자기 자신은 배려의 대상에서 제외되기 때문에, 인간관계의 평형상태가 파괴된다. 즉, 이 단계에서 여성은 자기 희생을 도덕적 이상으로 간주하지만, 이것은 자기 자신과 다른 사람들 간의 불평등으로 인하여 여성은 혼돈에 빠지게 된다.

(4) 제2.5수준: 선에 대한 관심에서 진실에 대한 관심으로의 변화

이 단계에서는 다른 사람의 욕구뿐만 아니라 자기 자신의 욕구도 고려한다. 다른 사람에 대한 책임을 짐으로써 '착하게' 되기를 원하지만, 자기 자신에게 책임을 짐으로써 '정직하게' 되고자 한다. 즉, 책임감의 개념이 자기 자신의 욕구와 이해관계를 포괄할 수 있도록 확대되는 것이다.

이 두 번째 과도기에서는 선에 대한 관심보다 진실에 대한 관심이 더 증가한다. 이러한 변화는 배려의 도덕성을 뒷받침한다고 생각했던 자기 희생의 논리를 면밀히 고찰하는 과정에서 자아와 타인 간의 관계를 재고하면서부터 시작된다.

(5) 제3수준: 자신과 타인에 대한 배려의 단계

이 단계에 도달하게 되면 여성은 인간관계가 상호적이라는 것을 인식하며, 자신과 타인의 관계에 대한 새로운 이해를 통해서 이기심과 책임감 간의 대립을 해소한다. 예를

사진 설명 Gilligan(가운데)이 면접대상 여성들과 함께

들면, 낙태에 관한 결정에 있어서 자기 자신의 권리를 주장하지만, 동시에 다른 사람들에 대한 책임감도 고려한다. 이 단계의 여성은 더 이상 자신을 무기력하거나 복종적인 존재로 여기지 않는다. 이제는 의사결정 과정에서 적극적이고 동등한 참여자가 되는 것이다. 이 단계에서는 자기 자신도 배려의 대상이 되어야 한다는 것을 깨닫게 되며, 자기 자신에 대하여 책임감을 느끼게 된다.

James Marcia

Marcia와 그의 동료들은 Gilligan의 이론에 기초한 배려지향적 도덕성과 자아정체감과의 관계를 연구한 바 있다(Marcia, 1993; Skoe & Marcia, 1991). '자신과 다른 사람을 돌봄'이라는 제3수준에서는 이기심과 책임감 간의 갈등을 해결할 수 있게 된다. 연구결과, 높은 수준의 배려지향적 도덕성과 높은 수준의 정체감과는 밀접한 관련이 있는 것으로 나타났다. Marcia(1993)는 정체감발달은 개인적인 발달뿐만 아니라 다른 사람과의 관계에서의 발달도 포함한다고 한다. 따라서 자아정체감과 배려지향적 도덕성과는 서로 관련이 있는 것으로 보인다.

6) 평가

Gilligan의 도덕성발달이론은 최근에 와서 많은 발달심리학자들의 관심의 대상이 되었을 뿐 아니라, 도덕성발달에 관한 시야를 넓히는 데 공헌한 것으로 평가되고 있다. Gilligan은 이전의 도덕성발달에 관한 연구들에 대해서 배려와 책임의 측면은 무시하거나 평가절하한 반면, 정의와 권리의 측면은 지나치게 강조했다고 비판함으로써 도덕성발달의 새로운 패러다임을 모색하였다. Gilligan은 우리가 수세기 동안 남성들의 목소리만 들어왔고 남성들의 경험이 말해주는 발달이론에 길들여져 있었다고 하면서, 이제는 남성들과는 다른 무언가를 말할지도 모르는 '여성의 목소리'에 주의를 기울여야 할 때가 되었다고 주장한다. 이러한 주장은 남성의 경험을 인류의 경험인 듯 받아들이는 종래의 관습적인 사고방식에 경종을 울린 것으로 보인다.

한편, Gilligan은 Kohlberg의 도덕성발달이론은 남성만을 대상으로 한 연구를 기초로 했기 때문에, 그의 이론을 여성에게 적용할 때의 문제점을 지적한 바 있다. 그러나 성인을 대상으로 한 연구에서 Kohlberg의 도덕적 추론 수준이 남성이 여성보다 더 높다는 결과도 있지만, 전생애에 걸친 대규모 연구결과를 보면 Kohlberg의 도덕적 갈등상황에 대한 반응에서 남녀차이가 없는 것으로 보인다(Ford & Lowery, 1986; Walker, 1984). 남성이 여성보다 약간 더 높은 수준에 있는 경우도 남성의 교육수준과 직업수준이 여성보다 더 높았기 때문에, 이 결과를 성과 관련된 차이로 보기는 어렵다. 따라서 Gilligan이 주장한 바와 같이 Kohlberg의 이론이 여성에 대한 편견을 나타낸다고 볼 수는 없는 것 같다.

Gilligan은 또한 남성과 여성의 도덕적 명령이 추구하는 바가 다르기 때문에, 남성은 다른 사람의 권리를 존중하는 법과 질서를 우선하는 정의의 도덕성을 지향하게 되고, 여성은 다른 사람에 대한 책임과 복지가 핵심인 배려의 도덕성을 지향하게 된다고 주장하였다. 그러나 몇몇 연구(Berzins, Welling, & Wetter, 1978; Ford & Lowery, 1986; Söhting, Skoe, & Marcia, 1994)에서 배려지향적 도덕성이 남성과 여성이라는 성별보다는 오히려 남성성이나 여성성과 같은 성역할 정체감과 더 관련이 있는 것으로 나타났다. 즉, 여성이 남성보다 배려지향적 도덕성이 더 높은 것이 아니라, 여성이든 남성이든 배려지향적 도덕성은 성역할 지향이 여성성인 사람들에게서 더 높게 나타났다.

Diane Papalia

요약하면, Gilligan의 이론은 도덕성발달 연구에서 현실을 고려한 실제적인 문제를 제기했다는 점에서 인정을 받을 만하다. 그녀는 또한 다른 사람에 대한 책임감이나 보살핌의 차원을 도덕성발달에 포함시킴으로써 도덕성발달의 영역을 확장하였다. 따라서 도덕성발달에 대한 Gilligan의 기여는 도덕적 갈등상황에 대처하는 남녀의 차이를 제시한 데 있는 것이 아니라, 도덕성발달의 개념과 영역을 확장하였다는 데 있다(Brabeck, 1983).

Cameron J. Camp

Kohlberg와 Gilligan의 이론은 최근에 와서 상당한 합치점을 보이고 있다. Gilligan은 이제 남성과 여성의 '다른 목소리'를 덜 강조하고, Kohlberg는 5단계에 '배려'의 측면을 포함시킴으로써 그리고 새로이 '7단계'를 추가함으로써 우주만물에 대한 관심과 배려를 강조하고 있다(Papalia, Camp, & Feldman, 1996).

콜버그의 7단계: 우주 지향의 도덕

James Fowler

한때 Kohlberg는 그의 도덕성발달 단계에서 6단계에 도달하는 사람이 매우 드물다는 사실에 주목하면서 6단계의 존재에 의문을 가진 적이 있다(Muuss, 1988). 그럼에도 불구하고, Kohlberg는 작고하기 얼마 전에 '정의'의 도덕성을 넘어서는'제7단계'에 대해 심사숙고한 것 같다(Kohlberg, Levine, & Hewer, 1983). 자신의 죽음과 직면하게 되는 말년에 가서야 출현하는 것으로 보이는 제7단계는 동양의 '자아초월'의 개념과 유사한 것으로 보인다. 자신이 우주의 중심이라고 생각하던 인간이 이제 우주와 일체를 이루고 자신은 우주의 일부일 뿐이라고 생각하기 시작한다. 불경(佛經)에 '우주즉아(宇宙則我)'라는 말이 있다. 우주가 있다는 것을 깨닫는 내가 있어야 우주도 있으니 나 역시 우주와 같다는 뜻이다. 이 단계에서 성인들은 다음과 같은 질문을 하게 된다. "왜 사는가? 죽음에 어떻게 직면할 것인가?"(Kohlberg & Ryncarz, 1990, p. 192). 이 질문에 대한 대답으로 Kohlberg가 제시한 것은 '우주적 전망(cosmic perspective)'으로서 우주, 자연 또는 신과 일체감을 느끼는 것이라고 하였다. 이러한 견해는 반드시 종교적 신념을 수반하는 것은 아니지만, 신학자 Fowler(1981)의 신념발달이론에서 볼 수 있는 가장 성숙한 수준과 상당히 유사하다. Fowler의 신념발달은 모두 7단계로 이루어지는데, 가장 높은 단계가 '보편화된 신념(universalizing faith)'이다. Fowler에 의하면 보편화된 신념단계에 도달하는 사람은 전체 인구 중 1% 미만으로 매우 드물다고 한다. 이 단계에 도달한 사람들은 "우주와 일체를 이루는" 경지를 경험한다(Fowler, 1983, p. 58). Fowler가 예로 든 보편화된 신념발달 단계에 도달한 사람으로는 마틴 루터, 마하트마 간디, 테레사 수녀 등이 있다. 우주와 일체를 이루는 경험을 하기 위해서는 모든 존재는 서로 연결되어 있다는 점을 인식해야 한다. 다시 말해서 한 개인의 행동은 모든 사람과 모든 사물에 영향을 미치고, 그 결과는 다시 행위자인 자신에게로 되돌아온다는 것이다.

19세기 중반에 미국 인디언 족장이었던 시애틀은 이와 유사한 견해를 피력한 바 있다. 미국 정부가 그들 원주민의 땅을 사들이려고 했을 때 그는 다음과 같이 말했다.

> "땅은 우리 민족에게 있어 거룩한 곳입니다. 아침 이슬에 반짝이는 솔잎 하나도, 해변의 모래톱도, 깊은 숲 속의 안개며 노래하는 온갖 벌레들도 모두 신성합니다. 나무줄기를 흐르는 수액은 바로 우리의 정맥을 흐르는 피입니다. 우리는 땅의 일부이고 땅

은 우리의 일부입니다. 거친 바위산과 목장의 이슬, 향기로운 꽃들, 사슴과 말, 커다란 독수리는 모두 우리의 형제입니다. 사람은 이 거대한 생명 그물망의 한 가닥일 뿐입니다. 만일 사람들이 쏙독새의 아름다운 지저귐이나 밤의 연못가 개구리의 울음소리를 듣지 못한다면 인생에 남는 것이 무엇이 있겠습니까?

우리가 만약 당신들에게 땅을 판다면, 땅은 거룩하다는 것을 기억해주십시오. 이 땅을 목장의 꽃향기를 나르는 바람을 맛볼 수 있는 곳으로 지켜주십시오. 우리가 우리의 자손에게 가르친 것을 당신들도 당신들의 자손에게 가르쳐주십시오. 땅은 우리 모두의 어머니라고. 모든 좋은 것은 땅으로부터 나오고, 이 땅의 운명이 곧 우리의 운명이라는 것을…" (Campbell & Moyers, 1988, pp. 34-35).

4. 정의지향적 도덕성과 배려지향적 도덕성에 관한 우리나라의 연구

우리나라의 청소년과 30대 성인 그리고 50대 성인 남녀 240명을 대상으로 하여 Kohlberg의 정의지향적 도덕성과 Gilligan의 배려지향적 도덕성에 관해 조사한 연구(정옥분, 곽경화, 2003)가 있다. 이 연구에서 연구자들은 청소년기, 성년기, 중년기의 정의지향적 도덕성과 배려지향적 도덕성이 연령에 따라 어떤 발달적 변화를 보이는지를 규명해보고자 하였다.[4] 그와 동시에 성과 성역할 정체감에 따라서 차이가 있는지도 살펴보고자 하였다.

연구결과, 정의지향적 도덕성은 30대 성인, 청소년, 50대 성인 순으로 높은 것으로 나타났으나, 배려지향적 도덕성은 30대 성

4) 본 연구를 시작할 당시의 의도는 아동기부터 노년기까지의 전생애를 포함한 발달적 변화를 규명해보는 데 있었으나, 본 연구에서 사용된 측정도구들이 아동과 노인에게는 적합하지 않은 것으로 판명되어 아동기와 노년기는 제외되었다.

인, 50대 성인, 청소년 순으로 나타났다. 좀더 구체적으로 살펴보면, 청소년은 정의지향적 도덕성이든 배려지향적 도덕성이든 성과 성역할 정체감에 의한 차이가 없음이 드러났지만, 30대 성인은 정의지향적 도덕성과 배려지향적 도덕성에서 성별에 따른 차이를 보여주었다. 특히 여성이 남성보다 정의지향적 도덕성과 배려지향적 도덕성에서 모두 높은 것으로 나타났다. 그러나 50대 성인의 경우는 정의지향적 도덕성에서는 남성이 높게 나타났으나, 배려지향적 도덕성에서는 여성이 높은 것으로 나타났다. 성역할 정체감에 의한 차이는 50대 성인들에게서만 나타났다. 배려지향적 도덕성은 여성적 정체감 집단이 남성적 정체감 집단보다 더 높은 것으로 나타났으며, 정의지향적 도덕성은 남성적 정체감 집단이 다른 정체감 집단보다 더 높은 것으로 나타났다.

이러한 결과는 연령에 따른 도덕성의 발달적 변화를 뚜렷하게 보여주는 것이다. 구체적으로 살펴보면, 청소년이 도덕성에 있어 성차가 없는 것은 핵가족화되면서 자녀 수가 급격히 감소함에 따라 자녀의 성에 따라 부모의 양육태도에 차이가 없어졌기 때문인 것으로 보인다. 청소년은 또한 서구적 가치관을 교육받은 세대이다. 즉, 평등한 가치관을 기반으로 개인의 능력과 성취에 따른 보편적 기준에 의한 공정한 기회를 누린 세대이고, 수평적 인간관계를 교육받아 남녀 구분이 가장 크게 감소한 세대이다.

한편, 30대 성인들의 경우에는 정의지향적 도덕성과 배려지향적 도덕성이 서로 상반되는 도덕성으로 간주되기보다는 상호보완적인 것으로 나타나고 있음을 알 수 있다. 특히 30대 여성은 정의지향적 도덕성과 배려지향적 도덕성이 모두 높은 것으로 나타났는데, 이는 386세대로 평가되는 독특한 특징 때문인 것으로 여겨진다. 이들은 전통적 가치관을 간직하고 있어서 배려지향적 도덕성이 높지만, 여성에 대한 교육기회가 증대되면서 자율성과 정의, 평등, 인간존중과 같은 서구의 가치관을 교육받은 세대이기도 하다.

한편, 50대 성인의 경우는 뚜렷한 성차를 보이고 있다. 정의지향적 도덕성은 남성이 여성보다 높은 반면, 배려지향적 도덕성은 여성이 남성보다 높게 나타났다. 이 같은 결과는 성역할 고정관념을 가지고 설명해볼 수 있는데, 오늘날의 50대는 성역할 규범이 보다 융통성 있는 시대에서 성장한 젊은 세대보다 성역할 지향이 보다 더 전통적인 것으로 보인다. 따라서 남성은 남성적 역할을, 여성은 여성적 역할을 강조하다보니 남성은 남성지향적이라고 할 수 있는 정의지향적 도덕성이 높고, 여성은 여성지향적이라고 할 수 있는 배려지향적 도덕성이 높게 나타난 것이 아닌가 생각된다. 그리고 성역할 정체감에 의한 차이 역시 성역할 고정관념으로 설명할 수 있다. 즉, 여성적 정체감 집단이 남성적 정체감 집단보다 성역할 개념이 여성지향적이라고 할 수 있는 배려지향적 도덕성이 더 높게 나타난 것으로 보이며, 남성적 정체감 집단은 남성지향적이라고 할 수 있는 정의지향적 도덕성이 더 높게 나타난 것으로 보인다.

이를 종합해보면, 급격한 사회 변화 속에서 세대 간에 뚜렷한 차이가 있음을 엿볼 수 있다. 정의지향적 도덕성은 낮고, 배려지향적 도덕성이 높은 50대 성인은 전통적 가치관에 의해 지배된다고 할 수 있다. 50대 성인은 개인의 이익을 추구하기보다는 공동체 의식을 우선시한다. 즉, 우리 사회의 중년세대들은 1940~1950년을 전후하여 출생한 세대로서, 외래문화에 크게 동화되지 않고, 전통적으로 우리 사회가 가지고 있는 가족주의적 가치의식을 지니고 있으며, 노부모의 봉양에 대한 책임의식도 강한 세대임을 알 수 있다 (김명자, 1998).

한편, 정의지향적 도덕성과 배려지향적 도덕성이 모두 높은 30대 성인들은 서구적 가치관과 전통적 가치관을 공유하는 세대임을 알 수 있다. 이는 전통적인 가치관을 바탕으로 효의식을 어느 정도 수용하고 있으나, 급변하는 산업화와 도시화의 과정에서 현대적 교육을 받고, 서구적 가치관을 체득해온 세대이기 때문이다. 즉, 30대 성인은 전통적 가치관과 서구적 가치관이 교체되고 있는 과도기적 상황에서 개인주의를 보다 강조하는 청소년과 전통적 가치관을 보다 중시하는 50대 성인 사이에서 중간자적 위치에 있다.

반면, 정의지향적 도덕성은 비교적 높은 편이고, 배려지향적 도덕성은 비교적 낮은 편인 청소년은 서구적 가치관을 상당히 수용하고 있음을 보여주고 있다. 즉, 집단주의적 가치관은 점차 사라지고, 오히려 개인주의적 성향이 두드러지고 있는 청소년들의 가치관을 반영한다고 할 수 있다(설인자, 2000).

따라서 우리는 이러한 세대 차이를 어떻게 극복할 것인지에 관한 문제를 해결해야만 한다. 바꾸어 말하면, 전통적 가치관을 고수하며 10대 청소년 자녀를 둔 50대 성인들과, 상대적으로 서구적 가치관에 익숙하고, 50대 성인들을 부모로 둔 청소년 간의 단절과 괴리를 어떻게 메워나갈 것인지를 진지하게 고려해야만 한다. 예를 들어, 50대 성인들은 효를 중시하며, 부모봉양에 최선을 다해왔지만, 자녀로부터는 이와 같은 봉양을 받을 수 있을 것으로 기대할 수 없다. 반면, 청소년들은 학교에서는 인간의 존엄성과 정의구현, 자율과 독립심 등의 가치관을 교육받지만, 실제로는 현실과의 괴리를 경험할 수밖에 없다. 따라서 21세기를 대변할 새로운 가치관을 형성하기 위해서는 전통적 가치관과 서구적 가치관, 세대 간의 관계를 어떻게 조율할 것인지를 깊이 생각해보아야만 한다.

제 11 장

청년발달의 이론

청년의 주요 과업은 순탄한 변화를 거쳐 청년기를 마무리하는 것이다. Arthur Koestler

청년기에 우리는 무지개로 옷을 해 입고 12궁 성좌(星座)처럼 화려하다. Ralph Waldo Emerson

청년의 사고는 길고도 길다. Henry Wardsworth Longfellow

십대들은 친구들과 똑같은 차림을 하면서 그들과는 달라지기를 열망한다. Anonymous

편안하고 성공적인 대인관계가 인생에서 제일 중요하다. Harry Stack Sullivan

청춘은 다시 돌아오지 않고 하루에 새벽은 한 번 뿐이다. 좋은 때에 부지런히 힘쓸지니 세월은 사람을 기다리지 않는다. 도연명

1. Hall의 반복발생적 청년심리학
2. A. Freud의 청년기 방어기제이론
3. Sullivan의 대인관계이론
4. Erikson의 정체감발달이론
5. Mead의 문화인류학과 청년기
6. 청년기는 과연 질풍노도의 시기인가

많은 이론들이 청년의 발달에 관해 설명하고 있다. 그러나 어느 이론도 청년발달의 복잡하고 다양한 측면을 충분하고 완벽하게 설명하지는 못하고 있다. 하지만 각 이론은 어느 것이나 우리가 청년발달을 이해하는 데 나름대로 중요한 기여를 한다.

이론이라는 것은 이해라는 섬과 삶이라는 육지를 연결하는 다리와 같다고 하는 말이 있다. 청년발달이론에서 섬은 청년기이고 육지는 인간의 전생애이다. 이 장에서는 몇 번에 걸쳐 청년기로의 여행을 할 것이다. 그러나 매번 다른 다리를 지나서 갈 것이다. 하나의 다리만을 건너야 한다면 우리는 많은 것을 보지 못하고 놓칠지 모른다. 그러나 다행히도 청년기로 건너갈 수 있는 몇 개의 다리가 우리 앞에 놓여 있다.

청년기에 대한 관심은 고대 그리스 시대로 거슬러 올라갈 수 있다. 플라톤과 아리스토텔레스는 이미 그 시대에 청년의 본질에 관해 언급하고 있다. 그러나 아동을 성인의 축소판으로 본 중세기 동안에는 대부분의 철학자나 교육자들은 청년기에 특별한 관심을 보이지 않았고, 아동에서 바로 성인이 된다는 견해를 가졌었다. 청년발달에 관한 과학적인 연구는 최근에 와서 이루어졌는데, 19세기 말 청년기에 깊은 관심을 보인 G. Stanley Hall에 의해 비로소 이론적으로 체계화되었다.

청년기는 아동기에서 성인기로 옮겨가는 과도기로서, 이 시기의 청년은 아동도 아니고 성인도 아닌 어중간한 상태에서, 불안정과 불균형으로 인한 심한 긴장과 혼란을 경험하게 된다. 이 때문에 청년기를 흔히 "질풍노도의 시기(A period of strom and stress)"라고 한다.

이 장에서는 Hall, Anna Freud, Sullivan, Erikson 그리고 Mead의 이론을 통해 청년발달을 이해하고자 한다. 특히 청년기를 '질풍노도의 시기'로 보는 관점과 그 반대 입장을 비교해보고자 한다.

1. Hall의 반복발생적 청년심리학

1) Hall의 생애

G. Stanley Hall(1844-1924)

G. Stanley Hall은 1844년에 보스턴의 작은 농장에서 농부의 아들로 태어났다. 부모의 간곡한 희망에도 불구하고, Hall은 농부가 되는 것을 원하지 않았다. Hall은 1878년에 하버드 대학에서 윌리엄 제임스의 지도하에 미국에서 최초로 심리학 박사학위

사진 설명 앞줄 왼쪽부터 Freud, Hall, Jung

를 받았다. 그 후 독일에서 빌헬름 분트와 함께 연구를 하기도 했다. 1883년부터 존스 홉킨스 대학에서 교수로 재직하다가 1889년에 클라크 대학의 초대 총장이 되었다. 1892년에 미국심리학회를 창설하여 초대 회장이 되었으며, 1909년에는 자신이 총장으로 있던 클라크 대학에서 Freud를 초청하여 강연하게 함으로써 미국심리학에 정신분석이론을 소개하는 성과를 올렸다(사진 참조).

Hall은 미국에서 아동에 관한 최초의 체계적 연구에 착수했으며, 발달심리학 분야의 기반을 구축하였다. Hall은 독자적인 아동심리학을 발전시키고, 과학적인 아동 연구방법을 이용한 최초의 심리학자이다. 그는 집단을 대상으로 한 체계적인 연구가 가능하도록 하기 위한 새로운 연구방법을 고안했는데, 질문지법(questionnaire)이 바로 그것이다. 이 연구법은 종전의 철학적 접근법이나 전기적(biographical) 접근법보다는 연구방법상 진일보한 것이다. Hall의 연구방법은 과거의 철학적 · 사변적(思辨的) 접근법과 현대의 과학적 · 경험적 접근법 사이에 가교의 구실을 했다고 할 수 있다.

사진 설명 클라크 대학 캠퍼스 전경

Hall은 또한 "청년심리학의 아버지"로 불릴 만큼 청년에 대해 깊은 관심을 가지고 청년기를 과학적으로 연구하여, 1904년에 『청년기(Adolescence)』라는 두 권의 저서를 출간하였다. 이 저서는 청년기를 인생에서 특별한 시기로 본 첫 번째 시도로 기념비적인 것이다. 이 책의 목차에서 보듯이 '신장과 체중의 성장' '성적 발달' '청년기의 사랑' '사회적 본능과 제도' '시적 발달과 교육' '청소년 비행, 부도덕성, 범죄' '신체와 정신의 병' 등은 100년이 지난 오늘날의 청년심리학에서도 여전히 주요한 주제가 되고 있다.

Hall은 78세가 된 1922년에 『노년기: 인생의 후반부(Senescence: The Last Half of Life)』를 집필하였다. Hall은 이 저서에서 노년기에도 그 시기 특유의 생리적 변화와 신체적 기능, 감정 및 사고의 특성을 지니고 있다고 주장하였다.

2) Hall 이론의 개요

Hall은 다윈, 헤켈, 루소 그리고 라마르크의 영향을 받아 그들의 이론을 종합하였다(Grinder, 1967). 우선 다윈의 생물학적 진화론의 개념을 인간발달의 연구에 적용하여, 인간의 모든 발달은 유전적 요인에 의해 결정된다고 믿고, 특히 유아기나 아동기의 환경의 영향은 거의 무시하였다. 그러나 청년기에 오면 개인의 발달은 유전과 환경의 상호작용에 의해 이루어진다고 보았다.

헤켈은 인간발달의 기본법칙으로 개체발생(ontogeny)은 계통발생(phylogeny)의 집약된 반복이라고 주장하였다. 쉽게 말해서 태내발달은 인간의 진화과정과 매우 비슷한 발달단계를 거친다는 것이다(Gallatin, 1975). Hall은 이 반복의 원칙(principle of recapitulation)을 출생 후의 발달에도 적용하여, 이러한 반복은 아이가 태어난 후에도 계속된다고 하였다. 즉, 인류의 발전과정이 야만사회로부터 문명사회로 발달하였듯이, 개인의 발달 또한 유아기로부터 청년기를 거쳐 성인이 된다고 설명한다.

Ernst Haeckel

습득된 형질도 유전된다는 라마르크의 영향을 받은 Hall은 한 개인의 행동은 그 개인의 구조에 영향을 미치고 이것은 또 유전된다고 보았다. 마지막으로 그는 루소의 자연주의 사상의 영향을 받아, 아동기까지는 방임상태에 두다가 교육이 가능해지는 청년기가 되면 교육자가 개입해서 지도하도록 권장하고 있다.

Chevalier de Lamarck

Hall 역시 루소와 마찬가지로 인간의 발달을 유아기, 아동기, 전청년기, 청년기 등의 4단계로 구분하였다. 유아기는 출생 후 4년까지로, 유아가 기어다니는 것은 우리 인간 종족이 네 발을 사용하던 무렵의 동물적 단계를 반복하는 것으로 보았다. 이 무렵에는 감각의 발달이 우세하고, 유아는 이때 자기보존에 필요한 감각운동의 기술을 습득하게 된다고 한다.

아동기(4~8세)는 고기잡이와 사냥이 주요 활동이던 시대를 반영한다. 이때는 아동이 숨바꼭질 놀이를 하고 총놀이, 활쏘기 놀이 등을 한다. 아동들이 동굴, 오두막, 나무집, 숨을 곳 등을 짓는 것은 선사시대의 동굴주거 문화에 상응한다.

전청년기(8~12세) 동안에는 수천 년 전의 미개사회의 단조로운 삶을 반영한다. 이 시기는 일상적인 훈련과 연습을 하는 데 가장 적절한 시기로서 읽기, 쓰기, 셈하기를 비롯한 여러 가지 기술을 익히는 데 황금기라고도 할 수 있다. 이 시기를 놓치게 되면 나중에 이러한 기술을 습득하기가 거의 불가능하다고 한다.

청년기는 사춘기에 시작해서 22~25세 정도에 끝난다. Hall은 청년기를 '질풍노도의 시기'로 묘사하였다. 질풍노도란 말은 이상주의, 열정, 혁명 등에 관한 소설을 쓴 독일의 문학가 괴테와 실러에게서 빌려온 표현이다. Hall은 청년기가 혼란스러운 것은 인간의 진화과정에서의 과도기적 단계의 반영 때문이라고 생각한다. 즉, 아동도 아니고 성인도 아닌 모호한 위치에서 청년은 자아의식과 현실적응 사이의 갈등, 소외, 외로움, 혼돈의 감정을 경험하게 되고, 이로 인한 긴장과 혼란이 이 시기를 '질풍노도의 시기'로 만든다는 것이다. Hall은 또한 청년기를 '새로운 탄생'으로 보았는데, 청년기에 보다 높은 수준의 그리고 보다 완전한 인간 특성이 새로이 탄생하는 것으로 보았다. 청년 후기가 되면 초기 현대문명사회를 반영한다. 이 단계에서 청년은 성숙기에 도달하게 된다. Hall은 인간의 발달과정을 끝없이 계속되는 과정으로 보았다.

Johann Goethe

Friedrich Schiller

Hall의 청년기에 대한 견해는 사회성발달과 청소년 교육에 대해 시사하는 바가 크다. Hall은 생물학적 과정이 사회성발달을 유도한다고 믿는다. Hall에 의하면 사춘기에 일어나는 생물학적 변화가 이성교제와 같은 보다 복잡한 사회적 관계에 영향을 미친다고 한다. 그리고 청소년 교육과 관련해서 Hall은 과학적 사고, 도덕성, 예절교육 등이 15세 이후에 집중적으로 이루어져야 한다고 주장한다.

3) 청년기의 발달측면

Hall이 『청년기』(1904)에서 강조하고 있는 발달측면을 몇 가지 살펴보면 다음과 같다(Gallatin, 1975).

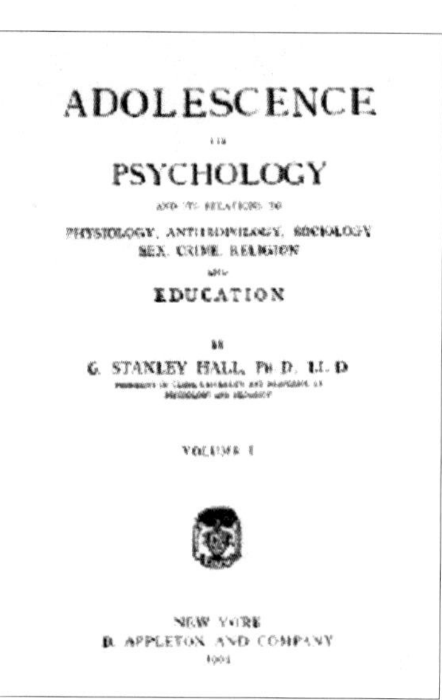
ADOLESCENCE

PSYCHOLOGY

PHYSIOLOGY, ANTHROPOLOGY, SOCIOLOGY
SEX, CRIME, RELIGION

EDUCATION

G. STANLEY HALL, PH. D., LL. D

NEW YORK
D. APPLETON AND COMPANY

(1) 생물학적 변화

Hall은 『청년기』에서 신체적 성장에 관한 내용을 여러 장(章)으로 나누어 설명하고 있다(〈표 11-1〉 참조). 사춘기가 시작되면 신장과 체중이 급격히 성장하는 청년기 성장급등(adolescent growth spurt)현상이 나타나는데(사진 참조), Hall은 이 현상을 청년기가 매우 특별한 시기임을 증명하는 것이라고 주장하였다. 청년기의 성장급등을 강조하기 위해 Hall은 자신이 관찰한 청소년의 신체발달에 관한 통계자료를 여

표 11-1 Hall의 『청년기』 목차

제1권	
제1장	신장과 체중의 성장
제2장	신체기관의 성장
제3장	운동기능의 성장
제4장	신체와 정신의 병
제5장	청소년 과실(비행), 부도덕성, 범죄
제6장	성적 발달, 그 위험과 소년위생
제7장	주기성
제8장	문학, 생물학, 역사 속의 청년기
제2권	
제9장	감각기능의 변화와 변성
제10장	청년기의 정상적 특성, 진화와 감정과 본능
제11장	청년기의 사랑
제12장	자연에 대한 청년의 느낌과 새로운 과학교육
제13장	성년식, 전통적 규범과 관습, 견진성사
제14장	개종의 청년심리학
제15장	사회적 본능과 제도
제16장	지적 발달과 교육
제17장	청년기 여성과 교육
제18장	인종심리학과 교육

출처: Hall, G. S. (1904). *Adolescence* (2 Volumes). New York: Appleton.

러 페이지에 걸쳐 제시하고 있다. 마치 생물학자가 외딴섬에서 발견한 다양한 종류의 동식물을 하나하나 일일이 세는 것처럼 Hall도 조심스럽게 자신의 주장을 뒷받침해줄 자료를 일일이 기록하였다. 아래의 인용문이 그 예이다.

> N. V. Zak이 모스크바 Real-Schools의 학생 1,434명과 체조학교 학생 2,811명의 신장과 가슴둘레를 측정했다. 그는 신장이 11세에 약간 증가하고, 14세에 크게 증가하며, 18세에 조금 증가하는 것을 발견하였다. 체중은 14세에 가장 많이 증가한다. 어떤 연령에서든지 이 소년들의 신장은 시골 소년들의 신장보다 훨씬 더 큰 것으로 나타났다. 13~14세 사이의 신장 증가율은 영국, 스웨덴, 미국 소년들의 신장 증가율보다 더 높았다. 16세부터 21세까지는 성장률이 둔화되다가, 21세가 되면 성장이 다시 계속되는 경향이 있었다(1904, I, pp. 8-10).

(2) 성적 발달

아동기 동안 잠복해 있던 성적 충동은 사춘기가 되면서 깨어난다(사진 참조). "청년 초기의 대부분의 범죄와 부도덕한 행위는 맹목적인 성적 충동 때문이다. 이 시기에는 뇌가 생식기관에 신호를 보내기 전에 성적 충동이 먼저 요동친다"(1904, I, p. 284). "정상 청년에게조차 이러한 충동은 너무나 강해 그의 인생을 지배하려고 든다"(1904, I, p. 285). 일단 청년이 생식능력을 갖게 되고 이러한 욕망을 경험하게 되면 그의 존재는 더 이상 그 이전과 같지 않게 된다.

Hall은 청년기의 성적 충동에 대해 분명히 인식하고 있었음에도 불구하고 빅토리아 시대의 사고방식을 그대로 지니고 있었다. 그는 사춘기의 성적 발달에 관해 설명하면서, 성적 무절제가 초래하는 위험에 대해 경고하는 문장을 중간중간에 삽입하였다. 오늘날 남자 청소년에게 지극히 보편적인 현상으로 인식되고 있는 자위행위에 대해서도 Hall은 그것을 매우 사악한 것이라고 경고하고 있다.

(3) 정서발달

Hall은 앞에서 설명한 바와 같이 청년기의 성욕을 청년기를 '질풍노도의 시기'로 만드는 원인 중의 하나로 꼽는다. 이와 같은 Hall의 관점에는 긍정적인 측면도 있다. 성적 충동의 출현과 더불어 신경계도 일반적으로 민감해진다. 시각, 청각, 촉각이 예민해지고, 사랑할 수 있는 능력도 발달하기 시작한다(사진 참조).

그러나 이런 민감성은 한편으로 정서적 불안정을 초래한다. 정상적 청년들조차 감정의 기복이 심해, 한순간 기분이 붕 떠 있다가 곧바로 다음 순간 절망의 나락으로 떨어진다. 실제로 비정상과 탈선도 청년기에 증가한다. Hall은 청년기 동안에 정신이상과 청소년 비행이 급증한다는 증거를 제시하였다. 다윈의 영향을 받은 Hall은 비행 청소년이나 정신질환자의 경우 유전적 요인이 작용한다고 주장하였다.

(4) 인지발달

청년기에 와서야 비로소 이성이 싹트기 시작한다고 주장한 루소와 마찬가지로 Hall 또한 성욕의 출현에 이어 인지능력이 발달한다고 보았다. 아동기는 읽기, 쓰기, 셈하기 등의 기초교과를 익히는 기간이지만, 청년기가 되면 비로소 '이성적'으로 사고할 수 있는 능력이 발달한다. Hall은 여기서 또 한 번 개인의 발달과 인류의 발전과정과의 유사성을 지적한다. 그것은 이성적으로 사고할 수 있는 능력이 발달단계에서 비교적 늦게 나타나는 것처럼, 인간의 보다 높은 인지능력도 가장 늦게 발달하는 것 중의 하나인 것으로 보인다는 것이다.

이러한 새로운 능력의 출현과 더불어 청년은 이제 아동기의 인지적 한계를 넘어서게 된다. 순진하고, 얼띠며, 미신적인 아동과는 달리 청년은 성인과 같은 회의론적 시각을 갖게 되고, 어떤 상황을 여러 각도에서 볼 수 있는 능력을 보이기 시작한다. 아동은 자신의 과거와 미래에는 별반 관심이 없고 그저 현재에만 충실하게 하루하루를 보낸다. 그러나 청년기가 되면 '시간전망'이 가능하다. 즉, 자신의 과거를 인정하고 미래에 대해 숙고한다. 이것은 50년 후에 Erikson이 청년기에 확고한 정체감을 확립하기 위해서 성공적으로 해결해야 한다고 주장하는 일곱 가지 위기 중의 하나와 유사한 개념이다. 이러한 모든 것을 가능하게 해주는 것이 바로 지적 능력이다.

(5) 도덕성발달

지적 능력의 발달은 청년으로 하여금 성인처럼 사고하게 할 뿐만 아니라 성인처럼 행동하게 한다. 청년이 되면 사회의 규범과 규제에 대해 확실하게 이해하기 시작하고, 일반복지를 위해 만들어진 사회규범을 준수하려는 욕구가 생겨난다.

Hall은 30년 후에 Piaget가 도덕적 판단에 관해 하였음직한 연구를 인용하고 있다.

> 6세에서 16세 사이의 남녀 아동과 청소년 1,000여 명을 대상으로 하여 어머니를 기쁘게 해드릴 목적으로 거실 소파에 새 페인트칠을 한 소녀에 대해 어떻게 생각하느냐는 질문을 하였다. 어린 아동들은 대부분 그 소녀에게 매질을 해야 한다고 대답하였다. 그러나 14세 이상부터는 소녀를 매질해야 한다는 대답이 급격히 감소하였다. 어린 아동들의 대부분은 그 소녀가 한 행동이 왜 잘못되었는지를 설명하지 못했다. 12세의 아동 중 181명이 그 이유를 설명할 수 있었고, 16세 청소년 중 751명이 설명을 할 수 있었다. 체벌을 해야 하는 동기로 어린 아동은 '보복'이나 '앙갚음'을 거론하였고, 나이 든 아동은 같은 행동을 반복하지 못하도록 예방해야 한다고 설명하였다. 연령이 증가하면서 동기와 행위를 구분할 수 있었으며 그 소녀의 '무지'에 대해 인식할 수 있었다. 나이 든 아동만이 그 소녀로부터 다시는 그런 짓을 하지 않겠다는 약속을 얻어내야 한다고 제안하였다. 따라서 사춘기가 되면, 어떤 행위를 결과를 보고 판단하던 것으로부터 동기를 보고 판단하는 것으로 바뀌게 된다(1904, II, pp. 393-394).

4) 평가

Hall은 미국에서 아동연구가 새로운 학문으로 자리 잡는 데 결정적인 역할을 했을 뿐만 아니라, 『청년기』와 『노년기』를 집필함으로써 전생애적 발달의 관점에서 청년발달과 성인발달을 연구한 최초의 학자라는 평가를 받는다.

특히 "청년심리학의 아버지"로 불릴 만큼 청년에 대해 깊은 관심을 가졌으며, 인간발달의 단계 중에서 청년기를 특별한 시기로 보고 청년기를 "질풍노도의 시기" 또는 "제2의 탄생"으로 표현하였다.

한편, 문화인류학자인 Margaret Mead(1950, 1953)는 사모아와 뉴기니섬에서의 청년연구를 통해, 사모아에서처럼 아동기에서 성인기로의 전환이 순탄하고 점진적으로 이루어지는 문화권에서는, 청년기로의 전환이 반드시 혼란스러운 것은 아니라는 관점을 제시하여, 청년기의 혼란과 갈등의 보편성에 대한 Hall의 가설에 도전하였다.

Hall이 주장한 한 인간의 발달순서는 인간이 진화되어온 과정을 그대로 반복한다는 반복의 원칙(principle of recapitulation) 또한 비판을 받았다. Thorndike(1904)는 2~3세가 되면 유아는 이미 인간의 모든 진화과정을 다 거치기 때문에, 아동의 발달과정은 동물과 유사한 초기 원시시대로부터 야만시대를 거쳐, 성숙으로 특징지어지는 보다 최근의 문명화된 생활양식에 이르기까지 인류의 발달을 재현하는 것이라고 본 Hall의 반복원칙을 부정하였다. 감각운동, 언어, 사회적 행동을 예로 들면, 유아가 3세만 되어도 다른 어떤 종보다도 진화된 상태에 있다는 것이다.

Edward Thorndike

2. A. Freud의 청년기 방어기제이론

1) A. Freud의 생애

Anna Freud는 1895년 12월 3일 비엔나에서 Sigmund Freud의 여섯 자녀 중 막내로 태어났다. Anna는 일생 동안 어머니와 팽팽한 긴장관계를 벗어나지 못했고, 오히려 일에 파묻혀 점심때나

Anna Freud(1895-1982)

사진 설명 Anna가 아버지와 함께

휴가 때만 얼굴을 볼 수 있는 아버지와 상당히 친밀했다.

학창시절 그녀는 성적이 매우 우수했으며 배움에 대한 열의가 상당히 강했다. 하지만 그녀는 학교에서 얻는 것보다는 아버지 곁에서 보고 들은 것이 더 많았다고 회고하고 있다. Anna는 아버지의 작업내용에 많은 관심을 보였으며, 모르는 개념이 나올 때마다 아버지에게 설명해달라고 졸랐다. 사립고등학교의 졸업시험을 우수한 성적으로 마친 후 몇 년간 교육학을 공부했으며, 1917년부터 1920년까지 자신이 다녔던 학교의 교사로 재직하였다.

그러나 그녀의 관심사는 정신분석에 있었다. Freud는 Anna가 의학을 공부하여 자신의 뒤를 잇고자 하는 계획에 반대했지만 결국 그녀의 뜻을 받아들이고, 당시 비엔나 대학에서 하던 그의 강의를 청강생 자격으로 들을 수 있게 해주었다.

Anna는 아버지로부터 분석교습을 받으면서 정기적으로 비엔나 정신분석학회의 모임에 참석하였다. 1918년에 아버지와 함께 처음으로 정신분석학회에 참석하였고, 1920년에 교사직을 그만두고 아버지로부터 위원회의 반지를 받았다. 이 반지는 Freud가 그때까지 여섯 명의 분석가들에게 결속의 징표로 주었던 것이다. 1923년에 아버지의 집에서 자신의 정신분석 연구실을 열었다. 그녀의 상담실은 아버지의 상담실과 마주보고 있었

사진 설명 프로이트 박물관에 소장된 프로이트의 정신분석용 소파

사진 설명 안나 프로이트 센터

다. 그녀는 분석을 시작한 지 채 5년도 안 되어 상당한 역할을 수행하는 동료가 되었고, 진료실의 운영도 잘되어 경제적으로도 독립하게 되었다.

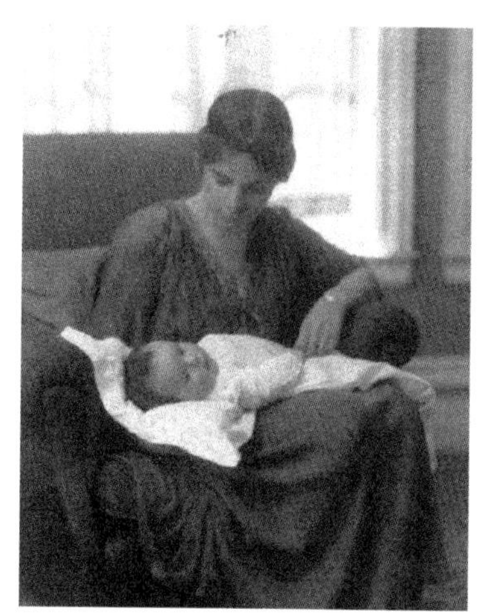
Dorothy Burlingham

1923년 Freud의 목에서 악성종양이 발견되자 그녀는 헌신적으로 아버지를 돌보았으며, 아버지의 비서이자 대변인, 동료, 간호사로서의 역할 등을 충실히 해냈다. Freud는 이런 딸을 매우 자랑스러워하며 친구에게 보내는 편지에서 "내가 못다 한 일을 대신 이루어낼 수 있는 아이"라고 쓰고 있다.

Anna의 삶에서 상당한 위치를 차지하는 Dorothy Burlingham을 만난 것은 1925년이었다. Dorothy의 교육활동과 Anna의 분석활동은 공동 프로젝트로 발전하였다. 두 사람은 그들의 교육적 · 분석적 관심과 자질을 이 프로젝트에 모두 쏟아부었다. 1949년에 그들은 '햄스테드 어린이집(Hamstead War Nursery)'을 세웠고, 전쟁고아와 일시적으로 부모와 떨어져 살고 있는 아동들을 받아들였다. Anna와 Dorothy는 『전쟁고아』와 『고아원의 아이들』이라는 저서에서 교육과 정신분석 프로젝트를 상세히 설명하였다.

Anna는 1952년에 '햄스테드 아동치료 클리닉'을 설립하여 1982년에 사망할 때까지 이곳에서 일했다. 이 클리닉은 그녀가 사망한 후 '안나 프로이트 센터(The Anna Freud Center)'로 이름이 바뀌었다. 그리고 그녀가 살던 집은 그녀의 소원대로 '프로이트 박물관(The Freud Museum)'으로 바뀌었다.

Anna Freud의 주요 저서로는 『교사와 부모를 위한 정신분석(Psychoanalysis for Teachers and Parents)』(1930), 『자아와 방어기제(The Ego and The Mechanisms of Defence)』

(1936), 『아동기의 정상과 병리(Normality and Pathology in Childhood)』(1965) 등이 있다.

2) A. Freud 이론의 개요

Anna Freud의 이론은 그녀의 아버지 Sigmund Freud의 정신분석이론과 크게 다를 바 없다. 그러나 Sigmund Freud가 성격형성에 있어서 남근기의 중요성을 크게 강조하였다면, 그의 딸 Anna Freud는 청년기의 특징을 중요시해서 청년기의 연구에 많은 정열을 쏟았다.

Anna Freud(1958)는 아버지의 이론을 계승하고 발전시켜 청년기를 폭넓게 이해하려고 하였다. 즉, 청년기에 나타나는 혼란과 방황은 그 이전에 나타났던 오이디푸스 콤플렉스(사진 참조)가 다시 출현함으로써 겪게 되는 과정이라는 것이다. 청년기에 발달된 생리적 · 내분비적 기능의 변화로 말미암아 본능적 욕구인 원초아는 강해지는 데 반해, 자아가 그 힘을 상실하여 약화되는 틈을 타고서 잠복기 동안 잠잠했던 오이디푸스 콤플렉스가 재등장하게 된다는 것이다.

Anna Freud에 의하면, 남근기의 성적 갈등은 거세불안과 같은 외부의 영향에 의해 주로 해결되었지만, 청년기에는 외부의 영향뿐만 아니라 자아와 초자아 간의 갈등인 내적 차원의 요인이 여기에 더해진다고 한다. 다시 말하면, 청년들이 부모의 처벌을 두려워해서뿐만 아니라 죄책감이나 자아존중감 상실과 같은 내적 갈등에 의해 성적 충동을 억제하게 된다는 것이다.

Anna Freud는 청년기를 내적 갈등, 정서적 불안정, 변덕스러운 행동 등으로 특징짓는다. 청년들은 한편으로는 이기적이고, 자신을 우주의 중심으로 여겨 오로지 자신에게만 관심을 갖는가 하면, 또 다른 한편으로는 자기희생과 헌신적 행위도 마다하지 않는다. 한순간에는 여러 친구들과 즐겁게 어울리다가도 바로 다음 순간에는 혼자 있고 싶어 한다. 권위에 대한 맹목적인 순종과 이유없는 반항으로 오락가락한다. 이기적이고 세속적인가 하면 고결한 이상주의로 충만하기도 하고, 또 어느 순간에는 못말릴 정도로 낙천적인가 하면 곧바로 염세주의자로 변한다.

이 모든 것은 사춘기의 성적 성숙에 따르는 정서적 불안정과 내적 갈등 때문이다. 사춘기의 가장 큰 변화는 본능적 욕구의 증가이다. 오랫동안 잠복해 있던 구강적 · 항문적 특성이 재등장한다. 청결한 습관이 사라지고 지저분해지며, 겸손과 동정심은 자기과시와 잔인함에 자리를 내어준다. Anna Freud는 사춘기의 이러한 본능적 욕구의 증가를 유아기의 성욕이 사춘기에 재등장한 것으로 본다.

Anna Freud는 청년기를 질풍과 노도, 즉 혼란과 방황의 시기로 보았으며, 그 원인에 대해서는 생물학적 요인과 발달의 반복적 현상을 가지고 설명하려는 입장을 취하고 있다. 청년기의 이러한 시련은 초자아와 원초아 간의 관계를 자아가 얼마나 적절히 평형을 유지해주는가에 달려 있다고 본다. 이 평형상태는 원초아의 강도, 잠복기에 형성된 성격구조, 자아가 활용하는 방어기제의 성향과 그 효율성에 의해 영향을 받는다. 만약 원초아 · 자아 · 초자아 간의 갈등이 청년기에 해결되지 않으면 정신적 파멸을 초래한다. Anna Freud에 의하면, 이러한 갈등을 해결하기 위해 자아는 온갖 종류의 방어기제를 사용하게 된다고 한다.

청년기와 같이 여러 가지 변화가 빨리 일어나는 시기에는 불안이 증가하고 그래서 청년기에 방어기제의 필요성이 증대된다(Conger, 1977). 우리가 이성적인 방법으로 불안에 대처하지 못할 때에는 원초아의 욕망에 대처하기 위해 방어기제를 사용한다. 우리는 일상생활에서 누구나 갈등상황을 피하기 위해 그리고 긴장이나 불안, 좌절로부터 우리 자신을 보호하기 위해 가끔 방어기제를 사용한다. 그러나 외부 세계와의 긴장을 해소하기 위해 특정의 방어기제에만 의존함으로써 적응문제가 발생하거나, 신경증이나 정신병리 현상을 보이면 이때는 문제가 된다.

방어기제의 활용은 불안을 감소시키지만 방어기제를 자주 활용하게 되면 학습이나 개인적 성장을 방해하고 인간관계가 만족스럽지 못하게 된다. 왜냐하면 방어기제를 통해 표현되는 태도나 행동은 가끔 방어적이고, 미성숙하며, 비현실적이고, 신경증적인 것으로 평가되기 때문이다(Muuss, 1996).

3) 방어기제

Sigmund Freud의 주된 업적 중의 하나는 정신분석이론의 가정에 반대하는 전문가들도 폭넓게 인정하고 있는 방어기제에 대한 규명이다.[1] 일각에서는 방어기제의 대부분이

1) 오늘날의 심리학자들은 S. Freud의 이론 중 성격구조, 심리성적 발달단계를 통한 성격발달 그리고 심리적 문제의 원천에 대해서 많은 비판을 가하고 있음에도 불구하고 '방어기제'에 대해서는 긍정적인 평가를 하고 있으며, 널리 수용되고 있는 개념 중 하나이다.

Anna Freud의 작품인 것으로 평가하고 있다. 사실상 Freud는 방어기제에 관한 작업을 그의 딸인 Anna Freud에게 맡겼다. Freud는 Anna가 1936년『자아와 방어기제(The Ego and the Mechanisms of Defense)』를 출간하기 직전에야 "자아가 방어기능을 수행하기 위해 사용하는 방법인 방어기제는 상당히 많다. 아동분석가인 나의 딸이 그것에 대해 쓰고 있다"라고 방어기제에 대해 언급하였다. Anna Freud는 여기저기 흩어져 있는 방어기제에 대한 아버지의 이론을 한 권의 책으로 종합하였다.

방어기제는 자아로 하여금 불안이나 좌절, 용납될 수 없는 충동에 대처하도록 해주고, 긴장이나 내적 갈등으로부터 벗어나게 해준다. 대표적인 방어기제의 예는 다음과 같다(Muuss, 1996). Anna Freud(1969)는 금욕주의와 지성화를 청년기에 특히 자주 볼 수 있는 중요한 방어기제로 본다.

(1) 합리화(Rationalization)

가장 보편적인 방어기제는 합리화로서, 자신의 행위나 생각을 합리화하기 위해 진짜 이유나 동기는 감추고 그럴듯한 이유를 제시하는 것을 말한다. 이 방어기제는 가끔 '신 포도 반응'이라고도 한다. 이것은 여우가 맛있는 포도가 달린 포도나무에 손이 닿지 않자, 결국은 포도가 시기 때문에 먹고 싶지 않다고 생각했다는 이솝우화 '여우와 포도' 이야기에서 따온 것이다(사진 참조).

합리화는 이룰 수 없는 것, 불쾌한 것, 용납될 수 없는 것에 대한 구실을 제시함으로써 자아를 돕는다. 특히 용납될 수 없거나 바람직하지 못한 행동으로 비난을 받거나 그에 대한 설명을 요청받았을 때에 이러한 합리화의 방법이 사용된다. 우리는 종종 우리 자신보다 주변의 환경을 탓함으로써 실패를 합리화한다. 그렇게 함으로써 자신의 실패와 역량부족을 인정할 때에 초래될지 모를 불안과 죄책감을 회피할 수 있게 된다.

(2) 억압(Repression)

억압은 우리 내부의 충동에 관한 것으로, 대부분의 방어기제에는 이 억압의 요소가 있다. 억압은 충격적인 경험, 스트레스를 유발하는 사건 또는 용납될 수 없는 충동을 무의식적으로 거부하는 것을 말한다. 억압은 합리화에 비해 비현실적이다. 그 이유는 충동은 의식으로부터 차단되지만 무의식 속에서 역동적으로 작용하고 있기 때문이다.

(3) 전이(Displacement)

전이는 어떤 대상에 대한 성적 에너지가 다른 대상으로 전이되는 것을 설명할 때에 긴요한 방어기제이다. 이 설명은 논리적으로는 부적합하지만 무의식적 사고에는 매우 적합하다. 뱀에 대해 지나친 공포를 보이는 여자 청소년의 경우, 이것은 어쩌면 남성의 생식기관에 대한 공포를 전이한 것인지 모른다. 아무튼 높은 수준의 불안이나 죄책감을 수반하는 충동에 대한 보편적인 방어기제가 바로 전이인 것이다. 예를 들면, 청년기에 자위행위에 대한 강한 욕망이 강박적으로 손을 자주 씻는 행위로 전이될 수 있다. 얼른 보기에 두 행위 간에는 관련이 없어 보일지 모르지만, 손은 자위행위를 하는 신체부위이고 그리고 자위행위는 '불결한' 습관으로 간주되기 때문에 손을 씻는 행위는 자위행위에 대한 무의식적인 거부일 수 있다. "종로에서 뺨 맞고 한강에서 눈 흘긴다" "시어머니에게 야단맞은 며느리 부엌 강아지에게 발길질한다" 등과 같은 우리 속담은 방어기제 '전이'의 예들이다(사진 참조).

(4) 동일시(Identification)

동일시는 다른 사람의 태도, 신념, 가치 등을 자신의 것으로 채택함으로써 다른 사람의 특성이 자신의 성격에 흡수되는 것을 말한다. 오이디푸스 콤플렉스의 성공적인 해결은 같은 성의 부모와의 동일시를 통해서 이루어진다. 그리고 동일시를 통해서 초자아가 형성된다. 그러나 청소년기에는 부모에 대한 동일시는 크게 감소하는 대신 영화배우나 운동선수와 같은 유명인사에 대한 동일시가 보편적인 현상이다. 이 과정은 부모로부터 독립하고 개인적인 정체감을 형성하는 데 도움이 된다. 천주교의 성체성사에서 빵과 포도주를 함께 나누는 것도 동일시의 한 형태이다. 즉, 예수 그리스도의 몸과 피를 함께 나눔으로써 우리가 좀더 예수 그

리스도를 닮고자 하는 것이다(사진 참조).

(5) 반동형성(Reaction Formation)

반동형성은 용납하기 어려운 충동이 의식적으로 억압되어 완전히 반대로 나타나는 것을 말한다(사진 참조). 예를 들면, 10대 미혼모가 아기에 대한 적개심을 지나친 애정과 과보호로 표현하는 경우가 그것이다. 또 다른 예로 범죄 성향이 있는 사람이 반동형성을 통하여 용감한 경찰관이 되는 경우가 그것이다. "미운 놈 떡 하나 더 준다" "빈 수레가 더 요란하다" "빛 좋은 개살구" 등의 우리나라 속담이 반동형성의 예들이다.

사진 설명 한 청년이 계단을 올라가는 할머니를 부축하고 있다. 그러나 청년의 속마음은 할머니를 계단에서 밀어뜨리고 싶다.

어떤 정서가 반동형성의 산물인지 아닌지 알아보는 몇 가지 특징이 있다. 즉, 극단적인 방어적 정서형태, 방심함으로써 부정적 정서가 나타날 수 있다는 점에서의 비일관성, 터무니 없는 과시, 강박증 등이 그것이다.

(6) 투사(Projection)

투사는 자신의 내부에서 일어나는 용납하기 어려운 충동을 다른 사람의 탓으로 돌리는 것을 뜻한다. 투사는 어떤 면에서 합리화와 비슷한 것이다. 예를 들면, 어떤 청소년은 친구들이 아무도 자기를 좋아하지 않는다고 불평하지만, 사실은 그 자신이 자신을 포함한 어느 누구도 좋아하지 않는 것이다. "솜씨 없는 목수 연장 탓한다"라는 속담은 투사의 예이다.

이 방어기제에는 다음과 같은 이중적인 목적이 있다. 첫째, 용납될 수 없고 좌절을 안겨주는 감정으로부터 우리 자신을 해방시킬 수 있다(불안해소). 둘째, 자신의 용납될 수 없는 행동을 다른 사람에게 전가하고 그 사람이 나쁘다고 불평함으로써 긴장과 좌절을 해소하고 자신은 결백한 척할 수 있다.

(7) 부정(Denial)

부정은 가장 원초적인 방어기제이다. 대부분의 방어기제는 현실을 왜곡하는 것이지만, 부정은 현실을 왜곡할 뿐만 아니라 그 현실 자체를 부정한다. 억압과는 반대로 부정은 외부 세계의 현실에 초점을 맞춘다. 부정의 예로 찰스 디킨스의 소설 『위대한 유산(Great Expectations)』에서 볼 수 있듯이 첫날밤에 소박을 맞은 신부 '해비셤'이 그 사실을 부정하고, 노파가 되도록 해진 혼례복을 입고서 신랑을 기다리는 경우를 들 수 있다. 또 다른 예로, 남자친구가 없는데도 "오늘밤 누군가가 나를 불러낼지도 모른다"는 희망을 가지고 금요일 밤마다 초조하게 전화를 기다리는 소녀의 경우를 들 수 있다. 부정의 과정은 무의식적이기 때문에 거짓말과는 다르다. 부정은 우리 기억에서 그 현실을 완전히 차단해버리는 것이다.

(8) 승화(Sublimation)

승화는 성적 본능이 신경증적인 행동으로 전이되지 않고 오히려 사회적으로 바람직한 행동으로 나타나는 것이다. Freud는 르네상스 시대의 유명한 누드화는 성적 충동이 승화되어 나타난 것이고, 문명의 발달 또한 성적 욕구가 승화의 형태로 나타난 결과라고 주장한다(사진 참조).

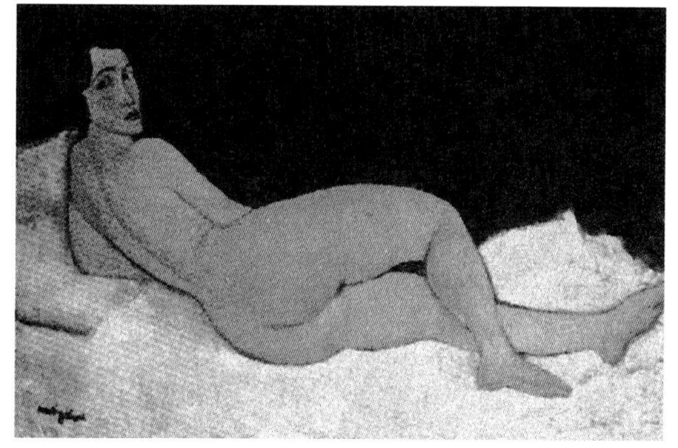

사진 설명 모딜리아니의 누드화, '비스듬히 누워 있는 여인'

(9) 퇴행(Regresssion)

퇴행은 스트레스를 심하게 받거나 극단적인 곤경에 직면할 때 안정감을 느꼈던 어린 시절로 돌아가고자 하는 방어기제이다. 퇴행은 어린이가 동생을 볼 때 주로 사용하는 방어기제로, 동생의 출현으로 부모의 사랑과 관심을 잃어버릴까 봐 두려워한 나머지, 손가락 빨기나 오줌싸기 등의 어릴적 행동을 함으로써 부모의 관심을 끌려고 하는 경우에 볼 수 있다. 또 다른 예로 초등학교에 입학하여 학교생활에 적응을 잘 하지 못하는 아동들은 울기, 극단적인 의존, 손가락 빨기, 숨기, 선생님에게 매달리기 등과 같은 유아기적 행동에 빠지기도 하는데, 이것은 안전했던 옛 시절로 돌아가기를 원하기 때문이다.

(10) 보상(Compensation)

보상은 어떤 분야에서 특별히 뛰어나 인정을 받음으로써 다른 분야에서의 실패나 약점을 보충하고자 하는 방어기제이다. 예를 들어, 지적으로 열등하다고 느끼는 사람들은 신체를 단련하는 데 과도할 정도로 에너지를 사용하기도 하며, 사회적으로 무능하다고 느끼는 사람들은 그들의 지적 능력을 개발하는 데 힘쓰기도 한다.

(11) 금욕주의(Asceticism)

금욕주의는 성욕에 대한 두려움에서 나오는 것으로 철저한 자기부정을 의미한다. 청년기의 금욕은 본능적 욕구에 대한 불신에 기인하는 것이며, 이 불신은 성욕뿐만 아니라 모든 욕망을 억제하고 원초아를 완전히 무시한다.

사진 설명 감정과 충동을 억누르기 위해 남자의 머리가 이성이 자리하는 왼쪽으로 기울어져 있다.

(12) 지성화(Intellectualization)

지성화는 종교나 철학, 문학 등의 지적 활동에 몰입함으로써 성적 욕망에서 벗어나고자 하는 방어기제이다(사진 참조). 청년기의 추상적 사고도 지성화에 도움이 된다. 청년기에 새로이 획득한 추상적 사고를 이용하여, 청년들은 비교적 개인 감정을 드러내지 않는 태도로 성에 관한 토론에 참여한다. 예를 들면, 결혼이냐 동거냐, 동성애냐 이성애냐와 같은 주제로 토론을 하는데, 흥미로운 것은 이러한 논쟁에서 가끔 청년들이 자신의 생각(내적 갈등)과 반대되는 입장에 선다는 것이다.

4) 평가

Anna Freud의 중요한 공헌은 다양한 관찰과 사례연구를 통해 Sigmund Freud의 연구를 확장시켰으며, 자아의 역할에 대한 중요성을 강조하고, 부모의 양육방식의 중요성을 강조했으며, 방어기제에 대한 이해를 높였다는 점이다.

특히 아버지 Sigmund Freud가 크게 주목하지 않았던 청년기 발달에 대한 재해석과 그에 관한 견해는 Freud의 이론을 확장시키게 되었다는 점에서 긍정적인 평가를 받고 있다. 그러나 청년기를 질풍노도의 시기로 인식함에 있어 오이디푸스 콤플렉스의 발현이라는 Freud식 고찰의 한계를 벗어나지 못했다는 지적을 받고 있다.

Anna Freud는 아버지의 생전은 물론이고 사후에도 아버지의 기본 개념을 수용하고 지지하여 정신분석의 이론적 개념을 확고히 하였다. Anna Freud는 또한 아버지와는 달리 자아의 역할을 강조하였다. 아버지가 강조한 원초아의 중요성만큼이나 자아의 중요성을 강조하였고, 자아의 성장, 발달, 기능 등에 관해 누구나 알기 쉽게 설명하고 분석하였다. 그녀의 자아에 대한 개념은 이후 "자아심리학자"라고 불리는 Erikson의 연구에도 영향을 미친 것으로 평가되고 있다. Anna Freud는 아동과 부모 간의 상호작용에 관심을 가지고, 아동의 특정의 발달선상에서 실제적으로 부모가 해야 할 일들을 알기 쉽게 설명함으로써 부모양육에 대한 중요성과 이해도를 높였다. Anna Freud는 또한 여기저기 흩어져 있는 방어기제에 대한 아버지의 이론을 한 권의 책으로 종합하여, 1936년에 『자아와 방어기제』를 출간함으로써 방어기제에 대한 통합적인 논의를 통해 방어기제에 대한 이해를 높였다는 평가를 받고 있다. 『자아와 방어기제』는 훗날 정신분석 전문가들의 핸드북이 되었고, 자아의 다양한 방어기제에 대해 상세히 설명하고 있기 때문에, 임상가들은 환자의 방어기제가 어떻게 작용하는지를 간파할 수 있게 되었다.

Melanie Klein

그리고 1930년대에 들어서면서 Anna Freud는 아동의 문제행동을 치료하기 위해 놀이치료요법을 발전시켰다. 이렇게 해서 아동을 대상으로 한 정신분석은 Melanie Klein을 중심으로 한 클라인 학파와 Anna Freud를 중심으로 한 안나 프로이트 학파가 쌍벽을 이루게 되었다. 이들은 비의학계 출신으로서 성인의 정신분석에 사용되던 자유연상법의 대용기법으로서 아동의 정신분석에 놀이치료요법(사진 참조)을 도입하고 발전시켰다는 점에서 높이 평가되고 있다.

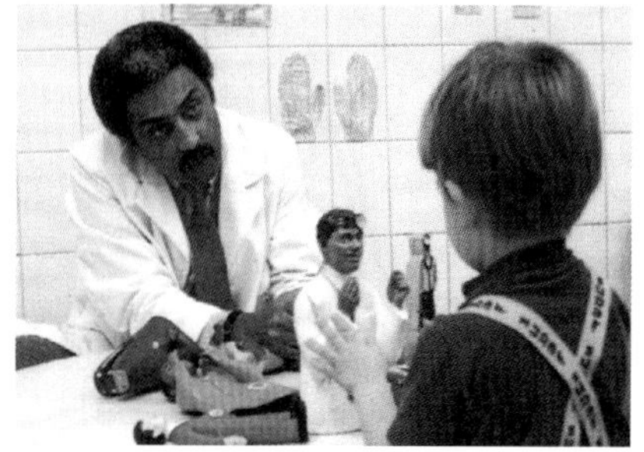

사진 설명 놀이치료는 아동의 특성을 고려한 심리치료 방법이다.

한편, Anna Freud의 이론은 연구방법이 비과학적이고, 그녀가 사용한 관찰과 사례연구들은 주관적인 자료들이라 과학적 검증이 어렵다는 지적을 받고 있다. 또한 연구대상과 관련해서는, 정상적인 아동들을 대상으로 한 연구도 있지만, 햄스테드 아동들의 경우는 전쟁고아나 부모가 없는 아동들이었으므로, 정상 가정의 아동들과 다를 수 있어 일반화가 어렵다는 지적을 받고 있다. Anna Freud는 또한 아버지에 대한 지나친 지지와 수용으로, 그것이 오히려 자신의 이론을 발전시키는 데 방해가 되었다는 지적을 받고 있다. 한 예로 Anna Freud는 인간관계의 중요성과 이와 관련된 어머니와의 애착의 중요성을 연구 초기부터 인식했음에도 불구하고, 아버지의 기본적인 개념에 반대하기를 원하지 않았기 때문에, 후기 작업에 이르러서야 인간관계에 대한 개념과 애착에 관해 조심스럽게 설명하고 있다.

3. Sullivan의 대인관계이론

1) Sullivan의 생애

Harry Sullivan(1892-1949)

Harry Stack Sullivan은 1892년에 뉴욕의 노르위치에서 태어나 뉴욕 주 북부 변두리의 체낭고 카운티에서 어린 시절을 보냈으며, "시카고학파"로 불리던 실용주의자들이 미국 지식계와 사회과학계를 지배하던 무렵에 시카고 의과대학에서 학위를 받았다. 제1차 세계대전 중에 군복무를 마치고는 워싱턴 DC에 있는 성 엘리자베스 병원의 William White 밑에서 근무했다. 그 당시 미국 정신의학계의 거물이었던 White 박사는 정신분열증 환자들에 대한 관심을 촉발시킨 장본인이다.

Sullivan은 그 후 볼티모어의 셰파르 병원과 에녹 프래트 병원에서 정신분열증 환자를 위한 매우 성공적인 특별 병동을 운영하였다. 1920년대 초반의 이 기간에 정신질환은 사회적 요인에 기인한다는 그의 새로운 이론이 탄생하였다.

당시의 미국 정신의학계는 Freud의 임상이론과 기법을 받아들이고 있었다. 그러나 정신분열증의 이론체계에서는 19세기 말과 20세기 초에 활동했던 독일의 정신의학자 Emil Kraepelin의 전통적인 접근법을 따랐다. 크레펠린은 정신분열증을 신체적 원인에서 발생한 신경생리학적 질환으로 보았다. 그에게 있어서 정신분열증은 발병 후 시간이 흐를수록 계속 악화되어 결국은 정신 자체가 완전히 황폐화되는 질병이었다.

Sullivan은 이러한 이론들이 자신이 경험한 정신분열증 환자들에게는 적합하지 않다고 생각하였다. 그가 본 분열증 환자들은 대인관계에 매우 예민하게 반응하였다. 비록 그들의 의사소통이 모호하고 왜곡되었다고 할지라도, 그들은 때때로 아주 고통스러울 정도로 예민하게 다른 사람들을 의식하고 있었다. 이러한 임상경험을 바탕으로 Sullivan은 대인관계이론을 형성하였다. 대인관계의 질과 특성이 Sullivan 이론의 근간을 이루는데, Sullivan에 의하면 정상발달과 병리적 발달은 그 모두가 다른 사람과의 상호작용의 영향을 받는다. Sullivan은 타인과의 상호작용에 영향을 받지 않는 '독특한 개별적 자아'가 실제로 존재할 수 있을까라는 의문을 제기할 정도로, 대인관계의 결과가 바로 그 개인의 성격이라고 생각한다.

Sullivan은 미국의 정신분석학회에도 적극적으로 참여하였다. 그러나 그의 이론은 사회학적 사고와 인류학적 사고로부터 가장 많은 영향을 받았다. 그는 정신분석학적 구성개념들이 인간행동을 의미 있게 설명하지 못한다고 생각해서, 이러한 개념들을 그의 이론적 모델에서 종속적 역할로만 취급하였다. 또한 그는 정신분석 개념 중 많은 것들이 과중한 의미를 전달한다고 느꼈기 때문에, 자기 나름의 독특한 용어들(예컨대, 방어기제를 안전수단으로 바꾸는 것 등)을 소개하였다. 반면, 사회학과 인류학, 장이론(field theory)의 영향력 및 용어들이 Sullivan의 저술에 스며들어 있다. 그는 임상적 · 사회심리학적 · 장이론적 · 인지적 요소들을 결합하는 모델을 창안하였다.

아쉽게도 Sullivan의 저시로는『정신의학의 대인관계이론(The Interpersonal Theory of Psychiatry)』이라는 단 한 권이 있을 뿐이다. 그러나 다행히도 그의 수많은 강의들이 녹음되었고 그 녹음과 강의노트를 가지고 몇 권의 책이 동료와 제자들에 의해 편찬되었다. Sullivan은 1949년 국제 정신건강협회에 참석하고 귀국하는 길에 파리에서 사망하였다.

2) Sullivan 이론의 개요

Sullivan은 인간발달에 있어서 대인관계와 의사소통의 중요성을 강조하는 사회적 정신의학이론을 제안하였다. Sullivan은 원래 정신분석학파였는데, 나중에 이로부터 탈퇴해 독자적인 이론을 정립하였다. Freud의 성격구조 중 Sullivan이 강조하는 것은 자아이다. Hall이나 Anna Freud가 인간발달의 과정에서, 특히 초기의 발달단계에서 생물학적인 요인을 강조하는 데 반해, Sullivan은 이 요인을 완전히 무시하는 것은 아니나 인간발달에 있어서 다른 사람과 어떠한 관계를 유지하는가가 중요하다고 인식한다. 다른 사람과 상호작용을 하려는 욕구는 사회적 관계를 맺고 살아가는 유기체로서의 인간이 자신의 안정과 정서적 지지를 제공받기 위한 수단이기도 하다. 연령의 변화에 따라 상호작용의 형태는 달라지기 마련이고 그에 따른 욕구대상 또한 달라지지만, 근본적인 관심사는 자신과 밀접한 관계를 가진 사람들과의 상호작용에 있다.

Sullivan은 성격의 내적 구성요소는 직접적으로 관찰될 수는 없는 것이고 대인 간 상호작용을 통해서만 관찰될 수 있다고 주장한다. 대인관계에서의 갈등과 긴장에 관한 그의 관심은 개인 문제와 심리치료 문제를 넘어서 국제적 갈등과 편견까지도 그 대상으로

Charles Cooley

George Mead

하고 있다. 그는 파리에서 사망하기 직전에 「대인 간의 긴장과 국제 간의 긴장」(Sullivan, 1964)이라는 제목의 국제관계 이해를 주제로 한 논문을 발표하였다.

Sullivan의 "편안하고 성공적인 대인관계가 인생에서 제일 중요하다. 정신의학은 … 사회심리학과 동일한 분야를 다루는데, 이는 과학적 정신의학이라는 것이 … 대인관계로 정의되어야 하기 때문이다" (Sullivan, 1953, p. 368)라는 그의 관점은 정신분석에서 출발한 정신역동적 접근과는 매우 다른 독특하고도 미국적인 대인관계의 정신치료법이다. 사회과학자인 Charles Cooley와 George Mead가 Sullivan에게 커다란 영향을 미쳤다. 의미 있는 타자(significant others)의 반영적 평가를 통해 자아가 발달한다는 Mead의 생각이 특히 주목할 만한데, 이것은 Sullivan 이론의 중요한 요소가 되었다. 대인관계가 갖는 영향력의 중요성을 강조한 것과 "모든 인간은 그가 가지는 대인관계 수만큼의 다양한 성격을 지니고 있다"(1964, p. 221)라는 그의 주장은 사회심리학적 통찰력을 예견하는 듯하다.

인간발달을 이루는 주요한 힘을 성욕이나 내적 갈등, 혹은 공격성과 같은 생물학적 조건이라고 설명하는 대신, Sullivan은 그 당시 다른 어떤 이론가들보다 더 인간경험의 사회적 맥락에 근거한 발달이론을 구축하고 있다. 인간발달의 사회적 요소는 유아기의 대인관계라는 기본 상태에서 출발하지만, 성인기를 통해서도 그 영향력이 약해지지 않은 상태로 지속된다. 대인관계는 정상적 인간발달에 있어서 필수적 구성요소라고 할 수 있다. 더군다나 그 파괴적, 불안유발적 징후는 미성숙, 일탈, 정신병리에 대한 설명이 된다. 개인은 생물학적 요구 때문이 아니라 사회화의 결과로서 특정 방식으로 행동하고 또 자신의 행동을 수정하는 법을 배운다. 인간은 다른 사람들 없이는 존재하지 않으며, 또 존재할 수도 없다는 Sullivan의 대인관계이론의 주된 주장은 오늘날 다시 되살아나는 주제가 되고 있다.

Sullivan의 정신치료 모델은 '사회적 정신치료'로 알려져 있으며, 어떤 해설자들은 Sullivan은 전공분야가 마침 정신의학인 사회심리학자라고 말한 바 있다. 이런 생각은 또래집단에 대한 동조, 우정형태, 또래압력, 친밀감이라는, 청년기에 대한 현재 우리들의 관심과 잘 부합된다. 또래집단의 영향을 연구하는 몇몇 학자들(Bronfenbrenner, 1986; Kandel, 1986; Youniss, 1980)은 특히 청년기의 효율적이고 의미 있는 또래관계가 건강한 사회심리적 발달을 위한 필수적 전제조건이라는 Sullivan의 이론에 동의한다. 심지어 그 역도 여러 연구에서 지지를 받고 있다. 즉, 좋지 못한 또래관계는 부적응과 우울증을 초래한다. 더군다나 그것은 비행행동, 낮은 학업성취, 학교중퇴, 가출, 약물사용, 조기 성행위, 정신질환, 행동장애 등과도 관련되어 있다.

대인관계의 영향력은 건설적일 수도 있고 파괴적일 수도 있다. Sullivan(1953)에 의하면, 대인관계에서 얻는 이점은 긍정적 피드백의 여하에 달려 있다고 한다. 다른 사람들이 우리를 높이 평가하고 우리를 매력적이고 가치 있는 사람이라고 생각한다는 것을 알게 되면 우리는 안전감을 느끼게 된다. 그러나 대인관계, 특히 유아기와 아동기의 대인관계가 상당한 불안을 초래할 때, 개인이 발전시킨 안전수단(방어기제)이 타인과의 관계를 손상케 할지도 모른다. 따라서 사회적 관계는 본질상 상호적이며, "인간은 자신 속에 있는 것만을 타인에게서 발견할 수 있다"(Sullivan, 1947, p. 22). 이미 자신을 낮게 평가하고 부적절감을 느끼는 청년은 다른 사람들의 친절한 제의를 거부하는 경향이 있으며, 적대적이고 불신적인 태도를 유지하게 된다. 부정적이고 위협적이며 불안을 유발하는 경험들이 불안전감을 가져다준다. 반면, '의미 있는 타자(significant others)'—우리 삶에서 가장 영향력 있는 사람들—와 갖는 긍정적이고, 지지적이며, 긴장감소적 경험은 안전감을 낳게 한다.

인간은 인식할 수 있는 사회적 상호작용이 갖는 유형의 맥락 내에서만 이해될 수 있다. 누구와 상호작용을 하고 있느냐에 따라 자신을 바라보는 방식과 행동하는 방식에 있어 사람들은 차이를 보인다. 그러므로 청년들은 부모, 교사, 친척, 또래, 소중한 친구 또는 이성과의 상호작용의 형태에서 극적으로 다르게 행동할 수 있으며 실제로도 그러하다. 바꾸어 말하면, 대인관계는 인간행동을 이해하는 가장 중요한 실마리를 제공한다.

3) 긴장 · 불안 · 동기

Sullivan에 의하면 성격이란 긴장의 감소를 목적으로 하는 에너지 체계이다. 긴장은 음식, 물, 산소, 수면 등과 같은 기본 욕구에서 생겨나지만, 불안을 야기하는 대인관계 상황에서 기인하기도 한다. 긴장증가와 긴장감소의 교호적 작용은 인간발달을 향한 추진력을 창출한다. 긴장의 한쪽 극단은 좀처럼 발생하지 않는 것이기는 하지만 공포상태인 완전한 긴장상태를 의미하는 것으로서, 이것은 인간이 상해나 죽음의 가능성에 갑자기 직면할 때 나타난다. 다른 한 극단은 완전한 안녕감과 행복감으로 충만한, 긴장이 전혀 없는 상태이다. 완벽한 긴장 부재의 예로서 Sullivan은 깊은 수면상태에 있는 유아를 들고 있다(사진 참조). 긴장과 행복감의 관계는 역상관 관계에 있다. 즉, 행복감의 수준이

높을수록 긴장이나 불안수준은 낮고 그 역도 성립한다.

긴장은 유기체에 활동을 위한 잠재력을 제공한다. 어떤 긴장은 생물학적 욕구(예: 산소, 물, 음식 등)로부터 일어난다. 긴장은 그 긴장을 제거하고 정신적 만족감을 창출하는 에너지의 변환을 유도한다.

불안은 다른 욕구의 감소와 만족감의 획득에 항상 방해가 되기 때문에 특히 심각한 긴장이 된다. 우리가 그들의 의견을 존중하는 의미 있는 타자들이 현재 우리의 행동에 대해서 호의적이지 못한 평가를 할 것이라는 예감은 불안을 낳는다. 예상하는 불안은 결코 일어나지 않거나 거의 일어나지 않을지도 모르는 부정적 사건을 예감할 때 생겨나는 감정이다. 이 맥락에서는 공포와 불안의 구별이 중요하다. 물려고 달려드는 개에 대한 공포와 같이 공포의 원천은 알려져 있지만, 불안의 근원은 알 수가 없다. 공포나 불안과 결합된 부정적 감정은 유사하다 할지라도 이들 두 개념을 바꾸어 사용할 수는 없다.

인간은 다른 어떤 상태보다도 안전한 상태를 추구한다. Sullivan은 '불안으로부터의 해방'을 추구하는 노력을 인간의 가장 중요한 동기적 힘이라고 높이 평가한다. 이런 생각은 특히 키르케고르와 같은 실존주의 철학자들에 의해 가장 명확히 표현된 바 있다. '양육자'와의 초기 경험으로부터 대인관계상의 불안이 생겨나며, 불안은 인간의 생애주기에서 가장 뿌리 깊은 대인관계적 힘으로 남게 된다. 그 결과도 마찬가지이다. 개인의 안전에 대한 상상적 위협이 불안을 낳는다. 위협이 심할수록 불안도 커진다. 불안은 의사소통을 방해하고 이것이 또다시 불안의 수준을 높이게 된다.

Sören Kierkegaard의 동상

욕구의 감소는 긴장을 없애고 만족감을 가져오는 에너지의 변환이다(Sullivan, 1950). 청년들은 성적 행위에 대한 욕망과 불안에서 벗어나려는 욕구와 같은 다양한 긴장들 간의 충돌을 종종 경험한다. 사회적으로 승인되지 않는 정도의 성적 행동은 불안을 증가시킨다. 그러나 비록 또래집단이 격려를 하는 경우에도, 대인 간의 친밀감과 관련된 불안이나 다른 사건들에 대한 예감(예: 나쁜 평판, 임신, AIDS 등)으로 인한 불안이 유발될 수 있다. 따라서 이러한 불안을 피하는 것은 성적 행동을 피하는 것을 의미한다.

4) 자아체계

Sullivan이 자아체계의 개념을 구체적으로 사용하는 것은 대인관계에 대한 전반적인 강조와 밀접한 관련이 있다. Sullivan의 자아체계 관념은 자아발달에 관심이 있는 사회과학자, 특히 Charles Cooley와 George Mead의 영향력을 크게 반영한 것이다. 자아란 원래 사회에 그 기원을 두고 있기 때문에, 그 이론적 탁월성은 Sullivan이 사회적 · 문화적 경험뿐만 아니라 대인관계의 경험에도 부여한 중요성을 반영하는 것이다. 우리의 자아감은 '의미 있는 타자들'이 우리를 바라보고 우리를 대하는 방식에 의해 형성된다. 자아는 우선 타인에 의해 형성되는 사회적 자아이다. 자아체계는 또한 성격의 중요한 부분을 구성하며, 불안을 피하는 데 있어 특히 중요하다. 그러나 자아체계는 성격의 일부일 뿐이지 결코 성격과 동일한 것은 아니다.

자아는 타인에 의해 '반영된 평가'로 이루어진다. 오랜 기간에 걸쳐 의미 있는 타자들이 개인을 평가해온 방식인 '반영된 평가'는 결국 개인이 자기 자신을 평가하는 방식이 되어버린다. 다른 사람들로부터 받는 피드백 외에 다른 자아평가의 기준은 있을 수 없다. George Bernard Shaw의 연극 '피그말리온'(사진 참조)에서 엘리자 두리틀은 아래 대사에서 이런 관계를 예리하게 묘사하고 있다. "숙녀와 꽃 파는 소녀가 정말로 다른 점은 그녀가 어떻게 행동하느냐가 아니라 그녀가 어떤 대접을 받느냐예요. 히긴스 교수에게 나는 언제나 꽃 파는 소녀일 뿐이에요. 그가 나를 그렇게 취급하기 때문이죠. … 하지만 당신은 나를 항상 숙녀로 대해주니까 당신에게는 숙녀가 될 수 있어요" 엘리자의 통찰에 대한 Sullivan식 분석은 그 이상일 수 있다. 엘리자 두리틀은 다른 사람들이 자기를 인식하는 방식에 영향을 받을 뿐 아니라 그러한 인식에 반응하는데, 이것은 그녀를 대하는 다른 사람들에게 영향을 주고 이것이 또다시 그녀에게 영향을 주는 … 관계가 계속된다. 즉, 지속적인 사회적 상호작용의 고리 속에서 그러한 관계가 형성되게 된다.

George Bernard Shaw

Sullivan에 의하면, "자아체계의 모든 것은 대인관계에서 형성된다"(1953, p. 200). 가장 먼저 겪는 경험은 '돌보는 이'와의 상호작용과 관련되는데, 이것은 부드럽고 정다운 것이거나 아니면 금지적이고 불안유발적일 수 있는 그런 경험이다. 발달이 진행됨에 따라 개인이 상호작용하는 사람의 종류와 상호작용의 특성은 복잡해진다. 게다가 자아체계는 이러한 경험들을 조직하고 개인이 사건—특히 자신의 자아평가와 가장 관련이 있어 보이는 것은 무엇이나—을 인식하고 평가하는 여과장치 속에다 이 경험을 통합시킨다. 경험을 여과시키는 자아체계가 없는 인간이란 상상할 수도 없다.

자아체계는 자기보호와 평형유지에 기여하는 정보를 추구한다. 따라서 대인관계의 역동(dynamics)을 이해하는 데는 그것이 가장 중요해진다. 의미 있는 타자들이 우리를 대하는 방식에 의해 최초로 자아체계가 형성될 뿐 아니라 그 역도 성립한다. 즉, 우리의 자아체계는 우리의 관심을 유도하고 우리가 타인을 인식하는 방식에 영향을 준다. 만성적으로 낮은 자아존중감을 지닌 사람들은 타인들도 역시 자신에 대해 비호의적인 생각을 가질 것이라고 예상할 수밖에 없다. 자아체계는 우리 자신뿐 아니라 우리의 사회적 환경을 끊임없이 평가하는 데 사용되는 여과장치가 된다.

건강한 발달이란 미분화되고 종종 불안에 시달리는 유아적 자아체계가 안정되고 안전한 성숙한 성인의 자아로 변형되어가는 과정이다. 상호 만족하는 대인관계는 이러한 전환을 촉진하는 필수적 경험의 기초가 된다(Muuss, 1996).

5) 발달의 단계

Sullivan(1953)은 인간발달의 단계를 유아기, 아동기, 소년기, 전청년기, 청년 전기, 청년 후기의 6단계로 나누어 설명하고 있다.

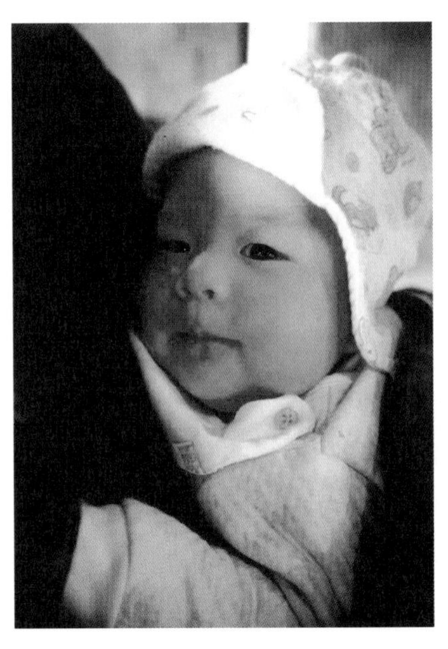

(1) 유아기

유아기는 출생에서부터 언어를 습득하기 시작하는 시기까지를 말한다. 유아기의 상호작용 욕구는 생명체와의 접촉, 부드러운 것과의 접촉욕구로 나타나는데, 이 욕구는 주로 어머니의 따뜻한 품에 안김으로써 충족된다(사진 참조). 정신분석학파와 마찬가지로 Sullivan 또한 인간의 행동을 유발하는 것은 긴장 감소에 있다고 본다. 그러나 정신분석학파에서는 인간의 모든 동기는 성적 만족에 대한 욕구라 보는 반면, Sullivan은 불안으로부터 벗어나기 위한 욕구라고 본다. 유아기에 있어서 불안의 정확한 근원에 대해서는 분명히 설명하고 있지 않지만, 그것은 어머니와 아기와의 관계에 기인한다고 한다. 예를 들어, 어머니가 행복해 있을 때와 뭔가 걱정스러운 것이 있을 때에 아기를 안아주는 차이를 아기는 감지하게 된다. 즉, 어머니의 몸짓이나 목소리의 음색 또는 행동을 통해 어머니 자신의 불안이 유아에게 전달된다. 그리고 어머니가 가진 불안이라는 긴장이 유아의 불안을 유발한다. 이 과정이 '감정이입'인데, 이것은 유아가 실제로 엄마의 감정을 '읽는다'는 것을 의미한다. 유아의 울음조차도 엄마의 불안을 가중시키기 때문에 불안의 전이는 보다 더 복잡하게 된다. 유아가 불편한 이유를 어머니가 이해하지 못할 경우 더욱 그러하다. 어머니의 증가된 불안은 또다시 아이에게 전달된다. 이러한 감정이입적 연계에 의해 유아의 울음이 유아 자신의 불안에 영향을 미칠 수 있다. '양육자'에게서 겪는 이러한 불안을 유발하는 초기 경험으로부터 시작하여 이후에 긴장과 불안이 대인관계 과정에서 전개되는 것이다.

(2) 아동기

아동기는 언어를 습득하는 시기부터 놀이친구나 동갑내기와의 상호작용 욕구가 출현하기까지의 기간이다(사진 참조). 이 시기의 주요한 발달적 성취는 상징적 능력이 출현한다는 것이다. 아동은 뜻이 통하는 방식으로 단어와 언어 또는 몸짓을 사용하기 시작한다.

이 단계의 가장 중요한 성취는 대인관계에서 협동을 배우고 지시를 따르며, 불안을 피하기 위해 간단한 심부름을 하는 것이다. 제2단계인 아동기에는 어른들이 어떤 경우에 인정하고 또 어떤 경우에 인정하지 않는지를 이해하게 된다. 어른들로부터 인정받지 못하는 것은 불안을 유발하므로, 이 불안에서 벗어나기 위해 아이는 인정받는 행동을 주로 하게 된다.

(3) 소년기

Sullivan은 Freud의 제4단계인 잠복기를 매우 중요한 시기로 보고, 이 시기를 소년기와 전청년기의 두 단계로 나누었다. 정신분석이론에서 잠복기는 초자아가 발달하는 시기로 간주되지만, 그 이전이나 이후 단계들보다 주목을 덜 받는다. 반면, Sullivan은 사회적 기술을 배우고, 사회적 민감성을 발달시키며, 사회적 복종과 사회적 적응을 배우고,

학문적 · 지적 능력을 발달시키는 데 있어서 이 시기가 가장 중요한 시기 중 하나라고 보았다.

소년기는 사회관계와 대인관계의 확대를 특징으로 하는 시기이다. 이 단계에서는 놀이친구에 대한 욕구가 출현하고 발달한다(사진 참조). 연령상으로 볼 때 소년기는 초등학교 저학년의 시기를 포함한다. 성숙으로 인하여 아동이 보다 깊은 사회적 관계를 요구하게 될 때 이 시기는 끝난다. 이때 아동은 깊고 친밀한 대인관계, 대개는 자기와 비슷한 위치의 다른 사람과의 관계를 갈망한다.

Anna Freud는 이 시기를 비교적 조용한 시기로 보나, Sullivan은 오히려 파란만장한 시기로 본다. 이 시기에는 여러 종류의 다양한 인간형태에 대해 알게 되고, 협동심과 경쟁심을 배우게 된다. 이 시기에는 눈부신 지적 성장을 하게 되고, 여러 종류의 사회적 고정관념을 습득하게 된다. 고정관념은 편견적 태도를 포함하므로, 특정 부류의 사람들을 향한 근거없는 편협함과 두려움, 혐오감, 반감, 불쾌감 등을 조장하고, 개인적 경험을 경시하고 개인차를 무시하도록 부추긴다. 불행하게도 일단 그런 고정관념들이 자아체계에 보다 영구적으로 고정되어 버리면 그것들은 잘 변하지 않는다. 그렇게 되면 고정관념화된 부류에 속하는 사람들과의 성공적이고 만족스러운 대인관계 형성은 방해를 받는다. Sullivan은 고정관념의 개인적 측면뿐만 아니라 그것의 사회적 · 국제적 의미에도 관심을 표명한다.

아동기의 중요한 사건으로는 '감독형태의 학습(learning of supervisory patterns)'을 들 수 있다. 이것은 어린이가 상상적인 인물을 마음속에 간직하고 있어서, 그 상상적 인물이 항상 자신을 감독한다고 느끼는 것이다. 따라서 다른 사람이 보지 않는다 하더라도 이 상상적 인물의 존재 때문에 자기 행동을 통제하게 된다는 것이다.

(4) 전청년기

Sullivan의 이론에서 전청년기는 비록 시간상으로는 짧은 기간이지만, 굉장히 중요한 시기로 묘사된다. 전청년기는 초등학교 고학년의 시기에 해당된다. 전청년기에는 모든 것을 털어놓고 얘기할 수 있는 '단짝'(사진 참조)이 필요한 시기이다. 소년기가 다른 사람과의 관계를 폭넓게 하는 것이었다면, 이 전청년기의 특징은 그 관계를 깊게 하는 데 있다. 이 시기는 깊이 사귈 수 있는 단짝을 필요로 하는 시기로 자신에 대한 견해를 수정할 수도 있다. 만약 어떤 어린이가 아주 불행한 아동기를 보내고 자신이 보잘것없는 사람이라는 견해를 가졌다 하더라도, 전청년기에 아주 가까운 좋은 친구를 사귀게 되어, 그를 가치 있는 사람으로 평가한다면 이 어린이는 자신에 대한 생각이 바뀔 수도 있다는 것이다. Sullivan은 이 시기를 비교적 문제가 없고 안락한 시기로 보고 '평화와 위안의 시기(A period of peace and comfort)'라고 부른다.

사진 설명 전청년기에는 모든 것을 털어놓고 얘기할 수 있는 '단짝'이 필요한 시기이다.

'단짝 친구'의 이런 교정적 영향력 덕분에 많은 사람들이 심각한 정신장애를 피할 수 있다고 Sullivan은 주장한다. 누군가가 자기를 인정해주며, 자기를 매력적이고, 가치 있는 사람으로 여긴다는 사실은 스스로를 비하하는 생각이나 다른 사람들에 의해 낮게 평가되는 것을 중화시키는 작용을 한다. 게다가 자신에 관해 사실상 모든 것(전에는 비밀로 간직했던)을 노출시키는 이러한 과정은 때로 병적이고 자기중심적인 사고, 즉 "나는 그 누구와도 전혀 다르다"는 사고를 경감시킬 수 있다. 단짝 친구관계에 대한 몰입이 중요해짐에 따라 전청년기에는 가족과 거리를 두는 경향이 있다. 그들은 가족을 보다 객관적으로, 때로는 비판적으로 바라보기 시작하고 이러한 새로운 인식을 단짝 친구와 공유한다. Sullivan은 이런 관계를 다음과 같이 묘사한다.

> 자녀를 가진 여러분 모두는 여러분의 자녀가 여러분을 사랑한다고 확신한다. 이렇게 말할 때 여러분은 즐거운 착각을 하고 있는 것이다. 마침내 단짝 친구를 찾게 된 자녀를 자세히 관찰해보면, 그들 관계 속에서 매우 다른 그 무언가를 발견하게 될 것이다. 말하자면, 친구에게 중요한 것이 무엇인가를 알아차리는 진정한 민감성이 당신 자녀에게서 발달되기 시작한다는 것을 말이다. 그리고 이것은 "내가 원하는 걸 얻기 위해서 내가 무엇을 해야 하나?"라는 의미가 아니라, 대신 "친구의 행복을 위해서 또 친구의 위신을 세워주기 위해 내가 무엇을 해야 하나?"라는 의미이다(Sullivan, 1953, pp. 245-246).

(5) 청년 초기

제5단계인 청년 초기의 상호작용 욕구는 이성과의 애정관계를 형성하는 욕구로 나타난다(사진 참조). 그런데 이 시기에는 생리적 변화가 일어나고, 성적 만족을 얻으려는 새로운 욕구가 나타나며, 이 성적 욕구가 충족될 때 긴장에서 벗어나 안정을 찾게 된다. 그러나 청년의 내부 한편에는 이 성적 욕구에 대한 불안을 해소하려는 욕구가 함께 자리하게 되고, 그래서 청년들은 이 욕망을 의식 밖으로 밀어내려는 노력을 하게 되며 빨리 이 불안에서 벗어나고자 한다.

Sullivan도 Hall이나 Anna Freud처럼 청년기를 질풍과 노도의 시기로 보았다. 청년은 혼란과 곤혹의 시기를 맞아 오랜 기간 갈등과 혼란을 겪어야 한다는 것이다. Sullivan(1953)은 청년기의 질풍노도를 Hall과 같이 인간의 진화과정에서의 과도기적 단계의 반영으로 보거나, Anna Freud처럼 오이디푸스 콤플렉스의 재등장으로 보지는 않았다. 오히려 청년기가 격동적인 것은 이 시기에 매우 중요하고 강력하지만 서로 공존하기 어려운 세 가지 욕구가 충돌하기 때문이라고 한다. 이러한 욕구들이 효과적으로 통합되고 양립하려면 많은 시간이 지난 후라야 가능하다. 세 가지 욕구란 ① 성적 만족을 얻으려는 새로운 욕구, ② 친밀감에 대한 전청년기 아동의 욕구, ③ 불안으로부터 벗어나려는 개인적 안전에 대한 욕구 등이다. 이 욕구들 간에 충돌이 발생하고, 이 충돌이 청년기를 질풍노도의 시기로 만든다는 것이다.

이 시기에 일어나는 생리적인 변화로 말미암아 청년들은 새로운 욕구를 경험하게 되고, 이 새로운 욕구가 불안에서 벗어나고자 하는 욕구와 적절히 융합이 되어야 하는데 그것이 어려운 문제이다. 왜냐하면 우리는 성적인 것에 관한 것은 될 수 있는 대로 의식 밖으로 밀어내려 하고, 또한 성적 욕망을 처음 경험하는 순간과 그 욕망을 합법적으로 만족시킬 수 있는 순간 사이에는 상당한 기간을 요하기 때문이다. 우리는 흔히 이 시기의 청년들을 "성적 실업자"라고 부른다.

게다가 친밀감의 욕구 또한 안전의 욕구와 충돌할지 모른다. 종종 가족은 이성과의 친밀감 형성을 반대하는 압력을 행사하는데, 이런 압력은 전청년기의 단짝 친구관계에 대해서는 가해지지 않던 것이다. 이러한 압력은 반대에서부터 비판, 잔소리, 위협, 조롱에 이르기까지 다양한 형태를 취한다. 이것은 개인의 안전에 대한 매우 강력하고 엄청난 위협이 될 수 있다. 또한 불안은 불승인의 두려움과 관련되는데, 청년 초기에는 이성으로부터 승인받지 못할까 봐 걱정하는 상상을 많이 한다. 따라서 적합한 이성 파트너를 찾으려는 처음의 매우 어설픈 시도로 인하여 안전의 욕구가 위협받는다. 젊은이들이 친밀감을 원하는 정도보다 거절당할까 봐 두려워하는 정도가 더 높기 때문에, 마음먹고 한 데이트 신청이 더 이상 진전을 보이지 않는 경우가 많다.

마지막으로 친밀감과 성적 욕구 간의 충돌이 있다. 성적 욕구와 친밀감의 욕구를 통합하지 못하면 이러한 동기가 두 개의 분리된 힘으로 나누어질 수도 있다. 이때 그 힘들은 다른 두 종류의 사람들에게로 향하게 된다. 젊은 남자에게 있어서, 이 중 하나는 우정과 사랑, 순수한 친밀감을 줄 수 있는 '착한 여자'이다. 이 여자는 잠재적 결혼 상대로 간주될지도 모른다. 다른 하나는 매춘부나 '섹시한' 여자처럼, 성적 욕구는 만족시키나 친밀감의 욕구는 충족시키지 못하는 '나쁜 여자'이다. 이성은 두 집단으로 구분되는데, 하나는 고독을 극복하고 불안을 감소시키며 친밀감을 제공하는 데 도움이 될 수 있는 집단이고, 다른 하나는 성적 욕구를 충족시킬 수 있는 집단이다.

이성과 친밀감을 이룩하려는 어설픈 시도에서 경험하는 갈등은 '내적' 문제일 뿐만 아니라 대인관계상의 어려움, 고정관념, 의사소통 문제의 결과이기도 하다. 카페테리아나 복도, 또 다른 만남의 장소에 있는 중학생들을 관찰해보면 서로 놀리는 장면을 발견할 수 있다. 이성의 관심을 끌기 위해 서투르고 어색하며 때로는 과장된 시도를 하는 것을 관찰할 수 있다.

(6) 청년 후기

청년 초기의 혼란은 제6단계인 청년 후기에 와서 어느 정도 안정을 찾게 된다. 이때는 이제까지 발달해온 지적 성장이 활짝 꽃을 피우는 시기이며, 보다 광범위한 시각을 갖게 되어, 주변적이고 지엽적인 문제에서 정치적·사회적 문제로 관심을 확장하게 된다. 또한 성적 적응도 어느 정도 이루어져서(때로는 청년 후기에 결혼을 하기도 한다; 사진 참조), 각 욕구 간의 평형을 이루는 등 서서히 안정의 단계로 접어드는 시기가 된다.

또 다른 한편으로는 성격장애, 먹기장애, 우울증, 자살과 같은 심리적 부적응 현상이 이 청년 후기에 나타나기도 한다. 이러한 부적응은 고독감이나 낮은 자아존중감, 불안을 겪는 사람, 혹은 이전

단계에서의 부적절한 대인관계 때문에 적절히 준비되지 못한 채 이 단계로 진입한 사람들의 경우에 더욱 그러하다.

6) 평가

Duane Buhrmester

Sullivan의 대인관계이론은 성격발달과 문화 간의 상호작용이라는 사회적 요소를 강조한다. Sullivan은 성격의 내적 구성요소는 대인 간 상호작용을 통해서만 관찰할 수 있다고 주장하는데, 이 점이 바로 성격발달이론에 대한 그의 가장 중요한 공헌이라고 볼 수 있다.

Sullivan(1953)은 또한 청년기의 우정이 갖는 중요성을 강조한 가장 영향력 있는 이론가라는 평가를 받는다. 부모자녀관계의 중요성만을 강조한 다른 정신분석이론가들과는 달리 Sullivan은 아동과 청년의 복지와 발달에 친구가 매우 중요한 역할을 한다고 믿는다. 특히 Sullivan은 친밀감에 대한 욕구는 청년 초기에 강렬해지기 때문에 십대들은 가까운 친구를 찾게 된다고 한다. 만약 청년이 친한 친구를 갖지 못하면 외로움이라는 고통스러운 감정을 경험하게 되고 자기가치감이 저하된다고 하는데, 연구결과(Buhrmester & Carbery, 1992; Buhrmester & Furman, 1987; Yin, Buhrmester, & Hibbard, 1996)도 Sullivan의 이러한 견해를 지지해준다.

다른 많은 발달이론가들과 마찬가지로 Sullivan도 인간발달이 유아기부터 성인기까지의 단계적 순서를 밟아 진행된다고 가정한다. 그러나 Sullivan은 자신의 발달단계들이 서구 사회에 주로 적용될 수 있음을 서슴없이 인정한다. 다시 말하면, 그는 자신의 이론이 문화적 보편성을 갖는다고 주장하지 않는다.

Sullivan은 청년기와 전청년기의 중요성을 강조하는 인간발달의 본질에 관한 체계적인 진술 속에다 다양한 심리학적 · 정신의학적 · 인류학적 · 장이론적 · 사회학적 이론들을 효율적으로 통합할 수 있었다. 그럼에도 불구하고 그의 이론은 그에 걸맞은 주목을 받지 못하고 있는 것 같다. 부분적으로 이러한 무관심은 그의 이론이 매우 복잡하다는 데 있다. 그의 이론은 독창적인 방식으로 임상심리학, 사회심리학, 인지심리학을 통합하고 있으며, 친숙하지 아니한 용어들을 사용하고 있다. 게다가 그의 풍부한 사고는 명료하지 못한 그의 문장력으로 인해 빛을 발하지 못하고 있다(Perry, 1982).

Sullivan의 대인관계이론은 또한 남성 중심으로 기술되어 있다는 지적을 받는다. 정신치료를 받기 위해 찾아온 대부분의 환자들이 남성들이었기 때문에, 여성에 관한 자료를 수집할 수 없었던 Sullivan은 남녀 간의 성격발달에는 차이가 있다는 점을 인정하면서도 여성의 성격발달에 관한 설명을 제시하지 못하고 있다.

4. Erikson의 정체감발달이론

1) Erikson 이론의 개요

Eric Erikson(1902-1994)

Erikson은 Anna Freud나 Sullivan처럼 처음에는 Freud의 영향을 받아 그의 정신분석학적 관점에서 훈련을 받은 사람이다. 그러나 나중에는 Freud의 심리성적인 측면에서 인간의 발달을 해석하려는 이론에 반기를 들었다. Erikson은 심리성적 발달이 개인의 인생에 있어서 중요한 요소이기는 하나 전적으로 그것에 의해서만 인성이 지배되는 것은 아니며, 또 무의식의 세계가 내면적 성격구조에서 중요한 측면이기는 하지만 그것이 의식세계를 전적으로 지배한다고는 생각하지 않는다. Freud가 개인의 성격은 남근기에 완전히 형성된다고 믿는 반면, Erikson은 인생 초기의 경험이 중요하기는 하나 성장과정에서 문화적 · 사회적 경험이 인격 형성에 중요한 변수로 작용하여 청년기에도 인성은 변할 수 있고, 인간발달은 일생을 통하여 죽을 때까지 계속되는 과정이라고 본다.

Freud의 정신분석이론은 비정상적 심리를 연구함으로써 그리고 비정상적인 발달의 원인이 어디에 있는가를 밝혀냄으로써 정상적 심리에 관해 알 수 있다고 가정한다. 이 접근법을 정당화하기 위한 예로 크리스털의 구조를 알기 위해서는 그것을 깨뜨려보아야 한다고 설명한다. 여기에 대해 Erikson은 인간은 물론 크리스털과 같은 무생물이 아니라 생명이 있고 숨을 쉬는 유기체이며, 또 이 유기체는 구성부분을 손상시키지 않고는 깨뜨릴 수 없다고 반박한다. 그래서 Erikson 이론의 요체는 성격의 세 가지 구조, 즉 원초아, 자아, 초자아를 각각 분리하여 연구하기보다는 오히려 성격이 형성되는 방식에 보다 중점을 둔다.

Erikson(1968)은 인성의 발달을 생물학적 차원, 사회적 차원, 개인적 차원 등 세 가지 차원들 간의 부단한 상호작용의 결과로 본다. 생물학적 차원은 모든 인간이 보편적으로 가지고 있는 공통의 특성으로서, 인간은 출생 시 누구나 욕망과 충동을 가지고 태어나며, 인간의 발달은 미리 정해진 순서대로 진행되고, 부분적으로는 성숙요인의 지배를 받는다고 한다. 사회적 차원은 인간의 발달이 적정 수준에 도달하기 위해 꼭 필요한 것으로(무기력하게 태어난 아기에게는 이 사회적 차원 없이는 생물학적 차원도 무의미하다) 상호적응의 형태로 나타난다. 개인적 차원은 개개의 인간이 가질 수 있는 독특한 측면으로서, 생물학적 환경과 사회적 환경이 비슷하다 하더라도 개개인이 동일한 인성을 갖게 되지는 않는다. 앞의 세 가지 차원을 적절히 통합한 사람은 이른바 심리적으로 건강한 사람이고, 확고한 정체감을 확립한 사람이다.

Erikson(1950)은 특별히 청년기의 중요성을 강조하는데, 그것은 이 청년기가 정체감 형성의 결정적인 시기이기 때문이라고 한다. 청년기에 어떤 일이 일어나는가는 성인기

표 11-2 Erikson의 청년기 발달과업과 부분위기

Ⅷ								자아통합감 대 절망감
Ⅶ							생산성 대 침체성	
Ⅵ						친밀감 대 고립감		
Ⅴ	시간전망 대 시간혼미	자기확신 대 자의식	역할실험 대 역할고착	도제수업 대 활동불능	정체감 대 정체감혼미	성의 양극화 대 양성혼미	지도력과 수행 대 권위혼미	신념실천 대 가치관혼미
Ⅳ				근면성 대 열등감	과업동일시 대 무력감			
Ⅲ			주도성 대 죄책감		역할기대 대 역할금지			
Ⅱ		자율성 대 수치심과 회의감			의지 · 결의 대 회의감			
Ⅰ	신뢰감 대 불신감				상호인지 대 자폐적 고립			
	1	2	3	4	5	6	7	8

출처: Erikson, E. H. (1968). *Identity: Youth and crisis*. New York: Norton.

의 성격에 중요한 의미를 갖는다. Erikson은 확고한 정체감 확립을 위해 청년기에 이룩해야 할 발달과업과 극복해야 할 위기를 각기 제시하고 있다. 〈표 11-2〉를 보면 대각선은 Erikson의 8단계 이론이고, 수직선은 청년기의 정체감 위기에 앞의 4단계가 어떤 영향을 미치는가를 보여주는 것이다. 앞의 4단계 중 어느 한 단계라도 불행한 경험을 하게 되면 무력감, 역할 금지, 고립감, 회의감 등이 너무 커서 정체감 발달에 장애를 초래한다. 반면에, 청년이 운이 좋다면 앞의 4단계가 긍정적으로 작용하여 상호인지, 의지 · 결의, 무엇이 되고자 하는 역할에 대한 기대, 과업동일시를 하게 되는데, 이들은 모두 청년의 자아정체감 형성에 기초가 된다. 수평선은 청년기의 위기 그 자체의 여러 가지 측면을 나타내고 있다. 즉, 청년기 이전에 극복해야 할 위기가 청년기에 재출현하고, 성인기의 다른 세 가지 위기가 여기에 더해진다. 따라서 청년기에 극복해야 할 위기는 이 일곱 가지 부분위기(part conflict)를 해결하는 데 있다. 다시 말해서 청년기에 확고한 정체감을 확립하기 위해서는 이 일곱 가지 위기를 성공적으로 해결해야 한다고 한다.

2) 청년기 발달과업과 부분위기

청년기에 이룩해야 할 발달과업과 극복해야 할 부분위기 일곱 가지를 간단히 살펴보면 다음과 같다(Gallatin, 1975).

(1) 시간전망 대 시간혼미(Time Perspective vs. Time Confusion)

자신의 과거를 인정하고 미래에 대해 숙고한다. 성인기의 생활을 계획하기 위해서는 청년 자신이 무엇이 되고자 하는가를 숙고해야 한다. 인생의 목표를 달성하기 위해서 얼마나 시간이 걸릴 것인가를 과거 경험에 기초해서 추정해본다. 이것이 시간전망이다.

그러나 과거와 미래를 통합함에 있어 수많은 기억과 기대 및 가능성으로 인해 시간혼미의 가능성이 다분히 있다. Erikson은 이 부분위기를 유아기에 극복해야 할 위기와 비교하는데, 우리가 시간(time)이라고 부르는 계속성에 대한 아주 초보적인 개념을 유아들은 돌보는 이가 나타나고 사라지는 것에서 얻게 된다. 돌보는 이들이 자신이 원할 때에 어김없이 나타남으로써 '신뢰감'이 형성되고, 돌보는 이들의 나타남과 사라짐이 예측불허일 때에는 '불신감'이 형성된다. 청년기에 와서 자신의 인생의 시간표에 대한 전망은 보다 정교하고 따라서 유아기의 갈등보다 훨씬 더 정교하다.

(2) 자기확신 대 자의식(Self-Certainty vs. Self-Consciousness)

과거에 대한 동화와 미래에 대한 계획은 자기확신을 심어준다. 젊은이는 그의 지나온 과거는 의미가 있고, 앞으로 자신이 뜻한 바를 성취할 충분한 기회가 있는 것으로 믿어야 한다. 이러한 스스로의 믿음이 자기확신이다. 자기확신은 자기반성을 통해 이루어지는데, 이 자기반성에는 위험이 따른다. 고통스러운 자의식이 그것이다. 자기확신을 성취하기 위해서 청년은 두 번째 단계의 과업인 자율성을 정교화하게 된다. 마찬가지로 자의식은 두 번째 위기인 수치심과 회의감을 반영하는데, 이들은 2단계에서 지나치게 제재를 받거나 엄한 벌을 받음으로써 발생한 것이다.

(3) 역할실험 대 역할고착(Role Experimentation vs. Role Fixation)

청년들은 어린이보다 훨씬 더 복잡한 세계에서 살게 되고, 따라서 보다 많은 가능성과 대안을 갖는다. 한 가지를 선택하기 전에 가능한 모든 대안에 대해 평가하고, 또 많은 역할들을 시도해보는 것이 바람직한데, 이것이 역할실험이다.

이렇게 함으로써 자신의 관심과 재능이 어디에 있는가를 발견하게 된다. 3단계에서 아동은 증대된 기동성과 언어기술로 인해 주도성을 경험한다. 청년기의 역할실험은 아동기 탐색의 산물이다. 마찬가지로 3단계의 위기인 죄책감이 역할고착으로 이어진다. 너무 많은 가능성과 대안으로 인해 당황하게 되면 역할고착을 경험한다.

많은 역할들을 시험해보는 역할실험을 통해서 정체감이 형성된다. 따라서 주도성을 상실하거나 너무 많은 죄책감을 느끼고, 역할고착을 일찍 경험하는 청년들은 결코 정체감을 확립하지 못한다.

사진 설명 직업학교에 다니는 독일 청년이 전자산업 현장에서 도제(lehring) 수업(修業)을 받고 있다.

(4) 도제수업(견습) 대 활동불능(Apprenticeship vs. Work Paralysis)

청년기의 가장 중요한 선택은 직업(일)과 관련된 것이다. 앞으로 갖게 될 직업은 젊은이가 갖게 될 정체감의 중요한 요소가 된다. 어떤 직업을 갖느냐에 따라서 자신에 대한 견해가 달라질 수 있고 사회에서의 위치도 결정된다. 따라서 하나의 직업을 선택하기 전에 견습기간을 갖는 것이 바람직하다(사진 참조).

4단계에서의 발달과업은 근면성이다. 앞으로

갖게 될 직업을 탐색하고 숙고함에 있어서 청년은 4단계에서 습득한 기술에 의존하게 된다. 한편, 4단계에서의 위기인 열등감은 활동불능을 느끼게 한다. 바꾸어 말하면, 모든 젊은이들이 결국은 어떤 직업이든 선택하게 되겠지만, 열등감을 가지고 자신은 어떤 직업에도 적당하지 않다고 생각하게 되면 활동불능을 경험하게 된다.

(5) 성의 양극화 대 양성혼미(Sexual Polarization vs. Bisexual Confusion)

성인기의 발달과업과 극복해야 할 위기는 친밀감 대 고립감이다. 대부분의 성인에게 있어 가장 친밀한 관계는 이성과의 관계이다. 미래에 이성과 갖게 될 친밀감을 이해하기 위해 청년기에 성의 양극화에 대한 정의, 즉 '남자' 또는 '여자'에 대한 정의가 필요하다. 그러기 위해서는 남자와 여자의 역할에 대한 명확한 묘사가 중요하지만, 성의 양극화의 정도는 문화에 따라 상이하다. 자신의 '남성성' 또는 '여성성'에 대한 확신감은 확고한 정체감 형성에 도움이 된다. 남성과 여성의 유사점과 차이점을 가려내는 과정에서 양성혼미를 경험할 수도 있다. 양성혼미의 결과로 자신에 대해 확신을 갖지 못할 수도 있다. 양성혼미는 두 가지 방향으로 표출되는데, 어떤 사람은 일찍부터 육체적 쾌락에 빠져들고(사진 참조), 어떤 사람은 이와 반대로 성적인 것은 모두 피하고 예술적이고 지적인 활동에만 몰입한다.

(6) 지도력 및 수행 대 권위혼미(Leadership and Followership vs. Authority Confusion)

폭넓은 사회경험, 지역사회 참여 등은 중년기의 생산성 대 침체성의 위기를 어떻게 넘길 것인가를 결정한다. 다양한 역할에 대한 실험, 직업에 대한 견습, 이성과의 친밀감 등은 모두 사회에서의 자신의 위치를 발견하게 하고, 사회에 대한 기여(시민으로서, 직업인으로서, 부모로서)에 도움이 된다.

다른 사람과 함께 일할 수 없는 사람, 반드시 지도자가 되어야만 하는 사람도 없지 않으나 지도자의 책임과 아울러 수행자의 태도도 배워야 한다.

사회접촉의 범위가 넓어짐에 따라 충성의 의무가 다양해진다. 즉, 국가, 부모, 고용주, 애인, 친구 등은 각기 다른 요구를 하며, 이들에 대한 충성의 의무는 다양하다. 그 결과 권위혼미를 경험할지도 모른다. 이러한 혼란을 해결하기 위해서는 다양한 가치와 자신의 가치를 비교하고 개인적인 신념을 형성해야 한다.

(7) 신념의 실천 대 가치관혼미(Ideological Commitment vs. Confusion of Values)

지역사회에 단단히 뿌리를 내리고, 과거와 현재의 경험을 미래의 열망과 조화시키기 위해서는 신념의 실천을 경험해야 한다. 청년은 자신이 과거에 한 것, 지금 하고 있는 것 그리고 앞으로 할 일들이 모두 양립할 수 있다는 신념을 가져야 하며, 또한 자신의 목표가 사회에서 의미가 있고, 사회 또한 그의 목표를 인정해주고, 나아가 필요할 때 자신을 지지하고 격려해줄 것이라는 확신을 가져야 한다.

전 단계에서 개인적 신념이 권위혼미를 극복해주었듯이, 이 단계에서는 가치관혼미를 피할 수 있도록 도와준다. 실은 개인의 신념 또는 철학은 젊은이들이 정체감 위기의 모든 부분위기를 해결하는 데 도움이 된다. 정체감 위기의 모든 부분위기를 해결함에 있어서 청년기에 형성된 개인의 신념은 모든 단계의 위기와 연관된다. 노년기의 통합감도 비슷한 종류의 통합을 요구한다. 따라서 Erikson은 청년기의 신념의 실천 대 가치관혼미는 노년기의 통합감 대 절망감을 예시한다고 본다.

위에서 본 바와 같이 Erikson은 청년기를 자아정체감 형성을 위한 중요한 시기로 보았지만, 청년기가 특별히 질풍노도의 시기일 이유는 없다고 한다. 물론 청년기에 이룩해야 할 정체감 확립이라는 것이 결코 쉬운 문제는 아니기 때문에 청년기가 질풍노도일 가능성은 있다. 그러나 인간은 전생애를 살아가는 동안 매 단계마다 겪어야 할 위기와 이룩해야 할 발달과업이 있으며, 청년기만이 유독 힘들고 넘기기 어려운 격동기가 되어야 할 이유는 없다고 Erikson은 주장한다. 오히려 청년기는 아동기와 성인기 사이의 심리적 유예기간(psychological moratorium)으로서의 의미를 갖는 시기로 볼 수 있다. 즉, 청년기는 진정한 자신을 찾기 위한 노력을 기울이는 시기로서 자신에 대한 결정을 잠시 보류할 수 있는 시기이다. 물론 오랜 기간에 걸친 정체감의 탐색이 고통스러운 것이기는 하지만, 결국 그것은 보다 높은 차원의 인격적 통합을 가능하게 해준다.

3) 자아정체감의 형성

청년기에 많은 청년들은 가장 근본적이고도 어려운 문제로 고민하게 되는데, "나는 누구인가?"라는 물음이 바로 그것이다(사진 참조). 이 문제는 수세기에 걸쳐 온 인류를 지배해왔으며, 수없이 많은 시나 소설의 주제가 되어왔지만, 심리학적 관심을 불러일으킨 것은 불과 수십 년 전의 일이다. 문학, 예술, 교육 등 광범위한 분야를 배경으로 하여 Erikson이 이러한 의문에 최초로 정신분석학적 초점을 맞추어 개념정리를 한 것은 결코

우연한 일이 아니다.

Erikson(1950, 1968)은 특히 청년기에 빈번히 제기되는 일련의 의문들, 즉 "나는 누구인가? 무엇을 할 것인가? 미래의 나는 어떻게 될 것인가? 어제의 나와 오늘의 나는 같은 인물인가, 아닌가?" 등의 자문을 자아정체감을 형성하기 위한 과정이라 하였다.

자아정체감은 그 용어 자체에 여러 가지 함축적 의미를 가지고 있어 한마디로 정의할 수는 없지만, 확고한 자아정체감을 지닌 사람은 개별성, 총체성, 계속성을 경험하게 된다고 한다. 개별성은 가치나 동기 또는 관심을 얼마쯤 타인과 공유했다 하더라도 자신은 타인과는 다르다는 인식, 즉 자신은 독특하고 특별하다는 인식이다. 총체성은 자신의 욕구, 태도, 동기, 행동양식 등이 전체적으로 통합되어 있다는 느낌이다. 계속성은 시간이 경과하여도 자신은 동일한 사람이라는 인식, 즉 어제의 나와 오늘의 나는 같은 사람이라는 인식이다.

정체감 형성은 갑작스럽게 이루어지는 것이 아니고 조금씩, 부분적으로 그리고 점차적으로 이루어진다. 자신의 문제에 관한 결정은 한순간에 단번에 이루어지는 것이 아니라 재삼재사 다시 고려해야 하는 것이다. 그리고 그 결정이라는 것도 그 순간에는 아주 하찮은 것으로 보일지 모른다. 누구와 데이트를 할 것인지, 고등학교를 졸업하고 취직을 해야 할지, 아니면 대학에 진학을 해야 할지, 대학에 진학한다면 전공은 무엇으로 해야 할 것인지 등이 그것이다. 그러나 청년기 동안 그 결정들은 우리가 정체감이라고 부르는 것의 핵심을 이루게 된다.

정체감 형성은 아동기의 경험과 동일시에 그 뿌리를 두는 것이며, 청년기를 거쳐 성인기에 이르기까지 발달이 계속되는데, 청년 초기보다는 청년 후기에 보다 더 중요한 문제로 대두된다. 청년 초기에는 신체상의 변화가 커서 자신의 관심을 신체에 집중시키고, 또래집단에 의해 인정받고 수용되는 것이 더 중요하기 때문에 청년 후기보다 정체감 확립에 관심이 덜 집중된다. 안정된 정체감을 형성하기 위해서는 신체적 · 성적 성숙, 추상적 사고, 정서적 안정이 필요하며, 동시에 부모나 또래의 영향권에서 어느 정도 벗어나야 하는데, 이러한 모든 조건들이 청년 후기에 와서야 비로소 갖추어진다.

정체감 위기를 성공적으로 해결하지 못한 청년은 정체감 혼미를 경험하게 된다. 정체감 혼미의 개념은 가출소년, 퇴학자 등을 비롯한 문제 청소년을 이해하는 데 도움이 된다. Erikson의 정체감 혼미의 개념이 소개되기 이전에는 이러한 청년들은 비행 청소년으로 낙인찍혔었다. 그러나 정체감 혼미라는 개념이 소개됨으로써 이런 젊은이들이 안고 있는 문제를 조금은 긍정적인 시각에서 보게 되었다. 비행 청소년뿐만 아니라 사실 모든 청소년들이 정체감 위기를 경험하게 되는데, 단지 어떤 젊은이는 다른 젊은이보다 조금 쉽게 그 위기를 넘길 뿐이다.

정체감발달에 관한 최근 연구(Kroger, 2012; Moshman, 2011; Syed, 2013)에서는 Erikson이 말하는 '위기' 개념보다는 정체감발달이 보다 점차적이고, 덜 격변적이며, 보다 긴 여정을 통해서 이루어진다고 주장한다.

4) 자아정체감은 왜 청년기에 문제가 되는가

자아정체감의 형성은 청년기에 와서 시작되는 것도 아니고 청년기에 끝나는 것도 아니다. 자아정체감의 형성은 일생을 통해 이룩해야 할 중요한 과제이다. 그렇다면 왜 자아정체감의 확립이 청년기에 심각한 문제로 대두되는가? 그 원인은 무엇인가? 학자들(서봉연, 1988; Duriez et al., 2012; Marcia & Carpendale, 2004; Schwartz et al., 2013)은 그 이유를 다음과 같이 설명하고 있다.

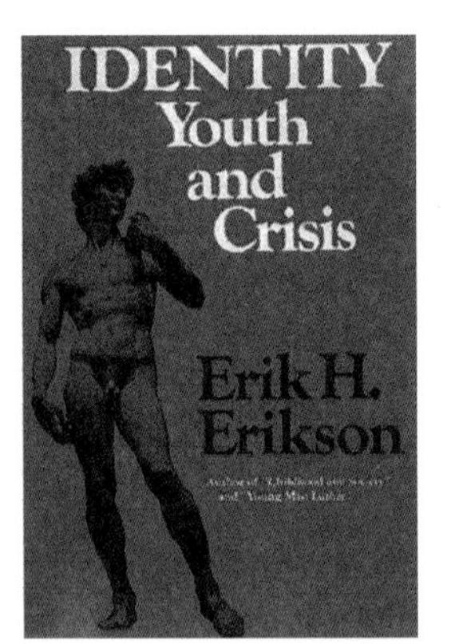

첫째, 사춘기 동안의 급격한 신체적 변화와 성적 성숙 때문이다. 청년들은 급격한 신체변화로 인해 자의식이 강해지고, 성적 성숙으로 말미암아 신체 내부에서 여러 가지 충동들이 일어난다. 특히 일찍이 경험해본 일이 없는 성적 충동은 청년들이 대처해야 할 가장 중요한 문제이다. 사춘기 동안에 발달된 생리적·내분비적 기능의 변화로 말미암아 본능적 욕구인 원초아가 강해진다. 이때 자아는 초자아와 원초아 간의 균형을 유지하기 위해 자아확장(strong ego)을 이루어야 한다. 따라서 이 시기의 청년들은 필연적으로 자아정체감 문제에 직면하게 된다.

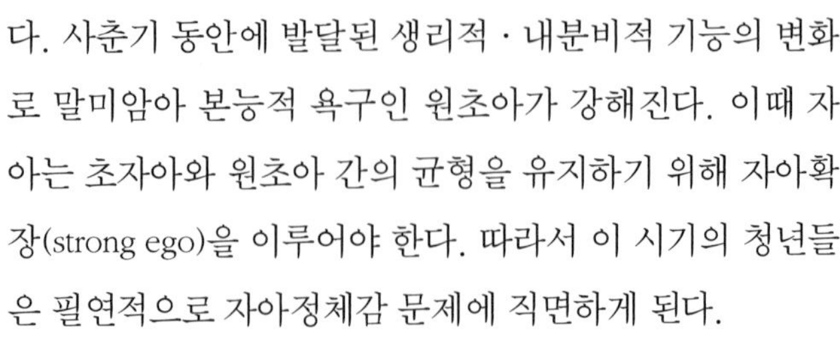

둘째, 청년기는 아동기에서 성인기로 옮겨가는 과도기로서, 청년은 어린이도 아니고 어른도 아닌 어중간한 존재이기 때문이다(사진 참조). 신체적으로는 이미 성인으로

성장했지만 경제적, 정서적으로는 여전히 부모에게 의존한다. 한편, 나이와 체구에 걸맞게 부모로부터 독립하고, 사회적으로 책임 있는 행동을 할 것이 요구된다. 따라서 이 시기의 청년은 자신의 위치와 역할을 어떻게 규정해야 할 것인지에 대해 고민하지 않을 수 없다.

셋째, 청년기는 선택과 결정의 시기이기 때문이다. 청년들은 진학문제, 전공선택의 문제, 이성문제, 교우관계 등 스스로의 선택이 요구되는 상황에 직면한다. 이전처럼 전적으로 부모나 주위 어른들에게 의존할 수 없는 청년들은 스스로 이러한 선택과 결정을 하기 위해 여러 가지 가능성을 점검해보고, 자기 자신에 대해 진지하게 생각하는 탐색의 시간이 필요하다.

넷째, 청년기에 현저한 성장을 보이는 인지능력의 발달 때문이다. 청년은 구체적 사고에서 벗어나 추상적 사고를 할 수 있고, 그들의 사고는 현실적 구속을 벗어나 가능성의 세계로 확대된다. 청년들의 시간적 조망 또한 현재에 국한되지 않고 과거와 미래로 확장된다. 이러한 인지능력의 발달은 자신의 위치, 역할, 능력 등을 검토해보는 자신에 대한 탐색과정에도 영향을 미친다. 이와 같은 자기 탐색과정은 자아정체감 확립을 위한 필연적인 요인으로 작용한다.

이상과 같은 이유들로 해서 자아정체감의 형성은 일생 동안 계속되는 과정임에도 불구하고 청년기에 보다 중요한 문제로 대두된다.

5) 자아정체감의 네 범주

James Marcia

Marcia(1980, 1994, 2002)는 Erikson의 정체감 형성 이론에서 두 가지 차원, 즉 위기(crisis)와 수행(commitment)을 중요한 구성요소로 보고, 이 두 차원의 조합을 통해 〈그림 11-1〉처럼 자아정체감을 네 범주로 나누었다. 여기서 위기란 자신의 가치관에 대해 재평가하는 기간을 의

		위기: 예	위기: 아니요
수행	예	성취 (위기 해결)	유실 (위기경험 없음)
	아니요	유예 (위기 현재 진행 중)	혼미 (위기경험 없음)

〈그림 11-1〉 Marcia의 자아정체감의 네 가지 범주

미하고, 수행은 계획, 가치, 신념 등에 대해 능동적 의사결정을 내린 상태를 의미한다.

(1) 정체감 성취(Identity Achievement)

정체감 성취란 자아정체감의 위기를 성공적으로 극복하여 신념, 직업, 정치적 견해 등에 대해 스스로 의사결정을 할 수 있는 상태를 말한다. Marcia는 정체감 성취나 정체감 유실의 경우에만 의사결정을 할 수 있기 때문에, 양자 모두 자아정체감 위기를 해결한 것으로 볼 수 있다고 한다.

재미있는 사실은 한때 정체감 성취로 분류되었던 사람이 후에 정체감 유실로 나타날 수 있다는 것인데, 이 사실은 전생애에 걸친 자아정체감 발달의 이해에 중요한 시사점이 된다(Marcia, 1989). 다시 말하면, 자아정체감은 반드시 한 방향에서 최고의 성숙단계까지 직선적인 발달 양상을 보이지는 않는다는 것이다. 정체감 성취 상태에서 정체감 유예나 혼미의 상태로 퇴행하였다가 다시 정체감 성취의 상태에 도달하는 경우도 있다(Stephen, Fraser, & Marcia, 1992).

(2) 정체감 유예(Identity Moratorium)

정체감 유예란 현재 정체감 위기의 상태에 있으면서 자아정체감 형성을 위해 다양한 역할, 신념, 행동 등을 실험하고 있으나 의사결정을 못한 상태를 말한다. 정체감 유예로 분류된 사람들의 대부분은 정체감 성취로 옮겨가지만, 그중에는 더러 정체감 혼미 쪽으로 기울어지는 사람도 있다.

Erikson에 의하면 대학생은 인위적으로 청년기가 연장된 상태에 있기 때문에 심각한 자아정체감 위기를 경험한다고 한다. 이러한 Erikson의 견해는 Munro와 Adams(1977)의 연구에 의해 지지를 받았다. 같은 나이의 대학생과 직업청소년을 비교한 이 연구에서 직업선택에 대한 의사결정에서는 두 집단 간에 차이가 없었으나 정치적, 종교적, 이념적인 면에서는 의사결정을 끝낸 대학생을 거의 찾아볼 수 없었다. 연구자들은 이 결과에 대해 대학이라는 환경과 분위기가 청년들로 하여금 정체감 유예 또는 정체감 혼미 상태에 머물게 하여 분명한 의사결정을 하지 못하게 한다고 해석하였다.

Gerald Adams

(3) 정체감 유실(Identity Foreclosure)

정체감 유실이란 자신의 신념, 직업선택 등의 중요한 의사결정에 앞서 수많은 대안에 대해 생각해보지 않고, 부모나 다른 역할모델의 가치나 기대 등을 그대로 수용하여 그들과 비슷한 선택을 하는 경우를 말한다. 한 젊은이에게 장래의 희망이 무엇이냐고 물으면 치과의사라고 대답하고, 그 이유를 물으면 "아버지가 치과의사이기 때문"이라고 대답한다. 어떤 개인적 이유도 없으며, 어떤 개인적 탐색과정도 없었던 것처럼 보인다. 위기를 경험하지 않고 쉽사리 의사결정을 하는 사람들이 이 범주에 속한다.

지금까지는 정체감 혼미만이 청년기의 심리적 문제, 즉 소외, 부적응 등을 유발하는 것으로 인식되었으나, 최근에는 정체감 유실도 문제가 있는 것으로 지적되고 있다. 비록 자아정체감 형성을 위해서 심각한 위기가 꼭 필요한 것은 아닐지라도, 독립적 사고와 의사결정 등은 자신의 신념, 가치관 등에 대한 고통스러운 의문제시가 없이는 불가능하므로, 성숙되고 통합된 정체감발달을 위해서는 위기를 경험하는 것이 필요하다고 한다.

(4) 정체감 혼미(Identity Diffusion)

정체감 혼미란 자아에 대해 안정되고 통합적인 견해를 갖는 데 실패한 상태를 말한다. 이 범주에 속하는 청년은 위기를 경험하지 않았고 직업이나 이념의 선택에 대한 의사결정을 하지 않았을 뿐만 아니라 이러한 문제에 관심도 없다. 이런 점에서 유예와 구별된다. 유예는 자아에 대해 통합된 견해를 갖지 못했더라도 자아정체감과 관계된 갈등은 해결하려고 열심히 노력하고 있는 경우이기 때문이다. 문학에서 볼 수 있는 정체감 혼미의 고전적인 예는 셰익스피어의 햄릿 왕자이다(사진 참조).

Marcia의 네 범주의 자아정체감에 덧붙여 언급할 수 있는 또 하

Margaret A. Lloyd

나의 자아정체감은 부정적 정체감이다. 부정적 정체감은 부모의 가치관이나 사회적 가치관과 정반대가 되는 자아개념을 의미한다. 대개 이 부정적 정체감은 개인적인 성공에 대한 부모나 사회로부터의 강화나 지원이 없을 경우에 생기기 쉽다. '소년범죄자' '불량소년' 등으로 불리는 청소년들이 부정적 정체감을 형성하는 것으로 보인다. 이들은 사회적으로 용납되는 행위를 내면화할 기회가 없어, 사회적 가치에 반대되는 태도, 행동 등을 자신의 것으로 수용하여, 그것을 암암리에 드러내는 등 악순환적 과정을 통해 부정적 정체감을 형성하게 된다. Marcia는 부정적 정체감을 정체감 유실의 특수한 경우로 간주하였다(Lloyd, 1985).

6) 자아정체감 상태와 관련변인

Erikson에 의하면 정체감의 성취나 유예는 심리적으로 건강한 것이지만 정체감의 유실이나 혼미는 부적응적인 것이다. 정체감의 네 가지 상태와 성격특성과의 관계를 알아본 연구결과도 이 사실을 뒷받침해준다.

정체감의 성취나 유예의 상태에 있는 청년은 자아존중감이 높고, 추상적이고 비판적인 사고를 하며, 실제적 자아와 이상적 자아의 차이가 크지 않고, 높은 수준의 도덕적 추론을 한다(Dellas & Jernigan, 1990; Marcia, 1980). 특히 자아정체감 성취자는 자신을 지나치게 의식하지 않으며, 자신을 다른 사람에게 드러내보이는 것을 주저하지 않는다(Adams, Abraham, & Markstrom, 2000).

정체감의 유실이나 혼미의 상태에 있는 청년은 적응문제가 있고, 특히 유실자는 독단적이고 융통성이 없으며 아량을 찾아볼 수 없다. 그리고 다른 사람과의 의견 차이를 모두 위협으로 받아들인다(Frank, Pirsch, & Wright, 1990). 자신이 의지하고 있는 사람으로부터 거부당할까 봐 두려워하고, 가족이나 친구로부터 소외당한 유실자 중에는 사이비 종교집단에 빠져드는 청년도 있다.

Alan Waterman

정체감 혼미가 정체감발달에서 가장 미숙한 수준인데, 정체감 혼미자는 모든 것을 운명에 맡기고 '어떻게 되든 상관없다'는 태도로 다른 사람이 하는 것을 그저 따라한다. 그래서 미래에 대한 아무런 꿈도 갖지 못하고 약물남용에 빠지기도 한다.

정체감 상태는 또한 연령과도 관계가 있다(Meilman, 1979). 즉, 청년 초기에는 정체감 혼미나 정체감 유실을 경험하고, 청년 후기가 되어서야 정체감 성취에 이른다. Waterman(1992)의 연구에서, 대학교 상급생 중에서 고등학생이나 대학 1, 2학년생보다 정체감 성취자가 많은 것으로 나타났다. 이러한 현상은 직업 선택 분야에서 더욱 그러하다. 종교적 신념이나 정치적 이념 면에서는 성취자가 거의 없고 유실과 혼미가 많은 편이다. 따라서 정체감 형성 시기는 특정 분야에 따라 다른 것으로 보인다.

우리나라 청년 2,030명을 대상으로 한 연구(이차선, 1998)에서, 청년의 자아정체감은 연령이 증가할수록 더욱더 발달하는 것으로 나타났고, 대학교 3학년 때 남녀 모두 자아정체감 점수가 최고조에 도달하였다. 따라서 이 시기에 비로소 자아정체감 형성이 안정되고 있음을 보여준다.

가족이나 사회계층 또한 정체감발달과 연관이 있다. 청년들이 보다 넓은 세계로 나아가고자 할 때, 가정이 안전기지가 되어주면 정체감 형성에 도움이 된다. 부모와 친밀한 관계를 유지하면서 동시에 자기 의견을 자유롭게 얘기할 수 있는 청년들은 정체감 성취나 유예상태에 있다(Cooper, 2011; Grotevant & Cooper, 1985; Lapsley, Rice, & FitzGerald, 1990). 정체감 유실의 경우는 부모와 친밀한 관계를 유지하지만 부모와 떨어지는 것을 두려워한다. 혼미의 경우는 부모와의 관계가 좋지 못하고 대화도 부족하다(Papini, Micka, & Barnett, 1989).

Catherine Cooper

우리나라 중 · 고등학생 1,000명과 그들의 부모, 1,000명을 대상으로 한 연구(이승국, 1999)에서, 청소년의 자아정체감발달에 영향을 미치는 생태학적 변인들로는 부부관계, 가정의 사회경제적 지위, 친구관계, 교사와의 관계, 부모의 교육적 기대, 부모의 양육태도, 가족의 지지, 친구의 지지 등으로 나타났다.

Harold Grotevant

사회계층 또한 정체감발달에 영향을 미친다. 한 연구(Adams, Gullotta, & Markstrom-Adams, 1994)에서, 대학생이 이미 직업을 가지고 있는 또래보다 정치적 · 종교적 정체감의 발달이 뒤떨어지는 것으로 나타났다. 연구자들은 중산층 가정의 전형적인 특성인 고등교육이 유예기간을 연장시킨다는 것으로 결론지었다.

우리나라 대학생을 대상으로 자아정체감과 그 관련변인을 알아본 연구(박성옥, 어은주, 1994)에서는, 청년의 개인적 특성(성별, 학년, 종교 유무)보다는 부모의 양육태도 및 가족 간의 자율감과 친밀감으로 표현되는 가족의 기능도가 청년의 자아정체감 형성에 긍정적으로 작용하는 것으로 보인다. 즉, 부모의 양육태도가 민주적일수록, 가족의 기능도가 높을수록 청년의 자아정체감이 안정된 것으로 나타났다.

7) 평가

Erikson은 전 인생의 주기를 망라하는 전생애발달이론을 제시한 최초의 인물이다. 그의 관심이 인간의 성적 본능으로부터 심리사회적 발달이론으로 옮겨지게 된 것은 발달단계의 사회적 기원에 대한 관심이라든가 인류학적 연구에 힘입은 것이다. 자아정체감의 획득이 이 이론의 핵심적 개념이며, 정체감 탐색의 문제는 청년기의 두드러진 특징이 된다.

Erikson은 발달단계를 묘사하는 데 상당히 많은 지면을 할애했지만, 그 구조적인 전환의 특성에 대해서는 명확하게 밝히지 않았다는 지적이 있다. Erikson은 자신의 이론에 대한 비판에 응답하고, 잘못 이해되고 있다고 생각한 문제를 명료화하면서 계속해서 자신의 이론을 수정하고 확장해나갔다. 뿐만 아니라 경험적 연구로부터 주목할 만한 지지를 받기도 하였다.

Erikson의 발달단계 중 다른 단계에 관한 연구는 거의 없는 반면, 청년기의 정체감과 관련된 연구는 많이 진행되었다. 그중 하나가 Marcia의 자아정체감의 네 범주에 관한 연구이다. 그러나 Marcia의 자아정체감의 범주화는 Erikson의 위기와 수행에 대한 개념을 왜곡하고 축소해석했다는 비판을 받고 있다(Blasi, 1988; Cote, 2009; Lapsley & Power, 1988). 예를 들면, Erikson은 위기와 관련해서 청년들이 자신이 속한 문화에 대한 지각에 의문을 갖는다는 것과 사회에서 독립적인 위치를 찾는다는 것을 강조한다. 그러나 Marcia의 정체감 상태는 이러한 복잡한 문제들을 단순히 청년이 어떤 문제에 대해 고민해보았는지 그리고 대안을 고려해보았는지 하는 정도로만 취급한다. 수행과 관련해서는 그것이 단순히 어떤 문제에 관해서 결정을 하였는지 여부로만 해석되기 때문에, Erikson의 원래 의미가 상실되었다는 것이다. 그러나 Marcia의 정체감의 네 가지 상태가 정체감을 이해하는 데 상당한 기여를 했다고 믿는 사람들도 없지 않다(Archer, 1989; Marcia, 1991; Waterman, 1989).

Sally Archer

5. Mead의 문화인류학과 청년기

1) Mead의 생애

Margaret Mead는 1901년 12월 16일에 미국 펜실베이니아 주의 필라델피아에서 중산층 가정의 다섯 남매의 맏딸로 태어났다. 그녀의 아버지는 펜실베이니아 대학의 경제학 교수였으며, 어머니는 그 당시 대학원까지 나온 재원이었으나 남편과 다섯 자녀를 뒷바라지 하느라 공부를 계속할 수 없었다고 한다. 이처럼 Mead는 매우 화목하고 학문적인 가정환경에서 행복한 어린 시절을 보냈다.

Margaret Mead(1901-1978)

1919년에 Mead는 아버지가 다녔던 드포우 대학에 입학하였다. Mead는 대학에 들어가면 자신의 지적인 욕구를 마음껏 충족시킬 수 있을 것으로 기대하였다. 그러나 그 당시 드포우의 학생들은 학문적인 관심보다는 클럽활동과 축구경기 그리고 사회적 신분상승에 필요한 친교활동에 몰두하였다. 특히 여학생들은 지적인 관심보다는 유행에 민감할 뿐만 아니라, 훌륭한 배우자를 만나는 데에만 몰두하였다.

Mead는 사교클럽에 가입하지 않았고, 다른 여학생들처럼 유행을 따르지도 않았다. 과에서 제일 좋은 점수를 받았음에도 불구하고 Mead는 유별난 여학생으로 낙인찍혀 따돌림을 받아야 했다. 결국 Mead는 드포우 대학을 떠나, 자신이 하고 싶은 대로 마음껏 공부할 수 있는 버나드 여자대학으로 전학을 했다. Mead는 이곳에서 자신이 꿈꾸어 오던 대학생활을 할 수 있었다. 평소 심리학에 관심을 가졌던 Mead는 미국 인류학의 창시자라고도 할 수 있는 Franz Boas 교수의 강의를 듣게 되었는데, Boas의 강의는 Mead의 마음을 인류학이라는 학문으로 강하게 끌어당겼다. 또한 Boas의 조교였던 Ruth Benedict와 교제함으로써, Mead는 인류학이라는 낯선 학문에 깊이 발을 들여놓게 되었다.

Ruth Benedict

Mead는 1923년에 그녀의 나이 22세에 Luther Cressman과 결혼했으나[2] 1928년 Mead가 박사학위를 취득하기 직전에 이혼했다. Mead의 두 번째 남편은 뉴질랜드 출신의 인류학자인 Reo Fortune이다. Fortune은 Mead가 사모아에서 현지답사를 마치고 돌아오던 중 배 안에서 만나 1928년 재혼하였으며, 둘은 곧 뉴기니의 여러 부족연구에 몰두했다. 그러나 Mead와 Fortune은 인류학 연구를 수행하는 데는 좋은 파트너였지만, 부부로서는 성격과 기질 면에서 서로 맞지 않았다. 결국 Mead는 1935년 Fortune과 이혼하고, 역시 현장조사를 하면서 만난 Gregory Bateson과 1936년에 재혼을 했다. 원래 Mead와 Fortune 그리고 Bateson은 모두 당시 유명한 인류학자들로 세픽에서 함께 연구를 수행하기도 하였다. 아래의 세 사람이 찍은 사진(좌: Bateson, 우: Fortune)은 1933년 세픽에서 함께 공동연구를 수행하기 직전에 서로 정보를 교환하기 위해 시드니에서 만났을 때 찍은 것이다.

Mead는 1925년에 사모아의 청년들을 연구한 결과를 1928년에 『사모아에서의 성년(Coming of age in Samoa)』이라는 제목으로 출간하였다. 이 책은 16개 국어로 번역되었는데, 지금까지 출판된 인류학 저서 중에서 가장 널리 읽히는 책이 되었다. 1926년에 사모아에서 미국으로 돌아온 후부터 사망하기 직전까지 Mead는 미국 자연사박물관(American Museum of Natural History)의 인종부문 관리자로 일했다. 특히 박물관의 3층에 위치한 남태평양 원주민의 방은 Mead가 직접 설계하고 디자인한 곳으로, 자신이 현지조

Cressman과 Mead

Fortune과 Mead

Mead가 Fortune(右)과 Bateson(左)과 함께

2) Mead는 평생 동안 세 번의 결혼을 하였다. 첫 결혼은 당시 목사 지망생이었던 Luther Cressman과 하였다. Cressman은 훗날 목사가 되었으며, 저명한 고고학자로서도 이름을 날렸다.

사를 통해 수집했던 수많은 자료들을 기증하기도 하였다. Mead는 1954년부터는 컬럼비아 대학의 인류학과 조교수를 겸임하였다. 1960년에는 미국 인류학회장을 역임했으며, 사회 · 교육평론가로서도 활약하였다. Mead는 Benedict와 함께 미국의 문화인류학 형성에 많은 영향을 끼쳤다. 특히 인격형성 과정에 있어서의 문화적 영향을 중시한 연구와 각국의 국민성에 관한 비교연구에서도 업적을 남겼다. 대표적인 저서로는『사모아에서의 성년(Coming of age in Samoa)』(1928),『세 부족사회의 성과 기질(Sex and Temperament in Three Primitive Societies)』(1935),『남성과 여성(Male and Female)』(1949) 등이 있으며, 이러한 Mead의 저서는 미국 내 각 대학뿐만 아니라 세계 여러 나라의 대학에서 문화인류학 · 사회심리학 · 사회학 분야의 전공과목과 교양과목의 교과서로 사용되고 있다.

사진 설명 Margaret Mead를 기념하는 우표

2) 생물학적 결정론 대 문화적 결정론

인간의 본성에 관한 주요한 논쟁은 20세기 초반에 전개되었는데, 이것은 발달이론에 여러 가지 함축적 의미를 지니게 했다. 그것은 문화인류학이 주요 발달이론으로 부상하게 되는 '생물학적 운명' 대 '문화적 운명'이라는 논쟁이다.

생물학적 결정론은 다윈의 진화론에 뿌리를 두고 있는 것인데, Francis Galton 경은 '인종개량'에 관한 의도를 가지고 진화론을 인간에게 적용하였다. 거의 같은 시기에 멘델

Francis Galton

Henry Herbert Goddard

의 유전법칙의 재발견과 칼리칵[3] 가계에 관한 Goddard(1912)의 영향력 있는 연구가 당시의 맹렬한 우생학 운동을 촉발하였다(사진 참조). 우생학은 선택적 번식을 통한 인종개량을 그 목표로 삼았다. 많은 주에서 실제로 정신 지체자와 이상 성격자에 대한 단종법(斷種法)을 통과시켰는데, 이 법은 강력한 인종적 뉘앙스를 내포하고 있었다. 인종개량에 관한 이러한 인식이 가장 비열하게 표현된 것이 바로 나치 독일의 우생학적 단종법이었다. Galton은 유전이 환경보다 5배나 영향력이 크다고 주장했는데, 우생학에 대한 상술한 법적 시도들은 이러한 가정 위에 기초하고 있는 것이다.

심리학에서는 자신의 발달단계들이 모든 문화권에 보편적이라고 주장한 Freud가 생물학적 결정론을 강조하였다. 그리고 Hall의 영향력 있는 청년기 이론 또한 진화론에 근거하고 있다. 신체적 · 성적 성숙과정의 결과로서 '질풍과 노도' '위기' '혼란' 그리고 '갈등'이 불가피하게 나타나는 시기인 청년기는 생물학적으로 결정된 것이라는 주장이다.

컬럼비아 대학의 인류학 교수인 Boas는 독일의 철학자 임마누엘 칸트의 영향을 받았으며, 생물학 지상주의에 가장 강력하게 반대하였다. 그의 극단적인 문화적 결정론은 "문화적 성취는 인종과 무관하다"라는 가정을 했으며, "생물학적 기제보다 사회적 자극이 월등히 더 중요하다"라고 주장하였다. Boas의 이론은 1917년경 당시 지배적이었던 사고에 대항하는 주요한 지적 · 이론적 도전이었다. 그러나 Boas의 이론은 경

3) Goddard는 Kallikak(good-bad라는 그리스어 어원을 가진 가명)의 가계를 조사하였다. 남북전쟁 참전용사였던 Kallikak은 평판이 '좋지 않은' 술집 여자와의 사이에서 자녀를 낳아 후에 480명의 후손을 보았는데, 그들 대부분이 알코올 중독자나 창녀, 정신박약, 심지어는 범죄자가 되었다. 나중에 그는 존경할 만한, 사회적으로 저명한 '좋은' 여성과 재혼을 했는데, 그 후손들은 뉴저지의 사회적 · 정치적 지도자들이 되었다. Goddard의 책은 유전에 대한 신념에 커다란 공헌을 하였고, 우생학 운동과 단종법 통과에 심대한 영향을 미쳤다.

험적으로 검증된 적이 전혀 없었다. 청년기는 문화적 결정론의 타당성을 검증하는 장(場)이 되었다. 구체적으로, Boas가 가정한 바와 같이 적어도 일부 사회에서는 청년기가 평탄하고 행복하며 근심이 없는 시기라는 것을 입증할 만한 '반대 사례들'이 발견될 수 있을 것인가를 검증해야만 했다. 그 과업은 Boas의 박사과정 학생이었던 Mead에게 주어졌다. Mead는 청년기의 혼란이 사춘기의 보편적 산물이어서 생물학적으로 결정되는 것인가 아니면 문화적 맥락에 의해 수정될 수 있는 것인가를 알아보기 위한 목적으로 1925년에 사모아의 파고파고에 도착하였다. 그녀는 마누아군도의 동쪽 섬들 중 멀리 떨어진 작은 섬인 타우에서의 주민 성장과정을 연구하였다. Mead는 타우를 "사모아의 심들 중에서 가장 원시적인 곳"으로 보았다. 그녀의 조사결과에 따라 Mead는 문화적 결정론에 관한 기본적 주장, 즉 인간의 행동은 오로지 문화적 조건으로만 설명될 수 있다는 주장을 하였다. 그녀의 연구목적은 인간의 행동이 주로 사회적 유형과 문화적 유형이라는 맥락 속에서 이해될 수 있다는 Boas의 주장을 증명하는 것이었다(Muuss, 1996).

Franz Boas

3) 사모아 연구

Mead는 문화적 결정론에 대한 Boas의 이론을 검증하기 위해, 즉 Boas가 주장한 것처럼 일부 사회에서는 청년기가 질풍노도의 시기가 아님을 입증하기 위해 1925년에 사모아의 파고파고로 떠났다. 1920년대에 여자 혼자서 미지의 세계로 현장연구를 위해 떠난다는 것은 상상하기조차 어려운 일이었다. Mead는 이곳에서 9개월 동안 머물면서 사모아 청소년들의 일상생활을 관찰하고, 직접 면접을 하여 자료를 수집하였다.

Mead는 사모아에서는 성인기로의 전이가 서구사회와는 달리 순조롭게 이루어진다고 주장하였다. 그녀는 경쟁심이 없고, 폭력이 적으며, 느긋하고 평화로운 사모아 사회를 통해 '질풍노도의 시기'는 모든 사회에서 청년기에 나타나는 보편적인

사진 설명 Margaret mead가 사모아의 소녀와 함께

현상이 아니라, 갈등이 많고 선택할 상황이 빈번한 사회에서 나타나는 현상으로 보았다.

Mead가 발표한 사모아 청소년들의 사회화과정에 관한 연구는 인류학계뿐만 아니라 발달심리학계에도 큰 충격을 주었다. 비교문화에 대한 기존의 발달심리학 연구들은 서구 문화에서 나온 개념을 기준으로 삼아 이를 다른 문화권에 적용하여 왔다. 그러나 Mead의 사모아 연구는 인간의 발달과정과 그 과정에서 나타나는 심리적 현상들이 문화에 따라 차이가 있을 수 있음을 시사함으로써, 발달심리학자들로 하여금 개체발달의 보편성 이론에 의문을 제기하고, 더 나아가 문화적 환경에 따른 다양한 형태의 발달과정에 관심을 돌리게 하는 데 결정적인 영향을 미쳤다.

Freeman(1983)은 『마가렛 미드와 사모아: 인류학적 신화 만들기와 말소하기(Margaret Mead and Samoa: The Making and Unmaking of An Anthropological Myth)』라는 저서에서 Mead의 사모아 연구의 연구방법론과 연구결과의 타당성과 일반화에 대해 의문을 제기하였다. 사모아에서 6년을 지낸 호주 출신의 인류학 교수인 Freeman은 "그녀의 주장 중 많은 부분이 근본적으로 잘못되었으며, 어떤 것들은 터무니없이 틀린 것들이다"(1983, p. 288)라고 주장하였다. Freeman은 Mead의 연구결과의 타당성에 의문을 제기했을 뿐만 아니라 사모아와 사모아 청년들을 Mead와는 정반대로 묘사하였다. Mead가 주장한 것처럼 사모아인들이 느긋하거나 여유롭지 않으며 오히려 서구 사회와 거의 유사할 정도로 폭력과 경쟁, 죄책감과 억압된 성이 만연함을 공문서를 통해 실증적으로 제시하였다. 또한 사모아에서는 순결이 대단히 중시되어, Mead의 설명처럼 별 생각 없이 경솔하게 성관계가 이루어지지 않는다고 주장함으로써, 사모아 청년들의 순결에 대해서도 Mead와 정반대의 의견을 제시하였다.

Derek Freeman

두 연구 간의 이러한 불일치는 인류학적 연구의 취약성과 지리적 중요성, 그리고 40년 동안의 사회적 변화가 인류학적 관찰에 미칠지도 모르는 영향력에 대해 말해주는 것이다.[4] 어쨌든 Mead와 Freeman의 논쟁(1964년에는 Mead와 Freeman이 호주에서 직접 만나 자신들의 연구상의 견해 차이에 대해 토론하기도 하였다)은 대중 출판계와 학계 양쪽에 대단한 흥미를 일게 했다. 이는 1925년부터 1926년 사이에 타우에서 실제로 일어났던 일 때

4) 1920년대에 Mead가 인구 600명의 타우에서 얻은 자료와 비교하여, Freeman은 1960년대에 타우보다 30배나 큰 인구 9만 명의 유폴른이라는 섬에서 주로 자료를 수집하였다.

문이 아니라 '생물학적 결정론 대 문화적 결정론'이라는 이론적 쟁점 때문이었다.

4) 뉴기니 세 부족의 성역할 연구

Mead는 남녀 간의 성차가 생물학적 원인에 기인한 현상인지, 아니면 사회문화적 영향에 의한 차이인지를 알아보기 위해 두 번째 남편인 Fortune과 함께 뉴기니(사진 참조)에서 2년 동안 현지소사를 하였다. 그녀는 뉴기니의 서로 다른 세 부족, 즉 아라페시(Arapesh)족과 문두구머(Mundugumor)족, 챔블리(Chambuli)족에게서 볼 수 있는 성과 성역할 간의 관계에 연구의 초점을 맞추었다.

Talcott Parsons

Robert Freed Bales

만일 생물학적 원인 때문에 남녀 간에 차이가 생겨난다면 어느 사회에서나 남성과 여성의 기질은 비슷하게 나타나야 한다. Mead가 뉴기니섬의 세 종족의 원주민을 대상으로 연구한 결과를 보면, 문화에 따라 전혀 다른 성역할발달이 이루어진 것을 보여주고 있다. 이들 세 종족 중 두 종족에서는 성역할 분화가 거의 이루어지지 않았는데, 한 종족은 남녀 모두 많은 문화권에서 여성적인 것으로 규정된 행동특성, 즉 순종적이고, 협동적이며, 단호하지 못한 행동들을 나타내었다. 반면, 다른 한 종족은 많은 문화권에서 남성적인 것으로 규정된 행동들을 나타내었는데, 이 부족은 적대적이고, 공격적이며, 잔인한 것으로 보였다. 끝으로 나머지 한 종족에서는 Parsons와 Bales(1955)가 정의한 전통적인 성역할이 반대되는 방향으로 나타났다. 즉, 남자는 다른 사람의 감정에 민감하고 의존적인 반면, 여자는 독립심이 강하고 공격적이며 의사결정에 있어 중요한 역할을 하는 것으로 보였다. 이와 같은 Mead의 연구는 남녀의 차이가 유전적 기질이나 생물학적 원인으로 인해 고정되는 것이 아니라는 점을 보여주었다. 여성과 남성의 성역할은 사회와 문화에 따라 규정되며 변화될 수도 있다는 것이다. 이 연구를 통해 나온 책이 그 유명한『세 부족사회의 성과 기질(Sex and Temperament in Three Primitive Societies)』(1935)이다.

사진 설명 아라페시족과 Mead

아라페시족은 뉴기니의 가파르고 황폐한 불모의 산악지역에 살고 있었다. 가난하고 영양결핍인 그들은 충분한 식량을 생산하기 위해 고군분투해야만 했다. 아라페시족의 경우는 서구 사회에서 대개 여성의 성역할과 관련된 특성들을 남녀 모두가 보여주었다. Mead는 아라페시 남성과 여성을 협동적이고, 비공격적이며, 평화적이고, 온화유순하며, 타인의 요구에 반응적이라고 묘사하였다.

소년소녀들은 이러한 사회적 가치를 수용하여, 인생에 대해 행복하고, 신뢰적이며, 자신감 있는 태도를 지닌 채 청년기로 진입하였다. 공격성 표현에 있어 남자아이들이 좀더 자유롭고 여자아이들은 좀더 수동적으로 모든 것을 있는 그대로 받아들이도록 배웠지만 청년기 동안에 성차는 거의 없었다.

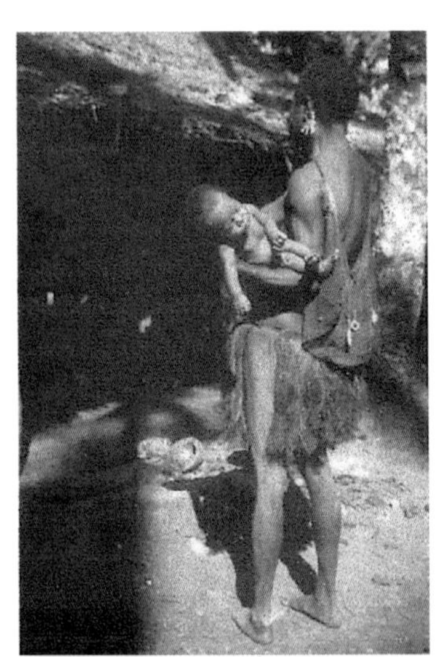
사진 설명 아기를 안고 있는 문두구머 여인

문두구머족은 뉴기니 밀림지대에 있는 급류인 유아트 강둑에서 살고 있는 식인종이었다. 그들은 식량채집 여행으로 강을 따라 아래로 내려갔는데, 거기서 그들은 더 척박한 땅에서 살고 있는 영양실조인 오지민들, 즉 '신선한 고기'를 포획해서 잡아먹었다. 문두구머족은 남성과 여성 모두가 과장된 형태의 남성적 특성을 보여주도록 훈련받는 사회조직의 예가 된다. 남녀 모두가 무자비하고, 싸움을 잘하고, 공격적이며, 독단적이고, 경쟁적이며, 거만하고, 타인의 요구에 민감하지 못했다. 의식을 위해서 혹은 공동의 적에 대항하여 잠깐 동안 협동하는 것을 제외하고 각자는 다른 모든 사람에 대해 적대적이었다. 문두구머의 사회구조는 모든 구성원들 간의 적의에 기반을 두고 있었다.

문두구머족 아동이 살게 되는 문화는 어머니가 자녀를 거부하는 적대적인 문화였다. 개체화를 강조하므로 태어난 아기를 다루는 방법이 스파르타식으로 가혹하고 적대적이었다. 젊은이들은 인생의 성공이란 자신을 방어하고 싸우며 모욕에 보복할 수 있는 능력이라고 배웠다.

챔블리족은 뉴기니의 세픽강에 접해 있는 아름다운 챔블리 호숫가에다 집을 지었다. 비록 채소밭이 있기는 했지만 그들은 주로 고기잡이와 식량 교역에 의존하였다. 챔블리족은 여자들이 대부분의 노동을 감당하였다. 따라서 챔블리 사회는 서구 사회에서 전형적으로 발견되는 성역할이 역전된 예가 될 수 있을 것이다. 챔블리족은 농사를 짓는 예술적인 부족이었다. 그러나 단호하고, 지배적이며, 무미건조하고, 매우 분주하며, 인정미 없는 여성들이 고기잡이와 베짜기, 씨뿌리기, 수확, 요리, 육아를 담당하였다. 남성에 대한 그들의 태도는 관용적이지만, 여성들이 실제 권력을 지니고 있었다. 호리호리하고, 가냘프며, 복종적이고, 정서적으로 의존적이며, 또 사소한 험담이나 소문에 주로 관여하는 남자들은 여자들보다 책임감이 적지만 타인의 요구에는 더 반응적이다. 남자들은 집에 머무르면서 새로운 춤을 개발하고, 머리 손질을 하며, 다양한 형태의 예술적 노력을 하고, 의식을 계획한다.

사진 설명 챔블리 호수

양성이 그토록 다르게 행동하는 챔블리 사회에서 소년소녀들은 6~7세가 될 때까지는 그들을 양육하는 여성으로부터 똑같은 대우를 받았다. 소녀들은 여성에게 어울리는 기술과 책임감을 배우고 곧 자신의 성에 대한 확고한 동일시를 이루었다. 7~12세의 소년은 명확히 규정된 역할이 없지만, 연령이 증가함에 따라 그들은 플루트를 연주하거나 남성에게 전형적인 다른 예술적 일을 배웠다.

Mead는 이러한 사례분석을 통해 남녀의 성역할 구분은 선천적으로 결정되는 것이 아니라 오히려 그 사회가 만들어내는 것이라고 주장하였다. 일반적으로 남성과 여성의 특성이라고 여겨왔던 것들이 생리적인 차이와는 달리 사회적으로 결정되는 것이며, 성장환경에 따라 변할 수도 있다는 것을 실증적으로 밝혀주었다.

5) 교육적 시사점

Mead는 특히 중학교가 성장과 신체상(body image), 또래수용, 적절한 성적 행동 등에 대한 청소년들의 불안과 불안전감을 증가시키는 데 기여해왔다고 보았다. 소녀들은 소년들보다 훨씬 일찍 성숙하기 때문에 늦게 성숙하는 남자들은 특히 불안을 경험하기 쉽다. 그들은 심리적 혹은 생리적으로 아직 준비가 되지 않은 시점에서 이성과의 조숙한 이성교제를 강요받을지도 모른다. Mead와 Sullivan이 강조한 바와 같이, 깊고 친밀한 우정형성 및 동성과의 교제는 자신의 남성정체감을 발달시키는 데 도움이 될 것이다. 이들 이론가들은 청년 초기에 맺는 동성친구 간의 우정이 이후의 이성애적 적응을 위한 전제조건이라고 생각한다. 따라서 Mead는 소년소녀들이 지나치게 일찍 이성교제를 시작하기 때문에 이성과의 '사회적 · 지적 교제'에서 서로를 신뢰하지 못한다고 느꼈다(Mead, 1961). Mead는 너무 이른 이성애적 친밀감 때문에, 청소년 남자들이 이성교제 과정에서 남자친구들을 경쟁자로 여겨 그들을 불신하는 것을 배운다고 생각했다. 중학교는 이성에 대해 일찍 관심을 갖도록 자극하고 또래집단이 이성에 대한 관심을 기대하기 때문에, 중학교는 이성 간의 부정적 태도와 적대감 발달에 기여할지도 모른다. 중학교는 "소년들 편에서는 여성에 대한 적대감을, 소녀들 입장에서는 남성에 대한 경멸과 함께 결혼에 대한 압력을 유발하는 기초를 만든다"(Mead, 1961, p. 38).

Erikson(1959)과 더불어 Mead도 청년들이 직면하는 주요 과업은 개인적 정체감 탐색이라고 주장하였다. 이 과업은 원시사회에서보다 현대와 같이 다양한 사회에서는 헤아릴 수 없을 정도로 더 어려워진다. 탈산업사회에서는 부모의 행동과 가치가 더 이상 적절한 모델을 제공하지 못하는데, 이는 대중매체에 의해 제공되는 모델과 비교할 때 유행에 뒤지기 때문이다. 또한 연예계나 대중매체의 모델은 젊은이들에게 일시적으로는 상당히 매혹적이지만, 영속적이고 개인적인 정체감을 위한 현실적이고 바람직한 모델을 제공하지는 못한다. 게다가 부모에 대한 의존성으로부터 자유로워지는 과정에 있는 청년들은 부모의 훈계에 무반응할 뿐 아니라 대개 적대적이다. 청년들은 자신의 행동을 또래의 행동과 비교해서 평가하는 것을 배웠기 때문에, 그들은 흔히 부모의 조언을 무시하며, 부모의 가치를 버리고 친구들의 가치를 취한다.

급속한 사회변화, 다양한 세속적 · 종교적 가치체계에 대한 노출, 현대적 기술은 포스트모더니즘의 세계가 청년들에게 압도적인 것처럼 보이도록 만든다. 세상이 너무 복잡하고, 너무 상대주의적이며, 예측할 수가 없고, 위험해서 미래를 위한 확실한 준거틀을 제공할 수가 없다는 것이다. 과거에는 사회가 청년들에게 Erikson과 Mead가 '심리적 유예기'라고 부르는 기간(예컨대, 도제의 신분, 여행, 시험삼아 어떤 일을 해보는 것 등)을 제공했는데, 이 기간 동안 젊은이들은 '성공'에 대한 어떤 압력도 받지 않고 감정적, 경제적 또는 사회적 수행 없이 다양한 대안들을 시험적으로 실험해볼 수 있었다. 다양한 정체감 문제를 탐색하기 위한 이런 실험기간을 청년이 상실하게 되면 정체감 형성이 더 어려워진다. 오늘날 정체감 형성이 어려운 이유는 교육이 기능적, 의무적, 성공 지향적으로 되었기 때문이다. 결과적으로 청년의 목표와 가치는 경제적 성공과 안전, 즉각적인 욕구만족, 동조, 사회적 수용을 지향하고 있어서, "이것 저것 해보거나" "빈둥거리며 지내거나" 실험, 이상주의, 공상적 이상주의, 개인적 희생을 생각해볼 여지가 거의 없다. 우리의 교육제도와 사회제도를 개선하지 못했기 때문에, 오늘날 젊은이 집단의 특성인 부정적 정체감이 나타나는지도 모른다고 Mead는 주장한다(Muuss, 1996).

6) 평가

청년기 혼란이 사춘기의 보편적 산물이어서 생물학적으로 결정되는 것인가 아니면 문화적 맥락에 의해 수정될 수 있는 것인가를 알아보기 위한 목적을 가지고, Mead는 1925년에 사모아로 가서 사모아의 섬들 중에서 가장 원시적인 곳으로 생각한 타우에서의 현장연구를 수행하였다. 그 결과 『사모아에서의 성년』을 출간하였다. 여기서 Mead는 사모아에서의 청년기는 결코 '질풍노도의 시기'가 아님을 강조하였다.

Mead의 이러한 주장을 뒷받침해주는 연구들이 있다. Offer, Ostrov, Howard 그리고 Atkinson(1988)의 10개국 6,000여 명의 청년들을 대상으로 한 비교문화연구에서도 대부분의 청년들이 행복하고, 자신감이 있으며, 자기통제력이 있고, 미래에 대해 낙관적이며, 가족과의 유대관계가 좋은 것으로 나타나 청년기에 대한 '질풍노도적' 시각과는 거리가 있는 것으로 보인다. Bandura(1964) 또한 청년기가 반드시 '이유없는 반항'을 하는 시기이거나 '질풍노도의 시기'일 이유는 없다고 한다. Bandura는 청년에 대한 질풍노도적 시각은 단지 규범에서 벗어난 소수의 청년들에게만 적용될 수 있다고 믿는다.

사진 설명 제임스 딘이 주연한 영화, '이유없는 반항'

Mead는 또한 뉴기니의 세 부족의 성역할에 관한 연구를 통해 개인의 성역할과 기질이 개인이 속한 문화에 의해 형성된다고 밝혔다. 하지만 이러한 Mead의 연구는 지나치게 문화결정론적 입장을 고수함으로써 생물학적 결정론이 지닌 한계를 동일하게 가지게 되었다. 또한 Freeman이 지적하였듯이 Mead의 연구는 방법론적인 면에서 한계를 지니고 있기 때문에, Mead의 연구를 일반화할 수 있는지에 대해서도 문제가 제

기된다.[5]

Mead의 현지 체류기간은 현대 인류학의 기준에서 볼 때 매우 짧을 뿐만 아니라, Mead는 Boas 교수의 문화적 결정론을 입증하기 위한 자료를 찾았다는 데에 문제의 심각성이 있다. 즉, 연구자가 편견을 가진 상태에서 연구를 시작함으로써, 보다 객관적인 자료를 찾는 데 실패하였을 수도 있었기 때문이다.

그러나 이러한 문제에도 불구하고 Mead가 학계와 사회에 미친 영향은 엄청나다. 서로 다른 기질적 특성을 가지고 살아가는 세 부족사회를 대상으로 한 현지조사연구를 통해 남성과 여성의 성이 대부분 타고난 것이라기보다는 사회 내에서 살아가면서 얻어진 것임을 입증함으로써, 기존의 성역할에 대한 편견에서 벗어나는 데 크게 기여하였다.

6. 청년기는 과연 질풍노도의 시기인가

지금까지 청년발달에 관한 Hall, Anna Freud, Sullivan, Erikson 그리고 Mead의 이론에 대해 살펴보았다. 이들의 이론들을 선정한 이유는 이들 모두가 청년기를 인생에 있어서 특별히 중요한 시기로 보았다는 점과 청년기를 흔히 '질풍노도의 시기'라고 말하는 데 대한 그들의 관점을 비교해보고자 하는 의도에서였다.

청년기의 혼란이 곧 정상적인 건강한 발달을 의미한다는 Hall과 정신분석이론가들의 시각은 청년기의 정신건강에 대한 연구에 광범위한 영향을 미쳤다. 그러나 문화인류학자인 Margaret Mead(1950, 1953)는 사모아와 뉴기니 섬에서의 청년연구를 통해, 사모아에서처럼 아동기에서 성인기로의 전환이 순탄하고 점진적으로 이루어지는 문화권에서는 청년기의 전환이 반드시 혼란스러운 것은 아니라는 관점을 제시하여 청년기의 혼란과 갈등의 보편성에 대한 Hall의 가설에 도전하였다.

청년 초기의 혼란성에 대한 가설은 청년 초기의 사회적 · 생물학적 변화와 관련된 정신건강 발달을 조사하는 일련의 새로운 연구들을 유도하였다(Petersen & Ebata, 1987; Simmons & Blyth, 1987). 연구결과, 비록 청년 초기가 인생에서 도전의 시기이기는 하지만, 인생의 다른 단계보다 혼란과 곤란을 더 많이 겪는 것으로는 보이지 않는다(Ebata,

---

5) 미국교육재단은 Freeman이 제기한 Mead의 현장연구 자료의 객관성을 평가하기 위하여 Eleanor Leacock을 사모아에 보냈다. 이에 대해 Leacock은 Freeman이 조사한 1960년대 자료를 가지고 Mead의 1920년대 자료를 비판하는 것은 무리라면서, 지난 50년간의 사회적 · 문화적 변화를 무시하려는 Freeman의 주장에 오히려 문제를 제기하였다.

1987; Gecas & Seff, 1991).

Offer 등(1988)의 비교문화연구에서도 대부분의 청년들이 행복하고, 자신감을 가지게 되며, 자기통제력이 있고, 미래에 대해 낙관적이며, 가족과의 유대관계가 좋은 것으로 나타나 청년기에 대한 '질풍노도적' 시각과는 거리가 있는 것으로 보인다.

Anne Petersen

이와 같이 청년기를 '질풍노도의 시기'로 보는 시각이 인기를 잃으면서 대신 다른 관점들이 연구의 중심이 되고 있다. 그중 하나가 개인차에 관한 접근방법으로, 정서적 혼란을 겪는 청년들은 누구이며, 그러한 혼란을 초래하는 상황은 어떤 것인지에 초점을 맞춘 연구들이다(Brooks-Gunn & Petersen, 1983, 1991; Lerner & Foch, 1987; Paikoff & Brooks-Gunn, 1991; Steinberg, 1987, 1988).

Jeanne Brooks-Gunn

만약 모든 청년들이 모두 어려움을 경험하는 것이 아니라면 문제가 있는 청년들은 누구인가? 청년기의 정신건강에 대한 최근의 규범적 연구들은 많은 청년들이 심각한 심리적 곤란을 겪지 않고 그 시기를 거치며, 자아존중감도 청년기 동안 긍정적이라고 보는 반면(Damon & Hart, 1982), 다른 연구들에서는 청년기에 곤란을 경험하는 경우가 증가하여 자살, 약물남용, 여러 가지 심리적 장애 등이 증가하고 있음을 보여주고 있다(Green & Horton, 1982; Petersen & Hamburg, 1986).

이처럼 청년기의 정신건강 발달에 관한 상반된 연구결과들은 연구대상이 되는 표본의 성격차이에 기인하는 것으로 보인다. 임상적 연구에서는 청년기 혼란의 도전에 대처할 수 없는 청년들을 연구대상으로 하고 있기 때문에, 그들은 우울증으로 어려움을 내면화하거나 비행, 약물남용 등으로 어려움을 외현화한다. 반면, 규범적인 발달연구에서는 청년기의 혼란에 대처할 능력이 있는 청년들을 대상으로 하여 청년기의 긍정적인 발달을 묘사한다. 따라서 임상적 연구와 규범적 연구는 연구대상을 달리함으로써 완전히 서로 다른 두 집단의 청년을 묘사하고 있다. 앞으로의 발달적 정신병리학은 청년기 정신건강에 관한 임상적 시각과 발달적 시각의 통합에 기여할 것으로 보인다(Cicchetti, 1984; Rolf, Mastern, Cicchetti, Nuechterlein, & Weintraub, 1987; Rutter, 1986).

제 12 장

성인발달의 이론

청년은 희망의 그림자를 가지며, 노인은 회상의 그림자를 가진다. Sören Kierkegaard

늙은이는 자기가 두 번 다시 젊어질 수 없다는 것을 알고 있지만, 젊은이는 자기가 나이를 먹는다는 것을 잊고 있다. 유태 격언

너의 젊음이 너의 노력으로 얻은 상이 아니듯이, 내 늙음도 내 잘못으로 받은 벌이 아니다.
영화 '은교' 중

젊음을 올바르게 다스릴 줄 아는 사람만이 노년을 편안하게 지낼 수 있다. 莊子

젊은 시절은 일년으로 치면 봄이요, 하루로 치면 아침이다. 그러나 봄에는 꽃이 만발하고, 눈과 귀에 유혹이 많다. 눈과 귀가 향락을 좇아가느냐, 부지런히 땅을 가꾸느냐에 따라 그 해의 운명이 결정된다. 孔子

우리들 중 얼마나 되는 사람들이 인생의 후반부-노년기-를 위해 준비를 하였는가? Carl Jung

나의 인생은 무의식의 자기실현에 대한 이야기이다. Carl Jung

최근까지 인간발달 연구자들이 50년 이상이나 계속되는 성인기의 발달에 별로 관심을 기울이지 않았다는 사실은 믿기 어려운 일이다. 인간을 대상으로 하는 연구분야에서 전 생애적 접근법은 최근에 와서야 이루어졌다. 대부분의 인간발달학자들이 성인기 이후의 단계에 대해 무관심한 이유는, 인간은 일단 성인이 되면 신체적 · 심리적 변화가 더 이상 일어나지 않는다고 믿었기 때문이다.

그러나 오늘날에는 신체가 완전히 성장한다고 해서 성격발달까지도 멈춘다고 믿는 사람은 거의 없다. 대부분의 발달론자들은 이제 인간은 살아있는 동안 계속 변화하고 성장할 가능성이 있는 것으로 확신한다. 아무튼 성인발달이론의 두 가지 주요 접근법은 규범적 위기 모델과 사건의 발생시기 모델이다.

Erikson의 이론은 '규범적 위기 모델'의 한 예인데, 이 모델은 인간발달을 연령에 따른 사회적 · 정서적 변화와 같은 일정한 단계로 설명하고 있다. Erikson과 이 접근법을 따르고 있는 Vaillant와 Levinson은 인간발달에는 인간에 내재된 계획안이 있으며, 누구나 그것을 따른다고 믿는다.

'사건의 발생시기 모델'에서는 인간발달을 정해진 계획에 따른 결과나 위기의 시간표가 아니라, 개인의 인생에서 중요한 사건이 발생하는 시기의 결과라고 본다. 그래서 이 모델은 개인의 다양성을 좀더 폭넓게 인정한다. 이 모델의 견해에 따르면, 만약 인생의 사건들이 예기했던 대로 발생하면 인간발달은 순조롭게 진행되는 것이고, 그렇지 않으면 인간발달에 영향을 미치는 스트레스가 발생할 수 있다고 본다. 실직과 같은 예기치 않았던 사건이 발생하거나, 예기했던 사건이 예상보다 일찍 또는 늦게 발생하거나 아예 발생하지 않을 때(예를 들면, 35세에 아직 결혼하지 않았거나 그 나이에 이미 혼자가 되었을 때)에는 스트레스가 발생한다. 따라서 이 모델은 문화가 사람들에게 기대하도록 하는 규범과 관련이 있을 때에만 연령과 관련된다.

이 장에서는 먼저 규범적 위기 모델로서 Erikson의 성인기 이론, Vaillant의 성인기 적응이론, Levinson의 인생구조이론, Jung의 분석이론을 살펴본 다음, 이어 Neugarten의 사건의 발생시기 모델로서 인생사건의 유형과 발생시기, 인생사건에 대한 반응, 성공적인 노화와 성격유형 등을 살펴보고자 한다.

1. Erikson의 성인기이론

1) Erikson 이론의 개요

사진 설명 Erikson이 아내 Joan과 함께

Erikson(1950, 1982)은 내적 본능 및 욕구와 외적 문화적 · 사회적 요구 간의 상호작용으로 인해 심리사회적 발달이 전생애를 통해 계속된다고 주장한다. 그리고 내재된 '계획안(ground plan)'에 의해 발달이 이루어진다고 믿는다. Erikson에게 있어 주요 개념은 자아정체감의 발달이다. 확고한 자아정체감을 확립하기 위해서는 일생을 통해 여덟 가지의 위기(또는 갈등상황)를 성공적으로 해결해야 한다고 하였다.

매 단계마다 갈등상황(또는 위기)은 '신뢰감 대 불신감'이나 '통합감 대 절망감'에서처럼 긍정적인 결과와 부정적인 결과를 초래할 수 있다. 다시 말하면, 여덟 개의 발달단계마다 나름대로의 갈등이 있으며, 그 갈등은 양극의 결과를 초래할 수 있다. 후기의 저술에서 Erikson은 갈등을 성공적으로 해결할 수 있는 잠재력(potential strength) 또는 생명력(vital strength)에 대해 언급하고 있다(〈표 2-1〉 참조). '성공적인 해결'은 반드시 긍정적인 측면만을 의미하는 것은 아니다. 최상의 해결책은 긍정적인 측면과 부정적인 측면이 균형을 이루는 것이다.

그 밖의 단계 이론가들과는 달리, Erikson은 특정 단계의 과업이나 위기를 완전히 해결하지 않고서는 다음 단계로 진행할 수 없다고는 생각하지 않았다. 위기를 해결하든 해결하지 못하든 일정 연령에 달하면 생물학적 성숙이나 사회적 압력에 의해 다음 단계로 진행하게 된다고 보았다. 새로운 단계에서는 새로운 윤리와 새로운 갈등을 만나게 된다. 60세나 70세가 되었을 때에 전 단계에서 해결하지 못한 과업이나 위기는 그대로 남아 있어 자아통합감을 이루고자 할 때 그것이 장애가 된다.

2) 성인기의 발달과업과 위기

성인발달의 주요 단계들을 묘사한 Erikson(1950)은 성년기, 중년기, 노년기에 이룩해야 할 발달과업과 극복해야 할 위기를 각기 친밀감 대 고립감, 생산성 대 침체성 그리고 통합감 대 절망감으로 묘사하고 있다.

(1) 친밀감 대 고립감

Erikson(1968)에 의하면 성년기에는 친밀감이 필요하며 이를 원한다고 한다. 그들은 다른 사람에 대해 개인적으로 깊이 관여하기를 바란다. 친밀한 관계란 타인을 이해하고, 깊은 공감을 나누는 수용력에서 발달한나. Erikson은 친밀감을 사신의 정체감과 다른 사람의 정체감을 융합시킬 수 있는 능력이라고 표현한다. 희생과 양보가 요구되는 친밀한 관계를 이룰 수 있는 능력은 청년기에 획득되는 것으로 여겨지는 정체감에 의해 좌우된다. 즉, 정체감을 확립한 후에라야 다른 사람과의 진정한 친밀감을 형성할 수 있다.

대부분의 젊은이들은 결혼을 통해 친밀감의 욕구를 충족시키지만 성적 관계 이외의 친밀한 관계도 가능하다. 예를 들면, 상호의존, 감정이입, 상호관계를 제공하는 우정관계에서도 강한 친밀감이 형성될 수 있다(Blieszner & Adams, 1992; Hendrick & Hendrick, 1992; White, Mascalo, Thomas, & Shoun, 1986). 친밀한 관계는 다른 사람을 이해하고 다른 사람과 함께 하는 능력으로부터 발달된다. 사회적으로 성숙한 사람들은 다른 사람과 효율적으로 의사소통을 할 수 있는 능력을 가지고 있으며, 다른 사람의 욕구에 민감하고, 일반적으로 인간에 대한 포용력이 있다. 우정, 애정, 헌신 등은 성숙한 사람들에게서 훨씬 더 현저하다(Blieszner & Adams, 1992; Duck, 1991).

사진 설명 대부분의 젊은이들은 결혼을 통해 친밀감의 욕구를 충족시킨다.

이 단계의 긍정적인 결과는 성적 친밀감이나 진정한 우정, 안정된 사랑, 결혼의 지속을 포함하는 친밀감이다. 부정적인 결과는 고립과 고독인데, 만일 친밀감이 확고한 정체감에 기초한 것이 아니라면 이혼이나 별거도 초래할 수 있다. 확고한 정체감을 형성하지 못한 성인들은 두려워서 대인관계를 기피하거나, 상대를 가리지 않는 성행위나, 사랑 없는 성생활을 하거나, 정서적으로 안정되지 못한 관계를 추구할 수도 있다.

(2) 생산성 대 침체성

Erikson(1978, 1982)에 의하면 중년기에 들면 생산성 대 침체성이라는 일곱 번째 위기를 경험한다고 한다. 생산성을 통해서 중년기의 성인들은 다음 세대를 인도한다. 즉, 자녀를 낳아 기르고, 젊은 세대를 가르치고, 지도하며, 지역사회에 도움이 되는 일들을 함으로써, 인생의 중요한 측면을 통하여 다음 세대를 인도한다. 생산적인 중년들은 다음 세대와의 연결을 통해 사회의 존속과 유지를 위해 헌신한다.

생산성은 몇 가지 다른 방법으로 표출될 수 있다(Kotre, 1984). 생산성은 자녀를 출산하는 것뿐만 아니라 직업을 통해 다음 세대에게 기술을 전수하거나 문화를 창조하고 보존하는 등 매우 넓은 개념이다. 그러나 초기에 Erikson은 생산성 개념에서 자녀출산에 특히 큰 비중을 두었다. 많은 사람들이 아이를 낳고 양육하는 것으로 생산성을 획득하고자 하나, 이 외에도 여러 가지 방법이 있다. Erikson은 가르치고, 쓰고, 발명하는 일, 예술과 과학, 사회적 활동 그리고 미래 세대의 복지를 위해 공헌하는 것은 모두 생산성과 관련이 있다고 본다.

물론 자녀를 출산한다는 사실만으로는 생산성이 보장되지 않는다. 부모는 자녀를 보호하고 지도하는 등 양육에 힘써야 한다. 이것은 때로는 부모가 자신의 욕구를 희생해야 한다는 것을 의미한다.

생산성은 사랑의 확장으로 말미암아 그 전 단계인 친밀감의 단계보다 덜 '이기적'이 된다. 왜냐하면 친밀감이란 사랑하는 사람끼리, 혹은 친구끼리의 사랑으로서 그 관계는 상호작용을 보일 때에만 가능한 것이지만, 생산성에서는 이를 넘어서기 때문이다. 다시 말해서, 생산성을 획득한 경우에는 상호작용의 관계 여부에 크게 신경쓰지 않는다. 예를 들어, 어떤 부모는 자녀에게 자신이 투자한 만큼 되돌려 받기를 기대하는데, 이는 생산성 획득에 실패한 경우라고 볼 수 있다.

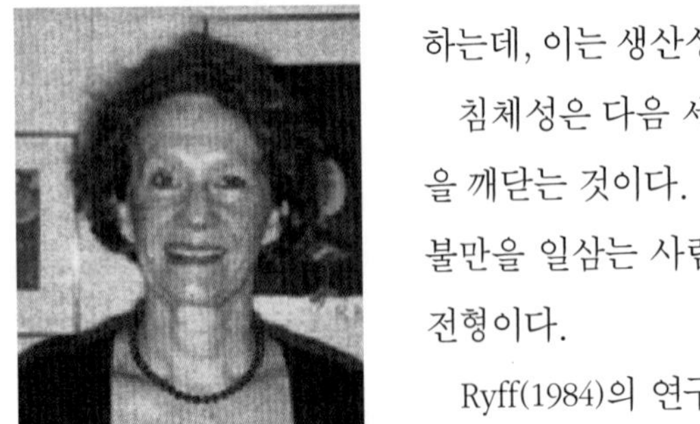
Carol D. Ryff

침체성은 다음 세대를 위해서 자신이 한 일이 아무것도 없다는 것을 깨닫는 것이다. 인생을 지루하고 따분하다고 생각하는 사람, 불평불만을 일삼는 사람, 매사에 비판적인 사람들이 침체성에 해당하는 전형이다.

Ryff(1984)의 연구에서 중년기 성인들의 주요 관심사가 생산성이라는 것이 밝혀졌다. 그들은 스스로를 젊은이들을 돕고 지도하는 일에 관심이 있는 지도자로서 그리고 의사결정자로서 지각하였다. 최근의

사진 설명 초기에 Erikson은 생산성 개념에서 자녀출산과 양육을 강조하였다.

또 다른 연구(Peterson & Klohnen, 1995)에서 40대 중년들을 연구한 결과, 생산성은 친사회적 성격, 일을 통한 생산적 태도, 자녀양육에 대한 폭넓은 관심으로 표현되었다.

Erikson의 다른 단계에서와 마찬가지로 중요한 것은 생산성과 침체성이 균형을 이루는 것이다. 매우 생산적인 사람이라도 다음 계획을 위해 에너지를 모으면서 휴지기를 거친다. 그러나 지나친 침체는 결국 방종으로 흐르거나 심지어 신체적으로 또는 심리적으로 나약하게 된다.

(3) 통합감 대 절망감

Erikson(1978, 1982)은 그의 여덟 번째이자 마지막 위기인 '통합감 대 절망감'에서, 노인들은 자신의 죽음에 직면해서 자신이 살아온 삶을 되돌아보게 된다고 한다. 노인들은 자신의 삶을 다시 살 수 없다는 무력한 좌절감에 빠지기보다는 자신의 삶에 대한 통합성, 일관성 그리고 전체성을 느끼려고 노력한다고 한다.

어떤 노인들은 자신의 삶을 의미 있고 만족스러운 것으로 인식하는가 하면(자아통합감), 어떤 노인들은 원망과 씁쓸함, 불만족스러운 마음으로 자신의 삶을 되돌아보게 된다. 서글프게도 그들은 자신이 바라던 삶을 살 수 없었다고 느끼거나 이러한 실망감에 대해 다른 사람을 비난하게 된다(절망감). 자아통합감을 이룬 사람은 노년을 동요 없이

사진 설명 자아통합감을 이룬 노인들이 생활만족도가 높은 것으로 보인다.

사진 설명 노년기에 경험하는 상실이나 변화에 대한 반응으로 우울증에 빠지기 쉽다.

평온하게 보낼 수 있으며, 다가오는 죽음에 대해서도 의연하게 대처할 수 있다. 반면, 자아통합감을 이루지 못하게 되면 인생을 낭비했다는 느낌, 이제 모든 것이 다 끝났다는 절망감을 경험하며, 죽음의 공포에서 벗어나지 못한 채 불안한 죽음을 맞게 된다.

이 단계에서 발달하는 미덕은 지혜인데, 그것은 죽음에 직면했을 때 나타나는 인생 그 자체에 대한 박식하고 초연한 관심이다. 이와 같은 지혜는 노년기의 지적인 힘일 뿐만 아니라 중요한 심리적 자원이다. Erikson에 의하면 지혜는 개인이 나는 무엇을 남다르게 했어야 했는데, 혹은 무엇을 할 수 있었는데라는 커다란 후회 없이, 지금까지 살아온 인생을 그대로 받아들이는 것을 포함한다. 지혜는 어떻게 살아야 하는지를 안다는 것뿐만 아니라, 열심히 살아온 인생에 대한 피할 수 없는 종말로 죽음을 받아들인다는 것을 의미한다. 지혜는 자기 자신, 자신의 부모, 자신의 인생의 불완전함을 인정하는 것을 의미한다.

사진 설명 많은 문화권에서 노년기에 들면 지혜를 획득하는 것으로 여겨진다.

이 같은 사실을 인정하지 못하는 사람은 통합감을 이루기 위해 다른 길을 가기에는 시간이 너무 짧다는 사실을 깨닫고 절망감에 빠지게 된다. 이 위기를 성공적으로 해결하기 위해서는 통합감이 절망감보다 물론 낫지만, 어떤 절망감은 불가피한 것이다. Erikson에 의하면

Robert N. Butler

자기 자신의 인생에서 불행과 잃어버린 기회에 대해서뿐만 아니라 인간존재의 나약함과 무상함에 대한 비탄감은 피할 수 없는 것이라고 한다.

자신의 생을 되돌아보는 것은 노년기에 특히 중요하다. 고독, 사랑하는 사람과의 이별 그리고 죽음에 직면한 노인들은 자주 과거로 도피해서 과거에 관해 회상을 한다. 노인학 학자인 Robert Butler(1963)는 이러한 심리적 과정을 '인생의 회고(life review)'라는 용어로 설명하였다.

노인들이 지난날의 사람들, 사건들과 감정에 대해 이야기하는 자연스러운 경향은 인생회고 과정의 중요한 부분이다. 인생을 되돌아봄으로써 사람들은 새로운 시각으로 자신의 경험과 행동을 볼 수 있을 것이다. 그들은 소원했던 가족이나 친구와의 화해 같은 미해결의 과제를 마무리할 기회를 갖게 될 것이다. 이 같은 과제를 완수한 후의 완성감이 마음 편하게 여생을 살아가도록 해줄 수 있다. 물론 인생의 회고가 인생을 낭비하였고 남에게 상처를 주었으며, 이제는 과거를 보상하거나 혹은 개선시킬 기회가 없다는 생각을 하게 만드는 위험도 있다. 그럼에도 불구하고 사람들은 성공과 실패를 모두 인지하고, 그것들의 가치를 이어나갈 수 있는 사람들에게 '전승'하면서 균형 잡힌 평가를 할 수 있는 경우가 더 많다.

Butler의 인생의 회고와 Erikson의 통합감 대 절망감은 상당히 유사한 개념이다. 둘 다 죽음에 앞서 과거를 회고하는 과정을 통해 자신의 인생의 의미를 찾게 해준다. Erikson은 노년기에 수행해야 할 발달과업 중에서 자신이 살아온 인생을 회고하면서 나름대로 정리해보는 것이 중요한 과제라고 여겼다. 지금까지 살아온 자신의 삶에 의미를 부여하고, 지난날의 갈등과 죄책감을 해결해야 한다는 것이다. 여기서 Erikson은 인생의 회고가 자아통합감에 기여하는 바가 크다고 보았다. 즉, 자신이 살아온 인생을 재평가하는 과정을 통해서 자아통합감이 촉진될 수 있다고 하였다.

사진 설명 할아버지가 손주에게 자신이 살아온 인생을 이야기하고 있다. 이 과정에서 노인은 자신의 인생의 의미를 발견할 수 있고, 젊은 세대는 가족역사에 대해 배울 수 있다.

3) 평가

여기서는 Erikson의 성인기 이론에 대한 평가뿐만 아니라 규범적 위기 모델에 대한 전반적인 평가를 하고자 한다. 성인기를 통해서 연령과 관련된 변화의 순서를 예측할 수 있다는 규범적 위기 모델은 상당한 영향력을 미치고 있다. 그러나 성인에게 있어 발달의 보편적 유형이라는 개념은 매력적이기는 하나 의문의 여지가 없지 않다(Papalia, Olds, & Feldman, 1989).

아동의 연령은 발달의 연속선상에서 그들의 위치를 비교적 정확하게 추정할 수 있게 하지만, 성인의 연령은 그들의 성격과 경력이 나타나는 바에 미치지 못할 수도 있다. 연령보다는 개인의 독특한 경험이 인간발달에 더 많이 작용한다. 더욱이, 성인의 발달을 일련의 단계로 본다면 그것은 잘못된 것이다. 왜냐하면 많은 동일한 쟁점들이 성인기 내내 되풀이되기 때문이다.

연령지향적인 규범적 위기 모델의 이와 같은 결함에도 불구하고, 전문가뿐만 아니라 대중들이 이 접근법에 매력을 느끼는 이유는 이 접근법이 주는 메시지에 있다. 즉, 그것은 중년기와 그 이후의 성격발달에는 어떠한 주요 변화도 일어나지 않는다는 지금까지의 관념에 도전하여, 성인기에도 계속해서 변화하고, 발달하며, 성장한다는 메시지 때문이다.

Nancy Chodorow

규범적 위기모델은 연구대상뿐만 아니라 이론적 개념 또한 남성지향적이다. 따라서 남성들을 대상으로 해서 도출된 이론이 여성에게는 적합하지 않다는 비판을 받고 있다. 여성을 대상으로 한 여러 연구들(Adams, 1983; Chodorow, 1978; Furst, 1983; Gilligan, 1982; Roberts & Newton, 1987)에서 여성의 인생은 덜 안정적이고 보다 갈등이 많은 경향을 보이는 등 규범적 위기 모델에서 제시하는 양상을 보이지 않았다.

Peter Newton

Gilligan(1982)이 지적했듯이, 규범적 위기 모델은 인생에서 전형적으로 풍부한 관계망을 갖는 여성에게 부적합할 뿐만 아니라 건강한 남성의 발달에 대해서도 의문의 여지를 남긴다. 남성에게 있어서 친밀한 관계에 대한 관심이 중년기에 와서 비로소 증가한다는 것도 역설적이며 유감스러운 일이다. 그때에는 자녀가 독립해서 집을 떠나려 하거나 이미 떠났거나 아내들은 자신들의 결혼생활에서의 친밀감의 결핍에 적응하기 위해 다른 관계에 자신의 감정을 깊이 쏟고 있을 수 있다.

2. Vaillant의 성인기 적응이론

1) Vaillant의 생애

George Vaillant(1934-)

George Vaillant는 1934년에 뉴욕시의 맨해튼에서 전형적인 와스퍼(WASP)[1] 가정에서 태어났다. 그의 아버지는 하버드 대학을 졸업한 고고학 박사로 박물관 관장직을 맡고 있었다. Vaillant는 하버드 의과대학에 진학하였다. 그는 그 딩시 가르치고 봉사하는 것은 선한 것이고, 사업이나 개업을 하는 것은 나쁜 것이라고 내심 굳게 믿고 있었는데, 그 믿음이 그의 인생행로를 결정하는 데 상당한 영향을 미쳤다고 회고한다.

Vaillant는 대학을 졸업한 후 매사추세츠 정신건강센터에서 일했으며, 보스턴 정신분석연구소에서 정신분석 훈련을 받았다. 그리고 2년간 스키너 학파의 실험실에서도 근무했다. 그는 자신을 Adolf Meyer와 Erik Erikson의 열렬한 숭배자라고 소개한다. 졸업 직후 학교 친구였던 Bradley와 결혼하여 15년 동안 자녀 넷을 두었으나 이혼하였다. 그 후 호주인인 Carolyn과 재혼하여 자녀를 한 명 더 두었다.

Vaillant는 전형적인 WASP의 이미지와는 맞지 않는다. 구겨진 옷을 입고 다니고, 춤은 거의 추지 못하며, 운동에도 상당히 둔하다고 했다. 그는 "나는 현대적인 생활에 대해 거의 알지 못한다"라고 말하며, 정치적인 문제에도 그다지 관심이 없음을 밝혔다.

Vaillant는 미국 심리치료학회의 특별위원으로, 그의 뛰어난 연구 덕분에 여러 분야에서 많은 상을 받았으며, 전 세계의 각종 세미나에서 초청강연을 하고 있다. 이전에는 그의 주요 관심사가 방어기제를 실험적으로 연구하는 방법이었는데, 최근에 와서는 성공적인 노화문제에 큰 관심을 보이고 있다.

Vaillant의 주요 저서로는 1938년에 하버드 대학생을 대상으로 한 그랜트(Grant) 연구 결과를 정리한 『성공적인 삶의 심리학(Adaptation to Life)』(1977), 성인발달연구를 통해 마

1) WASP(White Anglo-Saxon Protestant): 백인으로서 앵글로 색슨계의 혈통을 가진 신교도인을 지칭하는 것으로 미국의 지배계급을 형성함.

음의 방어기제가 어떻게 작용하는지를 보여주는 『자아의 지혜(The Wisdom of the Ego)』(1993) 그리고 청소년기부터 80세 노년기까지의 삶을 추적하여 정리한 『성공적인 노화(Aging Well)』(2002) 등이 있다.

2) 그랜트 연구

1937년에 자선사업가인 윌리엄 그랜트는 하버드 대학의 보건소장인 보크박사를 만나서 의학연구가 너무 질병 쪽에만 비중을 두고 있는 데 대해 우려를 표명하고, 건강한 사람들에 관한 연구를 하는 데 뜻을 같이 하기로 하였다. 그리고 1938년에 정신적 · 신체적으로 건강한 하버드 대학생 268명이 '그랜트 연구'의 표본으로 선정되었다. 이들의 학업성취점수는 미국 전체 고등학교 졸업생의 상위 5~10%에 속했으며, 사회경제적인 면에서는 대부분의 학생들이 안정적인 가정의 출신들이었다. 그랜트 연구가 시작될 당시 연구진은 내과의사, 정신과의사, 심리학자, 생리학자, 인류학자 등으로 구성되었다. Vaillant는 1967년에 이 연구진에 참여하게 된다.

연구방법으로는 부모와의 면접을 통해 아동기 때의 자료를 수집하였고, 대학시절에 관해서는 신체검사, 생리검사, 심리검사 등을 실시하였다. 그랜트 연구는 1950년에 '성인발달연구'로 이름을 바꾸고 졸업 후 1955년까지는 1년마다 그 이후에는 매 2년마다 질문지법을 이용하여 그들의 취업상태, 가족, 건강, 일상생활(예를 들면, 휴가, 운동, 음주, 흡연 등) 등에 관해 조사하였다. 이 연구는 지금까지 계속되고 있지만, 안타깝게도 그랜트 연구가 시작될 당시 이 연구가 중년기나 노년기까지 계속될지 몰랐기 때문에 중년기나 노년기의 변화와 관련이 있음직한 질문내용들은 포함되지 않았다.

그랜트 연구가 시작된 지 30년이 지나 이들 학생들이 50세가 되었을 때, 이들 중 대부분은 신체적인 질병이 없었고, 90% 이상이 안정된 가정과 직업을 가지고 있었다. 이들은 베스트셀러 작가가 되었거나, 각료, 회사대표, 의사, 교수, 판사 및 잡지 편집장이 되어 있었다. 그러나 이들 중 누구도 특별히 축복받은 삶을 산 것은 아니었다. 아주 운이 좋은 사람이라도 다른 사람들과 마찬가지로 많은 어려움과 개인적인 절망감을 가지고 있었다. 여러 해를 거치면서 그랜트 연구의 초점은 어떻게 사람들이 삶에 적응하는가에 맞추어졌다. 연구보고서에서 Vaillant(1977)는 몇 가지 중요한 결론에 도달하였다. 첫째, 인생은 고립된 위기적 사건에 의해 변하는 것이 아니라 의미 있는 타자와의 지속적인 관계의 질에 의해 형성된다. 둘째, 발달과 변화는 전생애를 통해 일어난다. 셋째, 생활사건에 적응하기 위해 사용하는 방어기제가 그들의 정신건강의 수준을 결정한다는 것이다.

2002년에 출판된 『성공적인 노화(Aging Well)』에서 Vaillant는 그랜트 연구의 피험자들의 삶에서 성공적인 노화와 관련된 변인들을 제시하고 있다.[2] 그랜트 연구가 60년을 넘어서면서 이제 노인이 된 사람들의 삶을 통해 그들의 현재의 삶에 영향을 미치는 요인과 그들의 신체적 · 정신적 건강에 대해 살펴보고 있다. 담배를 피우지 않고, 술을 적게 마시며, 규칙적인 운동을 하고, 적절한 체중을 유지하며, 행복한 결혼생활을 하고, 스트레스에 효과적으로 대처하는 것이 좋은 신체적 · 정신적 건강과 관련이 있는 것으로 나타났다. 교육수준, 우정관계, 사회적 참여, 자기통제의 역할 또한 성공적 노화에 중요한 요인인 것으로 보인다.

2) 『성공적인 노화』는 하버드 대학의 종단적 성인발달연구 결과를 토대로 만들어졌다. 인간발달연구로는 가장 오랜 시간 동안 진행된 이 연구는 1920년대에 태어나 사회적 혜택을 받고 자란 하버드 대학 졸업생(268명)과 사회와 가정 어떤 곳에서도 혜택을 누리지 못한 1930년대에 출생한 보스턴 이너시티 빈민(456명) 그리고 1910년대에 태어난 천재 여성(90명) 등 세 집단을 대상으로 비교분석하였다. 세 연구 모두 각기 다른 연구지만 하버드 대학의 성인발달연구소에서 통합하여 연구를 완결하였고, 그 책임을 저자인 Vaillant가 맡았다. 이와 같이 각기 다른 집단의 사람들의 발달과 생애를 60년에서부터 길게는 80년 이상 분석함으로써, 성공적인 노화에 필요한 조건이 무엇인지 실증적으로 제시하고 있다.

3) 적응기제

Vaillant가 말하는 적응의 주요 형태는 적응기제로 표현된다. 적응기제는 개인의 정신건강 상태를 결정한다. 적응기제는 성인의 성장을 예견하고 성인의 정신건강을 정의하는 데 사용될 수 있는 개념이다. 일찍이 Freud는 불안에 대처하는 무의식적인 책략으로서 방어기제를 설명한 바 있다. 인간은 누구나 어느 정도의 불안을 경험하고, 따라서 누구나 어떤 종류의 방어기제를 사용한다. 모든 방어기제에는 어느 정도의 자기기만과 현실을 왜곡하는 요소가 있다. 우리는 우리를 불편하게 하거나 기억 때문에 기분이 불쾌해

표 12-1 Vaillant의 적응기제의 수준

수준	방어기제	설명
1	정신병적 기제	**부정**: 현실을 왜곡할 뿐만 아니라 현실 자체를 부정한다. **망상적인 투사**: 피해(과대) 망상 **왜곡**: 외부적 현실을 환상이나 소원성취 망상을 포함하는 자신의 내적 욕구에 알맞도록 재구성한다.
2	미성숙한 기제	**투사**: 자신이 용납하기 어려운 충동을 다른 사람의 탓으로 돌린다. **정신분열적 공상**: 갈등을 해결하기 위해 공상을 이용한다. **우울증**: 다른 사람을 비난하고 원망하고 싶은 마음이 신체적 이상을 호소하는 것으로 표현된다. **소극적-공격적 행동**: 다른 사람에 대한 공격성을 간접적으로 또는 수동적으로 표현한다. **행동화**: 무의식적 소망이나 억압된 감정을 무의식적으로 행동에 옮긴다.
3	신경증적 기제	**억압**: 충격적인 경험, 스트레스를 유발하는 사건 또는 용납할 수 없는 충동을 무의식적으로 거부하는 것이다. **전이**: 특정 대상에 대한 감정이나 리비도의 에너지가 대체대상으로 전환된다. **반동형성**: 용납하기 어려운 충동이 의식적으로 억압되어 완전히 반대의 것으로 나타난다.
4	성숙한 기제	**동일시**: 타인의 특성과 자질이 자신의 성격으로 흡수되는 과정을 말한다. **지성화**: 종교나 철학, 문학 등의 지적 활동에 몰입함으로써 성적 욕망에서 벗어나고자 하는 방어기제이다. **합리화**: 자신의 행위나 견해를 정당화하기 위해 그럴듯한 이유를 만들어서 진짜 이유나 동기를 숨긴다. **억제**: 어떤 생각이나 충동을 억누르는 의식적인 노력이다. **승화**: 성적 본능이 건설적이고 사회적으로 바람직한 행동으로 표현된다. **예견**: 앞으로 닥칠 어떤 문제에 대한 현실적인 지각과 그에 대한 준비를 한다.

출처: Vaillant, G. E. (1977). *Adaptation to life: How the best and brightest came of age*. Boston: Little, Brown.

지는 일들을 잊어버리려고 하는 경향이 있다. 우리는 해서는 안 되는 일을 하면서 자신에게 변명을 하기도 한다. 때로는 용납되지 않는 감정을 다른 사람에게 전가하기도 한다. Vaillant가 Freud의 개념에 첨가한 것은 어떤 방어기제는 다른 방어기제보다 더 성숙하다는 점이다.

Vaillant는 생활사건에 적응하는 방식인 적응기제를 네 가지 유형으로 분류하였다(〈표 12-1〉 참조). 현실을 왜곡하는 '정신병적 기제', 신체적 근거없이 아픔이나 고통을 호소하는 '미성숙한 기제', 불안을 억누르거나 비합리적인 두려움을 표현하는 '신경증적 기제', 끝으로 유머를 사용하거나 남을 돕는 '성숙한 기제'가 그것이다. 제1수준인 정신병적 기제에는 망상적 투사, 정신병적 부정과 왜곡이 포함되어 있다. 정신병적 기제와는 달리 제2수준인 미성숙한 기제는 연구대상자들의 행동에서 자주 나타났다. 미성숙한 기제는 특히 아동기와 청소년기에 흔하게 나타난다. 그리고 우울증, 중독, 성격장애를 가지고 있는 성인들에게서도 보인다. 제3수준인 신경증적 기제는 아동기에서 노년기에 이르기까지 정상적인 사람들에게서도 흔히 나타나는 것이다. 이 기제는 심한 갈등을 극복하는데 자주 사용된다. 대인관계의 갈등에 적응하기 위하여 사용되는 미성숙한 기제와는 달리, 신경증적 기제는 심리적 갈등을 해결하기 위해서 더 많이 사용된다. 제4수준인 성숙한 기제는 이타주의, 유머, 억제, 예견, 승화 등을 포함한다. 이 기제는 청소년부터 노인에 이르기까지 건강한 사람들에게서 공통적으로 나타나는 것이다.

이러한 분류는, 인간은 성숙해감에 따라 제1수준에서 제4수준으로 적응적인 과정이 발달해간다는 것을 강조하려는 것이다. 즉, 성숙한 적응기제를 사용하는 사람들은 모든 면에서 더 잘 적응하는 것을 보여주려는 것이다. 이들은 정신적으로, 신체적으로 건강할 뿐만 아니라 자신의 일에 더 만족하고, 대인관계나 직업 면에서도 성공적이며, 더 행복한 것으로 나타났다. 〈그림 12-1〉은 성인기 동안에 적응기제 유형이 변화하는 것을 보여주고 있다. 청년기에는 성숙한 방어기제보다 미성숙한 방어기제를 2배 정도 많이 사용하고, 성년기에는 미성숙한 방어기제보다 성숙한 방어기제를 2배 정도 많이 사용하며, 중년기에는 미성숙한 방어기제보다 성숙한 방어기제를 4배 정도 많이 사용하는 경향이 있다는 것을 보여준다.

4) 성인기의 발달단계

Vaillant는 Erikson과 마찬가지로 성인도 아동처럼 발달하고 성숙해간다는 관점을 취하고, 인생주기의 단계가 순차적으로 이루어진다고 보았다. Vaillant(1977)에 의하면 그

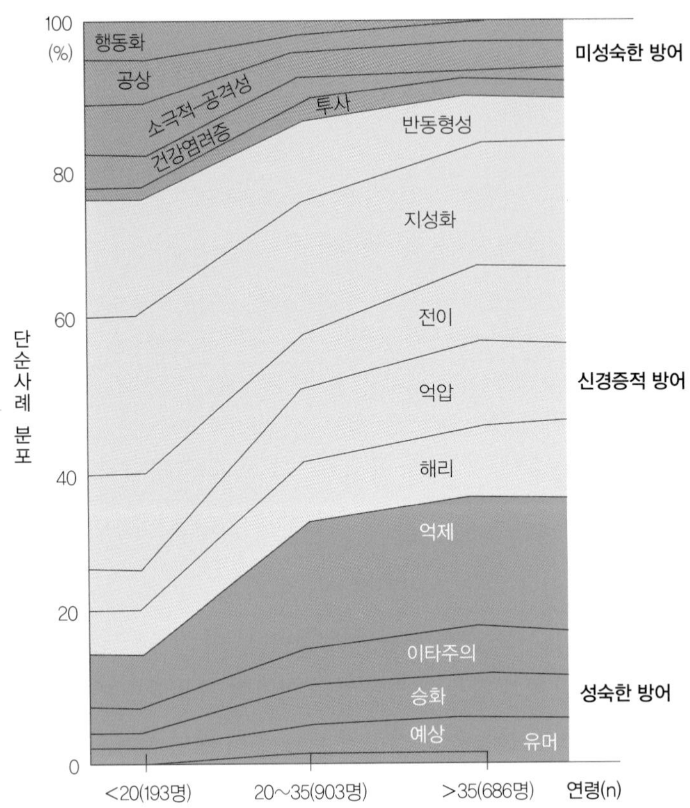

95명의 그랜트 연구대상자의 전 생애에 걸쳐 나타난 2,000여 개의 적응기제 단순사례들을 세 연령집단, 즉 12~19세, 20~35세, 36~50세로 나눈 것이다.

〈그림 12-1〉 성인기의 적응기제 유형의 변화

출처: 한성열 역(1993). 성공적인 삶의 심리학. 서울: 나남.

랜트 연구에서 남성들의 인생사는 Erikson의 발달단계를 지지해주고 있는데, 여기에 Vaillant가 경력강화(career consolidation)라고 부르는 또 한 단계가 첨가된다. 30세경에 시작되는 이 단계는 개인의 직업경력을 강화하는 데에 몰두하는 것으로 특징지어진다. Erikson의 이론에서는 이 단계가 친밀감의 발달인 여섯 번째 위기와 생산성과 관련된 일곱 번째 위기 사이에 위치하게 된다.

경력강화가 친밀감 이후와 생산성 이전에 발생한다는 사실은 어째서 결혼이 대개 7년째쯤 되어 문제가 생기는지에 대한 해명의 단서가 될 수 있다. '7년이 고비(the seven year itch)'라는 말은 속설 그 이상의 의미를 갖는 것으로, 이혼하는 부부의 절반가량은 결혼 7년 이내에 이혼을 한다(Reiss, 1980). 안정된 친밀한 관계로부터 직업 면에 자신의 모든 관심을 집중하게 됨으로써 그 부부관계는 무관심으로 인해 시들해진다. 부부가 이 발달선상에서 각기 다른 입장에 있을 때, 즉 한쪽은 친밀감에 몰두하지만 다른 한쪽은 직업에 열심이거나, 한쪽은 직업에 몰두해 있는데 다른 한쪽은 생산성으로 진행해가려 한다면 문세가 커질지 모른다.

Vaillant가 제시한 발달단계를 간단히 살펴보면 다음과 같다.

사진 설명 마릴린 먼루가 주연한 영화, '7년만의 외출(The Seven Year Itch)'

(1) 정체감 확립의 단계

Vaillant에 의하면 성인의 인생주기는 청년기로 접어드는 시기부터 시작된다고 한다. 20대에 와서 또 때로는 30대에 와서 부모로부터 자율성을 획득하고, 결혼하여 자녀를 낳아 기르며, 청년기에 시작된 우정을 깊게 하였다. 그랜트 연구대상 중 7명은 47세가 되어도 여전히 청년기를 벗어나지 못했다. 이들은 만년소년과 같은 성인의 삶을 살았는데, 성실한 보이스카우트 단원처럼 직업에 매우 충실했고 심리치료를 거의 필요로 하지 않았다. 그러나 이들은 친밀감, 경력강화, 생산성 등의 순차적 단계를 거치지 않았다. 50세에 이들은 인생의 방관자로서 대부분 사회적 신분이 낮았으며, 늘 자신에 대한 회의로 가득 찬 삶을 살았다. 청소년기가 성인의 인생주기에 들어가는 필수요건일 뿐만 아니라, 격동적인 청년기가 정상적인 성숙한 성인이 되는 데에 장애물로는 보이지 않는다.

(2) 친밀감 형성의 단계

부모로부터 실제적인 자율성을 획득하고 자신의 독립적인 정체감을 갖게 되자마자, 이들은 한 번 더 다른 사람에게 의지하려고 한다. 이 단계에서 친밀감을 형성하지 못하면 인생주기의 다음 단계에서의 실패를 의미한다. 47세에 가장 잘 적응하고 있는 것으로 생각되는 사람들 중 90% 이상이 30세 이전에 결혼생활이 안정되었고, 50세에도 여전히 결혼생활을 지속하고 있었다. 친밀감을 형성할 수 있는 능력이 발달하기 이전에 너무 일찍 결혼하는 것은, 친밀감을 형성할 수 있는 능력이 지연되는 것과 마찬가지로 성공적인 결혼생활에 대한 부정적 전조가 되는 것이다.

(3) 경력강화의 단계

25~35세 사이는 청년기의 이상과 열정을 버리고, 철저히 현실적인 삶을 살아가는 시기이다. 25세와 35세 사이에서 그랜트 연구대상자들은 직업경력을 강화하기 위해 열심

히 노력하였고 가족에게도 전념하였다. 그들은 자신이 해야 할 일을 하고, 규칙을 준수하며, 승진을 위해 노력하였고, 현재의 '체제'를 인정하였다. 그들은 자신이 원하는 여성 혹은 원하는 직업을 선택했는지의 여부에 대해 거의 의문을 제기하지 않았다. 대학시절 불태웠던 정열, 매력, 희망은 사라지고, 이제 "회색 플란넬 양복을 입은 특색이 없고, 재미가 없으며, 덤덤하게 열심히 일만 하는 젊은이"(Vaillant, 1977, p. 217)로 묘사되었다. 그리고 경력강화 단계에서는 물질에 대한 관심이 상당히 강해진다. 31세의 한 연구대상자는 다음과 같이 말한다.

> 나는 물질의 획득이나 지위의 향상에 대한 진가를 인정할 시점에 도달했다. 나는 그 목적을 향해 노력하고 있다. 이것이 나를 일과 인생에 대해 열정적이게 한다.

Vaillant에 의하면 경력강화의 단계는 40세경에 맹목적인 분주함에서 벗어나 자신의 내부로 시선을 돌릴 여유를 얻게 될 때 끝난다고 한다.

(4) 중년기의 전환기: 생산성의 단계

Vaillant는 그랜트 연구에서 40세경에 중년기의 전환기가 나타난다고 밝혔다. 중년기의 전환기는 새로운 인생단계로의 진입 요구 때문에 스트레스가 많을지 모른다. 이 시기는 종종 십대의 자녀와 원만하게 지내는 데 문제가 있기도 하고(사진 참조) 때로는 지나친 우울증에 빠지기도 한다.

그랜트 연구에서는 남성들의 경우 전환기가 때로는 혼란스럽기는 하나 이 시기가 위기의 차원으로 나타나지는 않았다. 게다가 이들은 인생의 어느 시기보다도 이 중년기에 더 많이 이혼하거나, 직업에 싫증을 낸다거나, 혹은 좌절하게 되는 것 같지 않았다. 중년기에 죽음에 대한 관심과 자살률이 증가하는 것은 사실이지만, 자살은 삶의 두려움을 반영하는 것이지 죽음의 두려움을 반영하는 것은 아니다. 죽음은 문자 그대로 사망이기는 하지만 또한 변화를 의미하기도 한다. 따라서 40대에 사람들이 우울해져 있다면, 그것은 이들이 보다 정직하게 자신의 고통을 인정할 수 있

기 때문이다. 이들이 죽음을 두려워해서가 아니다. 50대쯤에서 이 집단 중 가장 잘 적응한 남성들은 실제로 35세에서 49세까지의 시기를 그들의 인생에서 가장 '행복한 때'라고 보았다.

(5) 50대의 평온한 시기

그랜트 연구에 의하면, 50대가 40대보다 일반적으로 보다 더 원숙하고 평온한 시기로 생각하고 있는 것으로 보인다. 그러나 이 평온함의 저변에는 부드러운 후회로 뒤덮여 있었다. 55세에 몇몇 대상자들은 인생주기의 마지막 단계에 친친히 들어서고 있었다. 이 시기의 과제는 신체상의 쇠퇴라는 모욕을 확고한 자기가치감(self-worth)으로 대치하는 것이다. Vaillant도 다른 사람들이 지적한 것과 비슷한 특성들을 관찰한 바 있는데, 그것은 나이가 들수록 성의 차이가 줄어들었다는 점이다. 남성들은 보다 온정적이고 표현적이 되었으며(사진 참조), 여성들은 단호하고 독립적이 되었다. 여자 노인은 상당히 강하게 자기주장을 하기 때문에, 때때로 자기보다 젊은 남자들을 놀라게 하는 경우가 있다. 한편, 나이 든 남자는 신사적이고 애정어린 보살핌을 해주기 때문에 때때로 젊은 여자들의 호감을 사기도 한다.

5) 평가

Vaillant는 정신적으로 건강한 사람들을 대상으로 연구한 결과 정신건강이라는 개념을 알기 쉽게 정의했다는 평가를 받는다. 기존의 연구는 대부분 정신적으로 건강하지 못한 사람들을 대상으로 하여 그 원인과 치료에만 관심을 두었다. 하지만 그는 정신적 · 신체적으로 건강한 사람들을 연구대상으로 하여, 그들이 가지는 고유한 특성들을 발견하고, 이를 통해 정신적으로 건강한 것이 무엇인지, 그 원인이 무엇인지 그리고 정신적으로 건강한 삶을 이끌어나갈 수 있는 방법들을 알기 쉽게 제시하였다. 또 개인이 정신적으로 건강하고 삶에 잘 적응할 수 있는 요인이 무엇인지를 알아보기 위해 정신적 질병에 대한 가족사, 습관, 심리적 적응, 결혼과 직업만족도, 객관적 건강 등 다양한 요인들을 고려하였다.

그랜트 연구는 종단적 접근법을 사용하여 발달적 변화를 알 수 있게 해주었다는 평가를 받는다. 기존의 연구들은 대부분 횡단적 접근법이나 과거를 회상하는 연구방법을 사용하였다. 횡단적 접근법은 경제적이고 시간절약이라는 장점이 있기는 하지만, 정신건강과 같이 평생을 통해서 여러 요인들이 복잡하게 상호작용하는 주제를 다루기에는 적합하지 않다. 종단적 접근법으로 연구할 때에만 발달적 변화를 알 수 있는 것이다.

한편, 그랜트 연구는 다른 모집단에 일반화시키는 데는 한계가 있다는 지적을 받고 있다. 그랜트 연구대상들은 1920년대와 1930년대에 태어난 사람들로서 대다수가 중상류 계층의 혜택받은 백인 남성들이다. 따라서 이들에 대한 연구결과를 다른 민족, 다른 사회계층, 다른 시대, 다른 문화의 남성 혹은 여성들에게는 적용할 수 없을지도 모른다.

Alice S. Rossi

동시대 출생집단(cohort) 문제는 재미있는 쟁점이라고 할 수 있다. 우리가 중년기의 '정상적'인 발달이라고 알고 있는 것은 1930년대 경제공황 시대에 태어났거나 그 당시에 자란 사람들을 대상으로 한 연구에 근거하는 것이다. 이들 남성들은 제2차 세계대전 시 팽창하는 경제성장의 덕을 본 동시대 출생집단이다. 이들은 애초의 예상보다 훨씬 크게 직업적 성공을 거두었을지도 모르며, 그리고 이른 나이에 에너지를 소진해버렸을지도 모른다. 그렇다면 이들의 발달은 전형적인 것이 아니고 특별한 경우일 수도 있는 것이다(Rossi, 1980).

3. Levinson의 인생구조이론

1) Levinson의 생애

Daniel Levinson은 1920년 5월 28일에 뉴욕에서 태어났다. 그는 1940년에 UCLA에서 학사학위를 받았으며 2년 뒤 같은 대학에서 석사학위를 그리고 1947년에는 심리학으로 박사학위를 받았다. Levinson은 1950년부터 1966년까지 하버드 대학에 재직하였다.

Daniel Levinson(1920-1994)

Levinson은 1966년에 예일 대학 의학부의 임상심리학과 교수로 부임하는데 그때 그의 나이가 40대 중반이었다. 그는 예일 대학의 교수로 임명된 직후에 성인기 발달에 관한 연구를 계획하였고,[3] 예일 대학의 Darrow, Derrer, Klein 등 동료교수들과 함께 연구팀을 구성하였다. 당시 연구팀원들의 연령은 35세에서 45세 사이였으며, 모두들 개인적으로 이 시기에 따른 발달적 문제들로 고민하고 있었기 때문에 Levinson의 연구 제안에 흔쾌히 동의하였다. 연구팀이 결성되자, 바로 다음 해인 1968년에는 사전면담을 실시하여 작성한 연구계획서를 국립정신건강연구소(National Institute of Mental Health: NIMH)에 제출하고, 연구비를 지원받아 공식적으로 연구를 시작하게 된다.

연구대상들은 산업체의 일용근로자, 기업체의 간부, 생물학자(교수), 소설가 등 네 가지 직업 범주로부터 선택된 40명의 남성들이었는데 이들의 연령 역시 35~45세였다. Levinson은 이들과의 면접결과뿐만 아니라 위인들의 자서전 그리고 문학 속의 주인공들의 발달에 기초하여 성인기의 발달이론을 구성하였다. 연구가 시작된 지 10여 년 후인 1978년에 연구결과를 『남성의 인생 4계절(The Season's of a Man's Life)』이라는 제목으로 출간하게 된다.

Levinson은 이 연구를 기획할 때부터 여성의 성인발달에 대해서도 관심을 기울였다. 그것은 바로 어머니의 영향 때문이기도 하였는데, Levinson의 어머니는 러시아에서 태어난 유태인이었다. 14세에 홀로 러시아를 떠나 수년간 런던과 뉴욕의 의류공장에서 저임금으로 일을 하였고, 자연스럽게 노동운동에 눈을 떠서 열렬한 여권운동가가 되었다. 34세에 Levinson을 낳아 어머니가 된 후에는 주부와 어머니로서 그리고 여권주의자로서 나머지 60평생을 보냈다. 그녀는 심지어 아흔 살이 넘는 고령에도 불구하고 왕성한 사회봉사활동과 자기발전에 혼신의 힘을 기울임으로써 노년에도 자기발전의 가능성이 있음을 실제로 보여주었다.

3) Levinson은 당시의 심경을 다음과 같이 술회하고 있다. 나는 이 연구를 처음 시작할 때엔 마치 지도에도 나와 있지 않은 쓸쓸한 지역으로 들어가는 것처럼 느꼈다. … 나는 내 나이 마흔여섯 살에, 내 자신이 경험해온 것을 이해하기 위해 중년으로 들어가는 전환기를 연구하고 싶었다. … 나는 이 연구가 내 자신의 경험에 빛을 던져 주고 일반적으로 성인발달을 이해하는 데 공헌하기를 바랐다. 그러나 나는 이러한 결정이 나의 개인적인 관심 이상의 것임을 곧 알았다. 우리 사회에서는 성인기가 한쪽에는 어린 시절이 그리고 다른 한쪽에는 노령이 있는, 길고 형태없는 세월들의 장사진 이상의 어떤 것으로 이해되기를 바라는 욕구들이 점차 증가하고 있었다.

Levinson은 이러한 어머니의 영향 때문에 『남성의 인생 4계절』을 출간한 바로 다음 해인 1979년부터 여성의 성인발달에 대한 연구를 시작하였다. 『여성의 인생 4계절(The Season's of a Woman's Life)』은 Levinson이 그의 아내 Judy와 함께 15년에 걸친 공동작업으로 완성시킨 역작이다. 특히 Levinson은 이 책의 원고를 탈고하기 직전인 1994년에 사망하였는데, 『여성의 인생 4계절』은 그가 사망하고 2년 후인 1996년에 출간되었다.

Levinson은 예일 대학 의학부의 교수직 이외에도 코네티컷 정신건강센터(Connecticut Mental Health Psychiatry)의 심리학실장 등을 역임하였다. 그는 생전에 『권위주의적 성격(The Authoritarian Personality)』과 『주도적 역할군(The Executive Role Constellation)』 외 여러 편의 저서를 남겼지만 대표적인 저서로는 『남성의 인생 4계절』과 『여성의 인생 4계절』이 있다.

2) Levinson의 성인발달연구

Levinson의 성인발달연구의 대상은 35~45세 사이의 남성 40명으로 구성되었다. Levinson은 이 인생 중반의 10년 동안에 사람들이 '젊은이'에서 '중년'으로 탈바꿈할 것이라고 추론하였다. 연구대상이 1969년에 선정되었기 때문에, 이들은 1923~1934년 사이에 태어난 사람들이다. 그들은 1930년대의 대공황, 제2차 세계대전, 한국전쟁, 1960년대의 격변과 같은 주요한 사회적 변화를 경험할 시기에 제각기 다른 연령에 있었다.

연구표본의 크기를 어떻게 할 것인가가 중요한 문제였다. 한 사람 한 사람의 인생이 심도 있게 연구될 예정이었기 때문에, 전체 연구대상자의 수가 제한되었다. Levinson은 수백 수천 명의 사람들을 대상으로 한 설문조사나 심리검사를 통해서는 심층적인 발달이론을 도출할 수 없다고 생각하였다. 그래서 보다 심층적인 연구를 위해 40명을 연구대상으로 정하였다. 사회의 다양한 측면을 대표하는 4개의 직업군을 선택하여 각 10명씩을 선정하였다. 4개의 직업군은 산업체의 일용근로자와 기업체의 간부,[4] 생물학자(교수),[5] 소설가[6] 등이다. 가장 어려운 결정 중의 하나는 연구대상을 남성에게만 국한하는 것이었다. Levinson이 그러한 선택을 한 데는 개인적인 이유가 있었는데, 그것은 그가 자신의 성인발달에 대해서 더 깊이 이해하고 싶었기 때문이었다.

40명의 남성들을 대상으로 전기적(傳記的) 면담[7]을 통해 이를 심층적으로 분석하였으며, 2년 후에 다시 추후면담(follow-up interview)을 실시하였다. 면담은 현재에 대한 정보뿐만 아니라 아동기와 관련된 회고적 면담도 같이 실시하였다. 면담장소로는 주로 연구실을 이용하였으나, 때로는 연구대상 남성들의 사무실이나 가정 등을 방문하여 부가적인 정보를 수집하기도 하였다. 이외에도 대부분의 연구대상 남성들의 부인과도 한 차례씩 면담을 실시하여 정보를 수집하였다.

3) Levinson 이론의 개요

Levinson(1978)은 수태에서 죽음에 이르기까지의 개인의 인생주기를 계절의 개념으로 접근하였다. 즉, 인생주기에는 아동기와 청년기, 성년기, 중년기, 노년기 등의 질적으로 다른 네 개의 계절이 존재하며, 각 계절은 나름대로의 독특한 특성이 있기 때문에 전체 인생주기에서 독자적인 공헌을 한다는 것이다. 이보다 훨씬 앞서 히포크라테스도 인간발달의 단계를 자연의 사계절에 비교했으며, 노년을 겨울에 비교한 바 있다.

Levinson(1986)의 이론에서 핵심이 되는 개념은 '인생의 구조', 즉 특정의 시기에 있어서 개인적 생활의 기초가 되는 유형이나 설계이다. 이것은 개인과 환경과의 관계를 형성하고 그 관계에 의해 구체화되는 발달적 기초안이다. 인생구조의 주요 구성요인은 배우자, 자녀, 직장상사, 동료 등 다양한 사람들과의 관계뿐만 아니라 교회나 동호회 같은 중

---

4) Ajax Industries와 United Electronics(두 회사 모두 가명임)라는 두 회사의 기업체 간부와 노동자들을 대상으로 연구목적을 설명한 후, 자발적으로 참여하기를 희망한 사람들을 선택함.

5) 보스턴과 뉴욕 사이에 있는 대학들 중 2개의 명문대학을 선정하여 이 대학의 생물학 교수들 중 연령, 학문적 서열, 경력 등이 다양한 사람들 13명 중 연구목적에 동의한 10명을 최종 연구대상으로 결정.

6) 소설가들의 세계를 알기 위하여 Levinson과 동료들은 먼저 수많은 비평가와 출판사의 편집자, 작가들과의 만남을 통해 자료를 수집하였다고 한다. 그리고 소설가의 기준이 명확하지 않아, 두 가지 기준을 설정하였다. ① 최소 2편의 소설을 출간한 사람, ② 자신이 소설가라는 것이 개인적인 정체감에서 가장 중요한 부분을 차지하는 사람 그리고 보스턴과 뉴욕에 있는 남자 소설가 100여 명 중 연령이 적합하고, 다양한 배경을 지니고 있는 사람 10명을 선택하였다.

7) 전기적 면담이란 임상면담 상황에서와 같이 다양한 주제를 통해 면담자와 피면담자가 친구 사이의 대화처럼 자연스럽고 일상적으로 대화하는 방법이다. 전기의 근본적인 목적은 수년 동안에 전개되어온 개인의 삶을 나타내는 것이다. 따라서 Levinson과 동료들은 40명의 남성들에 대한 인생사를 엮어내어 개인의 전기들을 구성하고, 이 전기들을 기초로 일반적인 이론을 도출해내었다.

사진 설명 히포크라테스의 동상

요한 집단이나 사회구조와의 관계이다.

인생구조는 외적 측면과 내적 측면이 있다. 여기에는 개인이 가장 중요하게 여기는 사람들, 장소, 제도, 사물뿐만 아니라 이것을 중요하게 여기게끔 만드는 가치, 꿈, 정서 등이 포함된다. 대다수 사람들의 인생구조는 주로 그들의 일과 가족 중심으로 이루어진다. 다른 요소들로는 인종, 종교, 민족적 유산 및 전쟁과 경제불황 같은 광범위한 사회문제 또는 감명 깊은 책이나 좋아하는 휴양지 같은 구체적인 것도 있다.

〈그림 12-2〉는 Levinson(1978)이 제시한 발달단계이다. 그는 인생주기를 네 개의 계절로 구분하고, 각 계절은 약 20년 정도 지속된다고 보았다. 각 계절은 대략 5년간의 전환기와 연결되어 있다. 이 전환기 동안 사람들은 자신이 세운 인생구조를 평가하고 다음 계절에 인생을 재구성할 수 있는 가능성을 탐색한다. 각 계절은 안정기와 전환기 등 몇 개의 세부 단계들로 구성되어 있다.

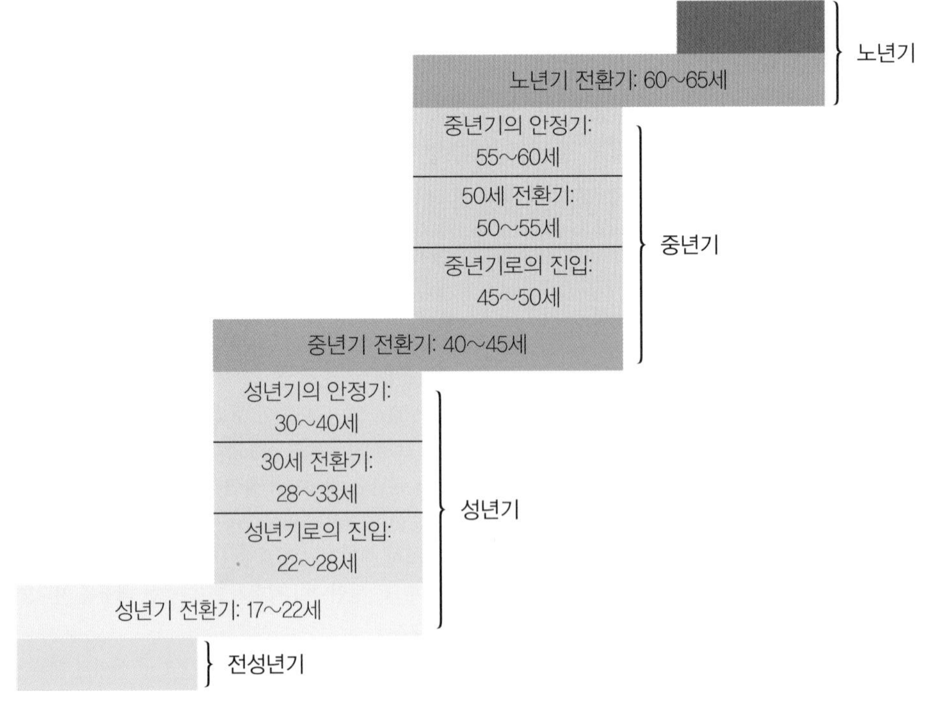

〈그림 12-2〉 Levinson의 성인발달 모델: 남성의 인생단계

출처: Levinson, D. J. (1978). *The seasons of a man's life*. New York: Knopf.

네 계절은 다음과 같다.

1. 아동 · 청소년기(0~17세): 수태에서부터 청년 후기까지의 인생 형성기이다.
2. 성년기(22~40세): 이 시기는 인생에서 중요한 선택을 하며, 최고의 정력을 발휘하지만 또한 가장 큰 스트레스를 경험하는 시기이다.
3. 중년기(45~60세): 대부분의 사람들은 생물학적 능력이 다소 감퇴하지만 사회적 책임은 더 커지는 시기이다.
4. 노년기(65세 이상): 인생의 마지막 단계이다.

이들은 한 단계가 다음 단계보다 덜 발달하였다는 의미에서의 단계가 아니다. 각각이 고유한 과업을 지닌다는 점에서 발달의 '계절적 주기'라고도 한다. 인생의 매 시기마

표 12-2 Levinson의 발달단계에 따른 주요 과업

발달단계	연령(세)	과업
성년기의 전환기	17~22	아동기 · 청년기를 끝내고 성년기로 진입한다. 가능성 탐색과 시험 삼아(임시로) 의사결정을 한다.
성년기로의 진입	22~28	결혼, 가족, 스승, 꿈 등을 포함하는 첫 번째 주요 인생구조를 설계한다. 꿈을 실현시키기 위한 시도이다.
30세 전환기	28~33	첫 번째 인생구조의 결함을 인식하고 재평가한다. 앞에서 한 선택에 대한 재고와 필요하다면 새로운 의사결정을 한다.
성년기의 안정기	33~40	일, 가족, 우정, 지역사회에 대한 투자를 포함하는 두 번째 인생구조를 설계한다. 자신의 꿈을 실현하기 위해 노력하며, 사회에서 자신의 활동범위를 구축하여 사회에 기여하기 위해 노력한다.
중년기의 전환기	40~45	성년기와 중년기의 교량역할을 한다. 전 단계에 수립했던 인생구조의 목표달성의 성공여부를 평가하게 된다.
중년기로의 진입	45~50	새로운 직업이나 현재의 일에 대한 재구성 또는 재혼 등의 새로운 인생구조를 수립한다.
50세 전환기	50~55	30세 전환기와 유사한 기능을 한다. 중년기 인생구조에 대한 약간의 수정이 있다. 만약 중년기 전환기에 위기가 없었더라면 이때 위기가 올 가능성이 있다.
중년기의 안정기	55~60	중년기의 토대구축을 끝낸 안정된 시기이다. 만약 자신과 자신의 역할변화에 성공적인 적응을 했다면 특별히 만족스러운 시기가 된다.
노년기의 전환기	60~65	중년기를 끝내고 노년기를 준비하는 시기이다. 즉, 중년기를 성공적으로 끝내고, 은퇴를 준비하며, 노년기의 신체적 쇠퇴에 대비한다. 인생주기에서 매우 중요한 전환점이다.
노년기	65~	은퇴와 신체쇠퇴에 적합한 새로운 인생구조를 수립한다. 질병에 대처하고 잃어버린 젊음에 대한 심리적 적응을 한다

출처: Levinson, D. J. (1978). *The seasons of a man's life*. New York: Knopf.

다 개인은 만족스러운 인생구조를 설계하지만, 성공의 정도는 다양할 수 있다(Levinson, 1986).

〈표 12-2〉는 Levinson의 발달단계에 따른 주요 과업을 보여준다.

4) Levinson 이론의 주요 개념

(1) 인생주기(Life Cycle)

인생주기에는 출발점(탄생: 기원)부터 종점(죽음: 종결)까지의 과정 또는 여행이라는 의미가 있다. 따라서 인생주기란 기본적이고도 보편적인 양상을 따라 진행되는 탄생에서 죽음까지의 과정을 의미한다.

(2) 계절(Seasons)

Levinson은 인생주기에서의 일련의 시기 또는 단계들을 계절에 비유하였다. 즉, 아동·청소년기는 봄, 성년기는 여름, 중년기는 가을, 노년기는 겨울에 비유하면서 질적으로 상이한 4개의 계절이 존재한다고 하였다. 그리고 각 계절은 나름대로의 독특한 특성을 지니고 있으며, 전체 인생주기의 한 부분으로서 독자적인 공헌을 한다고 생각하였다. 이처럼 인생을 계절에 비유한 것은 다음과 같은 이유에서이다. 첫째, 인생의 과정은 분명히 구별되는 어떤 형태를 가지고 있으며, 연속된 일정한 양식들을 통해 전개된다. 둘째, 어떤 계절도 다른 계절보다 더 중요하지가 않다. 셋째, 한 계절에서 다음 계절로 바뀌는 데에는 전환기(환절기)가 필요하다. 넷째, 계절의 변화과정에는 과거와 현재와 미래를 연결하는 연속성이 있다.

(3) 인생의 구조(Life Structure)

인생의 구조는 Levinson이 주장한 인생의 계절론에서 가장 기본이 되는 핵심개념으로서, 특정의 시기에 있어서 개인의 생활의 기초가 되는 유형이나 설계를 말한다. 인생의 구조는 종교, 인종, 사회계층, 가족, 직업 등과 같은 개인의 사회문화적 세계, 소원, 갈등, 불안, 감정, 가치 등과 같은 자아의 여러 측면들 그리고 주변 세계에 대한 개인의 참여 등 세 가지 관점들로 구성되어 있다.

인생의 각 시점에서 어떤 선택을 하는가에 따라 자신의 인생구조가 달라진다. Levinson은 대부분의 성인 남성들에게 있어 가장 공통된 중심요소는 ① 꿈을 형성하고 수정하기, ② 직업을 형성하고 수정하기, ③ 사랑-결혼-가족을 형성하고 수정하기,

④ 스승관계를 형성하고 수정하기, ⑤ 우정관계를 형성하고 수정하기라고 생각한다. Levinson은 이들 중심요소들 중에서도 특별히 한두 개가 특정 시기의 인생단계에서 핵심적인 요소가 된다고 주장한다.

(4) 시기(Eras)와 단계(Periods)

Levinson과 동료들은 성인발달에 관한 연구를 진행하면서 전혀 예기치 않았던, 연령과 관련된 시기와 단계를 발견하게 된다. 사실 처음에 연구를 시작할 때만해도 인생주기 안에 질서정연하게 진행되는 일련의 시기와 단계들이 있을 것이라고 암시한 연구들은 하나도 없었다. 그리고 Levinson과 동료들 역시 연구를 계획할 때에는 일련의 시기와 단계들을 바탕으로 연구를 시작한 것은 아니있다. 오히려 연구를 진행해가면서, 여러 사람들의 독특하고 복잡한 인생과정들을 자세히 추적해가는 과정에서 그것을 발견한 것이다.

Levinson은 각 시기가 시작되는 특정 연령과 그것이 끝나는 연령을 밝히고 있지만, 이것이 모든 사람에게 정확하게 똑같은 시점에서 시작되고 종결된다는 것을 의미하지는 않는다. 그것은 모든 시기가 시작되고 끝나는 평균연령을 말한다. 한 시기의 발달과업은 단계들을 통해 수행되는데, 이들 단계는 시기를 연결하는 연결고리의 역할을 한다.

Levinson과 동료들이 성인들을 대상으로 10여 년 이상 연구한 결과, 성인기에는 발달이 일어나지 않거나 발달이 일어난다 할지라도 그 속도가 엄청나게 다양하며, 그것이 연령과는 별로 상관이 없다는 종래의 인식들과는 상반되는 것으로 나타났다. 그들은 아동기뿐만 아니라 성인기의 발달도 연령과 밀접한 관계가 있음을 밝혀낸 것이다.

(5) 전환기(Transition)

시기를 교차시키는 전환기는 인생주기에서는 결정적인 전환점이 된다. '성년기의 전환기' '중년기의 전환기' '노년기의 전환기'와 같은 전환기 등은 성년기, 중년기, 노년기에서 살아갈 삶의 토대를 구축하는 시기이다. 전환기의 발달과제는 현재의 인생구조를 재평가하고, 자신과 세계 안에 있는 새로운 가능성들을 탐색하며, 새로운 인생구조를 형성하는 데 기초가 되는 선택을 위해 노력하는 것 등이다. 이러한 전환기들은 대개 5번 정도 지속되는데, 우리의 삶을 새롭게 쇄신하거나 침체시키는 원천이 된다. 따라서 개인의 심리 · 사회적 발달은 안정기보다는 주로 전환기에 이루어진다고 볼 수 있다. 또한 이 시기들은 부분적으로 겹쳐 있어서, 이전의 시기가 끝나갈 즈음에는 이미 새로운 시기가 시작되는 것이다.

5) 성인기의 발달단계

남성은 대략 20년에서 25년 간격의 네 개의 겹치는 시기 동안 자신들의 인생구조를 형성한다고 Levinson은 말한다. 이 시기는 대략 5년간의 전환기와 연결되어 있는데, 이 전환기에 남성들은 자신이 세운 구조를 평가하고 앞으로 다가올 단계의 인생을 재구성할 수 있는 가능성을 탐색한다. 각 시기에는 보다 짧은 단계와 기간들이 있고, 이들 역시 전환기와 연결되어 있다. 따라서 사람들은 대체로 성인기의 거의 절반을 전환기로 보내게 된다.

(1) 성년기의 전환기(17~22세)

성년기의 전환기는 청년기와 성년기를 연결하는 교량 역할을 한다. 이 전환기의 주요 과제는 청년기를 마감하고 성년기를 시작하는 것이다. 개인이 인생의 한 계절을 마감할 때에는 다양한 종류의 결별이나 끝맺음, 그리고 변형을 수반하기 마련이다. 예를 들면, 부모와의 관계에 변화를 가져옴으로써(부모로부터 경제적, 정서적으로 독립) 자신의 인생구조를 변화시키는 것이다. 대학에 진학하거나 군에 입대하는 젊은이들(사진 참조)은 자신의 집을 떠나 부모로부터 독립하거나 성인 세계가 제공하는 새로운 가능성을 탐색하고 시험삼아 스스로 의사결정을 해본다.

(2) 성년기로의 진입(22~28세)

Levinson이 '성인 세계로의 진입'이라 불렀던 초보 단계 동안, 젊은이는 성인이 되어 '성년기의 초보적 인생구조'를 수립한다. 이는 보통 결혼과 자녀를 낳게 되는 이성과의 관계로 이루어지며, 직업선택으로 연결되는 직업에 대한 관심과, 가정을 이루고, 친구 및 가족과의 관계, 사회적 모임에의 관련 등으로 이루어진다.

초보적 인생구조에서 볼 수 있는 두 가지 중요한 특징은 '꿈'과 '스승'이다. 남성들은 종종 직업으로 표현되는 장래의 '꿈'을 지니고 성년기에 들어선다. 예를 들면, 유명한 작가가 되거나 과학적 업적으로 노벨상을 타고자 하는 꿈이 그들을 자극하고, 성인발달을 활성화시킨다. 그러나 그 같은 평소의 꿈이 이루어지지 않을 것이라는 상식적인 깨달음으로 정서적 위기에 빠질지 모른다. 자신의 목표를 재평가하고 보다 실천가능한 목표로 대체해야 할 필요성에 어떻게 대처하느냐에 따라 얼마나 훌륭히 인생을 헤쳐나갈지가 결정된다.

사진 설명 Levinson에 의하면 성년기의 주요한 발달과업 중의 하나가 학문이나 직업, 개인적 문제에 있어서 자신을 지도해 줄 수 있는 스승을 발견하는 것이라고 한다.

남성의 성공은 이 견습기간 중에 '스승'을 발견함으로써 큰 영향을 받는다. 이 스승은 그에게 관심을 갖고, 지도해주며, 영감을 불어넣어주고, 직업과 개인적 문제에 있어서 지혜와 도덕적 지원과 실제적 도움을 준다. 스승과의 관계는 매우 중요하다. 왜냐하면 스승은 젊은이가 성공하도록 도와줄 뿐만 아니라 직업세계에서 가끔 부딪치게 되는 함정을 피하도록 도와주기 때문이다.

(3) 30세 전환기(28~33세)

이제 탐색의 시기는 끝나고 개인의 생활양식이 어느 정도 확립된다. 약 30세 정도에서 남성은 자신의 인생을 또 다른 시각으로 보게 된다. 지난 10년 동안 자신이 관여해온 일이 미숙하지는 않았는지 그리고 자신의 의사결정이 과연 옳았는지에 대해 의문을 제기한다. 이 시기는 자기성찰의 시기로서 자신의 실수를 만회하고 보다 만족스러운 인생의 기초를 마련할 기회로 여긴다.

어떤 남성들은 이 과도기를 아주 쉽게 넘기지만 어떤 이들은 발달상의 위기를 경험한다. 그들은 자신의 현재의 인생구조가 참을 수 없는 것임을 깨닫지만 더 나은 것으로 개선할 수도 없다고 여긴다. 그 때문에 결혼생활에서 발생하는 문제가 커지게 되며 이로 인해 이혼율은 절정에 달하게 된다(사진 참조).

(4) 성년기의 안정기(33~40세)

30대 초반에는 Levinson이 '안정'이라고 부른, 젊은 시절의 열망을 실현시키려는 일관된 노력을 하게 된다. 견습단계가 끝나면 남성들은 이제 '성년기의 절정에 달한 인생구조'를 수립할 준비가 되어 있다. 일, 가족, 기타 인생의 중요한 측면들에 대해 더 깊이 관여한다. 종종 40세쯤에는 어떤 이정표를 지나게 되기를 바라면서 예정표를 가지고 자신에 대한 특정의 목표(교수직, 일정수준의 수입, 개인전 등)를 수립한다. 이들은 사회에서 자신의 활동범위를 구축하려 애쓴다. 좀더 구체적으로 말하면, 가족, 직업 및 사회에서 확고하게 자신의 삶을 뿌리내리고 고정시키는 데 열중한다.

30대 중반과 40세 사이에는 안정기의 끝인 '자기 자신이 되기(Becoming One's Own Man: BOOM)'라 불리는 시기가 온다. 일에 대한 의욕이나 패기가 절정에 달하고, 직업에서 좀더 책임있는 자리에 오른다. 목표달성에 더 열심이고, 자신이 넘쳐나며, 권위를 가지게 된다. 이제 그에게 힘을 가지고 영향력을 행사하려는 사람들의 권위를 싫어하고, 거기서 벗어나 자기 자신의 목소리로 말하고 싶어한다. 그러나 한편으로는 인정받는 것과 존경을 잃을까 봐 두려워하기도 한다.

(5) 중년기의 전환기(40~45세)

Levinson의 모든 전환기처럼 중년기의 전환기는 끝이자 시작이다. 성년기의 일을 마무리해가면서 또 한편으로는 중년기의 요령을 익혀간다. 이 교량 역할을 하는 시기에 이제 자신의 죽음을 보다 절실히 인식하는 남성들은 그들 삶의 모든 측면에 대해 실질적으로 의문을 품게 된다. 다음과 같은 물음들이 중요한 의미를 갖는다. "내 인생에서 나는 무엇을 했는가? 내가 내 자신과 타인들에게 진실로 원하는 것은 무엇인가?" 이 시기의 남성들은 그의 참다운 욕망과 가치 그리고 재능과 야망이 실현될 수 있는 삶을 갈망한다.

Levinson에 의하면 중년기의 남성은 내면의 상반되는 성향들을 처리해야 한다고 한다. 그가 젊은 세대보다 늙었다고 느끼더라도 아직 자신을 중년이라고 부를 준비가 되어 있지 않다. 그러나 그로 하여금 중년기라는 세계에서 그의 위치를 찾지 못하게 막는 젊은 태도를 지나치게 고집하지 말아야 한다. 하지만 그렇다고 해서 그의 사고가 너무 늙게 되면 메마르고 경직될 것이다. 그는 또한 그의 성격의 '남성적' 부분과 '여성적' 부분을 통합하려고 노력해야 한다.

(6) 중년기로의 진입(45~50세)

40대 중반이 되면 남성들은 새로운 선택을 수반하는 새로운 인생구조를 설계하기 시작한다. 여기에는 새 직업이나 현재의 일에 대한 재구성 또는 재혼 등이 포함된다. 이때 매우 성공적인 사람들은 중년기를 인생에서 가장 풍요롭고 창조적인 시기, 자기 성격의 새로운 국면을 꽃피울 수 있게 해주는 기회로 생각한다. 반면에, 중년기의 과업을 전혀 해결하지 못하는 이들도 있는데, 이들은 위축되는 듯한 느낌과 기력이 감퇴되는 중년기를 보내게 된다.

(7) 50세의 전환기(50~55세)

인생구조를 수정할 수 있는 또 다른 기회는 50대 초반에 찾아온다. 50대의 전환기는 중년기의 전환기가 비교적 무난했던 남성의 경우에 특히 어려운 시기가 되는 것 같다. 바꾸어 말하면, 중년기의 전환기와 50대의 전환기 중 어느 한 시기에 어느 정도의 위기를 경험하지 않고서는 중년기를 통과하는 것이 불가능한 것으로 보인다.

(8) 중년기의 안정기(55~60세)

중년기에 있어서 인생구조의 절정기는 남성들이 중년기의 기반구축을 완성한 안정된 시기이다. 자신의 삶을 풍요롭게 하는 사람들에게 50대는 위대한 완성의 시기가 된다(사진 참조).

(9) 노년기의 전환기(60~65세)

사진 설명 노년기의 전환기에는 노화와 죽음에 대한 인식이 강화된다.

60대 초반은 중요한 전환점으로서 중년기를 끝내고 노년을 준비하는 시기이다. 이 시기에 사람들이 갑자기 늙지는 않으나 정신적 · 신체적 능력의 변화로 인해 노화와 죽음에 대한 인식이 강화된다. Peck(1968)과 마찬가지로 Levinson도 신체적 변화와 성격과의 관계에 주목한다. 개인차가 크기는 하지만, 이 시기에는 적어도 한두 가지의 질병—예를 들면, 심장질환이나 암, 시력 또는 청력의 감퇴, 우울증과 같은—에 걸릴 확률이 높다. 이러한 신체적 변화는 견디기 어려운 것인데, 특히 이전에 좋은 건강상태를 유지해왔던 사람들의 경우가 더욱 그러하다.

(10) 노년기(65세 이상)

노인들은 이 시기에 그들이 더 이상 무대의 중심인물이 아님을 깨닫게 된다. 무대의 중앙으로부터 물러나는 것은 인정, 권력, 권위에 손상을 가져오므로 정신적으로 큰 상처를 받게 된다. 그들 세대는 이제 더 이상 지배세대가 아니다. 그러나 가정에서는 조부모의 세대로서, 성장한 자녀들에게 여전히 유용한 지혜, 인도, 지원의 원천으로서 도움을 줄 수 있다.

위엄과 안정 속에 은퇴하는 것은 또 다른 중요한 발달과업이다(사진 참조). 이 과업을 성공적으로 수행한 사람들은 은퇴 후 가치 있는 일에 종사할 수 있다. 그러한 과업은 외적인 압력과 경제적인 필요에 의존한다기보다는 창조적인 힘에 의해 이루어진다. 이제 사회에서 맡은 바 직분을 다하고, 드디어 개인적으로 보상을 받는 즐거운 일을 할 수 있는 권리를 얻은 셈이다.

사진 설명 Daniel Levinson이 그의 아내 Judy와 함께

인생의 마지막 단계에서 노인들은 죽어가는 과정을 이해하게 되고 자신의 죽음을 준비한다. 이전의 각 단계의 끝무렵에는 새로운 단계의 시작과 삶에 대한 새로운 의미를 기대했던 반면에, 이제는 죽음이 곧 닥쳐올 것이라는 것을 알고 있다. 죽음이 몇 달 후 또는 몇 십 년 후에 닥친다 해도 노인들은 죽음의 그림자 속에서 그리고 죽음의 부름 속에서 살고 있는 것이 된다.

이 시기에 노인들은 자아에 대한 궁극적인 관심과 인생이란 과연 무엇인가에 대해 최종적으로 마음의 정리를 하게 된다. Levinson은 이것을 삶의 끝자락에서 하게 되는 "다리에서 바라보는 조망(one's view from the bridge)"이라고 표현하였다. 이러한 분석은 Erikson의 자아통합감과 유사하다. 이제 궁극적인 과업은 자아와의 화해를 통해 자신을 알고, 자신을 사랑하며, 자신을 버릴 준비를 하는 것이다.

여성의 인생주기

성인발달의 단계이론들은 그 이론적 개념이나 연구대상이 모두 남성지향적이다. 예를 들면, 단계이론의 주요 초점은 전통적으로 남성의 인생을 지배했던 직업경력이나 직업에서의 성취를 강조하고 있다. 단계이론은 관계나 보살핌 같은 여성들의 관심사를 반영하지 못하고, 자녀출산과 자녀양육은 중요시하지 않는다(Gilligan, 1982).

여성들의 가정 내에서의 역할은 복잡하고 그들의 인생에서 매우 중요하다. 여성들이 가사와 직업을 병행하면서 경험하는 역할갈등을 대부분의 남성들은 경험하지 않는다. 따라서 남성들을 대상으로 한 연구를 여성들에게 일반화하는 데는 문제가 있다(Barnett, Marshall, & Pleck, 1992; Basow, 1992; Keith & Schafer, 1991; Zunker, 1990).

그러나 여성을 대상으로 한 연구에서 Levinson(1996)은 여성의 인생주기도 남성과 동일하다는 것을 발견하였다. 남성과의 차이점이라면 여성은 평균예상수명이 길기 때문에 노년기 후기(late-late adulthood)를 경험한다는 것이다. 또한 Levinson은 성의 구분(gender splitting), 즉 여성적 역할과 남성적 역할의 엄격한 구분 때문에 여성은 남성보다 훨씬 더 힘든 삶을 산다고 주장하였다. 모든 사회에서 남녀구분은 어느 정도 있기 마련이지만, Levinson 의 '전통적 결혼관'에서 보면 집안일은 여성에게, 바깥일은 남성에게 맡겨지는 것, 즉 여성은 가정주부로, 남성은 가족부양자로 생각하는 구분이 명확하다. 일 또한 여성의 일과 남성의 일로 구분된다. Levinson이 가정주부, 대학교수, 여성 기업인들을 면담했을 때 '성의 구분'이 문제라는 것을 발견하였다. 전통적인 가정주부는 사회적 변화에도 불구하고 성의 구분을 고수하려는 경향이 있었고 자아발달 또한 제한을 받았다. 반면, 직업여성은 남성 우위의 직장에서 장벽을 무너뜨리는 데에 곤란을 겪었고, 결혼생활에서 남편과 집안일을 분담하는 데에 어려움을 겪었다.

남성과 여성은 각기 다른 종류의 도전에 직면하고, 그 도전에 대처하는 방법 또한 다르다. 남성의 '꿈'이 대체로 직업적 성취에 있다면, 여성의 '꿈'은 직업과 가정을 병행하는 것이다. 여성의 꿈은 종종 '분할된 꿈'이라 할 수 있는데, 직업목표와 결혼목표로 분할된 것이다(Roberts & Newton, 1987). 심지어 전문직 여성 중에서도 매우 적은 비율의 여성이 오로지 직업과 관련된 목표를 갖는다. 여성의 직업선택 또한 그들의 분할된 꿈을 참작한 것이다. 여성들은 종종 가정과 직업을 병행시킬 수 있는 직업을 찾는다.

사진 설명 여자의 일생

6) 평가

이상에서 살펴본 바와 같이 Levinson의 가장 큰 공헌 중의 하나는 그동안 황무지와 같았던 성인기를 체계적으로 연구함으로써, 성인발달이론을 제시하였다는 데 있다. 성인발달이론은 Jung과 Erikson에 의해 처음 시작되었지만, 중년기에 대한 개념을 보다 구체적으로 발달시킨 사람은 Jung이다. Levinson은 Jung의 이론을 토대로 하여 성인의 사회심리적 발달과정을 설명해주고 있다. 그는 개인의 인생주기에는 출생에서 사망에 이르기까지 개인적 · 문화적 차이를 초월한 보편적 유형이 있다고 보고, 인생주기에 특정한 단계들이 연속적으로 순서를 따라 지속되는 계절의 개념을 도입하였다.

Levinson의 인생주기 단계들에서는 시기들을 교차시키는 전환기가 특히 중요한 역할을 담당하고 있다. 각 시기마다 새로운 계절이 시작되어 그 첫 형태를 갖추기 시작하고, 각 시기 중에 내포되어 있는 각각의 새로운 단계들은 인생과정에서 나름대로의 중요한 공헌들을 하고 있다. 이러한 발달시기에 대한 Levinson의 이론은, 인간발달은 영유아기와 아동기 혹은 청소년기에만 의미가 있다는 기존의 발달이론이 가지고 있던 한계를 극복하였을 뿐만 아니라, 우리의 인생은 전생애적 과정이라는 시각을 제시해줌으로써 보다 객관적이고 폭넓은 발달이론을 제시하였다. 또한 Levinson의 전생애적 발달이론은 어느 특정시기만 중요하다는 편중된 시각에서 우리를 벗어나게 함으로써, 각 시기에 상응한 노력을 통하여 자신에게 더욱 긍정적이며 행복한 인생을 창조할 수 있도록 도와준다. 시기와 단계들에 대한 종합적인 조망을 통해 우리는 삶을 전반적으로 탐색해볼 수 있고, 그 과정 중 특정한 시점에서 일어나는 발달과정을 집중적으로 탐구해볼 수 있기 때문이다.

그러나 Levinson의 연구에서는 중년기 이후의 사람들이 연구대상으로 포함되지 않았기 때문에, 노년기에 대한 이론은 중년기를 토대로 추론해낸 것으로 이론적인 정당성이 미약하다는 지적이 있다. 즉, 남성연구 이후에 실시한 여성연구에서는 65세 이후의 시기를 포함시켰지만, 앞서 남성들을 대상으로 한 연구에서는 단지 하나의 시기로 구분함으로써 성인발달을 연구하는 사람들에게 아쉬움을 준다. 이제는 과학의 진보로 평균수명이 연장되어 여성들뿐만 아니라 남성들도 80세 이후까지도 생존할 수 있는 사람들이 점차 증가하고 있기 때문이다. 따라서 앞으로는 65세 이후의 시기에 대한 재검토가 필요하다.

뿐만 아니라 Levinson의 연구에서 가장 많이 지적되는 것 중의 하나는 연구의 일반화와 관련된 문제들이다. 이것은 Levinson이 연구대상으로 선정한 집단이 모집단(전 세계의 중년기에 있는 남성들)을 대표할 수 있는가에 관한 문제이다. Levinson은 1920년대와 1930년대에 출생한 미국 성인남성들 중 사회의 다양한 계층들을 대표하는 4개의 직업군—일용근로자, 기업체 간부, 교수, 소설가—에서 각기 10명씩을 표집하였다. 즉, 1930년대에 미국의 경제공황을 겪은 사람들을 대상으로 한 연구결과를 어떻게 다른 사회에 살고 있고, 또한 그때와 다른 시대에 살고 있는 사람들에게 일반화시킬 수 있겠는가, 즉 동시대 출생집단(cohort)의 대표성에 대한 문제가 제기된다. 오늘날 우리가 성인발달에 있어 '정상적인' 발달이라고 알고 있는 것이, 사실은 1920년대와 1930년대에 미국에서 태어난 남성들의 특수한 발달적 특성들이라는 점을 유의할 필요가 있다.

4. Jung의 성인기 분석이론

1) Jung의 생애

Carl Gustav Jung은 1875년 7월 26일에 스위스의 케스빌에서 목사의 아들로 태어났다. 그의 증조부는 바젤에서 저명한 내과의사였는데, 그 지방에서는 증조부가 독일의 위대한 문인 괴테의 서자라는 소문이 떠돌았다고 한다. 부모의 불화로 Jung은 불행하고 외로운 어린 시절을 보냈다. 학교생활도 따분했고, 건강이 좋지 못해 여러 차례 졸도하기도 했다. 아버지가 목사였기 때문에 교회에 다니기는 하였으나 교회를 싫어했으며, 종교문제에 대해 아버지와 격렬하게 논쟁을 벌이기도 했다.

Carl Jung(1875-1961)

Jung은 고전어학자나 고고학자가 되기 위해 바젤 대학에 입학했지만, 곧 자연과학에 이어 의학에 흥미를 갖게 되었다. 1900년에 바젤 대학에서 학위를 받은 후 졸업과 동시에 취리히에 있는 정신병원과 정신진료소에서 조수로 일하게 됨으로써 정신의학분야에 진출하게 되었다. 그는 정신분열증의 개념을 발전시킨 정신과의사 Eugen Bleuler의 조수로 일하다가 나중에는 동료로 일했으며, 또 파리에서 Charcot의 제자이며 그 계승자인 Pierre Janet과도 잠시 함께 연구하였다. 그리고 1905년에는 취리히 대학의 강사가 되었다.

1906년부터 1913년까지 Jung은 Freud와 긴밀한 학문적, 인간적 우정을 나누게 된다.

사진 설명 Jung의 불행했던 어린 시절에 놀이터는 교회와 묘지였다고 한다.

1907년에 Jung이 비엔나로 Freud를 방문했을 때 그들 간의 대화는 장장 13시간이나 계속되었다. Jung은 나중에 자신이 만났던 사람들 중 Freud와 비견할 만한 인물은 아무도 없을 것이라 느꼈다고 술회하였다. Freud는 Jung을 자신의 후계자로 정했는데, 1910년에 국제정신분석협회가 창립되었을 때 Jung이 초대 회장이 되어 1914년까지 회장직을 맡았다. 그러나 1913년에 리비도이론에 대한 견해 차이로 말미암아 Freud와의 편지왕래가 끊어지고 두 사람은 영원히 결별하게 된다.

사진 설명 유년시절의 Jung

Freud와 결별한 후 발판을 잃게 된 Jung은 무섭고도 상징적인 꿈을 꾸게 되었고, 깨어 있을 때에도 무서운 환상을 보게 되었다. Jung은 그 자신이 정신병적 상태가 된 것을 깨달았음에도 불구하고 무의식—내부로부터 솟아올라 와 그를 부르는 모든 것—에 자신을 맡기기로 하였다. 그는 자신이 점점 더 깊은 심연으로 빠져 들어가는 느낌을 갖게 하는 가공할 내적 여행을 시작하면서 태고의 상징과 심상들을 보았으며, 아득한 태고로부터 온 악마나 유령 그리고 기이한 형상들과도 이야기를 나누었다. Jung은 자신의 균열을 새로운 개인적 통합에 도달하는 데 필요한 내적 여행으로 이해하기 시작하였다.

Jung은 1914년에 국제정신분석협회를 탈퇴하여 홀로 '분석심리학'이라는 학파를 창설하고, 대학도 사직한 뒤 정신병원을 개업하였다. 1920년 이후에는 북아프리카, 애리조나, 뉴멕시코, 동아프리카 등으로 원시문화에 대한 연구여행을 계속하면서 신화, 종교, 연금술, 신비주의 등에 관심을 가지게 되었다. 특히 만다라(사진 참조)를 탐구하면서, 만다라를 "인생의 통일성의 표현(the expression of the unity of life)"으로 보는 동양철학적 견해

와 자신의 경험이 합치되는 것을 발견하고, 무의식과 그 상징의 탐구(꿈, 환상, 신화 등)를 평생의 연구과제로 삼았다.

Jung은 20세기의 가장 선구적인 심리학적 사상가 중의 한 사람으로 알려져 있다. 그는 60년간을 오로지 성격이 갖는 광범하고 깊이 있는 과정을 분석하는 데에 헌신하였다. 그의 저술은 방대하며 영향력 또한 지대하다. 많은 영예가 그에게 수여되었는데, 그중에는 하버드 대학과 옥스퍼드 대학의 명예박사학위가 있다. 1948년에는 취리히 대학에 융 연구소가 설립되었다. Jung은 1961년 6월 6일 퀴스나흐트에서 급사하였는데, 그때 그의 나이 86세였다.

2) 성격의 구조

Jung에 의하면 인간의 성격은 주요한 몇 가지 체계로 구성되어 있다고 한다(〈그림 12-3〉 참조). 자아, 개인적 무의식과 그것의 복합, 집단적 무의식과 그것의 원형, 페르소나, 아니마와 아니무스, 음영 등이 그것이다. 이러한 상호의존적 체계 외에도 내향성과 외향성의 태도와 성격의 중추를 이루는 자기가 있다(Crain, 2000; Hall & Lindzey, 1978).

(1) 자아(Ego)

자아는 의식적인 마음이다. 의식적인 지각, 기억, 사고, 감정 등이 자아를 이루게 된다. 자아는 인간에게 동일성과 연속성의 감정을 가져다주며, 개인의 관점에서 볼 때, 이것은 의식의 중심에 있는 것으로 생각된다. 자아가 의식의 문지기 역할을 하므로, 감각이든 관념이든 기억이든 자아에 의해 의식으로 인지되고 받아들여지지 않으면 보이지도

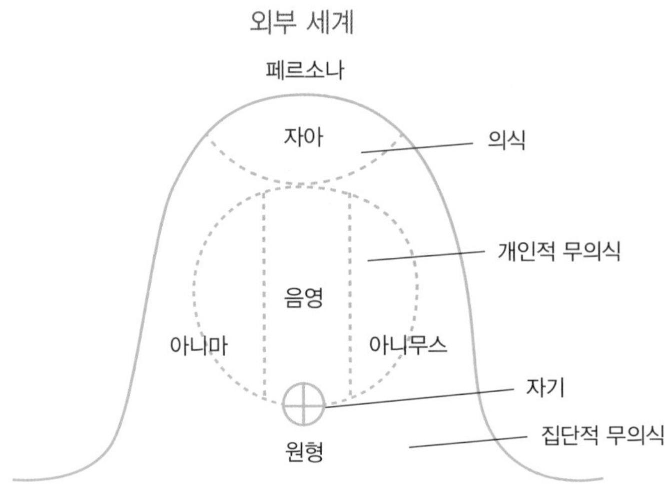

〈그림 12-3〉 Jung 이론에서의 정신구조

출처: Crain, W. (2000). *Theories of development: Concepts and application* (4th ed.). NJ: Prentice-Hall.

않고, 들리지도 않고, 생각나지도 않는다.

Jung은 자아가 의식 여부를 결정하는 것은 부분적으로 심적 기능에 의해 좌우된다고 보았다. 예를 들면, 자아에게 불안을 일으키는 경험은 의식되기가 어렵다. Jung은 강하고 제대로 구조화된 자아가 이상적인 발달의 결과라고 보았다.

(2) 페르소나(Persona)

페르소나는 인간이 사회적 인습이나 전통의 요구와 그 자신의 내적 원형의 요구에 부응해서 채택하는 가면이다(Jung, 1945). 바꾸어 말하면, 그것은 사회가 인간에게 부여하는 역할 또는 배역인 셈이다. 가면(사진 참조)의 목적은 남에게 뚜렷한 인상을 주려는 것으로, 때로는 그 사람의 본성을 감추는 것이기도 하다. 페르소나는 공적 성격(public personality)이라고도 할 수 있다. 즉, 사회적 외관 뒤에 존재하는 개인적 성격과는 대조적인 것으로, 사람이 세상에 드러내 보이는 모습 또는 공적 견해(여론)이다.

흔히 그러하듯 자아가 페르소나와 동일시되면, 인간은 그의 순수한 감정을 의식하기보다는 그가 맡은 역할을 더 의

식하게 된다. 그는 단순히 인간의 모습을 하고 있을 뿐이며, 자율적인 인간이기보다는 사회의 반영일 뿐이다.

페르소나는 역할에 따라 다양하게 표현된다. 예를 들어, 어떤 남자가 사업가로서 동료에게 보이는 이미지와 아버지로서 자녀에게 보이는 이미지는 다르다. 성격의 깊은 면을 무시하고 페르소나를 발달시키는 사람도 있는데, 때로는 이것이 다른 사람을 효율적으로 다루는 데 필요하기도 하다. 예컨대, 다른 사람들로 하여금 자신의 말에 귀를 기울이도록 하려면, 자신감과 결단력이 있는 이미지를 보여주는 일이 가끔 필요하다. 성격이 균형 잡혀 있을수록 페르소나가 발달하지만, 그렇다고 해서 성격의 다른 부분들이 도외시되지는 않는다.

(3) 음영(Shadow)

음영은 인간이 하등생물 형태의 생명체로부터 진화해오면서 지녀온 동물적 본능들로 이루어진다(Jung, 1948/1959). 따라서 음영은 무엇보다도 인간의 성격 중 동물적인 측면의 특성을 갖는다. 원형으로서의 음영은 인간의 원죄라는 개념이 생겨난 근원이 된다. 이것이 외부로 투사될 때 그것은 악의 화신이나 인류의 적이 된다.

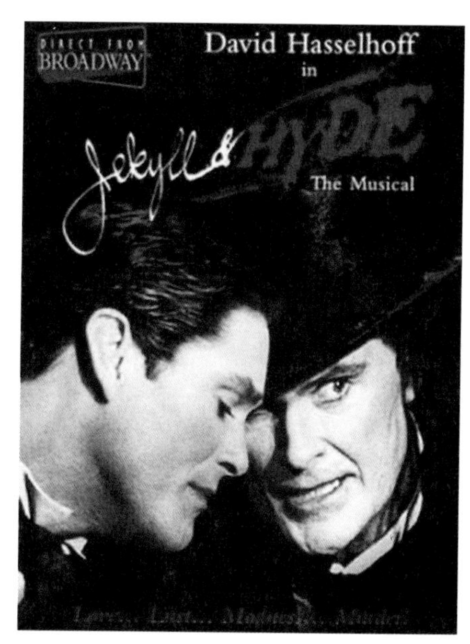

음영은 또한 기분 나쁘거나 사회적으로 비난받는 생각이나 감정 등을 의식과 행동으로 표현하는 원인이 된다. 이들은 페르소나의 가면 뒤로 모습을 숨기거나 개인적 무의식 속에 억압된다. 그리하여 원형에서 유래되는 성격의 그늘진 쪽(음영)은 개인적 무의식의 대부분의 내용과 마찬가지로 자아의 비밀스러운 곳으로 침투된다. 활기차고 열정적인 동물적 본능을 가진 음영은 Freud의 원초아와 매우 유사한 개념이다.

음영은 자아나 자아상(self-image)과는 반대되는 개념으로, 우리 자신이 용납하기 힘든 특성과 감정으로 구성되는데, 지킬 박사의 또 다른 분신인 하이드 씨가 그 예이다(사진 참조). 음영은 긍정적인 자아상과 반대되므로 대체로 부정적이다. 그러나 의식적인 자아상이 부정적인 경우, 그와 반대로 무의식적인 음영은 긍정적인 것이 될 수 있다(Jung, 1961). 예를 들어, 자신은 매력이 없다고 생각하는 젊은 여성이 아름다운 숙녀에 대한 꿈을 꾼다. 꿈에서 본 숙녀를 다른 사람으로 생각하지만, 사실은 아름답게 되기를 원하는 그녀의 소망이 그렇게 나타난 것으로 생각할 수 있다.

(4) 아니마(Anima)와 아니무스(Animus)

사진 설명 아니마와 아니무스

Jung(1945, 1954)에 의하면, 인간은 본질적으로 양성의 기질을 가지고 있다고 한다. 생리적인 면에서 볼 때 남성은 남성 호르몬과 여성 호르몬을 분비하고 있으며, 여성도 마찬가지이다. 심리적인 면에서도 남성적 특성과 여성적 특성이 양성 모두에게 나타나고 있다. 그러나 남녀 간에는 유전적으로 성차가 있고, 더욱이 사회화의 압력으로 여자는 여성적 측면을, 남자는 남성적 측면을 발달시키도록 요구당하기 때문에 성차는 더욱 커진다. 결과적으로 '반대되는 측면'은 억압되고 약화되어서 남성은 독립적, 지배적, 공격적이 되고, 양육이나 타인과의 관계에 대한 특성은 등한시한다. 반면, 여성은 애정적이며, 감정적인 측면은 발달하지만 자기주장이나 논리적 사고 등의 특성은 소홀히 한다. 그럼에도 불구하고 무시된 측면들이 아주 사라지는 것은 아니고 무의식 속에 생생하게 남아서 우리에게 소리친다. 무의식 속에 존재하는 남성의 여성적인 측면이 아니마이고, 여성의 남성적인 측면이 아니무스이다(Jung, 1945).

아니마와 아니무스는 비록 그것이 성염색체와 성선(性腺)에 의해 결정되지만 이들은 남성이 여성과 그리고 여성이 남성과 가졌던 종족적 경험의 소산물이다. 다시 말해서, 오랫동안 여성과 함께 생활함으로써 남성이 여성화되고, 남성과 함께 생활함으로써 여성이 남성화되어온 것이다. 이러한 아니마와 아니무스는 남성과 여성에게서 이성의 특징을 나타내게 할 뿐만 아니라 이성을 이해하도록 동기화시키는 집단적 심상(collective images)으로서 작용한다. 남성은 그의 아니마 덕택으로 여성을 이해할 수 있고, 여성은 그의 아니무스 덕택으로 남성을 이해할 수 있다.

(5) 개인적 무의식(Personal Unconsciousness)

개인적 무의식은 자아와 인접된 영역으로서, 살아오면서 억압 또는 억제되었거나 망각되고 무시된 감정과 경험들로 이루어진다. 음영은 그 대부분이 개인적 무의식 속에 들어 있다. 예를 들어, 어릴 적에 억압할 필요가 있었던 아버지에게 향한 적개심이 개인적 무의식 속에 자리 잡게 된다. Freud의 전의식 개념과 마찬가지로 개인적 무의식의 내용은 의식으로 변화될 수 있으며, 개인적 무의식과 자아 사이에는 빈번한 상호교류가 있다.

복합(complexes)은 개인적 무의식 속에 존재하는 감정, 사고, 지각, 기억 등의 무리이다. 모친 콤플렉스(mother complex)를 예로 들어보자. 어머니에 관한 모든 생각, 감정, 기억 등이 핵심으로 모여들어 복합체를 형성한다. 어떤 사람의 성격이 어머니에 의해서 지배될 때 그는 강한 모친 콤플렉스를 가졌다고 한다. 즉, 그의 생각, 감정, 행동 등은 어머니에 대한 개념에 따라 좌우될 것이다. 어머니가 말하고 느끼는 것은 그에게 중대한 의미를 가질 것이며, 그의 마음에 어머니의 상이 크게 자리 잡을 것이다.

(6) 집단적 무의식(Collective Unconsciousness)

Jung은 모든 인류에게 공통적으로 유전되어온 집단적 무의식이 정신의 심층에 존재한다고 믿었다. 진화와 유전이 신체적 청사진을 제공하듯이, 집단적 무의식은 정신적 청사진을 제공한다는 것이다.

집단적 무의식은 인간이 조상대대로 과거로부터 물려받은 잠재적 기억흔적의 저장소인데, 그 과거란 개별종족으로서의 인간의 종족적 역사뿐만 아니라 인간 이전의 동물조상으로서의 종족적인 역사도 포함하는 것이다. 집단적 무의식은 인간의 진화발달의 정신적 잔재이며, 이 잔재는 많은 세대를 거쳐 반복된 경험들의 결과가 축적된 것이다. 모든 인간은 다소 유사한 집단적 무의식을 가지고 있다. Jung은 집단적 무의식의 보편성을 인간의 뇌구조가 유사하다는 데 귀인시켰고, 이러한 유사성은 공통적인 진화에 따른 것이라 하였다. 인간은 어두움이나 뱀을 무서워하는 경향이 있는데, 그것은 원시인이 어두운 데서 많은 위험을 겪었고 독사에게 희생되었기 때문이라고 추측된다.

원형(archetypes)은 집단적 무의식을 구성하는 요소이다. 원형은 결코 직접적으로 알 수는 없는 것이지만, 여러 민족의 신화, 예술, 꿈, 환상 등에서 발견되는 원형적 이미지를 통해 알 수 있다. 사람들은 원형적 이미지를 통해 내부 심층에 있는 열망과 무의식적 경향을 표현하려고 한다. 예를 들어, 천하대장군과 지하여장군(사진 참조), 탄생, 죽음, 마술사, 마녀, 신 등의 이미지가 여기에 해당된다. 원형은 또한 성격의 다른 부분의 본질과 성숙에도 영향을 준다.

원형은 어떻게 해서 생기는가? 그것은 여러 세대를 통해서 계속적으로 반복되어온 경

사진 설명 천하대장군과 지하여장군

험이 마음 속에 영구히 축적된 것이다. 예컨대, 헤아릴 수 없이 많은 세대들이 태양이 한 지평선에서 다른 지평선으로 지나가는 것을 보았다. 이러한 인상적인 경험의 반복은 결국 태양신의 원형, 즉 강하고, 지배적이고, 빛을 주는 천사로서 인간이 신성시하고 숭배하는 태양신의 원형으로 집단적 무의식 속에 고정되었다.

집단적 무의식 속에는 무수한 원형이 있는 것으로 상정된다. 그것들 중에는 탄생, 재탄생, 죽음, 힘, 마술, 통일, 영웅, 어린이, 신, 악마, 대지(大地), 현자(賢者), 동물들의 원형 등을 찾아볼 수 있다. 비록 모든 원형이 성격의 나머지 부분과는 비교적 독립적일 수 있는 자율적인 역동적 체계로서 생각될 수 있다고는 하나, 어떤 원형은 성격과는 분리된 체계로 인정될 정도로까지 발전된 것도 있다. 이러한 것들이 페르소나, 아니마와 아니무스 그리고 음영이다.

(7) 내향성(Introversion)과 외향성(Extraversion)

자기(self)가 우리 인생의 궁극적인 목표이긴 하지만, 자기를 충분히 성취한 사람은 아무도 없다. 여성들은 그들의 남성적인 측면을 무시하고, 남성들은 여성적인 측면을 무시하며, 상반되는 성향 중에서 어느 한쪽만을 발달시킨다. Jung은 상반되는 성향들을 기술하기 위하여 여러 가지 개념들을 개발했는데, 이러한 양극성 중의 하나가 내향성과 외향성이다. 외향적인 사람은 자신있게 직접 행동하지만, 내향적인 사람은 망설이며 일이 어떻게 될지 곰곰이 생각한다. 예를 들어, 외향적인 젊은 여성은 파티석상에서 즉시 다른 사람들에게 다가가 대화를 시작한다. 그러나 내향적인 여성은 주저하는데, 그녀는 자신의 내적 상태나 두려움, 소망, 감정 따위에 사로잡혀 있기 때문이다. 외향적인 사람은 외부 세계를 향해 나아가는 반면, 내향적인 사람은 자신의 내부 세계에서 보다 안전함을 느끼며, 독서나 예술활동 등에서 더 큰 기쁨을 느낀다. 인간은 누구나 이 두 가지 성향을 모두 갖고 있지만, 어느 한쪽은 무의식 속에 개발되지 않은 상태로 내버려둔 채 다른 한쪽에 편향되어 있다(Jung, 1945). 예를 들면, Freud는 외향적인 사람이고 Jung은 내향적인 사람이다.

Jung의 내향성과 외향성의 분류는 점차로 강한 영향력을 가지게 되어, 오늘날에는 일상대화에서도 '내향적'이니 '외향적'이니 하는 용어를 흔히 사용한다. 그리고 내향성-외향성 검사방법들이 많이 만들어졌는데, Eysenck(1947)는 내향성-외향성을 성격의 세 가지 기본 범주 중의 하나로 보았다.

Hans Jurgen Eysenck

(8) 자기(Self)

자기는 성격의 중심으로서 그 주위에 다른 모든 체계가 무리 지어 있다. 이것은 이들 체계를 함께 장악하여 성격의 통일성과 평형과 안정성을 제공한다.

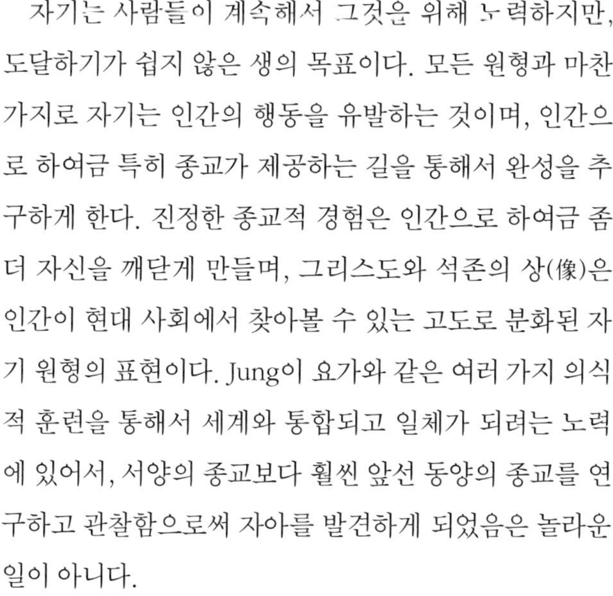

자기는 사람들이 계속해서 그것을 위해 노력하지만, 도달하기가 쉽지 않은 생의 목표이다. 모든 원형과 마찬가지로 자기는 인간의 행동을 유발하는 것이며, 인간으로 하여금 특히 종교가 제공하는 길을 통해서 완성을 추구하게 한다. 진정한 종교적 경험은 인간으로 하여금 좀 더 자신을 깨닫게 만들며, 그리스도와 석존의 상(像)은 인간이 현대 사회에서 찾아볼 수 있는 고도로 분화된 자기 원형의 표현이다. Jung이 요가와 같은 여러 가지 의식적 훈련을 통해서 세계와 통합되고 일체가 되려는 노력에 있어서, 서양의 종교보다 훨씬 앞선 동양의 종교를 연구하고 관찰함으로써 자아를 발견하게 되었음은 놀라운 일이 아니다.

사진 설명 박대성 作 '예수 그리스도의 부활'

자기가 형성되기 이전에 성격의 여러 가지 구성요소들은 충분히 발달되고 개체화(individuation)되어야 한다. 개체화란 개인의 의식이 다른 사람으로부터 분리되는 과정을 의미한다. 이런 이유로 해서 자기의 원형은 중년기에 이르기까지는 뚜렷해지지 않는다. 중년기가 되면 성격의 중심을 의식적인 자아로부터 의식과 무의식의 중간으로 옮겨 놓으려고 심각한 노력을 하기 시작하는데, 이 중간 영역이 바로 자기의 영역이다. 자기의 개념이 Jung이 이룩한 가장 위대한 심리학적 발견물이며, 그의 집중적인 원형 연구의 절정을 이루는 것이다.

3) Jung의 성인기 발달단계

Jung은 환자를 치료한 임상적 경험과 그 자신의 자아분석을 통해 성인기의 성격발달 이론을 전개하였다. Jung은 Freud처럼 아동기로부터 성인기에 이르는 발달단계를 상술하지는 않았지만, 인간의 발달단계를 생의 전반기(the first half of life), 중년기의 위기(mid-life crisis), 노년기(old age)의 3단계로 나누었다(Crain, 2000). Jung은 발달의 궁극적인 목표를 자아실현(self-realization)이라고 보았다. 자아실현은 인간의 성격이 모든 면에서 조화롭게 융합하는 것을 의미한다.

(1) 생의 전반기

인간의 성격은 생의 전반기와 후반기에 각기 다른 방향으로 발달한다. 전반기는 35~40세까지로 외적으로 팽창하는 시기이며, 성숙의 힘에 의하여 자아가 발달하고, 외부 세계에 대처하는 능력이 발휘된다. 젊은이는 타인과 어울리며, 가능한 한 사회에서 보상을 많이 받으려고 노력한다. 경력을 쌓고, 결혼하여 가정을 이루며, 사회적으로 성공하려고 전력을 다한다. 그러기 위해서 남자는 대체로 남성적인 특성과 기술을 발전시키고, 여자는 여성적인 특성과 기술을 발전시킬 필요가 있다.

이 시기에는 어느 정도 일방성이 필요하다. 왜냐하면 젊은이는 외부 세계를 정복하는 데 자신을 바칠 필요가 있기 때문이다. 이 시기의 과제는 외부 환경의 요구에 확고하고 단호하게 대처하는 것이기 때문에, 젊은이가 자기회의, 환상, 내적 본질 따위에 지나치게 사로잡혀 있는 것은 별로 유익하지 못하다. 내향적인 사람보다 외향적인 사람이 이 시기를 보다 순조롭게 보낸다.

(2) 중년기의 위기

Jung은 약 40세에 시작되는 중년기를 인생의 전반에서 후반으로 바뀌는 전환점으로 보았는데, 중년기에 이르면 급격한 가치관의 변화가 일어난다고 한다. 젊었을 때의 관심과 추구는 가치를 잃고, 이제는 생물학적이 아니라 보다 문화적인 새로운 관심으로 대체된다. 한때 그토록 영원할 것 같던 인생의 목표나 야망이 이제는 그 의미를 잃게 되고, 마치 뭔가 결정적인 것이 빠진 것 같은 불완전함과, 우울함과 침체된 느낌을 갖게 된다

(사진 참조). 중년기에는 보다 내향적이 되고 충동성이 적어진다. 지혜와 현명함이 신체적 · 정신적 격렬함을 대신한다. 그의 가치는 사회적 · 종교적 · 문화적 · 철학적 상징으로 승화된다. 다시 말해서 이제 정신적인 사람으로 바뀌게 된다.

이러한 전환은 개인의 인생에서 매우 중대한 사건이다. 이 전환은 또한 에너지가 전환하는 동안 만약 무엇이 잘못된다면 성격에 영원히 장애가 올지도 모르므로 가장 위험한 사건 중의 하나이다. 예를 들어, 중년기의 문화적 또는 정신적 가치가 이전에 본능적 목적에 투입되었던 에너지를 전부 이용하지 않을 때 그런 장애가 발생한다. 이 경우에 잉여 에너지는 정신의 평형 상태를 혼란시킬 수 있다(Jung, 1931).

Jung은 잉여 에너지의 만족스러운 배출구를 찾지 못한 중년기 사람들을 치료하는 데 매우 성공적이었다. 그의 환자 중에는 중년기에 인생에 대한 허탈감과 무력감을 호소하는 사람들이 많았는데, 사회적으로 상당히 성공한 사람들조차도 이러한 현상을 보였다. Jung은 이것을 이들이 사회로부터 얻은 성취는 자신의 성격의 어느 한 측면을 억제한 대가로 얻어진 것이므로, 경험했어야 할 인생의 다른 많은 측면이 어두운 창고 속에 묻혀 있어, 그러한 내재적 욕구가 중년기에 분출되어 나온 것으로 보았다.

한편, Jung은 중년기 이후에 남녀 모두가 자신의 생물학적 성과 반대되는 성격적인 측면을 표현한다고 보았다. 즉, 남성들은 자신 속의 여성적인 측면(anima)을 표출하여 덜 공격적이 되고, 대인관계에 보다 많은 관심을 보이기 시작하며, 여성들은 남성적인 측면(animus)을 표출하여 보다 공격적이고 독립적이 된다는 것이다.

(3) 노년기

Jung은 "사람들이 나이가 들면서 명상(사진 참조)과 반성을 많이 하게 됨에 따라 자연적으로 내적 이미지가 전에 없이 큰 비중을 차지하게 된다"고 보았다(1961, p. 320). 노년기에는 쌓아온 기억들을 마음의 눈앞에 펼치기 시작한다. 노인은 죽음 앞에서 생의 본질을 이해하려고 노력한다. Jung은 내세에 대해 아무런 이미지도 가지고 있지 않은 사람들은 죽음을 건전한 방식으로 대면할 수 없다고 믿었다. Jung은 노인에게 내세에 대한 생각을 가지라고 충고하는 것이 단순히 인위적인 진정제를 처방하는 것이라고는 생각하지 않았다. 왜냐하면 무의식 자체는 죽음이 가까워옴에 따라 내부에서 솟아나오는 영원에 대한 원형을 갖고 있기 때문이다.

Jung은 내세에 대한 원형적 이미지가 과연 타당한 것인지는 규명할 수 없었지만, 그것이 정신기능의 중요한 부분이라고 믿었기 때문에 그것을 이해하려고 노력하였다. Jung에 의하면 사후의 생도 생 그 자체의 연속이라고 한다. 사후에도 존재에 대한 질문이 계속된다고 보는 Jung의 견해는 무의식을 유한한 생 이상으로 연장하여, 우주의 긴장에 참여하는 그 어떤 것으로 믿는 그의 이론과 잘 부합된다.

4) 평가

Jung의 분석이론은 현대사상에서 가장 괄목할 업적 중의 하나로 인정받고 있다. 최근에 와서 Jung의 견해를 지지하는 경험적 연구가 증가하고 있다. Levinson(1978)은 성인발달연구에서 자신이 발견한 연구결과를 Jung의 관점에서 해석하고 있다. Levinson의 연구대상자 중 상당수가 40~45세경에 위기를 경험하고 있었다. 이 시기에는 "지금까지 숨을 죽이고 조용히 있다가, 이제는 아우성치는 내면의 소리"를 듣게 된다는 것이다(1978, p. 108). Levinson은 30대에는 생의 구조가 필연적으로 사회적인 적응과 성취를 향한 측면에 초점을 둘 수밖에 없으나, 40대에 와서는 무시되었던 측면들이 표출되려고 하며 사람들에게 그들 자신의 삶을 재평가하도록 촉구한다고 결론짓고 있다.

시카고 대학의 Neugarten(1968)도 Jung의 관점을 지지하고 있다. Neugarten의 연구는 40대와 50대 남녀 모두에게 있어서 에너지가 외부 세계로부터 내부 세계로 향해 이동하고 있음을 보여주고 있다. 내성(introspection), 명상, 자기평가 등이 점차적으로 정신생활의 특징이 된다. 더욱이 남성들은 친교적 · 양육적 · 감각적 충동에 보다 민감해지고, 여성들은 공격적 · 자기중심적 충동에 죄책감을 덜 느끼게 되며 보다 민감하게 반응한다. Levinson의 연구와 마찬가지로 Neugarten의 연구 역시 Jung이 주장한 '성격의 변화'를 지지하고 있다.

한편, Jung의 분석이론이 심리학계에서 큰 주목을 받지 못하는 주된 이유 중의 하나는 Jung의 심리학이 실험연구보다는 임상적 발견과 역사적 · 신화적 근거에 기반을 두고 있기 때문이다. 사실 Jung은 그의 저서에서 많은 심리학자들을 불쾌하게 만드는 신비주의와 종교에 관해서 너무 많은 것을 논의하였다. 더욱이 많은 심리학자들은 Jung이 그의 생각을 제시하는 방식이 이해하기 힘들고, 모호하며, 혼돈을 일으키고, 무질서하다고 생각해왔다.

5. Neugarten의 사건의 발생시기 모델

1) Neugarten의 생애

Bernice Neugarten은 1916년에 시카고 주의 노퍽에서 태어났다. Neugarten은 1936년에 시카고 대학에서 학사학위를 받았고, 1943년에는 박사학위를 받았다. 1953년에 시카고 대학의 교수로 임명되기 전에 가정생활에 충실하기 위해 10년이라는 세월을 학계를 떠나 있었다.

Bernice Neugarten(1916-2001)

Neugarten은 성인발달과 노년학 분야에서 미국 심리학계의 선구자적 역할을 담당하였다. 1958년에 시카고 대학에서 '노년학(Gerontology)' 과목을 개설하였으며, 그 후 20년 동안 성인발달과 노화에 관해 연구하고 강의를 하였다. 그녀가 노년학에 대한 연구를 시작했을 때, 그 분야의 연구가 매우 미흡하다는 것과 노인들에 대한 고정관념이 많다는 것을 깨닫고, 그러한 고정관념을 깨뜨리기 위해 많은 활동을 하였다. 한 예로 뉴욕 타임즈의 사설에서 "노인들은 병들고, 가난하며, 외롭고, 고립되어 있다는 고정관념이 팽배해 있다"라고 주장하기도 했다.

Neugarten은 성인기 성격의 변화는 연령과 관련이 있는 것이 아니고 인생의 사건과 관련이 있다고 주장한다. 아동기와 청년기에는 내적 성숙사건들이 한 발달단계에서 다음 발달단계로 옮겨가는 계기가 된다. 아기가 말을 시작하고, 걸음마를 배우며, 젖니가 빠지기 시작한다. 청년의 신체변화는 사춘기에 이르렀음을 알려준다. 그런데 성인기에는 '생물학적 시간대'에서 '사회적 시간대'로 이동한다. 생리적 · 지적 성장은 이제 결혼, 부모됨, 이혼, 사별, 은퇴와 같은 외부적 사건들에 비해 중요성이 덜하다. 예를 들면, 폐경은 여성의 인생에서 직업상황에서의 변화보다 일반적으로 덜 중요하다. 연령이 아동의 발달에는 매우 중요한 지표가 될지 모르나 성인의 발달에는 생활사건이 그보다 더 중

요한 의미를 갖는다.

Neugarten의 사건의 발생시기 모델 접근법에 따르면, 성격발달은 연령보다는 사람들이 어떤 사건을 경험하는가와 언제 이 사건이 일어나는가에 의해 더 많은 영향을 받는다. 지난 수십 년간 많은 호응을 얻고 있는 사건의 발생시기 모델은, 성인의 발달을 연령의 기능으로 보는 대신에 인생에서의 사건들을 인간발달의 지표로 본다. 이 모델에 의하면, 사람들은 인생에서의 특정 사건들과 그 사건들이 발생하는 특정한 시기에 반응하여 발달한다.

Neugarten은 성인발달과 노화에 관해 많은 저서를 집필하였다. 1964년에 출간된『중 · 노년기의 성격(Personality in Middle and Late Life)』도 그중 하나이다. 그녀는 1971년에는 노화에 관한 백악관 협의회의 연구위원으로 발탁되었고, 국립노화연구소 자문위원회(National Advisory Council of the National Institute on Aging)의 위원을 역임하기도 했다. 그리고 미국심리학재단(American Psychological Foundation)의 금메달을 포함하여 20여 개의 상을 수상한 바 있다.

2) 인생사건의 유형과 발생시기

인생사건에는 두 가지 유형이 있다. 규범적 사건과 비규범적 사건, 그리고 개인적 사건과 문화적 사건이 그것이다. 그것이 대부분의 성인들에게 발생하기 때문에 사람들이 자신에게도 일어날 것으로 기대하는 인생사건이 규범적 사건이다. 성년기의 결혼과 부모됨, 노년기의 사별과 은퇴가 규범적 사건의 예이다. 예기치 않은 색다른 사건이 비규범적 사건인데 외상적 사고, 뜻밖의 승진, 복권당첨(사진 참조) 등이 그 예이다.

어떤 사건이 규범적인 사건인가 아닌가는 종종 사건의 발생시기에 따라 결정된다. 전통적으로, 대부분의 성인들은 어떤 행위가 행해지는 인생의 시기에 대해 매우 예민하게

반응한다(Neugarten, Moore, & Lowe, 1965). 사람들은 보통 그 자신의 타이밍을 예민하게 인식하며, 결혼하는 데, 자녀를 갖는 데, 직업을 갖는 데 혹은 은퇴하는 데에 "이르다" "늦다" 또는 "알맞다" 등으로 표현한다.

보통 규범적인 사건들도 '제때를 벗어나면' 비규범적인 것이 된다. 예를 들면, 14세나 41세에 결혼하거나 41세나 91세에 은퇴한다면 이는 비규범적인 사건이 된다. 규범적 위기 모델과 대조적으로 사건의 발생시기 모델은 예상했던 시기에 일어나는 규범적 사건들은 일반적으로 무난히 넘어간다는 입장이다. 문제가 되는 것은 인생에서 예상했던 순서와 리듬을 깨는 사건들이다(Neugarten & Neugarten, 1987).

John C. Lowe

Dail A. Neugarten

Neugarten과 동료들(1965)은 미국 중산층 성인들을 대상으로 하여 사건의 발생시기에 대한 연령의 적절성을 얼마나 중요하게 인식하는가에 대해 자신의 견해뿐만 아니라 다른 사람들은 이 점을 어떻게 생각할 것인가에 관한 설문조사를 실시해보았다. 연구결과는 다음과 같이 나타났다(〈그림 12-4〉 참조). 첫째, '자신의 견해'와 '다른 사람들의 견해'에서 연령의 경향이 반대 방향으로 나타났다. 즉, '자신의 견해'에서는 연령이 증가함에 따라 인생에서 발생하는 사건의 시기에 대한 연령의 규준을 점점 더 중요하게 인식하는 것으로 나타났다. 둘째, "대부분의 사람들이 그렇게 생각할 것이다"라는 '다른 사람들의 견해'에서는 연령이 증가함에 따라 인생에서 발생하는 사건의 시기에 대하여 연령의 적절성에 대한 긴장이 감소하는 것으로 나타났다. 셋

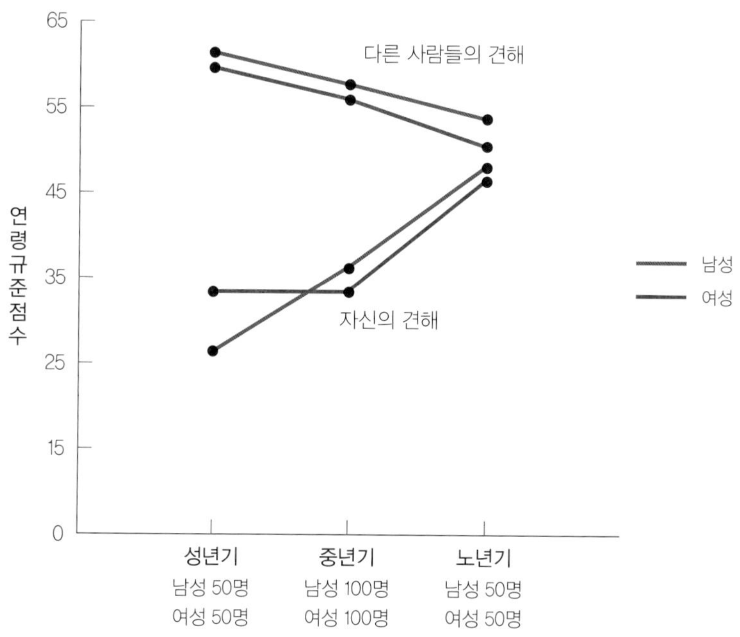

〈그림 12-4〉 성과 연령에 따른 연령의 적절성에 대한 인식

째, 성차는 거의 없었지만, 젊은 여성의 경우 '자신의 견해'에서 연령의 적절성을 중요하게 인식하는 경향이 같은 연령대의 남성과는 차이가 있었지만, 중년의 여성과는 오히려 유사한 것으로 나타났다.

재미있는 현상은 65세 노인들의 경우에만 '자신의 견해'와 '다른 사람들의 견해'가 거의 일치하는 것으로 나타난 것이다. 이 같은 결과는 연령규준의 내면화 현상뿐만 아니라 성인기 사회화의 축적된 효과가 반영된 것으로 볼 수 있다. 성차와 관련해서는 젊은 여성이 남성에 비해 연령의 적절성에 대한 긴장이 보다 큰 것으로 나타났다. 연구자들은 이 같은 결과를 남성과 여성의 사회화과정에서의 차이로 해석하고 있다. 결혼에 적합한 연령을 예로 들어보면 남성보다 여성에게 훨씬 더 엄격한 연령규준이 적용되는 것으로 보인다.

위기는 일정한 연령에 달했기 때문에 발생하는 것이 아니고, 예기한 사건인가 예기치 못한 사건인가에 따라 그리고 그 발생시기가 언제인가에 따라 위기의 원인이 되는 것이다. 어떤 사건이 예상한 대로 발생한다면 발달의 진행과정은 순탄하다. 그러나 실직과 같은 예기치 못한 사건이 발생하거나, 35세의 사별, 45세의 첫 자녀, 55세의 은퇴와 같이 인생사건이 기대했던 것보다 이르거나 늦을 때 또는 평생 독신으로 지내거나 자녀를 낳지 못하는 등 예상한 사건이 일어나지 않을 때에는 스트레스가 발생한다.

사진 설명 사건의 발생시기 모델에서 부모됨과 같은 사건의 영향은 그것이 '제때의 것인지' 아니면 '제때를 벗어난 것인지'에 달려 있다. 이 모델에 의하면 40대에 자녀를 갖는 것은 20대에 자녀를 갖는 것보다 더 많은 스트레스를 유발한다고 한다.

결혼과 같은 인생사건의 전형적인 발생시기는 문화에 따라 다르고 시대에 따라 다르다(Bianchi & Spain, 1986). 우리나라의 경우 최근에 와서 결혼연령이 높아지는 추세에 있고, 첫아이를 갖는 연령도 높아지고 있다. 최근 우리 사회는 나이라는 것을 덜 의식하게 되었는데, 어떤 일을 하는 데 '적절한 때'가 있다는 생각이 줄어들었기 때문이다. 오늘날에는 40세에 첫아이를 낳거나, 조부모가 되거나, 50세에 은퇴하거나 30세에 대기업 사장이 되는 것에 보다 익숙해지고 있다. 결혼, 첫 직장, 자녀 또는 손자녀의 출산과 같이 인생의 특정 시기에 발생하는 것으로 여겼던 주요 사건이 오늘날에 와서는 점점 예측하기 힘들게 되었다. 사건의 발생시기 모델에 의하면, 이러한 불확실성이 스트레스를 유발한다고 한다(Neugarten & Neugarten, 1987).

Gunhild O. Hagestad

또 다른 구분은 개인적 사건과 문화적 사건과의 구분이다. '개인적 사건'은 한 개인이나 한 가족에게 일어나는 사건으로서 임신이나 결혼, 승진과 같은 것이다. '문화적 사건'의 예는 경제불황, 지진, 전쟁, 기근 또는 핵원자로나 화학공장의 사고 등이다.

문화적 사건은 개인의 사회적 시간대에 영향을 미친다. 한 세대의 사람들에게는 옳고 적절하다고 여겨지는 시간표가 그다음 세대에게는 맞지 않는 것처럼 여겨지기도 한다. 그리고 결혼과 같은 사건의 전형적인 발생시기도 문화에 따라 다양하다.

20세기 후반에 우리 사회는 나이를 덜 의식하게 되었다(Neugarten & Hagestad, 1976; Neugarten & Neugarten, 1987). 어떤 일을 하는 데 있어서 '적절한 때'가 있다는 의견은 줄어들었다. 1950년대 미국 중산층의 중년들에게 졸업, 결혼, 은퇴에 '가장 적절한 나이'가 언제인가를 물었을 때, 이들은 20년 후의 연구대상보다 의견일치를 더 많이 보여주었다(〈표 12-3〉 참조). 오늘날에는 40세에 처음으로 부모가 되는 것과, 40세의 조부모됨, 50세의 퇴직과 75세의 노인근로자, 청바지차림의 60세 노인, 30세의 대학총장에 대해 보다 수용적이다.

그러나 이러한 "전통적인 인생시기들이 희미해지고 있음"(Neugarten & Neugarten, 1987, p. 32)에도 불구하고, 사건이 일어나는 데에는 적절한 나이가 있다는 사회적 기대

표 12-3 인생사건과 '적합한 연령'

활동이나 사건	적절한 연령범위(세)	1950년대 후반 연구 찬성자의 백분율(%)		1970년대 후반 연구 찬성자의 백분율(%)	
		남	여	남	여
남성의 결혼 적령기	20~25	80	90	42	42
여성의 결혼 적령기	19~24	85	90	44	36
일반적으로 조부모가 되는 연령	45~50	84	79	64	57
학업을 마치고 취업에 적합한 연령	20~22	86	82	36	38
퇴직 적령기	60~65	83	86	66	41
남성의 책임감이 가장 클 때	35~50	79	75	49	50
남성이 가장 큰 성취를 이룰 때	40~50	82	71	46	41
인생의 전성기	35~50	86	80	59	66
여성의 책임감이 가장 클 때	25~40	93	91	59	53
여성이 가장 큰 성취를 이룰 때	30~45	94	92	57	48

출처: Rosenfeld, A., & Stark, E. (1987). The prime of our lives. *Psychology Today, 21*(5), 62–72.

는 여전하다. 그 정도가 줄어들기는 했으나, 사람들은 이 같은 사회적 시간대에 자신들의 주요 인생사건(결혼, 자녀출산, 직업전환)을 맞추려고 애쓴다. 예를 들면, 한 젊은 여성이 직장생활을 위해 결혼을 미루다가 정신없이 부모가 되려고 서두르는 경우가 그렇다고 할 수 있다.

3) 인생사건에 대한 반응

Anthony R. D'Augelli

인생사건이 규범적 사건이든 비규범적 사건이든 또는 개인적 사건이든 문화적 사건이든 간에 중요한 것은 개인이 그에 대해 어떻게 반응하는가 하는 것이다. 어떤 사람에게는 활력을 주는 사건도 다른 사람에게는 좌절을 야기할 수 있으며, 같은 사건이라도 어떤 사람은 그 사건을 도전으로 받아들이는가 하면 또 다른 사람은 그로 인해 스트레스를 받는다.

사건에 어떻게 반응하느냐 하는 것은 여러 가지 내적 · 외적 요인들에 의해 좌우된다(Brim & Ryff, 1980; Danish & D'Augelli, 1980;

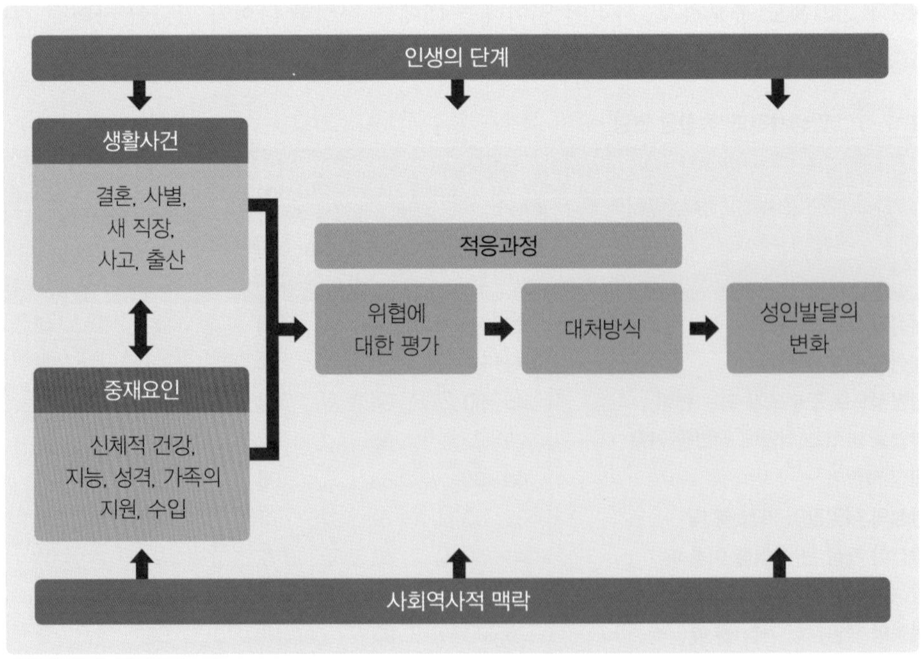

〈그림 12-5〉 성인발달의 변화를 설명하는 인생사건 구조

출처: Santrock, J. W. (1997). *Life-span development* (6th ed.). New York: McGraw-Hill.

Danish, Smyer, & Nowak, 1980). 최근의 인생사건 접근법은, 인생사건이 개인의 발달에 어떤 영향을 미치는가 하는 것은 인생사건뿐만 아니라 신체적 건강, 가족의 지원과 같은 중재요인과 인생사건에 대한 개인의 대처방식, 인생의 단계 그리고 사회역사적 맥락에 달려 있다는 점을 강조한다(〈그림 12-5〉 참조).

David Chiriboga

예를 들어, 건강상태가 양호하지 못하고, 가족의 지원을 거의 받지 못하면 인생사건은 스트레스를 유발한다. 그리고 오랜 기간 동안 결혼생활을 한 후 50대에 하는 이혼은 몇 년 안 되는 결혼생활을 청산하는 20대의 이혼보다 스트레스를 훨씬 더 많이 받는다(Chiriboga, 1982). 또한 이혼이 보편적인 1990년대는 1950년대에 비해 이혼에 효율적으로 대처할 수 있다고 보는 것이다.

4) 성공적인 노화와 성격유형

Neugarten, Havighurst 그리고 Tobin(1968)은 70~79세의 노인들을 대상으로 한 연구에서 성격유형과 역할활동이 생활만족도에 중요한 요인이 된다고 보았다. 이들은 네 가지 주요한 성격유형을 확인하였는데 통합형, 무장방어형, 수동적 의존형, 해체형이 그것이다. 통합형은 다시 재구성형, 집중형, 이탈형의 세 유형으로 나뉘고, 무장방어형은 유지형과 위축형으로 그리고 수동적 의존형은 원조요청형과 냉담형으로 나뉜다.

Robert Havighurst

(1) 통합형

통합형의 노인들은 융통성이 있으며 손상되지 않은 인지능력과 통제능력을 유지하고, 새로운 자극에 대해 개방적이다.

① 재구성형: 은퇴한 후에도 자신의 시간과 생활양식을 재구성하여 모든 분야의 활동에 적극적이고, 일상생활에 잘 적응한다(사진 참조).

② 집중형: 활동적이고, 생활에 잘 적응하지만

여러 분야에 관심을 분산시키지 않고, 한두 가지 역할에만 선택적으로 몰두하며 거기서 만족을 얻는다.

③ 이탈형: 신체도 건강하고, 생활적응 수준도 높지만 스스로 자청해서 활동하는 일은 거의 없고, 자기충족의 생활로 물러나 조용히 지낸다.

(2) 무장방어형

무장방어형은 불안에 대한 방어와 함께 야망적이고, 성취지향적인 성격유형이다.

① 유지형: 심리적 적응은 비교적 잘 하지만 노화방지를 위해 왕성하게 활동하고, 활동을 중지하면 빨리 늙게 될 것을 두려워하며, 활동에 얽매인다.

② 위축형: 신체적 쇠약과 감각기능의 퇴화와 같은 노화의 위협에 사로잡혀 다른 사람과의 별다른 사회적 접촉 없이 폐쇄적으로 살아간다(사진 참조).

(3) 수동적 의존형

수동적 의존형은 다른 사람에게 의존하고, 일생 동안 수동적인 행동을 보이는 성격유형이다.

① 원조요청형: 한두 사람의 가족이나 친지에게 의존하며, 중간 정도의 생활만족도를 유지한다.

② 냉담형: 신체적 건강을 유지하기 위한 활동 이외에 거의 활동을 하지 않아 무기력하고, 무감각하게 된다.

(4) 해체형

해체형은 자신의 감정을 통제하지 못하고, 사고과정의 퇴보가 있는 등 심리적 기능에 문제가 있는 성격유형이다.

〈표 12-4〉는 성격유형과 역할활동의 수준 그리고 생활만족도에 관한 것이다.

표 12-4 성격유형, 역할활동, 생활만족도의 관계

성격유형	역할활동	생활만족도
A. 통합형(재구성형)	높음	높음
B. 통합형(집중형)	중간	높음
C. 통합형(이탈형)	낮음	높음
D. 무장방어형(유지형)	높음 또는 중간	높음 또는 중간
E. 무장방어형(위축형)	낮음 또는 중간	높음 또는 중간
F. 수동적 의존형(원조요청형)	높음 또는 중간	높음 또는 중간
G. 수동적 의존형(냉담형)	낮음	중간 또는 낮음
H. 해체형	낮음	중간 또는 낮음

출처: Neugarten, B. L., Havighurst, R. J., & Tobin, S. S. (1968). Personality and patterns of aging. In B. L. Neugarten (Ed.), *Middle age and aging*. Chicago: University of Chicago Press.

5) 평가

사건의 발생시기 모델은 개인의 인생행로의 중요성을 강조함으로써 그리고 변화는 연령과 관련하여 발생하는 것이라는 생각에 도전함으로써 성인기 성격발달의 이해에 큰 공헌을 하였다. 뿐만 아니라 Vaillant와 Levinson의 연구를 비롯한 많은 연구에서 남성만을 연구대상으로 한 것과는 달리 Neugarten의 연구에서는 여성까지도 포함시킴으로써, 남성만을 대상으로 한 연구결과를 여성에게 적용하였다는 이유로 받았던 비판을 피할 수 있었다.

하지만, Neugarten의 사건의 발생시기 모델 또한 몇 가지 문제점이 지적되고 있다 (Dohrenwend & Dohrenwend, 1978). 가장 심각한 문제는 사건의 발생시기 모델이 안정보다는 변화를 지나치게 강조한다는 점이다. 또 다른 문제는 스트레스의 주된 근원은 우리 인생에서 일어나는 주요 사건이 아니라 어쩌면 나날이 겪는 일상적인 경험 때문일지 모른다 (Pillow, Zautra, & Sandler, 1996). 하기 싫은 지루한 일을 계속해야 하고, 긴장으로 가득 찬 결혼생활을 참아내야 하며, 경제적으로 어려운 생활을 해야 하는 것은 주요 인생사건의 척도에서는 잘 나타나지 않는다. 그럼에도 불구하고 이와 같은 생활환경으로부터 오는 스트레스는 축적되어 질병을 일으키는 원인이 될 수도 있다. 따라서 사건의 발생시기 모델의 유용성은 규범적 위기 모델과 마찬가지로 특정의 문화나 특정의 시대에 국한된 것일지도 모른다.

Irwin Sandler

제 13 장

우리나라의 인간발달이론

한 부모는 열 자식을 기를 수 있으나, 열 자식은 한 부모를 봉양키 어렵다. 法句經

자비보살히여 왕생극락하는 실천의 어려움은, 마치 어떤 사람이 자비를 베풀다가 벌거벗은 알몸만 남았는데도 또 배고파 죽어가는 독수리가 나타나자 자신의 살점을 조금씩 떼어내어 독수리를 살려내는 것만큼이나 어려운 일이다.
釋迦

풍족함을 모르는 사람은 부유하더라도 가난하고, 풍족함을 아는 사람은 가난하더라도 부유하다.
釋迦

가지를 잘 쳐주고 받침대로 받쳐준 나무는 곧게 잘 자라지만, 내버려둔 나무는 아무렇게나 자란다. 사람도 이와 마찬가지여서 남이 자신의 잘못을 지적해주는 말을 잘 듣고 고치는 사람은 그만큼 발전한다.
孔子

군자는 세 가지 경계할 바가 있다. 젊었을 때는 혈기가 잡히지 않았기에 여색을 경계하고, 장년이 되면 혈기가 바야흐로 굳세므로 다투는 것을 경계하고, 늙으면 혈기가 이미 쇠하였으므로 탐욕을 경계하라.
孔子

지금까지 논의한 인간발달이론들은 서구 문화의 산물이다. 인간발달의 개념을 논할 때 한 가지 염두에 두어야 할 것이 있다. 그것은 인간발달의 사회문화적 맥락을 고려해야 한다는 점이다. 왜냐하면 인간의 성장과 발달이 이루어지는 바탕인 사회문화적 배경과 그 안에 담긴 가치체계를 이해하지 않고서는 진정한 인간발달을 이해할 수 없기 때문이다.

한국전쟁 후 선진국 학문의 도입이 불가피했던 초창기에는 어쩔 수 없었다 하더라도, 발달심리학이 독립된 학문으로 자리를 잡은 지도 벌써 수십 년이 지난 오늘날, 이제는 우리 문화에 적합한 인간발달에 대한 이론화 작업을 시도할 때가 되었다고 여겨진다. 서구의 학문이 여과되지 않은 채로 우리 문화에 그대로 수용되는 것을 이제는 반성하고 재검토해야 할 때라고 본다. 우리 옛 선조들의 문화적 유산 중 현대사회에 적합한 것은 계승·발전시키되, 서구 이론 중 수정할 것은 수정하여 동서양 문화의 합치점을 찾아 새로운 지평을 열어나가는 작업이 필요하다고 본다.

이 장에서는 우리나라에 도입되어 정착된 유교와 불교를 중심으로 한국의 전통적인 인간발달에 관한 관점들을 살펴보고자 한다. 유교나 불교와 같은 종교는 단순히 지식을 전수하는 학문이나 교리를 전달하는 종교로서의 기능에 국한되지 아니하고, 당시 지배계층의 통치체계뿐만 아니라 일반인들의 가치관, 교육방식, 생활방식 등에도 광범하게 영향을 미쳤다. 또한 이러한 유교나 불교는 인간을 이상적인 인간형으로 변화·발달시키려는 점에서 동일한 목적을 갖는다고 볼 수 있다. 그리고 이 장의 말미에서는 인간발달에 대한 동서양 시각의 유사점과 차이점에 대해 살펴보고자 한다.

1. 유교적 인간발달관

유교는 공자(孔子)에 의해 창시되고 맹자(孟子)와 순자(荀子) 등의 사상가에 의해 기초가 다져진 사상체계이다. 이 유교는 중국의 춘추전국시대를 거치면서 이후 동아시아 특히 중국, 한국, 일본의 정신사에 지대한 영향을 끼치게 된다. 유교는 언제나 사람을 우선으로 생각하는 인간본위의 사상이다. 유교에서는 요(堯), 순(舜), 공자 등 이상적인 인간상을 성인(聖人)으로 설정해놓고, 이에 도달

공자(孔子, 551-479 B.C.)

하는 것을 삶의 목표로 삼는다. 유교사상의 기틀을 이룬 공자의 인간관을 간략히 살펴보면 다음과 같다.

공자는 인간성의 근본을 인(仁)으로 보았다. 공자가 제시한 이상적인 인간형은 인간의 본질인 인을 개인적으로 또 사회적으로 실현하는 사람이다. 인을 개인적으로 실현하는 것을 수기(修己)라 하고, 사회적으로 실현하는 것을 치인(治人)이라 한다. 수기와 치인을 성취한 사람을 군자(君子)라 하였다(김종의, 2000). 군자란 사람의 도를 닦아 훌륭한 인격을 이룬 사람을 뜻한다. 공자는 인간은 본래 거의 비슷하나 익히는 바에 따라 서로 달라진다고 하여, 군자의 길에 이르기 위해서는 후천적인 노력과 교육이 중요하다고 보았다. 정상적인 인간이면 누구나 군자가 되겠다는 열망을 간직한다는 것이 공자의 중심 사상이다.

1) 전통적 유교사회의 아동관

사상적 기반을 유교적 가치와 신념체계에 두고 있었던 조선시대의 문헌을 분석해보면, 아동은 성인에 비해 생각이 모자라고, 지적으로 아직 판단력이 갖추어지지 않은 상태에 있으며, 무한정한 욕구를 가지고 있으므로, 아동기는 이를 적절하게 통제하는 방법을 가르치기 위해 훈육이 필요한 시기로 보고 있다.

우리 전통사회에서 아동기의 범위는 일반적으로 15세경까지로 보고 있는데, 이는 성인기로 들어서는 의식인 관례(冠禮)의 연령이 15세였으며, 『예기(禮記)』에서 15세를 성동(成童)으로 정한 점 등에 근거하고 있다(류점숙, 1989, 1995; 신양재, 1995; 유안진, 1990).

우리 선조들의 아동관은 아동의 발달단계에 따라 다소 차이를 보이지만, 당시의 사회문화적 배경과 밀접한 관련이 있으며, 그 전반적인 특성을 살펴보면 다음과 같다.

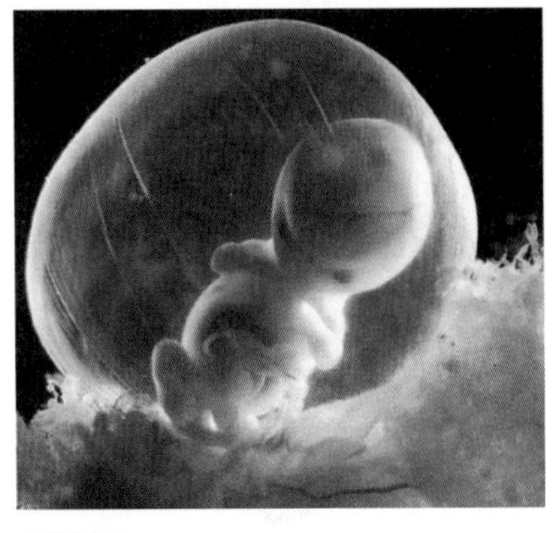
사진 설명 태내기는 출생 후의 어느 시기보다도 아동발달에서 중요한 의미를 지닌다.

(1) 아동존중사상

우리 전통사회에서 아동은 태내에서 잉태되는 순간부터 하나의 인격체로 존중을 받았다. 한국식 나이 계산법은 이러한 우리 사회의 아동존중사상을 단적으로 보여주는 한 예가 될 것이다. 태내에서의 280일이 출생 후의 어느 시기보다도 개인의 발달에서 중요한 의미를 가짐에도 불구하고 대부분의 사회는 이 시기를 인정하지 않으며,

출생 당시 0세로 시작하여 돌이 지나야 1세로 인정한다. 그러나 우리 사회에서는 태내기의 10개월을 인정하여 갓 태어난 아기에게도 1세라는 나이를 붙여준다. 이러한 나이 계산법은 우리 선조들이 아직 태어나지 아니한 태아에 대해서도 생명의 존엄성을 인정하고 하나의 인격체로 존중하였음을 의미한다(유안진, 1995).

우리 사회에서 행해졌던 여러 출산관행이나 태교사상도 이러한 아동관을 잘 반영해주고 있다. '백리 밖의 결혼' '동성동본금혼' '월삼성(越三姓)'과 같은 결혼관행들은 열성인자끼리의 결합을 방지하고 건강한 자녀를 출산하고자 하는 우생학적 목적에 근거한 것이다. 또한 태교사상은 태아를 잉태하기 이전부터 부모로 하여금 임신을 위한 정성과 신체적 · 심리적 준비를 강조했을 뿐만 아니라, 어머니 못지않게 아버지의 부성태교도 중요시하였다. 비록 출생하지 않은 태아라 하더라도 잉태되는 순간부터 소중하게 생각하고, 태중교육 10개월을 출생 후의 10년 교육보다 더 강조하였다는 사실은, 태내기부터 아동을 하나의 인격체로 존중했음을 말해주고 있다. 잉태 시에 본인이나 가까운 주변 인물들이 꾸는 태몽 역시 태어난 자녀에 대해 높은 기대와 바람을 지니고, 이를 자녀에게 때때로 들려줌으로써 큰 인물이 되기를 바라는 부모의 염원과 자녀에 대한 정성을 담고 있다.

태교나 태몽에서 시작하여 자녀가 태어난 뒤에도 사랑과 헌신적인 돌봄을 통해 부모들은 자녀에 대해 높은 관심을 가지고 자녀를 존중하며 교육에 정성을 다했다. 정성, 희생, 존중, 관심 등은 우리 전통사회에서 자녀에 대한 부모역할의 중요한 덕목으로 간주되었다(정옥분 외, 1997). 『경민편(警民篇)』[1]에도 "삼 년을 젖 먹이심에 어미 기름과 피를 먹나니, 이끌며 붙들어 간수하며 품으심에 날로 자라기를 바라시어 금과 구슬을 앗기듯 하시며…"라고 하여 3년 동안 젖 먹이고, 걸음을 걷지 못하기 때문에 붙들고, 자신의 언어적 표현이 불가능하기 때문에 품고 간수하고 정성을 다했음을 보여주고 있다(류점숙, 1989).

사진 설명 어머니가 아기에게 젖을 먹이고 있다.

물론 이러한 관행들은 한국 전통사회의 결혼의 주목적이 가계 계승자의 출산에 있다는 사실로도 설명할 수 있지만, 동시에 우리 사회의 아동존중사상을 반영하는 것으로 볼 수 있다.

1) 조선 중기(1519년, 중종 14년)의 학자 김정국(金正國: 1485~1541)이 인륜(人倫)과 법제(法制)에 관한 계몽서적으로 편찬한 책.

(2) 동몽의 아동관

전통사회에서는 아동을 동몽(童蒙)이라 하여 아직 깨지 못한 어리고 미숙한 존재로 보았다. 동몽의 동(童)은 소와 양이 뿔이 없는 것을 가리키거나 산에 초목이 없는 것을 가리킨다. 동몽의 몽(蒙)은『주역(周易)』[2]의 산수몽괘(山水蒙卦)에서 연유한 것으로, 몽이란 덩굴풀의 일종으로 무성해서 나무를 덮고, 그 밑은 어두워지므로 '어둡다'의 뜻으로 해석할 수 있다. 이는 무지몽매한 어린아이의 상태를 나타내고 앞으로 그 지능이 어떻게 개발되어가는가, 즉 계몽(啓蒙)의 도(道)에 따라 무한한 발전가능성이 있음을 시사하고 있다. 산수몽괘의 상은 산기슭을 흐르는 물의 형태로서, 아직 샘에서 흐르는 물줄기는 가냘프고 의지할 것이 못 되나 나중에 큰 강이 될 가능성을 가지고 있는 바, 그 가능성을 전면적으로 실현하기 위해서는 좋은 지도자(스승)에게 가르침을 받아야 한다는 것이다. 가르침을 받는 데 있어 배우는 동몽은 자발성을 가지고 공손한 태도로 가르침을 청해야 한다. 그래야만 사제 간의 마음이 호응해서 올바른 가르침이 통하고 바른 덕을 길러 성인의 길로 나아갈 수 있다고 본 것이다. 율곡은『역경(易經)』의 산수몽괘의 상구효(上九爻)의 효사(爻辭)인 격몽(擊蒙)을 따서『격몽요결(擊蒙要訣)』을 지어 학문에 나아가는 길과 동몽을 교육시키는 내용을 밝히고 있다(정옥분 외, 1996).

(3) 장유유서의 아동관

한국 전통사회가 신봉했던 가족윤리 중 성인과 아동의 관계를 규정한 것이 곧 장유유서(長幼有序)이다. 동몽이 아동의 본성에 대한 통찰에서 비롯된 아동관이라면, 장유유서는 동몽으로 표현되는 본성을 가진 아동과 성인 간의 관계를 규정하는 윤리라고 볼 수 있다.

장유유서는 연장자와 연소자 간의 도리에 관한 것이다. 즉, "어른과 아이 사이에는 순서가 있으며, 연장자인 어른은 아직 어린 연소자를 사랑하되 훈육하기 위하여, 그 순서에 있어 연장자인 어른을 앞세우도록 하며, 연소자는 연장자 어른에게 공경의 예로써 스스로 질서를 택하도록 하는 것이었다"(유안진, 1995, pp. 22-23). 전통사회의 모든 윤리와 마찬가지로 장유유서도 연하자에 대한 연장자의 자애와, 연장자에 대한 연소자의 공경의 관계였다. 자애와 공경의 바탕은 결국 사랑이었으므로, 장유유서는 어른이 아동을 사랑하는 도리와 아동이 어른을 공경하는 도리에 관한 것이었다.

---

2) 유교의 경전(經典) 중 3경(三經)의 하나임. 이 책은 점복(占卜)을 위한 원전(原典)과도 같은 것으로, 어떻게 하면 조금이라도 흉운(凶運)을 물리치고 길운(吉運)을 잡느냐 하는 처세상의 지혜이며, 나아가 우주론적 철학을 담은 것임.

이러한 동몽과 장유유서의 이념이 지나치게 강조된 나머지 전통사회에서 아동의 지위가 성인에 비해 낮았고, 그 인격이 무시되었다는 지적도 있다. 이같이 아동을 성인이나 부모보다 낮은 존재로 보는 인식에서 시작하여, 조선 후기에는 아동을 천한 존재로 인식하게 되어, 이덕무의『사소절(士小節)』[3]에는 미천한 아동이라는 뜻으로 "비유(卑幼)"라고 칭하고 있다(백혜리, 1997). 이처럼 실천과정에서 다소 문제는 있었지만 아동을 인격체로 존중하면서 동시에 성인과는 일정한 위계의 질서를 강조하는 장유유서의 이념은 우리 전통사회에서의 아동관의 특성을 잘 보여주고 있다.

(4) 훈육대상의 아동관

아동을 성인에 비해 어리석고 낮은 존재로 인식함과 동시에 아동의 특성을 무한정한 욕구상태로 가정함으로써 아동은 훈육의 대상이며, 훈육을 함에 있어서는 결과적으로 엄격함이 필요한 덕목으로 간주되었다. 이처럼 무지몽매한 어린아이를 가르치는 일은 가능한 한 빨리, 일상생활을 통해 가까운 관계에서부터 시작하는 것이 효과적이라고 생각했다. 그 때문에 가정교육이 중요시되었고, 부모들의 자녀교육에 대한 책임이 강조되었다. "어리석고 어두운 것을 쳐 없애주는 것이 교육이라 생각했기 때문에, 격몽(擊蒙)이란 용어는 교육과 동의어로 사용하였다"(류점숙, 1989, pp. 13-14). 그러므로『주역』에 말하기를, "무지몽매한 아이들을 기르고 가르쳐서 공명정대한 사람으로 만드는 것이 위대한 성인의 공적이다"(김종권, 1993, p. 274)라고 하였다.

『규중요람(閨中要覽)』[4]에 "남자를 가르치지 아니함은 내 집을 망하게 하는 것이오, 여자를 가르치지 아니함은 남의 집을 망하게 하는 것이라, 자녀를 가르치지 못함은 부모의 죄이니…"라 하였으며,『사소절(士小節)』에서도 같은 내용을 언급하고 있다.

우암 송시열은『계녀서(戒女書)』[5]에서 "딸자식은 어미가 가르치고 아들자식은 아비가 가르친다 하거니와 아들자식도 글 배우기 전은 어머니에게 있으니…"라 하고, 또한 그

3) 조선 후기의 실학자이며 문신인 이덕무(李德懋, 1741~1793)가 후진(後進) 선비들을 위하여 만든 수양서(修養書). 내용은 선비들의 수신(修身)·제가(齊家)에 관한 교훈 등을 예를 들어가면서 시속(時俗)에 적절하게 설명한 것으로, 사전(士典) 5권, 부의(婦儀) 2권, 동규(童規) 1권으로 되어 있음. '사전'은 인간이 자기통제를 다하여 과오를 적게 할 것을, '부의'는 가정주부의 도리를 말한 것이며, '동규'는 자제를 가르치는 교육방법을 든 것임.

4) 조선 중기 학자인 퇴계 이황(李滉)이 1544년에 〈小學〉〈時經〉〈論語〉〈春秋〉 및 중국고사를 인용하여 저술한 것으로 여성 교육을 목표로 하였음.

5) 조선 후기의 학자 송시열(宋時烈)이 출가하는 딸에게 교훈으로 삼게 하기 위해 지어준 글. 내용은 부모를 섬기는 도리, 지아비를 섬기는 도리, 시부모를 섬기는 도리, 자식을 가르치는 도리, 손님을 대접하는 도리 등 20여 조로 되어 있음.

우암 송시열

는 자식을 배어서 낳으면 "자식이 어미 닮는 이 많으니, 열 달을 어미 배에 들었으니 어미를 닮고, 십세 전에 어미 말을 들었으니 어미를 또 닮으니, 어찌 아니 가르치고 착한 자식 있으리오, 딸자식도 가르치는 도리 같으니 행여 병이 날까 하여 놀게 하고 편케 함은 자식을 속이는 것이니 부디 잘 가르치라"고 시집가는 딸에게 당부하고 있다(정옥분 외, 1996, p. 52).

『사소절』의 부의편(婦儀篇)에는 어린아이는 두 손에 물건을 잔뜩 거머쥐고도 오히려 부족해하며, 아무리 못하게 해도 듣질 않는데, 이런 때에는 그가 가진 것을 다 빼앗아 죽을 듯이 울어대도 그것을 되돌려주지 말아야 한다는 내용을 담고 있다. 이는 아동의 특성을 무한정한 욕구상태로 가정하고, 이러한 욕구에 대해 적절한 통제가 필요함을 말해주고 있다.

『사소절』의 동규편(童規篇)에는 "갓난 망아지는 착실하고 엄격하게 길들여 좋은 기술을 익히게 하지 않으면 좋은 천리마를 만들지 못하고, 어린 소나무 묘종은 잘 북돋아 기르지 않으면 훌륭한 재목을 만들지 못한다. 그러므로 아들이 있으면서 잘 가르치지 않으면, 이는 오히려 버리는 것과 같다"(김종권, 1993, p. 285)라고 하였다.

또한 『예기(禮記)』[6]에 말하기를, "아버지가 없는 맏아들에게는 딸을 시집보내지 않는다" "과부의 자식은 훌륭한 점이 보이지 않으면 함께 벗하지 말라"라고 하였는데, "이는 다 그 아버지가 없어 잘 가르치지 못한 것을 싫어하여, 그러한 딸에게는 장가들지 말고 그러한 아들에게는 벗하지 말라고 한 것이다"(김종권, 1993, p. 291)라고 하여 훈육의 필요성을 강조하고 있다.

(5) 남아선호사상

남녀유별은 부권가족, 가부장제 가족의 인간관계를 규정짓는 중요한 원리였다. 이러한 남녀유별의 본유적(本有的) 의미를 『주역(周易)』에서는 우주만물은 음(陰)과 양(陽)으로 구성되어 있으며, 음은 유순을 대표하는 것으로 정지적 · 소극적이며, 양은 강건을 대표하는 것으로 활동성과 적극성을 의미한다. 이는 인간관계에도 그대로 적용되어 남성

6) 중국 고대 유가(儒家)의 경전, 49편(編). 『주례(周禮)』 『의례(儀禮)』와 함께 삼례(三禮)라고 하며 『의례』가 예의 경문(經文)이라면 『예기』는 그 설명서에 해당함. 사서(四書)의 하나인 『대학(大學)』 『중용(中庸)』도 이 중 한 편임.

은 양으로 여성은 음으로 비유되었다. 이는 음양이 결합하여 완전한 하나를 이루려는 것이지, 여성을 낮은 지위에 얽어 매어 구속하려는 것은 아니었다. 즉, 음이 없으면 양의 의미가 없고, 낮음이 없으면 높음의 의미가 없는 것처럼 여성이 존재함으로써 남성은 의미를 가진다는 것이다(류점숙, 1992).

이처럼 남녀유별은 성별의 자연적 차이에 따라 교육이 달라져야 함을 의미한 것이지, 남아와 여아를 상하와 우열의 관계로서 차이를 둔 것은 아니었다. 그럼에도 불구하고 가부장적 가족제도가 지배적인 조선사회에서 남아와 여아를 대등한 존재로 인정하고 존중하였다고는 볼 수 없으며, 남아는 여러 가지 이유에서 여아에 비해 보다 더 중요한 위치를 점유하게 된다.

가부장제 사회에서 집안의 대를 잇는 존재는 남아이다. 또한 남아는 결혼을 통해 아내라는 노동력을 첨가할 수 있을 뿐 아니라, 노후의 봉양이나 사후의 봉제사를 책임지는 존재이다. 이러한 이유로 인해 이른바 남아선호사상이 존재하며, 행복의 조건으로 다남(多男)을 꼽고 있다(이광규, 1989).

부계가족은 구조적 필연성에서 남녀의 차별을 두어, 가계를 계승할 아들과 타가(他家)로 출가할 딸 사이에 크나큰 차이를 둔다. 엄격히 말해 딸은 출가하기 이전에 친정에서 점유할 사회적 지위가 없다고 말할 수 있고, 여자는 출가하여 타가의 며느리로서 처음으로 사회적 지위를 획득한다고 할 수 있다. 여자의 성취지위에서 가장 중요한 것이 가계를 계승할 아들을 출산하는 것이며, 아들을 출산하게 되면 가장 중요한 의무를 다하였을 뿐만 아니라 지위가 상승된다. 그러므로 어머니에게 남편보다 더 소중하고 위로가 되는 것은 자녀이고, 자녀 중에서도 딸보다 아들이 소중하다. 여성이 아들을 출산하고 사망하면, 아들을 출산한 사람으로, 즉 아들의 조상으로 제위에 오름으로써 비로소 아들이 속한 친족의 정식 구성원이 된다. 특히 사회적으로 여성의 자아실현이 금지되어 있던 전통사회에서 아들은 어머니의 자기표현의 수단이기도 했다. 따라서 옛날 훌륭한 인물의 배후에는 반드시 훌륭한 어머니가 있었다. 어머니는 정성을 다하여 아들을 가꾸고 자기를 희생하여 아들을 출세시키려 하였다(이광규, 1984).

"아들이 있어야 남들이 넘보지 않는다" "다남(多男)은 천복이다" 등, 남아선호적인 가치를 드러내는 속담은 이러한 남녀차별적인 가치관을 잘 반영해주고 있다(조복희, 이진숙, 1998).

2) 인간발달의 단계

사진 설명 예기(禮記)

『예기(禮記)』『소학(小學)』[7]『논어(論語)』『태교신기(胎教新記)』[8]『동의보감(東醫寶鑑)』 등의 문헌을 분석한 류점숙(1990)이 유교적 입장에서 조선시대 양반사회의 인간발달 단계를 나눈 것을 참고로 하여 태아기(胎兒期), 유유아기(乳幼兒期), 유아기(幼兒期), 동몽전기(童蒙前期), 동몽후기(童蒙後期), 성동기(成童期), 성인기(成人期), 출사준비기(出仕準備期), 출사기(出仕期), 치사기(致仕期) 등의 10단계로 나누어 정리해보았다.

(1) 태아기(胎兒期)

제1단계인 태아기는 임신에 대한 준비와 태교를 하는 시기로 나누어볼 수 있다. 우리 전통사회에서는 임신에 대한 준비로서 좋은 자손을 갖기 위해 훌륭한 배우자를 선택하는 것으로 시작되었다. 태교사상은 태아를 잉태하기 이전부터 부모로 하여금 임신을 위한 정성과 신체적 · 심리적 준비를 강조하였을 뿐만 아니라, 어머니 못지않게 아버지의 부성태교(父性胎教)도 중요시하였다. 임신 3개월부터는 본격적인 태교를 실시하는데, 태중태교 10개월을 출생 후의 10년간의 교육보다 더 강조하고 있다.

『태교신기(胎教新記)』나 『동의보감(東醫寶鑑)』에서 보면, 남편은 건강한 심신을 유지하는 가운데 교합(交合)을 해야 하며, 잉태 후에도 아내로 하여금 출산의 공포증을 갖지 않게 자신감을 불어넣어 주고, 일상생활에서도 아내가 태교에 전념할 수 있도록 적극적인 뒷바라지를 해주어야 한다고 되어 있다.

사진 설명 동의보감(東醫寶鑑)

아버지의 태교는 주로 수태 시에 집중되지만, 어머니의 태교는 임신 전 기간에 걸쳐 태아에게 절대적인 영향을 미치므로, 아버지의 태교에 비해 어머니의 태교는 까다롭고 힘든 노력을 요구하고 있다. 『계녀서(戒女書)』에서는 자식

7) 중국 송(宋)나라 때의 수양서로, 주자(朱子: 朱熹)가 제자 유자징(劉子澄)에게 소년들을 학습시켜 교화시킬 수 있는 내용의 서적을 편집하게 하여 주자가 교열, 가필한 것임.

8) 1800년(정조 24년) 문장가 사주당 이씨(師朱堂李氏, 1739~1821)가 태교에 관하여 쓴 책.

이 어머니를 닮는 경우가 많은데, 이는 열 달을 어머니 뱃속에 들어 있기 때문이니, 어찌 가르치지 않고서 착한 자식이 되겠는가라며 임부의 태교실천에 대한 중요성을 강조하고 있다. 그리고 『태교신기』에서는 태아와 모체는 혈맥으로 이어져 숨쉬고 행동하는 모든 것이 태아의 성품을 이루게 되며, 모체의 영양섭취는 태아를 성장케 하는 것이므로 보고 듣고 먹는 일에 삼가야 한다. 이 같은 이치를 알면서도 태교를 게을리하여 태어난 자식의 형상이 바르지 못하다면 이는 어머니의 허물이므로, 후일 어떠한 교육으로도 고쳐질 수 없다며 태교를 실행해야 하는 구체적인 이유를 밝히고 있다(이원호, 1986).

(2) 유유아기(乳幼兒期)

제2단계인 유유아기는 출생에서 3세까지의 시기이다. 아기가 태어나면 그 명칭을 일반적으로 아해(兒孩)라 하였는데, 아해는 체구에 비해 머리가 크고 방긋방긋 웃는 사람이라는 뜻이다. 아동이 밥을 먹을 수 있고, 말을 할 수 있는 시기가 되기까지의 유유아기에는 젖아기라고 하여 무조건적이고 절대적인 보호의 대상이 되었다. 젖아기는 아직 약하고, 어리고, 깨지 않은 존재로 보았기 때문에, 보호하고 관대하게 대한다는 입장을 취하였다. 따라서 가능한 한 욕구를 들어주고 기본생활습관이나 생활규범을 가르치는 것은 말을 알아듣는 때가 되어 시작하였다. 『예기(禮記)』의 내칙(內則)에 "어린아이는 밤에 일찍 자고, 아침에는 늦게 일어나고, 자기가 원하는 대로 행동한다. 먹는 것도 일정한 때가 없다"(권오돈, 1996, p. 204)라고 하여, 어린아이가 원하는 대로 수유를 하였다. 그리고 "어버이를 공양한 달고 부드럽고 매끄러운 음식은 어린이가 그 나머지를 먹는다"(권오돈, 1996. p. 241)라고 하여, 노부모 봉양과 마찬가지로 어린이를 배려하였다.

사진 설명 포만의 기쁨에 잠겨 있는 유아
ⓒ 이서지 포만 Satiation(66×63cm)

(3) 유아기(幼兒期)

제3단계인 유아기는 3세부터 7세까지이다. 무조건적인 보호의 대상이던 어린아이가 3세에 이르게 되면, "세 살 버릇 여든까지 간다"는 우리의 옛 속담의 경고에 따라 기본적인 훈육이 시작되었다. 『소학(小學)』의 명륜편(明倫編)에는 "자식이 밥을 먹을 수 있게 되

사진 설명 오줌싸개의 나쁜 버릇을 고치는 방법은 키를 눌러 쓰고 남의 집에 가서 소금을 얻어오게 하는 것이었다. ⓒ 이서지 오줌싸개 Bed-Wetter(43×43cm)

거든 가르치되…"(이기석, 1999)라고 하여, 3세 이후의 훈육에 대해 언급하고 있다. 그러나 이 시기의 훈육도 본격적으로 엄하게 이루어졌다기보다는 생활상의 예의나 습관훈련과 같은 기초적인 것에 한정된 것이었다. 즉, 수저사용법, 옷입는 법, 세수하는 법, 대소변 가리기, 자신의 성별에 어울리는 언행 등 주로 올바른 습관형성을 목적으로 하는 예교육(禮敎育)을 시켰었다.

(4) 동몽전기(童蒙前期)

아동기라는 의미의 동몽기는 전기와 후기로 나뉜다. 제4단계인 동몽전기는 7세부터 10세까지의 시기로 이때부터 본격적인 교육이 시작된다. 지금까지 관용적이던 양육태도는 7세를 전후하여 엄부자모(嚴父慈母)의 양육태도로 대치되며, 이러한 과정에서 성인과 아동 간의 심리적 갈등이 '미운 일곱 살'로 표현된다. 이는 유아기에서 아동기로 넘어가면서 부모의 기대와 훈육방식이 갑자기 변한 데 따른 아동의 저항적 형태를 표현한 것으로 볼 수 있다.

7세가 되면 남녀가 자리를 같이하지 않으며, 음식을 함께 먹지 않는다고 하여 남녀의 차이를 가르치고, 유교사회의 윤리규범인 내외법(內外法)의 통제를 받도록 한다. 여아에게는 7세에 『효경』과 『논어』를 외울 것을 기대하고 있으며, 남아에게는 8세가 되면, 공손하면서도 탐내지 않고, 겸손하면서도 인색하지 않는 겸양(謙讓)의 예절을 지킬 것을 기대하였다. 『예기』에 말하기를 "남자는 여덟 살에 비로소 사양하는 도리를 가르치는데, 이는 공손하면서 탐내지 아니하고, 겸손하면서 인색하지 않는 것이 예절의 좋은 일이기 때문이다"(김종권, 1993, p. 287)라고 하였다.

(5) 동몽후기(童蒙後期)

제5단계인 동몽후기는 10세에서 15세까지의 시기를 말한다. 아동이 10세가 되면, 어린이가 어른을 섬기는 예의인 유의(幼儀)를 배웠다. 조선사회를 지배했던 유교이론 중 아동과 성인의 관계에 대한 윤리가 장유유서(長幼有序)였다. 즉, 어른과 아이 사이에는 순서가 있다 하여, 그 순서에 있어 연장자인 어른을 앞세우도록 하며, 연소자는 연장자인 어른에게 공경의 예로써 스스로 질서를 택하도록 하는 것이었다(유안진, 1995). 이처럼 아동에게 어른을 섬기는 예를 가르친다는 것은 어른처럼 행동할 것을 기대하고, 양육이 엄격하게 이루어졌음을 의미한다. 양육의 주 책임자도 아동의 나이 10세를 기준으로 바뀌었다. 10세 이전에 유지되던 어머니와 자녀의 친밀한 관계는 변하여 남아는 아버지와, 여아는 어머니와 보다 친밀해진다.

사진 설명 서당에서 글을 배우고 있는 아이들
ⓒ 이서지 글방 Study Room(43×43cm)

이때부터는 내외법이 본격적으로 실시되고 교육방법도 남녀에 따라 달라지게 된다. 『예기』의 내칙(內則)에 이르기를, 남아는 "열 살이 되서든 바깥 스승에게 나아가 취학하게 하여 바깥에 거처하고 잠자게 하며, 글씨 쓰고 계산하는 것을 배우게 하며, 아침과 저녁에 예의를 배우되 간이(簡易)하고 신실(信實)한 일을 청하여 익히게 할 것이다"라고 하여, 10세 이후에는 성인남자들의 생활공간인 사랑으로 나아가 남자로서의 역할을 배우게 하였다.

반면, 여아에게는 "계집아이는 열 살이 되거든 항상 규문(閨門) 안에 거처하여 밖에 나가지 않으며, 여자선생이 순한 말씨와 순한 용모와 듣고 순종하는 것을 가르치고, 삼과 모시로 길쌈을 하며, 누에를 쳐서 실을 뽑고, 비단을 짜고 끈을 땋아서 여자의 일을 배움으로써 의복을 지으며, 어른을 도와 제례를 올리는 것을 배우게 할 것이다"라고 하여, 이때부터 성인 여성의 태도와 품성 그리고 집안일을 배우게 하였다(문미옥, 류칠선, 2000).

이러한 내용들로 미루어 안과 밖의 분리된 생활공간에의 적응 그리고 본격적인 성인역할 학습과 수행을 10세 정도에 기대하였음을 알 수 있다. 즉, 10세를 기준으로 안과 밖의 구분이 확고하게 이루어지며, 이렇게 분리된 공간에서 남아는 성인 남자의 일을, 여아는 성인 여자의 일을 본격적으로 학습하고 연마할 것을 기대하였다. 이러한 과정에서 남아에게는 자율성과 독립성을 강조한 반면, 여아에게는 의존성을 강조하는

사진 설명 남녀 간에 서로 얼굴 대하기를 피하는 일을 내외라고 하였다.
ⓒ 이서지 내외 Keeping Distance(43×43cm)

사진 설명 길쌈하는 장면
ⓒ 이서지 길쌈 I Weaving I (43×43cm)

양육태도를 보이는 것으로 나타났다. 또한 10세부터 남아는 외부의 스승에게, 여아는 부도(婦道)를 가르치는 부인에게서 배운다는 점으로 미루어볼 때, 교육이 부모의 직접적인 훈육으로부터 외부인에의 위탁교육으로 확대된다는 점에서 10세가 그 이전 시기와 구분되는 중요한 경계를 이루고 있음을 알 수 있다(신양재, 1995).

(6) 성동기(成童期)

제6단계인 성동기는 15세부터 20세까지의 시기를 말한다. 성동기는 격몽(擊蒙)이 어느 정도 되었으나 아직 완전히 성인이 되지 못한 단계로서, 아동적인 요소와 성인적인 요소를 공유하면서 성인기(成人期)로 이행하는 과도기라고 볼 수 있다. 성동기는 서양이론에서 말하는 청년기에 해당하는 시기이다. 일찍이 서양이론에서는 이 시기의 청년은 아동도 아니고 성인도 아닌 어중간한 상태에서 불안정과 불균형으로 인한 심한 긴장과 혼란을 경험하기 때문에, 청년기를 "질풍노도의 시기(A period of storm and stress)"라고 묘사한 바 있다.

성동기에는 활쏘기와 말타기를 배워서 귀족계급의 사교에 참여하고 생활권도 넓히게 된다(사진 참조). 특히 말타기를 배운다는 것은 공간적인 활동의 자유를 의미하는 것으로 이것은 오늘날 운전면허증의 획득이 성인됨의 한 표시인 것과 흡사하다. 교육제도상으로 보면 15세가 되면 대학(大學)에 입학하여 학문의 길에 정진하게 되는데, 공자의 지우학(志于學)[9]도 학문을 삶의 가장 중요한 내용으로 정하겠다는 뜻으로 해석된다.

9) 공자는 『논어(論語)』에서 자신의 생애를 근거로 인간의 발달단계를 다음과 같이 표현함. 子曰, 吾十有五而志于學, 三十而立, 四十而不惑, 五十而知天命, 六十而耳順, 七十而從心所欲不踰矩(論語: 爲政), 즉 내가 열다섯에 배움에 뜻을 두고, 서른에 뜻을 세우고, 마흔에 모든 사리에 미혹되지 아니하고, 쉰에는 천명을 알고, 예순에는 모든 일을 순하게 받아들이고, 일흔에는 마음에 하고자 하는 것을 좇아도 법규에 어긋나지 아니하였다(류점숙, 1994, 재인용).

(7) 성인기(成人期)

사진 설명 계례식(전통 여성성년식)에서 술을 마시는 초례를 하고 있다. 조선일보 DB사진

제7단계인 성인기는 20세에서 30세까지의 시기이다. 20세에 이르면 관례(冠禮)를 치르고 성인이 된다(사진 참조). 이때 비로소 갖옷[10]과 비단옷을 입고, 자(字)[11]를 지어 부를 수 있으며, 성인의 예인 오례(五禮)[12]를 배운다. 또 이 시기에는 스스로 널리 배워 지덕(知德)을 높이고자 애써야 하지만, 아직 남을 가르치지는 못하며 항상 겸양하는 마음을 지니도록 하였다. 남아는 관례를 치른 후에야 비로소 성인으로 취급되어 결혼도 할 수 있고, 성인이 갖는 권리와 의무도 부여되었다. 그러나 20세는 몸이 아직 강건(强健)하지 못하다고 보았기 때문에 약관(弱冠)이라 부르기도 했다.

(8) 출사준비기(出仕準備期)

사진 설명 조선시대 과거 시험장의 풍경

제8단계인 출사준비기는 30세부터 40세까지의 시기를 말한다. 30세에 이르면 아내를 맞이하고 비로소 남자로서의 일을 다스린다 하여 이때를 결혼적령기로 보았다. 결혼은 신체적 성숙만을 기준으로 하는 것이 아니고 학문과 도(道), 즉 지행합일(知行合一)이 이루어지고, 또 당시의 사회에 필요한 제반 교양을 두루 갖추어 완전한 인격체로 인정받을 수 있게 된 후에 아내를 맞이하도록 권하고 있다. 그래서 신체적 변화로 보면 30세의 혼인이 다소 늦은 감이 있지만, 이상과 같은 유인(儒人: 지도자)으로서의 필요한 자격을 먼저 갖추려 한다는 점을 생각하면 수긍이 간

10) 모피로 안을 댄 옷.

11) 성인이 된 경우 본이름 외에 부르는 이름(혼히 장가든 뒤에 성인으로서 본이름 대신으로 부름).

12) 오례(五禮)란 길례(吉禮: 祭禮), 흉례(凶禮: 喪禮), 빈례(賓禮: 賓客), 군례(軍禮: 軍族), 가례(嘉禮: 冠禮)를 일컫는 것이다.

사진 설명 장가가는 날
© 이서지 길일 Day of Fortune(43×43cm)

다. 그러나 30세까지 혼인을 하지 않는 것이 실제로는 어려운 일이었으므로 관례를 치르고 난 후에 곧바로 혼인을 하기도 하였다. 이 단계에서는 널리 배우지만 정해진 스승이 없고, 붕우(朋友)를 좇아 그 뜻하는 바를 보고, 그것을 자기 부양의 밑거름으로 삼는다고 하였다. 이때는 제도상의 교육은 이미 다 끝났으나, 아직 남의 스승이나 지도자가 되기에는 능력이 부족하다고 보고, 스스로 지덕을 쌓도록 하는 축적기적 성격을 지니고 있다. 그러나 30세는 몸이 강건하다고 보았는데, 공자도 '학문적 기초의 확립' 또는 '학문의 완성'이란 뜻으로 이 시기를 '입(立)'으로 표현하였다. 그러므로 조선시대에는 심신의 성숙기를 30세로 잡은 것으로 보인다.

(9) 출사기(出仕期)

제9단계인 출사기는 40세에서 50세까지의 전기와 50세에서 70세까지인 후기로 나뉜다. 이 시기에는 앞 단계에서 수학한 학문과 덕을 실제로 활용하게 되는데, 30년 동안의 봉사기간을 위하여 40년간을 교육받고 수양한 것이다. 40세에 처음 벼슬을 할 때는 선비(士)가 되어 남을 섬기고, 국가의 작은 일을 처리하며, 이것이 성공적으로 진행되면 50세에 비로소 대부(大夫)가 되어 국가의 중대한 일을 담당한다. 이후 60대에는 그동안 쌓은 경험을 통하여 더 큰 책무를 수행하고 사람을 가려서 쓰는 일까지 맡게 된다. 하지만 모든 사람이 이와 같은 관인(官人)의 길을 가는 것은 아니며, 높은 학식을 가지고 스승의 길을 택하는 경우도 있었다. 70세가 되면 고향으로 돌아가 은퇴하는 것이 유인(儒人)의 예(禮)이었다. 출사기에는 공자의 불혹(不惑), 지천명(知天命), 이순(耳順)이 모두 포함되는데, 이때 자아가 확립되고, 지혜가 최고조에 달한다고 보았으므로 국가와 사회에 봉사하도록 하였다.

사진 설명 벼슬길에 오른 선비가 길을 떠나고 있다.
© 이서지 노상 알현 Having an Audience on the Road(48×37cm)

(10) 치사기(致仕期)

마지막 제10단계인 치사기는 70세 이후로 관(官)에서 은퇴한 후 가정으로 돌아가는 노년기이다. 치사란 벼슬을 임금에게 도로 돌려주는 것을 의미한다. 이때는 정신적으로는 지고(至高)의 상태이지만, 신체적으로는 쇠약해진다. 따라서 고향으로 물러난 뒤 가독(家督)[13]을 자식에게 물려주고, 학문과 후학(後學) 양성에 힘쓰면서 자기 자신을 대신해서 출사할 수 있는 인물을 키우게 된다.

사진 설명 관에서 은퇴한 노인이 손자에게 자연의 이치를 가르치고 있다.
ⓒ 이서지 생생지리 Principle of Life(63×66cm)

이상이 주로 조선시대의 양반사회 남성의 이상적인 인간발달 단계이다. 여성의 경우는 10세부터 본격적인 교육을 받지만 그 내용은 여성적 자질함양, 의복, 음식 등 가사기술의 습득이 전부이고, 그 장소도 가정으로 한정되어 있다(사진 참조). 『예기(禮記)』에 의하면 15세에 비녀를 꽂고, 20세에 출가한다고 되어 있어, 친가에서 시가로 옮겨갈 뿐 가정생활의 연속이므로 결혼 후에는 발달단계에서 연령을 밝히고 있지 않다.

사진 설명 시집가는 날

13) 호주의 신분에 딸린 권리와 의무.

3) 발달목표와 교육내용

(1) 발달목표

유교적 학문관은 학문을 단순한 학술적 탐구에 그치는 것이 아니라 그 이상의 것으로 보았다. 말하자면, 학문은 유교의 경전을 읽고 여기서 얻은 지식을 실제 생활에 실천하는 것을 중시하는 지행합일(知行合一)을 표방한 것이었다. 교육목표도 유인(儒人: 지도자)에 두어, 이에 도달하기 위해 성인(聖人)의 언행을 표준으로 삼는 것이었다.

유학을 기본 이념으로 하던 전통사회에서는 이상적인 인간형은 완전한 인격으로서의 성인(聖人)이었으나, 현실생활에서 실현가능한 구체적인 인물로 제시된 상은 군자(君子)였다. 군자는 본래 지도자를 의미하는 신분개념이었으나 뒤에는 도덕수양에 초점을 둔 인격개념이 되었다. 『논어(論語)』에서 군자를 이상적 지도자로서의 지위와 권한 그리고 책임을 지닌 신분으로 표현한 곳도 있으나, 자로(子老)가 공자에게 군자에 대해 물은 문답에서 보면, 공자는 군자를 "경(敬)으로써 자기를 수양하는 자, 자기 몸을 수양하여 남을 편안하게 하는 자, 자기를 수양하여 백성을 편안하게 하는 자"라고 하였다. 즉, 군자는 도덕적 수양을 통해 이웃, 사회, 국가로 그 영향력을 파급시킨다는 뜻이다(곽신환, 1990).

(2) 교육내용

아동에게 직접적인 교육이 실시되는 시기는 언어능력이 본격적으로 발달하기 시작하는 3세경부터였으며, 각 연령별 및 성별로 요구되는 행동양식에도 차이가 있었다. 조선시대의 교훈서인 『내훈(內訓)』[14] 『사소절(士小節)』 『규범선영(閨範選英)』 등에 나타난 아동의 연령과 성별에 따른 기대 행동을 살펴보면 〈표 13-1〉과 같다(신양재, 1995).

유아기까지 점진적이고 관대했던 교육은 이 시기를 기점으로 보다 엄격한 요구와 실수에 대한 책망으로 변한다. 또한 이때를 기점으로 남녀아에 대한 별도의 역할교육이 시작된다. 이 시기의 훈육과 교육의 내용은 다음과 같다(정옥분 외, 1996).

---

14) 성종의 어머니 소혜왕후(昭惠王后)가 1475년(성종 6년) 부녀자의 교육을 위해 편찬한 책. 한글로 된 여성 교훈서로서는 한국 최초의 것으로서, 중국의 『열녀전(列女傳)』 『소학(小學)』 『여교(女敎)』 『명감(明鑑)』에서 여자 행실에 절실한 것을 뽑은 것임.

표 13-1 아동의 연령과 성별에 따른 기대 행동

연령	성별	기대 행동
3	남 · 여	식사 시 오른손 사용 적절한 응대어 사용 성별 차이 인식 행동거지의 차분함
6	남 · 여	수 · 방위(方位) 학습 어른 공경
	여	여자의 일 학습
7	남 · 여	성별 활동 분리: 자리에 함께 앉거나, 음식을 함께 먹지 않는다.
	여	『효경(孝經)』『논어(論語)』 읽기
8	남 · 여	사양(辭讓)
	남	양보(讓步) · 겸손(謙遜) · 불탐(不貪) · 불인(不吝)
9	여	『논어(論語)』『효경(孝經)』『여계(女戒)』 읽기
10	여	순한 태도로 가르침 따르기 삼과 모시 다루기 실과 고치 다루기 옷감 짜기 · 의복 짓기, 제사일 규문내(閨門內) 거처 · 외부인 보기(相見) 금지
	남	위탁교육 · 바깥채 거처

① 일상생활의 행동거지에 대한 훈육

㉠ 바른 몸가짐의 습관형성

전통사회에서는 용의(容依)와 언행을 중요시하여 어른들의 솔선수범을 통한 시범교육을 행하였고, 이를 수시로 강조하여 몸에 배도록 하였다. 유가에서는 사람이 사람다운 것은 예의가 있기 때문인데, 그중에서도 먼저 갖추어야 할 것으로 용의를 들었다. 조선시대의 동몽교재에는 이것이 구용(九容)으로 설명되어 있는데, 그 내용을 보면 다음과 같다. 발모양은 무겁게, 손모양은 공손하게, 눈모양은 단정하게, 입모양은 신중하게, 목소리는 고요하게, 머리모양은 곧게, 숨쉬기는 고르게, 서 있는 모양은 덕스럽게, 기색은 엄숙하게 할 것 등이다. 이러한 구용의 몸가짐을 어려서부터 익혀두지 않으면 자라서는 갖추기 어렵다고 보았다.

㉡ 의복에 대한 습관

군자됨을 목표로 하던 조선시대의 아동교육은 그 시작을 용의로 할 뿐 아니라 바른 옷차림도 중요시 하였다. 아동의 사치하기 쉬운 버릇을 바로잡아주기 위하여, 아동에게는 지나치게 따뜻하거나 사치스러운 옷을 입히지 말고 거칠고 소박한 의복을 입게 해야 한다고 했으며, 어머니가 금과 구슬과 비단으로 자녀를 단장하면 아동은 도둑질할 마음이 생기기 쉽다고 주의를 주었다. 그러나 머리에서 발끝까지 의복이 반듯하게 갖추어지고 깨끗이 정제되어 위의를 지니게 할 뿐 아니라(사진 참조), 잘 관리하여 의복의 수명을 늘리도록 가르쳤다. 헝클어진 머리와 때묻은 얼굴에 옷과 띠를 정비하지 않은 것은 검소한 것이 아니고 용렬하고 비루한 것이므로, 부모는 이를 막아 잘 씻고 정비하도록 가르쳐야 함을 강조했다.

㉢ 음식에 대한 습관

전통사회에서의 음식 먹는 예절은 상과의 거리, 자세, 수저사용법, 절제 등 오늘날에도 통용될 수 있는 기본 식사원칙이 가르쳐졌을 뿐 아니라, 웃어른 앞에서나 또는 같이 식사할 때 지켜야 할 사항이 특히 강조되었다. 또한 무엇보다 음식을 탐하는 것은 크게 경계하였는데, 사치와 훔치기를 하려는 사나운 마음은 이에서 비롯된다고 보았다. 음식은 맛있는 것보다 굶주림을 채우는 데 그치는 무욕과 절제를 높이 평가했다.

㉣ 언어의 사용

인간관계와 사회생활에서 언어가 차지하는 중요성이 매우 크다는 것은 주지의 사실이지만, 조선시대에는 특히 언어의 사용에 경계를 많이 하였다. 이는 권위주의 사회에서 설화(舌禍)를 당할 가능성이 컸다는 점에서도 연유하는 것이나, 군자됨의 요건으로 언행일치를 강조한 데도 그 이유가 있었다.

율곡의 『격몽요결』[15]에서 "말 많고 생각 많은 것이 가장 해로운 것이니… 마땅히 말

15) 이율곡(李栗谷: 1536~1584)이 선조 10년(1577년)에 지은 책으로 3편 10장으로 구성됨. 격몽(擊蒙)이란 몽매한 아동의 지혜를 계몽하는 일, 곧 교육을 의미하며, 요결(要訣)이란 요긴한 것을 의미함. 이 책에서는 아동기 생활교육의 중요성을 강조함.

을 가려 간단하고 무게 있게 하며… 말이 간단한 자는 도에 가까우니라… 마음을 안정하는 것은 말이 적은 데서부터 비롯하느니라"라고 하였다. 어려서 말을 배울 때부터 필요할 때만 조심해서 신중하게 말하는 좋은 버릇을 갖도록 가르쳤고, 말을 많이 하고, 급하게 하고, 거만하게 하고, 거짓말하는 것을 경계하였다. 또한 말더듬는 사람을 장난삼아 흉내 내거나 놀리지 못하도록 단속했으며, 포악하거나 모질고 사나운 말을 입 밖에 내지 못하도록 하였다(류점숙, 1995).

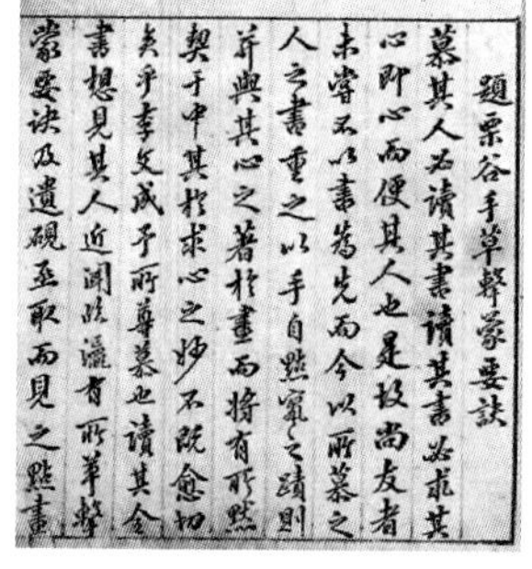
題栗谷手草擊蒙要訣
慕其人必讀其書讀其書必求其
心即心而便其人也是故尚友者
未嘗不以書為先而今以所慕之
人之書重之以手自點竄之蹟則
并與其心之著於畫而將有所默
契于中其於求心之妙不既愈切
矣乎李文成予所尊慕也讀其全
書想見其人近聞此藏者所草擊
蒙要訣及遺硯並取而見之點畫

사진 설명 『격몽요결(擊蒙要訣)』

② 인간관계교육

조선시회는 오륜을 인륜의 근본으로 삼고 생활하게 하였다. 오륜(五倫)이란 부자(父子)관계, 부부(夫婦)관계, 장유(長幼)관계, 군신(君臣)관계, 붕우(朋友)관계에서 지켜야 할 도리(道理)와 역할(役割)에 관한 윤리규범이다. 교훈서에서는 오륜사상을 중심으로 인간관계에서의 역할교육을 강조하였다. 즉, 어른을 공경하고 스승을 존경하는 법과 친구를 사귀는 법을 가르쳤다. 오륜은 '효(孝)'의 확충을 기본으로 하고 있으며 부모섬기기가 그 시발이다.

㉠ 부모섬기기

『동규(童規)』 경장(敬長)편에는 아버지를 공경하되 두려워하고 위축되며, 어머니를 사랑하지만 버릇없이 구는 사람이 있는데, 두려워하고 위축되면 사랑하는 정성이 부족해지고, 버릇없이 굴면 공경하는 마음이 일어나지 않는다고 하였다. 그러므로 부모는 자녀가 부모를 섬김에 있어서는 공경과 사랑하는 마음이 한결같도록 지도해야 한다.

또한 부모는 자녀와 허물 없이 어울려 익살을 부려서는 안 되는데, 만일 그러하면 아이가 두려워하고 꺼리는 마음이 없어 날로 어리석게 되므로, 부모자식 간에도 격의 없는 사이가 되어서는 안 된다고 하였다.

㉡ 스승에 대한 공경

전통사회에서는 군사부일체(君師父一體)라 하여 스승을 임금이나 부모와 동일하게 받들도록 요구하였다. 교육의 목적이 인격도야와 덕성함양에 있었던 만큼 유가교육에서는 스승에 대한 존경심이 교육의 기본이었다. 즉, 스승이 단순히 지식을 전달하는 자에 그치지 않고, 스승과 제자 간의 전인격적인 관계가 상정되어 제자에게 도덕적 감화를 주고 언행의 귀감이 될 것이 전제되었다. 스승에 대해 공경하는 태도를 가짐으로써 교육의 효과가 극대화될 수 있음은 오늘날도 마찬가지인 것이다. 『예기』에 이르기를, "무릇 학문의 길은 어떻게 스승을 존경하느냐에 어려운 점이 있다. 스승이 존경받아야 비로소 그 도가 존귀해지고, 그 도가 존귀해야만 비로소 백성이 학문을 공경할 줄 아는 것이다. 그러므로 임금으로서도 그 신하를 신하로 대하지 않는 경우가 있는데, 그 신하가 스승이 되었을 때 신하로 취급하지 않는 것이다"(권오돈, 1996)라고 하여, 임금도 그 스승을 예로써 대한다는 것을 보여주고 있다. 따라서 전통사회에서는 부모들이 자녀를 가르칠 때 부모 스스로 스승을 존경하는 태도를 보임으로써 자녀에게 모범을 보였던 것이다.

㉢ 대인관계

자녀가 성공적인 사회생활을 영위하기 위해서는 사회화의 훈련이 필요하다. 자녀의 사회화과정 훈련을 교훈서에서는 사회생활의 기본자세, 친구의 중요성, 친구 사귀는 법, 사회생활에서 문제가 생겼을 때 대처하는 법 등으로 설명하고 있다. 『격몽요결』 접인편(接人篇)에서는 사회생활의 기본자세로 "무릇 접인하는 데는 마땅히 화(和)와 경(敬)에 힘쓸 것이다. 학문을 믿고 스스로 높은 체 하거나 기개를 뽐내어 남을 능멸치 않아야 한다" "항상 자기를 낮추고 남을 높이는 의사를 마음에 가지는 것이 옳다"라고 하였다. 또한 친구에 대한 가르침에 있어서도 "남의 단점은 힘써 이것을 감춰주어야 한다. 만일 이것을 폭로하여 드러내고 보면, 이것은 자기의 단점으로 남의 단점을 공격하는 일이다"라고 경계하고 있다.

또한 타인에 대한 배려를 중요시하였는데, 『사소절』에는 "여름에 솜옷을 입은 사람이 한자리에 앉아 있으면 아무리 덥더라도 덥다 말하지 말고, 홑옷 입은 사람이 한자리에 있으면 겨울이라도 춥다고 말하지 말며…"라는 내용이 있다. 한편, 부모는 자녀가 친구 사귀는 데 주의를 기울여야 하는데, 자녀의 못된 친구가 자녀를 꾀어내면 자신의 자녀를 먼저 다스리고, 그다음에 그 아이의 부모에게 알려 고치게 하며, 다른 날 그 친구가 다시 놀러 오면 거절하고 쫓아버리라고 권하고 있다.

4) 부모자녀관계

조선시대의 부모자녀관계는 본능적 · 정서적 애착관계뿐만 아니라 유가(儒家)의 자연관, 윤리관, 가족제도 등으로 형성된 구조적이고 기능적인 관계였다. 즉, 부모나 아동이 개개인 위주의 존재가 아닌, 가정이라는 한 가족공동체의 구성원의 관계로 존재하였다. 이는 서열이 존중되는 관계로 아동은 성인보다 지위가 낮은 존재였다. 또한 유교의 기본윤리 중 하나인 부자유친(父子有親)의 관계로도 표현할 수 있다(백혜리, 1999).

부모는 자식을 자애롭지만 엄격하게 가르쳐야 한다고 보았고, 부모자녀관계에도 엄격한 상하질서가 요구되었다. 그 결과 부모자녀관계에서 부모의 자녀에 대한 관계인 부자

(父慈)보다는 자녀의 부모에 대한 관계인 자효(子孝)를 더욱 강조하였다. 연약한 존재인 아동에 대한 부모의 희생이나 봉사를 강조한 만큼 부모에 대한 보은(報恩)의 자세로 효성을 요구하였다. 전통사회에서 부모상을 3년으로 정한 것도 유유아기(乳幼兒期)에 대한 보은을 의미하였다. 즉, 『소학(小學)』의 경민편(警民篇)에서 보듯이 "삼 년을 젖먹이심에 어미의 기름과 피를 먹나니, 이끌며 붙들어 간수하며 품으심에 날로 자라기를 바라시어 금과 구슬을 아끼듯 하시며…"라고 하여 삼 년 동안 젖을 먹이고, 걸음을 걷지 못하기 때문에 이끌며 붙들고, 자신의 언어적 표현이 불가능하기 때문에 품고 간수하고 정성을 다한 것에 대한 보은의 의미이다(류점숙, 1989). 이처럼 효성이 강조되었다는 사실은 부자(父慈)는 종족보존의 본능상 자연스러운 현상이지만, 자효(子孝)는 장려하지 않으면 행하기 어렵다는 사실에서 비롯된 것으로 볼 수 있다.

따라서 아동교육에서도 부모에 대한 문안(사진 참조)과 시중, 품행과 태도 등 일상생활에서 은혜와 감사, 봉사와 헌신, 경애와 배려 등으로 시작하였다(류점숙, 1995; 문미옥, 류칠선, 2000). 부모에게 효도한다는 것은 봉양과 존경, 절대적 복종을 의미하는 것이었다. 이러한 효가 도덕의 근본이 된다고 보았다. 그러나 자신의 부모만을 잘 봉양하는 것은 최소의 효이고, 이것을 천하 만인에게 적용시켜 인류를 박애하는 것을 최고의 효로 보았다.

부모자녀관계는 아동의 연령과 성별에 따라 변화한다. 태아기로부터 10세가 되기 전에는 성별에 관계없이 어머니에게 자녀양육의 책임이 있다고 보았다. 그러나 10세가 되면 아동의 성별에 따라 그 교육내용이 변할 뿐 아니라, 이전에 유지되던 어머니와 자녀관계도 변화하여 남아의 경우는 아버지와, 여아의 경우는 어머니와 긴밀해지게 된다. 또한 무조건적 보호와 자애로운 양육태도는 아동이 10세 이후가 되면 매우 엄격한 양육태도로 변하게 된다(백혜리, 1999; 정진, 백혜리, 2001).

사진 설명 우리 전통사회에서 부모는 자식을 자애롭지만 엄격하게 가르쳐야 한다고 보았다.
ⓒ 이서지 회초리 Switch(43×43cm)

태교에서 시작하여 10세 이전의 교육을 주로 어머니가 담당하였다는 사실은 초기 아동교육에서는 엄격함보다는 자애로움이 더 중요한 덕목으로 간주되었음을 의미하지만, 이후의 교육에서는 아버지가 참여함으로써 엄격함이라는 덕목이 강조되었음을 의미한다. 우리 전통사회에서의 바람직한 부모의 역할모델인 엄부자모(嚴父慈母)는 어머니의 자애로운 손에서 사랑으로 자녀를 양육하고, 동시에 자녀의 잘못을 엄격하게 다루는 엄한 아버지의 모습을 강조하는 것이다(사진 참조).

5) 전통사회의 자녀양육과 교육방식의 현대적 의의

한국사회가 근대화되는 과정에서 많은 전통적인 요소들이 극복되어야 할 것으로 부정되었고, 그 가운데 우리 전통가정교육의 내용도 예외는 아니었다. 그러나 전통적인 자녀양육방식과 가정교육의 내용 가운데는 지나친 남녀차별, 권위주의적인 가족 내의 인간관계, 형식주의 등 개선되어야 할 요소가 없지 않으나 오늘날에도 여전히 가치 있는 내용들도 많이 있다.

오늘날 우리 사회는 가정교육의 실종과 더불어 가정과 학교에서의 지나친 지식위주 교육의 강조로 인해, 가정과 학교 어느 쪽에서도 진정한 인성교육이 이루어지지 않고 있다. 그 결과 사회적으로 도덕성의 상실, 청소년비행, 패륜범죄의 증가 등 사회적 혼란상을 빚어내고 있는 실정에 있다. 21세기 정보화사회에서는 개인의 고립화와 대면적 인간관계의 약화와 더불어 도덕의 무규범상태로 인해 인간성 파괴의 문제가 대두되고 있다. 따라서 그 어느 때보다도 사람됨의 교육이 절실한 실정이다. 사람됨의 교육을 지향했던 우리의 전통적 자녀양육 및 교육방식과 그 내용은 오늘날의 관점에서 보아도 타당성이 있고 의미 있는 것들이어서 되살려야 할 필요가 있다. 서구의 어떠한 발달이론보다 구체적이고 실제적이어서 자녀교육의 지침으로 삼을 수 있는 것들이 많은 것이다. 전통적인 자녀양육과 교육방식 가운데 현대사회에서도 적용될 수 있는 내용들을 중심으로 자녀교육의 지침으로 삼을 수 있는 것을 든다면 다음과 같은 것들이라 할 수 있다(정옥분 외, 1996).

첫째, 부모들 자신이 인격을 수양하고 절제하는 생활과 태도를 보여 자녀의 본보기가 되고자 노력하였다는 점이다. 조선시대를 지배했던 유가철학의 '수신제가(修身齊家)'의 이념에 따라 자녀교육의 목표는 자녀를 사람다운 사람으로 만들어내는 것, 즉 인륜을 지키고 가문의 명예를 빛낼 인물을 양성하는 데에 두었다. 여기에서 중요한 것은 세속적인 입신출세가 궁극의 목적이 아니라, 진정한 선비집안에서는 학문을 통한 인격의 완성에 더 높은 가치를 두었다는 점이다. 이러한 선비정신은 오늘날에도 음미할 만한 가치가 있는 것이다.

둘째, 부모들이 자녀에 대해 높은 기대를 가지고 자녀양육과 교육에 정성을 다한 점이다. 이것은 구체적으로 잉태 시의 태교로 반영되고 자녀가 태어난 뒤에는 사랑과 헌신적인 돌봄으로 나타난다. 전통적인 태교의 내용은 현대과학의 관점에서도 매우 가치 있는 것들이다. 우리의 육아법에서 어릴 때부터 아이를 업어주고 품에 안아 재우는 관행은 신체적 접촉의 욕구를 충분히 만끽하게 하여, 어린이의 전반적 발달과 친밀한 부모자녀관계 형성에 중요한 기능을 하였다. 최근에 서구에서도 부모들의 아동학대를 막기 위하여 부모자녀 간의 신체접촉을 장려하고, 심지어 부모교육 프로그램에서 아기를 안거나 업을 수 있는 띠를 나누어주어 효과를 보았다는 보고도 나오고 있다. 또한 아기가 어릴 때에는 다른 방에 재우지 말고 부모와 같은 방에 재움으로써, 아기들의 요구에 좀더 반응적일 수 있고, 영아돌연사(sudden infant death)도 막을 수 있다고 권고하는 등 동양의 육아법에 많은 관심을 보이고 있다. 따라서 이러한 육아법은 앞으로도 계속 유지되고 발전되어야 할 것이다.

사진 설명 아기를 업고 있는 어머니

셋째, 전통사회에서는 어려서부터 생활교육과 수신교육을 받게 했다는 점이다. 언어사용과 용의, 행동거지, 식사예절, 어른을 공경하는 것, 처세의 방법, 다른 사람을 배려하는 것 등을 매우 구체적으로 가르쳤다. 오늘날에는 이런 내용의 가정교육은 거의 사라지고, 어릴 때부터 지식교육과 특기교육에만 치중하고 있는 실정이다. 오늘날의 교육은 도구적 지식의 전수에 그쳐 심지어 도덕윤리과목의 교육마저도 암기하여 시험 치르는 지식으로 바뀌고 말았다. 따라서 버릇없는 아이, 예절을 모르는 아이, 남을 배려할 줄 모르고 자기밖에 모르는 아이들만 키워지고 있는 것이다. 전통사회에서 가르쳤던 기본생활예절과 수신의 내용은 현대 세계시민의 관점에서도 손색이 없는 보편적 가치를 가진 것들이다.

넷째, 자녀를 훈계하는 데 있어, 자녀의 기질과 성품을 고려하여 방법을 달리하도록 한 것은 현대 심리학에서 말하는 발달의 쌍방적 원리와 상통하는 것이다. 이것은 선조들의 아동의 개인차에 대한 이해와 자녀교육에 대한 통찰이 탁월했음을 말해주는 것이다. 자녀가 가진 자질과 특성을 잘 살펴서 이해하고 그것에 맞추어 부모역할을 잘 조화시키는 태도는, 자녀의 자질과 상관없이 부모 자신의 기대와 요구를 강요하는 오늘날의 일부 부모들에게 특히 강조되어야 할 내용이라고 생각된다.

6) 평가

유교는 조선시대를 통해 우리 민족의 전반적인 의식뿐만 아니라 인간관에 많은 영향을 미쳤다. 유교의 인간발달관은 사회변화로 인해 상당 부분 그 영향력이 약화되었으나 아직도 우리 사회의 중요한 인간관으로 자리 잡고 있다.

유교적 인간발달관이 공헌한 점에 대해 살펴보면 다음과 같다. 첫째, 유교의 인간발달관에서는 질적으로 구분되는 일련의 전생애적 관점의 발달단계를 제시하고 있다는 점이다. 서양에서는 양적인 성장과 변화가 눈부시게 나타나는 생의 전반부, 즉 출생 후 청년기까지의 발달에만 초점을 맞추어왔다. 그러다가 Erikson의 8단계 이론에서 비롯된 인간발달에 대한 전생애적 접근이 시도된 것은 아주 최근의 일이다. 하지만 우리나라는 그보다 훨씬 앞서 15세기의 조선시대에 이미 인간발달의 전생애적 접근을 시도하여 태내기부터 노년기까지의 인간발달단계를 상세히 다루고 있다.

둘째, 유교의 인간발달관에서는 발달단계의 구분이나 발달단계별로 차별화된 양육지침을 합리적으로 제시하고 있다. 유교적 발달관에 근거한 유유아기, 유아기, 동몽전기, 동몽후기의 구분은 최근 서구의 발달단계이론과 그 구분시기가 거의 일치하고 있으며, 양육지침도 그러한 단계적 특성을 반영하고 있다. Piaget의 발달단계에 비추어 보면 유유아기는 감각운동기, 유아기는 전조작기, 동몽기는 구체적 조작기에 해당한다. 또한 Erikson 이론의 관점에서 보면, 유유아기는 기본적 신뢰감과 자율성이 발달하는 단계이고, 유아기는 주도성, 동몽기는 근면성이 발달하는 시기로 볼 수 있다. 유교의 인간발달관에서 동몽전기를 보편적인 교육을 시작하는 시점으로 설정한 것은 바로 구체적 조작기가 시작되고, 동시에 근면성이 발달하는 시기적 특성을 그대로 반영한 것으로 볼 수 있다. 이러한 사실은 유교의 인간발달단계의 구분은 임의적인 단계구분이 아니라 발달단계별 특성에 대한 이해가 선행되었다는 사실을 뒷받침해주고 있다.

Diana Baumrind

셋째, 유교의 인간발달관은 애정 및 수용과 더불어 적절한 통제의 양육방식을 이상적인 것으로 제시하고 있다. 태교나 태몽 그리고 여러 출산 관행들은 정성, 애정, 수용이 자녀양육에서 가장 근간이 되는 덕목이었음을 말해주고 있다. 동시에 아동을 '동몽'이라고 하여 깨우침이 필요한 존재, 훈육의 대상으로 간주한 점은 아동에 대한 존중과 동시에 적절한 통제의 필요성을 말해주고 있다. '엄함'과 동시에 '자애로움'을 강조한 '엄친자모(嚴親慈母)'의 개념은 최근 서구나 우리나라의 이상적인 양육태도에 대한 관점과도 일치하는 부분이다. Baumrind(1991)도 수용과 통제의 차원이 적절한 조화를 이루고 있는 '권위 있는 (authoritative) 양육태도'를 가장 바람직한 유형으로 설정하고 있으며, 우리나라의 청소년 상담원(1996)의 연구결과에서도 '엄격하면서도 자애로운 부모'를 가장 바람직한 유형으로 지적하고 있다.

넷째, 우리 전통사회의 교육은 지행합일(知行合一)을 강조한 것이었다. 아동을 교육하는 데 있어서 행동을 먼저 가르치고 성장함에 따라 그 행동의 의미를 깨닫도록 했는데, 이것은 인간의 인지를 강조하는 인지발달이론과 행동을 강조하는 행동주의이론의 한계를 극복한 교육방식이라고 볼 수 있다. 즉, 행동의 습관화(실천)와 그에 따른 지혜의 동시적 성장을 강조하는 관점이라고 볼 수 있다(문미옥, 류칠선, 2000). 또한 서양에서는 정신과 육체, 이성과 감성, 인지와 정서를 구분해온 이원론적 사고에 따라 인간의 인지, 정서, 사회성발달 등을 각기 별개의 차원으로 간주하고 있으나, 우리나라에서는 일원론적 사고를 바탕으로 하여 인간발달의 모든 영역을 총체적으로 파악하고 있다. 즉, 신체의 변화를 비롯해 인성의 발달이나 사회적 역할 등을 고려한 종합적인 발달관이 적용된 것이다(류점숙, 1994).

다섯째, 유교의 인간발달관에서는 자녀에 대한 행동모델로서 부모역할을 강조하였다. 유교적 관점에서 이상적인 인간상은 인간성의 본질인 '인(仁)'을 개인적으로 또 사회적으로 실천하는 사람, 즉 군자이다. 태어날 때 인간은 거의 비슷하지만 사물을 익히는 정도에 따라 달라진다고 하여, 군자의 길에 이르기 위해서는 후천적 노력과 교육이 중요하다고 보았다. 그 가운데서도 특히 가정교육의 필요성을 강조하고, 가까운 관계에서부터 교육이 시작되어야 하며, 모델로서의 부모역할을 강조하였다. 이는 서구의 경험론적 관점과 상당 부분 일치하는 것으로, 유교적 인간발달관이 현대의 학습이론보다 앞서 인간발달에서의 학습과 경험의 중요성을 주장하였음을 보여주는 것이다.

한편, 유교의 인간관은 역기능적인 측면도 없지 아니하다. 그 대표적인 것을 살펴보면 다음과 같다. 첫째, 유교의 인간발달관에서 나타나는 지나친 역할구분과 남아선호사상의 문제점이다. 유교적 관점에서는 남녀의 교육내용이나 역할지침이 지나치게 엄격하게 분리되어 있었으며, 이는 현재 한국 여성의 지위와 직접적으로 관련된 요인으로 볼 수 있다. '남녀칠세부동석'에서 표현되듯이 생활공간이 안채와 사랑채로 확연하게 분리되어 있었다(사진 참조). 그 결과, 여아에게는 아버지의 영향이 철저하게 차단되어 있어 여성의 성취동기에 부정적인 영향을 주었을 것으로 짐작할 수 있다. 동시에 교육내용도 구분되어 있었고, 이와 아울러 '삼종지도(三從之道)'와 같은 사회적 관행은 여성의 의존성을 강조하고 있다. 남아선호사상은 이러한 남녀차별적인 사고와 교육의 필연적인 결과이며, 이는 최근까지도 남녀 성비의 불균형에 직접적으로 영향을 미치고 있다.

둘째, 유교의 인간발달관에서는 장유유서의 이념이 지나치게 강조된 나머지 아동의 인격이 다소 무시되었다는 점이다. 지나치게 엄격한 장유유서의 적용으로 엄격한 상하질서, 서열을 중시함으로써 아동은 성인보다 낮은 지위에 있었고 엄한 훈육의 대상이었다. 유교의 인간발달관에서 아동은 성인에 비해 생각이 모자라고 지적인 판단이 갖추어지지 않았으므로, 이를 통제하는 방법을 가르치기 위해 훈련이 필요하다고 생각하였다. 이러한 생각은 조선 후기에 이르러 아동을 천한 존재로 인식하는 것으로 발전되어 '비유(卑幼)'라고 지칭하게 되었다. 그 결과, 서당에서 회초리를 맞는 아동의 모습이 우리에게 익숙해졌고, "매를 아끼면 자식을 망친다"라고 하여 아동에 대한 체벌이 '사랑의 매'로 합리화되어 왔다. 이는 우리 사회의 높은 아동학대 건수나 이에 대한 무감각한 태도에 직접적으로 영향을 미쳤다고 볼 수 있다.

최근 우리 사회 전반에 평등주의 이념이 팽배하면서 유교적 이념은 전시대적인 유물로 간주되고, 유교적 인간관도 쇠퇴하고 있다. 남녀평등의식의 확산, 평등한 부모자녀관계로의 변화 등과 같은 현상은 분명 바람직한 방향으로의 변화이다. 그러나 여전히 남아 있는 남아선호사상이나 획일적인 평등사상으로 인한 문제점, 부모의 관심이 인지발달에만 집중되고 인간관계가 경시되면서 나타나는 '왕따'의 문제들은 앞서 논의된 바와 같이, 유교의 인간발달관에 대한 현대적 의미의 재조명을 통해 긍정적인 측면은 살려나가고, 부정적인 측면은 보완해나가고자 하는 노력이 필요하다는 사실을 말해주고 있다.

2. 불교적 인간발달관

삼국시대부터 오늘날에 이르기까지 불교는 한국문화의 중추적인 사상체계로 자리매김하여 왔다. 시대적 변천을 겪으면서 유교와 도교, 무속, 천주교와 기독교 사상 등과 상호 영향을 주고받았으나, 불교는 오늘날 우리나라에서 신도의 비율이나 그 세력에 있어 가장 큰 자리를 확보하고 있다. 세계의 여러 종교 중에 불교만큼 인간의 문제를 인간의 입장에서 해결하고자 하는 종교도 없다. 불교는 인간의 현실과 본질을 신과 같은 초월적 존재의 의지로써 설명하지 않으며, 운명으로도 설명하려 하지 않는다.

인간이 불완전한 존재로 살고 있다는 시각은 어느 종교나 일치한다. 그러나 그 불완전한 이유와 이의 극복 방안을 인간 자체에서 찾고 있는 종교가 바로 불교이다. 예를 들어, 기독교의 인간관과 비교해보면, 기독교는 인간을 '원죄의 존재'라는 일관된 입장에서 취급하는 반면, 불교는 인간을 무명(無名), 즉 무지의 존재로 파악하고 오직 인간 스스로 그 무지를 제거함으로써 고통에서 벗어날 수 있다고 가르친다.

사진 설명 부처님은 태어나자마자 일어나 동서남북으로 일곱 걸음을 걷고 사방을 둘러보며 한 손으로 하늘을, 한 손으로 땅을 가리키며 사자후를 토했다. 하늘 위와 하늘 아래 오직 나 홀로 존귀하도다. 모든 세상이 고통 속에 잠겨 있으니 내 마땅히 이를 편안케 하리라(天上天下 唯我獨尊 三界皆苦 我當安之).

불교의 근본이 되는 가르침은 누구나 불성(佛性)을 지니고 있으며, 따라서 그 불성을 깨달으면 누구나 부처가 될 수 있다는 점에서 출발한다. 이는 불교가 지향하는 궁극적 목적이 성불(成佛)에 있음을 뜻하며, 이상적인 인간상이란 곧 부처됨을 의미한다.

한국 문화를 이끌어온 중요한 사상 가운데 하나인 불교의 인간발달관을 보면, 불교에서 아동은 주체적 인격체라는 점에서 성인과 동일시하였다. 아동은 스스로 독자적 존재로서의 우주관과 진리관을 가지고 있다. 아동은 수행을 통해 자신이 가지고 태어난 업(業)을 개선하고 불성(佛性)을 발휘하여 깨달음에 도달할 수 있으나, 아직 미혹하므로 일차적으로 보호하고 교육해야 할 존재이다(권은주, 1998).

1) 인간발달의 원인

불전(佛典)에 의하면 아동발달은 부모로부터의 유전과 현재의 환경, 아동 개인의 의지가 상호작용하여 이루어진다고 한다. 인간이 비록 유전과 지난 생의 업에 의한 어떤 결과로 탄생했을지라도, 개인의 의지와 환경에 의해 앞으로의 발달이 향상될 수 있다는 것이다. 즉, 인간은 과거의 행동을 변화시킬 수는 없지만, 자신의 의지력을 통해 미래의 모

석가(釋迦563(?)-483(?) B.C.)

습은 향상시킬 수 있다는 것이다. 그리고 환경은 이러한 의지력을 가질 수 있는 조건을 형성한다고 본다. 다시 말해 불교에서는 유전과 환경 외에 인간의 의지를 강조한다.

석존(釋尊)은 인간의 신체적 형상뿐만 아니라 정신적 특성도 모두 과거에 행한 행동의 결과라고 보고 있다(권은주, 1990). 즉, 부모로부터 신체적 특성이 유전될 뿐 아니라, 윤회를 통해 정신적 특성도 과거 행동의 결과로 전해진다. 하지만 출생 당시의 상태가 인간의 삶을 결정한다고 보지는 않는다. 타고난 유전과 지난 생의 업에 대한 정신적 특성보다 더 중요한 것은 환경과 개인의 강력한 의지라고 보고 있다. 즉, 불교에서는 인간은 자신의 유전적 특성을 변화시킬 수는 없지만, 윤회의 고통을 끊는 궁극적 목표를 향해 자신의 재능을 이용하고, 정신적 발달에 이바지하는 그러한 환경을 찾음으로써 고귀한 삶을 실현할 수 있는 것으로 본다.

2) 인간발달의 단계

불교에서는 인간의 발달이 한 생(生)으로 끝나는 것이 아니라 12연기[16]의 연속성으로 인해 그 자신의 업(業)에 따라 윤회(輪廻)한다고 본다. 따라서 수태되는 순간에 이미 이전 생(生)의 정신적 요소를 지니게 된다고 본다. 인간은 윤회하는 동안 생유(生有), 본유(本有), 사유(死有), 중유(中有)의 네 단계를 거치는데 그 구체적인 내용은 다음과 같다(백경임, 1985). 첫째, 생유는 모든 중생이 모태(母胎)에서 수태되는 순간을 말하며, 둘째, 본유는 어머니 몸에 수태된 이후부터 일생을 마칠 때까지를 말한다. 셋째, 사유는 사망하는 순간을 말하며, 넷째, 중유는 중생이 사망한 후 자신의 업에 따라 다음 생을 받기까지를 말한다.

하지만 불교에서 인간의 발달단계를 나누는 것은 명확하지 않다. 인간발달을 인간이 최고의 목표로 삼는 깨달음에 이르기 전과 후로 나눌 수도 있겠지만, 모든 사람이 때가

---

16) 연기(緣起)-연기설(緣起說) 또는 인연설(因緣說) 이라고 함. 모든 존재는 공간적으로나 시간적으로나 어느 하나도 독립됨이 없이 서로 인(因)이 되고 연(緣)이 되어, 서로 의지한 채 인연생기(因緣生起)하고 있다는 진리.
12연기설-노사(老死)에서 무명(無名)까지의 12단계를 칭하는데(그림 참조), 인간이 생명의 자연스러운 흐름에 역행함에 따라 가지게 되는 고통에 대해 설명하고 있다. 즉, 인간의 고통과 죽음은 진리에 대한 자신의 무지에서 연기한 것을 보여주고 있다.

되면 깨달음의 단계에 도달한다고는 볼 수 없으므로, 이를 발달단계의 보편적 기준으로 보기는 어렵다. 따라서 여기서는 불전을 중심으로 인간의 일생을 크게 태내기와 태외기로 나누어 살펴보고자 한다(권은주, 1990).

(1) 태내기(胎內期)

불교에서는 인간의 생이 윤회(輪廻)하는 가운데, 인연에 의해 현생(現生)에서 부모와 자녀관계가 성립한다고 본다. 또한 수태에는 부모의 정자와 난자의 결합 외에 식(識)[17]이라고 하는 정신적 요소가 필요하다고 한다. 불교에서는 수태의 순간을 한 인간의 초기 형태로 보는데, 『증일아함경(增壹阿含經)』에서 수태에 대한 기록을 살펴보면 다음과 같다(권은주, 1990; 백경임, 1986).

사진 설명 불교에서는 인간의 발달이 한 생으로 끝나는 것이 아니라 자신의 업에 따라 윤회한다고 본다. 두 남녀가 서 있는 사진의 배경을 자세히 들여다보면 태아의 모습을 발견할 수 있다.

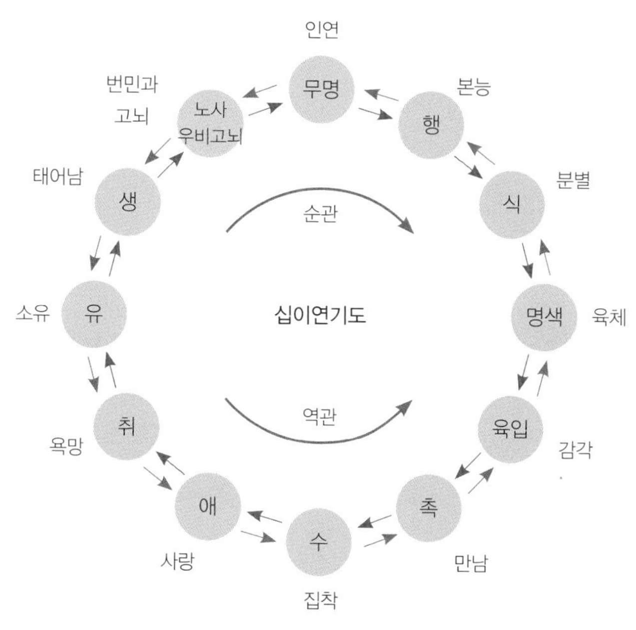

〈12연기설〉

출처: 이경숙(2001). 마음의 여행. 서울: 정신세계사.

17) 우리가 마음, 영혼, 정신 등과 비슷한 의미로 사용하고 있는 이 식(識)이란 말은 인간의 정신세계를 여덟 가지 식(識)으로 구분해서 설명하는 불교의 유식설(有識說)에서 나온 것이다.

부모와 외식(外識) 등 세 가지의 인연이 화합하여야 수태가 가능하다. 만약 어머니에게 욕심이 있어 부모만 함께 교합하고 밖에서 식(識)이 들어오지 않는다면, 수태가 불가능하다. 또 밖에서 식(識)이 들어온다 하여도 부모가 교합하지 않으면 수태가 불가능하다.

먼저, 수태하게 되면 점차 우유가 엉긴 것같이 되며, 마침내 다시 우무 버섯 같아지면서, 뒤에 어떤 형상을 이룬다. 먼저, 머리와 목이 생기고, 다음에 손과 발, 각각의 뼈마디, 털과 손톱, 발톱이 생긴다. 어머니가 음식을 먹을 시엔 그 기를 활용해 생명을 이어가니 바로 이것이 수태의 근본이라. 그로써 형체가 이루어지고 모든 감각기관을 갖추어 어머니로 말미암아 태어나게 되나니 수태의 괴로움이 이와 같다.

사진 설명 『불설포태경(佛說胞胎經)』

수태로부터 시작하는 불교의 인간발달 단계는 윤회(輪廻)와 인과사상(因果思想)에 바탕한 것이다. 무명(無名)으로 인해 연기(緣紀)를 계속하는 인간은 수태하는 그 순간에 수없는 생을 반복해 살아온 중생(衆生)의 식(識)이 삽입되면서 태아가 형성된다는 것이다. 따라서 태내기부터 시작하는 불교의 인간발달 단계는 출생과 동시에 한 살이 되는 우리나라의 전통적 아동발달관뿐만 아니라 현대 태내기의 중요성을 강조하는 부분과도 일맥상통한다.

태아의 발달단계에 대해서 『수행도지경(修行道地經)』『불설포태경(佛說胞胎經)』『대보적경(大寶積經)』『해탈도론(解脫道論)』[18]에서는 태내기간을 약 38주로 보고 각 주의 성장과정을 자세히 언급하고 있다. 태아는 38주(266일)가 되면 정신과 육체가 모두 구족(具足)하여 마침내 탄생하게 된다. 이러한 불교의 태내발달 과정은 오늘날 의학의 발달을 통해 관찰된 연구결과와 거의 일치한다(백경임, 1986).

18) 스리랑카의 우파티사(Upatissa: 150~250년경)가 지은 불교서적. 남방불교의 교리를 소개하여 5세기경 부다고사(Buddhaghosa)가 지은 『청정도론(淸淨道論)』에 큰 영향을 끼침. 두 서적은 남방불교의 근본 교리를 백과사전식으로 수록한 것으로 스리랑카 불교에서 중요한 문헌으로 손꼽힘.

(2) 태외기(胎外期)

사진 설명 동자(童子)

태외기는 아기가 탄생한 후의 단계이다. 불전에서는 발달단계를 초생(初生), 영해(嬰孩), 동자(童子), 소년(少年), 성년(成年), 쇠노(衰老) 등으로 나누고 있지만, 각 단계마다의 과업은 설명하고 있지 않다. 이는 발달의 최종 목표가 깨달음에 도달하는 것이고, 이러한 목표는 연령에 관계없이 해당하기 때문이다.

이들 중 아동기에 해당한다고 볼 수 있는 것은 초생(初生), 영해(嬰孩), 동자(童子) 및 소년기(少年期)이다. 불전에서는 이 단계에 해당하는 아동들은 일차적으로 성인의 보호가 필요하다고 보고 있다.

3) 발달목표와 교육내용

불교에서 인간발달의 궁극적인 목표는 고통으로부터 벗어나는 것이다(윤호균, 1999). 즉, 윤회와 그것의 고통을 없애고 깨달음에 이르는 것이다. 여기서 깨달음이란 자아실현을 이룩하는 것으로 최상의 도덕성을 의미한다. 현대 인본주의적 관점에서 발달을 논하고 있는 Maslow(1971)도 불전의 주장과 유사하게 인간발달의 궁극적인 목표로 자아실현적인 인간상을 들고 있다.

불교의 가르침의 정수(精髓)는, 인간은 생로병사(生老病死)로 인해 계속적인 신체적 · 정신적 고통을 경험하는 존재라는 관점이다. 그것은 인간이 태어나서 늙고 병들고 마침내 죽게 되는 고통을 경험하고, 기쁨의 순간에도 슬픔의 원인이 있다고 보기 때문이다. 따라서 윤회의 고통을 없앨 때만이 인간발달의 최고 목표에 도달한다는 입장이다.

석존은 깨달음에 도달하기 위한 수행방법을 비교적 상세히 설하고 있는데, 초심자의 경우는 도덕적이고 바람직한 행동으로부터 시작해야 한다고 한다. 바람직한 행동을 위해 아동은 아직 미성숙하므로 성인의 보호와 가르침을 받아야 하는데, 그것은 아동의 창의성을 바탕에 두고 이루어져야 한다고 설한다.

불전에는 깨달음을 위한 대표적인 교육방안으로 사성제(四聖諦)와 팔정도(八正道)가 제시되어 있다. 사성제는 인간이 왜 괴로움의 존재인지 그 이유를 설명하고, 그 괴로움

사성제1: 고성제

사성제2: 집성제

사성제3: 멸성제

사성제4: 도성제

〈그림 13-1〉 사성제: 고성제, 집성제, 멸성제, 도성제

으로부터 벗어나 인간발달의 목표에 도달하는 길을 제시한 것이다. 팔정도는 깨달음에 이르는 여덟 가지 바른 길을 의미하는 것으로, 도덕적인 사고와 행동, 지적인 자율, 정신적인 훈련과 적절한 의지로 깨달음을 단계적으로 실천하는 방법을 제시하고 있다. 사성제와 팔정도의 내용을 좀더 구체적으로 살펴보면 다음과 같다.

유한한 인간 삶의 현실을 직시하며, 보다 올바른 삶, 보다 가치 있는 인생을 위한 실천원리를 사성제라고 한다(〈그림 13-1〉 참조). 사성제란 네 가지 성스러운 진리를 뜻하는 것으로, 도를 닦는 이는 반드시 이 네 가지 진리를 알아야 한다고 한다. 사성제는 우선 모든 존재는 고통스럽다는 전제로부터 출발하는데 이것을 고성제(苦聖諦)라고 한다. 인간이 태어나는 고통(生苦), 늙는 고통(老苦), 병드는 고통(病苦), 죽는 고통(死苦), 사랑하는 사람과 헤어지는 고통(愛別離苦), 미워하는 사람과 만나는 고통(怨憎會苦), 구하여도 얻을 수 없는 고통(求不得苦), 오관(五管: 眼, 耳, 鼻, 舌, 身)의 작용으로 인한 고통 등이 그것이다. 둘째, 고통은 집착으로 말미암아 생겨나는 것이니 이와 같은 고통의 원인을 집성제(集聖諦)라고 한다. 집성제는 환자에게 병이 생긴 원인이 있듯이 모든 중생이 생로병사 등의 온갖 고통을 받는 데는 그에 따른 근원적인 원인이 있다고 보는 것이다. 그것이 바로 갈애(渴愛)와 무명(無明)이다. 여기서 갈애는 욕망을 의미하고 무명은 어리석음에 해당된다고 할 수 있다. 누구든지 무명을 끊지 못하고 갈애를 떨쳐버리지 못하는 한 반복되는 윤회의 고통에서 벗어날 수 없다. 하지만 마음속의 무명과 갈애를 제거하게 되면 온갖 고통은 사라지고 즐겁고 안온한 경지가 펼쳐지는데, 이것을 멸성제(滅聖諦)라고 한다. 여기서 '멸(滅)'이란 고통이 완전히 소멸된 상태라는 뜻이다. 흔히 알고 있는 열반의 경지, 해탈의 경지, 깨달음의 경지가 모두 이것을 두고 한 말이다. 그렇다면 우리는 어떻게 이 '멸'의 경지에 다다를 수 있을까? 고통을 소멸시키는 방법, 무명과 갈애를 제거하는 길이 있으니 이것을 도성제(道聖諦)라고 한다. 여기서 '도(道)'는 '멸'에 이르는 길, 즉 방법과 수단을 가리키는 것인데, 가장 대표적인 길로 여덟 가지 올바른 길인 팔정도(八正道)가 제시되고 있다.

팔정도는 고통을 없애는 길에 관한 여덟 가지 진리를 말하는 것인데, 여기에는 정견(正見), 정사유(正思惟), 정어(正語), 정업(正業), 정명(正命), 정정진(正精進), 정념(正念), 정정(正定) 등이 있으며[19] 이는 크게 세 가지로 분류된다. 첫째, 도덕적인 사고와 행동, 둘

19) 정견(正見): 바르게 본다는 것을 뜻한다.
정사유(正思惟): 바르게 사유한다 또는 바르게 마음먹는다는 것을 뜻한다.
정어(正語): 바르게 말하는 것을 뜻한다.
정업(正業): 부정한 행위를 삼가고 바르게 일하는 것을 뜻한다.

사진 설명 양산통도사에 있는 '팔정도' 탑

째, 지적인 자율로서 스스로 세계를 분석하고 그것의 진정한 본질을 이해하는 것, 셋째, 정신적인 훈련과 적절한 의지로 깨달음을 단계적으로 실천하는 것이다. 따라서 팔정도는 지적인 이해에 대한 기초가 도덕적인 행동을 발달시킬 뿐만 아니라, 인간의 미래의 과정도 현재의 행동에 의해 결정된다고 보는 것이다.

일반적으로 최종의 깨달음은 곧바로 쉽게 도달할 수 없다. 먼저, 개인의 도덕과 실천을 통해 진정한 삶의 본질을 깨닫는 중간 목표에 도달하게 된다. 그리고 개인의 강인한 의지와 노력을 통해 연기(緣起)의 사슬을 끊어 윤회에서 벗어남으로써 인간발달의 최고 목표에 도달하게 된다 (권은주, 1990; 김종의, 2000).

4) 부모자녀관계

불교에서는 부모와 자녀의 관계를 생물학적인 관계를 넘어 태아의 발생까지 다겁다생(多劫多生)의 인연으로 시작되는 것으로 본다. 부모는 자녀를 태아 때부터 보호하고 적절히 교육시킬 권리와 의무가 있으며, 자녀는 이러한 부모의 은혜를 갚고자 노력해야 함을 강조하고 있다.

불교의 부모자녀관을 구체적으로 살펴보면 다음과 같다(백경임, 1981). 첫째, 어머니의 자녀에 대한 사랑이 모든 사랑 가운데 가장 깊은 것으로 보는 부모자녀관을 갖는다. 둘째, 자녀사랑이 집착이 될 때 수도에 장애가 된다는 부모자녀관을 보여준다. 이는 부처가 출가수행 중에 아들을 낳았다는 소식을 접하고 "라훌라(Rahula)가 생겼구나"라고 한 것에서 알 수 있다. 라훌라는 장애를 뜻하는 말로, 자식의 탄생이 곧 자신의 수도에 장애물이 된다는 것을 의미한다. 셋째, 부모-자녀 사이가 윤회전생(輪廻轉生)하는 도중에 만나는 일회적 관계를 넘어서 공(空)으로 여겨지는 무아사상(無我思想)에 입각한 부모자녀

정명(正命): 바르게 생활하는 것으로서 올바른 생활방식으로 의식주를 구할 것이 권해지고 있다.

정정진(正精進): 바르게 노력하는 것으로서 "끊임없이 노력하여 물러섬이 없이 마음을 닦는 것"이라고 한다.

정념(正念): 실체와 사고 · 감정의 움직임에 대하여 깨어 있는 것을 뜻한다.

정정(正定): 바르게 집중한다는 말로서 마음을 한곳에 집중하는 것인데, 삼매(三昧)라는 용어를 통해 잘 알려진 수행법이다.

관을 가진다.

부모가 자녀를 돌보아야 하는 부모의 의무에 관해서 네 가지 경전은 다음과 같이 기술하고 있다(백경임, 1981, p. 61). 『선생자경(善生子經)』[20]에서 "부모도 또한 다섯 가지로 자식을 사랑하고 불쌍히 여겨야 하느리라. 다섯 가지란 집의 기업(基業)을 이룩하고, 이로운 일을 도모하며, 결혼을 시키고, 성현의 경전과 도학(道學)을 가르치며, 재산(財産)을 물려주는 것"으로 부모의 의무를 기술하였다.

사진 설명 부모의 의무 중 하나는 자녀를 제때에 결혼시키는 것이다.
ⓒ 이서지 꼬마신랑 Young Bridegroom (43×43cm)

『불설시가라월육방례경(佛說尸迦羅越六方禮經)』에 따르면 "첫째는 악을 버리고 선에 들도록 하고, 둘째, 학업에 힘쓰도록 가르쳐야 하며, 셋째, 경전과 계율을 지니도록 해야 하고, 넷째, 일찍이 결혼을 시켜주어야 하며, 다섯째, 집안의 재산을 급여(給與)해주어야 한다"고 했다.

『중아함경(中阿含經)』에서는 "첫째, 아이를 사랑스럽게 생각한다. 둘째, 대어주어 모자라지 않게 한다. 셋째, 자식에게 빚을 지지 않게 한다. 넷째, 때맞추어 결혼시킨다. 다섯째, 재물을 즐거이 자식에게 물려주는 것이다"로 기록되어 있다.

『장아함경(長阿含經)』에는 "부모는 오사(五事)로써 자녀에게 경친(敬親)해야 한다. 첫째, 자녀를 제어하여 악을 행하는 것을 용서하지 않는다. 둘째, 가르치고 일러주어 그 착한 것을 보여준다. 셋째, 자애(慈愛)함이 뼛속 깊이 스며들게 한다. 넷째, 선한 짝을 구해준다. 다섯째, 때에 따라 그 쓰임을 대어준다"라는 구절이 있다.

이상의 내용을 종합하면 부모의 의무는 첫째, 자녀를 깊이 사랑해야 하고, 둘째, 악을 멀리하고 선에 들게 하며, 셋째, 알맞은 때에 결혼을 시키고, 넷째, 경제적인 뒷받침을 해주는 것이라 할 수 있다. 즉, 불교에서는 부모는 자녀에 대해 도덕, 학문, 종교에 대한 교육적인 일차적 책임이 있으며, 또한 결혼과 경제적 뒷받침을 해줄 의무가 있다고 본다.

반면, 부모와 자녀 관계에 대한 대표적 경전인 『부모은중경(父母恩重經)』[21]에는 부모와

20) 초기불교에 있어서의 재가자가 지켜야 할 실천규범을 설한 경전임. 세속적인 인간관계에서 예의범절의 중요성을 가르치고 있는 경전으로 일상생활의 지침을 제시하고 있음.

21) 부모의 크고 깊은 은혜를 보답하도록 가르친 불교 경전.

사진 설명 진자리 마른자리 가려 뉘시는 어머니의 은혜
ⓒ 이서지 어머니와 아들 Mother and Son (37×42cm)

자식 간의 관계, 나아가 자식이 부모의 은혜를 알고 또 갚아야 한다는 내용이 담겨져 있다. 여기서 언급한 열 가지 부모의 은혜는 다음과 같다.

첫째, 열 달 동안 어머니 뱃속에서 품고 지켜주신 은혜
둘째, 해산에 임하여 그 큰 고통을 견디시던 은혜
셋째, 자식을 낳고서 모든 근심을 잊어주신 은혜
넷째, 쓴 것은 삼키고 단 것은 뱉어서 자식을 먹이시던 은혜
다섯째, 진자리 마른자리 가려 뉘시는 은혜
여섯째, 젖을 먹여 길러주신 은혜
일곱째, 손발이 다 닳도록 깨끗하게 씻어주시던 은혜
여덟째, 자식이 먼 길을 떠났을 때 걱정하시던 은혜
아홉째, 자식을 위해서라면 온갖 궂은일도 마다하지 않으신 은혜
열째, 죽을 때까지 자식을 안타까이 여기시는 은혜

사진 설명 『부모은중경(父母恩重經)』 회탐수호은(懷耽守護恩: 낳아 준 은혜) 도판부분

『부모은중경』은 부모자녀 간의 관계와 부모에 대한 보은(報恩)을 강조한 점에서 유교의 『효경(孝經)』[22]에 비유할 만한 경전이다. 그러나 유교의 『효경』과는 몇 가지 점에서 차이가 있다. 첫째, 『부모은중경』은 부모의 은혜에 대하여 각각 구체적인 예를 제시하면서 설명하고 있다. 둘째, 아버지보다 어머니의 은혜를 중심으로 다루고 있다. 셋째, 부모의 은혜를 갚기 위한 보은의 방법이 구체적으로 제시되어 있다. 넷째, 효도하는 행위만을 강조하지 않고 불효한 행동들 또한 열거되어 있다. 다섯째, 부모의 은혜가 비교적 과학적으로 표현되어 있다 (김종의, 2000).

22) 유교 경전(經典)의 하나로, 공자(孔子)가 제자인 증자(曾子)에게 전한 효도에 관한 논설 내용을 훗날 제자들이 편저(編著)한 것임.

5) 평가

불교는 삼국시대 이래 현대에 이르기까지 우리 한국사회의 전반적인 이념에 크게 영향을 미쳤다. 특히 조선 초기의 집권층이 유교적 이념의 구현을 강조하였지만, 실제로 민간에서는 불교적 관행이 그대로 존속하게 되었다는 사실에 비추어볼 때, 불교는 유교보다 더 광범위하게 우리 사회의 인간발달관에도 영향을 미쳤다고 볼 수 있다.

불교의 인간발달관이 우리 사회에 공헌한 점을 살펴보면 다음과 같다. 첫째, 불교의 인간발달관에서는 태내발달의 단계별로 발달특성이나 형태를 현대의 과학적 연구결과와 거의 유사하게 제시하고 있다. 수태 시의 형상이나 발달순서, 영양의 중요성에 대한 38주간의 태내발달에 대한 『증일아함경』의 기록은 현대의학의 관찰결과와 거의 일치하고 있다. 이는 아동은 발달하는 것이 아니라 이미 형성되어 있다고 보는 서구의 전성설(preformationism)적인 관점에 비해 상당히 앞선 시각이라고 볼 수 있다. 17세기까지 서구의 과학자들은 정자 안에 '축소인간'이 만들어져 있다고 생각했으나(〈그림 1-1〉 참조), 우리의 경우는 이미 태내발달의 시기에 따라 성장 · 발달해가는 아동의 특성에 대해 알고 있었으며, 이는 인간관에도 그대로 반영된다.

둘째, 불교의 인간발달관은 이러한 태내발달에 대한 과학적인 시각으로 인해 태내기의 중요성이 강조되었고 나아가 아동존중사상으로 발전하였다. 서양에서는 아기가 태어나 첫돌이 되어야 한 살이 되지만 우리나라에서는 태어나자마자 한 살을 먹게 된다. 이는 수태되는 순간부터 하나의 온전한 생명체임을 인정하는 것으로서, 인간생명의 존중사상과 더불어 오늘날 발달된 태아과학의 관점에서 볼 때도 매우 과학적인 사고였음을 알 수 있다. 또한 불교에서는 누구나 불성을 가지고 있어 이를 깨달으면 부처가 된다고 간주하였으며, 부모자녀관계는 다겁다생의 인연의 결과로 파악하고 자녀를 보호의 대상으로 보았다. 그러므로 부모와 자녀는 서열적인 관계라기보다는 평등한 관계이며, 아동은 성인과 동등한 인격체로 존중의 대상으로 생각했다.

셋째, 불교의 인간발달관은 자녀에 대한 수용과 애정을 강조하면서 동시에 적절한 통제의 필요성을 강조하고 있다. 불교의 인간발달관에서는 부모의 자녀에 대한 사랑이 모든 사랑 가운데 가장 깊다고 하여 수용과 애정의 중요성을 강조하고 있다. 그러나 이와 동시에 자녀에 대한 사랑이 지나쳐 집착하는 경우, 여기에서 문제가 비롯된다는 점을 강조하고 있다. 유교적 관점에서는 아동을 동몽이라고 하여 훈육의 필요성에서 통제를 강조하였다면, 불교적 관점에서는 자녀에 대한 집착 자체에서 고통이 생기는 것으로 보고 적절한 한계와 통제를 설정하였다는 차이점이 있다. 그러나 이들 관점은 모두 적절한 조절과 중용의 덕을 강조하고 있으며, 앞서 논의된 온정과 통제가 적절하게 균형을 이루는 것이 가장 바람직한 양육태도라는 최근의 관점과도 일치하는 것이다. 이는 자녀에 대한 과잉보호적, 익애적(溺愛的)인 태도로 인한 인간발달상의 문제나 맹목적인 사랑으로 인한 가족이기주의에 대한 적절한 경고가 된다.

넷째, 불교의 인간발달관에서는 인간발달에 영향을 주는 요인으로 유전과 환경 그리고 개인의 의지, 이 삼자의 상호작용을 강조하고 있다. 유전과 환경에 대한 논쟁은 인간발달 분야에서 오랫동안 쟁점이 되어온 주제이다. 그런데 서양에서는 이 두 요인을 서로 독립적인 것으로 생각하는 생득론자와 양육론자의 주장이 팽팽히 맞서는 가운데, 인간발달이 유전과 환경의 상호작용에 의해 이루어진다는 인식이 형성된 것은 극히 최근의 일이다. 그러나 불교의 인간발달관에서는 이 두 가지 요인을 모두 인정하고 수용했을 뿐 아니라 개인의 강력한 의지를 보다 더 중요시해왔다. 즉, 인간의 행복과 불행을 신이나 운명에 의해서 발생하거나 우발적으로 발생하는 것이 아니라, 인간 자신의 의지적 행동에 의해서 초래되는 것이라고 이해한다. 또한 수태 시에 부모의 정자와 난자의 결합 외에 '식(識)'이라는 정신적 요소가 필요하다고 하여 유전의 개념을 생물학적 특성을 넘어서는 보다 포괄적인 개념으로 발전시키고 있다.

다른 한편으로 불교적 인간발달관의 부정적 측면을 든다면, 불교의 인간발달관에서는 발달을 설명하는 주요 개념에 대한 실증적인 검증이 불가능하다는 점이다. 현재의 발달을 윤회를 통한 과거의 행동결과로 설명하는 것, 윤회과정에서 인간이 사망한 후 자신의 업에 따라 다음 생을 받기까지의 '중유' 단계, 12연기설 등에 대한 실증적인 검증이 불가능하다는 점 등이다. 또한 이들 용어들에 대한 이해도 쉽지 않아 일반인들이 접근하기 어렵다는 점도 문제점으로 지적된다.

인간발달과 관련된 분야에서 해방 이후 우리는 지속적으로 서구의 여러 문헌들을 받아들여 왔으며, 그 결과 주로 영어권의 이론들이 국내에 소개되고 널리 보급되었다. 한자 위주의 전통양육서에 대한 접근은 거의 초보적인 수준이며, 몇 개의 번역서는 조선시대의 아동양육서로서 주로 유교의 아동관을 대표하는 것들이었다. 앞으로 불교의 인간관에 대한 보다 깊이 있고 폭넓은 연구를 통해 우리의 전통적인 인간발달관에 대한 대중적인 이해와 현대적 의미의 아동관을 재정립하는 것이 필요한 것으로 사료된다.

3. 동서양 인간발달이론의 비교

동양심리학과 서양심리학을 비교해보면, 이 양자의 큰 차이점은 무엇보다도 인간의 발달과정을 연구하는 접근법에 있음을 알 수 있다. 서양에서는 대부분의 연구가 어딘가 잘못된 비정상적인 사람을 연구대상으로 하는 반면, 동양에서는 정상적이며 사회적 적응이 제대로 되고, 남에게 모범이 될 만한 성숙한 인물을 연구대상으로 한다. Maslow(1971)는 이 점에 대해, 만약 심리학자가 정신장애자나 신경증 환자만을 대상으로 발달심리학을 연구한다면 이는 곧 불구심리학에 지나지 않을 것이라고 경고한 바 있다. 그러면서 인간을 연구대상으로 하는 과학인 심리학이 보다 완성되고 포괄적인 것이 되기 위해서는 자신의 잠재력을 충분히 실현시킨 사람들을 대상으로 연구해야 한다고 주장하였다.

「Z 이론(Theory Z)」에서 Maslow(1969)는 '완전한 인간(fully human)' '자아실현인(self-actualized person)' 등을 기술한 바 있는데, 이 사람들의 특성은 동양심리학에서 말하는 이상적 인간상과 매우 유사한 것이다. 공자가 말한 '군자(君子)'라든가, 불전(佛典)에서 강조한 '자아성취인', Maslow, Goldstein, Adler 등의 '자아실현인'의 개념은 서로 유사한 개념이라고 할 수 있다. 이들 개념을 비교해보기로 한다.

1) 공자의 이상적 인간상: 군자

공자(孔子)는 이상적인 인간상으로 군자(superior man)상을 제시하고 있다. 군자란 사람됨의 도를 닦아 훌륭한 인격을 갖춘 사람을 뜻한다. 공자에 의하면, 인간은 본래 거의 비슷하나 자기수양에 의해 점차 차이가 난다고 한다. 정상적인 인간이면 누구나 군자가 되겠다는 열망을 간직한다는 것이 공자의 중심 사상이다. 여기서 '우월(superior)'이라 함은 가능하다면 다른 사람보다 뛰어나기를 바라지만, 보다 근본적으로는 과거의 자신 그리고 현재의 자신보다 우월하게 되는 것을 말하는 것이다.

사진 설명 공자가 제자들에게 가르침을 주고 있다.

공자는 발달의 목표를 인(仁)으로 보았는데, 인을 통해서 개인은 군자가 된다고 한다.

인이란 완전한 자기이해와 한 걸음 더 나아가 타인에 대한 이해와 사랑을 말한다. 인의 주요 특성은 진실, 정의, 효(孝) 그리고 인간관계에서의 상호존중이다. 인은 사랑을 토대로 하는 것인데, 첫째는 부모에 대한 사랑이고, 다음이 이웃에 대한 사랑 그리고 궁극적으로는 모든 인간에 대한 사랑이다. 그리고 적절한 인간관계는 예(禮)를 바탕으로 해서 이루어진다. 인을 갖춘 사람은 언행이 진실되고 거짓이 없으며, 그가 말하고 행하는 것은 바로 그가 생각하는 바와 같다.

공자는 『논어(論語)』『대학(大學)』『예기(禮記)』 등에서 군자의 특성에 관해 언급한 바 있는데, 김광웅(1980)은 이들의 내용을 정리하여 군자의 특성을 다음과 같이 요약하고 있다.

① 정의를 추구하는 사람, ② 배우기를 게을리하지 않는 사람, ③ 언행이 일치하는 사람, ④ 친화적 인간관계를 가진 사람, ⑤ 정신적으로 안정된 사람, ⑥ 자기통찰을 통해 스스로 잘못을 고치는 사람, ⑦ 남이 인정해주는 것에 급급해하지 않는 사람, ⑧ 물욕에 빠져 있지 않은 사람, ⑨ 신의가 있는 사람, ⑩ 의로운 일에 용기가 있는 사람, ⑪ 예의를 존중하는 사람, ⑫ 자기 구실(일)에 충실한 사람, ⑬ 확고한 주체성을 가지고 남에게 의존하지 않는 사람, ⑭ 인내하고 자제할 줄 아는 사람, ⑮ 남의 좋은 점은 키워주되 허물은 들추지 않는 사람이다.

2) 불전의 이상적 인간상: 자아성취인

불전의 가르침은 인간이 사회생활을 영위함에 있어 "인간은 어떻게 존재하는가?"를 정확하게 인식하고, 거기로부터 "인간은 어떻게 존재해갈 것인가?"라는 인간의 이상적인 삶의 형태를 제시하려는 것이다. 불전에서는 이상적인 인간상으로 '아라한(Arahat)'을 제시하고 있다. '아라한'의 어의(語義)는 '숭배할 만한 사람' 또는 '찬양할 만한 사람'이란 뜻이다. 아라한은 전형적인 성인(聖人)이며 믿을 수 없을 만큼 덕성스러운 존재로서, 서양의 성격이론의 관점에서 보면 현실적으로 존재하기에는 너무나 훌륭한 존재인 것이다. 그러나 아라한은 Maslow 등이 기술한 '자아실현인'과 유사한 점이 많다. 아라한은 하나의 이상적인 인간상이며, 누구나 실행할 수 있는 점진적 변화의 종착점이다. 그러므로 승려나 초보적인 명상가가 하룻밤 사이에 성인이 될 수는 없겠지만, 보다 건강한 심적 상태를 이루기 위해 누구나 노력해봄직한 것이다. 즉, 인간이 명상을 통해 통찰이 깊어지면 자신의 정신세계에 존재하는 모든 불건전한 요소들은 사라지고, '아라한'의 경지에 이르게 된다는 것이다.

우리나라 불교 용어인 '나한(羅漢)'은 '아라한(阿羅漢)'의 줄임말로 산스크리트어 아르

핫(Arhat)을 한자로 음역하여 만들어진 말이다. 「증일아함경(增一阿含經)」에서는 부처의 입멸 뒤 그의 말씀을 경전으로 편찬하기 위해 모인 500명의 제자가 곧 '오백나한'이라고 말하고 있다. '나한'은 내면의 고독과 정진으로 윤회의 수레바퀴를 벗어나 인간으로서는 가장 높은 경지에 오른 사람을 일컫는다. '나한'은 이처럼 성(聖)과 속(俗)의 경계에 머물며, 실은 나와 크게 다르지 않은 위치에 있기에 누구나 편하게 다가갈 수 있는 대상이 된다. 강원도 영월 창령사 터 '오백나한상'(사진 참조)은 볼수록 친근하며 우리의 마음을 잡아끈다.

아라한의 심리적 특성은 다음과 같다(김광웅, 1980). ① 모든 사람에 대해 공명정대함, ② 어떠한 상황에서도 평온한 마음을 가짐, ③ 민활하고 빈틈없음, ④ 평범하고 따분한 일 속에서도 기쁨을 찾음, ⑤ 강한 연민의 정을 지니고 있음, ⑥ 사랑에 찬 친절을 보임, ⑦ 신속하고 정확하게 지각함, ⑧ 침착하고 재치있게 행동을 취함, ⑨ 다른 사람에게 자신을 열어보임, ⑩ 다른 사람의 요구에 민감함, ⑪ 감각적 욕망에 탐닉하지 않음, ⑫ 어떤 종류의 불안이나 공포도 없음, ⑬ 독단에 빠지지 않음, ⑭ 어떤 상황에서도 혐오하는 마음이 없음, ⑮ 육욕과 분노의 감정에 빠지지 않음, ⑯ 고뇌의 경험들을 극복함, ⑰ 인정, 쾌락, 칭찬의 욕구에 빠져 있지 않음, ⑱ 생존에 최소한으로 필요한 것 이외는 욕심이 없음 등이다.

서양에서도 많은 이론가들이 이상적인 인간상에 관심을 가지고 구체화하였는데, Maslow, Goldstein, Adler 등이 그 대표적인 학자들이다.

3) Maslow의 이상적 인간상: 자아실현인

Abraham Maslow
(1908–1970)

Abraham Maslow는 인본주의 심리학자로서 인간의 욕구에 대한 위계(hierarchy)를 개념화한 것으로 유명하다. Maslow에 의하면 인간에게는 다섯 가지 기본 욕구가 있는데, 생리적 욕구, 안전의 욕구, 소속과 애정의 욕구, 자아존중감의 욕구 그리고 자아실현의 욕구가 그것이다(〈그림 6-1〉 참조). Maslow에 의하면 모든 인간은 자신의 잠재력을 실현시키고자 하는 능동적 의지를 가지고 있지만, 대부분의 사람들은 자아존중감의 단계에서 멈추게 되고, 최고의 수준인 자아실현에 도달하기는 매우 힘들다고 한다. Maslow는 자아실현인의 특성을 다음과 같이 요약하고 있다.

① 사람과 사물을 객관적으로 지각한다. ② 자신과 타인을 있는 그대로 받아들인다. ③ 가식이 없이 솔직하고 자연스럽다. ④ 자기중심적이 아니고 문제중심적이다. ⑤ 혼자 있기를 좋아하고, 홀로인 것에 개의치 않는다. ⑥ 자신이 속해 있는 사회적 환경으로부터 독립하여 자율성을 갖는다. ⑦ 사람과 사물에 대한 인식이 구태의연하지 않고 신선하다. ⑧ 반드시 종교적인 것이 아니더라도 신비롭고 황홀한 기쁨을 경험한다. ⑨ 인류에 대한 연민과 애정을 가지고 있다. ⑩ 대인관계가 피상적이지 않고, 깊고 풍부하다. ⑪ 민주적인 성격구조를 가지고 있다. 즉, 사회계층, 인종, 교육수준, 종교, 가문, 정치적 신념에 상관없이 모든 인간을 존중한다. ⑫ 수단과 목적을 혼동하지 않는다. ⑬ 깊이 있고 철학적인 유머감각이 있다. ⑭ 지혜롭고 창의적이다. ⑮ 자신이 속한 문화를 인정하지만 무조건 동조하지는 않는다.

Maslow는 1969년에 「Z이론」을 『초개인 심리학회지(Journal of Transpersonal Psychology)』 창간호에 게재하였는데, 이 학회지는 Maslow와 유사한 문제에 관심을 가진 심리학자들의 토론 장소가 되었다. 초개인(超個人) 심리학이란, 행동주의이론(제1세력), 정신분석이론(제2세력), 인본주의이론(제3세력)에서 체계적인 위치를 차지하고 있지는 않으나 궁극적인 인간의 능력과 잠재력에 관심을 기울이는 사람들이, 심리학 분야에서 새로이 형성되고 있는 세력에 붙인 명칭이다. 초개인 심리학(제4세력)은 특히 궁극적인 가치, 통합의식, 절정경험, 황홀감, 신비적 경험, 외경, 자아실현, 자기초월, 영혼, 우주적 인식 … 그리고 이에 관련된 개념, 경험 및 활동 등에 특히 관심을 가진다(Hall & Lindzey, 1978). 초개인 심리학자들은 동양심리학을 연구하고 도입하는 데 개방적이었다. Maslow 자신도 동양의 문헌을 폭넓게 탐독하였으며, 건강성에 관한 새로운 개념을 개발하여 약간의 동양심리학을 자신의 사상에 알맞도록 동화시켰다.

Kurt Goldstein(1878-1969)

4) Goldstein의 이상적 인간상: 자아실현인

Kurt Goldstein은 유기체이론의 대표적 인물로서, 인간은 여러 개의 복합적 욕구에 의해서가 아니라 단 하나의 욕구에 의해 동기화된다고 하였는데, 이 주된 동기를 자아실현이라고 보았다(Goldstein, 1940). 이것은 사람들이 선천적인 잠재력을 실현시키려고 계속 노력하는 것을 뜻한다. 이러한 목적의 단일성은 개인생활에 방향과 통일성을 제공해준다고 한다.

식욕, 성욕, 권력욕, 성취욕, 호기심 등과 같이 모두 다른 것처럼 보이는 욕망들도 다 자신을 실현하기 위한 표현들일 뿐이다. 예를 들면, 사람이 배가 고플 때에는 먹는 것으로써 그 자신을 실현하고, 권력을 열망할 때에는 권력을 획득함으로써 자신을 실현한다. 어떤 특정한 욕구의 충족은 그것이 전체 유기체의 자아실현에 필요조건일 때에 표면에 나타난다.

자아실현은 인간 본성의 창조적 경향인 것으로, 자신의 잠재력을 충분히 실현하기 위해서 끊임없이 노력하는 것이다. 어떤 욕구도 결핍상태에 있기 마련이다. 인간은 이 결핍을 보충하기 위한 욕망을 가지고 있는데, 그것은 마치 채워져야 할 빈 그릇과도 같은 것이다. 이 욕구를 충족시키는 것이 바로 자아실현이다.

자아실현은 본질상 보편적인 현상이지만, 인산이 추구하는 구체적인 목표는 사람에 따라 다 다르다. 그 이유는 모든 인간은 각기 다른 선천적 잠재력을 가지고 있고 그 개인이 처해 있는 환경과 문화가 각기 다르기 때문이다.

5) Adler의 이상적 인간상: 우월

Alfred Adler는 개인심리학(Individual Psychology)의 창시자이다. 그에 의하면 인간은 우월(superiority) 또는 완성(perfection)을 향한 노력을 계속하는데, 이 노력은 타고난 것으로 생 그 자체라고 한다. 여기서 우월은 높은 사회적 신분이나 지위 또는 지도력을 말하는 것이 아니고, 자아실현과 매우 비슷한 개념으로 '위대한 향상의 욕구(great upward motive)'를 의미한다. 인간은 누구나 '위대한 향상의 욕구'를 가지고 있는데, 이것은 마이너스에서 플러스로, 아래에서 위로, 미완성에서 완성으로 나아가는 동기를 나타내는 것이다.

Alfred Adler(1870-1937)

그러면 우월감이나 완전성을 위한 노력은 어디서 오는 것인가? Adler(1927)는 그것이 선천적인 것이라고 한다. 다시 말하면, 그것은 생의 일부이며 사실상 생 그 자체인 것이다. 출생에서 사망에 이르기까지 우월감을 추구하기 위한 노력은 인간을 어떤 한 단계에서 보다 높은 다음 단계의 발달로 이끌어준다.

Adler에 의하면 우월을 향한 노력은 매우 다양한 형태로 나타나고, 개인에 따라 완성을 향한 구체적 양식은 모두 다르다고 한다. 그러나 이 우월을 향한 노력은 근본적으로는 열등감(inferiority)으로부터 나온다. 대부분의 사람들은 마음속 한편에 열등감이라는 감정을 안고 살아간다. 겉으로는 완벽해 보이며 누구나 부러워하는 사람일지라도 아무도 모르는 열등감이 깊숙이 숨어 있을지 모른다. 정상적인 인간이면 누구나 열등감 또는 불완전감을 극복하고자 하고, 따라서 보다 우월하게 되고자 노력한다. 예컨대 사람들은 자신의 열등감 때문에 더 높은 수준의 발달을 향해 노력하려는 동기가 생긴다. 열등감은 모든 인간에게 있어서 향상의 원인이 되는 것이라고 Adler는 주장하였다. 즉, 열등감은 언제나 심리적 긴장상태를 유발하기 때문에, 우리는 이에 대한 보상행동으로 우월성을 추구한다는 것이다. 물론 특수한 조건 때문에 열등감이 과장될 수도 있고, 그런 경우 병적 열등감이나 이것을 보상하기 위한 병적 우월감의 발달과 같은 이상적 징후가 나타난다. 그러나 정상적인 환경에서는 열등감이나 불완전감은 인류사회의 위대한 추진력이 된다. 다시 말해서, 인간은 그의 열등감을 극복하려는 욕구로 인해서 쫓기게 되며, 우월하고자 하는 욕구에 의해서 발전하게 된다.

이상에서 살펴본 바와 같이 동서양 모두 인간발달의 궁극적인 목표는 같은 것을 지향하고 있다는 것을 알 수 있다. 즉, 인간은 그 자체가 불완전한 것이므로 어떤 인간이든 결점이 있기 마련이다. 따라서 이러한 결점 내지 한계점을 극복하고 자신의 잠재력을 충분히 발휘하여 이상적인 또는 자아실현적인 성격을 추구하는 것이 생의 목표라 할 수 있다.

그러나 동양과 서양의 접근방법에는 차이가 있다. 동양심리학은 종교적이고 형이상학적인 전통에서 나온 것으로 내성(introspection)이나 성찰(self-examination)에 기초를 두고 있으나, 서양심리학은 주로 철학적이고 과학적인 방법에 그 기초를 두고 있다.

참고문헌

주요참고도서

정옥분(2003). 아동발달의 이론. 서울: 학지사.

정옥분(2021). 청년심리학(제3판). 서울: 학지사.

정옥분(2023). 아동발달의 이해(제4판). 서울: 학지사.

정옥분(2024). 발달심리학(제4판). 서울: 학지사.

정옥분(2024). 성인 · 노인심리학(제4판). 서울: 학지사.

Allen, B. P. (2003). *Personality theories: Development, growth, and diversity* (4th ed.). Pearson Education, Inc.

Crain, W. (2000). *Theories of development: Concepts and applications* (4th ed.). NJ: Prentice Hall.

Feist, J., & Feist, G. J. (2002). *Theories of personality* (5th ed.). New York: McGraw-Hill.

Goldhaber, D. E. (2000). *Theories of human development: Integrative perspectives*. Mayfield Publishing Company.

Green, M., & Piel, J. A. (2002). *Theories of human development: A comparative approach*. Boston: Allyn & Bacon.

Hall, C. S., & Lindzey, G. (1978). *Theories of personality* (3rd ed.). John Wiley & Sons.

Hoyer, W. J., & Roodin, P. A. (2003). *Adult development and aging*. New York: McGraw-Hill.

Lerner, R. M. (2002). *Concepts and theories of human development* (3rd ed.). Lawrence Erlbaum Associates, Inc.

Miller, P. H. (1993). *Theories of developmental psychology* (3rd ed.). New York: Freeman.

Miller, P. H. (2016). *Theories of developmental psychology* (6th ed.). New York: Worth.

Mooney, C. G. (2000). *Theories of childhood: An introduction to Dewey, Montessori, Erikson, Piaget, and Vygotsky*. Redleaf Press.

Muuss, R. E. (1996). *Theories of adolescence* (6th ed.). New York: McGraw-Hill.

Papalia, D. E., Sterns, H. L., & Feldman, R. (2002). *Adult development and aging*. New York: McGraw-Hill.

Salkind, N. J. (1985). *Theories of human development* (2nd ed.). John Wiley & Sons.

Salkind, N. J. (2004). *An introduction to theories of human development*. Sage Publications.

Santrock, J. W. (2004). *Life-span development* (9th ed.). New York: McGraw-Hill.

Thomas, R. M. (1979). *Comparing theories of child development* (2nd ed.). Wadsworth.

Thomas, R. M. (2000). *Comparing theories of child development* (5th ed.). Wadsworth.

Thomas, R. M. (2001). *Recent theories of human development*. Sage Publications.

강영숙(1981). 청년기에서 초기 성인기에 걸친 한국인의 도덕판단력의 발달양상에 관한 연구. 이화여자대학교 대학원 석사학위논문.

곽신환(1990). **주역의 이해-주역의 자연관과 인간관**. 서울: 서광사.

권경연(1980). **한국 아동의 구문발달(1)**. 한국교육개발원 연구 보고 117집.

권오돈(1996). **예기**. 서울: 홍신문화사.

권은주(1990). 인간(아동) 발달에 대한 불교 이론 연구. **인간발달교수연구회 제4회 심포지엄 자료집**, 9-17.

권은주(1998). **불교아동학개론**. 서울: 양서원.

김광웅(1980). 孔子, 佛陀, 예수, Allport의 成熟人格觀 比較硏究. 淑大 論文集別冊 제20輯.

김금주(2000). 영아-어머니의 상호작용 유형과 영아의 언어발달에 관한 연구-놀이 · 일상 · 책 읽어주기 상황을 중심으로. 덕성여자대학교 대학원 박사학위논문.

김명순 · 성지현(2002). 1세 영아의 언어와 놀이의 관계. **아동학회지, 23**(5), 19-34.

김명자(1998). **중년기 발달**. 서울: 교문사.

김상윤(1990). 도덕 및 인습적 일탈행위에 관한 아동의 상호작용과 개념발달. **고신대학 논문집, 18**, 185-200.

김순덕 · 장연집(2000). 문학작품을 통한 읽기 지도 전략이 초등학교 아동의 문식성에 미치는 효과. **아동학회지, 21**(4), 243-258.

김유미 · 이순형(2014). 3, 4, 5세 유아의 공격행동에 대한 도덕판단 및 정당화 추론과 틀린 믿음 이해와의 관계. **아동학회지, 35**(3), 49-69.

김은하 · 최해훈 · 이순행 · 방희정(2005). 12~18개월 영아의 애착 행동 특성 연구. **아동학회지, 26**(4), 35-53.

김종권(1993). **사소절**. 서울: 명문당.

김종의(2000). **마음으로 읽는 동양의 정신세계**. 서울: 신지서원.

류점숙(1989). 朝鮮時代의 人間發達 段階 및 그 敎育內容. **아동학회지, 10**(2), 1-18.

류점숙(1990). 조선시대의 인간발달 단계 및 그 교육 내용. **인간발달교수연구회 제4회 심포지엄 자료집**, 3-8.

류점숙(1992). 조선시대 동몽교육의 방법적 원리. **아동학회지, 13**(2), 1-18.

류점숙(1994). **전통사회의 아동교육**. 대구: 중문사.

류점숙(1995). 조선시대 아동의 孝行敎育. **아동학회지, 16**(1), 21-31.

문미옥 · 류칠선(2000). 소학에 나타난 아동교육론. **아동학회지, 21**(1), 215-234.

미국정신의학협회(2015). **정신질환의 진단 및 통계 편람**(5판). 권준수 외(역). 서울: 학지사.

박경자(1981). 유아의 물체 영속성 개념발달에 관한 실험연구. **아동학회지, 제2집**, 1-14.

박경자(1998). **심리언어학사**. 서울: 한국문화사.

박성옥 · 어은주(1994). 청소년의 자아정체감에 영향을 미치는 변인연구. **대전대학교 자연과학 연구소 논문집 제5집**, 101-110

박영순 · 유안진(2005). 3세와 5세 유아의 혼잣말과 어머니의 비계설정. **인간발달연구, 12**(3), 49-68.

박영아 · 최경숙(2007). 아동의 기억책략 사용의 효율성과 메타기억과의 관계. **인간발달연구, 14**(2), 1-27.

박윤현(2013). 과제 종류에 따른 3, 4, 5세 유아의 주의집중과 수인지 과제 수행. 서울대학교 대학원 석사학위논문.

박은숙(1982). 어머니의 양육차원이 한국유아의 낯가림, 격리불안 및 대물애착 발달에 미치는 영향에 관한 연구. 이화여자대학교 대학원 석사학위논문.

박종효(1993). 아동의 정의개념 발달에 관한 연구. 서울대학교 대학원 석사학위논문.

박진희 · 이순형(2005). 공격행동에 대한 유아의 도덕판단과 추론: 공격행동의 의도와 결과 제시유무를 중심으로. **아동학회지, 26**(2), 1-14.

백경임(1981). 불타의 재가아동관. 아동학회지, 제2집, 55-66.

백경임(1985). 불전의 태아관-태아발달단계설을 중심으로. 한국불교학, 10, 113-134.

백경임(1986). 불교적 관점에서 본 受胎・落胎・出産. 아동학회지, 7(1), 49-65.

백승화・강기수(2014). 그림책에 나타난 유아의 물활론적 사고의 교육적 기능. 미래유아교육학회지, 21(4), 21-40.

백혜리(1997). 조선시대 성리학, 실학, 동학의 아동관. 이화여자대학교 대학원 박사학위논문.

백혜리(1999). 현대 부모-자녀관계와 조선시대 부모-자녀관계의 관계. 아동학회지, 20(2), 75-89.

서명원(2009). 부와 모의 애착표상 일치와 유아의 인지・사회・정서능력. 숙명여자대학교 대학원 박사학위논문.

서봉연(1988). 자아정체감의 정립과정. 이춘재 외, 청년심리학, 101-136. 서울: 중앙적성출판사.

설인자(2000). N세대의 친사회도덕발달. N세대의 새로운 행동 패러다임-청소년의 사회성, 도덕성을 중심으로. 발달심리학회 춘계 심포지엄 자료집, 71-79.

성미영(2003). 자유놀이 상황에 나타난 어머니의 대화 양식과 유아의 의사소통 의도. 아동학회지, 24(5), 77-89.

성현란・배기조(2004). 영아의 대상영속성의 발달적 변화와 이의 탐색행동 및 인지능력과의 관계에 대한 종단적 연구. 한국심리학회지: 발달, 17(4), 21-36.

송명자(1992). 도덕판단발달의 문화적 보편성-영역구분 모형의 가능성과 한계. 한국심리학회지: 일반, 11(1), 65-80.

송명자(1994). 한국 중・고・대학생의 사회심리적 성숙성 진단 및 평가 (1): 사회적 규범 및 책임판단 분석. 한국심리학회지: 발달, 7(2), 53-73.

송명자・김상윤(1987). 아동의 도덕사태판단에 있어서 사회인습적 요인의 역할. 한국심리학회 학술발표논문초록, 140-149.

신경혜(1994). 아동용 수용검사 도구에 의한 학령 전 아동의 언어발달 수준평가. 세종대학교 대학원 석사학위논문.

신양재(1995). 朝鮮時代 教訓書에 나타난 아동年齡 期待에 관한 연구. 아동학회지, 26(1), 183-195.

오선영(1991). 5~6세 유아 및 7세 아동의 인지적 단서 작용에 관한 이해. 중앙대학교 대학원 석사학위논문.

오선영(2001). 아동의 협력적 상호작용 과정에서 나타난 언어유형 분석. 아동학회지, 22(3), 241-256.

유안진(1990). 한국 전통사회의 유아교육. 서울: 서울대학교 출판부.

유안진(1995). 아동양육. 서울: 문음사.

윤호균(1999). 불교의 연기론과 상담. 최상진 외 편저. 동양심리학. 서울: 지식산업사.

이경렬(1989). 과제의 특성 및 제시방법이 유목-포괄 수행에 미치는 영향. 연세대학교 대학원 석사학위논문.

이경숙(2001). 마음의 여행. 서울: 정신세계사.

이광규(1984). 한국가족의 심리문제. 서울: 일지사.

이광규(1989). 동양 3국의 가족특성과 자녀양육, 전통가족의 자녀사회화. 한국아동학회 제11차 총회 및 추계 학술대회, 1-11.

이기석(1999). 소학. 서울: 홍신문화사.

이승국(1999). 청소년의 자아정체감 발달에 영향을 미치는 생태학적 변인들의 구조분석. 계명대학교 대학원 박사학위논문.

이승복 역(2001). 언어발달. 서울: 시그마프레스.

이원호(1986). 태교. 박영문고 157. 서울: 박영사.

이정희(2019). 어머니의 자기분화, 어머니의 분리불안 및 과보호 양육행동이 유아의 분리불안에 미치는 영향. 이화여자대학교 대학원 석사학위논문.

이종화(1993). 상황특성에 따른 아동의 감정조망수용능력 발달에 관한 연구. 동아대학교 교육대학원 석사학위논문.

이주혜(1981). 유아의 낯가림 및 격리불안과 어머니의 양육태도와의 관계. 성균관대학교 대학원 석사학위논문.

이진숙(2001). 유아의 애착표상과 교사-유아관계 및 사회적 능력간의 관계. 경희대학교 대학원 박사학위논문.

이차선(1998). 청소년의 자아정체감 형성변인 분석. 고려대학교 대학원 석사학위논문.

이하원 · 최경숙(2008). 혼자놀이에서 5~6세 '한국어-영어' 동시습득 이중언어 아동의 한국어 조사습득분석. **아동학회지, 29**(6), 147-161.

장휘숙(1997). 애착의 전생애 모델과 대물림-전생애 발달심리학적 조망에서 애착연구의 개관. **한국심리학회지, 16**(1), 80-97.

정성훈 · 진미경 · 정운선 · 임효덕(2006). 영아-어머니 애착과 관련 변인들에 대한 연구. **인간발달연구, 13**(3), 21-37.

정옥분 · 곽경화(2003). **배려지향적 도덕성과 정의지향적 도덕성.** 서울: 집문당.

정옥분 · 김광웅 · 김동춘 · 유가효 · 윤종희 · 정현희 · 최경순 · 최영희(1996). 세계화를 위한 '효' 가치관 정립과 자녀양육 방향 모색. **한국학술진흥재단 자유공모과제 연구보고서.**

정옥분 · 김광웅 · 김동춘 · 유가효 · 윤종희 · 정현희 · 최경순 · 최영희(1997). 전통 '효' 개념에서 본 부모역할 인식과 자녀양육행동. **아동학회지, 18**(1), 81-107.

정진 · 백혜리(2001). 조선 후기 풍속화를 통해 본 아동인식. **아동학회지, 22**(1), 109-124.

조명한(1982). **한국 아동의 언어획득 연구.** 서울: 서울대학교 출판부.

조명한(1989). **언어심리학.** 서울: 민음사.

조복희 · 이진숙(1998). 한국 부모-자녀관계 관련 속담의 분류 및 이에 대한 인식도. **아동학회지, 19**(1), 5-25.

조성례(2001). 초등학교 아동의 우정개념과 사회적 조망수용능력과의 관계. 한국교원대학교 교육대학원 석사학위논문.

조성윤(1992). 한국 유아의 언어습득과 그 발달 과정에 대한 고찰. 단국대학교 교육대학원 석사학위논문.

조영주 · 최해림(2001). 부모와의 애착 및 심리적 독립과 성인애착의 관계. **한국심리학회지: 상담 및 심리치료, 13**(2), 71-91.

진미경(2006). 영아의 애착유형과 어머니의 애착 표상 유형에 대한 연구. **아동학회지, 27**(6), 69-79.

청소년상담원(1996). **자녀의 힘을 북돋우는 부모.** 청소년 대화의 광장.

황소연 · 방희정(2012). 유아의 애착과 기질이 정서조절 및 사회적 능력에 미치는 영향. **인간발달연구, 19**(3), 147-165.

Adams, D. (1983). *The psychosocial development of professional black women's lives and the consequences of careers for their personal happiness.* Unpublished doctoral dissertation, Wright Institute, Berkeley, CA.

Adams, G. R., Abraham, K. G., & Markstrom, C. A. (2000). The relations among identity development, self-consciousness, and self-focusing during middle and late adolescence. In G. Adams (Ed.), *Adolescent development: The essential readings.* Malden, MA: Blackwell.

Adams, G. R., Gullotta, T. P., & Markstrom-Adams, C. (1994). *Adolescent life experiences* (3rd ed.). Pacific Grove, California: Brooks/Cole.

Adler, A. (1927). *The practice and theory of individual psychology.* New York: Harcourt, Brace, & World.

Ainsworth, M. D. S. (1983). Patterns of infant-mother attachment as related to maternal care: Their early history and their contribution to continuity. In D. Magnusson & V. L. Allen (Eds.), *Human development* (pp. 26-45). New York: Academic Press.

Ainsworth, M. D. S. (1989). Attachments beyond infancy. *American Psychologist, 44* (4), 709-716.

Alderson-Day, B., & Fernyhough, C. (2014). More than one voice: Investigating the phenomenological properties of inner speech requires a variety of methods. *Consciousness and Cognition, 24*, 113-114.

Allen, J. P., & Kuperminc, G. P. (1995, March). *Adolescent attachment, social competence, and problematic behavior.* Paper presented at the meeting of the Society for Research in Child Development, Indianapolis.

Ambron, S. R., & Irwin, D. M. (1975). Role-taking and moral judgment in five and seven-year-olds. *Developmental Psychology, 11*, 102.

Anderson, E. S. (1984). Acquisition of Japanese. In D. I. Slobin (Ed.), *The cross-linguistic study of language acquisition* (Vol. 1). Hillsdale, NJ: Erlbaum.

Anglin, J. M. (1985). The child's expressible knowledge of word concepts. In K. E. Nelson (Ed.), *Children's language* (pp. 77-127).

Anglin, J. M. (1993). Vocabulary development: A morphological analysis. *Monographs of the Society for Research in Child Development, 58* (10, Serial No. 238).

Archer, S. L. (1989). The status of identity: Reflections on the need for intervention. *Journal of Adolescence, 12*, 345-359.

Aries, P. (1962). *Centuries of childhood.* London: Cape.

Aristotle (1941). Rhetorica. In R. McKeon (Ed.), *The basic works of Aristotle* (W. R. Roberts, Trans.). New York: Random House.

Armsden, G., & Greenberg, M. T. (1984). *The inventory of parent and peer attachment: Individual differences and their relationship to psychological well-being in adolescence.* Unpublished manuscript, University of Washington.

Baddeley, A. (1986). *Working memory.* Oxford: Oxford University Press.

Baddeley, A. (1994). Working memory: The interface between memory and cognition. In D. L. Schacter & E. Tulving (Eds.), *Memory systems.* Cambridge, MA: MIT Press.

Baddeley, A. D. (2010). Working memory. *Current Biology, 20*, 136-140.

Baddeley, A. D. (2012). Working memory: Theories, models, and controversies. *Annual Review of Psychology* (Vol. 63). Palo Alto, CA: Annual Reviews.

Bandura, A. (1964). The stormy decade: Fact or fiction? *Psychology in the Schools, 1*, 31-224.

Bandura, A. (1965). Influence of models' reinforcement contingencies on the acquisition of imitative responses. *Journal of Personality and Social Psychology, 1*, 589-595.

Bandura, A. (1971). Vicarious and self-reinforcement. In R. Glaser (Ed.), *The nature of reinforcement.* New York: Academic Press.

Bandura, A. (1977). *Social learning theory.* Englewood Cliffs, NJ: Prentice Hall.

Bandura, A. (1981). Self-referent thought: A developmental analysis of self-efficacy. In J. H. Flavell & L. Ross (Eds.), *Social cognitive development: Frontiers and possible futures.* New York: Cambridge University Press.

Bandura, A. (1986). *Social foundations of thought and action: A social cognitive theory.* Englewood Cliffs, NJ: Prentice-Hall.

Bandura, A. (1989). Social cognitive theory. In R. Vasta (Ed.), *Annals of child development, Vol. 6* (pp. 1-60). Greenwich, CT: JAI Press.

Bandura, A. (1994). Self-efficacy. In V. S. Ramachadraun (Ed.), *Encyclopedia of human behavior, Vol. 4.* New York: Academic Press.

Bandura, A. (1997). *Self-efficacy: The exercise of control*. New York: Freeman.

Bandura, A. (2009). Social and policy impact of social cognitive theory. In M. Mark, S. Donaldson, & B. Campell (Eds.), *Social psychology and program/policy evaluation*. New York: Guilford.

Bandura, A. (2012). Social cognitive theory. *Annual Review of Clinical Psychology* (Vol, 8). Palo Alto, CA: Annual Reviews.

Bandura, A. (2016). *Moral disengagement: How people do harm and live with themselves*. New York: Worth.

Bandura, A. (2018). Toward a psychology of human agency: Pathways and reflections. *Perspectives on Psychological Science, 13* (2), 130-136.

Barash, D. P. (1977). *Sociobiology and behavior*. New York: Elsevier.

Barkley, R. A. (1990). Attention deficit disorders: History, definition, and diagnosis. In M. Lewis & S. M. Miller (Eds.), *Handbook of developmental psychopathology* (pp. 65-75). NY: Plenum.

Barnett, R. C., Marshall, N. L., & Pleck, J. H. (1992). Men's multiple roles and their relationship to men's psychological distress. *Journal of Marriage and the Family, 54*, 358-367.

Bartholomew, K., & Horowitz, L. M. (1991). Attachment styles among young adults: A test of a four-category model. *Journal of Personality and Social Psychology, 61*, 226-244.

Basow, S. A. (1992). *Gender: Stereotypes and roles* (3rd ed.). Pacific Grove, CA: Brooks/Cole.

Baumrind, D. (1991). Effective parenting during the early adolescent transition. In P. A. Cowan & E. M. Hetherington (Eds.), *Advances in family research* (Vol. 2). Hillsdale, New Jersey: Erlbaum.

Behrend, D. A., Rosengren, K. S., & Perlmutter, M. S. (1992). The relation between private speech and parental interactive style. In R. M. Diaz & L. E. Berk (Eds.), *Private speech: From social interaction to self-regulation* (pp. 85-100). Hillsdale, NJ: Erlbaum.

Beilin, H. (1996). Mind and meaning: Piaget and Vygotsky on causal explanation. *Human Development, 39*, 277-286.

Belmont, J. M., & Butterfield, E. S. (1971). Learning strategies as determinants of memory deficiencies. *Cognitive Psychology, 2*, 411-420.

Berk, L. E. (1992). Children's private speech: An overview of the theory and the status of research. In R. M. Diaz & L. E. Berk (Eds.), *Private speech: From social interaction to self regulation*. Hillsdale, NJ: Erlbaum.

Berk, L. E. (1996). *Infants, children, and adolescents* (2nd ed.). Needham Heights, MA: Allyn & Bacon.

Berk, L. E. (2000). *Child development* (5th ed.). Boston: Allyn & Bacon.

Bernier, J. C., & Siegel, D. H. (1994). Attention deficit hyperactivity disorder: A family and ecological systems perspective. *Families in Society, 75*, 142-151.

Berzins, J. I., Welling, M. A., & Wetter, R. E. (1978). A new measure of psychological androgyny based on the Personality Research Form. *Journal of Consulting and Clinical Psychology, 46*, 126-138.

Bianchi, S. M., & Spain, D. (1986). *American women in transition*. New York: Russell Sage Foundation.

Biederman, J., Faraone, S. V., Keenan, K., Knee, D., & Tsuang, M. T. (1990). Family-genetic and psychosocial risk factors in DSM-III attention deficit disorder. *Journal of the American Academy of Child and Adolescent Psychiatry, 29*, 526-533.

Bielby, D., & Papalia, D. (1975). Moral development and perceptual role taking egocentrism: Their development and interrelationship across the life span. *Interrelational Journal of Aging and Human Development, 6*

(4), 293-308.

Bjorklund, D. F. (1995). *Children's thinking: Developmental function and individual differences* (2nd ed.). Pacific Grove, CA: Brooks/Cole.

Bjorklund, D. F. (1997). In search of metatheory for cognitive development (or, Piaget is dead and I don't feel so good myself). *Child Development, 68*, 144-148.

Blair, C., & Raver, C. C. (2014). Closing the achievement gap through modification and neuroendocrine function: Result from a cluster randomized controlled trial of an innovative approach for the education of children in kindergarten. *PLoS One, 9* (11), e112393.

Blakemore, J. E. O., Berenbaum, S. A., & Liben, L. S. (2009). *Gender development*. Clifton, NJ: Psychology Press.

Blasi, A. (1988). Identity and the development of the self. In D. Lapsley & F. C. Power (Eds.), *Self, ego, and identity: Integrative approaches*. New York: Springer-Verlag.

Blieszner, R., & Adams, R. (1992). *Adult friendship*. Newbury Park, CA: Sage.

Bodrova, E., & Leong, D. J. (2007). *Tools of the mind* (2nd ed.). Geneva Switzerland: International Bureau of Education, UNESCO.

Bodrova, E., & Leong, D. J. (2015). Vygotskian and post-Vygotskian views of children's play. *American Journal of Play, 12*, 371-388.

Bodrova, E., & Leong, D. J. (2019). Making play smarter, stronger, and kinder: Lessons from Tools of the Mind. *American Journal of Play, 12*, 37-53.

Booij, G. E. (2013). Morphological analysis. In B. Eeine & H. Narrog (Eds.), *Oxford handbook of linguistics*. New York: Oxford University Press.

Bornstein, M. H. (1989). Sensitive periods in development: Structural characteristics and causal interpretations. *Psychological Bulletin, 105*, 179-197.

Bowlby, J. (1958). The nature of the child's tie to his mother. *International Journal of Psychoanalysis, 39*, 1-23.

Bowlby, J. (1969). *Attachment and loss* (Vol. 1). *Attachment*. New York: Basic Books.

Bowlby, J. (1973). *Attachment and loss* (Vol. 2). *Separation, anxiety, and anger*. New York: Basic Books.

Bowlby, J. (1988). *A secure base: Clinical applications of attachment theory*. London: Routledge.

Brabeck, M. (1983). Moral judgment: Theory and research on differences between males and females. *Developmental Review, 3*, 274-291.

Bretherton, I. (1992). The origins of attachment theory: John Bowlby and Mary Ainsworth. *Developmental Psychology, 28*, 759-775.

Brim, O. G., & Ryff, C. D. (1980). On the properties of life events. In P. B. Baltes & O. G. Brim (Eds.), *Life-span development and behavior* (Vol. 3). New York: Academic.

Bronfenbrenner, U. (1979). *The ecology of human development: Experiments by nature and design*. Cambridge, Massachusetts: Harvard University Press.

Bronfenbrenner, U. (1986). Ecology of the family as a context for human development: Research perspectives. *Developmental Psychology, 22* (6), 723-742.

Bronfenbrenner, U. (1995). The bioecological model from a life course perspective. In P. Moen, G. H. Elder, &

K. Luscher (Eds.), *Examining lives in context.* Washington, DC: American Psychological Association.

Bronfenbrenner, U. (2000). Ecological theory. In A. Kazdin (Ed.), *Encyclopedia of psychology.* New York: Oxford University Press.

Bronfenbrenner, U. (2004). *Making human being human.* Thousand Oaks, CA: Sage.

Brooks-Gunn, J., & Petersen, A. C. (Eds.). (1983). *Girls at puberty: Biological and psychosocial perspectives.* New York: Plenum.

Brooks-Gunn, J., & Petersen, A. C. (1991). Studying the emergence of depression and depressive symptoms during adolescence. *Journal of Youth and Adolescence, 20,* 115-119.

Brown, D. (2013). Morphological typology. In J. J. Song (Ed.), *Oxford handbook of linguistic typology.* New York: Oxford University Press.

Brown, R. (1973). *A first language: The early stages.* Cambridge, MA: Harvard University Press.

Brown, R. (1986). *Social psychology* (2nd ed.). New York: Macmillan.

Brownlee, S. (1999). Baby talk. In K. L. Freiberg (Ed.), *Annual Editions: Human development* (27th ed., pp. 58-64). New York: McGraw-Hill.

Bryant, J. B. (2012). Pragmatic development. In E. L. Bavin (Ed.), *Cambridge handbook of child language.* New York: Cambridge University Press.

Buhrmester, D., & Carbery, J. (1992, March). *Daily patterns of self-disclosure and adolescent adjustment.* Paper presented at the biennial meeting of the Society for Research on Adolescence, Washington, DC.

Buhrmester, D., & Furman, W. (1987). The development of companionship and intimacy. *Child Development, 58,* 1101-1113.

Bullock, M. (1985). Animism in childhood thinking: A new look at an old question. *Developmental Psychology, 21,* 217-226.

Butler, R. N. (1963). The life review: An interpretation of reminiscence in the aged. *Psychiatry, 256,* 65-76.

Campbell, J., & Moyers, W. (1988). *The power of myth with Bill Moyers.* New York: Doubleday.

Caplan, A. L. (1978). Introduction. In A. L. Caplan (Ed.), *The sociobiology debate: Readings on the ethical and scientific issues concerning sociobiology* (pp. 1-13). New York: Harper & Row.

Carlson, S. M., White, R., & Davis-Unger, A. C. (2014). Evidence for a relation between executive function and pretense representation in preschool children. *Cognitive Development, 29,* 1-16.

Carr, M., & Schneider, W. (1991). Long-term maintenance of organizational strategies in kindergarten children. *Contemporary Educational Psychology, 16,* 61-75.

Carr, M., Kurtz, B. E., Schneider, W., Turner, L. A., & Borkowski, J. G. (1989). Strategy acquisition and transfer among American and German children: Environmental influences on metacognitive development. *Developmental Psychology, 25,* 765-771.

Case, R. (1985). *Intellectual development: Birth to adulthood.* Orlando, Fl: Academic Press.

Chall, J. S. (1979). The great debate: Ten years later with a modest proposal for reading stages. In L. B. Resnick & P. A. Weaver (Eds.), *Theory and practice of early reading.* Hillsdale, NJ: Erlbaum.

Chap, J. B. (1985/1986). Moral judgment in middle and late adulthood: The effects of age-appropriate moral dilemmas and spontaneous role taking. *International Journal of Aging and Human Development, 22,* 161-171.

Chiriboga, D. A. (1982). Adaptation to marital separation in later and earlier life. *Journal of Gerontology, 37*, 109-114.

Chodorow, N. (1978). *The reproduction of mothering*. Berkeley: University of California Press.

Chomsky, N. (1957). *Syntactic structures*. The Hangue: Mouton.

Chomsky, N. (1965). *Aspects of theory of syntax*. Cambridge, MA: The MIT Press.

Chomsky, N. (1968). *Language and mind*. New York: Harcourt Brace Jovanovich.

Chomsky, N. (1978). On the biological basis of language capacities. In G. A. Miller & E. Lennenberg (Eds.), *Psychology and biology of language and thought* (pp. 199-220). New York: Academic Press.

Chomsky, N. (1991). Linguistics and cognitive science: Problems and mysteries. In A. Kasher (Ed.), *The Chomskyan turn*. Cambridge, MA: Blackwell.

Chomsky, N. (1999). On the nature, use, and acquisition of language. In W. C. Ritchie & T. J. Bhatia (Eds.), *Handbook of child language acquisition*. San Diego: Academic Press.

Chomsky, N. (2005). Editorial: Universals of human nature. *Psychotherapy and Psychosomatics [serial online], 74*, 263-268.

Cicchetti, D. (1984). The emergence of developmental psychopathology. *Child Development, 55*, 1-7.

Clark, E. V. (1981). Lexical innovations: How children learn to create new words. In W. Deutsch (Ed.), *The child's construction of language* (pp. 299-328). London: Academic Press.

Colby, A., & Damon, W. (1992). Gaining insight into the lives of moral leaders. *Chronicle of Higher Education, 39* (20), 83-84.

Colby, A., Kohlberg, L., Gibbs, J., & Lieberman, M. (1980). A longitudinal study of moral judgment. Unpublished manuscript, Harvard University, Cambridge, MA.

Conger, J. J. (1977). *Adolescent and youth* (2nd ed.). New York: Harper & Row.

Cooper, C. R. (2011). *Bridging multiple worlds*. New York: Oxford University Press.

Cote J. E. (2009). Identity formation and self-development. In R. M. Lerner & L. Steinberg (Eds.), *Handbook of adolescent psychology* (3rd ed.). New York: Wiley.

Culicover, P. W. (2013). Simpler syntax. In B. Heine & H. Narrog (Eds.), *Oxford handbook of linguistic analysis*. New York: Oxford University Press.

Cunningham, P. M. (2013). *Phonics they use: Words for reading and writing* (6th ed.). Boston: Allyn & Bacon.

Curtiss, S. (1977). *Genie: A psycholinguistic study of a modern-day "wild-child."* New York: Academic Press.

Damon, W., & Hart, D. (1982). The development of self-understanding from infancy through adolescence. *Child Development, 53*, 841-864.

Daniels, H. (Ed.). (1996). *An introduction to Vygotsky*. New York: Routledge.

Daniels, H. (Ed.) (2017). *Introduction to Vygotsky* (3rd ed.). New York: Routledge.

Danish, S. J., & D'Augelli, A. R. (1980). Promoting competence and enhancing development through life development intervention. In L. A. Bond & J. C. Rosem (Eds.), *Competence and coping during adulthood*. Hanover, NH: University Press of New England.

Danish, S. J., Smyer, M. A., & Nowak, C. A. (1980). Developmental intervention: Enhancing life-event processes. In P. B. Baltes & O. G. Brim (Eds.), *Life-span development and behavior* (Vol. 3). New York:

Academic.

Dawkins, R. (1976). *The selfish gene*. New York: Oxford University Press.

Day, K. L., Smith, C. L. (2019). Maternal behaviors in toddlerhood as predictors of children's private speech in preschool. *Journal of Experimental Child Psychology, 177*, 132-140.

Day, K. L., Smith, C. L., Neal, A., & Dunsmore, J. C. (2018). Private speech moderates the effects of effortful control on emotionality. *Early Education and Development, 29*, 161-177.

de Villiers, J., & de Villiers, P. (2013). Syntax acquisition. In P. D. Zelazo (Ed.), *Oxford handbook of developmental psychology*. New York: Oxford University Press.

Dellas, M., & Jernigan, L. P. (1990). Affective personality characteristics associated with undergraduate ego identity formation. *Journal of Adolescent Research, 5*, 306-324.

DeLoache, J. S., & Todd, C. M. (1988). Young children's use of spatial categorization as a mnemonic strategy. *Journal of Experimental Child Psychology, 46*, 1-20.

Dempster, F. N. (1981). Memory span: Sources of individual and developmental differences. *Psychological Bulletin, 89*, 63-100.

Dohrenwend, B. S., & Dohrenwend, B. P. (1978). Some issues in research on stressful life events. *Journal of Nervous and Mental Disease, 166*, 7-15.

Duck, S. (1991). *Human relationships*. Newbury park. CA: Sage.

Duriez, B., Luyckx, K., Soenens, B., & Berzonsky, M. (2012). A process-content approach to adolescent identity formation: Examining longitudinal associations between identity styles and goal pursuits. *Journal of Personality, 80*, 135-161.

Ebata, A. T. (1987). *A longitudinal study of psychological distress during early adolescence*. Unpublished Doctoral Dissertation, Pennsylvania State University.

Eberly, M. B., Hascall, S. A., Andrews, H., & Marshall, P. M. (1997, April). *Contributions of attachment quality and adolescent prosocial behavior to perceptions of parental influence: A longitudinal study*. Paper presented at the meeting of the Society for Research in Child Development, Washington, DC.

Eimas, P. (1995). The perception of representation of speech by infants. In J. L. Morgan & K. Demuth (Eds.), *Signal to syntax*. Hillsdale, NJ: Erlbaum.

Elbourne, P. (2012). *Meaning*. New York: Oxford University Press.

Elder, G. H. (1974). *Children of the great depression*. Chicago: University of Chicago Press.

Elder, G. H. (1994). Time, human agency, and social change: Perspectives on the life course. *Social Psychology Quarterly, 57*(1), 4-15.

Elder, G. H. (1998). The life course as developmental theory. *Child Development, 69*(1), 1-13.

Elder, G. H., & Caspi, A. (1988). Human development and social change: An emerging perspective on the life course. In N. Bolger, A. Caspi, G. Downey, & M. Moorehouse (Eds.), *Persons in context: Developmental processes*. New York: Cambridge University Press.

Elder, G. H., & Hareven, T. K. (1993). Rising above life's disadvantage: From the great depression to war. In G. H. Elder, J. Modell, & R. D. Parke (Eds.), *Children in time and place: Developmental and historical insights*. Cambridge: Cambridge University Press.

Elder, G. H., & Rockwell, R. C. (1978). Economic depression and postwar opportunities in men's lives. In R. A.

Simmons (Ed.), *Research in community and mental health*. Greenwich, CT: JAI Press.

Erikson, E. H. (1950). *Childhood and society*. New York: Norton.

Erikson, E. H. (1959). Identity and the life cycle. *Psychological Issues. Monograph 1*, No. 1, New York: International Universities Press.

Erikson, E. H. (1968). *Identity: Youth and crisis*. New York: Norton.

Erikson, E. H. (Ed.) (1978). *Adulthood*. New York: Norton.

Erikson, E. H. (1982). *The life cycle completed*. New York: Norton.

Erikson, E. H., Erikson, J. H., & Kivnick, H. Q. (1986). *Vital involvement in old age*. New York: Norton.

Eysenck, H. J. (1947). *Dimensions of personality*. London: Routledge and Kegan Paul.

Fabes, R., & Martin, C. L. (2000). *Exploring child development*. Boston: Allyn & Bacon.

Ferster, C., & Skinner, B. F. (1957). *Schedules of reinforcement*. New York: Appleton-Century-Crofts.

Fischer, M. (1990). Parenting stress and the child with attention deficit hyperactivity disorder. *Journal of Clinical Child Psychology, 19*, 337-346.

Fisher, S., & Greenberg, R. P. (1977). *The scientific credibility of Freud's theories and therapy*. New York: Basic Books.

Flavell, J. H. (1971). Stage-related properties of cognitive development. *Cognitive Psychology, 2*, 421-453.

Flavell, J. H., Beach, D. R., & Chinsky, J. H. (1966). Spontaneous verbal rehearsal in a memory task as a function of age. *Child Development, 37*, 283-299.

Flavell, J. H., Friedrichs, A., & Hoyt, J. (1970). Developmental changes in memorization processes. *Cognitive Psychology, 1*, 324-340.

Ford, M. R., & Lowery, C. R. (1986). Gender differences in moral reasoning: A comparison of the use of justice and care orientations. *Journal of Personality and Social Psychology, 50* (4), 777-783.

Fowler, J. W. (1981). *Stages of faith: The psychology of human development and the quest for meaning*. New York: Harper & Row.

Fowler, J. W. (1983). Stages of faith. Conversation with James Fowler. *Psychology Today*, 56-62.

Frank, S. J., Pirsch, L. A., & Wright, V. C. (1990). Late adolescents' perceptions of their relationships with their parents: Relationships among deidealization, autonomy, relatedness, and insecurity and implications for adolescent adjustment, and ego identity status. *Journal of Youth and Adolescence, 19*, 571-588.

Freedman, D. G. (1974). *Human infancy: An evolutionary perspective*. NY: John Wiley.

Freeman, D. (1983). *Margaret Mead and Samoa: The making and unmaking of an anthropological myth*. Cambridge, MA: Harvard University Press.

Freud, A. (1958). *Adolescence. In The Psychoanalytic Study of the Child* (Vol. 13). New York: International Universities Press.

Freud, A. (1969). Adolescence as a developmental disturbance. In G. Kaplan & S. Lobovici (Eds.), *Adolescence: Psychosocial perspectives*. New York: Basic Books.

Freud, S. (1920). *A general introduction to psychoanalysis* (J. Riviere, trans.). New York: Washington Square Press, 1965.

Freud, S. (1925). Three contributions to the sexual theory. *Nervous and Mental Disease Monograph Series, No. 7*. New York: Nervous and Mental Disease Publishing Co.

Freud, S. (1933). *New introductory lectures in psychoanalysis*. New York: Norton.

Freud, S. (1961). *The ego and the id* (Standard ed., Vol. 19). London: Hogarth (Originally published 1923).

Freud, S. (1964). *New introductory lectures on psychoanalysis* (Standard ed., Vol. 22). London: Hogarth. (Originally published 1933).

Furst, K. (1983). *Origins and evolution of women's dreams in early adulthood*. Unpublished doctoral dissertation, California School of Professional Psychology, Berkeley, CA.

Gallatin, J. (1975). *Adolescence and individuality*. New York: Harper & Row.

Gauvain, M. (2013). Sociocultural contexts of development. In P. D. Zelazo (Ed.), *Oxford handbook of developmental psychology*. New York: Oxford University Press.

Gecas, V., & Seff, M. (1991). Families and adolescents: A review of the 1980s. *Journal of Marriage and the Family, 52*, 467-483.

Gelman, S. A. (2013). Concepts in development. In P. Zelazo (Ed.), *Oxford handbook of developmental psychology*. New York: Oxford University Press.

Gesell, A. (1945). *The embryology of behavior*. New York: Harper & Row.

Gesell, A. (1952). Autobiography. In E. G. Boring, H. Werner, R. M. Yerkes, & H. Langfield (Eds.), *A history of psychology in autobiography* (Vol. IV). Worcester, MA: Clark University Press.

Gesell, A. (1954). The ontogenesis of infant behavior. In L. Carmichael (Ed.), *Manual of child psychology*. New York: Wiley.

Gesell, A., & Thompson, H. (1941). Twins T and C from infancy to adolescence: A biogenetic study of individual differences by the method of co-twin control. *Genetic Psychology Monographs, 24*, 3-121.

Gibbs, J. C. (2014). *Moral development and reality: Beyond the theories of Kohlberg and Hoffman* (3rd ed.). Upper Saddle River, NJ: Pearson.

Gilligan, C. (1977). In a different voice: Women's conceptions of self and morality. *Havard Educational Review, 47* (4), 481-517.

Gilligan, C. (1982). *In a different voice: Psychological theory and Women's development*. Cambridge, Massachusetts: Harvard University Press.

Gilligan, C. (1990). Teaching Shakespeare's sister. In C. Gilligan, N. Lyons, & T. Hanmer (Eds.), *Making connections: The relational worlds of adolescent girls at Emma Willard School*. Cambridge, Massachusetts: Harvard University Press.

Gilligan, C. (1993). Adolescent development reconsidered. In A. Garrod (Ed.), *Approaches to moral development: New research and emerging themes*. New York: Teachers College Press.

Gilligan, C. (1996). The centrality of relationships in psychological development: A puzzle, some evidence, and a theory. In G. G. Noam & K. W. Fischer (Eds.), *Development and vulnerability in close relationships*. Hillsdale, NJ: Erlbaum.

Gilligan, C., & Belenky, M. F. (1980). A naturalistic study of abortion decisions. In R. Selman & R. Yando (Eds.), *Clinical-developmental psychology*. San Francisco: Jossey-Bass.

Gilligan, C., Kohlberg, L., Lerner, J., & Belenky, M. (1971). Moral reasoning about sexual dilemmas. *Technical report of the commission on obscenity and pornography* (Vol. 1). Washington, DC: U.S. Government Printing Office.

Goddard, H. H. (1912). *The Kallikak family*. New York: Macmillan.

Goldfield, B. A., & Reznick, J. S. (1990). Early lexical acquisition: Rate, content, and vocabulary spurt. *Journal of Child Language, 17*, 171-183.

Goldstein, K. (1939). *The organism*. New York: American Book Co.

Goldstein, K. (1940). *Human nature in the light of psychopathology*. Cambridge: Harvard University Press.

Green, L. W., & Horton, D. (1982). Adolescent health: Issues and challenges. In T. J. Coates, A. C. Petersen, & C. Perry (Eds.), *Promoting adolescent health: A dialogue on research and practice*. New York: Academic.

Green, M. (1989). *Theories of human development: A comparative approach*. Elglewood Cliffs, NJ: Prentice Hall.

Grieser, D., & Kuhl, P. (1989). Categorization of speech by infants: Support for speech-sound prototypes. *Developmental Psychology, 25*, 577-589.

Grinder, R. A. (1967). *History of genetic psychology*. New York: Wiley.

Grotevant, H. D., & Cooper, C. (1985). Patterns of interaction in family relationships and the development of identity exploration in adolescence. *Child Development, 56*, 415-428.

Haidt, J., Koller, S. H., & Dias, M. G. (1993). Affect, culture, and morality, or is it wrong to eat your dog? *Journal of Personality and Social Psychology, 65*, 613-628.

Hall, G. S. (1904). *Adolescence* (2 Volumes). New York: Appleton.

Harlow, H. F., & Zimmerman, R. R. (1959). Affectional responses in the infant monkey. *Science, 130*, 421-432.

Hart, D., & Chmiel, S. (1992). Influence of defense mechanisms on moral judgment development: A longitudinal study. *Developmental Psychology, 28*, 722-730.

Hartshorne, H., & May, M. A. (1928-1930). *Studies in the nature of character* (Vols. 1-3). New York: Macmillan.

Hasselhorn, M. (1992). Task dependency and the role of category typicality and metamemory in the development of an organizational strategy. *Child Development, 63*, 202-214.

Hazan, C., & Shaver, P. (1987). Romantic love conceptualized as an attachment process. *Journal of Personality and Social Psychology, 52* (3), 511-524.

Hendrick, S., & Hendrick, C. (1992). *Liking, loving, and relating* (2nd ed.). Belmont, CA: Wadsworth.

Henker, B., & Whalen, C. K. (1989). Hyperactivity and attention deficits. *American Psychologist, 44*, 216-223.

Hetherington, E. M. (1981). Children of divorce. In R. Henderson (Ed.), *Parent-child interaction*. New York: Academic Press.

Hetherington, E. M., & Parke, R. D. (1993). *Child psychology* (4th ed.). New York: McGraw-Hill.

Hetherington, E. M., Cox, M., & Cox, R. (1978). The aftermath of divorce. In J. H. Stevens Jr. & M. Mathews (Eds.), *Mother-child, father-child relations*. Washington, DC: National Association for the Education of Young Children.

Holzman, L. (2017). *Vygotsky at work and play* (2nd ed.). New York: Routledge.

Hoyer, W. J., & Plude, D. J. (1980). Attentional and perceptual processes in the study of cognitive aging. In L. W. Poon (Ed.), *Aging in the 1980s*. Washington, DC: American Psychological Association.

Inhelder, B., & Piaget, J. (1958). *The growth of logical thinking*. New York: Basic Books.

Jaffee, S., & Hyde, J. S. (2000). Gender differences in moral orientation: A meta-analysis. *Psychological*

Bulletin, 126, 703-726.

Jose, P. M. (1990). Just world reasoning in children's immanent justice arguments. *Child Development, 61*, 1024-1033.

Juang, L. P., & Nguyen, H. H. (1997, April). *Autonomy and connectedness: Predictors of adjustment in Vietnamese adolescents.* Paper presented at the meeting of the Society for Research in Child Development, Washington, DC.

Jung, C. G. (1931). Marriage as a psychological relationship (R. F. C. Hull, trans.). In C. G. Jung, *The collected works of C. G. Jung* (Vol. XX). *The development of personality.* Princeton: Princeton University Press, 1953.

Jung, C. G. (1945). The relations between the ego and the unconscious (R. F. C. Hull, trans.). In C. G. Jung, *The collected works of C. G. Jung* (Vol. VII). *Two essays in analytic psychology.* Princeton: Princeton University Press, 1953.

Jung, C. G. (1954). The psychology of the transference. In The Practice of Psychotherapy. *Collected Works, 16.*

Jung, C. G. (1959). *The shadow. In collected works, Vol. 9*, Part II. Princeton: Princeton University Press (First German edition, 1948).

Jung, C. G. (1961). *Memories, dreams, reflections* (A. Jaffe, Ed., R. & G. Winston, trans.) New York: Vintage Books.

Justice, E. M., Baker-Ward, L., Gupta, S., & Jannings, L. R. (1997). Means to the goal of remembering. Developmental changes in awareness of strategy use-performance relations. *Journal of Experimental Child Psychology, 65*, 293-314.

Kagan, J. (1972). Do infants think? *Scientific American, 226*, 74-82.

Kagan, J. (1976). Emergent themes in human development. *American Scientist, 64*, 186-196.

Kagan, J. (1984). *The nature of the child.* New York: Basic Books.

Kail, R. (1992). Processing speed, speech rate, and memory. *Developmental Psychology, 28*, 899-904.

Kail, R. (1997). Processing time, imagery, and spatial memory. *Journal of Experimental Child Psychology, 64*, 67-78.

Kandel, D. B. (1986). Processes of peer influences in adolescence. In R. K. Silbereisen et al. (Eds.), *Development as action in content.* Berlin: Springer Verlag.

Keasey, C. B. (1971). Social participation as a factor in the moral development of preadolescents. *Developmental Psychology, 5*, 216-220.

Kee, D. W., & Bell, T. S. (1981). The development of organizational strategies in the storage and retrieval of categorical items in free-recall learning. *Child Development, 52*, 1163-1171.

Keeney, T. J., Canizzo, S. R., & Flavell, J. H. (1967). Spontaneous and induced verbal rehearsal in a recall task. *Child Development, 38*, 953-966.

Keith, P. M., & Schafer, R. B. (1991). *Relationships and well-being over the life stages.* New York: Praeger.

Kirpatrick, L., & Davis, K. (1994). Attachment style, gender, and relationship stability: A longitudinal analysis. *Journal of Personality and Social Psychology, 66*, 502-512.

Klahr, D. (1992). Information-processing approaches to cognitive development. In M. H. Bornstein & M. E. Lamb (Eds.), *Developmental psychology: An advanced textbook* (3rd ed., pp. 273-335). Hillsdale, New

Jersey: Erlbaum.

Kobak, R. R. (1992, March). *Autonomy as self-regulation: An attachment perspective.* Paper presented at the Society for Research on Adolescence, Washington, DC.

Kohlberg, L. (1963). The development of children's orientations toward a moral order: Sequence in the development of moral thought. *Human Development, 6*, 11-33.

Kohlberg, L. (1968). The child as a moral philosopher. *Psychology Today, 2* (4), 25-30.

Kohlberg, L. (1969). Stage and sequence: The cognitive-developmental approach to socialization. In D. A. Goslin (Ed.), *Handbook of socialization theory and research.* Chicago: Rand McNally.

Kohlberg, L. (1970). Moral development and the education of adolescents. In R. F. Purnell (Ed.), *Adolescent and the American high school.* New York: Holt, Rinehart, & Winston.

Kohlberg, L. (1973). Continuities in childhood and adult moral development revisited. In P. Baltes & K. W. Schaie (Eds.), *Life-span developmental psychology: Personality and socialization.* New York: Academic.

Kohlberg, L. (1976). Moral stages and moralization: The cognitive development approach. In T. Likona (Ed.), *Moral development and behavior: Theory, research, and social issues.* New York: Holt, Rinehart, & Winston.

Kohlberg, L., & Ryncarz, R. A. (1990). Beyond justice reasoning: Moral development and consideration of a seventh stage. In C. N. Alexander & E. J. Langer (Eds.), *Higher stages of human development.* New York: Oxford University.

Kohlberg, L., Levine, C., & Hewer, A. (1983). *Moral stage: A current formulation and a response to critics.* Basel: Karger.

Kotre, J. (1984). *Outliving the self: Generativity and the interpretation of lives.* Baltimore: The Johns Hopkins University Press.

Krauss, R. M., & Glucksberg, S. (1969). The development of communication: Competence as a function of age. *Child Development, 42*, 255-266.

Kreutzer, M. A., Leonard, C., & Flavell, J. H. (1975). An interview study of children's knowledge about memory. *Monographs of the Society for Research in Child Development, 40*, 1, Serial No. 159.

Kroger, J. (2012). The status of identity developments in identity research. In P. K. Kerig, M. S. Schulz, & S. T. Hauser (Eds.), *Adolescence and beyond.* New York: Oxford University Press.

Kuhl, P. K. (1993). Infant speech perception: A window on psycholinguistic development. *International Journal of Psycholinguistics, 9*, 33-56.

Kuhl, P. K. (2007). Is speech learning "gated" by the social brain? *Development Science, 10*, 110-120.

Kuhl, P. K. (2011). Social mechanisms in early language acquisition: Understanding integrated brain systems and supporting language. In J. Decety & J. Cacioppo (Eds.), *Handbook of social neuroscience.* New York: Oxford University Press.

Kuhl, P. K. (2015). Baby talk. *Scientific American*, 313, 64-69.

Kuhl, P. K., & Damasio, A. (2012). Language. In E. R. Kandel & others (Eds.), *Principles of neural science* (5th ed.). New York: McGraw-Hill.

Kuhn, D. (1988). Cognitive development. In M. H. Bornstein & M. E. Lamb (Eds.), *Developmental psychology: An advanced textbook* (2nd ed.). Hillsdale, New Jersey: Erlbaum.

Kurtines, W. M., & Gewirtz, J. (Eds.) (1991). *Moral behavior and development: Advances in theory, research, and application*. Hillsdale, New Jersey: Erlbaum.

Lange, G., & Pierce, S. H. (1992). Memory-strategy learning and maintenance in preschool children. *Developmental Psychology, 28*, 453-462.

Lapsley, D. K. (1993). *Moral psychology after Kohlberg*. Unpublished manuscript, Department of Psychology, Brandon University, Manitoba.

Lapsley, D. K. (1996). *Moral psychology*. Boulder, CO: Westview.

Lapsley, D. K., & Power, F. C. (Eds.). (1988). *Self, ego, and identity*. New York: Springer-Verlag.

Lapsly, D. K., Rice, K. G., & F. FitzGerald, D. P. (1990). Adolescent attachment, identity, and adjustment to college: Implications for the continuity of adaptation hypothesis. *Journal of Counseling and Development, 68*, 561-565.

Lei, T. (1994). Being and becoming moral in a Chinese culture: Unique or universal? *Cross Cultural Research: The Journal of Comparative Social Science, 28*, 59-91.

Lenneberg, E. (1967). *The biological foundations of language*. New York: Wiley.

Lerner, R. M., & Foch, T. T. (Eds.). (1987). *Biological-psychosocial interactions in early adolescence*. Hillsdale, New Jersey: Erlbaum.

Lerner, R. M., & von Eye, A. (1992). Sociobiology and human development: Arguments and evidence. *Human Development, 35*, 12-33.

Lester, B. M., Kotelchuck, M., Spelke, E., Sellers, M. J., & Klein, R. E. (1974). Separation protest in Guatemalan infants: Cross-cultural and cognitive findings. *Developmental Psychology, 10*, 79-85.

Levinson, D. J. (1978). *The seasons of a man's life*. New York: Knopf.

Levinson, D. J. (1986). A conception of adult development. *American Psychologist, 41*, 3-13.

Levinson, D. J. (1996). *The seasons of a woman's life*. New York: Knopf.

Lloyd, M. A. (1985). *Adolescence*. New York: Harper & Row.

Lorenz, K. Z. (1952). *King Solomon's ring*. New York: Crowell.

Lorenz, K. Z. (1965). *Evolution and the modification of behavior*. Chicago: University of Chicago Press.

MacWhinney, B. (1989). Competition and lexical categorization. In R. Corrigan, F. Eckman, & M. Noonam (Eds.), *Linguistic categorization* (pp. 195-241). Amsterdam: John Benjamin.

Mahn, H., & John-Steiner, V. (2013). Vygotsky and sociocultural approaches to teaching and learning. In I. B. Weiner & others. (Eds.), *Handbook of psychology* (2nd ed.). New York: Wiley.

Main, M., & Solomon, J. (1986). Discovery of an insecure-disorganized/disoriented attachment pattern. In T. B. Brazelton & M. W. Yogman (Eds.), *Affective development in infancy* (pp. 95-124). Norwood, NJ: Ablex.

Main, M., & Solomon, J. (1990). Procedures for identifying infants as disorganized/disoriented during the Ainsworth Strange Situation. In M. T. Greenberg, D. Cicchetti, & E. M. Cummings (Eds.), *Attachment in the preschool years: Theory, research, and intervention* (pp. 161-182). Chicago: University of Chicago Press.

Maratsos, M. P. (1989). Innateness and plasticity in language acquisition. In M. L. Rice & R. C. Schiefelbusch (Eds.), *The teachability of language*. Baltimore: Paul H. Brookes.

Maratsos, M. P. (1998). The acquisition of grammar. In D. Kuhn & R. S. Siegler (Eds.), *Handbook of child psychology* (5th ed., Vol. 2). New York: Wiley.

Marcia, J. (1980). Ego identity development. In J. Adelson (Ed.), *Handbook of adolescent psychology*. New York: Wiley.

Marcia, J. (1989). Identity and intervention. *Journal of Adolescence, 12*, 401-410.

Marcia, J. (1991). Identity and self-development. In R. M. Lerner, A. C. Petersen, & J. Brooks-Gunn (Eds.), *Encyclopedia of adolescence* (Vol. 1). New York: Garland.

Marcia, J. E. (1993). The relational roots of identity. In J. Kroger (Ed.), *Discussions on ego identity*. Hillsdale, NJ: Lawrence Erlbaum.

Marcia, J. (1994). The empirical study of ego identity. In H. A. Bosma, T. L. G. Graafsma, H. D. Grotevant, & D. J. De Levita (Eds.), *Identity and development*. Newbury Park, CA: Sage.

Marcia, J. (2002). Identity and psychosocial development in adulthood. *Identity: An International Journal of Theory and Research, 2*, 7-28.

Marcia, J., & Carpendale, J. (2004). Identity: Does thinking make it so? In C. Lightfoot, C. Lalonde, & M. Chandler (Eds.), *Changing conceptions of psychological life*. Mahwah, NJ: Erlbaum.

Marx, K. (1847). The communist manifesto. In D. McLellan (Ed.), *Karl Marx, Selected writings*. Oxford: Oxford University Press, 1977.

Maslow, A. H. (1943). A theory of human motivation. *Psychological Review, 50*, 370-396.

Maslow, A. H. (1954). *Motivation and personality*. New York: Harper.

Maslow, A. H. (1962). *Toward a psychology of being*. NY: Van Nostrand.

Maslow, A. H. (1966). *The psychology of science*. New York: Harper and Row.

Maslow, A. H. (1968). *Toward a psychology of being* (2nd ed.). Princeton: Van Nostrand.

Maslow, A. H. (1969). Theory Z. *The Journal of Transpersonal Psychology, 1*, 270-286.

Maslow, A. H. (1970). *Motivation and personality* (2nd ed.). New York: Harper.

Maslow, A. H. (1971). *The farther reaches of human nature*. New York: Viking Press.

Mead, M. (1935). *Sex and temperament in three primitive societies*. New York: Morrow.

Mead, M. (1950). *Coming of age in Samoa*. New York: New American Library.

Mead, M. (1953). *Growing up in New Guinea*. New York: New American Library.

Mead, M. (1961). The young adult. In E. Ginzberg (Ed.), *Values and ideals of American youth*. New York: Columbia University Press.

Meilman, P. W. (1979). Cross-sectional age changes in ego identity status during adolescence. *Developmental Psychology, 15*, 230-231.

Miller, J. G., & Bland, C. G. (2014). A. cultural perspective on moral development. In M. Killen & J. G. Smetana (Eds.), *Handbook of moral development* (2nd ed.). New York: Psychology Press.

Moely, B. E., Hart, S. S., Leal, L., Santulli, K. A., Rao, N., Johnson, T., & Hamilton, L. B. (1992). The teacher's role in facilitating memory and study strategy development in the elementary school classroom. *Child Development, 63*, 653-672.

Moerk, E. L. (1989). The LAD was a lady and the tasks were ill-defined. *Developmental Review, 9*, 21-57.

Montessori, M. (1936). *The secret of childhood* (M. J. Costelloe, trans.). New York: Ballantine Books, 1966.

Morgan, G. A., & Ricciuti, H. N. (1969). Infants' responses to strangers during the first year. In B. M. Foss (Ed.), *Determinants of infant behavior, IV*. London: Methuen.

Morgan, J. L., & Demuth, K. (Eds.) (1995). *Signal to syntax*. Hillsdale, NJ: Erlbaum.

Moshman, D. (2011). *Adolescent rationality and development: Cognition, morality, and identity* (3rd ed.). New York: Psychology Press.

Munro, G., & Adams, G. R. (1977). Ego identity formulation in college students and working youth. *Developmental Psychology, 13* (57), 523-524.

Muuss, R. E. (1988). *Theories of adolescence* (5th ed.). New York: Random House.

Neugarten, B. L. (1968). Adult personality: Toward a psychology of the life cycle. In B. L. Neugarten (Ed.), *Middle age and aging*. Chicago: University of Chicago Press.

Neugarten, B. L., & Hagestad, G. (1976). Age and the life course. In H. Binstock & E. Shanas (Eds.), *Handbook of aging and the social sciences*. New York: Van Nostrand Reinhold.

Neugarten, B. L., & Neugarten, D. A. (1987, May). The changing meanings of age. *Psychology Today*, 29-33.

Neugarten, B. L., Havighurst, R. J., & Tobin, S. S. (1968). Personality and patterns of aging. In B. L. Neugarten (Ed.), *Middle age and aging*. Chicago: University of Chicago Press.

Neugarten, B. L., Moore, J. W., & Lowe, J. C. (1965). Age norms, age constraints, and adult socialization. *American Journal of Sociology, 70*, 710-717.

Newcombe, N. (1996). *Child development: Change over time* (8th ed.). Harper Collins College Publishers.

Nisan, M. (1987). Moral norms and social conventions: A cross-cultural comparison. *Developmental Psychology, 23*, 719-725.

Nucci, L. P., & Nucci, M. S. (1982). Children's social interactions in the context of moral and conventional transgressions. *Child Development, 53*, 403-412.

Nucci, L. P., & Turiel, E. (1978). Social interactions and development of social concepts in preschool children. *Child Development, 49*, 400-407.

Obsuth, I., Murray, A. L., Folco, S. D., Ribeaud, D., & Eisner, M. (2020). Patterns of homotypic and heterotypic continuity between ADHD symptoms, externalising and internalising problems from age 7 to 15. *Journal of Abnormal Child Psychology, 48* (2), 223-236.

Offer, D., Ostrov, E., Howard, K. I., & Atkinson, R. (1988). *The teenager world: Adolescents' self image in ten countries*. New York: Plenum Medical Book Company.

O'Grady, W. (2013). An emergent approach to syntax. In B. Heine & H. Narrog (Eds.), *Oxford handbook of linguistic analysis*. New York: Oxford University Press.

Opfer, J. E., & Gelman, S. A. (2011). Development of the animate-inanimate distinction. In U. Goswami (Ed.), *Wiley-Blackwell handbook of childhood cognitive development* (2nd ed.). New York: Wiley.

Owens, R. E. (1992). *Language development*. Columbus, OH: Merrill.

Paikoff, R. L., & Brooks-Gunn, J. (1991). Do parent-child relationships change during puberty? *Psychological Bulletin, 110*, 47-66.

Papalia, D. E., Camp, C. J., & Feldman, R. D. (1996). *Adult development*. New York: McGraw-Hill.

Papalia, D. E., Olds, S. W., & Feldman, R. D. (1989). *Human development*. New York: McGraw-Hill.

Papini, D. R., Micka, J. C., & Barnett, J. K. (1989). Perceptions of intrapsychic and extrapsychic funding as bases of adolescent ego identity status. *Journal of Adolescent Research, 4*, 462-482.

Parrish-Morris, J., Golinkoff, R. M., & Hirsh-Pasek, K. (2013). From coo to code: A brief story of language development. In P. D. Zelazo (Ed.), *Oxford handbook of developmental psychology*. New York: Oxford University Press.

Parsons, T., & Bales, R. F. (1955). *Family, socialization, and interaction process*. New York: Free Press.

Pavlov, I. P. (1927). *Conditioned reflexes*. London: Oxford University Press.

Peck, R. C. (1968). Psychological developments in the second half of life. In B. L. Neugarten (Ed.), *Middle age and aging*. Chicago: University of Chicago Press.

Pederson, D. R., Gleason, K. E., Moran, G., & Bento, S. (1998). Maternal attachment representations, maternal sensitivity, and the infant-mother attachment relationship. *Developmental Psychology, 34*, 925-933.

Perry, H. S. (1982). *Psychiatrists of America, the life of Harry Stack Sullivan*. Cambridge, MA: Belknap.

Petersen, A. C., & Ebata, A. T. (1987). Developmental transitions and adolescent problem behavior: Implications for prevention and intervention. In K. Hurrelmann (Ed.), *Social prevention and intervention*. New York: de Gruyter.

Petersen, A. C., & Hamburg, B. A. (1986). Adolescence: A developmental approach to problems and psychopathology. *Behavior Research and Therapy, 17*, 480-499.

Peterson, B. E., & Klohnen, E. C. (1995). Realization of generativity in two samples of women at midlife. *Psychology and Aging, 10*, 20-29.

Piaget, J. (1952). *The origins of intelligence in children*. New York: International Universities Press. (Original Work Published, 1936).

Piaget, J. (1954). *The construction of reality in the child*. New York: Basic Books.

Piaget, J. (1962). *Play, dreams, and imitation in childhood*. New York: Norton.

Piaget, J. (1965). *The moral judgment of the child*. New York: Free Press (Original work published 1932).

Piaget, J., & Inhelder, B. (1956). *The child's conception of space*. London: Routledge & Kegan Paul.

Pillow, D. R., Zautra A. J., & Sandler, I. (1996). Major life events and minor stressors: Identifying mediational links in the stress process. *Journal of Personality and Social Psychology, 70*, 381-394.

Platon (1921). *The republic* (B. Jowett, Trans.). Oxford: Clarendon.

Platon (1953). Laws. *In the dialogues of Plato* (Vol. 5, B. Jowett, Trans., 4th ed.). Oxford: Clarendon.

Pollak, S., & Gilligan, C. (1982). Images of violence in Thematic Apperception Test stories. *Journal of Personality and Social Psychology, 42*, 159-167.

Porter, R. H., & Laney, M. D. (1980). Attachment theory and concept of inclusive fitness. *Merrill-Palmer Quarterly, 26*, 35-51.

Pratt, M. W., Golding, G., & Hunter, W. J. (1983). Aging as ripening: Character and consistency of moral judgment in young, mature, and older adults. *Human Development, 26*, 277-288.

Pratt, M. W., Golding, G., & Kerig, P. (1987). Lifespan differences in adult thinking about hypothetical and personal moral issues: Reflection or regression? *International Journal of Behavioral Development, 10*, 359-375.

Pratt, M. W., Golding, G., Hunter, W. J., & Norris, J. (1988). From inquiry to judgment: Age and sex differences in patterns of adult moral thinking and information-seeking. *International Journal of Aging and Human Development, 27*, 109-124.

Pratt, M. W., Diessner, R., Hunsberger, B., Pancer, S. M., & Savoy, K. (1991). Four pathways in the analysis of adult development and aging: Comparing analyses of reasoning about personal life dilemmas. *Psychology and Aging, 6*, 666–675.

Pressley, M., & Levin, J. R. (1980). The development of mental imagery retrieval. *Child Development, 51*, 558–560.

Pueschel, S. M., Scola, P. S., Weidenman, L. E., & Bernier, J. C. (1995). *The special child.* Baltimore: Paul H. Brookes.

Pulkkinen, L. (1982). Self-control and continuity in childhood delayed adolescence. In P. Baltes & O. Brim (Eds.), *Life-span development and behavior* (Volume 4, pp. 64–102). New York: Academic Press.

Pulkkinen, L. (1983). Finland: Search of alternatives to aggression. In A. Goldstein & M. Segall (Eds.), *Aggression in global perspective.* New York: Pergamon Press.

Pulkkinen, L. (1984). *Nuoret ja kotikasvatus* [Youth and home ecology]. Helsinki: Otava.

Ratner, N. B. (1993). Atypical language development. In J. B. Gleason (Ed.), *The development of language* (3rd ed.). New York: Macmillan.

Reese, H. W. (1977). Imagery and associative memory. In R. V. Kail & J. W. Hagen (Eds.), *Perspectives on the development of memory and cognition* (pp. 113–116). Hillsdale, NJ: Erlbaum.

Reiss, I. L. (1980). *Family systems in America* (3rd ed.). New York: Holt, Rinehart, & Winston.

Ridderinkhoff, K. R., & van der Molen, M. W. (1995). A psychophysiological analysis of developmental differences in the ability to resist interference. *Child Development, 66*, 1040–1056.

Roberts, P., & Newton, P. W. (1987). Levinsonian studies of women's adult development. *Psychology and Aging, 2*, 154–164.

Rogers, C. R. (1959). A theory of therapy, personality, and interpersonal relationships, as developed in the client-centered framework. In S. Koch (Ed.), *Psychology: A study of a science, Vol. 3.* New York: McGraw-Hill, 184–256.

Rogers, C. R. (1961). *On becoming a person.* Boston: Houghton Mifflin.

Rogers, C. R. (1963). The actualizing tendency in relation to motives and consciousness. In M. R. Jones (Ed.), *Nebraska symposium on motivation.* Lincoln, NE: University of Nebraska Press.

Rogers, C. R. (1974). In retrospect: Forty-six years. *American Psychologist, 29*, 115–123.

Rogers, C. R. (1977). *Carl Rogers on personal power.* New York: Delacorte Press.

Rolf, J. E., Mastern, A., Cicchetti, D., Nuechterlein, K. H., & Weintraub, S. (Eds.). (1987). *Risk and protective factors in the development of psychopathology.* New York: Cambridge University Press.

Rossi, A. S. (1980). Aging and parenthood in the middle years. In P. B. Baltes & O. G. Brim (Eds.), *Life-span development and behavior* (Vol. 3). New York: Academic Press.

Rousseau, J. J. (1911). *Emile* (W. H. Payne, Trans.). New York: Appleton (Originally published in 1762).

Rubin, K. H., Fein, G., & Vandenberg, B. (1983). Play. In Paul H. Mussen (Ed.), *Handbook of child psychology, Vol. 4. Socialization, personality, and social development.* New York: Wiley.

Ruff, H. A., & Lawson, K. R. (1990). Development of sustained focused attention in young children during free play. *Developmental Psychology, 26*, 85–93.

Rutter, M. (1986). The developmental psychopathology of depression: Issues and perspectives. In M. Rutter, C. Izard, & P. Read (Eds.), *Depression in young people: Developmental and clinical perspectives.* New York:

Guilford Press.

Ryff, C. D. (1984). Personality development from the inside: The subjective experience of change in adulthood and aging. In P. B. Baltes & O. G. Brim (Eds.), *Life-span development and behavior*. New York: Academic Press.

Santrock, J. W. (1981). *Adolescence: An introduction*. Dubuque, Iowa: Wm. C. Brown.

Santrock, J. W. (1997). *Life-span development* (6th ed.). New York: McGraw-Hill.

Santrock, J. W. (1998). *Adolescence* (7th ed.). New York: McGraw-Hill.

Santrock, J. W. (2001). *Child development* (9th ed.). New York: McGraw-Hill.

Sawyer, J. (2017). I think I can: Preschoolers' private speech and motivation in playful versus non-playful contexts. *Early Childhood Research Quarterly, 38*, 84-96.

Schaffer, H. R. (1966). The onset of fear of stranger and the incongruity hypothesis. *Journal of Child Psychology and Psychiatry, 7*, 95-106.

Schaffer, H. R., & Emerson, P. E. (1964). The development of social attachments in infancy. *Monographs of the Society for Research in Child Development, 29* (3, Serial No. 94).

Schneider, W., & Bjorklund, D. F. (1998). Memory. In W. Damon (Series Ed.), D. Kuhn, & R. S. Siegler (Eds.), *Handbook of child psychology, Vol. 2. Cognition, perception, and language* (5th ed., pp. 467-521). New York: Wiley.

Schneider, W., & Pressley, M. (1997). *Memory development between 2 and 20* (2nd ed.). Mahwah, NJ: Erlbaum.

Schwartz, D., Kelly, B. M., & Duong, M. T. (2013). Do academically-engaged adolescents experience social sanctions from the peer group? *Journal of Youth and Adolescence, 42* (9), 1319-1330.

Sears, R. R. (1963). Dependency motivation. In M. Jones (Ed.), *Nebraska Symposium on Motivation* (Vol. 11). Lincoln: University of Nebraska Press.

Selman, R. L. (1971). The relation of role-taking to the development of moral judgment in children. *Child Development, 42*, 79-91.

Shaffer, D. R. (1999). *Developmental psychology: Childhood and adolescence* (5th ed.). Brooks/Cole.

Shea, C., & O'Neill, S. O. (2021). Phonetics: Sound articulation and acoustics. In J. Bruhn de Garavito & J.W. Schweiter (Eds.), *Introducing linguistics*. New York: Cambridge University Press.

Sheldon, W. H. (1949). *The varieties of human physique: An introduction to constitutional psychology*. New York: Harper.

Shweder, R. A., Mahapatra, M., & Miller, J. G. (1990). Culture and moral development. In J. W. Stigler, R. A. Shweder, & G. Herdt (Eds.), *Cultural psychology: Essays on comparative human development*. Cambridge, England: Cambridge University Press.

Siegler, R. S. (1996). *Emerging minds: The process of change in children's thinking*. New York: Oxford University Press.

Siegler, R. S., & Crowley, K. (1992). Microgenetic methods revisited. *American Psychologist, 47*, 1241-1243.

Siegler, R. S., & Munakata, Y. (1993, Winter). Beyond the immaculate transition: Advances in the understanding of change. *Newsletter of the Society for Research in Child Development, 36*, 10-13.

Simmons, R. G., & Blyth, D. A. (1987). *Moving into adolescence: The impact of pubertal change and school context*. Hawthorne, New York: Aldine & de Gruyter.

Simpson, J. A. (1990). Influence of attachment styles on romantic relationships. *Journal of Personality and Social Psychology, 59*, 971-980.

Skinner, B. F. (1953). *Science and human behavior*. New York: Macmillan.

Skinner, B. F. (1957). *Verbal behavior*. New York: Appleton-Century-Crofts.

Skoe, E. E., & Marcia, J. E. (1991). A measure of carebased morality and its relation to ego identity. *Merrill-Palmer Quarterly, 37*, 289-304.

Slavakova, R. (2021). Semantics. In J. Bruhn de Garavito & J. W. Schweiter (Eds.), *Introducing linguistics*. New York: Cambridge University Press.

Smetana, J. G. (1983). Social-cognitive development: Domain distinctions and coordinations. *Developmental Review, 3*, 131-147.

Smetana, J. G. (1986). Preschool children's conceptions of sex-role transgressions. *Child Development, 57*, 862-871.

Smetana, J. G. (1988). Adolescents' and parents' conceptions of parental authority. *Child Development, 59* (2), 321-335.

Smith, M. B. (1950). The phenomenological approach in personality theory: Some critical remarks. *Journal of Abnormal Social Psychology, 45*, 516-522.

Snarey, J. R. (1985). Cross-cultural universality of social-moral development: A critical review of Kohlbergian research. *Psychological Bulletin, 97*, 202-232.

Söhting, I., Skoe, E. E., & Marcia, J. E. (1994). Care-oriented moral reasoning and prosocial behavior: A question of gender or sex role orientation. *Sex Roles, 31*, 131-147.

Song, M. J., Smetana, J., & Kim, S. Y. (1987). Korean children's conceptions of moral and conventional transgressions. *Developmental Psychology, 32*, 557-582.

Sonnenschein, S. (1986). Development of referential communication skills: How familiarity with a listener affects a speaker's production of redundant messages. *Developmental Psychology, 22*, 549-555.

Sonnenschein, S. (1988). The development of referential communication: Speaking to different listeners. *Child Development, 59*, 694-702.

Speicher, B. (1994). Family patterns of moral judgment during adolescence and early adulthood. *Developmental Psychology, 30*, 624-632.

Spitz, R. A. (1950). Anxiety in infancy. *International Journal of Psychoanalysis, 31*, 139-143.

Squire, L. R. (1994). *Declarative and non declarative memory: Multiple brain systems supporting learning and memory*. MIT Press.

Sroufe, L. A. (1983). Infant-caregiver attachment and patterns of adaptation in preschool: The roots of maladaptation and competence. In M. Perlmutter (Ed.), *Minnesota Symposium in Child Psychology* (Vol. 16, pp. 41-81). Hillsdale, NJ: Erlbaum.

Sroufe, L. A. (1985). Attachment classification from the perspective of infant-caregiver relationships and infant temperament. *Child Development, 56*, 1-14.

Stayton, D. J., Ainsworth, M. D. S., & Main, M. B. (1973). The development of separation behavior in the first year of life: Protest, following, and greeting. *Developmental Psychology, 9*, 213-225.

Steinberg, L. (1987). Impact of puberty on family relations: Effects of pubertal status and pubertal timing. *Developmental Psychology, 23*, 451-460.

Steinberg, L. (1988). Reciprocal relation between parent-child distance and pubertal maturation. *Developmental Psychology, 24*, 122-128.

Stephen, J., Fraser, E., & Marcia, J. E. (1992). Moratorium achievement, (Mama) cycles in life span identity development: Value orientations and reasoning systems' correlates. *Journal of Adolescence, 15*, 283-300.

Sternberg, R. J. (1988). Intellectual development: Psychometric and information-processing approaches. In M. H. Bornstein & M. E. Lamb (Eds.), *Developmental psychology: An advanced textbook* (2nd ed.). Hillsdale, NJ: Erlbaum.

Stevens-Long, J. (1990). Adult development: Theories past and future. In R. A. Nermiroff & C. A. Colarusso (Eds.), *New dimensions in adult development*. New York: Basic Books.

Stewart, L., & Pascual-Leone, J. (1992). Mental capacity constraints and the development of moral reasoning. *Journal of Experimental Child Psychology, 54*, 251-287.

Sullivan, H. S. (1947). *Conceptions of modern psychiatry*. New York: Norton.

Sullivan, H. S. (1950). The illusion of personal individuality. *Psychiatry, 13*, 317-332.

Sullivan, H. S. (1953). *The interpersonal theory of psychiatry*. New York: Norton.

Sullivan, H. S. (1964). *The fusion of psychiatry and social science*. New York: Norton.

Syed, M. (2013). Assessment of ethnic identity and acculturation. In K. Geisinger (Ed.), *APA handbook of testing and assessment in psychology*. Washington, DC: American Psychological Association.

Taboada, M. (2021). Pragmatics and discourse analysis. In. J. Bruhn de Garavito & J. W. Schweiter (Eds.). *Introducing linguistics*. New York: Cambridge University Press.

Tallerman, M. (2013). *Understanding syntax*. New York: Oxford University Press.

Tappan, M. B. (1998). Sociocultural psychology and caring psychology: Exploring Vygotsky's "hidden curriculum." *Educational Psychologist, 33*, 23-33.

Thorndike, E. L. (1904). The newest psychology. *Educational Review, 28*, 217-227.

Tietjen, A. M., & Walker, L. J. (1985). Moral reasoning and leadership among men in a Papua New Guinea society. *Developmental Psychology, 21*, 982-992.

Tincoff, R., & Jusczyk, P. W. (2012). Six-month-olds comprehend words that refer to parts of the body. *Infancy, 17*(4), 432-444.

Tistarelli, N., Fagnani, C., Troianiello, M., Stazi, M. A., & Adriani, W. (2020). The nature and nurture of ADHD and its comorbidities: A narrative review of twin studies. *Neuroscience and Biobehavioral Reviews, 109*(1), 63-77.

Tomlinson-Keasey, C., & Keasey, C. B. (1974). The mediating role of cognitive development in moral judgment. *Child Development, 45*, 291-298.

Turiel, E. (1978) *The development of concepts of social understanding*. New York: Gardner Press.

Turiel, E. (1980). The development of social-conventional and moral concepts. In. M. Windmiller, N. Lambert, & E. Turiel (Eds.), *Moral development and socialization*. MA: Allyn & Bacon.

Turiel, E. (1983). *The development of social knowledge: Morality and convention*. Cambridge, England: Cambridge University Press.

Turiel, E. (1997). The development of morality. In N. Eisenberg (Ed.), *Handbook of child psychology* (Vol. 3, 5th ed.). New York: Wiley.

Turiel, E. (2002). *The culture of morality: Social development, context, and conflict*. MA: Cambridge University Press.

Turkewitz, G., & Devenny, D. A. (Eds.) (1993). *Developmental time and timing*. Hillsdale, NJ: Lawrence Erlbaum.

Vaillant, G. E. (1977). *Adaptation to life: How the best and brightest came of age*. Boston: Little, Brown.

Vaillant, G. E. (2002). *Aging well*. Boston: Little, Brown.

Vasta, R., Haith, M. M., & Miller, S. A. (1995). *Child psychology: The modern science*. John Wiley & Sons.

Vihman, M. M. (2014). *Phonological development* (2nd ed.). New York: Wiley.

Vissers, C. T. W. M., Tomas, E., & Law, J. (2020). The emergence of inner speech and its measurement in atypically developing children. *Frontiers in Psychology, 11*, 279.

Vurpillot, E. (1968). The development of scanning strategies and their relation to visual differentiation. *Journal of Experimental Child Psychology, 6*, 632-650.

Vygotsky, L. S. (1962). *Thought and language*. Cambridge, MA: MIT Press.

Walker, L. J. (1980). Cognitive and perspective taking prerequisities of moral development. *Child Development,* 51, 131-139.

Walker, L. J. (1984). Sex differences in the development of moral reasoning: A critical review. *Child Development,* 55, 677-691.

Walker, L. J. (1989). A longitudinal study of moral reasoning. *Child Development, 60*, 157-166.

Walker, L. J. (2004). Progress and prospects in the psychology of moral development. *Merrill-Palmer Quarterly, 50*, 546-557.

Walker, L. J., & Frimer, J. A. (2011). The science of moral development. In M. K. underwood & L. Rosen (Eds.), *Social development*. New York: Guilford Press.

Waters, E., Vaughn, B. E., Posada, G., & Kondo-Ikemura, K. (Eds.). (1995). Caregiving, cultural, and cognitive perspectives on secure-base behavior and working models: New growing points of attachment theory and research. *Monographs of the Society for Research in Child Development, 60* (2-3, Serial No. 244).

Waterman, A. S. (1989). Curricula interventions for identity change: Substantive and ethical considerations. *Journal of Adolescence, 12*, 389-400.

Waterman, A. S. (1992). Identity as an aspect of optimal psychological functioning. In G. R. Adams, T. T. Gullotta, & R. Montemayor (Eds.), *Adolescent identity formation*. Newbury Park, California: Sage.

Watson, J. B. (1913). Psychology as the behaviorist views it. *Psychological Review, 20*, 158-177.

Watson, J. B. (1924). *Behaviorism*. New York: W. W. Norton & Co., 1970.

Watson, J. B. (1936). Autobiography. In C. Murchison (Ed.), *A history of psychology in autobiography* (Vol. III). Worcester, MA: Clark University Press.

Weber, M. (1947). *The theory of social and economic organization*. Glencoe, Ill: The Free Press (Originally published, 1922).

Wehren, A., DeLisi, R., & Arnold, M. (1981). The development of noun definition. *Journal of Child Language, 8*, 165-175.

Weiss, G. (1983). Long-term outcome: Findings, concepts, and practical implications. In M. Rutter (Ed.), *Developmental neuropsychiatry* (pp. 422-436). NY: Guilford.

Wellman, H. M., Ritter, K., & Flavell, J. H. (1975). Deliberate memory behavior in the delayed reactions of very young children. *Developmental Psychology, 11*, 780-787.

Werner, E. E., & Smith, R. S. (1982). *Vulnerable but invincible*. New York: McGraw-Hill.

Wertheimer, M. (1985). The evolution of the concept of development in the history of psychology. In G. Eckardt, W. G. Bringmann, & L. Sprung (Eds.), *Contributions to a history of developmental psychology*. Berlin: Mouton.

Wertsch, J. V. (1999). The zone of proximal development: Some conceptual issues. In P. Lloyd & C. Fernyhough (Eds.), *Lev Vygotsky: Critical assessments: The zone of proximal development, Vol. 3*. New York: Routledge.

Wertsch, J. V. (2008). From social interaction to higher psychological processes: A clarification and application of vygotsky's theory. *Human Development, 51*, 66-79.

Wertsch, J. V., & Tulviste, P. (1992). L. S. Vygotsky and contemporary developmental psychology. *Developmental Psychology, 28*, 548-557.

White, P., Mascalo, A., Thomas, S., & Shoun, S. (1986). Husbands' and wives' perceptions of marital intimacy and wives' stresses in dual-career marriages. *Family Perspectives, 20*, 27-35.

Wilson, E. O. (1975). *Sociobiology: The new synthesis*. Cambridge, MA: Harvard University Press.

Winsler, A., Diaz, R. M., & Montero, I. (1997). The role of private speech in the transition from collaborative to independent task performance in young children. *Early Childhood Research Quarterly, 12*, 59-79.

Wolpe, J. (1969). *The practice of behavior therapy*. New York: Pergamon Press.

Wright, V. (2018). Vygotsky and a global perspective on scaffolding in learning mathematics. In J. Zajda (Ed.), *Globalisation and Education Reforms*. Dordrecht, the Netherlands: Springer.

Yin, Y., Buhrmester, D., & Hibbard, D. (1996, March). *Are there developmental changes in the influence of relationships with parents and friends on adjustment during early adolescence?* Paper presented at the meeting of the Society for Research on Adolescence, Boston.

Youniss, J. (1980). *Parents and peers in social development: A Sullivan-Piaget perspective*. Chicago: University of Chicago Press.

Yussen, S. R., & Bird, J. E. (1979). The Development of metacognitive awareness in memory, communication, and attention. *Journal of Experimental Child Psychology, 28*, 300-313.

Zelazo, P. D., Helwig, C. C., & Lau, A. (1996). Intention, act, and outcome in behavioral prediction and moral judgment. *Child Development, 67*, 2478-2492.

Zhou, X., & Hou, L. (1999). Children of the cultural revolution: The state and the life course in the People's Republic of China. *American Sociological Review, 64* (1), 12-36.

Zunker, V. G. (1990). *Career counseling: Applied concepts of life planning* (3rd ed.). Pacific Grove, CA: Brooks/Cole.

찾아보기

인명

내용

저자 소개

정옥분(Ock Boon Chung)

〈약력〉

서울대학교 사범대학 가정학과 졸업
서울대학교 대학원 석사과정 졸업(아동학 전공 석사)
미국 University of Maryland 박사과정 졸업(인간발달 전공 Ph.D.)
고려대학교 사범대학 교수, 고려대학교 사회정서발달연구소 소장, 한국아동학회 회장, 한국인간발달학회 회장, 미국 University of Maryland 교환교수, ISSBD(International Society for the Study of Behavioural Development) 국제학술대회 조직위원회 위원장, 고려대학교 의료원 안암병원, 구로병원, 안산병원 어린이집 고문 역임
현재 고려대학교 명예교수

〈저서〉

성인 · 노인심리학(제4판, 학지사, 2024), 발달심리학(제4판, 학지사, 2024)
아동발달의 이해(제4판, 학지사, 2023), 청년심리학(제3판, 학지사, 2021)
발달심리학(제3판, 학지사, 2019), 성인 · 노인심리학(제3판, 학지사, 2019)
아동발달의 이해(제3판, 학지사, 2018), 영유아발달의 이해(제3판, 학지사, 2018)
사회정서발달(개정판, 학지사, 2017), 유아발달(학지사, 2016), 영아발달(개정판, 학지사, 2016)
영유아발달의 이해(개정판, 학지사, 2015), 청년발달의 이해(제3판, 학지사, 2015)
청년심리학(개정판, 학지사, 2015), 발달심리학(개정판, 학지사, 2014)
성인 · 노인심리학(개정판, 학지사, 2013), 아동발달의 이해(개정판, 학지사, 2013)
아동심리검사(학지사, 2012), 영아발달(학지사, 2012), 아동연구와 통계방법(학지사, 2010)
성인 · 노인심리학(학지사, 2008), 아동학 연구방법론(학지사, 2008)
유아교육 연구방법(학지사, 2008), 청년발달의 이해(개정판, 학지사, 2008)
전생애 인간발달의 이론(개정판, 학지사, 2007), 사회정서발달(학지사, 2006)
청년심리학(학지사, 2005), 발달심리학(학지사, 2004)
영유아발달의 이해(학지사, 2004), 전생애발달의 이론(학지사, 2004)
아동발달의 이론(학지사, 2003), 아동발달의 이해(학지사, 2002)
성인발달과 노화(교육과학사, 2001), 성인발달의 이해(학지사, 2000)
청년발달의 이해(학지사, 1998)

〈공저〉

보육학개론(5판, 학지사, 2022), 보육교사인성론(학지사, 2021)
제4차 표준보육과정을 반영한 보육과정(학지사, 2020), 아동권리와 복지(2판, 학지사, 2020)
결혼과 가족(학지사, 2020), 예비부모교육(3판, 학지사, 2019), 부모교육(3판, 학지사, 2019)
보육학개론(4판, 학지사, 2019), 정서발달과 정서지능(개정판, 학지사, 2018)
예비부모교육(2판, 학지사, 2016), 노인복지론(2판, 학지사, 2016), 보육과정(3판, 학지사, 2016)

아동권리와 복지(학지사, 2016), 부모교육(2판, 학지사, 2016)
보육학개론(3판, 학지사, 2016), 보육교사론(학지사, 2015)
결혼과 가족의 이해(학지사, 2014), 생활과학 연구방법론(학지사, 2014)
보육과정(2판, 학지사, 2013), 보육학개론(2판, 학지사, 2012)
아동복지론(학지사, 2012), 보육과정(학지사, 2009)
애착과 발달(학지사, 2009), 노인복지론(학지사, 2008)
보육학개론(학지사, 2008), 부모교육(학지사, 2008)
예비부모교육(학지사, 2007), 정서발달과 정서지능(학지사, 2007)
Parenting beliefs, behaviors, and parent-child relations:
A cross-cultural perspective(공편, Psychology Press, 2006)
결혼과 가족의 이해(시그마프레스, 2005)
고등학교 인간발달(교육인적자원부, 2003)
배려지향적 도덕성과 정의지향적 도덕성: 아산재단 연구총서 제123집(집문당, 2003)
부모교육: 부모역할의 이해(양서원, 2000)
인간발달: 발달심리적 접근(개정판, 교문사, 1997)
사랑으로 크는 아이(계몽사, 1996)
유아의 심리(중앙적성출판사, 1994)
인간발달: 발달심리적 접근(교문사, 1989)
가족과 환경(교문사, 1986)

〈역서〉
학위논문작성법: 시작에서 끝내기까지(공역, 시그마프레스, 2004)
청년발달의 이론(공역, 양서원, 1999)
인간발달의 이론(교육과학사, 1995)
인간발달 II: 청년기, 성인기, 노년기(교육과학사, 1992)
부모교육 이론과 적용(공역, 국민서관, 1989)

〈논문〉
Sex-Role Identity and Self-Esteem among Korean and American College Students(University of Maryland 박사학위논문, 1983)
전통 '효' 개념에서 본 부모역할인식과 자녀양육행동(1997)
영아기 기질 및 부모의 양육행동에 따른 2~4세 아동의 행동억제에 관한 단기종단연구: 8개국 비교문화연구를 위한 기초연구(2003)
Behavioral Inhibition in Toddlers: Initial Findings from the International Consortium for the Study of Social and Emotional Development(2004)
A Cross-Cultural Study of Behavioral Inhibition in Toddlers: East-West-North-South(2006)
A Mediated Moderation Model of Conformative Peer Bullying(2012) 외 논문 다수

제4판
전생애 인간발달의 이론
THEORIES OF LIFE-SPAN DEVELOPMENT(4th edition)

2004년 8월 30일 1판 1쇄 발행
2006년 1월 25일 1판 2쇄 발행
2007년 6월 25일 2판 1쇄 발행
2013년 3월 20일 2판 4쇄 발행
2015년 8월 20일 3판 1쇄 발행
2023년 9월 20일 3판 6쇄 발행
2024년 7월 30일 4판 1쇄 발행

지은이 • 정옥분
펴낸이 • 김진환
펴낸곳 • (주)학지사
04031 서울특별시 마포구 양화로 15길 20 마인드월드빌딩
대표전화 • 02-330-5114 팩스 • 02-324-2345
등록번호 • 제313-2006-000265호

홈페이지 • http://www.hakjisa.co.kr
인스타그램 • https://www.instagram.com/hakjisabook

ISBN 978-89-997-3163-1 93370

정가 30,000원

파본은 구입처에서 교환해 드립니다.